税务系统业务知识辅导

征收管理

李晓曼◎主编

金城出版社
GOLD WALL PRESS
·北京·

图书在版编目（CIP）数据

税务系统业务知识辅导：征收管理 / 李晓曼主编. —北京：金城出版社有限公司，2021.10（2021.11 重印）
ISBN 978-7-5155-2262-3

Ⅰ. ①税… Ⅱ. ①李… Ⅲ. ①税收管理—中国—资格考试—自学参考资料 Ⅳ. ① F812.423

中国版本图书馆 CIP 数据核字（2021）第 186586 号

税务系统业务知识辅导：征收管理

主　　编　李晓曼
责任编辑　陈珊珊
文字编辑　王　璐
责任校对　蔡传聪
开　　本　787 毫米 × 1092 毫米　1/16
印　　张　44.5
字　　数　770 千字
版　　次　2021 年 10 月第 1 版
印　　次　2021 年 11 月第 3 次印刷
印　　刷　固安华明印业有限公司
书　　号　ISBN 978-7-5155-2262-3
定　　价　119.00 元

出版发行　**金城出版社有限公司**　北京市朝阳区利泽东二路 3 号
邮编：100102
发 行 部　（010）84254364
编 辑 部　（010）64222699
总 编 室　（010）64228516
网　　址　http://www.jccb.com.cn
电子邮箱　jinchengchuban@163.com
法律顾问　北京市安理律师事务所　（电话）18911105819

《税务系统业务知识辅导：征收管理》编写组

主　编：李晓曼

副主编：张久慧　刘姗姗　刘　明　柏晓峰

主　审：刘姗姗　刘　明　柏晓峰

编写说明

为了帮助广大税务人员全面、系统、深入地学习税收征收管理基础知识，及时掌握理解最新相关政策，全面推进依法治税，提高税务执法队伍的整体素质，全面提升税务行政执法能力和现代税收征收管理能力，我们组织编写了《税务系统业务知识辅导：征收管理》一书。

本书具有以下主要特点：

（1）内容系统全面。涵盖税收政策法规、税制改革、税收风险管理、大企业税收服务与管理、国际税收、收入规划核算等征收管理内容；同时注重税收政策的更新，强调掌握现行税收政策法规，包括 2021 年新出台的重要税费政策及法律法规、减税降费等最新税收政策及最新征收管理要求；系统归纳提炼知识点，注重知识的系统性、全面性和相关性。

（2）突出热点、重点、难点。以税收征收管理核心知识点引领全书内容，突出重点、难点，同时结合进一步深化税收征管改革、税收大数据、发票电子化改革及金税四期等热点、重点内容。通过精选优质习题，辅之精练的解析注释，帮助税务人员深化理解相关业务的知识点，切实提高征收管理的业务能力，助力升级进阶。

（3）精准分类解析、演练。我们对相关知识点及习题精准分类解析、演练，并进行了反复审核、验算核对，力求精准解析，以确保每一个知识点及习题的精准性和知识体系的相关性、完整性。政策表述规范，内容把握准确，习题答案唯一，帮助税务人员把握学习重点，注重知识点的系统理解和重点掌握，真正做到举一反三，触类旁通。

由于编写时间有限，书中难免存在疏漏之处，欢迎各位读者批评指正。如有问题，可直接发送至邮箱（liziheng1982@163.com）与我们交流探讨。

目录

第一部分

知识点汇总

第一章
税费政策与征收管理

第一节　增值税政策与征收管理

一、增值税基本政策

（一）纳税人

在中华人民共和国境内（以下简称境内）销售货物或者加工、修理修配劳务（以下简称劳务），销售服务、无形资产、不动产以及进口货物的单位和个人，为增值税的纳税人。

1. 纳税人的分类

按经营规模大小以及会计核算是否健全，增值税纳税人划分为一般纳税人和小规模纳税人。

一般纳税人包括：

(1) 年应税销售额超过规定标准的纳税人。

年应税销售额，是指纳税人在连续不超过 12 个月或四个季度的经营期内累计应征增值税销售额，包括纳税申报销售额、稽查查补销售额、纳税评估调整销售额。

自 2018 年 5 月 1 起，年应税销售额标准统一为 500 万元（不再划分行业）。

(2) 年应税销售额未超过规定标准的纳税人，会计核算健全，能够提供准确税务资料的，可以向主管税务机关办理一般纳税人资格登记，成为一般纳税人。

年应税销售额超过规定标准的其他个人按照小规模纳税人管理。

2. 一般纳税人登记

（1）增值税一般纳税人资格实行登记制，符合一般纳税人条件的纳税人应当向主管税务机关办理一般纳税人资格登记。

纳税人在年应税销售额超过规定标准的月份（或季度）的所属申报期结束后15日内按照有关规定办理相关手续；未按规定时限办理的，主管税务机关应当在规定时限结束后5日内制作《税务事项通知书》，告知纳税人应当在5日内向主管税务机关办理相关手续；逾期仍不办理的，次月起按销售额依照增值税税率计算应纳税额，不得抵扣进项税额，直至纳税人办理相关手续为止。

一般纳税人资格生效之日，可以是办理一般纳税人资格登记相关手续的当月1日，也可以是次月1日，由纳税人自行选择。

符合有关政策规定选择按小规模纳税人纳税的纳税人，应当向主管税务机关提交《选择按小规模纳税人纳税的情况说明》。

（2）除国家税务总局另有规定外，纳税人一经登记为一般纳税人后，不得转为小规模纳税人。

（3）销售货物、劳务的非企业性单位以及不经常销售货物、劳务的企业，年应税销售额超过规定标准可选择按小规模纳税人纳税；年应税销售额超过规定标准但不经常发生应税行为的单位和个体工商户可选择按照小规模纳税人纳税；兼有销售货物、劳务和应税行为，年应税销售额超过规定标准且不经常发生销售货物、劳务和应税行为的单位和个体工商户可选择按照小规模纳税人纳税。

3. 扣缴义务人

（1）中华人民共和国境外（以下简称境外）的单位或者个人在境内提供应税劳务，在境内未设有经营机构的，以其境内代理人为扣缴义务人；在境内没有代理人的，以购买方为扣缴义务人。

（2）境外单位或者个人在境内发生销售服务、无形资产或者不动产行为，在境内未设有经营机构的，以购买方为增值税扣缴义务人。财政部和国家税务总局另有规定的除外。

（二）征税范围

1. 增值税征税项目

增值税的征税范围包括销售货物、劳务，销售服务、无形资产、不动产（以下统称应税销售行为）以及进口货物。其中销售服务、无形资产或者不动产称应税行为。

（1）销售货物。

货物，是指有形动产，包括电力、热力、气体在内。

（2）提供加工、修理修配劳务。

（3）销售服务。

销售服务，是指有偿提供交通运输服务、邮政服务、电信服务、建筑服务、金融服务、现代服务、生活服务。

①交通运输服务。

交通运输服务，是指利用运输工具将货物或者旅客送达目的地，使其空间位置得到转移的业务活动。包括陆路运输服务、水路运输服务、航空运输服务和管道运输服务。

水路运输的程租、期租业务，属于水路运输服务。航空运输的湿租业务，属于航空运输服务。无运输工具承运业务，按照交通运输服务缴纳增值税。

②邮政服务。

邮政服务，是指中国邮政集团公司及其所属邮政企业提供邮件寄递、邮政汇兑和机要通信等邮政基本服务的业务活动。包括邮政普遍服务、邮政特殊服务和其他邮政服务。

③电信服务。

电信服务，是指利用有线、无线的电磁系统或者光电系统等各种通信网络资源，提供语音通话服务，传送、发射、接收或者应用图像、短信等电子数据和信息的业务活动。包括基础电信服务和增值电信服务。

④建筑服务。

建筑服务，是指各类建筑物、构筑物及其附属设施的建造、修缮、装饰，线路、管道、设备、设施等的安装以及其他工程作业的业务活动。包括工程服务、安装服务、修缮服务、装饰服务和其他建筑服务。

⑤金融服务。

金融服务，是指经营金融保险的业务活动。包括贷款服务、直接收费金融服务、保险服务和金融商品转让。融资性售后回租按照贷款服务缴纳增值税。

⑥现代服务。

现代服务，是指围绕制造业、文化产业、现代物流产业等提供技术性、知识性服务的业务活动。包括研发和技术服务、信息技术服务、文化创意服务、物流辅助服务、租赁服务、鉴证咨询服务、广播影视服务、商务辅助服务和其他现代服务。

A. 研发和技术服务，包括研发服务、合同能源管理服务、工程勘察勘探服务、专业技术服务。

B. 信息技术服务，包括软件服务、电路设计及测试服务、信息系统服务、业务流程管理服务和信息系统增值服务。

C. 文化创意服务，包括设计服务、知识产权服务、广告服务和会议展览服务。

D. 物流辅助服务，包括航空服务、港口码头服务、货运客运场站服务、打捞救助服务、装卸搬运服务、仓储服务和收派服务。

E. 租赁服务，包括融资租赁服务和经营租赁服务。按照标的物的不同，融资租赁服务可分为有形动产融资租赁服务和不动产融资租赁服务。融资性售后回租不按照融资租赁服务缴纳增值税，而是按贷款服务纳税。按照标的物的不同，经营租赁服务可分为有形动产经营租赁服务和不动产经营租赁服务。车辆停放服务、道路通行服务（包括过路费、过桥费、过闸费等）按照不动产经营租赁服务缴纳增值税。水路运输的光租业务、航空运输的干租业务，属于经营租赁。

F. 鉴证咨询服务，包括认证服务、鉴证服务和咨询服务。

G. 广播影视服务，包括广播影视节目（作品）的制作服务、发行服务和播映（含放映）服务。

H. 商务辅助服务，包括企业管理服务、经纪代理服务、人力资源服务、安全保护服务。

I. 其他现代服务，是指除研发和技术服务、信息技术服务、文化创意服务、物流辅助服务、租赁服务、鉴证咨询服务、广播影视服务和商务辅助服务以外的现代服务。

⑦生活服务。

生活服务，是指为满足城乡居民日常生活需求提供的各类服务活动。包括文化体育服务、教育医疗服务、旅游娱乐服务、餐饮住宿服务、居民日常服务和其他生活服务。

（4）销售无形资产。

销售无形资产，是指有偿转让无形资产所有权或者使用权的业务活动。无形资产，是指不具实物形态，但能带来经济利益的资产，包括技术、商标、著作权、商誉、自然资源使用权和其他权益性无形资产。

（5）销售不动产。

销售不动产，是指有偿转让不动产所有权的业务活动。不动产，是指不能移动或者移动后会引起性质、形状改变的财产，包括建筑物、构筑物等。建筑物，包括住宅、商业营业用房、办公楼等可供居住、工作或者进行其他活动的建造物。构筑物，包括道路、桥梁、隧道、水坝等建造物。

(6) 进口货物。

进口货物，是指申报进入我国海关境内的货物。只要是报关进口的货物，均属于增值税征税范围，在进口环节缴纳增值税（享受免税政策的实物除外）。

2. 应税销售行为在境内

(1) 在境内销售货物或者提供应税劳务，是指销售货物的起运地或者所在地在境内以及提供的应税劳务发生在境内。

(2) 在境内销售服务、无形资产或者不动产，是指：

①服务（租赁不动产除外）或者无形资产（自然资源使用权除外）的销售方或者购买方在境内。

②所销售或者租赁的不动产在境内。

③所销售自然资源使用权的自然资源在境内。

④财政部和国家税务总局规定的其他情形。

(3) 下列情形不属于境内销售服务或者无形资产：

①境外单位或者个人向境内单位或者个人销售完全在境外发生的服务。

②境外单位或者个人向境内单位或者个人销售完全在境外使用的无形资产。

③境外单位或者个人向境内单位或者个人出租完全在境外使用的有形动产。

④财政部和国家税务总局规定的其他情形。

3. 非经营活动和不征税项目

(1) 非经营活动。

纳税人有偿销售货物，有偿提供应税劳务，有偿销售服务、无形资产或者不动产，应缴纳增值税，但不包括下列非经营活动的情形：

①行政单位收取的同时满足以下条件的政府性基金或者行政事业性收费：由国务院或者财政部批准设立的政府性基金，由国务院或者省级人民政府及其财政、价格主管部门批准设立的行政事业性收费；收取时开具省级以上（含省级）财政部门监（印）制的财政票据；所收款项全额上缴财政。

②单位或者个体工商户聘用的员工为本单位或者雇主提供取得工资的服务。

③单位或者个体工商户为聘用的员工提供服务。

④单位或者个体工商户聘用的员工为本单位或者雇主提供加工、修理修配劳务费。

⑤财政部和国家税务总局规定的其他情形。

（2）不征税项目。

①根据国家指令无偿提供的铁路运输服务、航空运输服务，属于用于规定的公益事业的服务，不视同销售服务。

②存款利息。

③被保险人获得的保险赔付。

④房地产主管部门或者其指定机构、公积金管理中心、开发企业以及物业管理单位代收的住宅专项维修资金。

⑤在资产重组过程中，通过合并、分立、出售、置换等方式，将全部或者部分实物资产以及与其相关联的债权、负债和劳动力一并转让给其他单位和个人，其中涉及的货物不动产、土地使用权转让行为。

4. 视同销售

（1）视同销售货物。

单位或者个体工商户的下列行为，视同销售货物：

①将货物交付其他单位或者个人代销。

②销售代销货物。

③设有两个以上机构并实行统一核算的纳税人，将货物从一个机构移送至其他机构用于销售，但相关机构设在同一县（市）的除外。

④将自产、委托加工的货物用于非增值税应税项目。

⑤将自产、委托加工的货物用于集体福利或者个人消费。

⑥将自产、委托加工或者购进的货物作为投资，提供给其他单位或者个体工商户。

⑦将自产、委托加工或者购进的货物分配给股东或者投资者。

⑧将自产、委托加工或者购进的货物无偿赠送其他单位或者个人。

（2）视同销售服务、无形资产或者不动产。

下列情形视同销售服务、无形资产或者不动产：

①单位或者个体工商户向其他单位或者个人无偿提供服务，但用于公益事业或者以社会公众为对象的除外。

②单位或者个人向其他单位或者个人无偿转让无形资产或者不动产，但用于公益事业或者以社会公众为对象的除外。

③财政部和国家税务总局规定的其他情形。

5. 混合销售、兼营

（1）混合销售。

一项销售行为如果既涉及货物又涉及服务，为混合销售。从事货物的生产、批发或者零售的单位和个体工商户的混合销售行为，按照销售货物缴纳增值税；其他单位和个体工商户的混合销售行为，按照销售服务缴纳增值税。

上述从事货物的生产、批发或者零售的单位和个体工商户，包括以从事货物的生产、批发或者零售为主，并兼营销售服务的单位和个体工商户在内。

（2）兼营。

纳税人销售货物、加工修理修配劳务、服务、无形资产或者不动产适用不同税率或者征收率的，应当分别核算适用不同税率或者征收率的销售额，未分别核算销售额的，按照以下方法适用税率或者征收率：

①兼有不同税率的销售货物、加工修理修配劳务、服务、无形资产或者不动产，从高适用税率。

②兼有不同征收率的销售货物、加工修理修配劳务、服务、无形资产或者不动产，从高适用征收率。

③兼有不同税率和征收率的销售货物、加工修理修配劳务、服务、无形资产或者不动产，从高适用税率。

（3）纳税人提供电信服务时，附带赠送用户识别卡、电信终端等货物或者电信服务的，应将其取得的全部价款和价外费用进行分别核算，按各自适用税率计算缴纳增值税。

（4）自 2017 年 5 月 1 日起，纳税人销售活动板房、机器设备、钢结构件等自产货物的同时提供建筑、安装服务，不属于混合销售，应分别核算货物和建筑服务的销售额，分别适用不同的税率或者征收率。

（三）税率和征收率

1. 税率

（1）13% 税率。

增值税一般纳税人销售或者进口货物，提供应税劳务，除适用 9% 的税率外，税率一律适用 13%；增值税一般纳税人提供有形动产租赁服务适用 13% 税率。

(2) 9% 税率。

①纳税人销售或者进口下列货物，税率为 9%。

粮食等农产品、食用植物油、食用盐；自来水、暖气、冷气、热水、煤气、石油液化气、二甲醚、沼气、居民用煤炭制品；图书、报纸、杂志、音像制品、电子出版物；饲料、化肥、农药、农机、农膜；国家规定的其他货物。

②纳税人发生下列应税行为，税率为9%。

提供交通运输服务、邮政服务、基础电信服务、建筑服务、不动产租赁服务，销售不动产，转让土地使用权。

（3）6%税率。

增值税一般纳税人发生下列应税行为，税率为6%：增值电信服务、金融服务、现代服务（不包括租赁服务）、生活服务、销售无形资产（不包括转让土地使用权）。

（4）零税率。

纳税人出口货物税率为零。国务院另有规定的除外。

境内单位和个人发生的跨境应税行为，税率为零。具体范围由财政部和国家税务总局另行规定。

2. 征收率

增值税法定征收率为3%，但财政部和国家税务总局另有规定的除外。

（1）小规模纳税人转让其取得的不动产，按照5%的征收率计算应纳税额。

（2）小规模纳税人出租其取得的不动产，按照5%的征收率计算应纳税额。其中个人（含个体工商户）出租住房，按照5%的征收率减按1.5%计算应纳税额。

（3）小规模纳税人提供劳务派遣服务，以取得的全部价款和价外费用为销售额，按照简易计税方法依3%的征收率计算应纳税额；也可以选择差额纳税，以取得的全部价款和价外费用，扣除代用工单位支付给劳务派遣员工的工资、福利和为其办理社会保险及住房公积金后的余额为销售额，按照简易计税方法依5%的征收率计算应纳税额。

3. 一般纳税人简易计税项目及征收率

（1）一般纳税人销售自产的下列货物，可选择按照简易办法依照3%征收率计算缴纳增值税：

①县级及县级以下小型水力发电单位生产的电力。小型水力发电单位，是指各类投资主体建设的装机容量为5万千瓦以下（含5万千瓦）的小型水力发电单位。

②建筑用和生产建筑材料所用的砂、土、石料。

③以自己采掘的砂、土、石料或其他矿物连续生产的砖、瓦、石灰（不含粘

土实心砖、瓦）。

④用微生物、微生物代谢产物、动物毒素、人或动物的血液或组织制成的生物制品。

⑤自来水。

⑥商品混凝土（仅限于以水泥为原料生产的水泥混凝土）。

（2）一般纳税人销售货物属于下列情形之一的，暂按简易办法依照 3% 征收率计算缴纳增值税：

①寄售商店代销寄售物品（包括居民个人寄售的物品在内）。

②典当业销售死当物品。

（3）一般纳税人从事下列项目可以选择简易计税方法依照 3% 征收率计算缴纳增值税：

①公共交通运输服务。公共交通运输服务，包括轮客渡、公交客运、地铁、城市轻轨、出租车、长途客运、班车。

②经认定的动漫企业为开发动漫产品提供的动漫脚本编撰、形象设计、背景设计、动画设计、分镜、动画制作、摄制、描线、上色、画面合成、配音、配乐、音效合成、剪辑、字幕制作、压缩转码（面向网络动漫、手机动漫格式适配）服务，以及在境内转让动漫版权（包括动漫品牌、形象或者内容的授权及再授权）。

③电影放映服务、仓储服务、装卸搬运服务、收派服务和文化体育服务。

④以纳入营改增试点之日前取得的有形动产为标的物提供的经营租赁服务。

⑤在纳入营改增试点之日前签订的尚未执行完毕的有形动产租赁合同。

（4）下列建筑服务可以选择适用简易计税方法依照 3% 征收率计算缴纳增值税：

①一般纳税人以清包工方式提供的建筑服务，可以选择适用简易计税方法计税。

以清包工方式提供建筑服务，是指施工方不采购建筑工程所需的材料或只采购辅助材料，并收取人工费、管理费或者其他费用的建筑服务。

②一般纳税人为甲供工程提供的建筑服务，可以选择适用简易计税方法计税。

甲供工程，是指全部或部分设备、材料、动力由工程发包方自行采购的建筑工程。

一般纳税人销售自产机器设备的同时提供安装服务，应分别核算机器设备和安装服务的销售额，安装服务可以按照甲供工程选择适用简易计税方法计税。

一般纳税人销售外购机器设备的同时提供安装服务，如果已经按照兼营的有关规定，分别核算机器设备和安装服务的销售额，安装服务可以按照甲供工程选择适用简易计税方法计税。

③一般纳税人为建筑工程老项目提供的建筑服务，可以选择适用简易计税方法计税。

建筑工程老项目，是指：

A.《建筑工程施工许可证》注明的合同开工日期在2016年4月30日前的建筑工程项目。

B.未取得《建筑工程施工许可证》的，建筑工程承包合同注明的开工日期在2016年4月30日前的建筑工程项目。

（5）建筑工程总承包单位为房屋建筑的地基与基础、主体结构提供工程服务，建设单位自行采购全部或部分钢材、混凝土、砌体材料、预制构件的，适用简易计税方法依照3%征收率计税。

（6）自2018年5月1日起，增值税一般纳税人生产销售和批发、零售抗痛药品，可选择按照简易办法依照3%征收率计算缴纳增值税。

自2019年3月1日起，增值税一般纳税人生产销售和批发、零售罕见病药品，可选择按照简易办法依照3%征收率计算缴纳增值税。

自2018年5月1日起，对进口抗癌药品，减按3%征收进口环节增值税。自2019年3月1日起，对进口罕见病药品，减按3%征收进口环节增值税。

（7）自2016年5月1日起，一般纳税人销售或者出租其2016年4月30日前取得的不动产，可以选择适用简易计税方法依照5%征收率征收增值税。

（8）房地产开发企业中的一般纳税人，销售自行开发的房地产老项目，可以选择适用简易计税方法按照5%的征收率计税。

（9）纳税人转让2016年4月30日前取得的土地使用权，可以选择适用简易计税方法，以取得的全部价款和价外费用减去取得该土地使用权的原价后的余额为销售额，按照5%的征收率计算缴纳增值税。

（四）计税方法

1.一般计税方法和简易计税方法

（1）一般计税方法。

一般计税方法适用于增值税一般纳税人。

采用一般计税方法计税的，应纳税额为当期销项税额抵扣当期进项税额后的余额。

应纳税额=当期销项税额–当期进项税额

销项税额=不含税销售额 × 税率=含税销售额 ÷（1+税率）× 税率

当期销项税额小于当期进项税额不足抵扣时，其不足部分可以结转下期继续抵扣，符合增值税期末留抵税额退税条件的，也可申请退税。

（2）简易计税方法。

简易计税方法适用于小规模纳税人和一般纳税人选择或适用简易计税的项目。

采用简易计税方法计税的，按照销售额和增值税征收率计算增值税额，不得抵扣进项税额。应纳税额计算公式为：

应纳税额=不含税销售额 × 征收率=含税销售额 ÷（1+征收率）× 征收率

2．销售额确定

（1）全部价款和价外费用。

纳税人销售货物、应税劳务、服务、无形资产或者不动产销售额为向购买方收取的全部价款和价外费用，但是不包括收取的增值税。

根据《国家税务总局关于取消增值税扣税凭证认证确认期限等增值税征管问题的公告》（国家税务总局公告 2019 年第 45 号）的规定，自 2020 年 1 月 1 日起，纳税人取得的财政补贴收入，与其销售货物、劳务、服务、无形资产、不动产的收入或者数量直接挂钩的，应按规定计算缴纳增值税。纳税人取得的其他情形的财政补贴收入，不属于增值税应税收入，不征收增值税。该公告实施前，纳税人取得的中央财政补贴继续按照《国家税务总局关于中央财政补贴增值税有关问题的公告》（国家税务总局公告 2013 年第 3 号）执行：已经申报缴纳增值税的，可以按现行红字发票管理规定，开具红字增值税发票将取得的中央财政补贴从销售额中扣减。

价外费用包括价外向购买方收取的手续费、补贴、基金、集资费、返还利润、奖励费、违约金、滞纳金、延期付款利息、赔偿金、代收款项、代垫款项、包装费、包装物租金、储备费、优质费、运输装卸费以及其他各种性质的价外收费。但下列项目不包括在内：

①受托加工应征消费税的消费品所代收代缴的消费税。

②同时符合以下条件的代垫运输费用：承运部门的运输费用发票开具给购买方的；纳税人将该项发票转交给购买方的。

③同时符合以下条件代为收取的政府性基金或者行政事业性收费：由国务院或者财政部批准设立的政府性基金，由国务院或者省级人民政府及其财政、价格

主管部门批准设立的行政事业性收费；收取时开具省级以上财政部门印制的财政票据；所收款项全额上缴财政。

④销售货物的同时代办保险等而向购买方收取的保险费，以及向购买方收取的代购买方缴纳的车辆购置税、车辆牌照费。

（2）销售额的核定。

①纳税人销售货物价格明显偏低并无正当理由或者发生视同销售货物行为而无销售额的，由主管税务机关按下列顺序核定其销售额：

A. 按纳税人最近时期同类货物的平均销售价格确定。

B. 按其他纳税人最近时期同类货物的平均销售价格确定。

C. 按组成计税价格确定。

组成计税价格的公式为：

组成计税价格=成本×（1+成本利润率）

属于应征消费税的货物，其组成计税价格中应加计消费税税额。

公式中的成本利润率由国家税务总局确定。除应征消费税的货物外，一般货物的成本利润率按10%确定。

②纳税人销售服务、无形资产或者不动产价格明显偏低或者偏高且不具有合理商业目的的，或者视同销售服务、无形资产或者不动产而无销售额的，主管税务机关有权按照下列顺序确定销售额：

A. 按照纳税人最近时期销售同类服务、无形资产或者不动产的平均价格确定。

B. 按照其他纳税人最近时期销售同类服务、无形资产或者不动产的平均价格确定。

C. 按照组成计税价格确定。组成计税价格的公式为：

组成计税价格=成本×（1+成本利润率）

成本利润率由国家税务总局确定。

不具有合理商业目的的，是指以谋取税收利益为主要目的，通过人为安排，减少、免除、推迟缴纳增值税税款，或者增加退还增值税税款。

(3) 差额确定销售额。

①金融商品转让差额确定销售额的规定。

金融商品转让，按照卖出价扣除买入价后的余额为销售额。

无论是一般纳税人还是小规模纳税人，无论采用一般计税方法还是采用简易计税方法，均按差额确定销售额。

转让金融商品出现的正负差，按盈亏相抵后的余额为销售额。若相抵后出现负差，可结转下一纳税期与下期转让金融商品销售额相抵，但年末时仍出现负差的，不得转入下一个会计年度。

金融商品的买入价，可以选择按照加权平均法或者移动加权平均法进行核算，选择后 36 个月内不得变更。

金融商品转让，不得开具增值税专用发票。

②纳税人提供旅游服务差额确定销售额的规定。

纳税人提供旅游服务，可以选择以取得的全部价款和价外费用，扣除向旅游服务购买方收取并支付给其他单位或者个人的住宿费、餐饮费、交通费、签证费、门票费和支付给其他接团旅游企业的旅游费用后的余额为销售额。

上述规定，无论是一般纳税人还是小规模纳税人，无论采用一般计税方法还是采用简易计税方法，均可以选择差额确定销售额。当然，如果纳税人不选择差额确定销售额，就要按取得的全部价款和价外费用确定销售额。

③一般纳税人提供客运场站服务差额确定销售额的规定。

一般纳税人提供客运场站服务，以其取得的全部价款和价外费用，扣除支付给承运方运费后的余额为销售额。

上述规定，只适用于一般纳税人，小规模纳税人提供客运场站服务要全额确定销售额。

④纳税人提供劳务派遣服务差额确定销售额的规定。

一般纳税人提供劳务派遣服务，按规定以取得的全部价款和价外费用为销售额，按照一般计税方法计算缴纳增值税；也可以选择差额纳税，以取得的全部价款和价外费用，扣除代用工单位支付给劳务派遣员工的工资、福利和为其办理社会保险及住房公积金后的余额为销售额，按照简易计税方法依 5% 的征收率计算缴纳增值税。

小规模纳税人提供劳务派遣服务，以取得的全部价款和价外费用为销售额，按照简易计税方法依 3% 的征收率计算缴纳增值税；也可以选择差额纳税，以取得的全部价款和价外费用，扣除代用工单位支付给劳务派遣员工的工资、福利和为其办理社会保险及住房公积金后的余额为销售额，按照简易计税方法依 5% 的征收率计算缴纳增值税。

纳税人一经选择差额确定销售额，则必须按照简易计税方法依 5% 的征收率计算缴纳增值税。

⑤纳税人提供建筑服务差额确定销售额的规定。

一般纳税人提供建筑服务，选择适用简易计税方法计税的，应以取得的全部价款和价外费用扣除支付的分包款后的余额为销售额，按照3%的征收率计算应纳税额。

小规模纳税人提供建筑服务，应以取得的全部价款和价外费用扣除支付的分包款后的余额为销售额，按照3%的征收率计算应纳税额。

上述规定，只适用于纳税人简易计税方法下销售额的确定。一般纳税人提供建筑服务，适用一般计税方法计税的，应以取得的全部价款和价外费用为销售额计算应纳税额，不得差额确定销售额。

⑥一般纳税人销售自行开发的房地产项目差额确定销售额的规定。

一般纳税人销售自行开发的房地产项目，适用一般计税方法计税，按照取得的全部价款和价外费用，扣除当期销售房地产项目对应的向政府部门支付的土地价款后的余额为销售额。

销售额的计算公式如下：

销售额=（全部价款和价外费用－当期允许扣除的土地价款）÷（1+9%）

当期允许扣除的土地价款=（当期销售房地产项目建筑面积÷房地产项目可供销售建筑面积）×支付的土地价款

当期销售房地产项目建筑面积，是指当期进行纳税申报的增值税销售额对应的建筑面积。

房地产项目可供销售建筑面积，是指房地产项目可以出售的总建筑面积，不包括销售房地产项目时未单独作价结算的配套公共设施的建筑面积。

支付的土地价款，是指向政府、土地管理部门或受政府委托收取土地价款的单位直接支付的土地价款。包括土地受让人向政府部门支付的征地和拆迁补偿费用、土地前期开发费用和土地出让收益等。纳税人向其他单位或个人支付的拆迁补偿费用也允许在销售额中扣减，但当一般纳税人销售其自行开发的房地产项目时选择适用简易计税办法的房地产老项目的，不可扣除。

房地产老项目，是指《建筑工程施工许可证》注明的合同开工日期在2016年4月30日前的房地产项目。

纳税人按上述规定扣除土地价款时，应当取得省级以上（含省级）财政部门监（印）制的财政票据；扣除拆迁补偿费用时，应提供拆迁协议、拆迁双方支付和取得拆迁补偿费用凭证等能够证明拆迁补偿费用真实性的材料。

上述规定，只适用于一般纳税人一般计税方法下销售额的确定，小规模纳税人以及适用简易计税的一般纳税人销售自行开发的房地产项目不得扣减任何费用，按取得的全部价款和价外费用确定销售额。

⑦一般纳税人销售其2016年4月30日前取得（不含自建）的不动产，可以选择适用简易计税方法，以取得的全部价款和价外费用减去该项不动产购置原价或者取得不动产时的作价后的余额为销售额，按照5%的征收率计算应纳税额。

小规模纳税人销售其取得（不含自建）的不动产（不含个体工商户销售购买的住房和其他个人销售不动产），应以取得的全部价款和价外费用减去该项不动产购置原价或者取得不动产时的作价后的余额为销售额，按照5%的征收率计算应纳税额。

纳税人转让2016年4月30日前取得的土地使用权，可以选择适用简易计税方法，以取得的全部价款和价外费用减去取得该土地使用权的原价后的余额为销售额，按照5%的征收率计算缴纳增值税。

3. 进项税额

（1）准予抵扣的进项税额。

进项税额，是指纳税人购进货物、应税劳务、服务、无形资产或者不动产、支付或者负担的增值税额。准予从销项税额中抵扣的进项税额包括：

①从销售方取得的增值税专用发票（含税控机动车销售统一发票）上注明的增值税额。

②从海关取得的海关进口增值税专用缴款书上注明的增值税额。

③购进农产品准予抵扣的进项税额。

A. 2019年4月1日起，纳税人购进农产品，按照简易计税方法依照3%征收率计算缴纳增值税的小规模纳税人取得增值税专用发票的，以增值税专用发票上注明的金额和9%的扣除率计算进项税额；取得（开具）农产品销售发票或收购发票的，以农产品销售发票或收购发票上注明的农产品买价和9%的扣除率计算进项税额。纳税人购进用于生产、销售或委托加工13%税率货物的农产品，按照10%的扣除率计算进项税额。

纳税人购进农产品既用于生产、销售或委托、受托加工13%税率货物又用于生产、销售其他货物服务的，应当分别核算用于生产、销售或委托、受托加工13%税率货物和其他货物服务的农产品进项税额。未分别核算的，统一以增值税专用发票或海关进口增值税专用缴款书上注明的增值税额为进项税额，或以农产品收购发票或销售发票上注明的农产品买价和 9% 的扣除率计算进项税额。

B. 自 2012 年 7 月 1 日起，以购进农产品为原料生产销售液体乳及乳制品、酒及酒精、植物油的增值税一般纳税人，其购进农产品无论是否用于生产上述产品，购进农产品增值税进项税额，实施核定扣除办法。营改增后有条件的地区，应在餐饮行业推行农产品进项税额核定扣除办法。

核定扣除的方法有投入产出法、成本法、参照法，省级（包括计划单列市）税务机关应根据上述顺序，确定纳税人适用的农产品增值税进项税额核定扣除方法。

④自 2018 年 1 月 1 日起，纳税人支付的道路、桥、闸通行费按照以下规定抵扣进项税额：

A. 纳税人支付的道路通行费，按照收费公路通行费增值税电子普通发票上注明的增值税额抵扣进项税额。

B. 纳税人支付的桥、闸通行费，暂凭取得的通行费发票上注明的收费金额按照下列公式计算可抵扣的进项税额：

桥、闸通行费可抵扣进项税额=桥、闸通行费发票上注明的金额 ÷（1 +5%）× 5%

通行费，是指有关单位依法或者依规设立并收取的过路、过桥和过闸费用。

⑤从境外单位或者个人购进劳务、服务、无形资产或者不动产，自税务机关或者扣缴义务人取得的解缴税款的完税凭证上注明的增值税额。

纳税人凭完税凭证抵扣进项税额的，应当具备书面合同、付款证明和境外单位的对账单或者发票。资料不全的，其进项税额不得从销项税额中抵扣。

⑥纳税人购进国内旅客运输服务的抵扣。

纳税人未取得增值税专用发票的，暂按照以下规定确定进项税额：

A. 取得增值税电子普通发票的，为发票上注明的税额。

B. 取得注明旅客身份信息的航空运输电子客票行程单的，为按照下列公式计算的进项税额：

航空旅客运输进项税额=（票价+燃油附加费）÷（1+9%）× 9%

C. 取得注明旅客身份信息的铁路车票的，为按照下列公式计算的进项税额：

铁路旅客运输进项税额=票面金额 ÷（1+9%）× 9%

D. 取得注明旅客身份信息的公路、水路等其他客票的，为按照下列公式计算的进项税额：

公路、水路等其他旅客运输进项税额=票面金额 ÷（1+3%）× 3%

国内旅客运输服务，限于与本单位签订劳动合同的员工，以及本单位作为用工单位接受的劳务派遣员工发生的国内旅客运输服务。

纳税人购进国内旅客运输服务，以取得的增值税电子普通发票上注明的税额为进项税额的，增值税电子普通发票上注明的购买方“名称”“纳税人识别号”等信息，应当与实际抵扣税款的纳税人一致，否则不予抵扣。

纳税人允许抵扣的国内旅客运输服务进项税额，是指纳税人 2019 年 4 月 1 日及以后实际发生，并取得合法有效增值税扣税凭证注明的或依据其计算的增值税税额。以增值税专用发票或增值税电子普通发票为增值税扣税凭证的，为 2019 年 4 月 1 日及以后开具的增值税专用发票或增值税电子普通发票。

⑦不动产进项税额的抵扣。

A. 2016 年 5 月 1 日至 2019 年 3 月 31 日取得并依照会计制度按固定资产核算的不动产或者 2016 年 5 月 1 日至 2019 年 3 月 31 日取得的不动产在建工程，其进项税额自取得之日起分 2 年从销项税额中抵扣，第一年抵扣比例为 60%，第二年抵扣比例为 40%。取得不动产，包括以直接购买、接受捐赠、接受投资入股、自建以及抵债等各种形式取得不动产，不包括房地产开发企业自行开发的房地产项目。融资租入的不动产以及在施工现场修建的临时建筑物、构筑物，其进项税额不适用上述分 2 年抵扣的规定。

B. 纳税人 2016 年 5 月 1 日至 2019 年 3 月 31 日购进货物和设计服务、建筑服务，用于新建不动产，或者用于改建、扩建、修缮、装饰不动产并增加不动产原值超过 50% 的，其进项税额依照上述规定分 2 年从销项税额中抵扣。

自 2019 年 4 月 1 日起，纳税人取得不动产或者不动产在建工程的进项税额不再分 2 年抵扣。此前按照上述规定尚未抵扣完毕的待抵扣进项税额，可自 2019 年 4 月税款所属期起从销项税额中抵扣。

按照规定不得抵扣进项税额的不动产，发生用途改变，用于允许抵扣进项税额项目的，按照下列公式在改变用途的次月计算可抵扣进项税额。

可抵扣进项税额=增值税扣税凭证上注明或计算的进项税额 × 不动产净值率

⑧进项税额的加计抵减。

自 2019 年 4 月 1 日至 2021 年 12 月 31 日，允许生产、生活性服务业纳税人按照当期可抵扣进项税额加计 10%，抵减应纳税额（以下称加计抵减政策）。

A. 生产、生活性服务业纳税人，是指提供邮政服务、电信服务、现代服务、生活服务（以下称四项服务）取得的销售额占全部销售额的比重超过 50% 的纳税人。四项服务的具体范围与增值税征税范围的相关规定相同。

销售额，包括纳税申报销售额、稽查查补销售额、纳税评估调整销售额。其中，纳税申报销售额包括一般计税方法销售额，简易计税方法销售额，免税销售额，税务机关代开发票销售额，免、抵、退办法出口销售额，即征即退项目销售额。

稽查查补销售额和纳税评估调整销售额，计入查补或评估调整当期销售额确定适用加计抵减政策；适用增值税差额征收政策的，以差额后的销售额确定适用加计抵减政策。

2019 年 3 月 31 日前设立的纳税人，自 2018 年 4 月至 2019 年 3 月的销售额（经营期不满 12 个月的，按照实际经营期的销售额）符合上述规定条件的，自 2019 年 4 月 1 日起适用加计抵减政策。

2019 年 4 月 1 日后设立的纳税人，自设立之日起 3 个月的销售额符合上述规定条件的，自登记为一般纳税人之日起适用加计抵减政策。

纳税人确定适用加计抵减政策后，当年内不再调整，以后年度是否适用，根据上年度销售额计算确定。

纳税人可计提但未计提的加计抵减额，可在确定适用加计抵减政策当期一并计提。

B. 纳税人应按照当期可抵扣进项税额的 10% 计提当期加计抵减额。按照现行规定不得从销项税额中抵扣的进项税额，不得计提加计抵减额；已计提加计抵减额的进项税额，按规定作进项税额转出的，应在进项税额转出当期，相应调减加计抵减额。计算公式如下：

当期计提加计抵减额＝当期可抵扣进项税额 ×10%

当期可抵减加计抵减额＝上期末加计抵减额余额＋当期计提加计抵减额－当期调减加计抵减额

C. 纳税人应按照现行规定计算一般计税方法下的应纳税额（以下称抵减前的应纳税额）后，区分以下情形加计抵减：

第一，抵减前的应纳税额等于零的，当期可抵减加计抵减额全部结转下期抵减。

第二，抵减前的应纳税额大于零，且大于当期可抵减加计抵减额的，当期可抵减加计抵减额全额从抵减前的应纳税额中抵减。

第三，抵减前的应纳税额大于零，且小于或等于当期可抵减加计抵减额的，以当期可抵减加计抵减额抵减应纳税额至零。未抵减完的当期可抵减加计抵减额，结转下期继续抵减。

D. 纳税人出口货物劳务、发生跨境应税行为不适用加计抵减政策，其对应的进项税额不得计提加计抵减额。

纳税人兼营出口货物劳务、发生跨境应税行为且无法划分不得计提加计抵减额的进项税额，按照以下公式计算：

不得计提加计抵减额的进项税额＝当期无法划分的全部进项税额 × 当期出口货物劳务和发生跨境应税行为的销售额 ÷ 当期全部销售额

E. 纳税人应单独核算加计抵减额的计提、抵减、调减、结余等变动情况。骗取适用加计抵减政策或虚增加计抵减额的，按照《中华人民共和国税收征收管理法》（以下简称《税收征管法》）等有关规定处理。

F. 加计抵减政策执行到期后，纳税人不再计提加计抵减额，结余的加计抵减额停止抵减。

G.2019 年 10 月 1 日至 2021 年 12 月 31 日，允许生活性服务业纳税人按照当期可抵扣进项税额加计 15%，抵减应纳税额。计算公式如下：

当期计提加计抵减额＝当期可抵扣进项税额 × 15%

生活性服务业纳税人，是指提供生活服务取得的销售额占全部销售额的比重超过 50% 的纳税人。2019 年 9 月 30 日前设立的纳税人，自 2018 年 10 月至 2019 年 9 月的销售额（经营期不满 12 个月的，按照实际经营期的销售额）符合上述规定条件的，自 2019 年 10 月 1 日起适用加计抵减 15% 政策。

2019 年 10 月 1 日后设立的纳税人，自设立之日起 3 个月的销售额符合上述规定条件的，自登记为一般纳税人之日起适用加计抵减 15% 政策。

（2）不予抵扣的进项税额。

纳税人取得的增值税扣税凭证不符合法律、行政法规或者国家税务总局有关规定的，其进项税额不得从销项税额中抵扣。除此之外，一般纳税人发生下列项目的进项税额不得从销项税额中抵扣：

①用于简易计税方法计税项目、免征增值税项目、集体福利或者个人消费的购进货物、加工修理修配劳务、服务、无形资产和不动产。

其中涉及的固定资产、无形资产、不动产，仅指专用于上述项目的固定资产、无形资产（不包括其他权益性无形资产）、不动产。

固定资产，是指使用期限超过 12 个月的机器、机械、运输工具以及其他与生产经营有关的设备、工具、器具等有形资产。纳税人的交际应酬消费属于个人消费。

②非正常损失的购进货物，以及相关的加工修理修配劳务和交通运输服务。

③非正常损失的在产品、产成品所耗用的购进货物（不包括固定资产）加工修理修配劳务和交通运输服务。

④非正常损失的不动产，以及该不动产所耗用的购进货物、设计服务和建筑服务。

⑤非正常损失的不动产在建工程所耗用的购进货物、设计服务和建筑服务。

纳税人新建、改建、扩建、修缮、装饰不动产，均属于不动产在建工程。上述第④点、第⑤点所称货物，是指构成不动产实体的材料和设备，包括建筑装饰材料和给排水、采暖、卫生、通风、照明、通讯、煤气、消防、中央空调、电梯、电气、智能化楼宇设备及配套设施。

上述第②点至第⑤点所称的非正常损失，是指因管理不善造成货物被盗、丢失、霉烂变质，以及因违反法律法规造成货物或者不动产被依法没收、销毁、拆除的情形。

⑥购进的贷款服务、餐饮服务、居民日常服务和娱乐服务。

纳税人接受贷款服务向贷款方支付的与该笔贷款直接相关的投融资顾问费、手续费、咨询费等费用，其进项税额不得从销项税额中抵扣。

⑦财政部和国家税务总局规定的其他情形。

（3）进项税额的扣减（转出）和转入。

①适用一般计税方法计税的纳税人，因销货退回、销售折让，劳务、服务中止而收回的增值税额，应当从当期的进项税额中扣减。

②适用一般计税方法的纳税人，兼营简易计税方法计税项目、免征增值税项目而无法划分不得抵扣的进项税额，按照下列公式计算不得抵扣的进项税额：

不得抵扣的进项税额=当期无法划分的全部进项税额×（当期简易计税方法计税项目销售额+免征增值税项目销售额）÷当期全部销售额

主管税务机关可以按照上述公式依据年度数据对不得抵扣的进项税额进行清算。

③已抵扣进项税额的购进货物（不含固定资产）、劳务、服务，发生改变用途用于集体福利、个人消费或者非正常损失等不得抵扣进项税额的情形（简易计税方法计税项目、免征增值税项目除外）的，应当将该进项税额从当期进项税额中扣减；无法确定该进项税额的，按照当期实际成本计算应扣减的进项税额。

④已抵扣进项税额的固定资产、无形资产或者不动产，发生不得抵扣情形的，按照下列公式计算不得抵扣的进项税额：

不得抵扣的进项税额=固定资产、无形资产或者不动产净值×适用税率

固定资产、无形资产或者不动产净值，是指纳税人根据财务会计制度计提折旧或摊销后的余额。

⑤不得抵扣且未抵扣进项税额的固定资产、无形资产、不动产，发生用途改变，用于允许抵扣进项税额的应税项目，可在用途改变的次月按照下列公式，依据合法有效的增值税扣税凭证，计算可以抵扣的进项税额：

可以抵扣的进项税额=固定资产、无形资产、不动产净值÷（1+适用税率）×适用税率

上述可以抵扣的进项税额应取得合法有效的增值税扣税凭证。

二、特定企业（或交易行为）的增值税政策

（一）资管产品的增值税政策

1. 纳税人

资管产品运营过程中发生的增值税应税行为，以资管产品管理人为增值税纳税人。

资管产品，包括银行理财产品、资金信托（包括集合资金信托、单一资金信托）、财产权信托、公开募集证券投资基金、特定客户资产管理计划、集合资产管理计划、定向资产管理计划、私募投资基金、债权投资计划、股权投资计划、股债结合型投资计划、资产支持计划、组合类保险资产管理产品、养老保障管理产品。

资管产品管理人，包括银行、信托公司、公募基金管理公司及其子公司、证券公司及其子公司、期货公司及其子公司、私募基金管理人、保险资产管理公司、专业保险资产管理机构、养老保险公司。

2. 计税方法

资管产品管理人运营资管产品过程中发生的增值税应税行为（以下称资管产品运营业务），暂适用简易计税方法，按照3%的征收率缴纳增值税。

资管产品管理人应分别核算资管产品运营业务和其他业务的销售额和增值税应纳税额。未分别核算的，资管产品运营业务不得适用简易计税方法。

（二）建筑服务业增值税政策

1. 纳税人的特殊规定

建筑企业与发包方签订建筑合同后，以内部授权或者三方协议等方式，授权集团内其他纳税人（以下称第三方）为发包方提供建筑服务，并由第三方直接与发包方结算工程款的，由第三方缴纳增值税并向发包方开具增值税发票，与发包方签订建筑合同的建筑企业不缴纳增值税。发包方可凭实际提供建筑服务的纳税人开具的增值税专用发票抵扣进项税额。

2. 预缴税款

(1) 跨县（市、区）提供建筑服务预缴税款。

跨县（市、区）提供建筑服务，需要按照规定的预征率在项目所在地预缴增值税，向机构所在地主管税务机关申报纳税。纳税人在同一地级行政区范围内跨县（市、区）提供建筑服务，不适用上述规定。

①一般纳税人跨县（市、区）提供建筑服务，适用一般计税方法计税的，以取得的全部价款和价外费用扣除支付的分包款后的余额，按照 2% 的预征率计算应预缴税款。

应预缴税款 =（全部价款和价外费用 − 支付的分包款）÷（1+9%）× 2%

②一般纳税人跨县（市、区）提供建筑服务，选择适用简易计税方法计税的，以取得的全部价款和价外费用扣除支付的分包款后的余额，按照 3% 的征收率计算应预缴税款。

应预缴税款 =（全部价款和价外费用 − 支付的分包款）÷（1+3%）× 3%

③小规模纳税人跨县（市、区）提供建筑服务，以取得的全部价款和价外费用扣除支付的分包款后的余额，按照 3% 的征收率计算应预缴税款。

应预缴税款 =（全部价款和价外费用 − 支付的分包款）÷（1+3%）× 3%

(2) 取得预收款预缴税款。

纳税人提供建筑服务取得预收款，应在收到预收款时，以取得的预收款扣除支付的分包款后的余额，按照规定的预征率预缴增值税。

适用一般计税方法计税的项目预征率为 2%，适用简易计税方法计税的项目预征率为 3%。

按照现行规定应在建筑服务发生地预缴增值税的项目，纳税人收到预收款时在建筑服务发生地预缴增值税。按照现行规定无须在建筑服务发生地预缴增值税的项目，纳税人收到预收款时在机构所在地预缴增值税。

（三）房地产开发企业预缴增值税政策

1. 一般纳税人预缴税款

一般纳税人采取预收款方式销售自行开发的房地产项目，应在收到预收款时按照 3% 的预征率预缴增值税。

应预缴税款按照以下公式计算：

应预缴税款 = 预收款 ÷（1+ 适用税率或征收率）× 3%

适用一般计税方法计税的，按照 9% 的适用税率计算；适用简易计税方法计税的，按照 5% 的征收率计算。

一般纳税人应在取得预收款的次月纳税申报期向主管税务机关预缴税款。

2. 小规模纳税人预缴税款

房地产开发企业中的小规模纳税人（以下简称小规模纳税人）采取预收款方式销售自行开发的房地产项目，应在收到预收款时按照 3% 的预征率预缴增值税。

应预缴税款按照以下公式计算：

应预缴税款 = 预收款 ÷（1+5%）× 3%

小规模纳税人应在取得预收款的次月纳税申报期或主管税务机关核定的纳税期限向主管税务机关预缴税款。

（四）转让不动产增值税政策

1. 一般纳税人转让不动产

一般纳税人转让其取得的不动产，按照以下规定缴纳增值税：

（1）一般纳税人转让其 2016 年 4 月 30 日前取得（不含自建）的不动产，可以选择适用简易计税方法计税，以取得的全部价款和价外费用扣除不动产购置原价或者取得不动产时的作价后的余额为销售额，按照 5% 的征收率计算应纳税额。纳税人应按照上述计税方法向不动产所在地主管税务机关预缴税款，向机构所在地主管税务机关申报纳税。

（2）一般纳税人转让其 2016 年 4 月 30 日前自建的不动产，可以选择适用简易计税方法计税，以取得的全部价款和价外费用为销售额，按照 5% 的征收率计算应纳税额。纳税人应按照上述计税方法向不动产所在地主管税务机关预缴税款，向机构所在地主管税务机关申报纳税。

（3）一般纳税人转让其 2016 年 4 月 30 日前取得（不含自建）的不动产，选择适用一般计税方法计税的，以取得的全部价款和价外费用为销售额计算应纳税额。纳税人应以取得的全部价款和价外费用扣除不动产购置原价或者取得不动产时的作价后的余额，按照 5% 的预征率向不动产所在地主管税务机关预缴税款，向机构所在地主管税务机关申报纳税。

（4）一般纳税人转让其 2016 年 4 月 30 日前自建的不动产，选择适用一般计税方法计税的，以取得的全部价款和价外费用为销售额计算应纳税额。纳税人应以取得的全部价款和价外费用，按照 5% 的预征率向不动产所在地主管税务机关预缴税款，向机构所在地主管税务机关申报纳税。

（5）一般纳税人转让其 2016 年 5 月 1 日后取得（不含自建）的不动产，适用一般计税方法，以取得的全部价款和价外费用为销售额计算应纳税额。纳税人应以取得的全部价款和价外费用扣除不动产购置原价或者取得不动产时的作价后的余额，按照 5% 的预征率向不动产所在地主管税务机关预缴税款，向机构所在地主管税务机关申报纳税。

（6）一般纳税人转让其 2016 年 5 月 1 日后自建的不动产，适用一般计税方法，以取得的全部价款和价外费用为销售额计算应纳税额。纳税人应以取得的全部价款和价外费用，按照 5% 的预征率向不动产所在地主管税务机关预缴税款，向机构所在地主管税务机关申报纳税。

2. 小规模纳税人转让不动产

小规模纳税人转让其取得的不动产，除个人转让其购买的住房外，按照以下规定缴纳增值税：

（1）小规模纳税人转让其取得（不含自建）的不动产，以取得的全部价款和价外费用扣除不动产购置原价或者取得不动产时的作价后的余额为销售额，按照 5% 的征收率计算应纳税额。

（2）小规模纳税人转让其自建的不动产，以取得的全部价款和价外费用为销售额，按照 5% 的征收率计算应纳税额。

除其他个人之外的小规模纳税人，应按照上述规定的计税方法向不动产所在地主管税务机关预缴税款，向机构所在地主管税务机关申报纳税；其他个人按照上述规定的计税方法向不动产所在地主管税务机关申报纳税。

3. 其他个人以外的纳税人转让不动产

其他个人以外的纳税人转让其取得的不动产，区分以下情形计算应向不动产所在地主管税务机关预缴的税款：

（1）以转让不动产取得的全部价款和价外费用作为预缴税款计算依据的，计算公式为：

应预缴税款=全部价款和价外费用 ÷（1+5%）×5%

（2）以转让不动产取得的全部价款和价外费用扣除不动产购置原价或者取得不动产时的作价后的余额作为预缴税款计算依据的，计算公式为：

应预缴税款=（全部价款和价外费用–不动产购置原价或者取得不动产时的作价）÷（1+5%）×5%

4. 个人转让其购买的住房

个人转让其购买的住房，按照以下规定缴纳增值税：

（1）个人转让其购买的持有2年以内的住房，按照有关规定全额缴纳增值税，以取得的全部价款和价外费用为销售额，按5%的征收率计算缴纳税额。

（2）北京、上海、深圳、广州四个地区以外的个人转让其购买的持有2年以上（含2年）的住房，免征增值税。

（3）北京、上海、深圳、广州四个地区的个人转让其购买的持有2年以上（含2年）的非普通住房，按有关规定差额缴纳增值税，以取得的全部价款和价外费用扣除购买住房价款后的余额为销售额，按5%的征收率计算缴纳税额；转让其购买的持有2年以上（含2年）的普通住房，免征增值税。

（五）不动产经营租赁增值税政策

1. 一般纳税人出租不动产

一般纳税人出租不动产，按照以下规定缴纳增值税：

（1）一般纳税人出租其2016年4月30日前取得的不动产，可以选择适用简易计税方法，按照5%的征收率计算应纳税额。

不动产所在地与机构所在地不在同一县（市、区）的，纳税人应按照上述计税方法向不动产所在地主管税务机关预缴税款，向机构所在地主管税务机关申报纳税。

不动产所在地与机构所在地在同一县（市、区）的，纳税人向机构所在地主管税务机关申报纳税。

（2）一般纳税人出租其2016年5月1日后取得的不动产，适用一般计税方法计税。

不动产所在地与机构所在地不在同一县（市、区）的，纳税人应按照3%的预征率向不动产所在地主管税务机关预缴税款，向机构所在地主管税务机关申报纳税。

不动产所在地与机构所在地在同一县（市、区）的，纳税人应向机构所在地主管税务机关申报纳税。

一般纳税人出租其2016年4月30日前取得的不动产适用一般计税方法计税的，按照上述规定执行。

2．小规模纳税人出租不动产

小规模纳税人出租不动产，按照以下规定缴纳增值税：

（1）单位和个体工商户出租不动产（不含个体工商户出租住房），按照5%的征收率计算应纳税额。个体工商户出租住房，按照5%的征收率减按1.5%计算应纳税额。

不动产所在地与机构所在地不在同一县（市、区）的，纳税人应按照上述计税方法向不动产所在地主管税务机关预缴税款，向机构所在地主管税务机关申报纳税。

不动产所在地与机构所在地在同一县（市、区）的，纳税人应向机构所在地主管税务机关申报纳税。

（2）其他个人出租不动产（不含住房），按照5%的征收率计算应纳税额，向不动产所在地主管税务机关申报纳税。其他个人出租住房，按照5%的征收率减按1.5%计算应纳税额，向不动产所在地主管税务机关申报纳税。

3．其他个人出租不动产

其他个人出租不动产，按照以下公式计算应纳税款：

（1）出租住房：

应纳税款＝含税销售额 ÷（1+5%）×1.5%

（2）出租非住房：

应纳税款＝含税销售额 ÷（1+5%）×5%

4．预缴税款的计算

（1）纳税人出租不动产适用一般计税方法计税的，按照以下公式计算应预缴税款：

应预缴税款＝含税销售额 ÷（1+9%）×3%

（2）纳税人出租不动产适用简易计税方法计税的，除个人出租住房外，按照以下公式计算应预缴税款：

应预缴税款=含税销售额 ÷（1+5%）×5%

（3）个体工商户出租住房，按照以下公式计算应预缴税款：

应预缴税款=含税销售额 ÷（1+5%）×1.5%

纳税人出租的不动产所在地与其机构所在地在同一直辖市或计划单列市但不在同一县（市、区）的，由直辖市或计划单列市税务局决定是否在不动产所在地预缴税款。

纳税人出租不动产，按照规定需要预缴税款的，应在取得租金的次月纳税申报期或不动产所在地主管税务机关核定的纳税期限预缴税款。

三、增值税优惠政策

（一）免税

（1）下列项目免征增值税：

①农业生产者销售的自产农产品。

②避孕药品和用具。

③古旧图书，即向社会收购的古书和旧书。

④直接用于科学研究、科学试验和教学的进口仪器、设备。

⑤外国政府、国际组织无偿援助的进口物资和设备。

⑥由残疾人的组织直接进口供残疾人专用的物品。

⑦销售自己使用过的物品。自己使用过的物品，是指其他个人自己使用过的物品。

⑧托儿所、幼儿园提供的保育和教育服务。

⑨养老机构提供的养老服务。

⑩残疾人福利机构提供的育养服务。

⑪婚姻介绍服务。

⑫殡葬服务。

⑬残疾人员本人为社会提供的服务。

⑭医疗机构提供的医疗服务。

⑮从事学历教育的学校提供的教育服务。

⑯学生勤工俭学提供的服务。

⑰农业机耕、排灌、病虫害防治、植物保护、农牧保险以及相关技术培训业务，家禽、牲畜、水生动物的配种和疾病防治。

⑱纪念馆、博物馆、文化馆、文物保护单位管理机构、美术馆、展览馆、书画院、图书馆在自己的场所提供文化体育服务取得的第一道门票收入。

⑲寺院、宫观、清真寺和教堂举办文化、宗教活动的门票收入。

⑳行政单位之外的其他单位收取的符合《营业税改征增值税试点实施办法》(财税〔2016〕36 号）附件 1 第十条规定条件的政府性基金和行政事业性收费。

㉑个人转让著作权。

㉒个人销售自建自用住房。

㉓ 2018 年 12 月 31 日前，公共租赁住房经营单位出租的公共租赁住房。

㉔纳税人提供技术转让、技术开发和与之相关的技术咨询、技术服务。

㉕将土地使用权转让给农业生产者用于农业生产。

㉖涉及家庭财产分割的个人无偿转让不动产、土地使用权。

㉗台湾航运公司、航空公司从事海峡两岸海上直航、空中直航业务在大陆取得的运输收入。

㉘纳税人提供的或间接国际货物运输代理服务。

㉙以下利息收入。

A. 国家助学贷款。

B. 国债、地方政府债。

C. 人民银行对金融机构的贷款。

D. 住房公积金管理中心用住房公积金在指定的委托银行发放的个人住房贷款。

E. 外汇管理部门在从事国家外汇储备经营过程中，委托金融机构发放的外汇贷款。

F. 统借统还业务中，企业集团或企业集团中的核心企业以及集团所属财务公司按不高于支付给金融机构的借款利率水平或者支付的债券票面利率水平，向企业集团或者集团内下属单位收取的利息。

统借方向资金使用单位收取的利息，高于支付给金融机构借款利率水平或者支付的债券票面利率水平的，应全额缴纳增值税。

㉚被撤销金融机构以货物、不动产、无形资产、有价证券、票据等财产清偿债务。

㉛保险公司开办的 1 年期以上人身保险产品取得的保费收入。

㉜下列金融商品转让收入。

A. 合格境外投资者（QFII）委托境内公司在我国从事证券买卖业务。

B. 香港市场投资者（包括单位和个人）通过沪港通买卖上海证券交易所上市 A 股。

C. 对香港市场投资者（包括单位和个人）通过基金互认买卖内地基金份额。

D. 证券投资基金（封闭式证券投资基金，开放式证券投资基金）管理人运用基金买卖股票、债券。

E. 个人从事金融商品转让业务。

㉝金融同业往来利息收入。

㉞同时符合下列条件的担保机构从事中小企业信用担保或者再担保业务取得的收入（不含信用评级、咨询、培训等收入）3 年内免征增值税：

A. 已取得监管部门颁发的融资性担保机构经营许可证，依法登记注册为企（事）业法人，实收资本超过 2000 万元。

B. 平均年担保费率不超过银行同期贷款基准利率的 50%。

平均年担保费率=本期担保费收入÷（期初担保余额+本期增加担保金额）×100%

C. 连续合规经营 2 年以上，资金主要用于担保业务，具备健全的内部管理制度和为中小企业提供担保的能力，经营业绩突出，对受保项目具有完善的事前评估、事中监控、事后追偿与处置机制。

D. 为中小企业提供的累计担保贷款额占其两年累计担保业务总额的 80% 以上，单笔 800 万元以下的累计担保贷款额占其累计担保业务总额的 50% 以上。

E. 对单个受保企业提供的担保余额不超过担保机构实收资本总额的 10%，且平均单笔担保责任金额最多不超过 3000 万元人民币。

F. 担保责任余额不低于其净资产的 3 倍，且代偿率不超过 2%。

担保机构免征增值税政策采取备案管理方式。符合条件的担保机构应到所在地县（市）主管税务机关和同级中小企业管理部门履行规定的备案手续，自完成备案手续之日起，享受 3 年免征增值税政策。3 年免税期满后，符合条件的担保机构可按规定程序办理备案手续后继续享受该项政策。

㉟国家商品储备管理单位及其直属企业承担商品储备任务，从中央或者地方财政取得的利息补贴收入和价差补贴收入。

㊱同时符合下列条件的合同能源管理服务：

A. 节能服务公司实施合同能源管理项目相关技术，应当符合国家质量监督检验检疫总局和国家标准化管理委员会发布的《合同能源管理技术通则》（GB/T 24915–2010）规定的技术要求。

B. 节能服务公司与用能企业签订节能效益分享型合同，其合同格式和内容，符合《中华人民共和国合同法》[①]和《合同能源管理技术通则》（GB/T24915–2010）等规定。

㊲政府举办的从事学历教育的高等、中等和初等学校（不含下属单位），举办进修班、培训班取得的全部归该学校所有的收入。

㊳政府举办的职业学校设立的主要为在校学生提供实习场所、并由学校出资自办、由学校负责经营管理、经营收入归学校所有的企业，从事《销售服务、无形资产或者不动产注释》中“现代服务”（不含融资租赁服务、广告服务和其他现代服务）、“生活服务”（不含文化体育服务、其他生活服务和桑拿、氧吧）业务活动取得的收入。

㊴家政服务企业由员工制家政服务员提供家政服务取得的收入。

㊵福利彩票、体育彩票的发行收入。

㊶军队空余房产租赁收入。

㊷为了配合国家住房制度改革，企业、行政事业单位按房改成本价、标准价出售住房取得的收入。

㊸土地所有者出让土地使用权和土地使用者将土地使用权归还给土地所有者。

㊹县级以上地方人民政府或自然资源行政主管部门出让、转让或收回自然资源使用权（不含土地使用权）。

㊺随军家属就业。

A. 为安置随军家属就业而新开办的企业，自领取税务登记证之日起，其提供的应税服务 3 年内免征增值税。

享受税收优惠政策的企业，随军家属必须占企业总人数的 60%（含）以上，并有军（含）以上政治和后勤机关出具的证明。

B. 从事个体经营的随军家属，自办理税务登记事项之日起，其提供的应税服务 3 年内免征增值税。

㊻军队转业干部就业。

A. 从事个体经营的军队转业干部，自领取税务登记证之日起，其提供的应税服务 3 年内免征增值税。

---

① 《中华人民共和国合同法》已废止，现为《中华人民共和国民法典》合同编。

B. 为安置自主择业的军队转业干部就业而新开办的企业，凡安置自主择业的军队转业干部占企业总人数 60%（含）以上的，自领取税务登记证之日起，其提供的应税服务 3 年内免征增值税。

（2）自 2021 年 4 月 1 日至 2022 年 12 月 31 日，小规模纳税人发生增值税应税销售行为，合计月销售额未超过 15 万元（以 1 个季度为 1 个纳税期的，季度销售额未超过 45 万元）的，免征增值税。

（3）自 2021 年 4 月 1 日至 2022 年 12 月 31 日，其他个人，采取一次性收取租金形式出租不动产取得的租金收入，可在对应的租赁期内平均分摊，分摊后的月租金收入未超过 15 万元的，免征增值税。

（4）自 2020 年 1 月 1 日至 2021 年 12 月 31 日，纳税人提供公共交通运输服务、生活服务及居民必需生活物资快递收派服务收入免征增值税；对纳税人运输疫情防控重点保障物资取得的收入免征增值税。无偿捐赠应对疫情的货物免征增值税、消费税、城市维护建设税、教育费附加、地方教育附加；对纳税人提供公共交通运输服务、生活服务，以及为居民提供必需生活物资快递收派服务取得的收入，免征增值税。

（二）减税

1. 两项费用抵减税额

（1）增值税纳税人 2011 年 12 月 1 日（含）以后初次购买增值税税控系统专用设备（包括分开票机）支付的费用，可凭购买增值税税控系统专用设备取得的增值税专用发票，在增值税应纳税额中全额抵减（抵减额为价税合计额），不足抵减的可结转下期继续抵减。增值税纳税人非初次购买增值税税控系统专用设备支付的费用，由其自行负担，不得在增值税应纳税额中抵减。

增值税税控系统包括增值税防伪税控系统、货物运输业增值税专用发票税控系统、机动车销售统一发票税控系统和公路、内河货物运输业发票税控系统。

增值税防伪税控系统的专用设备包括金税卡、IC 卡、读卡器或金税盘和报税盘；货物运输业增值税专用发票税控系统专用设备包括税控盘和报税盘；机动车销售统一发票税控系统和公路、内河货物运输业发票税控系统专用设备包括税控盘和传输盘。

（2）增值税纳税人 2011 年 12 月 1 日以后缴纳的技术维护费（不含补缴的 2011 年 11 月 30 日以前的技术维护费），可凭技术维护服务单位开具的技术维护费发票，在增值税应纳税额中全额抵减，不足抵减的可结转下期继续抵减。技术维护费按照价格主管部门核定的标准执行。

营改增以后，纳税人提供技术维护服务改征增值税，所以应凭技术维护服务单位开具的增值税发票，在增值税应纳税额中全额抵减。

（3）增值税一般纳税人支付的两项费用在增值税应纳税额中全额抵减的，其增值税专用发票不作为增值税抵扣凭证，其进项税额不得从销项税额中抵扣。

2．销售使用过的物品

（1）纳税人销售旧货的，按照简易办法依照3%征收率减按2%征收增值税。

旧货，是指进入二次流通的具有部分使用价值的货物（含旧汽车、旧摩托车和旧游艇），但不包括自己使用过的物品。

（2）小规模纳税人（除其他个人外）销售自己使用过的固定资产，依照3%征收率减按2%征收增值税。

（3）一般纳税人销售自己使用过的属于《增值税暂行条例》规定不得抵扣且未抵扣进项税额的固定资产，依照3%征收率减按2%征收增值税。

纳税人购进或者自制固定资产时为小规模纳税人，认定为一般纳税人后销售该固定资产，可依照3%征收率减按2%征收增值税。

纳税人发生按简易计税方法征收增值税应税行为，销售其按照规定不得抵扣且未抵扣进项税额的固定资产，依照3%征收率减按2%征收增值税。

纳税人销售自己使用过的2008年12月31日以前，或在本地区扩大增值税抵扣范围试点以前购进或者自制的固定资产，依照3%征收率减按2%征收增值税。

一般纳税人销售自己使用过的营改增试点以前购进或者自制的固定资产，可依照3%征收率减按2%征收增值税。

自2016年2月1日起，纳税人销售自己使用过的固定资产，适用简易办法依照3%征收率减按2%征收增值税政策的，可以放弃减税，按照简易办法依照3%征收率缴纳增值税，并可以开具增值税专用发票。

（三）即征即退

下列项目实行增值税即征即退政策：

（1）一般纳税人提供管道运输服务，对其增值税实际税负超过3%的部分实行增值税即征即退政策。

（2）经人民银行、银监会或者商务部批准从事融资租赁业务的试点纳税人中的一般纳税人，提供有形动产融资租赁服务和有形动产融资性售后回租服务，对其增值税实际税负超过 3% 的部分实行增值税即征即退政策。商务部授权的省级商务主管部门和国家经济技术开发区批准的从事融资租赁业务和融资性售后回租业务的试点纳税人中的一般纳税人，2016 年 5 月 1 日后实收资本达到 1.7 亿元的，从达到标准的当月起按照上述规定执行；2016 年 5 月 1 日后实收资本未达到 1.7 亿元但注册资本达到 1.7 亿元的，在 2016 年 7 月 31 日前仍可按照上述规定执行，2016 年 8 月 1 日后开展的有形动产融资租赁业务和有形动产融资性售后回租业务不得按照上述规定执行。

（3）增值税一般纳税人销售其自行开发生产的软件产品，按其基本税率（2018 年 5 月 1 日前为 17%，2018 年 5 月 1 日至 2019 年 3 月 31 日为 16%，2019 年 4 月 1 日起为 13%，下同）征收增值税后，对其增值税实际税负超过 3% 的部分实行即征即退政策。

（4）自 2018 年 5 月 1 日至 2023 年 12 月 31 日，对动漫企业增值税一般纳税人销售其自主开发生产的动漫软件，按照基本税率征收增值税后，对其增值税实际税负超过 3% 的部分，实行即征即退政策。

（5）对安置残疾人的单位和个体工商户，实行由税务机关按纳税人安置残疾人的人数，限额即征即退增值税的办法。

本月应退增值税税额＝纳税人本月安置残疾人员人数 × 本月最低工资标准的4倍

（6）纳税人享受增值税即征即退政策，有纳税信用级别条件要求的，以纳税人申请退税税款所属期的纳税信用级别确定。申请退税税款所属期内纳税信用级别发生变化的，以变化后的纳税信用级别确定。

（四）增值税期末留抵税额退还

（1）自 2019 年 4 月 1 日起，试行增值税期末留抵税额退税制度。

①同时符合以下条件的纳税人，可以向主管税务机关申请退还增量留抵税额：

A. 自 2019 年 4 月税款所属期起，连续 6 个月（按季纳税的，连续 2 个季度）增量留抵税额均大于零，且第 6 个月增量留抵税额不低于 50 万元。

B. 纳税信用等级为 A 级或者 B 级。

C. 申请退税前 36 个月未发生骗取留抵退税、出口退税或虚开增值税专用发票情形的。

D. 申请退税前 36 个月未因偷税被税务机关处罚两次及以上的。

E. 自 2019 年 4 月 1 日起未享受即征即退、先征后返（退）政策的。

②增量留抵税额，是指与 2019 年 3 月底相比新增加的期末留抵税额。

③纳税人当期允许退还的增量留抵税额，按照以下公式计算：

允许退还的增量留抵税额 = 增量留抵税额 × 进项构成比例 ×60%

进项构成比例，为 2019 年 4 月至申请退税前一税款所属期内已抵扣的增值税专用发票（含税控机动车销售统一发票）、海关进口增值税专用缴款书、解缴税款完税凭证注明的增值税额占同期全部已抵扣进项税额的比重。

④纳税人申请办理留抵退税，应于符合留抵退税条件的次月起，在增值税纳税申报期内，向主管税务机关申请退还留抵税额。

⑤纳税人出口货物劳务、发生跨境应税行为，适用免抵退税办法的，办理免抵退税后，仍符合规定条件的，可以申请退还留抵税额；适用免退税办法的，相关进项税额不得用于退还留抵税额。

⑥纳税人取得退还的留抵税额后，应相应调减当期留抵税额。按照规定再次满足退税条件的，可以继续向主管税务机关申请退还留抵税额。

⑦以虚增进项、虚假申报或其他欺骗手段，骗取留抵退税款的，由税务机关追缴其骗取的退税款，并按照《税收征管法》等有关规定处理。

（2）部分先进制造业纳税人增值税期末留抵税额退税制度。

自 2021 年 4 月 1 日起，符合条件的部分先进制造业纳税人，可以自 2021 年 5 月及以后纳税申报期向主管税务机关申请退还增量留抵税额，计算公式如下：

允许退还的增量留抵税额 = 增量留抵税额 × 进项构成比例

部分先进制造业纳税人，是指按照《国民经济行业分类》，生产并销售非金属矿物制品、通用设备、专用设备及计算机、通信和其他电子设备、医药、化学纤维、铁路、船舶、航空航天和其他运输设备、电气机械和器材、仪器仪表销售额占全部销售额的比重超过 50% 的纳税人。

销售额比重根据纳税人申请退税前连续 12 个月的销售额计算确定；申请退税前经营期不满 12 个月但满 3 个月的，按照实际经营期的销售额计算确定。

纳税人适用增值税留抵退税政策，有纳税信用级别条件要求的，以纳税人向主管税务机关申请办理增值税留抵退税提交《退（抵）税申请表》时的纳税信用级别确定。

在计算允许退还的增量留抵税额的进项构成比例时，纳税人在 2019 年 4 月至申请退税前一税款所属期内按规定转出的进项税额，无须从已抵扣的增值税专用发票、机动车销售统一发票、海关进口增值税专用缴款书、解缴税款完税凭证注明的增值税额中扣减。

（3）自 2018 年 1 月 1 日起至 2023 年 12 月 31 日止，对纳税人从事大型民用客机发动机、中大功率民用涡轴涡桨发动机研制项目而形成的增值税期末留抵税额予以退还。

（4）自 2019 年 1 月 1 日起至 2020 年 12 月 31 日止，对纳税人生产销售新支线飞机暂减按 5% 征收增值税，并对其因生产销售新支线飞机而形成的增值税期末留抵税额予以退还。

（5）自 2019 年 1 月 1 日起至 2020 年 12 月 31 日止，对纳税人从事大型客机研制项目而形成的增值税期末留抵税额予以退还。

（五）小规模纳税人税收优惠

（1）自 2021 年 4 月 1 日至 2022 年 12 月 31 日，小规模纳税人发生增值税应税销售行为，合计月销售额未超过 15 万元（以 1 个季度为 1 个纳税期的，季度销售额未超过 45 万元，下同）的，免征增值税。

（2）小规模纳税人发生增值税应税销售行为，合计月销售额超过 15 万元，但扣除本期发生的销售不动产的销售额后未超过 15 万元的，其销售货物、劳务、服务、无形资产取得的销售额免征增值税。

（3）适用增值税差额征税政策的小规模纳税人，以差额后的销售额确定是否可以享受上述规定的免征增值税政策。

（六）北京 2022 年冬奥会和冬残奥会优惠政策

（1）对奥林匹克转播服务公司、奥林匹克频道服务公司、国际奥委会电视与市场开发服务公司、奥林匹克文化与遗产基金、官方计时公司取得的与北京冬奥会有关的收入，免征增值税。

（2）对国际赞助计划、全球供应计划、全球特许计划的赞助商、供应商、特许商及其分包商根据协议向北京 2022 年冬奥会和冬残奥会组织委员会提供指定货物或服务，免征增值税、消费税。

（3）国际奥委会及其相关实体的境内机构因赞助、捐赠北京冬奥会以及根据协议出售的货物或服务免征增值税的，对应的进项税额可用于抵扣本企业其他应税项目所对应的销项税额，对在 2022 年 12 月 31 日仍无法抵扣的留抵税额可予以退还。

（4）国际奥委会及其相关实体在2019年6月1日至2022年12月31日，因从事与北京冬奥会相关的工作而在中国境内发生的指定清单内的货物或服务采购支出，对应的增值税进项税额可由国际奥委会及其相关实体凭发票及北京2022年冬奥会和冬残奥会组织委员会开具的证明文件，按照发票上注明的税额，向税务总局指定的部门申请退还，具体退税流程由税务总局制定。

四、增值税征收管理

（一）纳税义务发生时间

（1）销售货物或者应税劳务的纳税义务发生时间。

销售货物或者应税劳务，为收讫销售款项或者取得索取销售款项凭据的当天；先开具发票的，为开具发票的当天。收讫销售款项或者取得索取销售款项凭据的当天，按销售结算方式的不同，具体为：

① 采取直接收款方式销售货物，无论货物是否发出，均为收到销售款或者取得索取销售款凭据的当天。

②采取托收承付和委托银行收款方式销售货物，为发出货物并办妥托收手续的当天。

③采取赊销和分期收款方式销售货物，为书面合同约定的收款日期的当天，无书面合同的或者书面合同没有约定收款日期的，为货物发出的当天。

④采取预收货款方式销售货物，为货物发出的当天，但生产销售生产工期超过12个月的大型机械设备、船舶、飞机等货物，为收到预收款或者书面合同约定的收款日期的当天。

⑤委托其他纳税人代销货物，为收到代销单位的代销清单或者收到全部或者部分货款的当天。未收到代销清单及货款的，为发出代销货物满180天的当天。

⑥纳税人发生视同销售货物行为（不包括将货物交付其他单位或者个人代销、销售代销货物），为货物移送的当天。

⑦销售应税劳务，为提供劳务同时收讫销售款或者取得索取销售款的凭据的当天。

（2）销售服务、无形资产、不动产的纳税义务发生时间。

①纳税人销售服务、无形资产、不动产并收讫销售款项或者取得索取销售款

项凭据的当天；先开具发票的，为开具发票的当天。

收讫销售款项，是指纳税人销售服务、无形资产、不动产过程中或者完成后收到款项。取得索取销售款项凭据的当天，是指书面合同确定的付款日期；未签订书面合同或者书面合同未确定付款日期的，为服务、无形资产转让完成的当天或者不动产权属变更的当天。

②纳税人提供租赁服务采取预收款方式的，其纳税义务发生时间为收到预收款的当天。

③纳税人从事金融商品转让的，为金融商品所有权转移的当天。

④纳税人发生视同销售服务、无形资产、不动产情形的，其纳税义务发生时间为销售服务、无形资产转让完成的当天或者不动产权属变更的当天。

（3）进口货物，为报关进口的当天。

（4）增值税扣缴义务发生时间为纳税人增值税纳税义务发生的当天。

（二）纳税期限

（1）增值税的纳税期限分别为 1 日、3 日、5 日、10 日、15 日、1 个月或者 1 个季度。纳税人的具体纳税期限，由主管税务机关根据纳税人应纳税额的大小分别核定；不能按照固定期限纳税的，可以按次纳税。

以 1 个季度为纳税期限的规定适用于小规模纳税人、银行、财务公司、信托投资公司、信用社，以及财政部和国家税务总局规定的其他纳税人。

纳税人以 1 个月或者 1 个季度为 1 个纳税期的，自期满之日起 15 日内申报纳税；以 1 日、3 日、5 日、10 日或者 15 日为 1 个纳税期的，自期满之日起 5 日内预缴税款，于次月 1 日起 15 日内申报纳税并结清上月应纳税款。

（2）纳税人进口货物，应当自海关填发海关进口增值税专用缴款书之日起 15 日内缴纳税款。

（三）纳税地点

（1）固定业户的纳税地点。

①固定业户应当向其机构所在地主管税务机关申报纳税。总机构和分支机构不在同一县（市）的，应当分别向各自所在地主管税务机关申报纳税；经国务院财政、税务主管部门或者其授权的财政、税务机关批准，可以由总机构汇总向总机构所在地主管税务机关申报纳税。

②固定业户到外县（市）销售货物或者应税劳务的，应当向其机构所在地主管税务机关报告外出经营事项，并向其机构所在地主管税务机关申报纳税；未报告的，应当向销售地或者劳务发生地主管税务机关申报纳税，未向销售地或者劳务发生地主管税务机关申报纳税的，由其机构所在地主管税务机关补征税款。

③纳税人跨省（自治区、直辖市和计划单列市）临时从事生产经营活动的，向机构所在地的税务机关填报《跨区域涉税事项报告表》。纳税人跨区城经营合同延期的，可以向经营地或机构所在地的税务机关办理报验管理有效期限延期手续。跨区域报验管理事项的报告、报验、延期、反馈等信息，通过信息系统在机构所在地和经营地的税务机关之间传递，实时共享。纳税人首次在经营地办理涉税事宜时，向经营地的税务机关报验跨区域涉税事项。纳税人跨区域经营活动结束后，应当结清经营地税务机关的应纳税款以及其他涉税事项，向经营地的税务机关填报《经营地涉税事项反馈表》。经营地的税务机关核对《经营地涉税事项反馈表》后，及时将相关信息反馈给机构所在地的税务机关。纳税人不需要另行向机构所在地的税务机关反馈。

（2）非固定业户增值税纳税地点。

非固定业户销售货物或者提供应税劳务或者发生销售服务、无形资产、不动产行为（以下简称应税行为），应当向销售地或者劳务、应税行为发生地主管税务机关申报纳税。未向销售地或者劳务、应税行为发生地主管税务机关申报纳税的，由其机构所在地或居住地主管税务机关补征税款。

（3）按照现行规定应在建筑服务发生地预缴增值税的项目，纳税人收到预收款时在建筑服务发生地预缴增值税。按现行规定无须在建筑服务发生地预缴增值税的项目，纳税人收到预收款时在机构所在地预缴增值税。

（4）其他个人提供建筑服务，销售或者出租不动产，转让自然资源使用权，应向建筑服务发生地、不动产所在地、自然资源所在地主管税务机关申报纳税。

（5）纳税人跨县（市）提供建筑服务，在建筑服务发生地预缴税款后，向机构所在地主管税务机关进行纳税申报。

（6）纳税人销售不动产，在不动产所在地预缴税款后，向机构所在地主管税务机关进行纳税申报。

（7）纳税人租赁不动产，在不动产所在地预缴税款后，向机构所在地主管税务机关进行纳税申报。

一般纳税人跨省（自治区、直辖市或者计划单列市）提供建筑服务或者销售、出租取得的与机构所在地不在同一省（自治区、直辖市或者计划单列市）的不动产，在机构所在地申报纳税时，计算的应纳税额小于已预缴税额，且差额较大的，由国家税务总局通知建筑服务发生地或者不动产所在地省级税务机关，在一定时期内暂停预缴增值税。

（8）进口货物增值税纳税地点。

进口货物，应当由进口人或其代理人向报关地海关申报纳税。

扣缴义务人应当向其机构所在地或者居住地的主管税务机关申报缴纳其扣缴的税款。

五、增值税发票管理

（一）增值税发票的种类

1. 增值税专用发票

增值税专用发票由基本联次或者基本联次附加其他联次构成，分为三联版和六联版两种。基本联次为三联：第一联为记账联，是销售方记账凭证；第二联为抵扣联，是购买方扣税凭证；第三联为发票联，是购买方记账凭证。其他联次用途，由纳税人自行确定。纳税人办理产权过户手续需要使用发票的，可以使用增值税专用发票第六联。

（1）专用发票的领购。

①增值税专用发票一般限于增值税一般纳税人领购使用；小规模纳税人和非增值税纳税人一般不得领购使用增值税专用发票。

②纳税信用 A 级的纳税人可一次领取不超过 3 个月的增值税发票用量；纳税信用 B 级的纳税人可一次领取不超过 2 个月的增值税发票用量。

（2）专用发票的开具。

①一般纳税人发生应税销售行为，应向购买方开具专用发票。

②一般纳税人有下列销售情形之一，不得开具专用发票：

A. 商业企业一般纳税人零售的烟、酒、食品、服装、鞋帽（不包括劳保专用部分）、化妆品等消费品。

B. 发生应税销售行为适用免税规定的。

C. 销售报关出口的货物、在境外销售应税劳务。

D. 将自产货物用于集体福利或个人消费。

E. 将货物无偿赠送他人（如果受赠者为一般纳税人，可根据受赠人的要求开具增值税专用发票）。

F. 向小规模纳税人销售应税项目，可以不开具增值税专用发票。

G. 应税销售行为的购买方为消费者个人的。

H. 城镇公共供水企业缴纳的水资源税对应的水费收入，不计征增值税，按“不征税自来水”项目开具增值税普通发票。

③小规模纳税人需要开具增值税专用发票，可以向主管税务机关申请代开。

自 2020 年 2 月 1 日起，增值税小规模纳税人（其他个人除外）发生增值税应税行为，需要开具增值税专用发票的，可以自愿使用增值税发票管理系统自行开具。选择自行开具增值税专用发票的小规模纳税人，税务机关不再为其代开增值税专用发票。

（3）补开票或红字专用发票的开具。

自 2019 年 4 月 1 日起，增值税一般纳税人在增值税税率调整前已按原 16%、10% 适用税率开具的增值税发票，发生销售折让、中止或者退回等情形需要开具红字发票的，按照原用税率开具红字发票；开票有误需要重新开具的，先按照原适用种率开具红字发票后，再重新开具正确的。

增值税一般纳税人在增值税税率调高前未开具增值税发票的增值税应税销售行为，需要补开增值税发票的应当按照原适用税率补开。

自 2019 年 9 月 20 日起，纳税人需要通过增值税发票管理系统开具 17%、16%、11%、10% 税率蓝字发票的，应向主管税务机关提交《开具原适用税率发票承诺书》办理临时开票权限。临时开票权限有效期限为 24 小时，纳税人应在获取临时开票权限的规定期限内开具原适用税率发票。纳税人办理临时开票权限，应保留交易合同、红字发票、收讫款项证明等相关材料，以备查验。

2. 增值税普通发票

增值税普通发票包括折叠票和卷票。

增值税普通发票（折叠票）由基本联次或者基本联次附加其他联次构成，分为两联版和五联版两种。基本联次为两联：第一联为记账联，是销售方记账凭证；第二联为发票联，是购买方记账凭证。其他联次用途，由纳税人自行确定。纳税人办理产权过户手续需要使用发票的，可以使用增值税普通发票第三联。

3. 增值税电子普通发票

电子专票由各省税务局监制，采用电子签名代替发票专用章，属于增值税专用发票，其法律效力、基本用途、基本使用规定等与增值税纸质专用发票相同。

增值税电子普通发票的开票方和受票方需要纸质发票的，可以自行打印。

自 2021 年 1 月 21 日起，在北京、山西、内蒙古、辽宁、吉林、黑龙江、福建、江西、山东、河南、湖北、湖南、广西、海南、贵州、云南、西藏、陕西、甘肃、青海、宁夏、新疆、大连、厦门和青岛等 25 个地区的新办纳税人中实行专票电子化，受票方范围为全国。

4. 机动车销售统一发票

从事机动车零售业务的单位和个人，在销售机动车（不包括销售旧机动车）收取款项时，开具机动车销售统一发票。机动车销售统一发票为电脑六联式发票：第一联为发票联，是购货单位付款凭证；第二联为抵扣联，是购货单位扣税凭证；第三联为报税联，车辆购置税征收单位留存；第四联为注册登记联，车辆登记单位留存；第五联为记账联，销货单位记账凭证；第六联为存根联，销货单位留存。

（二）开具发票的基本要求

（1）增值税一般纳税人销售货物、提供加工修理修配劳务和销售服务、无形资产、不动产，使用增值税发票管理新系统开具增值税专用发票、增值税普通发票、机动车销售统一发票 、增值税电子普通发票。

（2）销售商品、提供服务以及从事其他经营活动的单位和个人，对外发生经营业务收取款项，收款方应当向付款方开具发票；特殊情况下，由付款方向收款方开具发票。

（3）纳税人应在发生增值税纳税义务时开具发票。

（4）单位和个人在开具发票时，必须做到按照号码顺序填开，填写项目齐全，内容真实，字迹清楚，全部联次一次打印，内容完全一致，并在发票联和抵扣联加盖发票专用章。

（5）增值税纳税人购买货物、劳务、服务、无形资产或不动产，索取增值税专用发票时，须向销售方提供购买方名称（不得为自然人）、纳税人识别号或统一社会信用代码、地址电话、开户行及账号信息，不需要提供营业执照、税务登记证、组织机构代码证、开户许可证、增值税一般纳税人资格登记表等相关证件或其他证明材料。

（6）国家税务总局编写了《商品和服务税收分类与编码表》，并在增值税发票管理新系统中增加了商品和服务税收分类与编码相关功能。使用新系统的增值税纳税人，应使用新系统选择相应的商品和服务税收分类与编码开具增值税发票。

六、增值税出口退（免）税政策

（一）增值税出口退税的办法

（1）免抵退税办法。生产企业出口自产货物和视同自产货物及对外提供加工修理修配劳务，以及《财政部　国家税务总局关于出口货物劳务增值税和消费税政策的通知》（财税〔2012〕39号）附件所列名生产企业出口非自产货物，免征增值税，相应的进项税额抵减应纳增值税额（不包括适用增值税即征即退、先征后退政策的应纳增值税额），未抵减完的部分予以退还。

（2）免退税办法。不具有生产能力的出口企业（外贸企业）或其他单位出口货物劳务，免征增值税，相应的进项税额予以退还。

（3）免税办法。境内的单位和个人提供适用增值税零税率的服务或者无形资产，如果属于适用简易计税方法的，实行免征增值税办法。

如果属于适用增值税一般计税方法的，生产企业实行免抵退税办法，外贸企业外购服务或者无形资产出口实行免退税办法，外贸企业直接将服务或自行研发的无形资产出口，视同生产企业连同其出口货物统一实行免抵退税办法。

（二）出口退税率

（1）除财政部和国家税务总局根据国务院决定而明确的增值税出口退税率外，出口货物的退税率为其适用税率。国家税务总局根据上述规定将退税率通过出口货物劳务退税率文库予以发布，供征纳双方执行。

（2）服务和无形资产的退税率为其适用的增值税税率。

（3）根据《财政部　税务总局　海关总署关于深化增值税改革有关政策的公告》（财政部　税务总局　海关总署公告2019年第39号）的规定，自2019年4月1日起，原适用16%税率且出口退税率为16%的出口货物劳务，出口退税率调整为13%；原适用10%税率且出口退税率为10%的出口货物、跨境应税行为，出口退税率调整为9%。

（三）免抵退税的计算

1. 当期应纳税额的计算

当期应纳税额=当期销项税额－（当期进项税额－当期不得免征和抵扣税额）

当期不得免征和抵扣税额=当期出口货物离岸价×外汇人民币折合率×（出口货物适用税率－出口货物退税率）－当期不得免征和抵扣税额抵减额

当期不得免征和抵扣税额抵减额=当期免税购进原材料价格×（出口货物适用税率－出口货物退税率）

2. 当期免抵退税额的计算

当期免抵退税额=当期出口货物离岸价×外汇人民币折合率×出口货物退税率－当期免抵退税额抵减额

当期免抵退税额抵减额=当期免税购进原材料价格×出口货物退税率

3. 当期应退税额和免抵税额的计算

（1）当期期末留抵税额≤当期免抵退税额，则：

当期应退税额＝当期期末留抵税额

当期免抵税额＝当期免抵退税额－当期应退税额

（2）当期期末留抵税额＞当期免抵退税额，则：

当期应退税额＝当期免抵退税额

当期免抵税额=0

当期期末留抵税额为当期增值税纳税申报表中“期末留抵税额”。

第二节　消费税政策与征收管理

一、消费税基本政策

（一）纳税人与扣缴义务人

1. 纳税义务人

在中华人民共和国境内生产、委托加工和进口规定的消费品的单位和个人，以及国务院确定的销售规定的消费品的其他单位和个人，为消费税的纳税人。

在中华人民共和国境内，是指生产、委托加工和进口属于应当缴纳消费税的消费品的起运地或者所在地在境内。

2. 扣缴义务人

委托加工的应税消费品，除受托方为个人外，受托方为消费税扣缴义务人，由受托方在向委托方交货时代收代缴消费税税款。

（二）征税范围及税目税率

依照《中华人民共和国消费税暂行条例》（以下简称《消费税暂行条例》）及相关文件规定，目前消费税税目包括烟、酒、小汽车等15个税目，部分税目还进一步划分了若干子目；消费税税率采用比例税率和定额税率两种形式，根据不同的税目或子目确定相应的比例税率或单位税额。

消费税采用列举法按具体应税消费品设置税目税率，征税界限清楚，一般不易发生错用税率的情况。但是，存在下列情况时，应按适用税率中最高税率征税：(1) 纳税人兼营不同税率的应税消费品，即生产销售两种税率以上的应税消费品时，应当分别核算不同税率应税消费品的销售额或销售数量，未分别核算的，按最高税率征税；(2) 纳税人将应税消费品与非应税消费品以及适用税率不同的应税消费品组成成套消费品销售时，应根据组合产制品的销售金额按应税消费品中适用最高税率的消费品税率征税。

（三）消费税纳税环节

1. 生产销售环节

(1) 生产。

纳税人生产的应税消费品，于销售时纳税。销售，是指有偿转让应税消费品的所有权；有偿，是指从购买方取得货币、货物、劳务或者其他经济利益。

纳税人自产的应税消费品，用于连续生产应税消费品的，不纳税；用于其他方面的，于移送使用时纳税。用于连续生产应税消费品，是指纳税人将自产的应税消费品作为直接材料生产最终应税消费品，自产自用应税消费品构成最终应税消费品的实体。用于其他方面，是指纳税人将自产应税消费品用于生产非应税消费品、在建工程、管理部门、非生产机构、提供劳务、馈赠、赞助、集资、广告、样品、职工福利、奖励等方面。

(2) 视为生产。

工业企业以外的单位和个人的下列行为视为应税消费品的生产行为，按规定征收消费税：

①将外购的消费税非应税产品以消费税应税产品对外销售的。

②将外购的消费税低税率应税产品以高税率应税产品对外销售的。

2. 委托加工环节

委托加工的应税消费品，除受托方为个人外，由受托方在向委托方交货时代收代缴税款。委托加工的应税消费品，是指由委托方提供原料和主要材料，受托方只收取加工费和代垫部分辅助材料加工的应税消费品。对于由受托方提供原材料生产的应税消费品，或者受托方先将原材料卖给委托方，然后再接受加工的应税消费品，以及由受托方以委托方名义购进原材料生产的应税消费品，无论在财务上是否作销售处理，都不得作为委托加工应税消费品，而应当按照销售自制应税消费品缴纳消费税。

委托加工的应税消费品收回后直接出售的，不再缴纳消费税。这里的直接销售，是指委托方将收回的应税消费品，以不高于受托方的计税价格出售；如委托方以高于受托方的计税价格出售的，则不属于直接出售，需按照规定申报缴纳消费税，在计税时准予扣除受托方已代收代缴的消费税。

3. 进口环节

进口的应税消费品，由进口报关者于报关进口时纳税。

4. 零售环节

零售环节征收消费税的应税消费品范围仅限于：金、银、铂金首饰；金基、银基合金首饰；金、银和金基、银基合金的镶嵌首饰；钻石、钻石饰品；超豪华小汽车。在零售环节征收消费税的金银首饰的范围不包括镀金（银）、包金（银）首饰，以及镀金（银）、包金（银）的镶嵌首饰，凡采用包金、镀金工艺以外的其他工艺制成的含金、银首饰及镶嵌首饰，如锻压金、铸金、复合金首饰等，都应在零售环节征收消费税。

纳税人零售金银首饰，其计税依据有以下两种特殊情况：

(1) 纳税人采用以旧换新（含翻新改制）方式销售的金银首饰，应按实际收取的不含增值税的全部价款确定计税依据征收消费税。

(2) 金银首饰消费税改变纳税环节后，用外购已税珠宝玉石生产的镶嵌首饰，在计税时一律不得扣除已纳的消费税税款。自 2016 年 12 月 1 日起，“小汽车”税目下增设“超豪华小汽车”子税目。征收范围为每辆零售价格130万元（不含增值税）及以上的乘用车和中轻型商用客车，即乘用车和中轻型商用客车子税目中的超豪华小汽车。对超豪华小汽车，在生产（进口）环节按现行税率征收消费税基础上，在零售环节加征消费税，税率为10%。

5. 批发环节

自2009年5月1日起，对卷烟，除生产环节外，在批发环节加征一道消费税。自2015年5月10日起，提高卷烟批发环节从价税税率，并加征从量税。

缴纳卷烟批发环节的消费税时不得扣除生产环节的消费税。

（四）消费税应纳税额计算

根据税率设定的不同，消费税应纳税额的计算方法分为三种：从价定率法、从量定额法和从价定率加从量定额复合计税法。

1. 从价定率法下应纳税额的计算

（1）计算公式：

$$应纳税额=销售额\times 比例税率$$

（2）销售额确定的一般规定。

实行从价计税办法征税的应税消费品，计税依据为应税消费品的销售额。

销售额为纳税人销售应税消费品向购买方收取的全部价款和价外费用。价外费用，是指价外向购买方收取的手续费、补贴、基金、集资费、返还利润、奖励费、违约金、滞纳金、延期付款利息、赔偿金、代收款项、代垫款项、包装费、包装物租金、储备费、优质费、运输装卸费以及其他各种性质的价外收费。但下列项目不包括在内：

①同时符合以下条件的代垫运输费用：承运部门的运输费用发票开具给购买方的；纳税人将该项发票转交给购买方的。

②同时符合以下条件代为收取的政府性基金或者行政事业性收费：由国务院或者财政部批准设立的政府性基金，由国务院或者省级人民政府及其财政、价格主管部门批准设立的行政事业性收费；收取时开具省级以上财政部门印制的财政票据；所收款项全额上缴财政。

销售额不包括应向购货方收取的增值税税款。如果纳税人应税消费品的销售额中未扣除增值税税款或者因不得开具增值税专用发票而发生价款和增值税税款合并收取的，在计算消费税时，应当换算为不含增值税税款的销售额。其换算公式为：

应税消费品的销售额=含增值税的销售额 ÷（1+增值税税率或者征收率）

（3）销售额确定的特殊情形。

①连同包装物销售的。

应税消费品连同包装物销售的，无论包装物是否单独计价以及在会计上如何核算，均应并入应税消费品的销售额中缴纳消费税。

如果包装物不作价随同产品销售，而是收取押金，此项押金不应并入应税消费品的销售额中征税。但对因逾期未收回的包装物不再退还的或者已收取的时间超过 12 个月的押金，应并入应税消费品的销售额，按照应税消费品的适用税率缴纳消费税。

对既作价随同应税消费品销售，又另外收取押金的包装物的押金，凡纳税人在规定的期限内没有退还的，均应并入应税消费品的销售额，按照应税消费品的适用税率缴纳消费税。

对销售除啤酒、黄酒外的其他酒类产品而收取的包装物押金，无论是否返还以及会计上如何核算，均应并入当期销售额征税。

②通过非独立核算部门销售的。

纳税人通过自设非独立核算门市部销售的自产应税消费品，应当按照门市部对外销售额计算征收消费税。

白酒生产企业销售给销售单位的白酒，生产企业消费税计税价格低于销售单位对外销售价格（不含增值税）70% 以下的，税务机关应核定消费税最低计税价格。

③特殊交易方式的。

纳税人自产的应税消费品用于换取生产资料和消费资料、投资入股和抵偿债务等方面，应当以纳税人同类应税消费品最高销售价格作为计税依据计算消费税。

④计税价格明显偏低且无正当理由的。

纳税人应税消费品的计税价格明显偏低且无正当理由的，由主管税务机关核定其计税价格。计税价格的核定权限规定如下：

A. 卷烟、白酒和小汽车的计税价格由国家税务总局核定，送财政部备案。

B. 其他应税消费品的计税价格由省、自治区和直辖市税务局核定。

C. 进口的应税消费品的计税价格由海关核定。

⑤以外币结算的。

纳税人销售的应税消费品，以人民币以外的货币结算销售额的，其销售额的人民币折合率可以选择销售额发生的当天或者当月 1 日的人民币汇率中间价。纳税人应事先确定采用何种折合率，确定后年内不得变更。

2. 从量定额法下应纳税额的计算

（1）计算公式：

应纳税额＝销售数量 × 定额税率

（2）销售数量的确定。

销售数量是指应税消费品的数量。具体规定为：

①销售应税消费品的，为应税消费品的销售数量。

②自产自用应税消费品的，为应税消费品的移送数量。

③委托加工应税消费品的，为纳税人收回的应税消费品数量。

④进口应税消费品的，为海关核定的应税消费品进口征税数量。

⑤纳税人通过自设非独立核算门市部销售的自产应税消费品，应当按照门市部对外销售数量计算征收消费税。

（3）从量定额的换算标准。

在实际销售过程中，一些纳税人往往将计量单位混用。为了规范不同产品的计量单位，《中华人民共和国消费税暂行条例实施细则》中具体规定了吨与升两个计量单位的换算标准，具体如表 1–1 所示。

表1–1　从量定额法下应税消费品计量单位换算标准

应税消费品	换算标准	应税消费品	换算标准	应税消费品	换算标准
黄酒	1 吨 =962 升	石脑油	1 吨 =1385 升	啤酒	1 吨 =988 升
溶剂油	1 吨 =1282 升	汽油	1 吨 =1388 升	润滑油	1 吨 =1126 升
柴油	1 吨 =1176 升	燃料油	1 吨 =1015 升	航空煤油	1 吨 =1246 升

3. 复合计税法下应纳税额的计算

在现行消费税征税范围中，只有卷烟、白酒采用复合计征方法。

计算公式：

应纳税额＝销售额 × 比例税率＋销售数量 × 定额税率

4. 应纳税额计算的特殊规定

（1）生产销售环节应纳消费税的计算。

①直接对外销售应纳消费税的计算。

A. 从价定率计算。

应纳税额＝应税消费品销售额 × 比例税率

B. 从量定额计算。

应纳税额＝应税消费品销售数量 × 定额税率

C. 从价定率和从量定额复合计算。

应纳税额＝应税消费品销售数量 × 定额税率＋应税消费品销售额 × 比例税率

②自产自用应纳消费税的计算。

A. 用于连续生产应税消费品的，不纳税。

B. 用于其他方面的，于移送使用时纳税。有同类消费品销售价格的，按照纳税人生产的同类消费品销售价格计算纳税，没有同类消费品销售价格的，按组成计税价格计算纳税。

③组成计税价格及税额计算。

A. 实行从价定率办法计算纳税的组成计税价格计算公式：

组成计税价格＝（成本＋利润）÷（1－比例税率）

应纳税额＝组成计税价格 × 比例税率

B. 实行复合计税办法计算纳税的组成计税价格计算公式：

组成计税价格＝（成本＋利润＋自产自用数量 × 定额税率）÷（1－比例税率）

应纳税额＝组成计税价格 × 比例税率＋自产自用数量 × 定额税率

公式中的成本，是指应税消费品的生产成本；利润，是指根据应税消费品的全国平均成本利润率计算的利润。应税消费品的全国平均成本利润率由国家税务总局确定。

应税消费品全国平均成本利润率规定如下：

甲类卷烟为10%；乙类卷烟为5%；雪茄烟为5%；烟丝为5%；粮食白酒为10%；薯类白酒为5%；其他酒为5%；化妆品为5%；鞭炮、焰火为5%；贵重首饰及珠宝玉石为6%；摩托车为6%；高尔夫球及球具为10%；高档手表为20%；游艇为10%；木制一次性筷子为5%；实木地板为5%；乘用车为8%；中轻型商用客车为5%；电池为4%；涂料为7%。

（2）委托加工环节应税消费品应纳消费税的计算。

委托加工应税消费品的，由受托方交货时代扣代缴消费税。按照受托方的同类消费品销售价格计算纳税，没有同类消费品销售价格的，按组成计税价格计算纳税。

①从价定率应纳税额计算。

组成计税价格=（材料成本+加工费）÷（1–比例税率）

应纳税额=组成计税价格 × 比例税率

②复合计税应纳税额计算。

组成计税价格=（材料成本+加工费+委托加工数量 × 定额税率）÷（1–比例税率）

应纳税额=组成计税价格 × 比例税率+委托加工数量 × 定额税率

（3）进口环节应纳消费税的计算。

进口的应税消费品，于报关进口时缴纳消费税；进口的应税消费品的消费税由海关代征。纳税人进口应税消费品，按照组成计税价格和规定的税率计算应纳税额。

①从价定率计征应纳税额的计算。

组成计税价格=（关税完税价格+关税）÷（1–比例税率）

应纳税额=组成计税价格 × 比例税率

②从量定额计征应纳税额的计算。

应纳税额=应税消费品进口数量 × 定额税率

③复合计税办法应纳税额的计算。

组成计税价格=（关税完税价格+关税+进口数量 × 定额税率）÷（1–比例税率）

应纳税额=组成计税价格 × 比例税率+应税消费品进口数量 × 定额税率

5. 消费税税额的扣除

对外购应税消费品和委托加工收回的应税消费品连续生产应税消费品销售的，可将外购应税消费品和委托加工收回的应税消费品已缴纳的消费税给予扣除。

（1）外购应税消费品已纳税款的扣除。

外购应税消费品用于连续生产应税消费品的，应按当期生产领用数量计算准予扣除外购的应税消费品已纳的消费税。扣除范围包括以下方面：

①外购已税烟丝生产的卷烟。

②外购已税高档化妆品生产的高档化妆品。

③外购已税珠宝玉石生产的贵重首饰及珠宝玉石。

④外购已税鞭炮焰火生产的鞭炮焰火。

⑤外购已税杆头、杆身和握把为原料生产的高尔夫球杆。

⑥外购已税木制一次性筷子为原料生产的木制一次性筷子。

⑦外购已税实木地板为原料生产的实木地板。

⑧外购已税汽油、柴油、石脑油、燃料油、润滑油连续生产的应税成品油。

准予从消费税应纳税额中扣除耗用原料已纳消费税税款的计算公式按照不同行为分别规定如下：

①外购应税消费品实行从价定率计税办法的。

当期准予扣除的外购应税消费品已纳税款＝当期准予扣除外购应税消费品买价 × 外购应税消费品适用税率

当期准予扣除的外购应税消费品买价＝期初库存的外购应税消费品买价＋当期购进的外购应税消费品买价－期末库存的外购应税消费品买价

外购应税消费品买价为纳税人取得的增值税专用发票（含销货清单）注明的应税消费品的销售额。

②外购应税消费品实行从量定额计税办法的。

当期准予扣除的外购应税消费品已纳税款＝当期准予扣除的外购应税消费品数量 × 外购应税消费品单位税额

当期准予扣除的外购应税消费品数量＝期初库存的外购应税消费品数量＋当期购进的外购应税消费品数量－期末库存的外购应税消费品数量

外购应税消费品数量为纳税人取得的增值税专用发票（含销货清单）注明的应税消费品的销售数量。

（2）委托加工收回的应税消费品已纳税款的扣除。

委托方收回应税消费品用于连续生产应税消费品的，其已纳税款准予按照规定从连续生产的应税消费品应纳消费税税额中抵扣。按照相关规定，下列连续生产的应税消费品准予从应纳消费税税额中按当期生产领用数量计算准予扣除委托加工收回的应税消费品已纳消费税税款：

①以委托加工收回的已税烟丝为原料生产的卷烟。

②以委托加工收回的已税高档化妆品为原料生产的高档化妆品。

③以委托加工收回的已税珠宝玉石为原料生产的贵重首饰及珠宝玉石。

④以委托加工收回的已税鞭炮、焰火为原料生产的鞭炮、焰火。

⑤以委托加工收回的已税杆头、杆身和握把为原料生产的高尔夫球杆。

⑥以委托加工收回的已税木制一次性筷子为原料生产的木制一次性筷子。

⑦以委托加工收回的已税实木地板为原料生产的实木地板。

⑧以委托加工收回的已税汽油、柴油、石脑油、燃料油、润滑油为原料连续生产的应税成品油。

上述当期准予扣除委托加工收回的应税消费品已纳消费税税款的计算公式为：

当期准予扣除的委托加工应税消费品已纳税款=期初库存的委托加工应税消费品已纳税款+当期收回的委托加工应税消费品已纳税款－期末库存的委托加工应税消费品已纳税款

二、消费税优惠政策

（一）对出口应税消费品免征消费税

（1）对纳税人出口应税消费品，免征消费税；国务院另有规定的除外。出口应税消费品的免税办法，由国务院财政、税务主管部门规定。

（2）内地销往横琴、平潭与生产有关的货物，视同出口，实行增值税和消费税退税政策。但下列货物不包括在内：

①财政部和国家税务总局规定不适用增值税退（免）税和免税政策的出口货物。

②横琴、平潭的商业性房地产开发项目采购的货物。

③内地销往横琴、平潭不予退税的其他货物。

④因主管税务机关发现未按规定单独核算退税或免税的货物，被取消退税或免税资格的企业购进的货物。

横琴、平潭各自的区内企业之间销售其在本区内的货物，免征增值税和消费税。

（二）对进口应税消费品免征消费税

对部分电池和涂料进口环节免征消费税。

自 2015 年 2 月 1 日起，对无汞原电池、金属氢化物镍蓄电池（又称氢镍蓄电池或镍氢蓄电池）、锂原电池、锂离子蓄电池、太阳能电池、燃料电池、全钒液流电池以及施工状态下挥发性有机物含量低于 420 克 / 升（含）的涂料免征进口环节消费税。

（三）成品油税收优惠政策

（1）航空煤油暂缓征收消费税。

（2）对用外购或委托加工收回的已税汽油生产的乙醇汽油免税。用自产汽油生产的乙醇汽油，按照生产乙醇汽油所耗用的汽油数量申报纳税。

（3）从 2009 年 1 月 1 日起，对成品油生产企业在生产成品油过程中，作为燃料、动力及原料消耗掉的自产成品油，免征消费税。对用于其他用途或直接对外销售的成品油照章征收消费税。

（4）利用废弃的动植物油生产纯生物柴油免征消费税。

从 2009 年 1 月 1 日起，对同时符合下列条件的纯生物柴油免征消费税。

①生产原料中废弃的动物油和植物油用量所占比重不低于 70%。

②生产的纯生物柴油符合国家《柴油机燃料调合用生物柴油（BD100）》标准。

（5）对油（气）田生产自用成品油先征后返消费税。

自 2009 年 1 月 1 日起，对油（气）田企业在开采原油过程中耗用的内购成品油，暂按实际缴纳成品油消费税的税额，全额返还所含消费税。

（6）部分石脑油、燃料油消费税政策。

① 自 2011 年 10 月 1 日起，对生产石脑油、燃料油的企业对外销售的用于生产乙烯、芳烃类化工产品的石脑油、燃料油，恢复征收消费税。

② 自 2011 年 10 月 1 日起，对生产石脑油、燃料油的企业自产石脑油、燃料油用于生产乙烯、芳烃类化工产品的，按实际耗用数量暂免征消费税。

③自 2011 年 10 月 1 日起，对使用石脑油、燃料油生产乙烯、芳烃的企业购进并用于生产乙烯、芳烃类化工产品的石脑油、燃料油，按实际耗用数量暂退还所含消费税。

（四）北京 2022 年冬奥会和冬残奥会优惠政策

（1）对北京冬奥组委再销售所获捐赠物品和赛后出让资产取得收入，免征应缴纳的增值税、消费税和土地增值税。

（2）对北京冬奥组委委托加工生产的高档化妆品免征应缴纳的消费税。

（3）对按中国奥委会、主办城市签订的《联合市场开发计划协议》和中国奥委会、主办城市、国际奥委会签订的《主办城市合同》规定，中国奥委会取得的由北京冬奥组委分期支付的收入、按比例支付的盈余分成收入免增值税、消费税和企业所得税。

（4）对国际残奥委会取得的与北京 2022 年冬残奥会有关的收入免征增值税、消费税、企业所得税和印花税。

（5）对中国残奥委会根据《联合市场开发计划协议》取得的由北京冬奥组委分期支付的收入免征增值税、消费税、企业所得税和印花税。

三、消费税征收管理

（一）纳税义务发生时间

（1）纳税人销售的应税消费品，其纳税义务发生时间为：

①纳税人采取赊销和分期收款结算方式的，其纳税义务的发生时间为书面合同规定的收款日期的当天。书面合同没有约定收款日期或者无书面合同的，为发出应税消费品的当天。

②纳税人采取预收货款结算方式的，其纳税义务的发生时间，为发出应税消费品的当天。

③纳税人采取托收承付和委托银行收款方式的，其纳税义务的发生时间，为发出应税消费品并办妥托收手续的当天。

④ 纳税人采取其他结算方式的，其纳税义务的发生时间，为收讫销售款或者取得索取销售款凭据的当天。

（2）纳税人自产自用的应税消费品，其纳税义务的发生时间为移送使用的当天。

（3）纳税人委托加工的应税消费品，其纳税义务的发生时间为纳税人提货的当天。

（4）纳税人进口的应税消费品，其纳税义务的发生时间为报关进口的当天。

（二）纳税期限

消费税的纳税期限分别为 1 日、3 日、5 日、10 日、15 日、1 个月或者 1 个季度。纳税人的具体纳税期限，由主管税务机关根据纳税人应纳税额的大小分别核定；不能按照固定期限纳税的，可以按次纳税。

纳税人以 1 个月或者 1 个季度为 1 个纳税期的，自期满之日起 15 日内申报纳税；以 1 日、3 日、5 日、10 日或者 15 日为 1 个纳税期的，自期满之日起 5 日内预缴税款，于次月 1 日起 15 日内申报纳税并结清上月应纳税款。

纳税人进口应税消费品，应当自海关填发海关进口消费税专用缴款书之日起 15 日内缴纳税款。

（三）纳税地点

(1) 纳税人销售的应税消费品，以及自产自用的应税消费品，除国务院财政、税务主管部门另有规定外，应当向纳税人机构所在地或者居住地的主管税务机关申报纳税。

纳税人到外县（市）销售或者委托外县（市）代销自产应税消费品的，于应税消费品销售后，向机构所在地或者居住地主管税务机关申报纳税。

纳税人的总、分支机构不在同一县（市）的，应在各自机构所在地主管税务机关申报缴纳消费税；纳税人的总机构与分支机构不在同一县（市），但在同一省（自治区、直辖市）范围内，经省（自治区、直辖市）财政厅（局）、税务局审批同意，可以由总机构汇总向总机构所在地的主管税务机关申报纳税。

(2) 委托加工的应税消费品，除委托个人加工以外，由受托方向机构所在地或者居住地主管税务机关解缴消费税税款。

(3) 进口的应税消费品，由进口人或者其代理人向报关地海关申报纳税。

(4) 纳税人销售的应税消费品，如因质量等原因发生退货的，其已缴纳的消费税税款可予以退还。纳税人办理退税手续时，应将开具的红字增值税发票、退税证明等资料报主管税务机关备案。主管税务机关核对无误后办理退税。

（四）消费税纳税申报表

消费税纳税申报表共有 8 张主表，适用于不同的税目，或不同的纳税环节。其中，《其他应税消费品消费税纳税申报表》限高档化妆品、贵重首饰及珠宝玉石、鞭炮焰火、摩托车（排量 >250 毫升）、摩托车（排量 =250 毫升）、高尔夫球及球具、高档手表、游艇、木制一次性筷子、实木地板、超豪华小汽车等消费税纳税人使用。

四、消费税出口退（免）税政策

（一）消费税出口退税政策

1. 基本政策

(1) 出口企业出口或视同出口适用增值税退（免）税的货物，免征消费税，如果属于购进出口的货物，退还前环节对其已征的消费税。

（2）出口企业出口或视同出口适用增值税免税政策的货物，免征消费税，但不退还其以前环节已征的消费税，且不允许在内销应税消费品应纳消费税款中抵扣。

（3）出口企业出口或视同出口适用增值税征税政策的货物，应按规定缴纳消费税，不退还其以前环节已征的消费税，且不允许在内销应税消费品应纳消费税款中抵扣。

2．用于生产乙烯、芳烃类化工产品的石脑油、燃料油消费税退（免）税政策

（1）生产石脑油、燃料油的企业自产石脑油、燃料油用于生产乙烯、芳烃类化工产品的，按实际耗用数量暂免征消费税；

（2）对使用石脑油、燃料油生产乙烯、芳烃的企业（以下简称使用企业）购进并用于生产乙烯、芳烃类化工产品的石脑油、燃料油，按实际耗用数量暂退还所含消费税。退还石脑油、燃料油所含消费税计算公式为：

应退还消费税税额 = 石脑油、燃料油实际耗用数量 × 石脑油、燃料油消费税单位税额

（3）使用企业生产乙烯、芳烃类化工产品过程中所生产的消费税应税产品，照章缴纳消费税。

（4）根据《财政部 中国人民银行 海关总署 国家税务总局关于完善石脑油燃料油生产乙烯芳烃类化工产品消费税退税政策的通知》（财税〔2013〕2号）的规定，消费税退税政策调整如下：

①我国境内使用石脑油、燃料油（以下简称油品）生产乙烯、芳烃类化工产品（以下简称化工产品）的企业，仅以自营或委托方式进口油品生产化工产品，向进口消费税纳税地海关（以下简称海关）申请退还已缴纳的消费税（以下简称退税）。

办理退税时，海关根据使用企业生产化工产品实际耗用的油品数量核定应退税金额，开具收入退还书，使用“进口成品油消费税退税”科目（101020221）退税。

②使用企业仅以国产油品生产化工产品，向主管税务机关申请退税。

办理退税时，主管税务机关根据使用企业生产化工产品实际耗用的油品数量核定应退税金额，开具收入退还书，使用“成品油消费税退税”科目（101020121）退税。

③使用企业既购进国产油品又购进进口油品生产化工产品的，应分别核算国

产与进口油品的购进量及其用于生产化工产品的实际耗用量，向主管税务机关提出退税申请。主管税务机关负责对企业退税资料进行审核。对进口油品退税，主管税务机关出具初审意见，连同进口货物报关单、海关专用缴款书和自动进口许可证等材料，送交海关复审。

使用企业未分别核算国产与进口油品的购进量和实际耗用量的，不予办理退税。

④主管税务机关和海关应向相关国库部门提供收入退还书，后附退税审批表、退税申请书等相关资料；国库部门经审核无误后，从相应预算科目中退付税款给申请企业。

（二）消费税退税的计算

消费税应退税额＝从价定率计征消费税的退税计税依据 × 比例税率＋从量定额计征消费税的退税计税依据 × 定额税率

纳税人直接出口的应税消费品办理免税后，发生退关或国外退货，复进口时已予以免税的，可暂不办理补税，待其转为国内销售的当月申报缴纳消费税。

第三节　企业所得税政策与征收管理

一、企业所得税基本政策

（一）纳税人与扣缴义务人

企业所得税是对我国境内的企业和其他取得收入的组织的生产经营所得和其他所得征收的一种税。

企业所得税纳税人分为居民企业纳税人和非居民企业纳税人。

个人独资企业、合伙企业不属于企业所得税纳税人。

1. 居民企业

居民企业，是指依法在中国境内成立，或者依照外国（地区）法律成立但实际管理机构在中国境内的企业。居民企业采用登记注册地和实际管理机构所在地两个标准认定。

依法在中国境内成立的企业，包括依照中国法律、行政法规在中国境内成立的企业、事业单位、社会团体以及其他取得收入的组织。

依照外国（地区）法律成立的企业，包括依照外国（地区）法律成立的企业和其他取得收入的组织。

实际管理机构，是指对企业的生产经营、人员、账务、财产等实施实质性全面管理和控制的机构。

2. 非居民企业

非居民企业，是指依照外国（地区）法律成立且实际管理机构不在中国境内，但在中国境内设立机构、场所，或者在中国境内未设立机构、场所，但有来源于中国境内所得的企业。所谓机构、场所，是指在中国境内从事生产经营活动的机构、场所。

3. 扣缴义务人

对非居民企业取得《中华人民共和国企业所得税法》（以下简称《企业所得税法》）第三条第三款规定的所得应缴纳的所得税，实行源泉扣缴，以支付人为扣缴义务人。税款由扣缴义务人在每次支付或者到期应支付时，从支付或者到期应支付的款项中扣缴。

对非居民企业在中国境内取得工程作业和劳务所得应缴纳的所得税，税务机关可以指定工程价款或者劳务费的支付人为扣缴义务人。

（二）征税对象

企业所得税的征税对象是企业的应纳税所得。包括销售货物所得、提供劳务所得、转让财产所得、股息红利等权益性投资所得、利息所得、租金所得、特许权使用费所得、接受捐赠所得和其他所得。

1. 居民企业的征税对象

居民企业的征税对象是来源于中国境内、境外的所得。

2. 非居民企业的征税对象

（1）非居民企业在中国境内设立机构、场所的，征税对象是所设机构、场所取得的来源于中国境内的所得，以及发生在中国境外但与其所设机构、场所有实际联系的所得。

实际联系，是指非居民企业在中国境内设立的机构、场所拥有据以取得所得的股权、债权，以及拥有、管理、控制据以取得所得的财产。

（2）非居民企业在中国境内未设立机构、场所的，或者虽设立机构、场所但取得的所得与其所设机构、场所没有实际联系的，征税对象是来源于中国境内的所得。

3．境内、境外的所得的确定原则

来源于中国境内、境外的所得，按照以下原则确定：

（1）销售货物所得，按照交易活动发生地确定。

（2）提供劳务所得，按照劳务发生地确定。

（3）转让财产所得，不动产转让所得按照不动产所在地确定，动产转让所得按照转让动产的企业或者机构、场所所在地确定，权益性投资资产转让所得按照被投资企业所在地确定。

（4）股息、红利等权益性投资所得，按照分配所得的企业所在地确定。

（5）利息所得、租金所得、特许权使用费所得，按照负担、支付所得的企业或者机构、场所所在地确定，或者按照负担、支付所得的个人的住所地确定。

（6）其他所得，由国务院财政、税务主管部门确定。

（三）税率

（1）企业所得税的基本税率为25%。

（2）符合条件的小型微利企业，非居民企业在中国境内未设立机构、场所的，或者虽设立机构、场所但取得的所得与其所设机构、场所没有实际联系的，其来源于中国境内的所得，适用税率为20%。

（3）国家需要重点扶持的高新技术企业，减按15%的税率征收企业所得税。

（四）应纳税所得额

1．一般规定

企业所得税的计税依据是应纳税所得额。

企业每一纳税年度的收入总额，减除不征税收入、免税收入、各项扣除以及允许弥补的以前年度亏损后的余额，为应纳税所得额。企业应纳税所得额的计算，以权责发生制为原则，属于当期的收入和费用，无论款项是否收付，均作为当期的收入和费用；不属于当期的收入和费用，即使款项已经在当期收付，均不作为当期的收入和费用。

应纳税所得额的计算公式为：

应纳税所得额=收入总额－不征税收入－免税收入－各项扣除－允许弥补的以前年度亏损

在计算应纳税所得额时，企业财务、会计处理办法与税收法律、行政法规的规定不一致的，应当依照税收法律、行政法规的规定计算。

2. 收入总额的确定

企业收入总额包括以货币形式和非货币形式从各种来源取得的收入。

企业取得收入的货币形式，包括现金、存款、应收账款、应收票据、准备持有至到期的债券投资以及债务的豁免等。

企业取得收入的非货币形式，包括固定资产、生物资产、无形资产、股权投资、存货、不准备持有至到期的债券投资、劳务以及有关权益等。企业以非货币形式取得的收入，应当按照公允价值确定收入额。公允价值，是指按照市场价格确定的价值。

（1）收入范围

1）销售货物收入。

销售货物收入，是指企业销售商品、产品、原材料、包装物、低值易耗品以及其他存货取得的收入。

2）提供劳务收入。

提供劳务收入，是指企业从事建筑安装、修理修配、交通运输。仓储租赁、金融保险、邮电通信、咨询经纪、文化体育、科学研究，技术服务、教育培训、餐饮住宿、中介代理、卫生保健、社区服务、旅游、娱乐、加工以及其他劳务服务活动取得的收入。

3）转让财产收入。

转让财产收入，是指企业转让固定资产、生物资产、无形资产、股权、债权等财产取得的收入。

4）股息、红利等权益性投资收益。

股息、红利等权益性投资收益，是指企业因权益性投资从被投资方取得的收入。

5）利息收入。

利息收入，是指企业将资金提供给他人使用但不构成权益性投资，或者因他人占用本企业资金取得的收入，包括存款利息、贷款利息、债券利息、欠款利息等收入。

6）租金收入。

租金收入，是指企业提供固定资产、包装物或者其他有形资产的使用权取得的收入。

7）特许权使用费收入。

特许权使用费收入，是指企业提供专利权、非专利技术、商标权、著作权以及其他特许权的使用权取得的收入。

8）接受捐赠收入。

接受捐赠收入，是指企业接受的来自其他企业、组织或者个人无偿给予的货币性资产、非货币性资产。

9）其他收入。

其他收入，是指企业取得的除以上收入外的其他收入，包括企业资产溢余收入、逾期未退包装物押金收入、确实无法偿付的应付款项、已作坏账损失处理后又收回的应收款项、债务重组收入、补贴收入、违约金收入、汇兑收益等。

10）视同销售货物、转让财产或者提供劳务收入。

企业发生非货币性资产交换，以及将货物、财产、劳务用于捐赠、偿债、赞助、集资、广告、样品、职工福利或者利润分配等用途的，应当视同销售货物、转让财产或者提供劳务，但国务院财政、税务主管部门另有规定的除外。

（2）收入的确认

1）销售货物收入。

除《企业所得税法》及其实施条例另有规定外，企业销售收入的确认遵循权责发生制原则和实质重于形式原则。

①企业销售商品同时满足下列条件的，应确认收入的实现：

A. 商品销售合同已经签订，企业已将商品所有权相关的主要风险和报酬转移给购货方。

B. 企业对已售出的商品既没有保留通常与所有权相联系的继续管理权，也没有实施有效控制。

C. 收入的金额能够可靠地计量。

D. 已发生或将发生的销售方的成本能够可靠地核算。

②符合上述收入确认条件，采取下列商品销售方式的，应按以下规定确认收入实现时间：

A. 销售商品采用托收承付方式的，在办妥托收手续时确认收入。

B. 销售商品采取预收款方式的，在发出商品时确认收入。

C. 销售商品需要安装和检验的，在购买方接受商品以及安装和检验完毕时确认收入；如果安装程序比较简单，可在发出商品时确认收入。

D. 销售商品采用支付手续费方式委托代销的，在收到代销清单时确认收入。

③采用售后回购方式销售商品的，销售的商品按售价确认收入，回购的商品作为购进商品处理。有证据表明不符合销售收入确认条件的，如以销售商品方式进行融资，收到的款项应确认为负债，回购价格大于原售价的，差额应在回购期间确认为利息费用。

④销售商品以旧换新的，销售商品应当按照销售商品收入确认条件确认收入，回收的商品作为购进商品处理。

⑤企业为促进商品销售而在商品价格上给予的价格扣除属于商业折扣。商品销售涉及商业折扣的，应当按照扣除商业折扣后的金额确定销售商品收入金额。

债权人为鼓励债务人在规定的期限内付款而向债务人提供的债务扣除属于现金折扣。销售商品涉及现金折扣的，应当按扣除现金折扣前的金额确定销售商品收入金额，现金折扣在实际发生时作为财务费用扣除。

企业因售出商品的质量不合格等原因而在售价上给予的减让属于销售折让；企业因售出商品质量、品种不符合要求等原因而发生的退货属于销售退回。企业已经确认销售收入的售出商品发生销售折让和销售退回，应当在发生当期冲减当期销售商品收入。

⑥企业以“买一赠一”等方式组合销售本企业商品的，不属于捐赠，应将总的销售金额按各项商品的公允价值的比例来分摊确认各项商品的销售收入。

⑦销售货物收入确认的特殊规定：

A. 以分期收款方式销售货物的，按照合同约定的收款日期确认收入的实现；

B. 采取产品分成方式取得收入的，按照企业分得产品的日期确认收入的实现，其收入额按照产品的公允价值确定。

2）提供劳务收入。

企业在各个纳税期末，提供劳务交易的结果能够可靠估计的，应采用完工进度（完工百分比）法确认提供劳务收入。

①提供劳务交易的结果能够可靠估计，是指同时满足下列条件：

A. 收入的金额能够可靠地计量。

B. 交易的完工进度能够可靠地确定。

C. 交易中已发生和将发生的成本能够可靠地核算。

②企业提供劳务完工进度的确定，可选用下列方法 ：

A. 已完工作的测量。

B. 已提供劳务占劳务总量的比例。

C. 发生成本占总成本的比例。

③企业应按照从接受劳务方已收或应收的合同或协议价款确定劳务收入总额，根据纳税期末提供劳务收入总额乘以完工进度扣除以前纳税年度累计已确认提供劳务收入后的金额，确认为当期劳务收入 ；同时，按照提供劳务估计总成本乘以完工进度扣除以前纳税期间累计已确认劳务成本后的金额，结转为当期劳务成本。

④企业受托加工制造大型机械设备、船舶、飞机，以及从事建筑、安装、装配工程业务或者提供其他劳务等，持续时间超过 12 个月的，按照纳税年度内完工进度或者完成的工作量确认收入的实现。

3）财产转让收入。

企业转让股权收入，应于转让协议生效且完成股权变更手续时，确认收入的实现 ；企业转让国债应在转让国债合同、协议生效的日期，或者国债移交时确认转让收入的实现 ；企业投资购买国债，到期兑付的，应在国债发行时约定的应付利息的日期，确认国债转让收入的实现。企业取得财产转让收入，无论是以货币形式，还是非货币形式体现，除另有规定外，均应一次性计入确认收入的年度计算缴纳企业所得税。

4）股息、红利等权益性投资收益。

除国务院财政、税务主管部门另有规定外，按照被投资方作出利润分配决定的日期确认收入的实现。

5）利息收入。

按照合同约定的债务人应付利息的日期确认收入的实现。

6）租金收入。

按照合同约定的承租人应付租金的日期确认收入的实现。

7）特许权使用费收入。

按照合同约定的特许权使用人应付特许权使用费的日期确认收入的实现。

8）接受捐赠收入。

按照实际收到捐赠资产的日期确认收入的实现。

(3) 视同销售收入

企业发生非货币性资产交换，以及将货物、财产、劳务用于捐赠、偿债、赞助、集资、广告、样品、职工福利或者利润分配等用途的，应当视同销售货物、转让财产或者提供劳务，但国务院财政、税务主管部门另有规定的除外。

企业将资产移送他人的下列情形，因资产所有权属已发生改变而不属于内部处置资产，应按规定视同销售确定收入。

1）用于市场推广或销售。

2）用于交际应酬。

3）用于职工奖励或福利。

4）用于股息分配。

5）用于对外捐赠。

6）其他改变资产所有权属的用途。

(4) 不征税收入

收入总额中的下列收入为不征税收入：

1）财政拨款。

财政拨款，是指各级人民政府对纳入预算管理的事业单位、社会团体等组织拨付的财政资金，但国务院和国务院财政、税务主管部门另有规定的除外。

2）依法收取并纳入财政管理的行政事业性收费、政府性基金。

行政事业性收费，是指依照法律法规等有关规定，按照国务院规定程序批准，在实施社会公共管理，以及在向公民、法人或者其他组织提供特定公共服务过程中，向特定对象收取并纳入财政管理的费用。

政府性基金，是指企业依照法律、行政法规等有关规定，代政府收取的具有专项用途的财政资金。

3）国务院规定的其他不征税收入。

国务院规定的其他不征税收入，是指企业取得的，由国务院财政、税务主管部门规定专项用途并经国务院批准的财政性资金。

3. 扣除项目及金额确定

(1) 准予扣除项目的范围和标准

1）准予扣除项目的范围。

企业实际发生的与取得收入有关的、合理的支出，包括成本、费用、税金、损失和其他支出，准予在计算应纳税所得额时扣除。

企业发生的支出应当区分收益性支出和资本性支出。收益性支出在发生当期直接扣除；资本性支出应当分期扣除或者计入有关资产成本，不得在发生当期直接扣除。

①成本。成本，是指企业在生产经营活动中发生的销售成本、销货成本、业务支出以及其他耗费。

②费用。费用，是指企业在生产经营活动中发生的销售费用、管理费用和财务费用，已经计入成本的有关费用除外。

③税金及附加。在企业所得税税前扣除的税金及附加，是指企业发生的除企业所得税和允许抵扣的增值税以外的各项税金及其附加，具体包括企业按规定缴纳的消费税、城市维护建设税、关税、资源税、土地增值税、房产税、车船税、城镇土地使用税、印花税、教育费附加等。

④损失。损失，是指企业在生产经营活动中发生的固定资产和存货的盘亏、毁损、报废损失，转让财产损失，呆账损失，坏账损失，自然灾害等不可抗力因素造成的损失以及其他损失。

企业发生的损失，减除责任人赔偿和保险赔款后的余额，依照国务院财政、税务主管部门的规定扣除。

企业已经作为损失处理的资产，在以后纳税年度又全部收回或者部分收回时，应当计入当期收入。

⑤其他支出。其他支出，是指除成本、费用、税金、损失外，企业在生产经营活动中发生的与生产经营活动有关的、合理的支出。

除《企业所得税法》及其实施条例另有规定外，企业实际发生的成本、费用、税金、损失和其他支出，不得重复扣除。

2）准予扣除项目的标准。

①工资、薪金支出。

企业发生的合理的工资、薪金支出，准予扣除。

工资、薪金，是指企业每一纳税年度支付给在本企业任职或者受雇的员工的所有现金形式或者非现金形式的劳务报酬，包括基本工资、奖金、津贴、补贴、年终加薪、加班工资，以及与员工任职或者受雇有关的其他支出。

②职工福利费支出。

企业发生的职工福利费支出，不超过工资、薪金总额14%的部分，准予扣除。

工资、薪金总额，是指企业按照规定实际发放的工资、薪金总和，不包括企业的职工福利费、职工教育经费、工会经费以及养老保险费、医疗保险费、失业保险费、工伤保险费、生育保险费等社会保险费和住房公积金。属于国有性质的企业，其工资、薪金，不得超过政府有关部门给予的限定数额；超过部分，不得计入企业工资、薪金总额，也不得在计算企业应纳税所得额时扣除。

③工会经费。

企业拨缴的工会经费，不超过工资、薪金总额 2% 的部分，准予扣除。

④职工教育经费。

除国务院财政、税务主管部门另有规定外，企业发生的职工教育经费支出，不超过工资、薪金总额 8% 的部分，准予扣除；超过部分，准予在以后纳税年度结转扣除。

集成电路设计企业和符合条件的软件企业的职工培训费用，应单独进行核算并按实际发生额在计算应纳税所得额时扣除。

航空企业实际发生的飞行员养成费、飞行训练费、乘务训练费、空中保卫员训练费等空勤训练费用，可以作为航空企业运输成本在税前扣除。

核力发电企业为培养核电厂操纵员发生的培养费用，可作为企业的发电成本在税前扣除。企业应将核电厂操纵员培养费用与员工的职工教育经费严格区分，单独核算，员工实际发生的职工教育经费支出不得计入核电厂操纵员培养费直接扣除。

⑤保险费和住房公积金。

企业依照国务院有关主管部门或者省级人民政府规定的范围和标准为职工缴纳的基本养老保险费、基本医疗保险费、失业保险费、工伤保险费、生育保险费等社会保险费和住房公积金，准予扣除。

企业根据国家有关政策规定，为在本企业任职或者受雇的全体员工支付的补充养老保险费、补充医疗保险费，分别在不超过职工工资总薪 5% 标准内的部分，在计算应纳税所得额时准予扣除；超过的部分，不予扣除。

允许扣除的保险费还包括企业依照国家有关规定为特殊工种职工支付的人身安全保险费和国务院财政、税务主管部门规定可以扣除的其他商业保险费。企业职工因公出差乘坐交通工具发生的人身意外保险费支出，准予企业在计算应纳税所得额时扣除。

企业参加财产保险，按照规定缴纳的保险费，准予扣除。

⑥借款费用、利息支出及汇兑损失。

A. 企业在生产经营活动中发生的合理的不需要资本化的借款费用，准予扣除。

企业为购置、建造固定资产、无形资产和经过12个月以上的建造才能达到预定可销售状态的存货发生借款的，在有关资产购置、建造期间发生的合理的借款费用，应当作为资本性支出计入有关资产的成本，并按规定扣除。

B. 企业在生产经营活动中发生的下列利息支出，准予扣除：

非金融企业向金融企业借款的利息支出、金融企业的各项存款利息支出和同业拆借利息支出、企业经批准发行债券的利息支出；非金融企业向非金融企业借款的利息支出，不超过按照金融企业同期同类贷款利率计算的数额的部分。

C. 企业实际支付给关联方的利息支出，不超过规定比例和有关规定计算的部分，准予扣除，超过的部分不得在发生当期和以后年度扣除。

企业实际支付给关联方的利息支出，其接受关联方债权性投资与其权益性投资比例为：金融企业，为5∶1；其他企业，为2∶1。

D. 企业投资者在规定期限内未缴足其应缴资本额的，该企业对外借款所发生的利息，相当于投资者实缴资本额与在规定期限内应缴资本额的差额应计付的利息，不属于企业合理的支出，应由企业投资者负担，不得在计算企业应纳税所得额时扣除。

E. 企业发行的永续债，可以适用股息、红利企业所得税政策，即：投资方取得的永续债利息收入属于股息、红利性质，按照现行企业所得税政策相关规定进行处理，其中，发行方和投资方均为居民企业的，永续债利息收入可以适用企业所得税法规定的居民企业之间的股息、红利等权益性投资收益免征企业所得税规定；同时发行方支付的永续债利息支出不得在企业所得税税前扣除。

企业发行符合规定条件的永续债，也可以按照债券利息适用企业所得税政策，即：发行方支付的永续债利息支出准予在其企业所得税税前扣除；投资方取得的永续债利息收入应当依法纳税。

发行永续债的企业对每一永续债产品的税收处理方法一经确定，不得变更。企业对永续债采取的税收处理办法与会计核算方式不致的，发行方、投资方在进行税收处理时须作出相应纳税调整。

F. 企业在货币交易中，以及纳税年度终了时将人民币以外的货币性资产、负债按照期末即期人民币汇率中间价折算为人民币时产生的汇兑损失，除已经计入有关资产成本以及与向所有者进行利润分配相关的部分外，准予扣除。

⑦业务招待费。

企业发生的与生产经营活动有关的业务招待费支出，按照发生额的 60% 扣除，但最高不得超过当年销售（营业）收入的 5‰。

⑧广告费和业务宣传费。

企业发生的符合条件的广告费和业务宣传费支出，除国务院财政、税务主管部门另有规定外，不超过当年销售（营业）收入 15% 的部分，准予扣除；超过部分，准予在以后纳税年度结转扣除。

对化妆品制造或销售、医药制造和饮料制造（不含酒类制造）企业发生的广告费和业务宣传费支出，不超过当年销售（营业）收入 30% 的部分，准予扣除；超过部分，准予在以后纳税年度结转扣除。

对签订广告费和业务宣传费分摊协议（以下简称分摊协议）的关联企业，其中一方发生的不超过当年销售（营业）收入税前扣除限额比例内的广告费和业务宣传费支出可以在本企业扣除，也可以将其中的部分或全部按照分摊协议归集至另一方扣除。另一方在计算本企业广告费和业务宣传费支出企业所得税税前扣除限额时，可将按照上述办法归集至本企业的广告费和业务宣传费不计算在内。

烟草企业的烟草广告费和业务宣传费支出，一律不得在计算应纳税所得额时扣除。

⑨手续费及佣金支出。

保险企业发生与其经营活动有关的手续费及佣金支出，不超过当年全部保费收入扣除退保金等后余额的 18%（含本数）的部分，在计算应纳税所得额时准予扣除；超过部分，允许结转以后年度扣除。

其他企业，按与具有合法经营资格中介服务机构或个人（不含交易双方及其雇员、代理人和代表人等）所签订服务协议或合同确认的收入金额的 5% 计算限额。

⑩环境保护、生态恢复专项资金。

企业依照法律、行政法规有关规定提取的用于环境保护、生态恢复等方面的专项资金，准予扣除。上述专项资金提取后改变用途的，不得扣除。

⑪租赁费。

企业根据生产经营活动的需要租入固定资产支付的租赁费，按照以下方法扣除：

A. 以经营租赁方式租入固定资产发生的租赁费支出，按照租赁期限均匀扣除；

B. 以融资租赁方式租入固定资产发生的租赁费支出，按照规定构成融资租入固定资产价值的部分应当提取折旧费用，分期扣除。

⑫劳动保护费。

企业发生的合理的劳动保护支出，准予扣除。

⑬公益性捐赠支出。

企业发生的公益性捐赠支出，在年度利润总额12%以内的部分，准予在计算应纳税所得额时扣除；超过年度利润总额12%的部分，准予结转以后3年内在计算应纳税所得额时扣除。

公益性捐赠，是指企业通过公益性社会组织或者县级以上人民政府及其部门，用于符合法律规定的慈善活动、公益事业的捐赠。

年度利润总额，是指企业依照国家统一会计制度的规定计算的年度会计利润。

自2019年1月1日至2025年12月31日，企业通过公益性社会组织或者县级以上（含县级）人民政府及其组成部门和直属机构，用于目标脱贫地区的扶贫捐赠支出，准予在计算企业所得税应纳税所得额时据实扣除。

企业同时发生扶贫捐赠支出和其他公益性捐赠支出，在计算公益性捐赠支出年度扣除限额时，符合条件的扶贫捐赠支出不计算在内。

⑭开（筹）办费。

企业可以在开始经营之日的当年一次性扣除，也可以按照有关长期待摊费用的处理规定处理，但一经选定，不得改变。

企业在筹建期间，发生的与筹办活动有关的业务招待费支出，可按实际发生额的60%计入企业筹办费，并按有关规定在税前扣除；发生的广告费和业务宣传费，可按实际发生额计入企业筹办费，并按有关规定在税前扣除。

⑮非公有制企业党组织工作经费。

非公有制企业党组织工作经费纳入企业管理费列支，不超过职工年度工资、薪金总额1%的部分，可以据实在企业所得税税前扣除。

（2）不得扣除的项目

1）在计算应纳税所得额时，下列支出不得扣除：

①向投资者支付的股息、红利等权益性投资收益款项。

②企业所得税税款。

③税收滞纳金。

④罚金、罚款和被没收财物的损失。

⑤准予在计算应纳税所得额时扣除的公益性捐赠以外的捐赠支出。

⑥赞助支出（是指企业发生的与生产经营活动无关的各种非广告性质支出）。

⑦未经核定的准备金支出（是指不符合国务院财政、税务主管部门规定的各

项资产减值准备、风险准备等准备金支出)。

⑧与取得收入无关的其他支出。

2）企业之间支付的管理费、企业内营业机构之间支付的租金和特许权使用费，以及非银行企业内营业机构之间支付的利息，不得扣除。

3）除企业依照国家有关规定为特殊工种职工支付的人身安全保险费和国务院财政、税务主管部门规定可以扣除的其他商业保险费外，企业为投资者或者职工支付的商业保险费，不得扣除。

4）企业的不征税收入用于支出所形成的费用，不得在计算应纳税所得额时扣除；企业的不征税收入用于支出所形成的资产，其计算的折旧、摊销不得在计算应纳税所得额时扣除。

5）除《企业所得税法》及其实施条例另有规定外，企业实际发生的成本、费用、税金、损失和其他支出，不得重复扣除。

4. 税前扣除凭证

(1）税前扣除凭证的概念。

税前扣除凭证，是指企业（包括居民企业和非居民企业）在计算企业所得税应纳税所得额时，证明与取得收入有关的、合理的支出实际发生，并据以税前扣除的各类凭证。

(2）税前扣除凭证管理原则。

税前扣除凭证在管理中遵循真实性、合法性、关联性原则。

真实性，是指税前扣除凭证反映的经济业务真实，且支出已经实际发生。企业应将与税前扣除凭证相关的资料，包括合同协议、支出依据、付款凭证等留存备查，以证实税前扣除凭证的真实性；合法性，是指税前扣除凭证的形式、来源符合国家法律、法规等相关规定；关联性，是指税前扣除凭证与其反映的支出相关联且有证明力。

(3）税前扣除凭证的种类。

税前扣除凭证按照来源分为内部凭证和外部凭证。

①内部凭证。

内部凭证，是指企业自制用于成本、费用、损失和其他支出核算的会计原始凭证。如企业支付给员工工资时，工资表等会计原始凭证即为内部凭证。内部凭证的填制和使用应当符合国家会计法律、法规等相关规定。

②外部凭证。

外部凭证，是指企业发生经营活动和其他事项时，从其他单位、个人取得的用于证明其支出发生的凭证，包括但不限于发票（包括纸质发票和电子发票）、财政票据、完税凭证、收款凭证、分割单等。

（4）取得税前扣除凭证的时间要求。

企业应在当年度企业所得税法规定的汇算清缴期结束前取得税前扣除凭证。汇算清缴期结束后，税务机关发现企业应当取得而未取得发票、其他外部凭证或者取得不合规发票、不合规其他外部凭证并且告知企业的，企业应当自被告知之日起 60 日内补开、换开不符合规定的发票、其他外部凭证。

企业在补开、换开发票、其他外部凭证过程中，因对方注销、撤销、依法被吊销营业执照、被税务机关认定为非正常户等特殊原因无法补开、换开发票，其他外部凭证的，可凭以下资料证实支出真实性后，其支出允许税前扣除：

①无法补开、换开发票、其他外部凭证原因的证明资料（包括工商注销、机构撤销、列入非正常经营户、破产公告等证明资料）。

②相关业务活动的合同或者协议。

③采用非现金方式支付的付款凭证。

④货物运输的证明资料。

⑤货物入库、出库内部凭证。

⑥企业会计核算记录以及其他资料。

其中，第①项至第③项为必备资料。

企业在规定的期限未能补开、换开符合规定的发票、其他外部凭证，并且未能按照规定提供相关资料证实其支出真实性的，相应支出不得在发生年度税前扣除。

除发生上述需提供可以证实其支出真实性的相关资料的情形外，企业以前年度应当取得而未取得发票、其他外部凭证，且相应支出在该年度没有税前扣除的，在以后年度取得符合规定的发票、其他外部凭证或者按照规定提供可以证实其支出真实性的相关资料，相应支出可以追补至该支出发生年度税前扣除，但追补年限不得超过 5 年。

5. 资产的税务处理

企业的各项资产，包括固定资产、生物资产、无形资产、长期待摊费用、投资资产、存货等，以历史成本为计税基础。

历史成本，是指企业取得该项资产时实际发生的支出。

企业持有各项资产期间资产增值或者减值，除国务院财政、税务主管部门规定可以确认损益外，不得调整该资产的计税基础。

企业转让资产，该项资产的净值，准予在计算应纳税所得额时扣除。资产的净值，是指有关资产的计税基础减除已经按照规定扣除的折旧、折耗、摊销、准备金等后的余额。

除国务院财政、税务主管部门另有规定外，企业在重组过程中，应当在交易发生时确认有关资产的转让所得或者损失，相关资产应当按照交易价格重新确定计税基础。

（1）固定资产的税务处理。

①固定资产的概念。

固定资产，是指企业为生产产品、提供劳务、出租或者经营管理而持有的、使用时间超过 12 个月的非货币性资产，包括房屋、建筑物、机器、机械、运输工具以及其他与生产经营活动有关的设备、器具、工具等。

②固定资产的计税基础。

A. 外购的固定资产，以购买价款和支付的相关税费以及直接归属于使该资产达到预定用途发生的其他支出为计税基础。

B. 自行建造的固定资产，以竣工结算前发生的支出为计税基础。

C. 融资租入的固定资产，以租赁合同约定的付款总额和承租人在签订租赁合同过程中发生的相关费用为计税基础，租赁合同未约定付款总额的，以该资产的公允价值和承租人在签订租赁合同过程中发生的相关费用为计税基础。

D. 盘盈的固定资产，以同类固定资产的重置完全价值为计税基础。

E. 通过捐赠、投资、非货币性资产交换、债务重组等方式取得的固定资产，以该资产的公允价值和支付的相关税费为计税基础。

F. 改建的固定资产，除已足额提取折旧的固定资产的改建支出和租入固定资产的改建支出外，以改建过程中发生的改建支出增加计税基础。

③固定资产折旧的计提方法。

固定资产按照直线法计算的折旧，准予扣除。企业应当自固定资产投入使用月份的次月起计算折旧；停止使用的固定资产，应当自停止使用月份的次月起停止计算折旧。企业应当根据固定资产的性质和使用情况，合理确定固定资产的预计净残值。固定资产的预计净残值一经确定，不得变更。

④固定资产折旧的计提年限。

除国务院财政、税务主管部门另有规定外，固定资产计算折旧的最低年限如下：

A. 房屋、建筑物，为 20 年。

B. 飞机、火车、轮船、机器、机械和其他生产设备，为 10 年。

C. 与生产经营活动有关的器具、工具、家具等，为 5 年。

D. 飞机、火车、轮船以外的运输工具，为 4 年。

E 电子设备，为 3 年。

⑤不得计算折旧扣除的固定资产。

A. 房屋、建筑物以外未投入使用的固定资产。

B. 以经营租赁方式租入的固定资产。

C. 以融资租赁方式租出的固定资产。

D. 已足额提取折旧仍继续使用的固定资产。

E. 与经营活动无关的固定资产。

F. 单独估价作为固定资产入账的土地。

G. 其他不得计算折旧扣除的固定资产。

(2) 生物资产的税务处理。

①生物资产的概念。

生物资产，是指有生命的动物和植物。生物资产分为消耗性生物资产、生产性生物资产和公益性生物资产。

②生产性生物资产的计税基础。

生产性生物资产，是指企业为生产农产品、提供劳务或者出租等而持有的生物资产，包括经济林、薪炭林、产畜和役畜等。

A. 外购的生产性生物资产，以购买价款和支付的相关税费为计税基础；

B. 通过捐赠、投资、非货币性资产交换、债务重组等方式取得的生产性生物资产，以该资产的公允价值和支付的相关税费为计税基础。

③生产性生物资产折旧的计提方法。

生产性生物资产按照直线法计算的折旧，准予扣除。企业应当自生产性生物资产投入使用月份的次月起计算折旧；停止使用的生产性生物资产，应当自停止使用月份的次月起停止计算折旧。企业应当根据生产性生物资产的性质和使用情况，合理确定生产性生物资产的预计净残值。生产性生物资产的预计净残值一经确定，不得变更。

④生产性生物资产计算折旧的最低年限。

A. 林木类生产性生物资产，为 10 年。

B. 畜类生产性生物资产，为 3 年。

（3）无形资产的税务处理。

①无形资产的概念。

无形资产，是指企业为生产产品、提供劳务、出租或者经营管理而持有的、没有实物形态的非货币性长期资产，包括专利权、商标权、著作权、土地使用权、非专利技术、商誉等。

②无形资产的计税基础。

A. 外购无形资产，以购买价款和支付的相关税费以及直接归属于使该资产达到预定用途发生的其他支出为计税基础。

B. 自行开发的无形资产，以开发过程中该资产符合资本化条件后至达到预定用途前发生的支出为计税基础。

C. 通过捐赠、投资、非货币性资产交换、债务重组等方式取得的无形资产，以该资产的公允价值和支付的相关税费为计税基础。

③无形资产的摊销方法。

无形资产按照直线法计算的摊销费用，准予扣除。外购商誉的支出，在企业整体转让或者清算时，准予扣除。

④无形资产的摊销年限。

无形资产的摊销年限不得低于 10 年。作为投资或者受让的无形资产，有关法律规定或者合同约定了使用年限的，可以按照规定或者约定的使用年限分期摊销。

⑤不得计算摊销费用扣除的无形资产。

A. 自行开发的支出已在计算应纳税所得额时扣除的无形资产。

B. 自创商誉。

C. 与经营活动无关的无形资产。

D. 其他不得计算摊销费用扣除的无形资产。

（4）长期待摊费用的税务处理。

企业发生的下列支出作为长期待摊费用，按照规定摊销的，准予扣除：

①已足额提取折旧的固定资产的改建支出，按照固定资产预计尚可使用年限分期摊销。

②租入固定资产的改建支出，按照合同约定的剩余租赁期限分期摊销；改建的固定资产延长使用年限的，除上述两种情况外，应当适当延长折旧年限。

③固定资产的大修理支出，按照固定资产尚可使用年限分期摊销。大修理支出，是指同时符合下列条件的支出：

A. 修理支出达到取得固定资产时的计税基础 50% 以上。

B. 修理后固定资产的使用年限延长 2 年以上。

④其他应当作为长期待摊费用的支出，自支出发生月份的次月起，分期摊销，摊销年限不得低于 3 年。

（5）投资资产的税务处理。

①投资资产的概念。

投资资产，是指企业对外进行权益性投资和债权性投资形成的资产。

②投资资产的成本。

A. 通过支付现金方式取得的投资资产，以购买价款为成本。

B. 通过支付现金以外的方式取得的投资资产，以该资产的公允价值和支付的相关税费为成本。

③投资资产成本的扣除方法。

企业在转让或者处置投资资产时，投资资产的成本准予扣除。企业对外投资期间，投资资产的成本在计算应纳税所得额时不得扣除。

（6）存货的税务处理。

①存货的概念。

存货，是指企业持有以备出售的产品或者商品、处在生产过程中的在产品、在生产或者提供劳务过程中耗用的材料和物料等。

②存货的成本。

A. 通过支付现金方式取得的存货，以购买价款和支付的相关税费为成本；

B. 通过支付现金以外的方式取得的存货，以该存货的公允价值和支付的相关税费为成本；

C. 生产性生物资产收获的农产品，以产出或者采收过程中发生的材料费、人工费和分摊的间接费用等必要支出为成本。

③存货成本的计算方法。

企业使用或者销售的存货的成本计算方法。可在先进先出法、加权平均法、个别计价法中选用一种。计价方法一经选用，不得随意变更。

④企业使用或者销售存货，按照规定计算的存货成本，准予在计算应纳税所得额时扣除。

6. 特别纳税调整

企业与其关联方之间的业务往来，不符合独立交易原则而减少企业或者其关联方应纳税收入或者所得额的，税务机关有权按照合理方法调整。

企业与其关联方共同开发、受让无形资产，或者共同提供、接受劳务发生的成本，在计算应纳税所得额时应当按照独立交易原则进行分摊。

关联方，是指与企业有下列关联关系之一的企业 、其他组织或者个人 :

(1) 在资金、经营、购销等方面存在直接或者间接的控制关系。

(2) 直接或间接地同为第三者控制。

(3) 在利益上具有相关联的其他关系。

独立交易原则，是指没有关联关系的交易各方，按照公平成交价格和营业常规进行业务往来遵循的原则。

特别纳税调整管理内容有 :

(1) 转让定价管理。

转让定价管理，是指税务机关按照有关规定，对企业与其关联方之间的业务往来（以下简称关联交易）是否符合独立交易原则进行审核评估和调查调整等工作的总称。

(2) 预约定价安排管理。

预约定价安排管理，是指税务机关按照有关规定，对企业提出的未来年度关联交易的定价原则和计算方法进行审核评估，并与企业协商达成预约定价安排等工作的总称。

(3) 成本分摊协议管理。

成本分摊协议管理，是指税务机关按照有关规定，对企业与其关联方签署的成本分摊协议是否符合独立交易原则进行审核评估和调查调整等工作的总称。

(4) 资本弱化管理。

资本弱化管理，是指税务机关按照有关规定，对企业接受关联方债权性投资与企业接受的权益性投资的比例是否符合规定比例或独立交易原则进行审核评估和调查调整等工作的总称。

(5) 受控外国企业管理。

受控外国企业管理，是指税务机关按照有关规定，对受控外国企业不作利润分配或减少分配进行审核评估和调查，并对归属于中国居民企业所得进行调整等工作的总称。

（6）一般反避税管理。

一般反避税管理，是指税务机关按照有关规定，对企业实施其他不具有合理商业目的的安排而减少其应纳税收入或所得额进行审核评估和调查调整等工作的总称。

7. 境外所得抵免

（1）直接抵免。

直接抵免，是指已在境外缴纳的所得税税额，不超过抵免限额的部分，可以从当期应纳税额中抵免；超过抵免限额的部分，可以在以后 5 个年度内，用每年度未使用的抵免限额抵免。

企业可以选择按国（地区）别分别计算[即“分国（地区）不分项”]，或者不按国（地区）别汇总计算[即“不分国（地区）不分项”]其来源于境外的应纳税所得额，并按照有关规定分别计算其可抵免境外所得税税额和抵免限额。上述方式一经选择，5 年内不得改变。

（2）间接抵免。

间接抵免，是指居民企业从其直接或者间接控制的外国企业分得的来源于中国境外的股息、红利等权益性投资收益，外国企业在境外实际缴纳的所得税税额中属于该项所得负担的部分，可以作为该居民企业的可抵免境外所得税税额，在税法规定的抵免限额内抵免。

间接抵免的适用范围为居民企业从其符合规定的境外子公司取得的股息、红利等权益性投资收益所得。在按规定计算该企业境外股息所得的可抵免所得税税额和抵免限额时，从最低一层外国企业起逐层计算属于由上一层企业负担的企业所得税。由企业直接或间接持有 20% 以上股份的外国企业，限于符合以下规定的持股方式确定的三层外国企业：

第一层：单一居民企业直接持有 20% 以上股份的外国企业。

第二层：单一第一层外国企业直接持有 20% 以上股份，且由单一居民企业直接持有或通过一个或多个符合相关规定持股条件的外国企业间接持有总和达到 20% 以上股份的外国企业。

第三层：单一第二层外国企业直接持有 20% 以上股份，且由单一居民企业直接持有或通过一个或多个符合相关规定持股条件的外国企业间接持有总和达到 20% 以上股份的外国企业。

（3）税收饶让制度。

税收饶让，是指居住国政府对其居民在国外得到减免税优惠的那一部分税额，视同已经缴纳，同样给予税收抵免待遇，不再按居住国税法规定的税率予以补征。

税收饶让是配合抵免方法的一种特殊方式，是为贯彻某种经济政策而采取的优惠措施。税收饶让这种优惠措施的实行，通常需要通过签订双边税收协定的方式予以确定。

8．亏损弥补

亏损，是指企业每一纳税年度的收入总额减除不征税收入、免税收入和各项扣除后小于零的数额。

企业纳税年度发生的亏损，准予向以后年度结转，用以后年度的所得弥补，但结转年限最长不得超过 5 年。

自 2018 年 1 月 1 日起，当年具备高新技术企业或科技型中小企业资格（以下称资格）的企业，其具备资格年度之前 5 个年度发生的尚未弥补完的亏损，准予结转以后年度弥补，最长结转年限由 5 年延长至 10 年。

高新技术企业，是指按照《财政部　国家税务总局　科学技术部关于修订印发〈高新技术企业认定管理办法〉的通知》（国科发火〔2016〕32 号）规定认定的高新技术企业；科技型中小企业，是指按照《科学技术部　财政部　国家税务总局关于印发〈科技型中小企业评价办法〉的通知》（国科发政〔2017〕115 号）规定取得科技型中小企业登记编号的企业。

企业在汇总计算缴纳企业所得税时，其境外营业机构的亏损不得抵减境内营业机构的盈利。

9．清算所得

《中华人民共和国企业所得税法实施条例》（以下简称《企业所得税法实施条例》）明确，清算所得是指企业的全部资产可变现价值或者交易价格减除资产净值、清算费用以及相关税费等后的余额。企业清算的所得税处理，是指企业在不再持续经营，发生结束自身业务、处置资产、偿还债务以及向所有者分配剩余财产等经济行为时，对清算所得、清算所得税、股息分配等事项的处理。被清算企业的股东分得的剩余资产的金额，其中相当于被清算企业累计未分配利润和累计盈余公积中按该股东所占股份比例计算的部分，应确认为股息所得；剩余资产减除股息所得后的余额，超过或低于股东投资成本的部分，应确认为股东的投资转让所得或损失。

企业清算的所得税处理包括以下内容：(1) 全部资产均应按可变现价值或交

易价格，确认资产转让所得或损失；(2) 确认债权清理、债务清偿的所得或损失；(3) 改变持续经营核算原则，对预提或待摊性质的费用进行处理；(4) 依法弥补亏损，确定清算所得；(5) 计算并缴纳清算所得税；(6) 确定可向股东分配的剩余财产、应付股息等。

清算所得=企业的全部资产可变现价值或交易价格－资产的计税基础－清算费用－相关税费+债务清偿损益－弥补以前年度亏损债务清偿损益=债务的计税基础－债务的实际偿还金额

公式中的相关税费为企业在清算过程中发生的相关税费，不包含企业以前年度欠税。

（五）应纳税额的计算

企业所得税的征收方式分为查账征收和核定征收两种。企业财务制度健全，能按规定设置、保管账簿、记账凭证，能准确计算收入、成本、费用，并据此按照税法规定正确计算应纳税所得额的，实行查账征收的方式。企业因会计账簿不健全，资料残缺难以查账，或者其他原因不能准确计算并据实申报其应纳税所得额的，实行核定征收的方式。征收方式不同，应纳税额的计算思路和过程也不同。

1. 查账征收企业所得税应纳税额的计算

实行查账征收的企业，在持续经营的状态下，应在企业会计利润的基础上，根据税法的规定计算出应纳税所得额，并据此申报缴纳企业所得税。企业所得税年度纳税申报表包括三部分。第一部分“利润总额计算”，按照国家统一会计制度口径计算。第二部分“应纳税所得额计算”，在“利润总额”基础上，对会计制度与税法规定的差异等项目进行调整，由此得出企业所得税的计税依据“应纳税所得额”。第三部分“应纳税额计算”，“应纳税所得额”乘以适用税率，减除减免和抵免的税额等项目后的余额，为应纳税款。

2. 核定征收企业所得税应纳税额的计算

居民企业、非居民企业实行核定征收的，应纳税额的计算有一些差别非居民企业核定征收的，可以按收入总额、按成本费用、按经费支出换算收入三种方法核定应纳税所得额来计算应纳税额。居民企业核定征收的，可采用核定应税所得率和核定应纳所得税额两种方法。居民企业的核定征收的具体做法如下：

（1）核定应税所得率。

①核定应税所得率的情形。

能够核算（查实）或者通过合理方法能计算或推定企业的收入总额或成本费用总额，则可以以收入总额或成本费用总额作为依据，根据应税所得率计算应纳税所得额。因此，企业具有下列情形之一的，核定其应纳税所得率：

A. 能正确核算（查实）收入总额，但不能正确核算（查实）成本费用总额的；

B. 能正确核算（查实）成本费用总额，但不能正确核算（查实）收入总额的；

C. 通过合理方法，能计算和推定纳税人收入总额或成本费用总额的。

②应税所得率。

国家税务总局规定了不同行业的应税所得率幅度标准。实行应税所得率核定征收的企业，经营多业的，无论其经营项目是否单独核算，均由税务机关根据其主营项目确定适用的应税所得率。主营项目应为企业所有经营项目中，收入总额或者成本（费用）支出额或者耗用原材料、燃料、动力数量所占比重最大的项目。

③应纳税所得额的计算。

A. 企业能正确核算（查实）收入总额，但不能正确核算（查实）成本费用总额，或者通过合理方法，能计算和推定企业收入总额的，按下列公式计算应纳税所得额：

应纳税所得额＝应税收入额×应税所得率

应税收入额＝收入总额－不征税收入－免税收入

免税收入包括国债利息收入、符合条件的居民企业之间的股息（红利）等权益性投资收益、地方政府债券利息收入等。

B. 企业能正确核算（查实）成本费用总额，但不能正确核算（查实）收入总额，或者通过合理方法，能计算和推定纳税人成本费用总额的，按下列公式计算应纳税所得额：

应纳税所得额＝成本（费用）支出额÷（1－应税所得率）×应税所得率

④应纳税额的计算。

企业计算出应纳税所得额后，按下列公式计算应纳税额：

应纳所得税额＝应纳税所得额×适用税率

核定征收方式的小型微利企业可以享受小型微利企业税收优惠。

（2）核定应纳所得税额。

对于不符合核定应税所得率情形的企 业，采取核定应纳所得税额的方法征收企业所得税。

二、特殊业务所得税政策

（一）非货币性资产投资的所得税政策

非货币性资产，是指现金、银行存款、应收账款、应收票据以及准备持有至到期的债券投资等货币性资产以外的资产。

非货币性资产投资，限于以非货币性资产出资设立新的居民企业，或将非货币性资产注入现存的居民企业。

企业以非货币性资产对外投资确认的非货币性资产转让所得，可在不超过5年期限内，分期均匀计入相应年度的应纳税所得额，按规定计算缴纳企业所得税。

企业以非货币性资产对外投资，应对非货币性资产进行评估并按评估后的公允价值扣除计税基础后的余额，计算确认非货币性资产转让所得。

企业以非货币性资产对外投资而取得被投资企业的股权，应以非货币性资产的原计税成本为计税基础，加上每年确认的非货币性资产转让所得，逐年进行调整。

被投资企业取得非货币性资产的计税基础，应按非货币性资产的公允价值确定。

企业在对外投资5年内转让上述股权或投资收回的，应停止执行递延纳税政策，并就递延期内尚未确认的非货币性资产转让所得，在转让股权或投资收回当年的企业所得税年度汇算清缴时，一次性计算缴纳企业所得税；企业在计算股权转让所得时，可按规定将股权的计税基础一次调整到位。

企业在对外投资5年内注销的，应停止执行递延纳税政策，并就递延期内尚未确认的非货币性资产转让所得，在注销当年的企业所得税年度汇算清缴时，一次性计算缴纳企业所得税。

（二）企业重组的所得税处理

企业重组，是指企业在日常经营活动以外发生的法律结构或经济结构重大改变的交易，包括企业法律形式改变、债务重组、股权收购、资产收购、合并、分立等。

企业重组的税务处理区分不同条件分别适用一般性税务处理规定和特殊性税务处理规定。

同一重组业务的当事各方应采取一致税务处理原则，即统一按一般性或特殊性税务处理。

1. 一般性税务处理

(1) 企业法律形式改变一般性税务处理。

企业由法人转变为个人独资企业、合伙企业等非法人组织，或将登记注册地转移至中华人民共和国境外（包括港澳台地区），应视同企业进行清算、分配，股东重新投资成立新企业。企业的全部资产以及股东投资的计税基础均应以公允价值为基础确定。

企业发生其他法律形式简单改变的，可直接变更税务登记，除另有规定外，有关企业所得税纳税事项（包括亏损结转、税收优惠等权益和义务）由变更后企业承继，但因住所发生变化而不符合税收优惠条件的除外。

(2) 债务重组一般性税务处理。

企业债务重组，相关交易应按以下规定处理：

①以非货币资产清偿债务，应当分解为转让相关非货币性资产、按非货币性资产公允价值清偿债务两项业务，确认相关资产的所得或损失。

②发生债权转股权的，应当分解为债务清偿和股权投资两项业务，确认有关债务清偿所得或损失。

③债务人应当按照支付的债务清偿额低于债务计税基础的差额，确认债务重组所得；债权人应当按照收到的债务清偿额低于债权计税基础的差额，确认债务重组损失。

④债务人的相关所得税纳税事项原则上保持不变。

(3) 股权收购、资产收购一般性税务处理。

企业股权收购、资产收购重组交易，相关交易应按以下规定处理：

①被收购方应确认股权、资产转让所得或损失。

②收购方取得股权或资产的计税基础应以公允价值为基础确定。

③被收购企业的相关所得税事项原则上保持不变。

(4) 企业合并一般性税务处理。

企业合并，当事各方应按下列规定处理：

①合并企业应按公允价值确定接受被合并企业各项资产和负债的计税基础。

②被合并企业及其股东都应按清算进行所得税处理。

③被合并企业的亏损不得在合并企业结转弥补。

(5) 企业分立一般性税务处理。

企业分立，当事各方应按下列规定处理：

①被分立企业对分立出去资产应按公允价值确认资产转让所得或损失。

②分立企业应按公允价值确认接受资产的计税基础。

③被分立企业继续存在时，其股东取得的对价应视同被分立企业分配进行处理。

④被分立企业不再继续存在时，被分立企业及其股东都应按清算进行所得税处理。

⑤企业分立相关企业的亏损不得相互结转弥补。

2. 特殊性税务处理

（1）特殊性税务处理条件。

企业重组同时符合下列条件的，适用特殊性税务处理规定：

①具有合理的商业目的，且不以减少、免除或者推迟缴纳税款为主要目的。

②被收购、合并或分立部分的资产或股权比例符合规定的比例。

③企业重组后的连续 12 个月内不改变重组资产原来的实质性经营活动。

④重组交易对价中涉及股权支付金额符合规定比例。

⑤企业重组中取得股权支付的原主要股东，在重组后连续 12 个月内，不得转让所取得的股权。

（2）债务重组特殊性税务处理。

企业债务重组确认的应纳税所得额占该企业当年应纳税所得额 50% 以上，可以在 5 个纳税年度的期间内，均匀计入各年度的应纳税所得额。

企业发生债权转股权业务，对债务清偿和股权投资两项业务暂不确认有关债务清偿所得或损失，股权投资的计税基础以原债权的计税基础确定。企业的其他相关所得税事项保持不变。

（3）股权收购特殊性税务处理。

股权收购，收购企业购买的股权不低于被收购企业全部股权的 50%，且收购企业在该股权收购发生时的股权支付金额不低于其交易支付总额的 85%，可以选择按以下规定处理：

①被收购企业的股东取得收购企业股权的计税基础，以被收购股权的原有计税基础确定。

②收购企业取得被收购企业股权的计税基础，以被收购股权的原有计税基础确定。

③收购企业、被收购企业的原有各项资产、负债的计税基础和其他相关所得税事项保持不变。

（4）资产收购特殊性税务处理。

资产收购，受让企业收购的资产不低于转让企业全部资产的 50%，且受让企业在该资产收购发生时的股权支付金额不低于其交易支付总额的 85%，可以选择按以下规定处理：

①转让企业取得受让企业股权的计税基础，以被转让资产的原有计税基础确定。

②受让企业取得转让企业资产的计税基础，以被转让资产的原有计税基础确定。

（5）企业合并特殊性税务处理。

企业合并，企业股东在该企业合并发生时取得的股权支付金额不低于其交易支付总额的 85%，以及同一控制下且不需要支付对价，可以选择按以下规定处理：

①合并企业接受被合并企业资产和负债的计税基础，以被合并企业的原有计税基础确定。

②被合并企业合并前的相关所得税事项由合并企业承继。

③可由合并企业弥补的被合并企业亏损的限额 = 被合并企业净资产公允价值 × 截至合并业务发生当年年末国家发行的最长期限的国债利率。

④被合并企业股东取得合并企业股权的计税基础，以其原持有的被合并企业股权的计税基础确定。

（6）企业分立特殊性税务处理。

企业分立，被分立企业所有股东按原持股比例取得分立企业的股权，分立企业和被分立企业均不改变原来的实质经营活动，且被分立企业股东在该企业分立发生时取得的股权支付金额不低于其交易支付总额的 85%，可以选择按以下规定处理：

①分立企业接受被分立企业资产和负债的计税基础，以被分立企业的原有计税基础确定。

②被分立企业已分立出去资产相应的所得税事项由分立企业承继。

③被分立企业未超过法定弥补期限的亏损额可按分立资产占全部资产的比例进行分配，由分立企业继续弥补。

④被分立企业的股东取得分立企业的股权（以下简称“新股”），如需部分或全部放弃原持有的被分立企业的股权（以下简称“旧股”），“新股”的计税基础应以放弃“旧股”的计税基础确定。如不需放弃“旧股”，则其取得“新股”的计税基础可从以下两种方法中选择确定：直接将“新股”的计税基础确定为零；或者以被分立企业分立出去的净资产占被分立企业全部净资产的比例先调减原持

有的“旧股”的计税基础，再将调减的计税基础平均分配到“新股”上。

（7）非股权支付所得确认。

重组交易各方选择适用特殊性税务处理，对交易中股权支付暂不确认有关资产的转让所得或损失的，其非股权支付仍应在交易当期确认相应的资产转让所得或损失，并调整相应资产的计税基础。

非股权支付对应的资产转让所得或损失=（被转让资产的公允价值－被转让资产的计税基础）×（非股权支付金额+被转让资产的公允价值）

（8）企业发生涉及中国境内与境外之间（包括港澳台地区）的股权和资产收购交易，除应符合特殊性税务处理规定的条件外，还应同时符合下列条件，才可选择适用特殊性税务处理规定：

①非居民企业向其100%直接控股的另一非居民企业转让其拥有的居民企业股权，没有因此造成以后该项股权转让所得预提税负担变化，且转让方非居民企业向主管税务机关书面承诺在3年内（含3年）不转让其拥有受让方非居民企业的股权；

②非居民企业向与其具有100%直接控股关系的居民企业转让其拥有的另一居民企业股权；

③居民企业以其拥有的资产或股权向其100%直接控股的非居民企业进行投资；

④财政部、国家税务总局核准的其他情形。

（三）房地产企业的所得税处理

1. 收入的税务处理

企业通过正式签订《房地产销售合同》或《房地产预售合同》所取得的收入，应确认为销售收入的实现，具体按以下规定确认：

（1）采取一次性全额收款方式销售开发产品的，应于实际收讫价款或取得索取价款凭据（权利）之日，确认收入的实现。

（2）采取分期收款方式销售开发产品的，应按销售合同或协议约定的价款和付款日确认收入的实现。付款方提前付款的，在实际付款日确认收入的实现。

（3）采取银行按揭方式销售开发产品的，应按销售合同或协议约定的价款确定收入额，其首付款应于实际收到日确认收入的实现，余款在银行按揭贷款办理转账之日确认收入的实现。

（4）采取委托方式销售开发产品的，应按以下原则确认收入的实现：

①采取支付手续费方式委托销售开发产品的，应按销售合同或协议中约定的价款于收到受托方已销开发产品清单之日确认收入的实现。

②采取视同买断方式委托销售开发产品的，属于企业与购买方签订销售合同或协议，或企业、受托方、购买方三方共同签订销售合同或协议的，如果销售合同或协议中约定的价格高于买断价格，则应按销售合同或协议中约定的价格计算的价款于收到受托方已销开发产品清单之日确认收入的实现；如果属于前两种情况中销售合同或协议中约定的价格低于买断价格，以及属于受托方与购买方签订销售合同或协议的，则应按买断价格计算的价款于收到受托方已销开发产品清单之日确认收入的实现。

③采取基价（保底价）并实行超基价双方分成方式委托销售开发产品的，属于由企业与购买方签订销售合同或协议，或企业、受托方、购买方三方共同签订销售合同或协议的，如果销售合同或协议中约定的价格高于基价，则应按销售合同或协议中约定的价格计算的价款于收到受托方已销开发产品清单之日确认收入的实现，企业按规定支付受托方的分成额，不得直接从销售收入中减除；如果销售合同或协议约定的价格低于基价的，则应按基价计算的价款于收到受托方已销开发产品清单之日确认收入的实现。属于由受托方与购买方直接签订销售合同的，则应按基价加上按规定取得的分成额于收到受托方已销开发产品清单之日确认收入的实现。

④采取包销方式委托销售开发产品的，包销期内可根据包销合同的有关约定，参照上述①至③项规定确认收入的实现；包销期满后尚未出售的开发产品，企业应根据包销合同或协议约定的价款和付款方式确认收入的实现。

企业将开发产品用于捐赠、赞助、职工福利、奖励、对外投资、分配给股东或投资人、抵偿债务、换取其他企事业单位和个人的非货币性资产等行为，应视同销售，于开发产品所有权或使用权转移，或于实际取得利益权利时确认收入（或利润）的实现。确认收入（或利润）的方法和顺序为：

（1）按本企业近期或本年度最近月份同类开发产品市场销售价格确定；

（2）由主管税务机关参照当地同类开发产品市场公允价值确定；

（3）按开发产品的成本利润率确定。开发产品的成本利润率不得低于15%，具体比例由主管税务机关确定。

企业销售未完工开发产品取得的收入，应先按预计计税毛利率分季（或月）计算出预计毛利额，计入当期应纳税所得额。开发产品完工后，企业应及时结算其计税成本并计算此前销售收入的实际毛利额，同时将其实际毛利额与其对应的预计毛利额之间的差额，计入当年度企业本项目与其他项目合并计算的应纳税所得额。

在年度纳税申报时，企业须出具对该项开发产品实际毛利额与预计毛利额之间差异调整情况的报告以及税务机关需要的其他相关资料。

企业销售未完工开发产品的计税毛利率由各省、自治区、直辖市税务局按下列规定进行确定：

（1）开发项目位于省、自治区、直辖市和计划单列市人民政府所在地城市城区和郊区的，不得低于15%。

（2）开发项目位于地及地级市城区及郊区的，不得低于10%。

（3）开发项目位于其他地区的，不得低于5%。

（4）属于经济适用房、限价房和危改房的，不得低于3%。

2．成本、费用扣除的税务处理

企业在进行成本、费用的核算与扣除时，必须按规定区分期间费用和开发产品计税成本、已销开发产品计税成本与未销开发产品计税成本。

企业发生的期间费用、已销开发产品计税成本、税金及附加、土地增值税准予当期按规定扣除。

已销开发产品的计税成本，按当期已实现销售的可售面积和可售面积单位工程成本确认。可售面积单位工程成本和已销开发产品的计税成本按下列公式计算确定：

可售面积单位工程成本=成本对象总成本÷成本对象总可售面积

已销开发产品的计税成本=已实现销售的可售面积×可售面积单位工程成本

企业对尚未出售的已完工开发产品和按照有关法律、法规或合同规定对已售开发产品（包括共用部位、共用设施设备）进行日常维护、保养、修理等实际发生的维修费用，准予在当期据实扣除。

企业将已计入销售收入的共用部位、共用设施设备维修基金按规定移交给有关部门、单位的，应于移交时扣除。

企业在开发区内建造的会所、物业管理场所、电站、热力站、水厂、文体场馆、幼儿园等配套设施，按以下规定进行处理：

（1）属于非营利性且产权属于全体业主的，或无偿赠与地方政府、公用事业单位的，可将其视为公共配套设施，其建造费用按公共配套设施费的有关规定进行处理。

（2）属于营利性的，或产权归企业所有的，或未明确产权归属的，或无偿赠与地方政府、公用事业单位以外其他单位的，应当单独核算其成本。除企业自用应按建造固定资产进行处理外，其他一律按建造开发产品进行处理。

企业委托境外机构销售开发产品的，其支付境外机构的销售费用（含佣金或手续费）不超过委托销售收入 10% 的部分，准予据实扣除。

企业的利息支出按以下规定进行处理：

（1）企业为建造开发产品借入资金而发生的符合税法规定的借款费用，可按企业会计准则的规定进行归集和分配，其中属于财务费用性质的借款费用，可直接在税前扣除。

（2）企业集团或其成员企业统一向金融机构借款分摊集团内部其他成员企业使用的，借入方凡能出具从金融机构取得借款的证明文件，可以在使用借款的企业间合理的分摊利息费用，使用借款的企业分摊的合理利息准予在税前扣除。

3. 计税成本的内容

开发产品计税成本的内容包括：

（1）土地征用费及拆迁补偿费。指为取得土地开发使用权（或开发权）而发生的各项费用，主要包括土地买价或出让金、大市政配套费、契税、耕地占用税、土地使用费、土地闲置费、土地变更用途和超面积补交的地价及相关税费、拆迁补偿支出、安置及动迁支出、回迁房建造支出、农作物补偿费、危房补偿费等。

（2）前期工程费。指项目开发前期发生的水文地质勘查、测绘、规划、设计、可行性研究、筹建、场地通平等前期费用。

（3）建筑安装工程费。指开发项目开发过程中发生的各项建筑安装费用。主要包括开发项目建筑工程费和开发项目安装工程费等。

（4）基础设施建设费。指开发项目在开发过程中所发生的各项基础设施支出，主要包括开发项目内道路、供水、供电、供气、排污、排洪、通讯、照明等社区管网工程费和环境卫生、园林绿化等园林环境工程费。

（5）公共配套设施费。指开发项目内发生的、独立的、非营利性的，且产权属于全体业主的，或无偿赠与地方政府、政府公用事业单位的公共配套设施支出。

（6）开发间接费。指企业为直接组织和管理开发项目所发生的，且不能将其归属于特定成本对象的成本费用性支出。主要包括管理人员工资、职工福利费、折旧费、修理费、办公费、水电费、劳动保护费、工程管理费、周转房摊销以及项目营销设施建造费等。

除以下几项预提（应付）费用外，计税成本均应为实际发生的成本：

（1）出包工程未最终办理结算而未取得全额发票的，在证明资料充分的前提下，其发票不足金额可以预提，但最高不得超过合同总金额的10%。

（2）公共配套设施尚未建造或尚未完工的，可按预算造价合理预提建造费用。此类公共配套设施必须符合已在售房合同、协议或广告，模型中明确承诺建造且不可撤销，或按照法律法规规定必须配套建造的条件。

（3）应向政府上交但尚未上交的报批报建费用、物业完善费用可以按规定预提。物业完善费用，是指按规定应由企业承担的物业管理基金、公建维修基金或其他专项基金。

（四）企业政策性搬迁的所得税政策

1. 搬迁收入

企业取得的搬迁补偿收入，是指企业由于搬迁取得的货币性和非货币性补偿收入。具体包括：

（1）对被征用资产价值的补偿。

（2）因搬迁、安置而给予的补偿。

（3）对停产停业形成的损失而给予的补偿。

（4）资产搬迁过程中遭到毁损而取得的保险赔款。

（5）其他补偿收入。

2. 搬迁支出

企业的搬迁支出，包括搬迁费用支出以及由于搬迁所发生的企业资产处置支出。

搬迁费用支出，是指企业搬迁期间所发生的各项费用，包括安置职工实际发生的费用、停工期间支付给职工的工资及福利费、临时存放搬迁资产而发生的费用、各类资产搬迁安装费用以及其他与搬迁相关的费用。

资产处置支出，是指企业由于搬迁而处置各类资产所发生的支出，包括变卖及处置各类资产的净值、处置过程中所发生的税费等支出。

企业由于搬迁而报废的资产，如无转让价值，其净值作为企业的资产处置支出。

3. 搬迁资产的税务处理

企业搬迁的资产，简单安装或不需要安装即可继续使用的，在该项资产重新投入使用后，就其净值按《企业所得税法》及其实施条例规定的该资产尚未折旧或摊销的年限，继续计提折旧或摊销。

企业搬迁的资产，需要进行大修理后才能重新使用的，应就该资产的净值，加上大修理过程所发生的支出，为该资产的计税成本。在该项资产重新投入使用后，按该资产尚可使用的年限，计提折旧或摊销。

企业搬迁中被征用的土地，采取土地置换的，换入土地的计税成本按被征用土地的净值，以及该换入土地投入使用前所发生的各项费用支出，为该换入土地的计税成本，在该换入土地投入使用后，按《企业所得税法》及其实施条例规定年限摊销。

企业搬迁期间新购置的各类资产，应按《企业所得税法》及其实施条例等有关规定，计算确定资产的计税成本及折旧或摊销年限。

企业发生的购置资产支出，不得从搬迁收入中扣除。

4. 应税所得

企业在搬迁期间发生的搬迁收入和搬迁支出，可以暂不计入当期应纳税所得额，而在完成搬迁的年度，对搬迁收入和支出进行汇总清算。

下列情形之一的，为搬迁完成年度，企业应进行搬迁清算，计算搬迁所得：

（1）从搬迁开始，5 年内（包括搬迁当年度）任何一年完成搬迁的。

（2）从搬迁开始，搬迁时间满 5 年（包括搬迁当年度）的年度。

企业同时符合下列条件的，视为已经完成搬迁：

（1）搬迁规划已基本完成。

（2）当年生产经营收入占规划搬迁前年度生产经营收入 50% 以上。

企业边搬迁、边生产的，搬迁年度应从实际开始搬迁的年度计算。

企业的搬迁收入，扣除搬迁支出后的余额，为企业的搬迁所得。企业应在搬迁完成年度，将搬迁所得计入当年度企业应纳税所得额计算纳税。

企业搬迁收入扣除搬迁支出后为负数的，应为搬迁损失。搬迁损失可在下列方法中选择其一进行税务处理：

（1）在搬迁完成年度，一次性作为损失进行扣除。

（2）自搬迁完成年度起分 3 个年度，均匀在税前扣除。

上述方法由企业自行选择，但一经选定，不得改变。

企业以前年度发生尚未弥补的亏损的，凡企业由于搬迁停止生产经营无所得的，从搬迁年度次年起，至搬迁完成年度前一年度止，可作为停止生产经营活动年度，从法定亏损结转弥补年限中减除；企业边搬迁、边生产的，其亏损结转年度应连续计算。

三、企业所得税优惠政策

企业所得税优惠的主要类型包括：税率优惠、税基优惠和税额优惠三大类。

（一）税率优惠

（1）符合条件的小型微利企业，减按 20% 的税率征收企业所得税，根据《财政部、国家税务总局发布的关于实施小微企业普惠性税收减免政策的通知》（财税〔2019〕13 号）的规定，符合条件的小型微利企业，是指从事国家非限制和禁止行业，并符合下列条件的企业：年应纳税所得额不超过 300 万元、从业人数不超过 300 人和资产总额不超过 5000 万元的企业。

符合条件的小型微利企业，减按 20% 的税率征收企业所得税。2021 年 1 月 1 日至 2022 年 12 月 31 日，对小型微利企业年应纳税所得额不超过 100 万元的部分，减按 12.5% 计入应纳税所得额，按 20% 的税率缴纳企业所得税；对年应纳税所得额超过 100 万元但不超过 300 万元的部分，减按 50% 计入应纳税所得额，按 20% 的税率缴纳企业所得税。

（2）国家需要重点扶持的高新技术企业，减按 15% 的税率征收企业所得税。

国家需要重点扶持的高新技术企业，是指拥有核心自主知识产权，并同时符合下列条件的企业：

①产品（服务）属于《国家重点支持的高新技术领域》规定的范围；

②研究开发费用占销售收入的比例不低于规定比例；

③高新技术产品（服务）收入占企业总收入的比例不低于规定比例；

④科技人员占企业职工总数的比例不低于规定比例；

⑤高新技术企业认定管理办法规定的其他条件。

（3）对经认定的服务外包类和服务贸易类技术先进型服务企业，减按 15% 的税率征收企业所得税。

（4）非居民企业在中国境内未设立机构、场所的，或者虽设立机构、场所但取得的所得与其所设机构、场所没有实际联系的，来源于中国境内的所得，减按 10% 的税率征收企业所得税。

（5）中、西部地区的鼓励类产业企业。

①自 2021 年 1 月 1 日至 2030 年 12 月 31 日，对设在西部地区的鼓励类产业

企业减按 15% 的税率征收企业所得税。

鼓励类产业企业是指以《西部地区鼓励类产业目录》中规定的产业项目为主营业务，且其主营业务收入占企业收入总额 60% 以上的企业。

收入总额，是指《企业所得税法》第六条规定的收入总额。

企业主营业务属于《西部地区鼓励类产业目录》范围的，经主管税务机关确认，可按照 15% 税率预缴企业所得税。年度汇算清缴时，其当年度主营业务收入占企业总收入的比例达不到规定标准的，应按税法规定的税率计算申报并进行汇算清缴。

总机构设在西部大开发税收优惠地区的企业，仅就设在优惠地区的总机构和分支机构（不含优惠地区外设立的二级分支机构在优惠地区内设立的三级以下分支机构）的所得确定适用 15% 优惠税率。

总机构设在西部大开发税收优惠地区外的企业，其在优惠地区内设立的分支机构（不含仅在优惠地区内设立的三级以下分支机构），仅就该分支机构所得确定适用 15% 优惠税率。

②自 2012 年 1 月 1 日至 2020 年 12 月 31 日，对设在赣州市的鼓励类产业的内资企业和外商投资企业减按 15% 的税率征收企业所得税。

（6）广东横琴、福建平潭、深圳前海等地区的鼓励类产业企业。

2014 年 1 月 1 日起至 2020 年 12 月 31 日，对设在横琴新区、平潭综合实验区和前海深港现代服务业合作区的鼓励类产业企业减按 15% 的税率征收企业所得税。

（7）从事污染防治的第三方企业。

2019 年 1 月 1 日至 2021 年 12 月 31 日，对符合条件的从事污染防治的第三方企业减按 15% 的税率征收企业所得税。

（二）税基优惠

1. 免税收入

免税收入是指对企业的某些收入免予征税，即允许企业计算应纳税所得额时将这些收入从收入总额中减除。

（1）国债利息收入，是指企业持有国务院财政部门发行的国债取得的利息收入。

（2）符合条件的居民企业之间的股息、红利等权益性投资收益，是指居民企业直接投资于其他居民企业取得的投资收益。不包括连续持有居民企业公开发行并上市流通的股票不足 12 个月取得的投资收益。

对内地企业投资者通过沪港通、深港通投资香港联交所上市股票取得的股息红利所得，计入其收入总额，依法计征企业所得税。其中，内地居民企业连续持有 H 股满 12 个月取得的股息红利所得，依法免征企业所得税。

（3）在中国境内设立机构、场所的非居民企业从居民企业取得与该机构、场所有实际联系的股息、红利等权益性投资收益。不包括连续持有居民企业公开发行并上市流通的股票不足 12 个月取得的投资收益。

（4）符合条件的非营利组织的收入（不包括非营利组织从事营利性活动取得的收入）。非营利组织的下列收入为免税收入：

①接受其他单位或者个人捐赠的收入。

②除《企业所得税法》第七条规定的财政拨款以外的其他政府补助收入，但不包括因政府购买服务取得的收入。

③按照省级以上民政、财政部门规定收取的会费。

④不征税收入和免税收入孳生的银行存款利息收入。

⑤财政部、国家税务总局规定的其他收入。

符合条件的非营利组织，是指同时符合下列条件的组织：

①依照国家有关法律法规设立或登记的事业单位、社会团体、基金会、社会服务机构、宗教活动场所、宗教院校以及财政部、国家税务总局认定的其他非营利组织。

②从事公益性或者非营利性活动。

③取得的收入除用于与该组织有关的、合理的支出外，全部用于登记核定或者章程规定的公益性或者非营利性事业。

④财产及其孳息不用于分配，但不包括合理的工资、薪金支出。

⑤按照登记核定或者章程规定，该组织注销后的剩余财产用于公益性或者非营利性目的，或者由登记管理机关转赠给与该组织性质、宗旨相同的组织，并向社会公告。

⑥投入人对投入该组织的财产不保留或者享有任何财产权利。

⑦工作人员工资福利开支控制在规定的比例内，不变相分配该组织的财产。

⑧对取得的应纳税收入及其有关的成本、费用、损失应与免税收入及其有关的成本、费用、损失分别核算。

2. 减计收入

（1）综合利用资源生产产品取得的收入。

企业综合利用资源，生产符合国家产业政策规定的产品所取得的收入，可以在计算应纳税所得额时减计收入。企业以《资源综合利用企业所得税优惠目录》规定的资源作为主要原材料，生产国家非限制和禁止并符合国家和行业相关标准的产品取得的收入，减按 90% 计入收入总额。

（2）金融机构取得的涉农贷款利息收入。

自 2017 年 1 月 1 日至 2019 年 12 月 31 日，对金融机构农户小额贷款的利息收入，在计算应纳税所得额时，按 90% 计入收入总额。

（3）保险机构取得的涉农保费收入。

自 2017 年 1 月 1 日至 2019 年 12 月 31 日，对保险公司为种植业、养殖业提供保险业务取得的保费收入，在计算应纳税所得额时，按 90% 计入收入总额。

保费收入是指原保险保费收入加上分保费收入减去分出保费后的余额。

（4）小额贷款公司取得的农户小额贷款利息收入。

自 2017 年 1 月 1 日至 2019 年 12 月 31 日，对经省级金融管理部门（金融办、局等）批准成立的小额贷款公司取得的农户小额贷款利息收入，在计算应纳税所得额时，按 90% 计入收入总额。

（5）铁路债券利息收入。

企业持有 2011—2023 年发行的铁路债券取得的利息收入，减半征收企业所得税。

铁路债券，原称为中国铁路建设债券，在不同时期的规定有所差异：2011—2013 年，称为中国铁路建设债券，是指经国家发展改革委核准，以铁道部为发行和偿还主体的债券；根据《国务院关于组建中国铁路总公司有关问题的批复》（国函〔2013〕47 号）的规定，中国铁路总公司组建后，继续享有国家对原铁道部的税收优惠政策，国务院及有关部门、地方政府对铁路实行的原有优惠政策继续执行，继续明确铁路建设债券为政府支持债券，因此 2014 年和 2015 年发行的中国铁路建设债券是指经国家发展改革委核准，以中国铁路总公司为发行和偿还主体的债券；2016 年起，使用铁路债券名称，其是指以中国铁路总公司为发行和偿还主体的债券，包括中国铁路建设债券、中期票据、短期融资券等债务融资工具。

（6）提供社区养老、托育、家政相关服务的收入。

自 2019 年 6 月 1 日起至 2025 年 12 月 31 日，提供社区养老、托育、家政服务取得的收入，在计算应纳税所得额时，减按 90% 计入收入总额。

3．免征、减征所得

企业的下列所得，可以免征、减征企业所得税：

(1) 企业从事下列项目的所得，免征企业所得税：

①蔬菜、谷物、薯类、油料、豆类、棉花、麻类、糖料、水果、坚果的种植。

②农作物新品种的选育。

③中药材的种植。

④林木的培育和种植。

⑤牲畜、家禽的饲养。

⑥林产品的采集。

⑦灌溉、农产品初加工、兽医、农技推户、农机作业和维修等农、林、牧、渔服务业项目；

⑧远洋捕捞。

(2) 企业从事下列项目的所得，减半征收企业所得税：

①花卉、茶以及其他饮料作物和香料作物的种植。

②海水养殖、内陆养殖。

企业从事国家限制和禁止发展的项目，不得享受上述规定的免征和减半征收企业所得税优惠。

(3) 从事国家重点扶持的公共基础设施项目投资经营的所得。

国家重点扶持的公共基础设施项目，是指《公共基础设施项目企业所得税优惠目录》规定的港口码头、机场、铁路、公路、城市公共交通、电力、水利等项目。

企业从事上述规定的国家重点扶持的公共基础设施项目的投资经营的所得，自项目取得第一笔生产经营收入所属纳税年度起，第一年至第三年免征企业所得税，第四年至第六年减半征收企业所得税。企业承包经营、承包建设和内部自建自用的上述项目，不得享受上述规定的企业所得税优惠。

按上述规定享受减免税优惠的项目，在减免税期限内转让的，受让方自受让之日起，可以在剩余期限内享受规定的减免税优惠；减免税期限届满后转让的，受让方不得就该项目重复享受减免税优惠。

(4) 从事符合条件的环境保护、节能节水项目的所得。

符合条件的环境保护、节能节水项目，包括公共污水处理、公共垃圾处理、沼气综合开发利用、节能减排技术改造、海水淡化等。

企业从事上述规定的符合条件的环境保护、节能节水项目的所得，自项目取得第一笔生产经营收入所属纳税年度起，第一年至第三年免征企业所得税，第四年至第六年减半征收企业所得税。

按上述规定享受减免税优惠的项目，在减免税期限内转让的，受让方自受让之日起，可以在剩余期限内享受规定的减免税优惠；减免税期限届满后转让的，受让方不得就该项目重复享受减免税优惠。

（5）符合条件的技术转让所得。

符合条件的技术转让所得免征、减征企业所得税，是指一个纳税年度内，居民企业技术转让所得不超过500万元的部分，免征企业所得税；超过500万元的部分，减半征收企业所得税。

（6）非居民企业下列所得可以免征企业所得税：

①外国政府向中国政府提供贷款取得的利息所得。

②国际金融组织向中国政府和居民企业提供优惠贷款取得的利息所得。

③经国务院批准的其他所得。

（7）证券投资基金收入。

①对证券投资基金从证券市场中取得的收入，包括买卖股票、债券的差价收入，股权的股息、红利收入，债券的利息收入及其他收入，暂不征收企业所得税。

②对投资者从证券投资基金分配中取得的收入，暂不征收企业所得税。

③对证券投资基金管理人运用基金买卖股票、债券的差价收入，暂不征收企业所得税。

（8）保险保障基金公司收入。

自2018年1月1日起至2023年12月31日，对中国保险保障基金有限责任公司根据《保险保障基金管理办法》取得的下列收入，免征企业所得税：

①境内保险公司依法缴纳的保险保障基金。

②依法从撤销或破产保险公司清算财产中获得的受偿收入和向有关责任方追偿所得，以及依法从保险公司风险处置中获得的财产转让所得。

③接受捐赠收入。

④银行存款利息收入。

⑤购买政府债券、中央银行、中央企业和中央级金融机构发行债券的利息收入。

⑥国务院批准的其他资金运用取得的收入。

（9）中国清洁发展机制基金收入。

中国清洁发展机制基金取得的CDM项目温室气体减排量转让收入上缴国家的部分，国际金融组织赠款收入，基金资金的存款利息收入，购买国债的利息收入，国内外机构、组织和个人的捐赠收入，免征企业所得税。

（10）中国奥委会、中国残奥委会收入。

中国奥委会取得的由北京冬奥组委分期支付的收入、按比例支付的盈余分成收入免征企业所得税。

中国残奥委会根据《联合市场开发计划协议》取得的由北京冬奥组委分期支付的收入免征企业所得税。

（11）节能服务公司实施合同能源管理项目。

对符合条件的节能服务公司实施合同能源管理项目，符合企业所得税法有关规定的，自项目取得第一笔生产经营收入所属纳税年度起，第一年至第三年免征企业所得税，第四年至第六年按照 25% 的法定税率减半征收企业所得税。

（12）软件企业。

依法成立且符合条件的软件企业，在 2018 年 12 月 31 日前自获利年度起计算优惠期，第一年至第二年免征企业所得税，第三年至第五年按照 25% 的法定税率减半征收企业所得税，并享受至期满为止。

国家规划布局内的重点软件企业，如当年未享受免税优惠的，可减按 10% 的税率征收企业所得税。

（13）集成电路生产企业。

①集成电路线宽小于 0.8 微米（含）的集成电路生产企业，经认定后，在 2017 年 12 月 31 日前自获利年度起计算优惠期，第一年至第二年免征企业所得税，第三年至第五年按照 25% 的法定税率减半征收企业所得税，并享受至期满为止。

2017 年 12 月 31 日前设立但未获利的集成电路线宽小于 0.8 微米（含）的集成电路生产企业，自获利年度起第一年至第二年免征企业所得税，第三年至第五年按照 25% 的法定税率减半征收企业所得税，并享受至期满为止。

②集成电路线宽小于 0.25 微米或投资额超过 80 亿元的集成电路生产企业，经认定后，减按 15% 的税率征收企业所得税，其中经营期在 15 年以上的，在 2017 年 12 月 31 日前自获利年度起计算优惠期，第一年至第五年免征企业所得税，第六年至第十年按照 25% 的法定税率减半征收企业所得税，并享受至期满为止。

2017 年 12 月 31 日前设立但未获利的集成电路线宽小于 0.25 微米或投资额超过 80 亿元，且经营期在 15 年以上的集成电路生产企业，自获利年度起第一年至第五年免征企业所得税，第六年至第十年按照 25% 的法定税率减半征收企业所得税，并享受至期满为止。

③投资新设的集成电路线宽小于 130 纳米，且经营期在 10 年以上的集成电

路生产企业或项目，第一年至第二年免征企业所得税，第三年至第五年按照 25% 的法定税率减半征收企业所得税，并享受至期满为止。

④投资新设的集成电路线宽小于 65 纳米或投资额超过 150 亿元，且经营期在 15 年以上的集成电路生产企业或项目，第一年至第五年免征企业所得税，第六年至第十年按照 25% 的法定税率减半征收企业所得税，并享受至期满为止。

对于按照集成电路生产企业享受③、④项税收优惠政策的，优惠期自企业获利年度起计算。

（14）集成电路设计企业。

依法成立且符合条件的集成电路设计企业，在 2018 年 12 月 31 日前自获利年度起计算优惠期，第一年至第二年免征企业所得税，第三年至第五年按照 25% 的法定税率减半征收企业所得税，并享受至期满为止。

国家规划布局内的重点集成电路设计企业，如当年未享受免税优惠的，可减按 10% 的税率征收企业所得税。

（15）集成电路封装、测试企业。

在 2017 年（含 2017 年）前实现获利的，自获利年度起，第一年至第二年免征企业所得税，第三年至第五年按照 25% 的法定税率减半征收企业所得税，并享受至期满为止；2017 年前未实现获利的，自 2017 年起计算优惠期，享受至期满为止。

（16）集成电路关键专用材料生产企业、集成电路专用设备生产企业。

在 2017 年前（含 2017 年）实现获利的，自获利年度起，第一年至第二年免征企业所得税，第三年至第五年按照 25% 的法定税率减半征收企业所得税，并享受至期满为止；2017 年前未实现获利的，自 2017 年起计算优惠期，享受至期满为止。

（17）动漫企业。

经认定的动漫企业自主开发、生产动漫产品，可申请享受国家现行鼓励软件产业发展的所得税优惠政策。

在 2017 年 12 月 31 日前自获利年度起，第一年至第二年免征所得税，第三年至第五年按照 25% 的法定税率减半征收所得税，并享受至期满为止。

（18）符合条件的生产和装配伤残人员专门用品企业免征企业所得税。

（19）新疆困难地区和新疆喀什、霍尔果斯两个特殊经济开发区。

① 2021 年 1 月 1 日至 2030 年 12 月 31 日，对在新疆困难地区新办的属于《新疆困难地区重点鼓励发展产业企业所得税优惠目录》（以下简称《目录》）范围内的企业，自取得第一笔生产经营收入所属纳税年度起，第一年至第二年免征企业

所得税，第三年至第五年减半征收企业所得税。享受上述企业所得税定期减免政策的企业，在减半期内，按照企业所得税25%的法定税率计算的应纳税额减半征税。

新疆困难地区包括南疆三地州、其他脱贫县（原国家扶贫开发重点县）和边境县市。

第一笔生产经营收入，是指产业项目已建成并投入运营后所取得的第一笔收入。

属于《目录》范围内的企业是指以《目录》中规定的产业项目为主营业务，其主营业务收入占企业收入总额60%以上的企业。

② 2021年1月1日至2030年12月31日，对在新疆喀什、霍尔果斯两个特殊经济开发区内新办的属于《目录》范围内的企业，自取得第一笔生产经营收入所属纳税年度起，5年内免征企业所得税。

第一笔生产经营收入，是指产业项目已建成并投入运营后所取得的第一笔收入。

企业在优惠区域内、外分别设有机构的，仅就其设在优惠区域内的机构的所得确定适用15%的企业所得税优惠税率。

鼓励类产业企业是指以所在区域《目录》中规定的产业项目为主营业务，且其主营业务收入占企业收入总额60%以上的企业。

（20）经营性文化事业单位转制为企业。

经营性文化事业单位转制为企业，自转制注册之日起5年内免征企业所得税。2018年12月31日之前已完成转制的企业，自2019年1月1日起可继续免征5年企业所得税。

经营性文化事业单位，是指从事新闻出版、广播影视和文化艺术的事业单位。转制包括整体转制和剥离转制。其中，整体转制包括：（图书、音像、电子）出版社、非时政类报刊出版单位、新华书店、艺术院团、电影制片厂、电影（发行放映）公司、影剧院、重点新闻网站等整体转制为企业；剥离转制包括：新闻媒体中的广告、印刷、发行、传输网络等部分，以及影视剧等节目制作与销售机构，从事业体制中剥离出来转制为企业。

转制注册之日，是指经营性文化事业单位转制为企业并进行企业法人登记之日。对于经营性文化事业单位转制前已进行企业法人登记，则按注销事业单位法人登记之日，或核销事业编制的批复之日（转制前未进行事业单位法人登记的）确定转制完成并享受相关文件所规定的税收优惠政策。

2018年12月31日之前已完成转制，是指经营性文化事业单位在2018年12月31日及以前已转制为企业、进行企业法人登记，并注销事业单位法人登记或批复核销事业编制（转制前未进行事业单位法人登记的）。

（21）扶持自主就业退役士兵创业就业的企业。

2019 年 1 月 1 日至 2021 年 12 月 31 日，企业招用自主就业退役士兵，与其签订 1 年以上期限劳动合同并依法缴纳社会保险费的，自签订劳动合同并缴纳社会保险当月起，在 3 年内按实际招用人数予以定额依次扣减增值税、城市维护建设税、教育费附加、地方教育附加和企业所得税优惠。定额标准为每人每年 6000 元，最高可上浮 50%。

税收扣减额应在企业当年实际应缴纳的增值税、城市维护建设税、教育费附加、地方教育附加和企业所得税税额中扣减，当年扣减不完的，不得结转下年使用。

4. 加计扣除

（1）研发费用加计扣除。

企业为开发新技术、新产品、新工艺发生的研究开发费用，未形成无形资产计入当期损益的，在按照规定据实扣除的基础上，按照研究开发费用的 50% 加计扣除；形成无形资产的，按照无形资产成本 150% 摊销。

企业开展研发活动中实际发生的研发费用，未形成无形资产计入当期损益的，在按规定据实扣除的基础上，在 2018 年 1 月 1 日至 2020 年 12 月 31 日，再按照实际发生额的 75% 在税前加计扣除；形成无形资产的，在上述期间按照无形资产成本的 175% 在税前摊销。

委托境外进行研发活动所发生的费用，按照费用实际发生额的 80% 计入委托方的委托境外研发费用。委托境外研发费用不超过境内符合条件的研发费用 2/3 的部分，可以按规定在企业所得税前加计扣除。

企业既符合享受研发费用加计扣除政策条件，又符合享受其他优惠政策条件的，可以同时享受有关优惠政策。

企业为获得创新性、创意性、突破性的产品进行创意设计活动而发生的相关费用，可按照规定进行税前加计扣除。创意设计活动是指多媒体软件、动漫游戏软件开发，数字动漫、游戏设计制作；房屋建筑工程设计（绿色建筑评价标准为三星）、风景园林工程专项设计；工业设计、多媒体设计、动漫及衍生产品设计、模型设计等。

制造业企业开展研发活动中实际发生的研发费用，未形成无形资产计入当期损益的，在按规定据实扣除的基础上，自 2021 年 1 月 1 日起，再按照实际发生额的 100% 在税前加计扣除；形成无形资产的，自 2021 年 1 月 1 日起，按照无形资产成本的 200% 在税前摊销。

(2) 安置残疾人员所支付的工资加计扣除。

企业安置残疾人员的，在按照支付给残疾职工工资据实扣除的基础上，可以在计算应纳税所得额时按照支付给残疾职工工资的 100% 加计扣除。

(3) 加速折旧。

①法定优惠。

企业的固定资产由于技术进步等原因，确需加速折旧的，可以缩短折旧年限或者采取加速折旧的方法。包括：

A. 由于技术进步，产品更新换代较快的固定资产。

B. 常年处于强震动、高腐蚀状态的固定资产。

采取缩短折旧年限方法的，最低折旧年限不得低于《企业所得税法实施条例》规定折旧年限的 60%；采取加速折旧方法的，可以采取双倍余额递减法或者年数总和法。

②特定优惠。

A. 鼓励软件与集成电路产业发展的加速折旧。

第一，企业外购的软件，凡符合固定资产或无形资产确认条件的，可以按照固定资产或无形资产进行核算，其折旧或摊销年限可以适当缩短，最短可为 2 年（含）。

第二，集成电路生产企业的生产设备其折旧年限可以适当缩短，最短可为 3 年（含）。

B. 特定行业新购进固定资产的加速折旧。

第一，六个行业固定资产加速折旧。

对生物药品制造业，专用设备制造业，铁路、船舶、航空航天和其他运输设备制造业，计算机、通信和其他电子设备制造业，仪器仪表制造业，信息传输、软件和信息技术服务业等 6 个行业的企业 2014 年 1 月 1 日后新购进的固定资产，可缩短折旧年限或采取加速折旧的方法。

对上述 6 个行业的小型微利企业，2014 年 1 月 1 日后新购进的研发和生产经营共用的仪器、设备，单位价值不超过 100 万元的，允许一次性计入当期成本费用，在计算应纳税所得额时扣除，不再分年度计算折旧；单位价值超过 100 万元的，可缩短折旧年限或采取加速折旧的方法。

第二，四个领域重点行业固定资产加速折旧。

对轻工、纺织、机械、汽车等四个领城重点行业的企业 2015 年 1 月 1 日后新购进的固定资产，可由企业选择缩短折旧年限或采取加速折旧的方法。

对上述行业的小型微利企业 2015 年 1 月 1 日后新购进的研发和生产经营共用的仪器、设备，单位价值不超过 100 万元的，允许一次性计入 当期成本费用在计算应纳税所得额时扣除，不再分年度计算折旧；单位价值超过 100 万元的，可由企业选择缩短折旧年限或采取加速折旧的方法。

第三，自 2019 年 1 月 1 日起，上述两项固定资产加速折旧优惠的行业范围扩大至全部制造业领域。制造业按照国家统计局《国民经济行业分类与代码(GB/T4754- 2017)》确定。

C. 固定资产一次性扣除。

企业在 2018 年 1 月 1 日至 2023 年 12 月 31 日新购进的设备、器具，单位价值不超过 500 万元的，允许一次性计入当期成本费用在计算应纳税所得额时扣除，不再分年度计算折旧。

设备、器具，是指除房屋、建筑物以外的固定资产。

购进，包括以货币形式购进或自行建造。

固定资产购进时点按以下原则确认：以货币形式购进的固定资产，除采取分期付款或赊销方式购进外，按发票开具时间确认；以分期付款或赊销方式购进的固定资产，按固定资产到货时间确认；自行建造的固定资产，按竣工结算时间确认。

企业根据自身生产经营核算需要，可自行选择享受一次性税前扣除政策。未选择享受一次性税前扣除政策的，以后年度不得再变更。企业选择享受一次性税前扣除政策的，其资产的税务处理可与会计处理不一致。

D. 自 2020 年 1 月 1 日至 2021 年 3 月 31 日，对疫情防控重点保障物资生产企业为扩大产能新购置的相关设备，允许一次性计入当期成本费用在企业所得税税前扣除。

5. 创业投资企业优惠

企业从事国家需要重点扶持和鼓励的创业投资，可以按投资额的一定比例抵扣应纳税所得额。创业投资企业采取股权投资方式投资于未上市的中小高新技术企业 2 年（24 个月）以上的，可以按照其投资额的 70% 在股权持有满 2 年（24 个月）的当年抵扣该创业投资企业的应纳税所得额；当年不足抵扣的，可以在以后纳税年度结转抵扣。

6. 抵扣应纳税所得额

(1) 公司制创业投资企业投资未上市中小高新技术企业。

公司制创业投资企业采取股权投资方式直接投资于中小高新技术企业满2年(24个月，下同）的，可以按照投资额的70%在股权持有满2年的当年抵扣该公司制创业投资企业的应纳税所得额；当年不足抵扣的，可以在以后纳税年度结转抵扣。

(2）公司制创业投资企业投资初创科技型企业。

公司制创业投资企业采取股权投资方式直接投资于种子期、初创期科技型企业（以下简称初创科技型企业）满2年的，可以按照投资额的70%在股权持有满2年的当年抵扣该公司制创业投资企业的应纳税所得额；当年不足抵扣的，可以在以后纳税年度结转抵扣。

满2年是指投资时间从初创科技型企业接受投资并完成工商变更登记的日期算起。

(3）有限合伙制创业投资企业投资未上市中小高新技术企业。

自2015年10月1日起，有限合伙制创业投资企业采取股权投资方式投资于未上市的中小高新技术企业满2年的，其法人合伙人可按照对未上市中小高新技术企业投资额的70%抵扣该法人合伙人从该有限合伙制创业投资企业分得的应纳税所得额，当年不足抵扣的，可以在以后纳税年度结转抵扣。

满2年是指自2015年10月1日起，有限合伙制创业投资企业投资于未上市中小高新技术企业的实缴投资满2年，同时，法人合伙人对该有限合伙制创业投资企业的实缴出资也应满2年。

如果法人合伙人投资于多个符合条件的有限合伙制创业投资企业，可合并计算其可抵扣的投资额和应分得的应纳税所得额。当年不足抵扣的，可结转以后纳税年度继续抵扣；当年抵扣后有结余的，应按照企业所得税法的规定计算缴纳企业所得税。

(4）有限合伙制创业投资企业投资初创科技型企业。

自2018年1月1日起，有限合伙制创业投资企业采取股权投资方式直接投资于初创科技型企业满2年的，法人合伙人可以按照对初创科技型企业投资额的70%抵扣法人合伙人从合伙创投企业分得的所得；当年不足抵扣的，可以在以后纳税年度结转抵扣。

（三）税额优惠

1. 专用设备投资额抵免税额

企业购置并实际使用《环境保护专用设备企业所得税优惠目录》《节能节水

专用设备企业所得税优惠目录》和《安全生产专用设备企业所得税优惠目录》规定的环境保护、节能节水、安全生产等专用设备的，该专用设备的投资额的10%可以从企业当年的应纳税额中抵免；当年不足抵免的，可以在以后5个纳税年度结转抵免。自2009年1月1日起，在进行税额抵免时，如增值税进项税额允许抵扣，其专用设备投资额不再包括增值税进项税额；如增值税进项税额不允许抵扣，其专用设备投资额应为增值税专用发票上注明的价税合计金额。企业购买专用设备取得普通发票的，其专用设备投资额为普通发票上注明的金额。

享受上述优惠的企业，应当实际购置并自身实际投入使用上述规定的专用设备；企业购置上述专用设备从购置之日起在5个纳税年度年内转让、出租的，在该专用设备停止使用当月停止享受该优惠，并补缴已经抵免的企业所得税税款。

2. 民族自治地方企业优惠

民族自治地方的自治机关对本民族自治地方的企业应缴纳的企业所得税中属于地方分享的部分，可以决定减征或者免征。自治州、自治县决定减征或者免征的，须报省、自治区、直辖市人民政府批准。民族自治地方，是指依照《中华人民共和国民族区域自治法》的规定，实行民族区域自治的自治区、自治州、自治县。对民族自治地方内国家限制和禁止行业的企业，不得减征或者免征企业所得税。

四、企业所得税征收管理

（一）纳税期限

企业所得税按纳税年度计算。纳税年度自公历1月1日起至12月31日止。

企业在一个纳税年度中间开业，或者终止经营活动，使该纳税年度的实际经营期不足12个月的，应当以其实际经营期为一个纳税年度。

企业依法清算时，应当以清算期间作为一个纳税年度。

（二）纳税地点

1. 居民企业的纳税地点

除税收法律、行政法规另有规定外，居民企业以企业登记注册地为纳税地点，但居民企业登记注册地在境外的，以实际管理机构所在地为纳税地点。

企业登记注册地，是指企业依照国家有关规定登记注册的住所地。

居民企业在中国境内设立不具有法人资格的营业机构的，应当汇总计算并缴纳企业所得税。企业汇总计算并缴纳企业所得税时，应当统一核算应纳税所得额。跨地区（指跨省、自治区、直辖市和计划单列市）设立不具有法人资格分支机构的，总机构和具有主体生产经营职能的二级分支机构，就地分摊缴纳企业所得税，分月或分季分别向所在地主管税务机关申报预缴企业所得税。

2. 非居民企业的纳税地点

（1）非居民企业在中国境内设立机构、场所的，其所设机构、场所取得的来源于中国境内的所得，以及发生在中国境外但与其所设机构、场所有实际联系的所得，以机构、场所所在地为纳税地点。

非居民企业在中国境内设立两个或者两个以上机构、场所的，经各机构、场所所在地税务机关的共同上级税务机关审核批准，可以选择由其主要机构、场所汇总缴纳企业所得税。非居民企业经批准汇总缴纳企业所得税后，需要增设、合并、迁移、关闭机构、场所或者停止机构、场所业务的，应当事先由负责汇总申报缴纳企业所得税的主要机构、场所向其所在地税务机关报告，需要变更汇总缴纳企业所得税的主要机构、场所的，经各机构、场所所在地税务机关的共同上级税务机关审核批准。

主要机构、场所，应当同时符合下列条件：

①对其他各机构、场所的生产经营活动负有监督管理责任；

②设有完整的账簿、凭证，能够准确反映各机构、场所的收入、成本、费用和盈亏情况。

（2）非居民企业在中国境内未设立机构、场所的，或者虽设立机构、场所但取得的所得与其所设机构、场所没有实际联系的，其来源于中国境内的所得，以扣缴义务人所在地为纳税地点。

（三）申报缴纳

企业所得税分月或者分季预缴，由税务机关具体核定，年终汇算清缴。

1. 预缴税款

企业应当自月份或者季度终了之日起 15 日内，向税务机关报送预缴企业所得税纳税申报表，预缴税款。

分月或者分季预缴企业所得税时，应当按照月度或者季度的实际利润额预缴；按照月度或者季度的实际利润额预缴有困难的，可以按照上一纳税年度应纳税所得额的月度或者季度平均额预缴，或者按照经税务机关认可的其他方法预缴。预缴方法一经确定，该纳税年度内不得随意变更。

2. 汇算清缴

企业应当自年度终了之日起 5 个月内，向税务机关报送年度企业所得税纳税申报表。

企业在报送企业所得税纳税申报表时，应当按照规定附送财务会计报告和其他有关资料。

企业在纳税年度内无论盈利或者亏损，都应当依照上述规定的期限，向税务机关报送预缴企业所得税纳税申报表、年度企业所得税纳税申报表、财务会计报告和税务机关规定应当报送的其他有关资料。

3. 汇总纳税

除国务院另有规定外，企业之间不得合并缴纳企业所得税。

居民企业在中国境内跨地区（指跨省、自治区、直辖市和计划单列市）设立不具有法人资格分支机构的，该居民企业为跨地区经营汇总纳税企业（以下简称汇总纳税企业）。

汇总纳税企业实行“统一计算、分级管理、就地预缴、汇总清算、财政调库”的企业所得税征收管理办法。

总机构和具有主体生产经营职能的二级分支机构，就地分摊缴纳企业所得税。

汇总纳税企业按照《企业所得税法》规定汇总计算的企业所得税，包括预缴税款和汇算清缴应缴应退税款，50% 在各分支机构间分摊，各分支机构根据分摊税款就地办理缴库或退库；50% 由总机构分摊缴纳，其中 25% 就地办理缴库或退库，25% 就地全额缴入中央国库或退库。

（四）源泉扣缴

1. 法定扣缴

非居民企业在中国境内未设立机构、场所的，或者虽设立机构、场所但取得的所得与其所设机构、场所没有实际联系的，应当就其来源于中国境内的所得缴纳企业所得税。应缴纳的所得税，实行源泉扣缴，以支付人为扣缴义务人。税款由扣缴义务人在每次支付或者到期应支付时，从支付或者到期应支付的款项中扣缴。

支付人，是指依照有关法律规定或者合同约定对非居民企业直接负有支付相关款项义务的单位或者个人。

支付，包括现金支付、汇拨支付、转账支付和权益兑价支付等货币支付和非货币支付。

到期应支付的款项，是指支付人按照权责发生制原则应当计入相关成本、费用的应付款项。

2. 指定扣缴

对非居民企业在中国境内取得工程作业和劳务所得应缴纳的所得税，税务机关可以指定工程价款或者劳务费的支付人为扣缴义务人。可以指定扣缴义务人的情形，包括：

（1）预计工程作业或者提供劳务期限不足一个纳税年度，且有证据表明不履行纳税义务的；

（2）没有办理税务登记或者临时税务登记，且未委托中国境内的代理人履行纳税义务的；

（3）未按照规定期限办理企业所得税纳税申报或者预缴申报的。

扣缴义务人，由县级以上税务机关指定，并同时告知扣缴义务人所扣税款的计算依据、计算方法、扣缴期限和扣缴方式。

3. 特定扣缴

应当扣缴的所得税，扣缴义务人未依法扣缴或者无法履行扣缴义务的，由纳税人在所得发生地缴纳。纳税人未依法缴纳的，税务机关可以从该纳税人在中国境内其他收入项目的支付人应付的款项中，追缴该纳税人的应纳税款。

所得发生地，是指依照来源于中国境内、境外的所得规定的原则确定的所得发生地。在中国境内存在多处所得发生地的，由纳税人选择其中之一申报缴纳企业所得税。

其他收入，是指该纳税人在中国境内取得的其他各种来源的收入。

税务机关在追缴该纳税人应纳税款时，应当将追缴理由、追缴数额、缴纳期限和缴纳方式等告知该纳税人。

4. 扣缴期限

扣缴义务人每次代扣的税款，应当自代扣之日起 7 日内缴入国库，并向所在地的税务机关报送扣缴企业所得税报告表。

（五）计量货币

依照企业所得税法缴纳的企业所得税，以人民币计算。所得以人民币以外的货币计算的，应当折合成人民币计算并缴纳税款。预缴企业所得税时，应当按照月度或者季度最后一日的人民币汇率中间价，折合成人民币计算应纳税所得额。年度终了汇算清缴时，对已经按照月度或者季度预缴税款的，不再重新折合计算，只就该纳税年度内未缴纳企业所得税的部分，按照纳税年度最后一日的人民币汇率中间价，折合成人民币计算应纳税所得额。

经税务机关检查确认，企业少计或者多计所得的，应当按照检查确认补税或者退税时的上一个月最后一日的人民币汇率中间价，将少计或者多计的所得折合成人民币计算应纳税所得额，再计算应补缴或者应退的税款。

第四节　个人所得税政策与征收管理

一、个人所得税基本政策

（一）纳税人和扣缴义务人

1. 居民个人

在中国境内有住所，或者无住所而一个纳税年度内在中国境内居住累计满183天的个人，为居民个人。

居民个人从中国境内和境外取得的所得，依法缴纳个人所得税。

2. 非居民个人

在中国境内无住所又不居住，或者无住所而一个纳税年度内在中国境内居住累计不满183天的个人，为非居民个人。

非居民个人从中国境内取得的所得，依法缴纳个人所得税。

在中国境内有住所，是指因户籍、家庭、经济利益关系而在中国境内习惯性居住；所称从中国境内和境外取得的所得，分别是指来源于中国境内的所得和来源于中国境外的所得。

纳税年度，自公历 1 月 1 日起至 12 月 31 日止。

除国务院财政、税务主管部门另有规定外，下列所得，不论支付地点是否在中国境内，均为来源于中国境内的所得：

（1）因任职、受雇、履约等在中国境内提供劳务取得的所得；

（2）将财产出租给承租人在中国境内使用而取得的所得；

（3）许可各种特许权在中国境内使用而取得的所得；

（4）转让中国境内的不动产等财产或者在中国境内转让其他财产取得的所得；

（5）从中国境内企业、事业单位、其他组织以及居民个人取得的利息、股息、红利所得。

3. 扣缴义务人

扣缴义务人，是指法律、行政法规规定负有代扣代缴、代收代缴税款等义务的单位和个人。扣缴义务人既非纯粹意义上的纳税人，也非实际负担税款的负税人，只是负有代为扣税并缴纳税款法定职责的义务人。

个人所得税以所得人为纳税人，以支付所得的单位或者个人为扣缴义务人。

扣缴义务人向个人支付应税款项时，应当依照个人所得税法规定预扣或代扣税款，按时缴库，并专项记载备查。

（二）征税范围

1. 工资、薪金所得

工资、薪金所得，是指个人因任职或者受雇取得的工资、薪金、奖金、年终加薪、劳动分红、津贴、补贴以及与任职或者受雇有关的其他所得。

2. 劳务报酬所得

劳务报酬所得，是指个人从事劳务取得的所得、包括从事设计、装潢、安装、制图、化验、测试、医疗、法律、会计、咨询、讲学、翻译、审稿、书画、雕刻、影视、录音、录像、演出、表演、广告展览、技术服务、介绍服务、经纪服务、代办服务以及其他劳务取得的所得。

3. 稿酬所得

稿酬所得，是指个人因其作品以图书、报刊等形式出版，发表而取得的所得。

4. 特许权使用费所得

特许权使用费所得，是指个人提供专利权、商标权、著作权、非专利技术以及其他特许权的使用权取的所得；提供著作权的使用权取的所得，不包括稿酬所得。

5. 经营所得

经营所得，是指：

（1）个体工商户从事生产、经营活动取得的所得，个人独资企业投资人、合伙企业的个人合伙人来源于境内注册的个人独资企业、合伙企业生产、经营的所得；

（2）个人依法从事办学、医疗、咨询以及其他有偿服务活动取得的所得；

（3）个人对企业、事业单位承包经营、承租经营以及转包、转租取得的所得；

（4）个人从事其他生产、经营活动取得的所得。

6. 利息、股息、红利所得

利息、股息、红利所得，是指个人拥有债权、股权等而取得的利息、股息、红利所得。

7. 财产租赁所得

财产租赁所得，是指个人出租不动产、机器设备、车船以及其他财产取得的所得。

8. 财产转让所得

财产转让所得，是指个人转让有价证券、股权、合伙企业中的财产份额、不动产、机器设备、车船以及其他财产取得的所得。

9. 偶然所得

偶然所得，是指个人得奖、中奖、中彩以及其他偶然性质的所得。

（1）个人为单位或他人提供担保获得收入按照“偶然所得”项目计算缴纳个人所得税。

（2）除按照《财政部 国家税务总局关于个人无偿受赠房屋有关个人所得税问题的通知》（财税〔2009〕78 号）第一条规定，对当事双方不征收个人所得税外，房屋产权所有人将房屋产权无偿赠与他人的，受赠人因无偿受赠房屋取得的受赠收入，按照“偶然所得”项目计算缴纳个人所得税。

（3）企业在业务宣传、广告等活动中，随机向本单位以外的个人赠送礼品（包括网络红包，下同）以及企业在年会、座谈会、庆典以及其他活动中向本单位以外的个人赠送礼品，个人取得的礼品收入，按照“偶然所得”项目计算缴纳个人所得税，但企业赠送的具有价格折扣或折让性质的消费券、代金券、抵用券、优惠券等礼品除外。

（三）税率

个人所得税分别不同个人所得项目，规定了超额累进税率和比例税率两种形式。

1. 超额累进税率

（1）综合所得，适用 3%~45% 的超额累进税率，如表 1–2 所示。

表1–2　个人所得税税率表一（综合所得适用）

级数	全年应纳税所得额	税率(%)
1	不超过 36000 元的	3
2	超过 36000 元至 144000 元的部分	10
3	超过 144000 元至 300000 元的部分	20
4	超过 300000 元至 420000 元的部分	25
5	超过 420000 元至 660000 元的部分	30
6	超过 660000 元至 960000 元的部分	35
7	超过 960000 元的部分	45

注：①本表所称全年应纳税所得额，是指居民个人取得综合所得以每一纳税年度收入额减除费用 6 万元以及专项扣除、专项附加扣除和依法确定的其他扣除后的余额。

②非居民个人取得工资、薪金所得，劳务报酬所得，稿酬所得和特许权使用费所得，依照本表按月换算后计算应纳税额。

（2）经营所得，适用 5%~35% 的超额累进税率，如表 1–3 所示。

表1–3　个人所得税税率表二（经营所得适用）

级数	全年应纳税所得额	税率(%)
1	不超过 30000 元的	5
2	超过 30000 元至 90000 元的部分	10
3	超过 90000 元至 300000 元的部分	20
4	超过 300000 元至 500000 元的部分	30
5	超过 500000 元的部分	35

注：本表所称全年应纳税所得额，是指以每一纳税年度的收入总额减除成本、费用以及损失后的余额。

2. 比例税率

利息、股息、红利所得，财产租赁所得，财产转让所得和偶然所得，适用比例税率，税率为 20%。

（四）应纳税所得额和应纳税额的计算

1. 应纳税所得额的计算

（1）居民个人的综合所得，以每一纳税年度的收入额减除费用 6 万元以及专项扣除、专项附加扣除和依法确定的其他扣除后的余额，为应纳税所得额。

劳务报酬所得、稿酬所得、特许权使用费所得以收入减除 20% 的费用后的余额为收入额。稿酬所得的收入额减按 70% 计算。

专项扣除、专项附加扣除和依法确定的其他扣除，以居民个人一个纳税年度的应纳税所得额为限额；一个纳税年度扣除不完的，不结转以后年度扣除。

①专项扣除。

专项扣除，包括居民个人按照国家规定的范围和标准缴纳的基本养老保险、基本医疗保险、失业保险等社会保险费和住房公积金等。

②专项附加扣除。

专项附加扣除，包括子女教育、继续教育、大病医疗、住房贷款利息或者住房租金、赡养老人等支出。

A. 子女教育。

第一，扣除标准。

纳税人的子女接受全日制学历教育的相关支出，按照每个子女每月 1000 元的标准定额扣除。

学历教育包括义务教育（小学、初中教育）、高中阶段教育（普通高中、中等职业、技工教育）高等教育（大学专科、大学本科、硕士研究生、博士研究生教育）。

第二，扣除时间。

学前教育阶段，为子女年满 3 周岁当月至小学入学前一月。学历教育，为子女接受全日制学历教育入学的当月至全日制学历教育结束的当月。

学历教育的期间，包含因病或其他非主观原因休学但学籍继续保留的休学期间，以及施教机构按规定组织实施的寒暑假等假期。

第三，扣除方式。

父母可以选择由其中一方按扣除标准的 100% 扣除，也可以选择由双方分别按扣除标准的 50% 扣除，具体扣除方式在一个纳税年度内不能变更。

第四，资料准备。

纳税人子女在中国境外接受教育的，纳税人应当留存境外学校录取通知书、留学签证等相关教育的证明资料备查。

B. 继续教育。

第一，扣除标准。

纳税人在中国境内接受学历（学位）继续教育的支出，在学历（学位）教育期间按照每月 400 元定额扣除。同一学历（学位）继续教育的扣除期限不能超过 48 个月。纳税人接受技能人员职业资格继续教育、专业技术人员职业资格继续教育的支出，在取得相关证书的当年，按照 3600 元定额扣除。

第二，扣除时间。

学历（学位）继续教育，为在中国境内接受学历（学位）继续教育入学的当月至学历（学位）继续教育结束的当月，同一学历（学位）继续教育的扣除期限最长不得超过 48 个月。技能人员职业资格继续教育、专业技术人员职业资格继续教育，为取得相关证书的当年。

学历（学位）继续教育的期间，包含因病或其他非主观原因休学但学籍继续保留的休学期间，以及施教机构按规定组织实施的寒暑假等假期。

第三，扣除方式。

个人接受本科及以下学历（学位）继续教育，符合规定扣除条件的，可以选择由其父母扣除，也可以选择由本人扣除。

第四，资料准备。

纳税人接受技能人员职业资格继续教育专业技术人员职业资格继续教育的，应当留存相关证书等资料备查。

C. 大病医疗。

第一，扣除标准。

在一个纳税年度内，纳税人发生的与基本医保相关的医药费用支出，扣除医保报销后个人负担（指医保目录范围内的自付部分）累计超过 15000 元的部分，由纳税人在办理年度汇算清缴时，在 80000 元限额内据实扣除。

第二，扣除时间。

医疗保障信息系统记录的医药费用实际支出的当年。

第三，扣除方式。

纳税人发生的医药费用支出可以选择由本人或者其配偶扣除；未成年子女发生的医药费用支出可以选择由其父母一方扣除。

纳税人及其配偶、未成年子女发生的医药费用支出，按规定分别计算扣除额。

第四，资料准备。

纳税人应当留存医药服务收费及医保报销相关票据原件（或者复印件）等资料备查。医疗保障部门应当向患者提供在医疗保障信息系统记录的本人年度医药费用信息查询服务。

D. 住房贷款利息。

第一，扣除标准。

纳税人本人或者配偶单独或者共同使用商业银行或者住房公积金个人住房贷款为本人或者其配偶购买中国境内住房，发生的首套住房贷款利息支出，在实际发生贷款利息的年度，按照每月 1000 元的标准定额扣除，扣除期限最长不超过 240 个月。纳税人只能享受一次首套住房贷款的利息扣除。

首套住房贷款是指购买住房享受首套住房贷款利率的住房贷款。

第二，扣除时间。

贷款合同约定开始还款的当月至贷款全部归还或贷款合同终止的当月，扣除期限最长不得超过 240 个月。

第三，扣除方式。

经夫妻双方约定，可以选择由其中一方扣除，具体扣除方式在一个纳税年度内不能变更。

夫妻双方婚前分别购买住房发生的首套住房贷款，其贷款利息支出，婚后可以选择其中一套购买的住房，由购买方按扣除标准的 100% 扣除，也可以由夫妻双方对各自购买的住房分别按扣除标准的 50% 扣除，具体扣除方式在一个纳税年度内不能变更。

第四，资料准备。

纳税人应当留存住房贷款合同、贷款还款支出凭证备查。

E. 住房租金。

第一，扣除标准。

纳税人在主要工作城市没有自有住房而发生的住房租金支出，可以按照以下标准定额扣除：

直辖市、省会（首府）城市、计划单列市以及国务院确定的其他城市，扣除标准为每月 1500 元。

除第一项所列城市以外，市辖区户籍人口超过 100 万的城市，扣除标准为每月 1100 元；市辖区户籍人口不超过 100 万的城市，扣除标准为每月 800 元。

纳税人的配偶在纳税人的主要工作城市有自有住房的，视同纳税人在主要工作城市有自有住房。

市辖区户籍人口，以国家统计局公布的数据为准。

第二，扣除时间。

租赁合同（协议）约定的房屋租赁期开始的当月至租赁期结束的当月。提前终止合同（协议）的，以实际租赁期限为准。

第三，扣除方式。

主要工作城市是指纳税人任职受雇的直辖市、计划单列市、副省级城市、地级市（地区、州、盟）全部行政区域范围；纳税人无任职受雇单位的，为受理其综合所得汇算清缴的税务机关所在城市。

夫妻双方主要工作城市相同的，只能由一方扣除住房租金支出。住房租金支出由签订租赁住房合同的承租人扣除。

纳税人及其配偶在一个纳税年度内不能同时分别享受住房贷款利息和住房租金专项附加扣除。

第四，资料准备。

纳税人应当留存住房租赁合同、协议等有关资料备查。

F. 赡养老人。

第一，扣除标准。

纳税人赡养一位及以上被赡养人的赡养支出，统一按照以下标准定额扣除：纳税人为独生子女的，按照每月 2000 元的标准定额扣除；纳税人为非独生子女的，由其与兄弟姐妹分摊每月 2000 元的扣除额度，每人分摊的额度不能超过每月 1000 元。

被赡养人是指年满 60 岁的父母，以及子女均已去世的年满 60 岁的祖父母、外祖父母。

第二，扣除时间。

被赡养人年满 60 周岁的当月至赡养义务终止的年末。

第三，扣除方式。

纳税人为非独生子女的，可以由赡养人均摊或者约定分摊，也可以由被赡养人指定分摊。约定或者指定分摊的须签订书面分摊协议，指定分摊优先于约定分摊。具体分摊方式和额度在一个纳税年度内不能变更。

第四，资料准备。

采取约定或指定分摊的，需留存分摊协议。

③依法确定的其他扣除。

依法确定的其他扣除，包括个人缴付符合国家规定的企业年金、职业年金，个人购买符合国家规定的商业健康保险、税收递延型商业养老保险的支出，以及国务院规定可以扣除的其他项目。

A. 年金。

第一，企业和事业单位（以下统称单位）根据国家有关政策规定的办法和标准，为在本单位任职或者受雇的全体职工缴付的企业年金或职业年金（以下统称年金）单位缴费部分，在计入个人账户时，个人暂不缴纳个人所得税。

第二，个人根据国家有关政策规定缴付的年金个人缴费部分，在不超过本人缴费工资计税基数的 4% 标准内的部分，暂从个人当期的应纳税所得额中扣除。

第三，超过国家规定的标准缴付的年金单位缴费和个人缴费部分，应并入个人当期的工资、薪金所得，依法计征个人所得税。税款由建立年金的单位代扣代缴，并向主管税务机关申报解缴。

第四，年金基金投资运营收益分配计入个人账户时，个人暂不缴纳个人所得税。

B. 商业健康保险。

第一，扣除标准。

对个人购买符合规定的商业健康保险产品的支出，允许在当年（月）计算应纳税所得额时予以税前扣除，扣除限额为 2400 元 / 年（200 元 / 月）。单位统一为员工购买符合规定的商业健康保险产品的支出应分别计入员工个人工资薪金、视同个人购买，按上述限额予以扣除。

第二，扣除方式。

适用商业健康保险税收优惠政策的纳税人，是指取得工资薪金所得、连续性劳务报酬所得的个人，以及取得个体工商户生产经营所得、对企事业单位的承包承租经营所得的个体工商户业主、个人独资企业投资者、合伙企业合伙人和承包承租经营者。

取得工资薪金所得或连续性劳务报酬所得的个人，自行购买符合规定的商业健康保险产品的，应当及时向代扣代缴单位提供保单凭证。扣缴单位自个人提交保单凭证的次月起，在不超过 200 元 / 月的标准内按月扣除。1 年内保费金额超过 2400 元的部分，不得税前扣除。以后年度续保时，按上述规定执行。个人自行退保时，应及时告知扣缴义务人。

个体工商户业主、企事业单位承包承租经营者、个人独资和合伙企业投资者自行购买符合条件的商业健康保险产品的，在不超过 2400 元 / 年的标准内据实扣除。1 年内保费金额超过 2400 元的部分，不得税前扣除。以后年度续保时，按上述规定执行。

第三，税收递延型商业养老保险。

取得工资薪金、连续性劳务报酬所得的个人，其缴纳的保费准予在申报扣除当月计算应纳税所得额时予以限额据实扣除，扣除限额按照当月工资薪金、连续性劳务报酬收入的 6% 和 1000 元孰低办法确定

取得个体工商户生产经营所得、对企事业单位的承包承租经营所得的个体工商户业主、个人独资企业投资者、合伙企业自然人合伙人和承包承租经营者，其缴纳的保费准予在申报扣除当年计算应纳税所得额时予以限额据实扣除，扣除限额按照不超过当年应税收入的 6% 和 12000 元孰低办法确定。

（2）非居民个人的工资、薪金所得，以每月收入额减除费用 5000 元后的余额为应纳税所得额；劳务报酬所得、稿酬所得、特许权使用费所得，以每次收入额为应纳税所得额。

劳务报酬所得、稿酬所得、特许权使用费所得以收入减除 20% 的费用后的余额为收入额。稿酬所得的收入额减按 70% 计算。

劳务报酬所得、稿酬所得、特许权使用费所得，属于一次性收入的，以取得该项收入为一次；属于同一项目连续性收入的，以一个月内取得的收入为一次。

（3）经营所得，以每一纳税年度的收入总额减除成本、费用以及损失后的余额，为应纳税所得额。

成本、费用，是指生产、经营活动中发生的各项直接支出和分配计入成本的间接费用以及销售费用、管理费用、财务费用；所称损失，是指生产、经营活动中发生的固定资产和存货的盘亏、毁损、报废损失，转让财产损失，坏账损失，自然灾害等不可抗力因素造成的损失以及其他损失。

取得经营所得的个人，没有综合所得的，计算其每一纳税年度的应纳税所得

额时，应当减除费用 6 万元、专项扣除、专项附加扣除以及依法确定的其他扣除。专项附加扣除在办理汇算清缴时减除。

从事生产、经营活动，未提供完整、准确的纳税资料，不能正确计算应纳税所得额的，由主管税务机关核定应纳税所得额或者应纳税额。

（4）财产租赁所得，每次收入不超过 4000 元的，减除费用 800 元；4000 元以上的，减除 20% 的费用，其余额为应纳税所得额。

财产租赁所得，以一个月内取得的收入为一次。

（5）财产转让所得，以转让财产的收入额减除财产原值和合理费用后的余额，为应纳税所得额。

财产转让所得，按照一次转让财产的收入额减除财产原值和合理费用后的余额计算纳税。

财产原值，按照下列方法确定：

①有价证券，为买入价以及买入时按照规定交纳的有关费用。

②建筑物，为建造费或者购进价格以及其他有关费用。

③土地使用权，为取得土地使用权所支付的金额、开发土地的费用以及其他有关费用。

④机器设备、车船，为购进价格、运输费、安装费以及其他有关费用。

其他财产，参照上述规定的方法确定财产原值。

纳税人未提供完整、准确的财产原值凭证，不能按照上述规定的方法确定财产原值的，由主管税务机关核定财产原值。

合理费用，是指卖出财产时按照规定支付的有关税费。

（6）利息、股息、红利所得和偶然所得，以每次收入额为应纳税所得额。利息、股息、红利所得，以支付利息、股息、红利时取得的收入为一次。偶然所得，以每次取得该项收入为一次。

2. 扣除捐赠款的计税方法

个人将其所得对教育、扶贫、济困等公益慈善事业进行的捐赠，捐赠额未超过纳税人申报的应纳税所得额 30% 的部分，可以从其应纳税所得额中扣除。国务院规定对公益慈善事业捐赠实行全额税前扣除的，从其规定。

个人将其所得对教育、扶贫、济困等公益慈善事业进行捐赠，是指个人将其所得通过中国境内的公益性社会组织、国家机关向教育、扶贫、济困等公益慈善事业的捐赠；所称应纳税所得额，是指计算扣除捐赠额之前的应纳税所得额。

3. 境外缴纳税额抵免的计税方法

居民个人从中国境外取得的所得，可以从其应纳税额中抵免已在境外缴纳的个人所得税税额，但抵免额不得超过该纳税人境外所得依照税法规定计算的应纳税额。

（五）无住所个人所得税政策与管理

1. 无住所个人的纳税义务

在中国境内无住所又不居住，或者无住所而一个纳税年度内在中国境内居住累计不满183天的个人为非居民个人。

无住所个人一个纳税年度内在中国境内累计居住满183天的，如果此前6年在中国境内每年累计居住天数都满183天而且没有任何一年单次离境超过30天，该纳税年度来源于中国境内、境外所得应当缴纳个人所得税；如果此前6年的任一年在中国境内累计居住天数不满183天或者单次离境超过30天，该纳税年度来源于中国境外且由境外单位或者个人支付的所得，免予缴纳个人所得税。

此前6年，是指该纳税年度的前一年至前6年的连续六个年度，此前6年的起始年度自2019年（含）以后年度开始计算。

无住所个人一个纳税年度内在中国境内累计居住天数，按照个人在中国境内累计停留的天数计算。在中国境内停留的当天满24小时的，计入中国境内居住天数，在中国境内停留的当天不足24小时的，不计入中国境内居住天数。

2. 无住所个人所得的界定以及与协定的综合运用

（1）关于所得来源地。

①关于工资薪金所得来源地的规定。

个人取得归属于中国境内（以下称境内）工作期间的工资薪金所得为来源于境内的工资薪金所得。境内工作期间按照个人在境内工作天数计算，包括其在境内的实际工作日以及境内工作期间在境内、境外享受的公休假、个人休假、接受培训的天数。在境内、境外单位同时担任职务或者仅在境外单位任职的个人，在境内停留的当天不足24小时的，按照半天计算境内工作天数。

无住所个人在境内、境外单位同时担任职务或者仅在境外单位任职，且当期同时在境内、境外工作的，按照工资薪金所属境内、境外工作天数占当期公历天数的比例计算确定来源于境内、境外工资薪金所得的收入额。境外工作天数按照当期公历天数减去当期境内工作天数计算。

②关于数月奖金以及股权激励所得来源地的规定。

无住所个人取得的数月奖金或者股权激励所得按照上述规定确定所得来源地的，无住所个人在境内履职或者执行职务时收到的数月奖金或者股权激励所得，归属于境外工作期间的部分，为来源于境外的工资薪金所得；无住所个人停止在境内履约或者执行职务离境后收到的数月奖金或者股权激励所得，对属于境内工作期间的部分，为来源于境内的工资薪金所得。具体计算方法为：数月奖金或者股权激励乘以数月奖金或者股权激励所属工作期间境内工作天数与所属工作期间公历天数之比。

无住所个人一个月内取得的境内外数月奖金或者股权激励包含归属于不同期间的多笔所得的，应当先分别按照规定计算不同归属期间来源于境内的所得，然后再加总计算当月来源于境内的数月奖金或者股权激励收入额。

数月奖金是指一次取得归属于数月的奖金、年终加薪、分红等工资薪金所得，不包括每月固定发放的奖金及一次性发放的数月工资。股权激励包括股票期权、股权期权、限制性股票、股票增值权、股权奖励以及其他因认购股票等有价证券而从雇主取得的折扣或者补贴。

③关于董事、监事及高层管理人员取得报酬所得来源地的规定。

对于担任境内居民企业的董事、监事及高层管理职务的个人（以下统称高管人员），无论是否在境内履行职务，取得由境内居民企业支付或者负担的董事费、监事费、工资薪金或者其他类似报酬（以下统称高管人员报酬，包含数月奖金和股权激励），属于来源于境内的所得。

高层管理职务包括企业正、副（总）经理、各职能总师、总监及其他类似公司管理层的职务。

④关于稿酬所得来源地的规定。

由境内企业、事业单位、其他组织支付或者负担的稿酬所得，为来源于境内的所得。

（2）关于无住所个人工资薪金所得收入额计算。

无住所个人取得工资薪金所得，按以下规定计算在境内应纳税的工资薪金所得的收入额（以下称工资薪金收入额）：

①无住所个人为非居民个人的情形。

非居民个人取得工资薪金所得，除下文“③无住所个人为高管人员的情形”以外，当月工资薪金收入额分别按照以下两种情形计算：

A. 非居民个人境内居住时间累计不超过 90 天的情形。

在一个纳税年度内，在境内累计居住不超过 90 天的非居民个人，仅就归属于境内工作期间并由境内雇主支付或者负担的工资薪金所得计算缴纳个人所得税。

境内雇主包括雇佣员工的境内单位和个人以及境外单位式者个人在境内的机构、场所。凡境内雇主采取核定征收所得税或者无营业收入未征收所得税的，无住所个人为其工作取得工资薪金所得，不论是否在该境内雇主会计账簿中记载，均视为由该境内雇主支付或者承担。工资薪金所属工作期间的公历天数，是指无住所个人取得工资薪金所属工作期间按公历计算的天数。

当月境内外工资薪金包含归属于不同期间的多笔工资薪金的，应当先分别按照相关规定计算不同归属期间工资薪金收入额，然后再加总计算当月工资薪金收入额。

B. 非居民个人境内居任时间累计超过 90 天不满 183 天的情形。

在一个纳税年度内，在境内累计居住超过 90 天但不满 183 天的非居民个人，取得归属于境内工作期间的工资薪金所得，均应当计算缴纳个人所得税；其取得归属于境外工作期间的工资薪金所得，不征收个人所得税。

②无住所个人为居民个人的情形。

在一个纳税年度内，在境内累计居住满 183 天的无住所居民个人取得工资薪金所得，当月工资薪金收入额按照以下规定计算：

A. 无住所居民个人在境内居住累计满 183 天的年度连续不满 6 年的情形。在境内居住累计满 183 天的年度连续不满 6 年的无住所居民个人，符合《中华人民共和国个人所得税法实施条例》（以下简称《个人所得税法实施条例》）第四条优惠条件的，其取得的全部工资薪金所得，除归属于境外工作期间且由境外单位或者个人支付的工资薪金所得部分外，均应计算缴纳个人所得税。

B. 无住所居民个人在境内居住累计满 183 天的年度连续满 6 年的情形。在境内居住累计满 183 天的年度连续满 6 年后，不符合《个人所得税法实施条例》第四条优惠条件的无住所居民个人，其从境内、境外取得的全部工资薪金所得均应计算缴纳个人所得税。

③无住所个人为高管人员的情形。

无住所居民个人为高管人员的，工资薪金收入额按照上述无住所个人为居民个人的情形”的规定计算纳税。非居民个人为高管人员的，按照以下规定处理：

A. 高管人员在境内居住时间累计不超过 90 天的情形。

在一个纳税年度内，在境内累计居住不超过 90 天的高管人员，其取得由境内雇主支付或者负担的工资薪金所得应当计算缴纳个人所得税；不是由境内雇主支付或者负担的工资薪金所得，不缴纳个人所得税。当月工资薪金收入额为当月境内支付或者负担的工资薪金收入额。

B. 高管人员在境内居住时间累计超过 90 天不满 183 天的情形。

在一个纳税年度内，在境内居住累计超过 90 天但不满 183 天的高管人员，其取得的工资薪金所得，除归属于境外工作期间且不是由境内雇主支付或者负担的部分外，应当计算缴纳个人所得税。当月工资薪金收入额计算适用公式：

当月工资薪金收入额＝当月境内外工资薪金总额 ×[1 －（当月境外支付工资薪金数额 ÷ 当月境内外工资薪金总额）×（当月工资薪金所属工作期间境外工作天数 ÷ 当月工资薪金所属工作期间公历天数）]

（3）关于无住所个人所得税款计算。

①关于无住所居民个人所得税款计算的规定。

无住所居民个人取得综合所得，年度终了后，应按年计算个人所得税；有扣缴义务人的，由扣缴义务人按月或者按次预扣预缴税款；需要办理汇算清缴的，按照规定办理汇算清缴，年度综合所得应纳税额计算公式如下：

年度综合所得应纳税额＝（年度工资薪金收入额＋年度劳务报酬收入额＋年度稿酬收入额＋年度特许权使用费收入额－减除费用－专项扣除－专项附加扣除－依法确定的其他扣除）× 适用税率－速算扣除数

无住所居民个人为外籍个人的，2022 年 1 月 1 日前计算工资薪金收入额时，已经按规定减除住房补贴、子女教育费、语言训练费等八项津补贴的，不能同时享受专项附加扣除。

年度工资薪金、劳务报酬、稿酬、特许权使用费收入额分别按年度内每月工资薪金以及每次劳务报酬、稿酬、特许权使用费收入额合计数额计算。

②关于非居民个人所得税款计算的规定。

A. 非居民个人当月取得工资薪金所得，以按照上述关于无住所个人工资薪金所得收入额计算的规定计算的当月收入额，减去税法规定的减除费用后的余额，为应纳税所得额，适用按月换算后的综合所得税率表（以下称月度税率表）计算应纳税额。

B. 非居民个人一个月内取得数月奖金，单独按照上述关于无住所个人工资薪金所得收入额计算的规定计算当月收入额，不与当月其他工资薪金合并，按 6 个月分摊计税，不减除费用，适用月度税率表计算应纳税额，在一个公历年度内，对每一个非居民个人，该计税办法只允许适用一次。

当月数月奖金应纳税额=[（数月奖金收入额÷6）×适用税率－速算扣除数]×6

D. 非居民个人取得来源于境内的劳务报酬所得、稿酬所得、特许权使用费所得，以税法规定的每次收入额为应纳税所得额，适用月度税率表计算应纳税额。

（4）关于无住所个人适用税收协定。

按照我国政府签订的避免双重征税协定，内地与香港、澳门签订的避免双重征税安排（以下称税收协定）居民条款规定为缔约对方税收居民的个人（以下称对方税收居民个人），可以按照税收协定及财政部、国家税务总局有关规定享受税收协定待遇，也可以选择不享受税收协定待遇计算纳税。除税收协定及财政部、国家税务总局另有规定外，无住所个人适用税收协定的，按照以下规定执行：

①关于无住所个人适用受雇所得条款的规定。

A. 无住所个人享受境外受雇所得协定待遇。

境外受雇所得协定待遇，是指按照税收协定受雇所得条款规定，对方税收居民个人在境外从事受雇活动取得的受雇所得，可不缴纳个人所得税。

无住所个人为对方税收居民个人，其取得的工资薪金所得可享受境外受雇所得协定待遇的，可不缴纳个人所得税。

无住所居民个人为对方税收居民个人的，可在预扣预缴和汇算清缴时按“无住所个人享受境外受雇所得协定待遇”的规定享受协定待遇；非居民个人为对方税收居民个人的，可在取得所得时按“无住所个人境外受雇所得协定待遇”的规定享受协定待遇。

B. 无住所个人享受境内受雇所得协定待遇。

境内受雇所得协定待遇，是指按照税收协定受雇所得条款规定，在税收协定规定的期间内境内停留天数不超过183天的对方税收居民个人，在境内从事受雇活动取得受雇所得，不是由境内居民雇主支付或者代其支付的，也不是由雇主在境内常设机构负担的，可不缴纳个人所得税。

无住所个人为对方税收居民个人，其取得的工资薪金所得可享受境内受雇所得协定待遇的，可不缴纳个人所得税。

无住所居民个人为对方税收居民个人的，可在预扣预缴和汇算清缴时按“无住所个人享受境内受雇所得协定待遇”的规定享受协定待遇；非居民个人为对方税收居民个人的，可在取得所得时按“无住所个人享受境内受雇所得协定待遇”

的规定享受协定待遇。

②关于无住所个人适用独立个人劳务或者营业利润条款的规定。

独立个人劳务或者营业利润协定待遇，是指按照税收协定独立个人劳务或者营业利润条款规定，对方税收居民个人取得的独立个人劳务所得或者营业利润符合税收协定规定条件的，可不缴纳个人所得税。

无住所居民个人为对方税收居民个人，其取得的劳务报酬所得、稿酬所得可享受独立个人劳务或者营业利润协定待遇的，在预扣预缴和汇算清缴时，可不缴纳个人所得税。

非居民个人为对方税收居民个人，其取得的劳务报酬所得、稿酬所得可享受独立个人劳务或者营业利润协定待遇的，在取得所得时可不缴纳个人所得税。

③关于无住所个人适用董事费条款的规定。

对方税收居民个人为高管人员，该个人适用的税收协定未纳入董事费条款，或者虽然纳入董事费条款但该个人不适用董事费条款，且该个人取得的高管人员报酬可享受税收协定受雇所得、独立个人劳务或者营业利润条款规定待遇的，该个人取得的高管人员报酬可不适用上述关于无住所个人为高管人员的情形的规定，分别按照上述关于无住所个人适用受雇所得条款的规定、关于无住所个人享受境内受雇所得协定待遇的规定执行。

对方税收居民个人为高管人员，该个人取得的高管人员报酬按照税收协定董事费条款规定可以在境内征收个人所得税的，应按照有关工资薪金所得或者劳务报酬所得规定缴纳个人所得税。

④关于无住所个人适用特许权使用费或者技术服务费条款的规定。

特许权使用费或者技术服务费协定待遇，是指按照税收协定特许权使用费或者技术服务费条款规定，对方税收居民个人取得符合规定的特许权使用费或者技术服务费，可按照税收协定规定的计税所得额和征税比例计算纳税。

无住所居民个人为对方税收居民个人，其取得的特许权使用费所得、稿酬所得或者劳务报酬所得可享受特许权使用费或者技术服务费协定待遇的，可不纳入综合所得，在取得当月按照税收协定规定的计税所得额和征税比例计算应纳税额，并预扣预缴税款。年度汇算清缴时，该个人取得的已享受特许权使用费或者技术服务费协定待遇的所得不纳入年度综合所得，单独按照税收协定规定的计税所得额和征税比例计算年度应纳税额及补退税额。

非居民个人为对方税收居民个人，其取得的特许权使用费所得、稿酬所得或者劳务报酬所得可享受特许权使用费或者技术服务费协定待遇的，可按照税收协定规定的计税所得额和征税比例计算应纳税额。

（5）关于无住所个人相关征管规定。

①关于无住所个人预计境内居住时间的规定。

无住所个人在一个纳税年度内首次申报时，应当根据合同约定等情况预计一个纳税年度内境内居住天数以及在税收协定规定的期间内境内停留天数，按照预计情况计算缴纳税款。实际情况与预计情况不符的，分别按照以下规定处理：

A. 无住所个人预先判定为非居民个人，因延长居住天数达到居民个人条件的，一个纳税年度内税款扣缴方法保持不变，年度终了后按照居民个人有关规定办理汇算清缴，但该个人在当年离境且预计年度内不再入境的，可以选择在离境之前办理汇算清缴。

B. 无住所个人预先判定为居民个人，因缩短居住天数不能达到居民个人条件的，在不能达到居民个人条件之日起至年度终了 15 天内，应当向主管税务机关报告，按照非居民个人重新计算应纳税额，申报补缴税款，不加收税收滞纳金。需要退税的，按照规定办理。

②关于无住所个人境内雇主报告境外关联方支付工资薪金所得的规定。

无住所个人在境内任职、受雇取得来源于境内的工资薪金所得，凡境内雇主与境外单位或者个人存在关联关系，将本应由境内雇主支付的工资薪金所得，部分或者全部由境外关联方支付的，无住所个人可以自行申报缴纳税款，也可以委托境内雇主代为缴纳税款。无住所个人未委托境内雇主代为缴纳税款的，境内雇主应当在相关所得支付当月终了后 15 天内向主管税务机关报告相关信息，包括境内雇主与境外关联方对无住所个人的工作安排、境外支付情况以及无住所个人的联系方式等信息。

二、个人所得税优惠政策

（一）免征个人所得税

（1）下列各项个人所得，免征个人所得税：

①省级人民政府、国务院部委和中国人民解放军军以上单位，以及外国组织、国际组织颁发的科学、教育、技术、文化、卫生、体育、环境保护等方面的

奖金。

②国债和国家发行的金融债券利息。

国债利息，是指个人持有中华人民共和国财政部发行的债券而取得的利息；国家发行的金融债券利息，是指个人持有经国务院批准发行的全融债券而取得的利息。

③按照国家统一规定发给的补贴、津贴。

按照国家统一规定发给的补贴、津贴、是按照国务院规定的政府特殊津贴、院士津贴，以及国务院规定免于缴纳个人所得税的其他补贴、津贴。

④福利费、抚恤金、救济金。

福利费，是指根据国家有关规定，从企业、事业单位、国家机关、社会组织提留的福利费或者工会经费中支付给个人的生活补助费；救济金，是指各级人民政府民政部门支付给个人的生活困难补助费。

⑤保险赔款。

⑥军人的转业费、复员费、退役金。

⑦按照国家统一规定发给干部、职工的安家费、退职费、基本养老金或者退休费、离休费、离休生活补助费。

⑧依照有关法律规定应予免税的各国驻华使馆、领事馆的外交代表、领事官员和其他人员的所得。

⑨中国政府参加的国际公约、签订的协议中规定免税的所得。

⑩国务院规定的其他免税所得，由国务院报全国人民代表大会常务委员会备案。

（2）2020 年 1 月 1 日起至 2021 年 12 月 31 日止，个人取得政府规定标准的疫情防治临时性工作补助和奖金，以及取得单位发放的预防新型冠状病毒感染肺炎的医药防护用品等，免征个人所得税。

（二）减征个人所得税

有下列情形之一的，可以减征个人所得税，具体幅度和期限，由省、自治区、直辖市人民政府规定，并报同级人民代表大会常务委员会备案：

（1）残疾、孤老人员和烈属的所得。

（2）因自然灾害遭受重大损失的。

国务院可以规定其他减税情形，报全国人民代表大会常务委员会备案。

（三）全年一次性奖金问题

关于全年一次性奖金、中央企业负责人年度绩效薪金延期兑现收入和任期奖励的政策。

（1）居民个人取得全年一次性奖金，符合《国家税务总局关于调整个人取得全年一次性奖金等计算征收个人所得税方法问题的通知》（国税发〔2005〕9号）规定的，在2021年12月31日前，可以选择不并入当年综合所得，以全年一次性奖金收入除以12个月得到的数额，按照《财政部关于个人所得税法修改后有关优惠政策衔接问题的通知》（财税〔2018〕164号）所附按月换算后的综合所得税率表，确定适用税率和速算扣除数，单独计算纳税。计算公式为：

应纳税额=全年一次性奖金收入×适用税率－速算扣除数

居民个人取得全年一次性奖金，也可以选择并入当年综合所得计算纳税。自2022年1月1日起，居民个人取得全年一次性奖金，应并入当年综合所得计算缴纳个人所得税。

（2）中央企业负责人取得年度绩效薪金延期兑现收入和任期奖励，符合《国家税务总局关于中央企业负责人年度绩效薪金延期兑现收入和任期奖励征收个人所得税问题的通知》（国税发〔2007〕118号）规定的，在2021年12月31日前，参照居民个人取得全年一次性奖金执行；2022年1月1日之后的政策另行明确。

（四）关于上市公司股权激励的政策

（1）居民个人取得股票期权、股票增值权、限制性股票、股权奖励等股权激励（以下简称股权激励），符合《财政部 国家税务总局关于个人股票期权所得征收个人所得税问题的通知》（财税〔2005〕35号）、《财政部　国家税务总局关于股票增值权所得和限制性股票所得征收个人所得税有关问题的通知》（财税〔2009〕5号）、《财政部　国家税务总局关于将国家自主创新示范区有关税收试点政策推广到全国范围实施的通知》（财税〔2015〕116号）、《财政部　国家税务总局关于完善股权激励和技术入股有关所得税政策的通知》（财税〔2016〕101号）第四条第（一）项规定的相关条件的，在2021年12月31日前，不并入当年综合所得，全额单独适用综合所得税率表，计算纳税。计算公式为：

应纳税额=股权激励收入×适用税率－速算扣除数

（2）居民个人一个纳税年度内取得两次以上（含两次）股权激励的，应合并计算纳税。

（3）2022 年 1 月 1 日之后的股权激励政策另行明确。

（五）关于保险营销员、证券经纪人佣金收入的政策

保险营销员、证券经纪人取得的佣金收入，属于劳务报酬所得，以不含增值税的收入减除 20% 的费用后的余额为收入额，收入额减去展业成本以及附加税费后，并入当年综合所得，计算缴纳个人所得税。保险营销员、证券经纪人展业成本按照收入额的 25% 计算。

扣缴义务人向保险营销员，证券经纪人支付佣金收入时，应按照《个人所得税扣缴申报管理办法（试行）》（国家税务总局公告 2018 年第 61 号印发）规定的累计预扣法计算预扣税款。

（六）关于个人领取企业年金、职业年金的政策

个人达到国家规定的退休年龄领取的企业年金、职业年金，符合《财政部 人力资源社会保障部 国家税务总局关于企业年金职业年金个人所得税有关问题的通知》（财税〔2013〕103 号）规定的，不并入综合所得，全额单独计算应纳税款。其中按月领取的，适用月度税率表计算纳税；按季领取的，平均分摊计入各月、按每月领取额适用月度税率表计算纳税；按年领取的，适用综合所得税率表计算纳税。

个人因出境定居而一次性领取的年金个人账户资金，或个人死亡后，其指定的受益人或法定继承人一次性领取的年金个人账户余额，适用综合所得税率表计算纳税。对个人除上述特殊原因外一次性领取年金个人账户资金或余额的，适用月度税率表计算纳税。

（七）关于解除劳动关系、提前退休、内部退养的一次性补偿收入的政策

（1）个人与用人单位解除劳动关系取得一次性补偿收入（包括用人单位发放的经济补偿金、生活补助费和其他补助费），在当地上年职工平均工资 3 倍数额以内的部分，免征个人所得税；超过 3 倍数额的部分，不并入当年综合所得，单独适用综合所得税率表，计算纳税。

（2）个人办理提前退休手续而取得的一次性补贴收入，应按照办理提前退休手续至法定离退休年龄之间实际年度数平均分摊，确定适用税率和速算扣除数，

单独适用综合所得税率表，计算纳税。计算公式：

应纳税额={[（一次性补贴收入÷办理提前退休手续至法定退休年龄的实际年度数）－费用扣除标准]×适用税率－速算扣除数}×办理提前退休手续至法定退休年龄的实际年度数

（3）个人办理内部退养手续而取得的一次性补贴收入，按照《国家税务总局关于个人所得税有关政策问题的通知》（国税发〔1999〕58号）规定计算纳税。

（八）关于单位低价向职工售房的政策

单位按低于购置或建造成本价格出售住房给职工，职工因此少支出的差价部分，符合《财政部 国家税务总局关于单位低价向职工售房有关个人所得税问题的通知》（财税〔2007〕13号）第二条规定的，不并入当年综合所得，以差价收入除以12个月得到的数额，按照月度税率表确定适用税率和速算扣除数，单独计算纳税。计算公式为：

应纳税额=职工实际支付的购房价款低于该房屋的购置或建造成本价格的差额×适用税率－速算扣除

（九）关于外籍个人有关津补贴的政策

（1）2019年1月1日至2021年12月31日，外籍个人符合居民个人条件的，可以选择享受个人所得税专项附加扣除，也可以选择按照《财政部 国家税务总局关于个人所得税若干政策问题的通知》财税〔1994〕20号）、《国家税务总局关于外籍个人取得有关补贴征免个人所得税执行问题的通知》（国税发〔1997〕54号）和《财政部 国家税务总局关于外籍个人取得港澳地区住房等补贴征免个人所得税的通知》（财税〔2004〕29号）规定，享受住房补贴、语言训练费、子女教育费等津补贴免税优惠政策，但不得同时享受。外籍个人一经选择，在一个纳税年度内不得变更。

（2）自2022年1月1日起，外籍个人不再享受住房补贴、语言训练费、子女教育费津补贴免税优惠政策，应按规定享受专项附加扣除。

（十）在中国境内无住所的个人的优惠

（1）在中国境内无住所的个人，在一个纳税年度内在中国境内居住累计不超过90天的，其来源于中国境内的所得，由境外雇主支付并且不由该雇主在中国

境内的机构、场所负担的部分，免予缴纳个人所得税

（2）在中国境内无住所的个人，在中国境内居住累计满 183 天的年度连续不满 6 年的，经向主管税务机关备案，其来源于中国境外且由境外单位或者个人支付的所得，免予缴纳个人所得税；在中国境内居住累计满 183 天的任一年度中有一次离境超过 30 天的，其在中国境内居住累计满 183 天的年度的连续年限重新起算。

（十一）个人转让新三板挂牌公司股票有关个人所得税政策

（1）自 2018 年 11 月 1 日（含）起，对个人转让新三板挂牌公司非原始股取得的所得，暂免征收个人所得税。

非原始股是指个人在新三板挂牌公司挂牌后取得的股票，以及由上述股票滋生的送、转股。

（2）对个人转让新三板挂牌公司原始股取得的所得，按照“财产转让所得”，适用 20% 的比例税率征收个人所得税。

原始股是指个人在新三板挂牌公司挂牌前取得的股票，以及在该公司挂牌前和挂牌后由上述股票滋生的送、转股。

（十二）申报缴纳方式

1. 代扣代缴税款

个人所得税以所得人为纳税人，以支付所得的单位或者个人为扣缴义务人。

（1）纳税人识别号管理。

纳税人有中国公民身份号码的，以中国公民身份号码为纳税人识别号；纳税人没有中国公民身份号码的，由税务机关赋予其纳税人识别号。扣缴义务人扣缴税款时，纳税人应当向扣缴义务人提供纳税人识别号。

（2）扣缴义务人全员全额扣缴义务。

扣缴义务人应当按照国家规定办理全员全额扣缴申报，并向纳税人提供其个人所得和已扣缴税款等信息。

实行个人所得税全员全额扣缴申报的应税所得包括：①工资、薪金所得；②劳务报酬所得；③稿酬所得；④特许权使用费所得；⑤利息、股息、红利所得；⑥财产租赁所得；⑦财产转让所得；⑧偶然所得。

（3）居民个人工资、薪金所得的预扣预缴。

扣缴义务人向居民个人支付工资、薪金所得的，应当按照累计预扣法预扣税

款，并按月办理扣缴申报。

累计预扣法，是指扣缴义务人在一个纳税年度内预扣预缴税款时，以纳税人在本单位截至当前月份工资、薪金所得累计收入减累计免税收入、累计减除费用、累计专项扣除、累计专项附加扣除和累计依法确定的其他扣除后的余额为累计预扣预缴应纳税所得额，适用个人所得税预扣率表一（见表 1–4）、计算累计应预扣预缴税额，再减除累计减免税额和累计已预扣预缴税额，其余额为本期应预扣预缴税额。余额为负值时，暂不退税。纳税年度终了后余额仍为负值时，由纳税人通过办理综合所得年度汇算清缴，税款多退少补。

具体计算公式如下：

本期应预扣预缴税额=（累计预扣预缴应纳税所得额 × 预扣率－速算扣除数）－累计减免税额－累计已预扣预缴税额

累计预扣预缴应纳税所得额=累计收入－累计免税收入－累计减除费用－累计专项扣除－累计专项附加扣除－累计依法确定的其他扣除

其中：累计减除费用，按照 5000 元 / 月乘以纳税人当年截至本月在本单位的任职受雇月份数计算。

纳税人同时从两处以上取得工资、薪金所得、并由扣缴义务人减除专项附加扣除的，对同一专项附加扣除项目在一个纳税年度内只能选择从一处取得的所得中减除。

表1–4 个人所得税预扣率表一（居民个人工资、薪金所得预扣预缴适用）

级数	累计预扣预缴应纳税所得额	预扣率(%)	速算扣除数
1	不超过 36000 元的	3	0
2	超过 36000 元至 144000 元的部分	10	2520
3	超过 144000 元至 300000 元的部分	20	16920
4	超过 300000 元至 420000 元的部分	25	31920
5	超过 420000 元至 660000 元的部分	30	52920
6	超过 660000 元至 960000 元的部分	35	85920
7	超过 960000 元的部分	45	181920

（4）居民个人的劳务报酬所得、稿酬所得、特许权使用费所得预扣预缴。扣缴义务人向居民个人支付劳务报酬所得、稿酬所得、特许权使用费所得时，应当

按照以下方法按次或者按月预扣预缴税款：

劳务报酬所得、稿酬所得、特许权使用费所得以收入减除费用后的余额为收入额；其中，稿酬所得的收入额减按 70% 计算。

减除费用：预扣预缴税款时，劳务报酬所得、稿酬所得、特许权使用费所得每次收入不超过 4000 元的，减除费用按 800 元计算；每次收入 4000 元以上的，减除费用按收入的 20% 计算。

应纳税所得额：劳务报酬所得、稿酬所得、特许权使用费所得，以每次收入额为预扣预缴应纳税所得额，计算应预扣预缴税额。劳务报酬所得适用个人所得税预扣率表二（见表 1–5），稿酬所得、特许权使用费所得适用 20% 的比例预扣率。

居民个人办理年度综合所得汇算清缴时，应当依法计算劳务报酬所得、稿酬所得、特许权使用费所得的收入额，并入年度综合所得计算应纳税款，税款多退少补。

表1–5　个人所得税预扣率表二（居民个人劳务报酬所得预扣预缴适用）

级数	预扣预缴应纳税所得额	预扣率(%)	速算扣除数
1	不超过 20000 元的	20	0
2	超过 20000 元至 50000 元的部分	30	2000
3	超过 50000 元的部分	40	7000

支付工资、薪金所得的扣缴义务人应当于年度终了后两个月内，向纳税人提供其个人所得和已扣缴税款等信息。

（5）非居民个人工资、薪金所得，劳务报酬所得，稿酬所得和特许权使用费所得的代扣代缴。

扣缴义务人向非居民个人支付工资、薪金所得，劳务报酬所得，稿酬所得和特许权使用费所得时，应当按照以下方法按月或者按次代扣代缴税款：

非居民个人的工资、薪金所得，以每月收入额减除费用 5000 元后的余额为应纳税所得额；劳务报酬所得、稿酬所得、特许权使用费所得，以每次收入额为应纳税所得额，适用个人所得税税率表三（见表 1–6），计算应纳税额。劳务报酬所得、稿酬所得、特许权使用费所得以收入减除 20% 的费用后的余额为收入额；其中，稿酬所得的收入额减按 70% 计算。

表1–6　个人所得税税率表三

（非居民个人工资、薪金所得，劳务报酬所得，稿酬所得，特许权使用费所得适用）

级数	应纳税所得额	税率(%)	速算扣除数
1	不超过 3000 元的	3	0
2	超过 3000 元至 12000 元的部分	10	210
3	超过 12000 元至 25000 元的部分	20	1410
4	超过 25000 元至 35000 元的部分	25	2660
5	超过 35000 元至 55000 元的部分	30	4410
6	超过 55000 元至 80000 元的部分	35	7160
7	超过 80000 元的部分	45	15160

（6）利息、股息、红利所得，财产租赁所得，财产转让所得或者偶然所得的代扣代缴。

扣缴义务人支付利息、股息、红利所得，财产租赁所得，财产转让所得或者偶然所得时，应当依法按次或者按月代扣代缴税款。

2．自行纳税申报

（1）需要自行纳税申报的情形。

有下列情形之一的，纳税人应当依法办理纳税申报：

①取得综合所得需要办理汇算清缴。

③取得应税所得没有扣缴义务人。

③取得应税所得，扣缴义务人未扣缴税款。

④取得境外所得。

⑤因移居境外注销中国户籍。

⑥非居民个人在中国境内从两处以上取得工资、薪金所得。

⑦国务院规定的其他情形。

（2）取得综合所得需要办理汇算清缴的纳税申报。取得综合所得且符合下列情形之一的纳税人，应当依法办理汇算清缴：

①从两处以上取得综合所得，且综合所得年收入额减除专项扣除后的余额超过 6 万元。

②取得劳务报酬所得、稿酬所得、特许权使用费所得中一项或者多项所得，

且综合所得年收入额减除专项扣除的余额超过 6 万元。

③纳税年度内预缴税额低于应纳税额。

④纳税人申请退税。

(3) 取得经营所得的纳税申报。

个体工商户业主、个人独资企业投资者、合伙企业个人合伙人、承包承租经营者个人以及其他从事生产、经营活动的个人取得经营所得，包括以下情形：

①个体工商户从事生产、经营活动取得的所得，个人独资企业投资人、合伙企业的个人合伙人来源于境内注册的个人独资企业、合伙企业生产、经营的所得。

②个人依法从事办学、医疗、咨询以及其他有偿服务活动取得的所得。

③个人对企业、事业单位承包经营、承租经营以及转包、转租取得的所得。

④个人从事其他生产、经营活动取得的所得。

（十三）纳税期限和纳税地点

1. 综合所得

居民个人取得综合所得按年计算个人所得税：有扣缴义务人的，由扣缴义务人按月或者按次预缴税款，需要办理汇算清缴的，应当在取得所得的次年 3 月 1 日至 6 日 30 日内向任职、受雇单位所在地主管税务机关办理汇算清缴。纳税人有两处以上任职、受雇单位的，选择向其中一处任职、受雇单位所在地主管税务机关办理纳税申报；纳税人没有任职、受雇单位的，向户籍所在地或经常居住地主管税务机关办理纳税申报。

居民个人向扣缴义务人提供专项附加扣除信息的，扣缴义务人按月预扣预缴税款时应当按照规定予以扣除，不得拒绝。

非居民个人取得工资、薪金所得，劳务报酬所得，稿酬所得和特许权使用费所得，有扣缴义务人的，由扣缴义务人按月或者按次代扣代缴税款，不办理汇算清缴。

2. 经营所得

纳税人取得经营所得，按年计算个人所得税，由纳税人在月度或者季度终了后 15 日内向经营管理所在地主管税务机关报送纳税申报表，并预缴税款；在取得所得的次年 3 月 31 日前向经营管理所在地主管税务机关办理汇算清缴。

纳税人取得利息、股息、红利所得，财产租赁所得，财产转让所得和偶然所得，按月或者按次计算个人所得税，有扣缴义务人的，由扣缴义务人按月或者按次代扣代缴税款。

3. 应税所得没有扣缴义务人的

纳税人取得应税所得没有扣缴义务人的，应当在取得所得的次月 15 日内向税务机关报送纳税申报表，并缴纳税款。

纳税人取得应税所得，扣缴义务人未扣缴税款的，纳税人应当在取得所得的次年 6 月 30 日前，缴纳税款；税务机关通知限期缴纳的，纳税人应当按照期限缴纳税款。

居民个人从中国境外取得所得的，应当在取得所得的次年 3 月 1 日至 6 月 30 日内申报纳税。

非居民个人在中国境内从两处以上取得工资、薪金所得的，应当在取得所得的次月 15 日内申报纳税。

纳税人因移居境外注销中国户籍的，应当在注销中国户籍前办理税款清算。

4. 扣缴义务人

扣缴义务人每月或者每次预扣、代扣的税款、应当在次月 15 日内缴入国库，并向税务机关报送扣缴个人所得税申报表。纳税人办理汇算清缴退税或者扣缴义务人为纳税人办理汇算清缴退税的，税务机关审核后，按照国库管理的有关规定办理退税。

（十四）2020 年度个人所得税综合所得汇算清缴制度

1. 无须办理年度汇算的纳税人

经国务院批准，依据《财政部　税务总局关于个人所得税综合所得汇算清缴涉及有关政策问题的公告》（财政部　税务总局公告 2019 年第 94 号）有关规定，纳税人在 2020 年度已依法预缴个人所得税且符合下列情形之一的，无须办理年度汇算：

（1）年度汇算需补税但综合所得收入全年不超过 12 万元的；（2）年度汇算需补税金额不超过 400 元的；（3）已预缴税额与年度应纳税额一致或者不申请退税的。

2. 需要办理年度汇算的纳税人

依据税法规定，纳税人取得综合所得符合下列情形之一的，需要办理年度汇算：（1）已预缴税额大于年度应纳税额且申请退税的；（2）综合所得收入全年超过 12 万元且需要补税金额超过 400 元的。

需要办理汇算清缴的纳税人，应当在取得所得的次年3月1日至6月30日内，向任职、受雇单位所在地主管税务机关办理纳税申报。

3. 办理方式

（1）自行办理年度汇算。

（2）通过取得工资薪金或连续性取得劳务报酬所得的扣缴义务人代为办理。由扣缴义务人代为办理的，纳税人应在2021年4月30日前与扣缴义务人进行书面确认，补充提供其2020年度在本单位以外取得的综合所得收入、相关扣除、享受税收优惠等信息资料，并对所提交信息的真实性、准确性、完整性负责。

（3）委托涉税专业服务机构或其他单位及个人（以下简称受托人）办理，受托人需与纳税人签订授权书。扣缴义务人或委托人为纳税人办理年度汇算后，应当及时将办理情况告知纳税人。纳税人发现申报信息存在错误的，可以要求扣缴义务人或受托人办理更正申报，也可自行办理更正申报。

4. 年度汇算的退税、补税

纳税人申请年度汇算退税，应当提供其在中国境内开设符合条件的银行账户。税务机关按规定审核后，按照国库管理有关规定，在根据相关规定确定的接受年度汇算申报的税务机关所在地（即汇算清缴地）就地办理税款退库。

（十五）社会配套制度

公安、人民银行、金融监督管理等相关部门应当协助税务机关确认纳税人的身份、金融账户信息。教育、卫生、医疗保障、民政、人力资源社会保障、住房城乡建设、公安、人民银行、金融监督管理等相关部门应当向税务机关提供纳税人子女教育、继续教育、大病医疗、住房贷款利息、住房租金和赡养老人等专项附加扣除信息。

个人转让不动产的，税务机关应当根据不动产登记等相关信息核验应缴的个人所得税，登记机构办理转移登记时，应当查验与该不动产转让相关的个人所得税的完税凭证。个人转让股权办理变更登记的，市场主体登记机关应当查验与该股权交易相关的个人所得税的完税凭证

有关部门依法将纳税人、扣缴义务人遵守税法的情况纳入信用信息系统，并实施联合激励或者惩戒。

第五节　土地增值税政策与征收管理

一、土地增值税基本政策

（一）纳税人

土地增值税的纳税义务人是转让国有土地使用权、地上建筑物及其附着物并取得收入的单位和个人。

（二）征税范围

1. 基本征税范围

土地增值税是对转让国有土地使用权及其地上建筑物和附着物的行为征税，不包括国有土地使用权出让所取得的收入。

（1）转让国有土地使用权，不包括国有土地使用权出让所取得的收入。

（2）地上建筑物及其附着物连同国有土地使用权一并转让。

（3）存量房地产的买卖。

2. 特殊征税范围

土地增值税征税范围的特殊规定如表 1–7 所示。

表1–7　征税范围特殊规定

行为	征免规定
企业重组改制时以国有土地、房屋进行投资	符合规定的暂不征税，但不适用于房地产开发企业
合作建房	建成后分房自用的，暂免征税；建成后转让的，征税
房地产交换	征税；但个人互换自有居住用房，免税
房地产抵押	抵押期间，不征税；抵押期满转移产权的，征税
房地产出租	不征税
企业进行重组制改造、分立、合并	暂不征税，但不适用于房地产开发企业
房地产评估增值	不征税
国家回收或征用	免征
代建房	不征税

（三）税率

土地增值税实行四级超率累进税率，土地增值率高的多征，增值率低的少征、无增值的不征，具体如表 1–8 所示。

表1–8　土地增值税税率表

级数	增值额与扣除项目金额的比率	税率(%)	速算扣除系数(%)
1	不超过 50% 的部分	30	0
2	超过 50% 至 100% 的部分	40	5
3	超过 100% 至 200% 的部分	50	15
4	超过 200% 的部分	60	35

（四）应纳税额的计算

1．收入额确定

（1）纳税人转让房地产所取得的收入，是指包括货币收入、实物收入和其他收入在内的全部价款及有关的经济利益。营改增以后的房屋销售收入，不含增值税。

所取得的收入为外国货币的，应以取得收入当天或当月 1 日国家公布的市场汇价折合成人民币，据以计算应纳土地增值税税额。

（2）县级及县级以上人民政府要求房地产开发企业在售房时代收的各项费用：

①如计入房价向购买方一并收取的，作计税收入。

②如未计入房价，在房价之外单独收取的，不作计税收入。

（3）非直接销售和自用房地产的收入确定。

房地产开发企业将开发产品用于职工福利、奖励对外投资、分配给股东或投资人、抵偿债务、换取其他单位和个人的非货币性资产等，发生所有权转移时应视同销售房地产，其收入按下列方法和顺序确认：

①按本企业在同一地区、同一年度销售的同类房地产的平均价格确定。

②由主管税务机关参照当地当年，同类房地产的市场价格或评估价值确定。

2．扣除项目的确定

（1）房地产开发企业出售开发的房地产扣除项目及其金额确定。

房地产开发企业出售开发的房产，在计算土地增值税时，允许扣除的项目及其金额主要有：

①取得土地使用权所支付的金额。

取得土地使用权所支付的金额，是指纳税人为取得土地使用权所支付的地价款和按国家统一规定缴纳的有关费用。

取得土地使用权所支付的地价款有以下三种形式：

A. 以出让方式取得土地使用权的，为支付的土地出让金。

B. 以行政划拨方式取得土地使用权的，为转让土地使用权时按规定补缴的出让金。

C. 以转让方式取得土地使用权的，为支付的地价款。

按国家统一规定缴纳的有关费用，是指纳税人在取得土地使用权过程中为办理有关手续，按国家统一规定缴纳的有关登记费、过户手续费、契税等。房地产开发企业逾期开发缴纳的土地闲置费不得扣除。

②开发土地和新建房及配套设施的成本（以下简称房地产开发成本）。房地产开发成本，是指纳税人开发房地产项目实际发生的成本。主要包括土地征用及拆迁补偿费、前期工程费、建筑安装工程费、基础设施费、公共配套设施费、开发间接费用等。这些成本允许按实际发生数扣除。

已经计入房地产开发成本的利息支出，应调整至财务费用中计算扣除。

③开发土地和新建房及配套设施的费用（以下简称房地产开发费用）。房地产开发费用，是指与房地产开发项目有关的销售费用、管理费用、财务费用。在计算扣除项目金额时，房地产开发费用不是按照纳税人实际发生额进行扣除，而是计算扣除。依据财务费用中利息支出的情况不同具体分为以下两种办法：

A. 凡能够按转让房地产项目计算分摊并提供金融机构证明的，利息支出允许据实扣除，但最高不能超过按商业银行同类同期贷款利率计算的金额，利息的上浮幅度按国家的有关规定执行，超过上浮幅度的部分不允许扣除；对于超过贷款期限的利息部分和加罚的利息不允许扣除。其他房地产开发费用，按取得土地使用权所支付的金额与房地产开发成本之和的 5% 以内计算扣除。

B. 凡不能按转让房地产项目计算分摊利息支出或不能提供金融机构证明的，房地产开发费用按取得土地使用权所支付的金额与房地产开发成本之和的 10% 以内计算扣除。

上述计算扣除的具体比例，由各省、自治区、直辖市人民政府规定。房地产开发企业既向金融机构借款，又有其他借款的，其房地产开发费用计算扣除时不能同时适用上述两种办法。

④与转让房地产有关的税金。

与转让房地产有关的税金，是指在转让房地产时缴纳的城市维护建设税印花税，因转让房地产缴纳的教育费附加，也可视同税金予以扣除。

房地产开发企业按照有关规定，其缴纳的印花税列入“税金及附加”，通过“房地产开发费”项目进行计算扣除。非房地产开发企业转让房地产缴纳的印花税作为“与转让房地产有关的税金”在计算土地增值税时扣除。

⑤财政部确定的其他扣除项目。

从事房地产开发的纳税人可加计 20% 的扣除。

加计扣除费用=（取得土地使用权时所支付的金额+房地产开发成本）×20%

（2）旧房及建筑物扣除项目。

①房屋及建筑物的评估价格。

纳税人有下列情形之一的，则按照房地产评估价格计算征收土地增值税：

A. 隐瞒、虚报房地产成交价格的。

B. 提供扣除项目金额不实的。

C. 转让房地产的成交价格低于房地产评估价格，又无正当理由的。

评估价格=房地产重置成本价 × 成新度折扣率

②纳税人转让旧房及建筑物，凡不能取得评估价格但能提供购房发票的，扣除项目的金额按照下列方法计算：

A. 提供的购房凭据为营改增前取得的营业税发票的按照发票所载金额（不扣减营业税）并从购买年度起至转让年度止每年加计 5% 计算。

B. 提供的购房凭据为营改增后取得的增值税普通发票的，按照发票所载价税合计金额从购买年度起至转让年度止每年加计 5% 计算。

C. 提供的购房发票为营改增后取得的增值税专用发票的，按照发票所载不含增值税金额加上不允许抵扣的增值税进项税额之和，并从购买年度起至转让年度止每年加计 5% 计算。

计算扣除项目时“每年”按购房发票所载日期起至售房发票开具之日止，每满 12 个月计 1 年；超过 1 年，未满 12 个月但超过 6 个月的，可以视同为一年。

对于转让旧房及建筑物，既没有评估价格，又不能提供购房发票的，税务机关可以根据《税收征管法》第三十五条的规定，实行核定征收。

③对取得土地使用权时未支付地价款或不能提供已支付的地价款凭据的，不允许扣除取得土地使用权所支付的金额。

④与转让房地产有关的税金。

与转让房地产有关的税金，是指转让房地产时缴纳的城市维护建设税、教育费附加、地方教育附加、印花税。

对于个人购入房地产再转让的，其在购入环节缴纳的契税，由于已经包含在旧房及建筑物的评估价格之中，故计征土地增值税时，不另作为与转让房地产有关的税金予以扣除。

⑤评估费用。

纳税人为对房地产进行评估而支付的评估费用允许在计算土地增值税时予以扣除。但对纳税人因隐瞒、虚报房地产成交价格等情形而按房地产评估价格计算征收土地增值税所发生的评估费用，则不允许在计算土地增值税时予以扣除。

3. 应纳税额的计算

应纳土地增值税税额=转让房地产增值额×适用税率－扣除项目金额×速算扣除系数

第一步，确定收入项目及金额。

第二步，确定扣除项目及金额。

第三步，计算土地增值额。

第四步，计算增值额占扣除项目金额的百分比。

第五步，确定适用税率和速算扣除系数。

第六步，计算应纳税额。

（五）土地增值税优惠政策

（1）建造普通标准住宅出售，其增值率未超过 20% 的，免征土地增值税。增值率超过 20% 的，应就其全部增值额按规定计税。

（2）因国家建设的需要而被政府征用、收回的房地产，免征土地增值税。

（3）因城市规划、国家建设需要而搬迁，由纳税人自行转让原房地产的，免征土地增值税。

（4）对企事业单位、社会团体以及其他组织转让旧房作为公租房房源，且增值额未超过扣除项目金额 20% 的，免征土地增值税。

（5）对个人之间互换自有居住用房地产的，经当地税务机关核实，可以免征土地增值税。

（6）从 2008 年 11 月 1 日起，对居民个人销售住房，一律免征土地增值税。

（7）2018 年 1 月 1 日至 2020 年 12 月 31 日执行下列政策：

①按照《中华人民共和国公司法》的规定，非公司制企业整体改制为有限责任公司或者股份有限公司，有限责任公司（股份有限公司）整体改制为股份有限公司（有限责任公司），对改制前的企业将国有土地使用权、地上的建筑物及其附着物（以下称房地产）转移、变更到改制后的企业，暂不征土地增值税。

②按照法律规定或者合同约定，两个或两个以上企业合并为一个企业，且原企业投资主体存续的，对原企业将房地产转移变更到合并后的企业，暂不征土地增值税。

③按照法律规定或者合同约定，企业分设为两个或两个以上与原企业投资主体相同的企业，对原企业将房地产转移、变更到分立后的企业，暂不征土地增值税。

④单位、个人在改制重组时以房地产作价入股进行投资，对其将房地产转移、变更到被投资的企业，暂不征土地增值税。

⑤上述改制重组有关土地增值税政策不适用于房地产转移任意一方为房地产开发企业的情形。

（六）纳税期限

土地增值税的纳税人应当自房地产合同签订之日起 7 天以内向房地产所在地的税务机关进行纳税申报。

（七）纳税地点

（1）房地产所在地（坐落地）。

（2）房地产坐落在两个或两个以上地区的，分别申报纳税。

（八）征收机关

（1）土地增值税由税务机关征收。

（2）土地管理部门、房产管理部门应当向税务机关提供有关资料，并协助税务机关依法征收土地增值税。

（3）纳税人未按照规定缴纳土地增值税的，土地管理部门、房产管理部门不得办理有关的权属变更手续。

（九）预征与清算

1. 预征

纳税人在项目全部竣工结算前转让房地产取得的收入，由于涉及成本确定或其他原因，而无法据以计算土地增值税的，可以预征土地增值税，待该项目全部竣工办理结算后再进行清算，多退少补。具体办法由各省、自治区、直辖市税务局根据当地情况制定。

（1）预征的计税依据＝预收款－应预缴增值税税款

（2）预征率：除保障性住房外，东部地区省份预征率不得低于2%；中部和东北地区省份预征率不得低于1.5%；西部地区省份预征率不得低于1%。

2．清算

（1）土地增值税的清算单位

土地增值税以国家有关部门审批的房地产开发项目为单位进行清算，对于分期开发的项目，以分期项目为单位清算。

开发项目中同时包含普通住宅和非普通住宅的，应分别计算增值额。

（2）土地增值税清算的条件

1）纳税人符合下列条件之一的，应进行土地增值税的清算：

①房地产开发项目全部竣工、完成销售的。

②整体转让未竣工决算房地产开发项目的。

③直接转让土地使用权的。

2）对符合以下条件之一的，主管税务机关可要求纳税人进行土地增值税清算：

①已竣工验收的房地产开发项目，已转让的房地产建筑面积占整个项目可售建筑面积的比例在85%以上，或者比例虽未超过85%，但剩余的可售建筑面积已经出租或自用的。

②取得销售（预售）许可证满3年仍未销售完毕的。

③纳税人申请注销税务登记但未办理土地增值税清算手续的，应在办理注销登记前进行土地增值税清算。

④省（自治区、直辖市、计划单列市）税务机关规定的其他情况。

（3）清算审核

主管税务机关受理纳税人清算资料后，应在一定期限内及时组织清算审核。主要审核纳税人清算单位收入情况、扣除项目情况、关联方交易行为等内容。

清算审核结束，主管税务机关应当将审核结果通知纳税人，并确定办理补、退税期限。

案头审核，是指对纳税人报送的清算资料进行数据、逻辑审核，重点审核项目归集的一致性、数据计算准确性等。

实地审核，是指在案头审核的基础上，通过对房地产开发项目实地查验等方式，对纳税人申报情况的客观性、真实性、合理性进行审核。

（4）清算方式

1）正常清算。

土地增值税清算一般应按照以下方法进行清算：

应纳土地增值税税额＝转让房地产增值额×适用税率－扣除项目金额×速算扣除系数

2）核定征收。

在清算过程中，发现纳税人符合以下条件之一的，应按核定征收方式对房地产项目进行清算。

①依照法律、行政法规的规定应当设置但未设置账簿的。

②擅自销毁账簿或者拒不提供纳税资料的。

③虽设置账簿，但账目混乱或者成本资料收入凭证、费用凭证残缺不全，难以确定转让收入或扣除项目金额的。

④符合土地增值税清算条件，企业未按照规定的期限办理清算手续，经税务机关责令限期清算，逾期仍不清算的。

⑤申报的计税依据明显偏低，又无正当理由的。

符合上述核定征收条件的，由主管税务机关发出核定征收的税务事项告知书后，税务人员对房地产项目开展土地增值税核定征收核查，经主管税务机关审核合议，通知纳税人申报缴纳应补缴税款或办理退税。

3）核定征收中的注意事项。

核定征收率原则上不得低于5%，各省级税务机关要结合本地实际，区分不同房地产类型制定核定征收率。

（5）清算后再转让房地产的处理

在土地增值税清算时未转让的房地产，清算后销售或有偿转让的，纳税人应按规定进行土地增值税的纳税申报，扣除项目金额按清算时的单位建筑面积成本费用乘以销售或转让面积计算。

单位建筑面积成本费用＝清算时的扣除项目总金额÷清算的总建筑面积

第六节 其他税种政策与征收管理

一、车辆购置税政策与征收管理

（一）车辆购置税基本政策

1．纳税人

在中华人民共和国境内购置汽车、有轨电车、汽车挂车、排气量超过150毫升的摩托车（以下统称应税车辆）的单位和个人，为车辆购置税的纳税人。

购置，是指以购买、进口、自产、受赠、获奖或者其他方式取得并自用应税车辆的行为。

免税、减税车辆因转让、改变用途等原因不再属于免税、减税范围的，纳税人应当在办理车辆转移登记或者变更登记前缴纳车辆购置税。发生转让行为的，受让人为车辆购置税纳税人；未发生转让行为的，车辆所有人为车辆购置税纳税人。

2．征税范围

征税范围为例举的车辆，包括汽车、有轨电车、汽车挂车、排气量超过150毫升的摩托车。未列举的车辆不纳税。

地铁、轻轨等城市轨道交通车辆，装载机、平地机、挖掘机、推土机等轮式专用机械车，以及起重机（吊车）、叉车、电动摩托车，不属于车辆购置税应税车辆。

车辆购置税实行一次性征收。购置已征车辆购置税的车辆，不再征收车辆购置税。

3．税率

车辆购置税的税率为10%。

4．计税依据

（1）纳税人购买自用应税车辆的计税价格，为纳税人实际支付给销售者的全部价款，不包括增值税税款。

纳税人购买自用应税车辆实际支付给销售者的全部价款，依据纳税人购买应税车辆时相关凭证载明的价格确定，不包括增值税税款。

（2）纳税人进口自用应税车辆的计税价格，为关税完税价格加上关税和消费税。

纳税人进口自用应税车辆，是指纳税人直接从境外进口或者委托代理进口自用的应税车辆，不包括在境内购买的进口车辆。

（3）纳税人自产自用应税车辆的计税价格，按照同类应税车辆（即车辆配置序列号相同的车辆）的销售价格确定，不包括增值税税款；没有同类应税车辆销售价格的，按照组成计税价格确定。组成计税价格计算公式如下：

组成计税价格＝成本×（1+成本利润率）

属于应征消费税的应税车辆，其组成计税价格中应加计消费税税额。

上述公式中的成本利润率，由国家税务总局各省、自治区、直辖市和计划单列市税务局确定。

（4）纳税人以受赠、获奖或者其他方式取得自用应税车辆的计税价格，按照购置应税车辆时相关凭证载明的价格确定，不包括增值税税款。

（5）纳税人申报的应税车辆计税价格明显偏低又无正当理由的，由税务机关依照《税收征管法》的规定核定其应纳税额。

（6）纳税人以外汇结算应税车辆价款的，按照申报纳税之日的人民币汇率中间价折合成人民币计算缴纳税款。

5．应纳税额的计算

车辆购置税的应纳税额＝应税车辆的计税价格×10%

免税、减税车辆因转让、改变用途等原因不再属于免税、减税范围的，纳税人应当在办理车辆转移登记或者变更登记前缴纳车辆购置税。计税价格以免税、减税车辆初次办理纳税申报时确定的计税价格为基准，每满1年扣减10%。计算公式为：

应纳税额＝初次办理纳税申报时确定的计税价格×（1－使用年限×10%）×10%－已纳税额

应纳税额不得为负数。

使用年限的计算方法是，自纳税人初次办理纳税申报之日起，至不再属于免税、减税范围的情形发生之日止。使用年限取整计算，不满1年的不计算在内。

纳税人将已征车辆购置税的车辆退回车辆生产企业或者销售企业的，可以向主管税务机关申请退还车辆购置税。退税额以已缴税款为基准，自缴纳税款之日至申请退税之日，每满1年扣减10%。应退税额计算公式为：

应退税额＝已纳税额×（1－使用年限×10%）

应退税额不得为负数。

使用年限的计算方法是，自纳税人缴纳税款之日起，至申请退税之日止。

（二）车辆购置税优惠政策

（1）下列车辆免征车辆购置税：

①依照法律规定应当予以免税的外国驻华使馆、领事馆和国际组织驻华机构及其有关人员自用的车辆。

②中国人民解放军和中国人民武装警察部队列入装备订货计划的车辆。

③悬挂应急救援专用号牌的国家综合性消防救援车辆。

④设有固定装置的非运输专用作业车辆。

⑤城市公交企业购置的公共汽电车辆。

城市公交企业，是指由县级以上（含县级）人民政府交通运输主管部门认定的，依法取得城市公交经营资格，为公众提供公交出行服务，并纳入《城市公共交通管理部门与城市公交企业名录》的企业；公共汽车车辆是指按规定的线路、站点票价营运，用于公共交通服务，为运输乘客设计和制造的车辆，包括公共汽车、无轨电车和有轨电车。

（2）回国服务的在外留学人员用现汇购买 1 辆个人自用国产小汽车免征车辆购置税。

（3）长期来华定居专家进口 1 辆自用小汽车免征车辆购置税。

（4）防汛部门和森林消防部门用于指挥、检查、调度、报汛（警）、联络的由指定厂家生产的设有固定装置的指定型号的车辆免征车辆购置税。

（5）自 2021 年 1 月 1 日至 2022 年 12 月 31 日，对购置的新能源汽车免征车辆购置税。

（6）自 2018 年 7 月 1 日至 2021 年 6 月 30 日，对购置挂车减半征收车辆购置税。

（7）中国妇女发展基金会“母亲健康快车”项目的流动医疗车免征车辆购置税。

（8）北京 2022 年冬奥会和冬残奥会组织委员会新购置车辆免征车辆购置税。

（9）原公安现役部队和原武警黄金、森林、水电部队改制后换发地方机动车牌证的车辆（公安消防、武警森林部队执行灭火救援任务的车辆除外），一次性免征车辆购置税。

（三）车辆购置税征收管理

1. 纳税义务发生时间

车辆购置税的纳税义务发生时间为纳税人购置应税车辆的当日。

车辆购置税的纳税义务发生时间以纳税人购置应税车辆所取得的车辆相关凭证上注明的时间为准。

免税、减税车辆因转让、改变用途等原因不再属于免税、减税范围的，纳税人应当在办理车辆转移登记或者变更登记前缴纳车辆购置税，纳税义务发生时间为车辆转让或者用途改变等情形发生之日。

2．纳税期限

纳税人应当自纳税义务发生之日起 60 日内申报缴纳车辆购置税。

纳税人应当在向公安机关交通管理部门办理车辆注册登记前，缴纳车辆购置税。

3．纳税地点

纳税人购置应税车辆，应当向车辆登记地的主管税务机关申报缴纳车辆购置税；购置不需要办理车辆登记的应税车辆的，应当向纳税人所在地的主管税务机关申报缴纳车辆购置税。

4．税源管理

税务机关和公安、商务、海关、工业和信息化等部门应当建立应税车辆信息共享和工作配合机制，及时交换应税车辆和纳税信息资料。

公安机关交通管理部门办理车辆注册登记，应当根据税务机关提供的应税车辆完税或者免税电子信息对纳税人申请登记的车辆信息进行核对，核对无误后依法办理车辆注册登记。

二、资源税政策与管理

（一）资源税基本政策

1．纳税人

在中华人民共和国领域及管辖的其他海域开发应税资源的单位和个人，为资源税的纳税人，应当依照规定缴纳资源税。

根据《财政部　国家税务总局　水利部关于印发〈水资源税改革试点暂行办法〉的通知》（财税〔2016〕55 号），自 2016 年 7 月 1 日起在河北省实施水资源税改革试点。利用取水工程或者设施直接从江河、湖泊（含水库）和地下取用地表水、地下水的单位和个人，为水资源税纳税人。

根据《财政部　国家税务总局　水利部关于印发〈扩大水资源税改革试点实

施办法〉的通知》（财税〔2017〕80号，以下简称办法），自2017年12月1日起在北京、天津、山西、内蒙古、山东、河南、四川、陕西、宁夏等9个省（自治区、直辖市）扩大水资源税改革试点。除办法第四条规定的情形外，其他直接取用地表水、地下水的试点省份的单位和个人，为水资源税纳税人。

2. 税目、税率

应税资源的具体范围，由《资源税税目税率表》（以下称《税目税率表》）确定，具体包括：能源矿产、金属矿产、非金属矿产、水气矿产和盐。试点省份水资源税的征税范围包括地表水和地下水。

下列情形不缴纳水资源税：

（1）农村集体经济组织及其成员从本集体经济组织的水塘、水库中取用水的。

（2）家庭生活和零星散养、圈养畜禽饮用等少量取用水的。

（3）水利工程管理单位为配置或者调度水资源取水的。

（4）为保障矿井等地下工程施工安全和生产安全必须进行临时应急取用（排）水的。

（5）为消除对公共安全或者公共利益的危害临时应急取水的。

（6）为农业抗旱和维护生态与环境必须临时应急取水的。

资源税税目税率，如表1–9所示。

表1–9　资源税税目税率表

税目		征税对象	税率
能源矿产	原油	原矿	6%
	天然气、页岩气、天然气水合物	原矿	6%
	煤	原矿或者选矿	2%~10%
	煤成（层）气	原矿	1%~2%
	铀、钍	原矿	4%
	油页岩、油砂、天然沥青、石煤	原矿或者选矿	1%~4%
	地热	原矿	1%~20%或者每立方米1~30元

（续表）

金属矿产	黑色金属	铁、锰、铬、钒、钛	原矿或者选矿	1%~9%
	有色金属	铜、铅、锌、锡、镍、锑、镁、钴、铋、汞	原矿或者选矿	2%~10%
		铝土矿	原矿或者选矿	2%~9%
		钨	选矿	6.5%
		钼	选矿	8%
		金、银	原矿或者选矿	2%~6%
		铂、钯、钌、锇、铱、铑	原矿或者选矿	5%~10%
		轻稀土	选矿	7%~12%
		中重稀土	选矿	20%
		铍、锂、锆、锶、铷、铯、铌、钽、锗、镓、铟、铊、铪、铼、镉、硒、碲	原矿或者选矿	2%~10%
非金属矿产	矿物类	高岭土	原矿或者选矿	1%~6%
		石灰岩	原矿或者选矿	1%~6% 或者每吨（或者每立方米）1~10 元
		磷	原矿或者选矿	3%~8%
		石墨	原矿或者选矿	3%~12%
		萤石、硫铁矿、自然硫	原矿或者选矿	1%~8%
		天然石英砂、脉石英、粉石英、水晶、工业用金刚石、冰洲石、蓝晶石、硅线石（矽线石）、长石、滑石、刚玉、菱镁矿、颜料矿物、天然碱、芒硝、钠硝石、明矾石、砷、硼、碘、溴、膨润土、硅藻土、陶瓷土、耐火粘土、铁钒土、凹凸棒石粘土、海泡石粘土、伊利石粘土、累托石粘土	原矿或者选矿	1%~12%
		叶腊石、硅灰石、透辉石、珍珠岩、云母、沸石、重晶石、毒重石、方解石、蛭石、透闪石、工业用电气石、白垩、石棉、蓝石棉、红柱石、石榴子石、石膏	原矿或者选矿	2%~12%
		其他粘土（铸型用粘土、砖瓦用粘土、陶粒用粘土、水泥配料用粘土、水泥配料用红土、水泥配料用黄土、水泥配料用泥岩、保温材料用粘土）	原矿或者选矿	1%~5% 或者每吨（或者每立方米）0.1~5 元

（续表）

	岩石类	大理岩、花岗岩、白云岩、石英岩、砂岩、辉绿岩、安山岩、闪长岩、板岩、玄武岩、片麻岩、角闪岩、页岩、浮石、凝灰岩、黑曜岩、霞石正长岩、蛇纹岩、麦饭石、泥灰岩、含钾岩石、含钾砂页岩、天然油石、橄榄岩、松脂岩、粗面岩、辉长岩、辉石岩、正长岩、火山灰、火山渣、泥炭	原矿或者选矿	1%~10%
		砂石	原矿或者选矿	1%~5% 或者每吨（或者每立方米）0.1~5 元
	宝玉石类	宝石、玉石、宝石级金刚石、玛瑙、黄玉、碧玺	原矿或者选矿	4%~20%
水气矿产	二氧化碳气、硫化氢气、氦气、氡气		原矿	2%~5%
	矿泉水		原矿	1%~20% 或者每立方米 1~30 元
盐	钠盐、钾盐、镁盐、锂盐		选矿	3%~15%
	天然卤水		原矿	3%~15% 或者每吨（或者每立方米）1~10 元
	海盐			2%~5%

本表引自《中华人民共和国资源税法》，本法于 2019 年 8 月 26 日通过，自 2020 年 9 月 1 日起施行。

《税目税率表》中规定实行幅度税率的，其具体适用税率由省、自治区、直辖市人民政府统筹考虑该应税资源的品位、开采条件以及对生态环境的影响等情况，在《税目税率表》规定的税率幅度内提出，报同级人民代表大会常务委员会决定，并报全国人民代表大会常务委员会和国务院备案。《税目税率表》中规定征税对象为原矿或者选矿的，应当分别确定具体适用税率。

纳税人开采或者生产不同税目应税产品的，应当分别核算不同税目应税产品的销售额或者销售数量；未分别核算或者不能准确提供不同税目应税产品的销售额或者销售数量的，从高适用税率。

水资源税税目税率，如表 1–10 所示。

表1–10　试点省份水资源税最低平均税额表

单位：元 / 立方米

省(区、市)	地表水最低平均税额	地下水最低平均税额
北京	1.6	4.0
天津	0.8	4.0
山西	0.5	2.0
内蒙古	0.5	2.0
山东	0.4	1.5
河南	0.4	1.5
四川	0.1	0.2
陕西	0.3	0.7
宁夏	0.3	0.7

除中央直属和跨省（区、市）水力发电取用水外，由试点省份省级人民政府统筹考虑本地区水资源状况、经济社会发展水平和水资源节约保护要求，在《试点省份水资源税最低平均税额表》规定的最低平均税额基础上，分类确定具体适用税额。

试点省份的中央直属和跨省（区、市）水力发电取用水税额为每千瓦时 0.005 元。跨省（区、市）界河水电站水力发电取用水水资源税税额，与涉及的非试点省份水资源费征收标准不一致的，按较高一方标准执行。

为严格控制地下水过量开采，对取用地下水从高确定税额，同一类型取用水，地下水税额要高于地表水，水资源紧缺地区地下水税额要大幅高于地表水。

超采地区的地下水税额要高于非超采地区，严重超采地区的地下水税额要大幅高于非超采地区。在超采地区和严重超采地区取用地下水的具体适用税额，由试点省份省级人民政府按照非超采地区税额的 2~5 倍确定。

在城镇公共供水管网覆盖地区取用地下水的，其税额要高于城镇公共供水管网未覆盖地区，原则上要高于当地同类用途的城镇公共供水价格。

除特种行业和农业生产取用水外，对其他取用地下水的纳税人，原则上应当统一税额。试点省份可根据实际情况分步实施到对特种行业取用水，从高确定税额。特种行业取用水，是指洗车、洗浴，高尔夫球场、滑雪场等取用水。

纳税人超过水行政主管部门规定的计划（定额）取用水量，在原税额基础上加征 1~3 倍，具体办法由试点省份省级人民政府确定。

3. 计税依据

资源税的计税依据为应税产品的销售额或销售数量。

纳税人开采或者生产应税产品自用的，应当依照规定缴纳资源税；但是，自用于连续生产应税产品的，不缴纳资源税。

纳税人自用应税产品应当缴纳资源税的情形，包括纳税人以应税产品用于非货币性资产交换、捐赠、偿债、赞助、集资、投资、广告、样品、职工福利、利润分配或者连续生产非应税产品等。

纳税人以自采原矿（经过采矿过程采出后未进行选矿或者加工的矿石）直接销售，或者自用于应当缴纳资源税情形的，按照原矿计征资源税。

纳税人以自采原矿洗选加工为选矿产品（通过破碎、切割、洗选、筛分、磨矿、分级、提纯、脱水、干燥等过程形成的产品，包括富集的精矿和研磨成粉、粒级成型、切割成型的原矿加工品）销售，或者将选矿产品自用于应当缴纳资源税情形的，按照选矿产品计征资源税，在原矿移送环节不缴纳资源税。对于无法区分原生岩石矿种的粒级成型砂石颗粒，按照砂石税目征收资源税。

资源税应税产品（以下简称应税产品）的销售额，按照纳税人销售应税产品向购买方收取的全部价款确定，不包括增值税税款。

计入销售额中的相关运杂费用，凡取得增值税发票或者其他合法有效凭据的，准予从销售额中扣除。相关运杂费用是指应税产品从坑口或者洗选（加工）地到车站、码头或者购买方指定地点的运输费用、建设基金以及随运销产生的装卸、仓储、港杂费用。

纳税人申报的应税产品销售额明显偏低且无正当理由的，或者有自用应税产品行为而无销售额的，主管税务机关可以按下列方法和顺序确定其应税产品销售额：

（1）按纳税人最近时期同类产品的平均销售价格确定。

（2）按其他纳税人最近时期同类产品的平均销售价格确定。

（3）按后续加工非应税产品销售价格，减去后续加工环节的成本利润后确定。

（4）按应税产品组成计税价格确定。

组成计税价格＝成本×（1+成本利润率）÷（1－资源税税率）

上述公式中的成本利润率由省、自治区、直辖市税务机关确定。

（5）按其他合理方法确定。

纳税人外购应税产品与自采应税产品混合销售或者混合加工为应税产品销售的，在计算应税产品销售额或者销售数量时，准予扣减外购应税产品的购进金额或者购进数量；当期不足扣减的，可结转下期扣减。纳税人应当准确核算外购应税产品的购进金额或者购进数量，未准确核算的，一并计算缴纳资源税。

纳税人核算并扣减当期外购应税产品购进金额、购进数量，应当依据外购应税产品的增值税发票、海关进口增值税专用缴款书或者其他合法有效凭据。

纳税人以外购原矿与自采原矿混合为原矿销售，或者以外购选矿产品与自产选矿产品混合为选矿产品销售的，在计算应税产品销售额或者销售数量时，直接扣减外购原矿或者外购选矿产品的购进金额或者购进数量。

纳税人以外购原矿与自采原矿混合洗选加工为选矿产品销售的，在计算应税产品销售额或者销售数量时，按照下列方法进行扣减：

准予扣减的外购应税产品购进金额（数量）=外购原矿购进金额（数量）×（本地区原矿适用税率÷本地区选矿产品适用税率）

不能按照上述方法计算扣减的，按照主管税务机关确定的其他合理方法进行扣减。

4. 应纳税额的计算

（1）资源税应纳税额的计算。

资源税的应纳税额，按照从价定率或者从量定额的办法分别以应税产品的销售额乘以纳税人具体适用的比例税率或者以应税产品的销售数量乘以纳税人具体适用的定额税率计算。

（2）水资源税应纳税额的计算。

资源税实行从量计征，应纳税额的计算公式为：

应纳税额=实际取用水量×适用税额

城镇公共供水企业实际取用水量应当考虑合理损耗因素。

疏干排水的实际取用水量按照排水量确定。疏干排水，是指在采矿和工程建设过程中破坏地下水层、发生地下涌水的活动。

水力发电和火力发电贯流式（不含循环式）冷却取用水应纳税额的计算公式为：

应纳税额=实际发电量×适用税额

火力发电贯流式冷却取用水，是指火力发电企业从江河、湖泊（含水库）等水源取水，并对机组冷却后将水直接排入水源的取用水方式。火力发电循环式冷却取用水，是指火力发电企业从江河、湖泊（含水库）、地下等水源取水并引入自建冷却水塔，对机组冷却后返回冷却水塔循环利用的取用水方式。

（二）资源税优惠政策

（1）有下列情形之一的，免征资源税：

①开采原油以及在油田范围内运输原油过程中用于加热的原油、天然气。

②煤炭开采企业因安全生产需要抽采的煤成（层）气。

（2）有下列情形之一的，减征资源税：

①从低丰度油气田开采的原油、天然气，减征 20% 资源税。

②高含硫天然气、三次采油和从深水油气田开采的原油、天然气，减征 30% 资源税。

③稠油、高凝油减征 40% 资源税。

④从衰竭期矿山开采的矿产品，减征 30% 资源税。

根据国民经济和社会发展需要，国务院对有利于促进资源节约集约利用、保护环境等情形可以规定免征或者减征资源税，报全国人民代表大会常务委员会备案。

（3）有下列情形之一的，省、自治区、直辖市可以决定免征或者减征资源税：

①纳税人开采或者生产应税产品过程中，因意外事故或者自然灾害等原因遭受重大损失。

②纳税人开采共伴生矿、低品位矿、尾矿。

上述规定的免征或者减征资源税的具体办法，由省、自治区、直辖市人民政府提出，报同级人民代表大会常务委员会决定，并报全国人民代表大会常务委员会和国务院备案。

（4）自 2019 年 1 月 1 日至 2021 年 12 月 31 日，由省、自治区、直辖市人民政府根据本地区实际情况，以及宏观调控需要确定，对增值税小规模纳税人可以在 50%的税额幅度内减征资源税，增值税小规模纳税人已依法享受资源税其他优惠政策的，可叠加享受。

（5）下列情形，予以免征或者减征水资源税：

①规定限额内的农业生产取用水，免征水资源税。

②取用污水处理再生水，免征水资源税。

③除接入城镇公共供水管网以外，军队、武警部队通过其他方式取用水的，免征水资源税。

④抽水蓄能发电取用水，免征水资源税。

⑤采油排水经分离净化后在封闭管道回注的，免征水资源税。

⑥财政部、税务总局规定的其他免征或者减征水资源税情形。

（6）纳税人的免税、减税项目，应当单独核算销售额或者销售数量；未单独核算或者不能准确提供销售额或者销售数量的，不予免税或者减税。

（三）资源税征收管理

1. 纳税义务发生时间

（1）纳税人销售应税产品，纳税义务发生时间为收讫销售款或者取得索取销售款凭据的当日。

（2）自用应税产品的，纳税义务发生时间为移送应税产品的当日。

（3）水资源税的纳税义务发生时间为纳税人取用水资源的当日。

2. 纳税申报期限

资源税按月或按季申报缴纳，不能按固定期限计算缴纳，可以按次申报缴纳。

纳税人按月或者按季申报缴纳的，应当自月度或者季度终了之日起 15 日内，向税务机关办理纳税申报并缴纳税款；按次申报缴纳的，应当自纳税义务发生之日起 15 日内，向税务机关办理纳税申报并缴纳税款。

除农业生产取用水外，水资源税按季或者按月征收，由主管税务机关根据实际情况确定。对超过规定限额的农业生产取用水水资源税可按年征收。不能按固定期限计算纳税的，可以按次申报纳税。

水资源税纳税人应当自纳税期满或者纳税义务发生之日起 15 日内申报纳税。

3. 纳税地点

纳税人应当向应税产品开采地或者生产地的税务机关申报缴纳资源税。

水资源税纳税人应当向生产经营所在地的税务机关申报缴纳水资源税。跨省（区、市）调度的水资源，由调入区域所在地的税务机关征收水资源税。

跨省（区、市）水力发电取用水的水资源税在相关省份之间的分配比例，比照《财政部关于跨省区水电项目税收分配的指导意见》（财预〔2008〕84 号）明确的增值税、企业所得税等税收分配办法确定。

试点省份主管税务机关应当按照上述规定比例分配的水力发电量和税额，分别向跨省（区、市）水电站征收水资源税。

跨省（区、市）水力发电取用水涉及非试点省份水资源费征收和分配的，比照试点省份水资源税管理办法执行。

4. 税源管理

主管税务机关要加强资源申报数据质量管理，定期评估纳税人申报数据质量，重点审核从量计征税目计税单位是否正确，从价计征税目申报单价是否合理，数据有无缺项等。

主管税务机关可以通过矿产品增值税发票比对、外部信息采集和部门协作等方式，探索创新以票控税、信息管税、综合治税的新内容、新途径，强化资源税源泉控管。

主管税务机关可通过查询纳税人增值税发票存根联、记账联和发票领购簿等记载的信息与纳税人资源税申报信息进行关联比对，以识别纳税人在申报增值税的同时是否相应申报了资源税，或者其申报的计征资源税销售量、销售价格是否存在少报等风险问题，辅导纳税人不断提高纳税申报质量，防范或化解涉税风险。

各级税务机关要主动与矿业管理部门、行业协会等有关部门沟通协作，实现信息共享，加强资源税事前事中事后管理。

各省、自治区、直辖市税务机关应当依托信息化管理技术，参照全国性或主要矿产品价格指数即时信息，以及当地相关主管部门矿产品即时价格信息，建立本地矿产资源价格监控体系。

三、印花税政策与征管管理

2021 年 6 月 10 日，第十三届全国人民代表大会常务委员会第二十九次会议通过《中华人民共和国印花税法》（以下简称《印花税法》），自 2022 年 7 月 1 日起施行。

本书“印花税政策与征收管理规定”的全部内容按照《印花税法》编写。

（一）印花税基本政策

1. 纳税人

在中华人民共和国境内书立应税凭征、进行证券交易的单位和个人，以及在中华人民共和国境外书立在境内使用的应税凭证的单位和个人，为印花税的纳税人。

证券登记结算机构为证券交易印花税的扣缴义务人。

纳税人为境外单位或者个人，在境内有代理人的，以其境内代理人为扣缴义务人；在境内没有代理人的，由纳税人自行申报缴纳印花税。

2. 征税范围

（1）应税凭证。

①合同（指书面合同）。具体包括借款合同、融资租赁合同、买卖合同、承揽合同、建设工程合同、运输合同、技术合同、租赁合同、保管合同、仓储合同、财产保险合同。

②产权转移书据。具体包括土地使用权出让书据、土地使用权、房屋等建筑物和构筑物所有权转让书据（不包括土地承包经营权和土地经营权转移）、股权转让书据（不包括应缴纳证券交易印花税的）、商标专用权、著作权、专利权、专有技术使用权转让书据。

③营业账簿。

（2）证券交易。

证券交易，是指在依法设立的证券交易所上市交易或者在国务院批准的其他证券交易场所转让公司股票和以股票为基础发行的存托凭证。

3. 税目税率

印花税的税目、税率，依照《印花税法》所附《印花税税目税率表》执行。

表1–11　印花税税目税率表

税目		税率	备注
合同（指书面合同）	借款合同	借款金额的万分之零点五	指银行业金融机构、经国务院银行业监督管理机构批准设立的其他金融机构与借款人（不包括同业拆借）的借款合同
	融资租赁合同	租金的万分之零点五	
	买卖合同	价款的万分之三	指动产买卖合同（不包括个人书立的动产买卖合同）
	承揽合同	报酬的万分之三	
	建设工程合同	价款的万分之三	
	运输合同	运输费用的万分之三	指货运合同和多式联运合同（不包括管道运输合同）
	技术合同	价款、报酬或者使用费的万分之三	不包括专利权、专有技术使用权转让书据
	租赁合同	租金的千分之一	
	保管合同	保管费的千分之一	
	仓储合同	仓储费的千分之一	
	财产保险合同	保险费的千分之一	不包括再保险合同

（续表）

<table>
<tr><td rowspan="4">产权转移书据</td><td>土地使用权出让书据</td><td>价款的万分之五</td><td rowspan="4">转让包括买卖（出售）、继承、赠与、互换、分割</td></tr>
<tr><td>土地使用权、房屋等建筑物和构筑物所有权转让书据（不包括土地承包经营权和土地经营权转移）</td><td>价款的万分之五</td></tr>
<tr><td>股权转让书据（不包括应缴纳证券交易印花税的）</td><td>价款的万分之五</td></tr>
<tr><td>商标专用权、著作权、专利权、专有技术使用权转让书据</td><td>价款的万分之三</td></tr>
<tr><td colspan="2">营业账簿</td><td>实收资本（股本）、资本公积合计金额的万分之二点五</td><td></td></tr>
<tr><td colspan="2">证券交易</td><td>成交金额的千分之一</td><td></td></tr>
</table>

同一应税凭证载有两个以上税目事项并分别列明金额的，按照各自适用的税目税率分别计算应纳税额；未分别列明金额的，从高适用税率。

4．计税依据

（1）印花税的计税依据如下：

①应税合同的计税依据，为合同所列的金额，不包括列明的增值税税款。

②应税产权转移书据的计税依据，为产权转移书据所列的金额，不包括列明的增值税税款。

③应税营业账簿的计税依据，为账簿记载的实收资本（股本）、资本公积合计金额。

④证券交易的计税依据，为成交金额。

（2）应税合同、产权转移书据未列明金额的，印花税的计税依据按照实际结算的金额确定。计税依据仍不能确定的，按照书立合同、产权转移书据时的市场价格确定；依法应当执行政府定价或者政府指导价的，按照国家有关规定确定。

（3）证券交易无转让价格的，按照办理过户登记手续时该证券前一个交易日收盘价计算确定计税依据；无收盘价的，按照证券面值计算确定计税依据。

（4）已缴纳印花税的营业账簿，以后年度记载的实收资本（股本）、资本公积合计金额比已缴纳印花税的实收资本（股本）、资本公积合计金额增加的，按照增加部分计算应纳税额。

5．应纳税额的计算

印花税的应纳税额按照计税依据乘以适用税率计算。

同一应税凭证由两方以上当事人书立的，按照各自涉及的金额分别计算应纳税额。

（二）印花税优惠政策

（1）下列凭证免征印花税：

①应税凭证的副本或者抄本。

②依照法律规定应当予以免税的外国驻华使馆、领事馆和国际组织驻华代表机构为获得馆舍书立的应税凭证。

③中国人民解放军、中国人民武装警察部队书立的应税凭证。

④农民、家庭农场、农民专业合作社、农村集体经济组织、村民委员会购买农业生产资料或者销售农产品书立的买卖合同和农业保险合同。

⑤无息或者贴息借款合同、国际金融组织向中国提供优惠贷款书立的借款合同。

⑥财产所有权人将财产赠与政府、学校、社会福利机构、慈善组织书立的产权转移书据。

⑦非营利性医疗卫生机构采购药品或者卫生材料书立的买卖合同。

⑧个人与电子商务经营者订立的电子订单。

（2）股权分置改革过程中因非流通股股东向流通股股东支付对价而发生的股权转让，暂免征收印花税。

（3）企业因改制签订的产权转移书据免予贴花。

（4）对社保基金会、社保基金投资管理人管理的社保基金转让非上市公司股权，免征社保基金会、社保基金投资管理人应缴纳的印花税。

（5）自2019年1月1日至2021年12月31日，对与高校学生签订的高校学生公寓租赁合同，免征印花税。

（6）自2018年1月1日至2023年12月31日，对金融机构与小型企业、微型企业签订的借款合同免征印花税。

（7）对个人出租、承租住房签订的租赁合同，免征印花税。

（8）自2019年1月1日至2021年12月31日，由省、自治区、直辖市人民政府根据本地区实际情况，以及宏观调控需要确定，对增值税小规模纳税人可以在50%的税额幅度内减征印花税（不含证券交易印花税），增值税小规模纳税人已依法享受其他优惠政策的，可叠加享受。

（三）印花税征收管理

1．纳税义务发生时间

印花税的纳税义务发生时间为纳税人书立应税凭证或者完成证券交易的当日。

证券交易印花税扣缴义务发生时间为证券交易完成的当日。

2．纳税方法

印花税可以采用粘贴印花税票或者由税务机关依法开具其他完税凭证的方式缴纳。

印花税票粘贴在应税凭证上的，由纳税人在每枚税票的骑缝处盖戳注销或者画销。

3．纳税地点

纳税人为单位的，应当向其机构所在地的主管税务机关申报缴纳印花税；纳税人为个人的，应当向应税凭证书立地或者纳税人居住地的主管税务机关申报缴纳印花税。

不动产产权发生转移的，纳税人应当向不动产所在地的主管税务机关申报缴纳印花税。

证券登记结算机构为证券交易印花税的扣缴义务人，应当向其机构所在地的主管税务机关申报解缴税款以及银行结算的利息。

4．纳税期限

印花税按季、按年或者按次计征。

实行按季、按年计征的，纳税人应当自季度、年度终了之日起 15 日内申报缴纳税款；实行按次计征的，纳税人应当自纳税义务发生之日起 15 日内申报缴纳税款。

证券交易印花税按周解缴。证券交易印花税扣缴义务人应当自每周终了之日起 5 日内申报解缴税款以及银行结算的利息。

四、房产税政策与征收管理

（一）房产税基本政策

1．纳税人

房产税的纳税人是指在征税范围内拥有房屋产权的单位和个人。其中：

（1）产权属于全民所有的，由经营管理的单位缴纳。产权出典的，由承典人缴纳。

（2）产权所有人、承典人不在房产所在地的，或者产权未确定及租典纠纷未解决的，由房产代管人或者使用人缴纳。

上述列举的产权所有人、经营管理单位、承典人、房产代管人或者使用人，统称为纳税义务人（以下简称纳税人）。

（3）纳税单位和个人无租使用房产管理部门、免税单位及纳税单位的房产，应由使用人代为缴纳房产税；纳税单位将应税房产无租出借给免税单位使用的，应由房产所有人缴纳房产税。

2. 征税范围

房产税以房产为征税对象。房产是以房屋形态表现的财产。房屋是指有屋面和围护结构（有墙或两边有柱），能够遮风避雨、可供人们在其中生产、工作、学习、娱乐、居住或储藏物资的场所。

独立于房屋之外的建筑物，如围墙、烟囱、水塔、变电塔、油池油柜、酒窖、菜窖、酒清池、糖蜜池、室外游泳池、玻璃暖房、砖瓦石灰窑以及各种油气罐等，不属于房产。

凡在房产税征收范围内的具备房屋功能的地下建筑，包括与地上房屋相连的地下建筑以及完全建在地面以下的建筑、地下人防设施等，均应当依照有关规定征收房产税。

具备房屋功能的地下建筑，是指有屋面和维护结构，能够遮风避雨，可供人们在其中生产、经营、工作、学习、娱乐、居住或储藏物资的场所。

房产税在城市、县城、建制镇和工矿区征收。其中：

（1）城市是指经国务院批准设立的市。城市的征税范围为市区、郊区和市辖县县城。不包括农村。

（2）县城是指未设立建制镇的县人民政府所在地。

（3）建制镇是指经省、自治区、直辖市人民政府批准设立的建制镇。建制镇的征税范围为镇人民政府所在地，不包括所辖的行政村。

（4）工矿区是指工商业比较发达，人口比较集中，符合国务院规定的建制镇标准，但尚未设立镇建制的大中型工矿企业所在地。开征房产税的工矿区须经省、自治区、直辖市人民政府批准。

对农林牧渔业用地和农民居住用房屋及土地，不征收房产税。

3. 税率

房产税的税率，依照房产余值计算缴纳的，税率为 1.2%；依照房产租金收入计算缴纳的，税率为 12%。

自 2008 年 3 月 1 日起，对个人出租住房，不区分用途，按 4% 的税率征收房产税。

自 2008 年 3 月 1 日起，对企事业单位、社会团体以及其他组织按市场价格向个人出租用于居住的住房，减按 4% 的税率征收房产税。

4. 计税依据

房产税依照房产原值一次减除 10%~30% 后的余值计算缴纳。具体减除幅度，由省、自治区、直辖市人民政府规定。

没有房产原值作为依据的，由房产所在地税务机关参考同类房产核定。房产出租的，以房产租金收入为房产税的计税依据。

（1）房产原值的确定。

对依照房产原值计税的房产，无论是否记载在会计账簿固定资产科目中，均应按照房屋原价计算缴纳房产税。房屋原价应根据国家有关会计制度规定进行核算。对纳税人未按国家会计制度规定核算并记载的，应按规定予以调整或重新评估。

自 2010 年 12 月 21 日起，对按照房产原值计税的房产，无论会计上如何核算，房产原值均应包含地价，包括为取得土地使用权支付的价款、开发土地发生的成本费用等。宗地容积率低于 0.5 的，按房产建筑面积的 2 倍计算土地面积并据此确定计入房产原值的地价。

房产原值应包括与房屋不可分割的各种附属设备或一般不单独计算价值的配套设施，主要有：暖气、卫生、通风、照明、煤气等设备；各种管线，如蒸气、压缩空气、石油、给水排水等管道及电力、电讯、电缆导线、电梯、升降机、过道、晒台等。

属于房屋附属设备的水管、下水道、暖气管、煤气管等从最近的探视井或三通管算起。电灯网、照明线从进线盒联接管算起。

为了维持和增加房屋的使用功能或使房屋满足设计要求，凡以房屋为载体，不可随意移动的附属设备和配套设施。如给排水、采暖、消防、中央空调、电气及智能化楼宇设备等，无论在会计核算中是否单独记账与核算，都应计入房产原值，计征房产税。

对于更换房屋附属设备和配套设施的，在将其价值计入房产原值时，可扣减原来相应设备和设施的价值；对附属设备和配套设施中易损坏、需要经常更换的零配件，更新后不再计入房产原值。

新建、改建、扩建的房屋其增值部分应加值计算，已拆除的房屋其减值部分可在原值中扣除。

对于以房产投资联营的，投资者参与投资利润分红，共担风险的，按房产原值作为计税依据计征房产税。

对融资租赁房屋，由承租人自融资租赁合同约定开始日的次月起依照房产余值缴纳房产税。合同未约定开始日的，由承租人自合同签订的次月起依照房产余值缴纳房产税。

（2）房产租金收入的确定。

房产租金收入，是房屋产权所有人出租房产使用权所得的报酬，包括货币收入和实物收入。

如果是以劳务或者其他形式为报酬抵付房租收入的，应根据当地同类房产的租金水平，确定一个标准租金额从租计征。

对出租房产，租赁双方签订的租赁合同约定有免收租金期限的，免收租金期间由产权所有人按照房产原值缴纳房产税。

对于以房产投资，收取固定收入，不承担联营风险的，实际上是以联营名义取得房产的租金，应根据有关规定由出租方按租金收入计缴房产税。

自 2007 年 1 月 1 日起，对居民住宅区内业主共有的经营性房产，由实际经营（包括自营和出租）的代管人或使用人缴纳房产税。其中自营的，依照房产原值减除 10%~30% 后的余值计征，没有房产原值或不能将业主共有房产与其他房产的原值准确划分开的，由房产所在地税务机关参照同类房产核定房产原值；出租的，依照租金收入计征。

5．应纳税额的计算

（1）按原值计征。

①按房产的原值减除一定比例后的余值计征房产税，计算公式为：

应纳税额＝应税房产原值 ×（1－减除比例）×1.2%

减除比例为 10%~30%，具体减除幅度，由省、自治区直辖市人民政府规定。

②自用的地下建筑，按以下方式计税：

工业用途房产，以房屋原价的 50%~60% 作为应税房产原值。

商业和其他用途房产，以房屋原价的 70%~80% 作为应税房产原值。房屋原价折算为应税房产原值的具体比例，由各省、自治区、直辖市和计划单列市财政和税务部门在上述幅度内自行确定。

对于与地上房屋相连的地下建筑，如房层的地下室、地下停车场、商场的地下部分等，应将地下部分与地上房屋视为一个整体，按照地上房屋建筑的有关规定计算征收房产税。

（2）按租金计征。

按房产的租金收入计征房产税，计算公式为：

应纳税额＝租金收入×12%（或4%）

其中4%适用于个人出租住房的租金收入计征房产税。

出租的地下建筑，按照出租地上房屋建筑的有关规定计算征收房产税。

营改增后，房产出租的，计征房产税的租金收入不含增值税；免征增值税的，租金收入不扣减增值税。营改增后税务机关核定的房产税计税价格或收入不含增值税。

（三）房产税优惠政策

（1）下列房产免征房产税：

①国家机关、人民团体、军队自用的房产。

②由国家财政部门拨付事业经费的单位自用的房产。

③宗教寺庙、公园、名胜古迹自用的房产。

④个人所有非营业用的房产。

⑤经财政部批准免税的其他房产。

（2）对非营利性医疗机构、疾病控制机构和妇幼保健机构等卫生机构自用的房产，免征房产税。

（3）自2001年1月1日起，对按政府规定价格出租的公有住房和廉租住房，包括企业和自收自支事业单位向职工出租的单位自有住房，房管部门向居民出租的公有住房，落实私房政策中带户发还产权并以政府规定租金标准向居民出租的私有住房等，暂免征收房产税。

（4）对公租房免征房产税。公共租赁住房经营管理单位应单独核算公共租赁住房租金收入，未单独核算的，不得享受免征房产税优惠政策。

（5）对政府部门和企事业单位、社会团体以及个人等社会力量投资兴办的福利性、非营利性的老年服务机构自用的房产暂免征收房产税

（6）纳税人因房屋大修导致连续停用半年以上的，在房屋大修期间免征房产税，免征税额由纳税人在申报缴纳房产税时自行计算扣除，并在申报表附表或备

注栏中作相应说明。

（7）凡是在基建工地为基建工地服务的各种工棚、材料棚、休息棚和办公室、食堂、茶炉房、汽车房等临时性房屋，不论是施工企业自行建造还是由基建单位出资建造交施工企业使用的，在施工期间一律免征房产税。

（8）企业办的各类学校、医院、托儿所、幼儿园自用的房产，可以比照由国家财政部门拨付事业经费的单位自用的房产，免征房产税。

（9）自 2019 年 1 月 1 日至 2023 年供暖期结束，对向居民供热收取采暖费的供热企业，为居民供热所使用的厂房免征房产税。

对专业供热企业，按其向居民供热取得的采暖费收入占全部采暖费收入的比例，计算免征的房产税。

（10）自 2019 年 1 月 1 日至 2021 年 12 月 31 日，由省、自治区、直辖市人民政府根据本地区实际情况，以及宏观调控需要确定，对增值税小规模纳税人可以在 50% 的税额幅度内减征房产税，增值税小规模纳税人已依法享受房产税其他优惠政策的，可叠加享受。

（11）自 2019 年 1 月 1 日至 2021 年 12 月 31 日，对高校学生公寓免征房产税。

（12）自 2019 年 1 月 1 日至 2021 年 12 月 31 日，对国家级、省级科技企业孵化器、大学科技园和国家备案众创空间自用以及无偿或通过出租等方式提供给在孵对象使用的房产，免征房产税。

（13）自 2019 年 1 月 1 日至 2021 年 12 月 31 日，对农产品批发市场、农贸市场（包括自有和承租）专门用于经营农产品的房产，暂免征收房产税。对同时经营其他产品的农产品批发市场和农贸市场使用的房产，按其他产品与农产品交易场地面积的比例确定征免房产税。

（14）自 2019 年 6 月 1 日起至 2025 年 12 月 31 日，为社区提供养老、托育、家政等服务的机构自有或其通过承租、无偿使用等方式取得并用于提供社区养老、托育、家政服务的房产免征房产税。

（四）房产税征收管理

1. 纳税义务发生时间

（1）纳税人将原有房产用于生产经营，从生产经营之月起缴纳房产税。

（2）纳税人自行新建房屋用于生产经营，从建成之次月起缴纳房产税。

（3）纳税人委托施工企业建设的房屋，从办理验收手续之次月起缴纳房产税。

（4）纳税人购置新建商品房，自房屋交付使用之次月起缴纳房产税。

（5）纳税人购置存量房，自办理房屋权属转移、变更登记手续，房地产权属登记机关签发房屋权属证书之次月起，缴纳房产税。

（6）纳税人出租、出借房产，自交付出租、出借房产之次月起，缴纳房产税。

（7）房地产开发企业自用、出租、出借本企业建造的商品房，自房屋使用或交付之次月起，缴纳房产税。

（8）纳税人因房产的实物或权利状态发生变化而依法终止房产税纳税义务的，其应纳税款的计算应截止到房产的实物或权利状态发生变化的当月末。

2．纳税期限

房产税按年计算、分期缴纳。具体纳税期限由省、自治区、直辖市人民政府确定。

3．纳税地点

房产税由房产所在地的税务机关征收。房产不在同一地方的纳税人，应按房产的坐落地点分别向房产所在地的税务机关纳税。

五、车船税政策与征收管理

（一）车船税基本政策

1．纳税人

在中华人民共和国境内属于《中华人民共和国车船税法》（以下简称《车船税法》）所附《车船税税目税额表》规定的车辆船舶（以下简称车船）的所有人或者管理人，为车船税的纳税人。

从事机动车第三者责任强制保险业务的保险机构为机动车车船税的扣缴义务人，应当在收取保险费时依法代收车船税，并出具代收税款凭证。

2．征税范围

车船税征税范围为：在中华人民共和国境内属于《车船税法》所附《车船税税目税额表》规定的车辆、船舶，包括依法应当在车船管理部门登记的机动车辆和船舶，依法不需要在车船管理部门登记、在单位内部场所行驶或者作业的机动车辆和船舶。

境内单位和个人租入外国籍船舶的，不征收车船税。境内单位和个人将船舶出租到境外的，应依法征收车船税。

经批准临时入境的外国车船和香港特别行政区、澳门特别行政区、台湾地区的车船，不征收车船税。

3. 税目税率

车船税税目包括乘用车、商用车、挂车、其他车辆、摩托车和船舶 6 个税目。

车船税实行定额税率。车船税税目税率详见《车船税税目税额表》，（见表 1–12）

表1–12　车船税税目税额表

税目		计税单位	年基准税额	备注
乘用车〔按发动机汽缸容量（排气量）分档〕	1.0 升（含）以下的	每辆	60 元至 360 元	核定载客人数 9 人（含）以下
	1.0 升以上至 1.6 升（含）的		300 元至 540 元	
	1.6 升以上至 2.0 升（含）的		360 元至 660 元	
	2.0 升以上至 2.5 升（含）的		660 元至 1200 元	
	2.5 升以上至 3.0 升（含）的		1200 元至 2400 元	
	3.0 升以上至 4.0 升（含）的		2400 元至 3600 元	
	4.0 升以上的		3600 元至 5400 元	
商用车	客车	每辆	480 元至 1440 元	核定载客人数 9 人以上，包括电车
	货车	整备质量每吨	16 元至 120 元	包括半挂牵引车、三轮汽车和低速载货汽车等
挂车		整备质量每吨	按照货车税额的 50% 计算	
其他车辆	专业作业车	整备质量每吨	16 元至 120 元	不包括拖拉机
	轮式专用机械车		16 元至 120 元	
摩托车		每辆	36 元至 180 元	
船舶	机动船舶	净吨位每吨	3 元至 6 元	拖船、非机动驳船分别按照机动船舶税额的 50% 计算
	游艇	艇身长度每米	600 元至 2000 元	

车辆的具体适用税额由省、自治区、直辖市人民政府依照《车船税税目税额表》规定的税额幅度和国务院的规定确定。

船舶的具体适用税额由国务院在《车船税税目税额表》规定的税额幅度内确定。

4．计税依据

车船税是从量计征的，根据车船的种类和性能的不同，计税依据有 4 种：

（1）乘用车、客车、摩托车，以“每辆”为计税单位。

（2）货车、挂车、其他车辆，以“整备质量每吨”为计税单位。

（3）机动船舶，以“净吨位每吨”为计税单位，其中拖船按照发动机功率每 1 千瓦折合净吨位 0.67 吨计算。

（4）游艇，以“艇身长度每米”为计税单位。

5．应纳税额的计算

车船税按年申报，分月计算，一次性缴纳。

购置的新车船，购置当年的应纳税额自纳税义务发生的当月起按月计算。

计算公式为：

$$应纳税额=年应纳税额\times应纳税月份数\div12$$

已经缴纳车船税的车船，因质量原因，车船被退回生产企业或者经销商的，纳税人可以向纳税所在地的主管税务机关申请退还自退货月份起至该纳税年度终了期间的税款。退货月份以退货发票所载日期的当月为准。

在一个纳税年度内，已完税的车船被盗抢、报废、灭失的，纳税人可以凭有关管理机关出具的证明和完税凭证，向纳税所在地的主管税务机关申请退还自被盗抢、报废、灭失月份起至该纳税年度终了期间的税款。

已办理退税的被盗抢车船失而复得的，纳税人应当从公安机关出具相关证明的当月起计算缴纳车船税。

已缴纳车船税的车船在同一纳税年度内办理转让过户的，不另纳税，也不退税。

《车船税法》及其实施条例涉及的整备质量、净吨位、艇身长度等计税单位，有尾数的一律按照含尾数的计税单位据实计算车船税应纳税额。计算得出的应纳税额小数点后超过两位的可四舍五入保留两位小数。

乘用车以车辆登记管理部门核发的机动车登记证书或者行驶证书所载的排气量毫升数确定税额区间。

（二）车船税优惠政策

（1）下列车船免征车船税：

①捕捞、养殖渔船。

②军队、武装警察部队专用的车船。

③警用车船。

④依照法律规定应当予以免税的外国驻华使领馆、国际组织驻华代表机构及其有关人员的车船。

（2）对受严重自然灾害影响纳税困难以及有其他特殊原因确需减税、免税的，可以减征或者免征车船税。具体办法由国务院规定，并报全国人民代表大会常务委员会备案。

（3）省、自治区、直辖市人民政府根据当地实际情况，可以对公共交通车船，农村居民拥有并主要在农村地区使用的摩托车、三轮汽车和低速载货汽车定期减征或者免征车船税。

（4）按照规定缴纳船舶吨税的机动船舶，自《车船税法》实施之日起5年内免征车船税。

（5）对节约能源车船，减半征收车船税。

（6）对使用新能源车船，免征车船税。

（7）根据《国务院办公厅关于国家综合性消防救援车辆悬挂应急救援专用号牌有关事项的通知》的规定，国家综合性消防救援车辆由部队号牌改挂应急救援专用号牌的，一次性免征改挂当年车船税。

（三）车船税征收管理

1. 纳税义务发生时间

车船税纳税义务发生时间为取得车船所有权或者管理权的当月，应当以购买车船的发票或者其他证明文件所载日期的当月为准。

2. 纳税期限

车船税按年申报，分月计算，一次性缴纳。纳税年度为公历1月1日至12月31日。

纳税人在购买“交强险”时，由扣缴义务人代收代缴车船税的，凭注明已收税款信息的“交强险”保险单，车辆登记地的主管税务机关不再征收该纳税年度的车船税。再次征收的，车辆登记地主管税务机关应予退还。

车船税扣缴义务人代收代缴欠缴税款的滞纳金，从各省、自治区、直辖市人民政府规定的申报纳税期限截止日期的次日起计算。

3．纳税地点

车船税的纳税地点为车船的登记地或者车船税扣缴义务人所在地。依法不需要办理登记的车船，车船税的纳税地点为车船的所有人或者管理人所在地。

4．税源管理

税务机关应当按照车船税统一申报表数据指标建立车船税税源数据库。税务机关、保险机构和代征单位应当在受理纳税人申报或者代收代征车船税时，根据相关法律法规及委托代征协议要求，整理《车船税纳税申报表》《车船税代收代缴报告表》的涉税信息，并及时共享。

税务机关应当将自行征收车船税信息和获取的车船税第三方信息充实到车船税税源数据库中。同时要定期进行税源数据库数据的更新、校验、清洗等工作，保障车船税税源数据库的完整性和准确性。

税务机关应当积极同相关部门建立联席会议、合作框架等制度，采集以下第三方信息：

（1）保险机构代收车船税车辆的涉税信息。

（2）公安交通管理部门车辆登记信息。

（3）海事部门船舶登记信息。

（4）公共交通管理部门车辆登记信息。

（5）渔业船舶登记管理部门船舶登记信息。

（6）其他相关部门车船涉税信息。

六、环境保护税政策与征收管理

（一）环境保护税基本政策

1．纳税人

在中华人民共和国领域和中华人民共和国管辖的其他海域，直接向环境排放应税污染物的企业事业单位和其他生产经营者为环境保护税的纳税人。

有下列情形之一的，不属于直接向环境排放污染物，不缴纳相应污染物的环境保护税：

（1）企业事业单位和其他生产经营者向依法设立的污水集中处理、生活垃圾集中处理场所排放应税污染物的。

（2）企业事业单位和其他生产经营者在符合国家和地方环境保护标准的设施、场所贮存或者处置固体废物的。

企业事业单位和其他生产经营者贮存或者处置固体废物不符合国家和地方环境保护标准的，应当缴纳环境保护税。

依法设立的城乡污水集中处理、生活垃圾集中处理场所超过国家和地方规定的排放标准向环境排放应税污染物的，应当缴纳环境保护税。

达到省级人民政府确定的规模标准并且有污染物排放口的畜禽养殖场，应当依法缴纳环境保护税；依法对畜禽养殖废弃物进行综合利用和无害化处理的，不属于直接向环境排放污染物，不缴纳环境保护税。

城乡污水集中处理场所，是指为社会公众提供生活污水处理服务的场所，不包括为工业园区、开发区等工业聚集区域内的企业事业单位和其他生产经营者提供污水处理服务的场所，以及企业事业单位和其他生产经营者自建自用的污水处理场所。

2．征税范围

应税污染物，是指《环境保护税税目税额表》《应税污染物和当量值表》规定的大气污染物、水污染物、固体废物和噪声。

3．税目税率

环境保护税税目税额表，如表1–13所示。

表1–13　环境保护税税目税额表

税目		计税单位	税额	备注
大气污染物		每污染当量	1.2元至12元	
水污染物		每污染当量	1.4元至14元	
固体废物	煤矸石	每吨	5元	
	尾矿	每吨	15元	
	危险废物	每吨	1000元	
	冶炼渣、粉煤灰、炉渣、其他固体废物（含半固态、液态废物）	每吨	25元	

（续表）

噪声	工业噪声	超标 1~3 分贝	每月 350 元	1. 一个单位边界上有多处噪声超标，根据最高一处超标声级计算应纳税额；当沿边界长度超过 100 米有两处以上噪声超标，按照两个单位计算应纳税额。 2. 一个单位有不同地点作业场所的，应当分别计算应纳税额，合并计征。 3. 昼、夜均超标的环境噪声，昼、夜分别计算应纳税额，累计计征。 4. 声源一个月内超标不足 15 天的，减半计算应纳税额。 5. 夜间频繁突发和夜间偶然突发厂界超标噪声，按等效声级和峰值噪声两种指标中超标分贝值高的一项计算应纳税额。
		超标 4~6 分贝	每月 700 元	
		超标 7~9 分贝	每月 1400 元	
		超标 10~12 分贝	每月 2800 元	
		超标 13~15 分贝	每月 5600 元	
		超标 16 分贝以上	每月 11200 元	

应税大气污染物和水污染物的具体适用税额的确定和调整，由省、自治区、直辖市人民政府统筹考虑本地区环境承载能力、污染物排放现状和经济社会生态发展目标要求，在《环境保护税税目税额表》规定的税额幅度内提出，报同级人民代表大会常务委员会决定，并报全国人民代表大会常务委员会和国务院备案。

4．计税依据

应税污染物的计税依据，按照下列方法确定：

（1）应税大气污染物按照污染物排放量折合的污染当量数确定。

（2）应税水污染物按照污染物排放量折合的污染当量数确定。

（3）应税固体废物按照固体废物的排放量确定。

（4）应税噪声按照超过国家规定标准的分贝数确定。

污染当量，是指根据污染物或者污染排放活动对环境的有害程度以及处理的技术经济性，衡量不同污染物对环境污染的综合性指标或者计量单位。同一介质相同污染当量的不同污染物，其污染程度基本相当。

应税大气污染物、水污染物的污染当量数，以该污染物的排放量除以该污染物的污染当量值计算（即污染当量数＝该污染物的排放量 ÷ 该污染物的污染当量值)。每种应税大气污染物、水污染物的具体污染当量值，依照《中华人民共和国环境保护税法》（以下简称《环境保护税法》）所附《应税污染物和当量值表》执行。

每一排放口或者没有排放口的应税大气污染物，按照污染当量数从大到小排序，对前三项污染物征收环境保护税。

每一排放口的应税水污染物，按照《环境保护税法》所附《应税污染物和当量值表》，区分第一类水污染物和其他类水污染物，按照污染当量数从大到小排序，对第一类水污染物按照前五项征收环境保护税，对其他类水污染物按照前三项征收环境保护税。

省、自治区、直辖市人民政府根据本地区污染物减排的特殊需要，可以增加同一排放口征收环境保护税的应税污染物项目数，报同级人民代表大会常务委员会决定，并报全国人民代表大会常务委员会和国务院备案。

应税大气污染物、水污染物、固体废物的排放量和噪声的分贝数，按照下列方法和顺序计算：

（1）纳税人安装使用符合国家规定和监测规范的污染物自动监测设备的，按照污染物自动监测数据计算。

（2）纳税人未安装使用污染物自动监测设备的，按照监测机构出具的符合国家有关规定和监测规范的监测数据计算。

（3）因排放污染物种类多等原因不具备监测条件的，按照国务院环境保护主管部门规定的排污系数、物料衡算方法计算。

（4）不能按照（1）～（3）规定的方法计算的，按照省、自治区、直辖市人民政府环境保护主管部门规定的抽样测算的方法核定计算。

应税固体废物的计税依据，按照固体废物的排放量确定。固体废物的排放量为当期应税固体废物的产生量减去当期应税固体废物的贮存量、处置量、综合利用量的余额。

固体废物的贮存量、处置量，是指在符合国家和地方环境保护标准的设施、场所贮存或者处置的固体废物数量；固体废物的综合利用量，是指按照国务院发展改革、工业和信息化主管部门关于资源综合利用要求以及国家和地方环境保护标准进行综合利用的固体废物数量。

纳税人有下列情形之一的，以其当期应税固体废物的产生量作为固体废物的排放量：

（1）非法倾倒应税固体废物。

（2）进行虚假纳税申报。

纳税人有下列情形之一的，以其当期应税大气污染物、水污染物的产生量作为污染物的排放量：

（1）未依法安装使用污染物自动监测设备或着未将污染物自动监测设备与环境保护主管部门的监控设备联网。

（2）损毁或者擅自移动、改变污染物自动监测设备。

（3）篡改、伪造污染物监测数据。

（4）通过暗管、渗井、渗坑、灌注或者稀释排放以及不正常运行防治污染设施等方式违法排放应税污染物。

（5）进行虚假纳税申报。

从两个以上排放口排放应税污染物的，对每一排放口排放的应税污染物分别计算征收环境保护税；纳税人持有排污许可证的，其污染物排放口按照排污许可证载明的污染物排放口确定。

5. 应纳税额的计算

环境保护税应纳税额按照下列方法计算：

（1）应税大气污染物的应纳税额＝污染当量数 × 具体适用税额

（2）应税水污染物的应纳税额＝污染当量数 × 具体适用税额

（3）应税固体废物的应纳税额＝固体废物排放量 × 具体适用税额

（4）应税噪声的应纳税额为超过国家规定标准的分贝数对应的具体适用税额。

（二）环境保护税优惠政策

（1）下列情形，暂予免征环境保护税：

①农业生产（不包括规模化养殖）排放应税污染物的。

②机动车、铁路机车、非道路移动机械、船舶和航器等流动污染源排放应税污染物的。

③依法设立的城乡污水集中处理、生活垃圾集中处理场所排放相应应税污染物，不超过国家和地方规定的排放标准的。

④纳税人综合利用的固体废物，符合国家和地方环境保护标准的。

⑤国务院批准免税的其他情形，由国务院报全国人民代表大会常务委员会备案。

（2）纳税人排放应税大气污染物或者水污染物的浓度值低于国家和地方规定的污染物排放标准 30% 的，减按 75% 征收环境保护税。纳税人排放应税大气污染物或者水污染物的浓度值低于国家和地方规定的污染物排放标准 50% 的，减按 50% 征收环境保护税。依照《环境保护税法》规定减征环境保护税的，应当对每一排放口排放的不同应税污染物分别计算。

（三）环境保护税征收管理

1. 征收机关

环境保护税由税务机关依照《税收征管法》和《环境保护税法》的有关规定征收管理。

2. 纳税义务发生时间

纳税义务发生时间为纳税人排放应税污染物的当日。

3. 纳税期限

环境保护税按月计算，按季申报缴纳。不能按固定期限计算缴纳的，可以按次申报缴纳。

纳税人申报缴纳时，应当向税务机关报送所排放应税污染物的种类、数量，大气污染物、水污染物的浓度值，以及税务机关根据实际需要要求纳税人报送的其他纳税资料。

纳税人按季申报缴纳的，应当自季度终了之日起 15 日内，向税务机关办理纳税申报并缴纳税款。纳税人按次申报缴纳的，应当自纳税义务发生之日起 15 日内，向税务机关办理纳税申报并缴纳税款。

纳税人应当依法如实办理纳税申报，对申报的真实性和完整性承担责任。

4. 纳税地点

纳税人应当向应税污染物排放地的税务机关申报缴纳环境保护税。

应税污染物排放地，是指应税大气污染物、水污染物排放口所在地；应税固体废物产生地；应税噪声产生地。

纳税人跨区域排放应税污染物，税务机关对税收征收管辖有争议的，由争议各方按照有利于征收管理的原则协商解决；不能协商一致的，报请共同的上级税务机关决定。

5. 税源管理

税务机关依法履行环境保护税纳税申报受理、涉税信息比对、组织税款入库等职责。

环境保护主管部门依法负责应税污染物监测管理，制定和完善污染物监测规范。

县级以上地方人民政府应当建立税务机关、环境保护主管部门和其他相关单位分工协作工作机制，加强环境保护税征收管理，保障税款及时足额入库。

税务机关应当将纳税人的纳税申报数据资料与环境保护主管部门交送的相关

数据资料进行比对。

环境保护主管部门应当通过涉税信息共享平台向税务机关交送在环境保护监督管理中获取的下列信息：

（1）排污单位的名称、统一社会信用代码以及污染物排放口、排放污染物种类等基本信息。

（2）排污单位的污染物排放数据（包括污染物排放量以及大气污染物、水污染物的浓度值等数据）。

（3）排污单位环境违法和受行政处罚情况。

（4）对税务机关提请复核的纳税人的纳税申报数据资料异常或者纳税人未按照规定期限办理纳税申报的复核意见。

（5）与税务机关商定交送的其他信息。

税务机关应当通过涉税信息共享平台向环境保护主管部门交送下列环境保护税涉税信息：

（1）纳税人基本信息。

（2）纳税申报信息。

（3）税款入库、减免税额、欠缴税款以及风险疑点等信息。

（4）纳税人涉税违法和受行政处罚情况。

（5）纳税人的纳税申报数据资料异常或者纳税人未按照规定期限办理纳税申报的信息。

（6）与环境保护主管部门商定交送的其他信息。

税务机关发现纳税人的纳税申报数据资料异常或者纳税人未按照规定期限办理纳税申报的，可以提请环境保护主管部门进行复核，环境保护主管部门应当自收到税务机关的数据资料之日起 15 日内向税务机关出具复核意见。税务机关应当按照环境保护主管部门复核的数据资料调整纳税人的应纳税额。

七、契税政策与征收管理

（一）契税基本政策

1. 纳税人

在中华人民共和国境内转移土地、房屋权属，承受的单位和个人为契税的纳税人。

土地、房屋权属，是指土地使用权、房屋所有权。

2．征税范围

（1）土地使用权出让。

（2）土地使用权转让，包括出售、赠与、互换；其中，土地使用权转让不包括土地承包经营权和土地经营权的转移。

（3）房屋买卖、赠与、互换。

（4）以作价投资（入股）、偿还债务、划转、奖励等方式转移土地、房屋权属的，应当依照规定征收契税。

（5）下列情形发生土地、房屋权属转移的，承受方应当依法缴纳契税：

①因共有不动产份额变化的。

②因共有人增加或者减少的。

③因人民法院、仲裁委员会的生效法律文书或者监察机关出具的监察文书等因素，发生土地、房屋权属转移的。

3．税率

契税税率为3%~5%。

契税的具体适用税率，由省、自治区、直辖市人民政府在上述规定的税率幅度内提出，报同级人民代表大会常务委员会决定，并报全国人民代表大会常务委员会和国务院备案。

4．计税依据

（1）土地使用权出让、出售，房屋买卖，为土地、房屋权属转移合同确定的成交价格，包括应交付的货币以及实物、其他经济利益对应的价款。

土地使用权出让的，计税依据包括土地出让金、土地补偿费、安置补助费、地上附着物和青苗补偿费、征收补偿费、城市基础设施配套费、实物配建房屋等应交付的货币以及实物、其他经济利益对应的价款。

（2）土地使用权互换、房屋互换，为所互换的土地使用权、房屋价格的差额。

土地使用权互换、房屋互换，互换价格相等的，互换双方计税依据为零；互换价格不相等的，以其差额为计税依据，由支付差额的一方缴纳契税。

（3）土地使用权赠与、房屋赠与以及其他没有价格的转移土地、房屋权属行为，为税务机关参照土地使用权出售、房屋买卖的市场价格依法核定的价格。

纳税人申报的成交价格、互换价格差额明显偏低且无正当理由的，由税务机关依照《税收征管法》的规定核定。税务机关依法核定计税价格，应参照市场价格，采用房地产价格评估等方法合理确定。

（4）契税计税依据不包括增值税，具体情形为：

①土地使用权出售、房屋买卖，承受方计征契税的成交价格不含增值税；实际取得增值税发票的，成交价格以发票上注明的不含税价格确定。

②土地使用权互换、房屋互换，契税计税依据为不含增值税价格的差额。

③税务机关核定的契税计税价格为不含增值税价格。

（5）以作价投资（入股）、偿还债务等应交付经济利益的方式转移土地、房屋权属的，参照土地使用权出让、出售或房屋买卖确定契税适用税率、计税依据等。

（6）以划转、奖励等没有价格的方式转移土地、房屋权属的，参照土地使用权或房屋赠与确定契税适用税率、计税依据等。

（7）土地使用权及所附建筑物、构筑物等（包括在建的房屋、其他建筑物、构筑物和其他附着物）转让的，计税依据为承受方应交付的总价款。

（8）以划拨方式取得土地使用权的契税规定：

①以划拨方式取得的土地使用权，经批准改为出让方式重新取得该土地使用权的，应由该土地使用权人以补缴的土地出让价款为计税依据缴纳契税。

②先以划拨方式取得土地使用权，后经批准转让房地产，划拨土地性质改为出让的，承受方应分别以补缴的土地出让价款和房地产权属转移合同确定的成交价格为计税依据缴纳契税。

③先以划拨方式取得土地使用权，后经批准转让房地产，划拨土地性质未发生改变的，承受方应以房地产权属转移合同确定的成交价格为计税依据缴纳契税。

（9）房屋附属设施（包括停车位、机动车库、非机动车库、顶层阁楼、储藏室及其他房屋附属设施）与房屋为同一不动产单元的，计税依据为承受方应交付的总价款，并适用与房屋相同的税率；房屋附属设施与房屋为不同不动产单元的，计税依据为转移合同确定的成交价格，并按当地确定的适用税率计税。

（10）承受已装修房屋的，应将包括装修费用在内的费用计入承受方应交付的总价款。

5．应纳税额的计算

应纳税额＝计税依据 × 税率

应纳税额以人民币计算。转移土地、房屋权属以外汇结算的，按照纳税义务发生之日中国人民银行公布的人民币市场汇率中间价折合成人民币计算。

（二）契税优惠政策

（1）有下列情形之一的，免征契税：

①国家机关、事业单位、社会团体、军事单位承受土地、房屋权属用于办公、教学、医疗、科研、军事设施。

②非营利性的学校、医疗机构、社会福利机构承受土地、房屋权属用于办公、教学、医疗、科研、养老、救助。

③承受荒山、荒地、荒滩土地使用权用于农、林、牧、渔业生产。

④婚姻关系存续期间夫妻之间变更土地、房屋权属。夫妻因离婚分割共同财产发生土地、房屋权属变更的，免征契税。

⑤法定继承人通过继承承受土地、房屋权属。

⑥依照法律规定应当予以免税的外国驻华使馆、领事馆和国际组织驻华代表机构承受土地、房屋权属。

（2）城镇职工按规定第一次购买公有住房的，免征契税。

公有制单位为解决职工住房而采取集资建房方式建成的普通住房或由单位购买的普通商品住房，经县级以上地方人民政府房改部门批准、按照国家房改政策出售给本单位职工的，如属职工首次购买住房，比照公有住房免征契税。

已购公有住房经补缴土地出让价款成为完全产权住房的，免征契税。

（3）关于经济适用住房的契税优惠政策。

①对廉租住房经营管理单位购买住房作为经济适用住房，经营管理单位回购经济适用住房继续作为经济适用住房房源的，免征契税。

②对个人购买经济适用住房，在法定税率基础上减半征收契税。

（4）关于公共租赁住房的契税优惠政策。

对公租房经营管理单位购买住房作为公租房，免征契税。

（5）关于棚户区改造的契税优惠政策。

①对经营管理单位回购已分配的改造安置住房继续作为改造安置房源的，免征契税。

②个人首次购买 90 平方米以下改造安置住房，按 1% 的税率计征契税；购买超过 90 平方米，但符合普通住房标准的改造安置住房，按法定税率减半计征契税。

③个人因房屋被征收而取得货币补偿并用于购买改造安置住房，或因房屋被征收而进行房屋产权调换并取得改造安置住房，按有关规定减免契税。

（6）房地产交易环节契税优惠政策

①对个人购买家庭唯一住房（家庭成员范围包括购房人、配偶以及未成年子女，下同），面积为 90 平方米及以下的，减按 1% 的税率征收契税；面积为 90 平方米以上的，减按 1.5% 的税率征收契税。

②对个人购买家庭第二套改善性住房，面积为 90 平方米及以下的，减按 1% 的税率征收契税；面积为 90 平方米以上的，减按 2% 的税率征收契税。

家庭第二套改善性住房是指已拥有一套住房的家庭，购买的家庭第二套住房。

（7）易地扶贫搬迁税的契税政策。

①对易地扶贫搬迁贫困人口按规定取得的安置住房，免征契税。

②对易地扶贫搬迁项目实施主体（以下简称项目实施主体）取得用于建设安置住房的土地，免征契税。

③在商品住房等开发项目中配套建设安置住房的，按安置住房建筑面积占总建筑面积的比例，计算应予免征的安置住房用地相关的契税。

④对项目实施主体购买商品住房或者回购保障性住房作为安置住房房源的，免征契税。

（8）支持农村集体产权制度改革的契税政策。

①对进行股份合作制改革后的农村集体经济组织承受原集体经济组织的土地、房屋权属，免征契税。

②对农村集体经济组织以及代行集体经济组织职能的村民委员会、村民小组进行清产核资收回集体资产而承受土地、房屋权属，免征契税。

③对农村集体土地所有权、宅基地和集体建设用地使用权及地上房屋确权登记，不征收契税。

（9）农村饮水安全工程的契税政策。

对饮水工程运营管理单位为建设饮水工程而承受土地使用权，免征契税。

对于既向城镇居民供水，又向农村居民供水的饮水工程运营管理单位，依据向农村居民供水量占总供水量的比例免征契税。

（10）企业事业单位改制重组有关契税政策。

①企业改制。

企业按照《中华人民共和国公司法》有关规定整体改制，包括非公司制企业改制为有限责任公司或股份有限公司，有限责任公司变更为股份有限公司，股份有限公司变更为有限责任公司，原企业投资主体存续并在改制（变更）后的公司中所持股权（股份）比例超过75%，且改制（变更）后公司承继原企业权利、义务的，对改制（变更）后公司承受原企业土地、房屋权属，免征契税。

②事业单位改制

事业单位按照国家有关规定改制为企业，原投资主体存续并在改制后企业中出资（股权、股份）比例超过50%的，对改制后企业承受原事业单位土地、房屋权属，免征契税。

③公司合并。

两个或两个以上的公司，依照法律规定、合同约定，合并为一个公司，且原投资主体存续的，对合并后公司承受原合并各方土地、房屋权属，免征契税。

④公司分立。

公司依照法律规定、合同约定分立为两个或两个以上与原公司投资主体相同的公司，对分立后公司承受原公司土地、房屋权属，免征契税。

⑤企业破产。

企业依照有关法律法规规定实施破产，债权人（包括破产企业职工）承受破产企业抵偿债务的土地、房屋权属，免征契税；对非债权人承受破产企业土地、房屋权属，凡按照《中华人民共和国劳动法》等国家有关法律法规政策妥善安置原企业全部职工规定，与原企业全部职工签订服务年限不少于3年的劳动用工合同的，对其承受所购企业土地、房屋权属，免征契税；与原企业超过30%的职工签订服务年限不少于3年的劳动用工合同的，减半征收契税。

⑥资产划转。

对承受县级以上人民政府或国有资产管理部门按规定进行行政性调整、划转国有土地、房屋权属的单位，免征契税。

同一投资主体内部所属企业之间土地、房屋权属的划转，包括母公司与其全资子公司之间，同一公司所属全资子公司之间，同一自然人与其设立的个人独资企业、一人有限公司之间土地、房屋权属的划转，免征契税。

母公司以土地、房屋权属向其全资子公司增资，视同划转，免征契税。

⑦债权转股权。

经国务院批准实施债权转股权的企业，对债权转股权后新设立的公司承受原企业的土地、房屋权属，免征契税。

⑧划拨用地出让或作价出资。

以出让方式或国家作价出资（入股）方式承受原改制重组企业、事业单位划拨用地的，不属上述规定的免税范围，对承受方应按规定征收契税。

⑨公司股权（股份）转让。

在股权（股份）转让中，单位、个人承受公司股权（股份），公司土地、房屋权属不发生转移，不征收契税。

（11）外国银行分行按照《中华人民共和国外资银行管理条例》等相关规定改制为外商独资银行（或其分行），改制后的外商独资银行（或其分行）承受原外国银行分行的房屋权属的，免征契税。

（12）个体工商户的经营者将其个人名下的房屋、土地权属转移至个体工商户名下，或个体工商户将其名下的房屋、土地权属转回原经营者个人名下，免征契税。

（13）合伙企业的合伙人将其名下的房屋、土地权属转移至合伙企业名下，或合伙企业将其名下的房屋、土地权属转回原合伙人名下，免征契税。

（14）对金融租赁公司开展售后回租业务，承受承租人房屋、土地权属的，照章征税。对售后回租合同期满，承租人回购原房屋、土地权属的，免征契税。

（15）为社区提供养老、托育、家政等服务的机构承受房屋、土地用于提供社区养老、托育、家政服务的，免征契税。

（16）省、自治区、直辖市可以决定对下列情形免征或者减征契税：

①因土地、房屋被县级以上人民政府征收、征用，重新承受土地、房屋权属。

②因不可抗力灭失住房，重新承受住房权属。

上述规定的免征或者减征契税的具体办法，由省、自治区、直辖市人民政府提出，报同级人民代表大会常务委员会决定，并报全国人民代表大会常务委员会和国务院备案。

（三）契税征收管理

1. 纳税义务发生时间

（1）契税的纳税义务发生时间，为纳税人签订土地、房屋权属转移合同的当日，或者纳税人取得其他具有土地、房屋权属转移合同性质凭证的当日。

具有土地、房屋权属转移合同性质的凭证包括契约、协议、合约、单据、确认书以及其他凭证。

（2）因人民法院、仲裁委员会的生效法律文书或者监察机关出具的监察文书等发生土地、房屋权属转移的，纳税义务发生时间为法律文书等生效当日。

（3）因改变土地、房屋用途等情形应当缴纳已经减征、免征契税的，纳税义务发生时间为改变有关土地、房屋用途等情形的当日。

（4）因改变土地性质、容积率等土地使用条件需补缴土地出让价款，应当缴纳契税的，纳税义务发生时间为改变土地使用条件当日。

（5）在依法办理土地、房屋权属登记前，权属转移合同、权属转移合同性质凭证不生效、无效、被撤销或者被解除的，纳税人可以向税务机关申请退还已缴纳的税款。

纳税人缴纳契税后发生下列情形，可依照有关法律法规申请退税：

①因人民法院判决或者仲裁委员会裁决导致土地、房屋权属转移行为无效、被撤销或者被解除，且土地、房屋权属变更至原权利人的。

②在出让土地使用权交付时，因容积率调整或实际交付面积小于合同约定面积需退还土地出让价款的。

③在新建商品房交付时，因实际交付面积小于合同约定面积需返还房价款的。

2．纳税期限

纳税人应当在依法办理土地、房屋权属登记手续前申报缴纳契税。

发生上述纳税义务发生时间为（2）、（3）、（4）情形的，按规定不再需要办理土地、房屋权属登记的，纳税人应自纳税义务发生之日起 90 日内申报缴纳契税。

3．纳税地点

契税征收机关为土地、房屋所在地的税务机关。

八、城镇土地使用税政策与征收管理

（一）城镇土地使用税基本政策

1．纳税人

在城市、县城、建制镇、工矿区范围内使用土地的单位和个人，为城镇土地使用税的纳税人。

单位，包括国有企业、集体企业、私营企业、股份制企业、外商投资企业、外国企业以及其他企业和事业单位、社会团体、国家机关、军队以及其他单位；个人，包括个体工商户以及其他个人。

城镇土地使用税由拥有土地使用权的单位或个人缴纳。拥有土地使用权的纳税人不在土地所在地的，由代管人或实际使用人纳税；土地使用权未确定或权属纠纷未解决的，由实际使用人纳税；土地使用权共有的，由共有各方分别纳税。

在城镇土地使用税征税范围内承租集体建设用地的，由直接从集体经济组织承租土地的单位和个人，缴纳城镇土地使用税。

对纳税单位无偿使用免税单位的土地，纳税单位应照章缴纳城镇土地使用税。

2．征税范围

城镇土地使用税在城市、县城、建制镇和工矿区征收。

对农林牧渔业用地和农民居住用房屋及土地，不征收城镇土地使用税。在城镇土地使用税征收范围内，利用林场土地兴建度假村等休闲娱乐场所的，其经营、办公和生活用地，应按规定征收城镇土地使用税。

3．税目税率

城镇土地使用税每平方米年税额为：

（1）大城市 1.5~30 元。

（2）中等城市 1.2~24 元。

（3）小城市 0.9~18 元。

（4）县城、建制镇、工矿区 0.6~12 元。

省、自治区、直辖市人民政府，应当在上述规定的税额幅度内，根据市政建设状况、经济繁荣程度等条件，确定所辖地区的适用税额幅度。

市、县人民政府应当根据实际情况，将本地区土地划分为若干等级，在省、自治区、直辖市人民政府确定的税额幅度内，制定相应的适用税额标准，报省、自治区、直辖市人民政府批准执行。

经省、自治区、直辖市人民政府批准，经济落后地区城镇土地使用税的适用税额标准可以适当降低，但降低额不得超过上述规定最低税额的 30%。经济发达地区城镇土地使用税的适用税额标准可以适当提高，但须报财政部批准。

4．计税依据

城镇土地使用税以纳税人实际占用的土地面积为计税依据，依照规定税额计算征收。

土地占用面积的组织测量工作，由省、自治区、直辖市人民政府根据实际情况确定。

纳税单位与免税单位共同使用共有使用权土地上的多层建筑，对纳税单位可按其占用的建筑面积占建筑总面积的比例计征城镇土地使用税。

对单独建造的地下建筑用地，按规定征收城镇土地使用税。其中，已取得地下土地使用权证的，按土地使用权证确认的土地面积计算应纳税款；未取得地下土地使用权证或地下土地使用权证上未注明土地面积的，按地下建筑垂直投影面积计算应征税款。对上述地下建筑用地暂按应征税款的 50% 征收城镇土地使用税。

5. 应纳税额的计算

城镇土地使用税的年应纳税额为：

年应纳税额＝实际占用应税土地面积 × 适用税额

纳税人在一个纳税年度内取得应税土地使用权不满 1 年的，其应缴纳的城镇土地使用税税额，按当年应计税月数计算。

（二）城镇土地使用税优惠政策

（1）下列土地免缴城镇土地使用税：

①国家机关、人民团体、军队自用的土地。

②由国家财政部门拨付事业经费的单位自用的土地。

③宗教寺庙、公园、名胜古迹自用的土地。

④市政街道、广场、绿化地带等公共用地。

⑤直接用于农、林、牧、渔业的生产用地。

⑥经批准开山填海整治的土地和改造的废弃土地，从使用的月份起免缴城镇土地使用税 5~10 年。

⑦由财政部另行规定免税的能源、交通、水利设施用地和其他用地。

（2）在城镇土地使用税征收范围内经营采摘、观光农业的单位和个人，直接用于采摘、观光的种植、养殖、饲养的土地，属于“直接用于农、林、牧、渔业的生产用地”，免征城镇土地使用税。

（3）在厂区以外的绿化用地和向社会开放的公园用地，暂免征收城镇土地使用税。

（4）对在一个纳税年度内月平均实际安置残疾人就业人数占单位在职职工总数的比例高于 25%（含 25%）且实际安置残疾人人数高于 10 人（含 10 人）的单位，可减征或免征该年度城镇土地使用税。具体减免税比例及管理办法由省、自治区、直辖市财税主管部门确定。

（5）对个人出租住房，不区分用途，免征城镇土地使用税。2019 年 1 月 1 日至 2021 年 12 月 31 日，对城市公交站场、道路客运站场、城市轨道交通系统运营用地，免征城镇土地使用税。

（6）自 2020 年 1 月 1 日起至 2022 年 12 月 31 日止，对物流企业自有（包括自用和出租）或承租的大宗商品仓储设施用地，减按所属土地等级适用税额标准的 50% 计征城镇土地使用税。

（7）自 2019 年 1 月 1 日至 2021 年 12 月 31 日，对国家级、省级科技企业孵化器、大学科技园和国家备案众创空间自用以及无偿或通过出租等方式提给在孵对象使用的土地，免征城镇土地使用税。

（8）自 2019 年 1 月 1 日至 2021 年 12 月 31 日，由省、自治区、直辖市人民政府根据本地区实际情况，以及宏观调控需要确定，对增值税小规模纳税人可以在 50%的税额幅度内减征土地使用税，增值税小规模纳税人已依法享受城镇土地使用税其他优惠政策的，可叠加享受。

（9）自 2019 年 1 月 1 日至 2021 年 12 月 31 日，对农产品批发市场、农贸市场（包括自有和承租，下同）专门用于经营农产品的土地，暂免征收城镇土地使用税。对同时经营的其他产品批发市场和农贸市场使用的土地，按其他产品与农产品交易场地面积的比例确定征免城镇土地使用税。

（10）自 2019 年 6 月 1 日起执行至 2025 年 12 月 31 日，为社区提供养老、托育、家政等服务的机构自有或其通过承租、无偿使用等方式取得并用于提供社区养老、托育、家政服务的土地，免征城镇土地使用税。

（11）自 2019 年 1 月 1 日至 2023 年供暖期结束，对向居民供热收取采暖费的供热企业，为居民供热所使用的土地免征城镇土地使用税。

对专业供热企业，按其向居民供热取得的采暖费收入占全部采暖费收入的比例，计算免征的城镇土地使用税。

（三）城镇土地使用税征收管理

1. 纳税义务发生时间

（1）纳税人购置新建商品房，自房屋交付使用次月起，缴纳城镇土地使用税。

（2）纳税人购置存量房，自办理房屋权属转移、变更登记手续，房地产权属登记机关签发房屋权属证书次月起，缴纳城镇土地使用税。

（3）出租、出借房产，自交付出租、出借房产之次月起，缴纳城镇土地使用税。

（4）纳税人以出让或转让方式有偿取得土地使用权的，应由受让方从合同约定交付土地时间的次月起缴纳城镇土地使用税；合同未约定交付土地时间的，由受让方从合同签订的次月起缴纳城镇土地使用税。

(5) 纳税人新征用的耕地，自批准征用之日起满1年后的次月开始缴纳城镇土地使用税。纳税人新征用的非耕地，自批准征用次月起缴纳城镇土地使用税。

(6) 纳税人通过招标、拍卖、挂牌方式取得的建设用地，不属于新征用的耕地，应从合同约定交付土地时间的次月起缴纳城镇土地使用税；合同未约定交付土地时间的、从合同签订的次月起缴纳城镇土地使用税。

(7) 纳税人将原免税土地改变用途后转为应税土地的，从改变用途的次月起计算缴纳城镇土地使用税；纳税人将原应税土地改变用途后转为免税土地的，从改变用途的次月起免缴城镇土地使用税。

(8) 纳税人因土地权利状态发生变化而依法终止城镇土地使用税纳税义务的，其应纳税款的计算应截止到土地权利状态发生变化的当月末。

2. 纳税期限

城镇土地使用税按年计算，分期缴纳。缴纳期限由省、自治区、直辖市人民政府确定。

3. 纳税地点

城镇土地使用税在土地所在地缴纳。纳税人使用的土地不属于同一省自治区、直辖市管辖的，由纳税人分别向土地所在地的税务机关缴纳城镇土地使用税。

九、耕地占用税政策与征收管理

（一）耕地占用税基本政策

1. 纳税人

在中华人民共和国境内占用耕地建设建筑物、构筑物或者从事非农业建设的单位和个人，为耕地占用税的纳税人，应当依法缴纳耕地占用税。

2. 征税范围

耕地占用税的征税范围是国家所有和集体所有的耕地。耕地，是指用于种植农作物的土地。

占用耕地建设农田水利设施的，不缴纳耕地占用税。

占用园地、林地、草地、农田水利用地、养殖水面、渔业水域滩涂以及其他农用地建设建筑物、构筑物或者从事非农业建设的，依照规定缴纳耕地占用税。

占用园地、林地、草地、农出水利用地、养殖水面、渔业水域滩涂以及其他农用地建设直接为农业生产服务的生产设施的，不缴纳耕地占用税。

纳税人因建设项目施工或者地质勘查临时占用耕地，应当依照规定缴纳耕地占用税。

3．税目税率

耕地占用税的税额如下：

（1）人均耕地不超过 1 亩（1 亩≈666.67 平方米）的地区（以县、自治县、不设区的市、市辖区为单位，下同），每平方米为 10~50 元。

（2）人均耕地超过 1 亩但不超过 2 亩的地区，每平方米为 8~40 元。

（3）人均耕地超过 2 亩但不超过 3 亩的地区，每平方米为 6~30 元。

（4）人均耕地超过 3 亩的地区，每平方米为 5~25 元。

各地区耕地占用税的适用税额，由省、自治区、直辖市人民政府根据人均耕地面积和经济发展等情况，在规定的税额幅度内提出，报同级人民代表大会常务委员会决定，并报全国人民代表大会常务委员会和国务院备案。

各省、自治区、直辖市耕地占用税适用税额的平均水平，不得低于《各省、自治区、直辖市耕地占用税平均税额表》规定的平均税额，如表 1–14 所示。

表1–14　各省、自治区、直辖市耕地占用税平均税额表

省、自治区、直辖市	平均税额（元 / 平方米）
上海	45
北京	40
天津	35
江苏、浙江、福建、广东	30
辽宁、湖北、湖南	25
河北、安徽、江西、山东、河南、重庆、四川	22.5
广西、海南、贵州、云南、陕西	20
山西、吉林、黑龙江	17.5
内蒙古、西藏、甘肃、青海、宁夏、新疆	12.5

在人均耕地低于 0.5 亩的地区，省、自治区、直辖市可以根据当地经济发展情况，适当提高耕地占用税的适用税额，但提高的部分不得超过适用税额的 50%。

占用基本农田的，应当按照确定的当地适用税额，加按 150% 征收。

占用园地、林地、草地、农田水利用地、养殖水面、渔业水域滩涂以及其他农用地的，适用税额可以适当低于本地区的适用税额，但降低的部分不得超过 50%。具体适用税额由省、自治区、直辖市人民政府提出，报同级人民代表大会常务委员会决定，并报全国人民代表大会常务委员会和国务院备案。

4. 计税依据

耕地占用税以纳税人实际占用的属于耕地占用税征税范围的土地（以下简称应税土地）面积为计税依据，按应税土地当地适用税额计税，实行一次性征收。

5. 应纳税额的计算

耕地占用税计算公式为：

应纳税额＝应税土地面积 × 适用税额

应税土地面积包括经批准占用面积和未经批准占用面积，以平方米为单位。

按照规定，加按 150% 征收耕地占用税的计算公式为：

应纳税额＝应税土地面积 × 适用税额 ×150%

当地适用税额，是指省、自治区、直辖市人民代表大会常务委员会决定的应税土地所在地县级行政区的现行适用税额。

纳税人在批准临时占用耕地期满之日起 1 年内依法复垦，恢复种植条件的，全额退还已经缴纳的耕地占用税。

依照规定免征或者减征耕地占用税后，纳税人改变原占地用途，不再属于免征或者减征耕地占用税情形的，应当按照当地适用税额补缴耕地占用税。

（二）耕地占用税优惠政策

（1）军事设施、学校、幼儿园、社会福利机构、医疗机构占用耕地，免征耕地占用税。

（2）铁路线路、公路线路、飞机场跑道、停机坪、港口、航道、水利工程占用耕地，减按每平方米 2 元的税额征收耕地占用税。

（3）农村居民在规定用地标准以内占用耕地新建自用住宅，按照当地适用税额减半征收耕地占用税；其中农村居民经批准搬迁，新建自用住宅占用耕地不超过原宅基地面积的部分，免征耕地占用税。

(4) 农村烈士遗属、因公牺牲军人遗属、残疾军人以及符合农村最低生活保障条件的农村居民，在规定用地标准以内新建自用住宅，免征耕地占用税。

(5) 自 2019 年 1 月 1 日至 2021 年 12 月 31 日，由省、自治区、直辖市人民政府根据本地区实际情况，以及宏观调控需要确定，对增值税小规模纳税人可以在 50% 的税额幅度内减征耕地占用税，增值税小规模纳税人已依法享受耕地占用税其他优惠政策的，可叠加享受。

（三）耕地占用税征收管理

1. 纳税义务发生时间

耕地占用税的纳税义务发生时间为纳税人收到自然资源主管部门办理占用耕地手续的书面通知的当日。

未经批准占用应税土地的纳税人，其纳税义务发生时间为自然资源主管部门认定其实际占地的当日。

纳税人改变原占地用途，需要补缴耕地占用税的，其纳税义务发生时间为改变用途当日，具体为：经批准改变用途的，纳税义务发生时间为纳税人收到批准文件的当日；未经批准改变用途的，纳税义务发生时间为自然资源主管部门认定纳税人改变原占地用途的当日。

2. 纳税期限

纳税人应当自纳税义务发生之日起 30 日内申报缴纳耕地占用税。

自然资源主管部门凭耕地占用税完税凭证或者免税凭证和其他有关文件发放建设用地批准书。

3. 纳税地点

纳税人占用耕地或其他农用地，应当在耕地或其他农用地所在地申报纳税。

4. 税源管理

税务机关应当与相关部门建立耕地占用税涉税信息共享机制和工作配合机制。县级以上地方人民政府自然资源、农业农村、水利等相关部门应当定期向税务机关提供农用地转用、临时占地等信息，协助税务机关加强耕地占用税征收管理。

税务机关发现纳税人的纳税申报数据资料异常或者纳税人未按照规定期限申

报纳税的，可以提请相关部门进行复核，相关部门应当自收到税务机关复核申请之日起30日内向税务机关出具复核意见。

纳税人、税务机关及其工作人员违反本法规定的，依照《中华人民共和国税收征收管理法》和有关法律法规的规定追究法律责任。

十、烟叶税政策与征收管理

（一）烟叶税基本政策

1. 纳税人

在中华人民共和国境内，依照《中华人民共和国烟草专卖法》（以下简称《烟草专卖法》）的规定收购烟叶的单位为烟叶税的纳税人。

收购烟叶的单位，是指依照《烟草专卖法》的规定有权收购烟叶的烟草公司或者受其委托收购烟叶的单位。

依照《烟草专卖法》查处没收的违法收购的烟叶，由收购罚没烟叶的单位按照购买金额计算缴纳烟叶税。

2. 征税范围

烟叶，是指烤烟叶、晾晒烟叶。

晾晒烟叶，包括列入名晾晒烟名录的晾晒烟叶和未列入名晾晒烟名录的其他晾晒烟叶。

3. 税率

烟叶税实行比例税率，税率为20%。

4. 计税依据

烟叶税的计税依据为纳税人收购烟叶实际支付的价款总额。

纳税人收购烟叶实际支付的价款总额包括纳税人支付给烟叶生产销售单位和个人的烟叶收购价款和价外补贴。其中，价外补贴统一按烟叶收购价款的10%计算。

实际支付的价款总额计算公式如下：

实际支付的价款总额＝收购价款×（1+10%）

5. 应纳税额的计算

烟叶税应纳税额的计算公式如下：

应纳税额＝实际支付的价款总额×税率

（二）烟叶税征收管理

1. 纳税义务发生时间

烟叶税的纳税义务发生时间为纳税人收购烟叶的当日。

收购烟叶的当天，是指纳税人向烟叶销售者付讫收购烟叶款项或者开具收购烟叶凭据的当天。

2. 纳税期限

烟叶税按月计征，纳税人应当于纳税义务发生月终了之日起15日内申报并缴纳税款。

3. 纳税地点

纳税人应当向烟叶收购地的主管税务机关申报缴纳烟叶税。

十一、城市维护建设税政策与征收管理

（一）城市维护建设税基本政策

1. 纳税人

在中华人民共和国境内缴纳消费税、增值税（以下简称“两税”）的单位和个人，为城市维护建设税的纳税义务人。

“两税”的代扣代缴、代收代缴义务人同时也是城市维护建设税的代扣代缴、代收代缴义务人。城市维护建设税的代扣代缴、代收代缴，一律比照“两税”的有关规定办理。

2. 征税范围

（1）海关对讲口产品代征的“两税”，不征收城市维护建设税。

（2）对“两税”实行先征后返、先征后退、即征即退办法的，除另有规定外，对随“两税”附征的城市维护建设税，一律不退（返）还。

（3）为支持国家重大水利工程建设，对国家重大水利工程建设基金免征城市维护建设税。

（4）生产企业出口货物实行免抵退税办法的，经税务局正式审核批准的当期免抵的增值税税额应纳入城市维护建设税的计征范围，按规定的税率征收城市维

护建设税。

3．税率

（1）城市维护建设税税率如下：

①纳税人所在地在市区的，税率为7%。

②纳税人所在地在县城、镇的，税率为5%。

③纳税人所在地不在市区、县城或镇的，税率为1%。

撤县建市后，城市维护建设税适用税率为7%。

纳税人所在地，是指纳税人住所地或者与纳税人生产经营活动相关的其他地点，具体地点由省、自治区、直辖市确定。

城市维护建设税的应纳税额按照计税依据乘以具体适用税率计算。

（2）城市维护建设税的纳税义务发生时间。

城市维护建设税的纳税义务发生时间与增值税、消费税的纳税义务发生时间一致，分别与增值税、消费税同时缴纳。

（3）城市维护建设税的扣缴义务人。

城市维护建设税的扣缴义务人为负有增值税、消费税扣缴义务的单位和个人，在扣缴增值税、消费税的同时扣缴城市维护建设税。

4．计税依据

城市维护建设税以纳税人依法实际缴纳的增值税、消费税税额（以下简称两税税额）为计税依据。

依法实际缴纳的两税税额，是指纳税人依照增值税、消费税相关法律法规和税收政策规定计算的应当缴纳的两税税额（不含因进口货物或境外单位和个人向境内销售劳务、服务、无形资产缴纳的两税税额），加上增值税免抵税额，扣除直接减免的两税税额和期末留抵退税退还的增值税税额后的金额。

直接减免的两税税额，是指依照增值税、消费税相关法律法规和税收政策规定，直接减征或免征的两税税额，不包括实行先征后返、先征后退、即征即退办法退还的两税税额。

5．应纳税额的计算

城市维护建设税的应纳税额计算公式为：

应纳税额＝纳税人实际缴纳的“两税”税额×适用税率

（二）城市维护建设税优惠政策

（1）自2019年1月1日至2021年12月31日，由省、自治区、直辖市人民政府根据本地区实际情况，以及宏观调控需要确定，对增值税小规模纳税人可以在50%的税额幅度内减征城市维护建设税，增值税小规模纳税人已依法享受城市维护建设税其他优惠政策的，可叠加享受。

（2）对黄金交易所会员单位通过黄金交易所销售且发生实物交割的标准黄金，免征城市维护建设税。

（3）对上海期货交易所会员和客户通过上海期货交易所销售且发生实物交割并已出库的标准黄金，免征城市维护建设税。

（4）对国家重大水利工程建设基金免征城市维护建设税。

（5）自2019年1月1日至2021年12月31日，实施扶持自主就业退役士兵创业就业城市维护建设税减免。

（三）城市维护建设税征收管理

1. 纳税义务发生时间

城市维护建设税由纳税人在缴纳“两税”时同时缴纳。

2. 纳税地点

纳税人缴纳“两税”的地点，即该纳税人缴纳城市维护建设税的地点。城市维护建设税纳税地点按下列情况确定：

（1）代扣代缴、代收代缴“两税”的单位和个人，同时也是城市维护建设税的代扣代缴、代收代缴义务人，其城市维护建设税的纳税地点在代扣代收地。

（2）跨省开采的油田，下属生产单位与核算单位不在一个省内的，其生产的原油，在油井所在地缴纳增值税，其应纳税款由核算单位按照各油井的产地和规定税率，计算汇拨油井缴纳。

（3）纳税人跨地区提供建筑服务、销售和出租不动产的，应在建筑服务发生地、不动产所在地预缴增值税时，按预缴增值税所在地的城市维护建设税适用税率就地计算缴纳。

预缴增值税的纳税人在其机构所在地申报缴纳增值税时，按机构所在地的城市维护建设税适用税率就地计算缴纳。

（4）对流动经营等无固定纳税地点的纳税人，应随同“两税”在经营地按适用税率缴纳。

第七节　非税收入征缴与征收管理

一、非税收入概述

（一）非税收入的特点

非税收入具有灵活性、不确定性、非普遍性及资金使用上的特定性等特点。

（1）灵活性。非税收入灵活性表现为形式多样、取得方式多样、征收依据多样以及存续时间上的灵活性、征收标准上的灵活性。

（2）不确定性。非税收入是对特定的行为和特定管理对象征收，一旦该行为或该对象消失或剧减，该项非税收入也会随之消失或剧减，收入来源具有不确定性。

（3）非普遍性。非税收入总是和社会管理职能结合在一起，有特定的管理对象和收取对象，未发生受管制行为的单位和个人排除在这一管理和征收范围之外，征收对象不具有普遍性。

（4）资金使用上的特定性。非税收入项目是基于特定的事项而设立的，每一项政府性基金都有专门用途。

（二）非税收入的分类

根据《政府非税收入管理办法》（财税〔2016〕33号）的规定，非税收入共计12项，具体包括：行政事业性收费收入；政府性基金收入；罚没收入；国有资源（资产）有偿使用收入；国有资本收益；彩票公益金收入；特许经营收入；中央银行收入；以政府名义接受的捐赠收入；主管部门集中收入；政府收入的利息收入；其他非税收入。不包括社会保险费、住房公积金（指计入缴存人个人账户部分）。

二、非税收入征缴

（一）教育费附加和地方教育附加

1. 缴纳义务人

凡缴纳增值税、消费税（以下简称“两税”）的单位和个人，除按照《国务院关于筹措农村学校办学经费的通知》的规定，缴纳农村教育事业费附加的单位外，都应当依照规定缴纳教育费附加和地方教育附加。

凡代征“两税”的单位和个人，亦为代征教育费附加的义务人。

2. 征收范围

教育费附加和地方教育附加与“两税”的征收范围相同。

3. 应缴费额计算

教育费附加和地方教育附加，以各单位和个人实际缴纳的“两税”的税额为计征依据，教育费附加率为3%，地方教育附加率为2%，与“两税”同时缴纳。

除国务院另有规定外，任何地区、部门不得擅自提高或者降低教育费附加率。

4. 特别规定

（1）对海关进口的产品征收的“两税”，不征收教育费附加和地方教育附加。

（2）对由于减免“两税”而发生退税的，可以同时退还已征收的教育费附加和地方教育附加。但对出口产品退还“两税”的，不退还已征的教育费附加和地方教育附加。

（3）经中国人民银行依法决定撤销的金融机构及其分设于各地的分支机构（包括被依法撤销的商业银行、信托投资公司、财务公司、金融租赁公司、城市信用社和农村信用社），用其财产清偿债务时，免征被撤销金融机构转让货物、不动产、无形资产、有价证券、票据等应缴纳的教育费附加。

（4）自2016年2月1日起，对月销售额或营业额不超过10万元（按季度纳税的季度销售额或营业额不超过30万元）的“两税”纳税人免征教育费附加和地方教育附加。

（5）对实行增值税期末留抵退税的纳税人，允许其从教育费附加和地方教育附加的计税（征）依据中扣除退还的增值税税额。

（二）文化事业建设费

1. 缴纳义务人

在中华人民共和国境内提供广告服务的广告媒介单位和户外广告经营单位以

及提供娱乐服务的单位和个人，应按规定缴纳文化事业建设费。

2. 应缴费额的计算

缴纳文化事业建设费的单位和个人应按照提供增值税应税服务取得的销售额3%的费率计算应缴费额，并由主管税务机关在征收增值税时一并征收。计算公式为：

应缴费额＝计费销售额×3%

广告服务计费销售额，为缴纳义务人提供广告服务取得的全部含税价款和价外费用，减除支付给其他广告公司或广告发布者的含税广告发布费后的余额。缴纳义务人减除价款的，应当取得增值税专用发票或国家税务总局规定的其他合法有效凭证，否则不得减除。娱乐服务计费销售额，为缴纳义务人提供娱乐服务取得的全部含税价款和价外费用。

按规定扣缴文化事业建设费的，扣缴义务人应按下列公式计算应扣缴费额：

应扣缴费额＝接收方支付的含税价款×费率

未达到增值税起征点的个人，免征文化事业建设费。

3. 征收管理

由税务机关负责征收管理文化事业建设费。

文化事业建设费的缴纳义务发生时间和缴纳地点，与缴纳义务人的增值税纳税义务发生时间和纳税地点相同。

缴纳义务人、扣缴义务人应在申报期内分别向主管税务机关报送一式两份《文化事业建设费申报表》《文化事业建设费代扣代缴报告表》。实行网上申报的纳税人，文化事业建设费的申报流程与增值税纳税申报相同。

缴纳义务人计算缴纳文化事业建设费时，允许从其提供相关应税服务所取得的全部含税价款和价外费用中扣除相关价款的，应根据取得扣除项目的合法有效凭证逐一填列《应税服务扣除项目清单》，作为申报表附列资料，向主管税务机关同时报送。

《财政部　税务总局关于电影等行业税费支持政策的公告》（财政部 税务总局公告2020年第25号）、《财政部 税务总局关于延续实施应对疫情部分税费优惠政策的公告》（财政部 税务总局公告2021年第7号），自2020年1月1日至2021年12月31日，免征文化事业建设费。

（三）废弃电器电子产品处理基金

废弃电器电子产品处理基金（以下简称基金）是国家为促进废弃电器电子产品回收处理而设立的政府性基金。基金的开征主要是为了充分调动回收企业和处理企业的积极性，逐步规范废弃电器电子产品的回收处理活动。

1. 基金缴纳义务人

中华人民共和国境内电器电子产品的生产者，为基金缴纳义务人，应当从2012年7月1日起按照《废弃电器电子产品处理基金征收管理规定》缴纳基金。电器电子产品生产者包括自主品牌生产企业和代工生产企业。

2. 征收范围

自2016年3月1日起，废弃电器电子产品，主要包括电冰箱、空气调节器、吸油烟机、洗衣机、电热水器、燃气热水器、打印机、复印机、传真机、电视机、监视器、微型计算机、移动通信手持机、电话单机等14类产品。

对采用有利于资源综合利用和无害化处理的设计方案以及使用环保和便于回收利用材料生产的电器电子产品，可以减征基金的，按照国务院相关部门的具体规定执行。

基金缴纳义务人出口电器电子产品，免征基金。

3. 基金缴纳义务的发生时间

（1）基金缴纳义务人销售电器电子产品的，按不同的销售结算方式分别为：

①采取赊销和分期收款结算方式的，为书面合同约定的收款日期的当天，书面合同没有约定收款日期或者无书面合同的，为发出电器电子产品的当天。

②采取预收货款结算方式的，为发出电器电子产品的当天。

③采取托收承付和委托银行收款方式的、为发出电器电子产品并办妥托收手续的当天。

④采取其他结算方式的，为收讫销售款或者取得索取销售款凭据的当天。

（2）受托加工应征基金产品、基金缴纳义务人只收取加工费的，为委托方提货的当天。

（3）基金缴纳义务人将应征基金产品用于生产非应征基金产品、在建工程、管理部门、非生产机构、提供劳务、馈赠、赞助、集资、广告、样品、职工福利、奖励等方面的，为移送使用的当天。

（4）基金缴纳义务人以委托代销方式销售应征基金产品的，为收到代销单位的代销清单或者收到全部或者部分货款的当天。未收到代销清单及货款的，为发出应征基金产品满180天的当天。

4. 应缴费额的计算

基金缴纳义务人销售或受托加工生产相关电器电子产品，按照从量定额的办法计算应缴纳基金。计算公式为：

应缴纳基金＝销售数量（受托加工数量）×征收标准

基金缴纳义务人购进或者收回委托加工电器电子产品已缴纳基金的，从应征基金产品销售数量中扣除；不足扣除部分，可留待下期继续扣除。

基金缴纳义务人受托加工生产应征基金产品的，不论原料和主要材料由何方提供，不论在财务上是否做销售处理，均由受托方缴纳基金。

基金缴纳义务人应当准确核算购进和委托加工收回的已缴纳基金的电器电子产品数量，不能准确核算的，按实际销售数量征收基金。

5. 征收管理

基金缴纳义务人向其主管税务机关申报缴纳基金。

基金缴纳义务人应当自季度终了之日起 15 日内申报缴纳基金，向主管税务机关报送《废弃电器电子产品处理基金申报表》。

基金缴纳义务人应妥善保管基金缴款凭证、增值税专用发票及清单、海关进（出）口货物报关单、代理出口货物证明、委托代理出口协议、委托加工协议、退货证明及其他相关资料。

基金缴纳义务人应当自觉接受税务机关的监督检查，提供有关资料，如实反映情况，不得拒绝、隐瞒。

基金缴纳义务人违反基金征收管理规定的，税务机关比照税收违法行为予以行政处罚。

（四）残疾人就业保障金

1. 缴纳义务人

用人单位安排残疾人就业达不到其所在地省、自治区、直辖市人民政府规定比例的，应当缴纳残疾人就业保障金（以下简称保障金）。

用人单位安排残疾人就业的比例不得低于本单位在职职工总数的 1.5%。具体比例由各省、自治区、直辖市人民政府根据本地区的实际情况规定。

用人单位将残疾人录用为在编人员或依法与就业年龄段内的残疾人签订 1 年以上（含 1 年）劳动合同（服务协议），且实际支付的工资不低于当地最低工资标准，并足额缴纳社会保险费的，方可计入用人单位所安排的残疾人就业人数。

用人单位安排 1 名持有《中华人民共和国残疾人证》（1 至 2 级）或《中华人民共和国残疾军人证》（1 至 3 级）的人员就业的，按照安排 2 名残疾人就业计算。

2. 应缴费额计算

残疾人就业保障金按上年用人单位安排残疾人就业未达到规定比例的差额人数和本单位在职职工年平均工资之积计算缴纳。计算公式为：

保障金年缴纳额＝（上年用人单位在职职工人数×所在地省、自治区、直辖市人民政府规定的安排残疾人就业比例－上年用人单位实际安排的残疾人就业人数）×上年用人单位在职职工年平均工资

用人单位在职职工，是指用人单位在编人员或依法与用人单位签订1年以上（含1年）劳动合同（服务协议）的人员。季节性用工应当折算为年平均用工人数。以劳务派遣用工的，计入派遣单位在职职工人数。

用人单位安排残疾人就业未达到规定比例的差额人数，以公式计算结果为准，可以不是整数。

上年用人单位在职职工年平均工资，按用人单位上年在职职工工资总额除以用人单位在职职工人数计算。

3. 征收管理

保障金由用人单位所在地的税务机关负责征收。有关省、自治区、直辖市对保障金征收机关另有规定的，按其规定执行。

保障金征收机关应当定期向社会公布本地区用人单位缴纳保障金情况。保障金征收机关应当定期对用人单位进行检查，发现用人单位申报不实、少缴纳保障金的，征收机关应当催报并追缴保障金。

保障金征收机关征收保障金时，应当向用人单位开具省级财政部门统一印制的票据或税收票证。

保障金一般按月缴纳。用人单位应按规定时限向保障金征收机关申报缴纳保障金。在申报时，应提供本单位在职职工人数、实际安排残疾人就业人数、在职职工年平均工资等信息，并保证信息的真实性和完整性。

4. 减免规定

（1）自2020年1月1日起对在职职工总数30人（含）以下的企业，暂免征收残保金。

（2）自2017年4月1日起，设置保障金征收标准上限。用人单位在职职工年平均工资未超过当地社会平均工资（用人单位所在地统计部门公布的上年度城镇单位就业人员平均工资）3倍（含）的，按用人单位在职职工年平均工资计征保障金；超过当地社会平均工资3倍以上的，按当地社会平均工资3倍计征保障

金。用人单位在职职工年平均工资的计算口径按照国家统计局关于工资总额组成的有关规定执行。

自 2018 年 4 月 1 日起，将保障金征收标准上限，由当地社会平均工资的 3 倍降低至 2 倍。其中，用人单位在职职工年平均工资未超过当地社会平均工资 2 倍（含）的，按用人单位在职职工年平均工资计征保障金；超过当地社会平均工资 2 倍的，按当地社会平均工资 2 倍计征保障金。

（3）用人单位遇不可抗力自然灾害或其他突发事件遭受重大直接经济损失，可以申请减免或者缓缴保障金。具体办法由各省、自治区、直辖市财政部门规定。

用人单位申请减免保障金的最高限额不得超过 1 年的保障金应缴额，申请缓缴保障金的最长期限不得超过 6 个月。

批准减免或者缓缴保障金的用人单位名单，应当每年公告一次。公告内容应当包括批准机关、批准文号、批准减免或缓缴保障金的主要理由等。

（五）先行划转的财政部驻地方专员办征收的非税收入项目

自 2019 年 1 月 1 日起，原由财政部驻地方财政监察专员办事处负责征收的国家重大水利工程建设基金、农网还贷资金、可再生能源发展基金、中央水库移民扶持基金（含大中型水库移民后期扶持基金、三峡水库库区基金和跨省际大中型水库库区基金）、三峡电站水资源费、核电站乏燃料处理处置基金、免税商品特许经营费、油价调控风险准备金、核事故应急准备专项收入，以及国家留成油收入、石油特别收益金，划转至税务部门征收。

税务部门按照属地原则征收划转的非税收入，具体征收机关由国家税务总局各省、自治区、直辖市和计划单列市税务局按照“便民、高效”原则确定。三峡电站水资源费的中央分成和湖北省分成部分，由缴费人向湖北省税务部门申报缴纳；重庆市分成部分，由缴费人向重庆市税务部门申报缴纳。

国家重大水利工程建设基金、农网还贷资金、可再生能源发展基金、中央水库移民扶持基金（含大中型水库移民后期扶持基金、三峡水库库区基金、跨省际大中型水库库区基金）、三峡电站水资源费、核电站乏燃料处理处置基金、免税商品特许经营费、核事故应急准备专项收入和国家留成油收入等非税收入的申报，统一使用《非税收入通用申报表》，石油特别收益金使用《石油特别收益金申报表》，油价调控风险准备金使用《油价调控风险准备金申报表》。

缴费人采用自行申报方式办理非税收入申报缴纳等有关事项。相关电网企业按照现行规定进行代征，并向税务部门申报缴纳。符合非税收入减免政策的，缴费人自行申报享受，相关资料由缴费人留存备查，并对资料的真实性和合法性承担责任。各项非税收入缴纳期限按现行规定执行。

三、非税收入征收管理

（一）执收主体

非税收入执收主体由法律、法规、规章规定，法律、法规、规章没有规定执收主体的，由非税收入管理机构直接征收或依法委托相关单位征收。未经财政部门批准，不得改变非税收入执收主体。法律、法规对非税收入执收主体已有规定的，从其规定。

执收主体应当履行下列职责：

（1）公示非税收入征收依据和具体征收事项，包括项目、对象、范围、标准、期限和方式等。

（2）严格按照规定的非税收入项目、征收范围和征收标准进行征收，及时足额上缴非税收入，并对欠缴、少缴收入实施催缴。

（3）记录、汇总、核对并按规定向同级财政部报送非税收入征缴情况。

（4）编报非税收入年度收入预算。

（5）执行非税收入管理的其他有关规定。

执收主体不得违规多征、提前征收或者减征、免征、缓征非税收入。

各级财政部门应当加强非税收入执收管理和监督，不得向执收主体下达非税收入指标。

（二）缴纳义务人

公民、法人或者其他组织（以下简称缴纳义务人）应当按规定履行非税收入缴纳义务。

对违规设立非税收入项目、扩大征收范围、提高征收标准的，缴纳义务人有权拒绝缴纳并向有关部门举报。

缴纳义务人因特殊情况需要缓缴、减缴、免缴非税收入的，应当向执收单位提出书面申请，并由执收单位报有关部门按照规定审批。

（三）非税收入的票据管理

非税收入的票据管理的内容包括印制、领取、发放、使用、保管、核销、销毁、监督检查等内容。

各级财政部门应当通过加强非税收入票据管理，规范执收单位的征收行为，从源头上杜绝乱收费，并确保依法合规的非税收入及时足额上缴国库。

（四）非税收入的收缴管理

1. 非税收入收缴的电子化管理

各级财政部门应当加快推进非税收入收缴电子化管理，逐步降低征收成本，提高收缴水平和效率。

2. 非税收入的资金管理

非税收入的资金管理包括收缴、存储、退付、清算、核算等内容。

(1) 非税收入收缴实行国库集中收缴制度。

(2) 非税收入应当依照法律、法规规定或者按照管理权限确定的收入归属和缴库要求，缴入相应级次国库。

(3) 非权收入的预算管理。根据非税收入不同性质，分别纳入一般公共预算、政府性基金预算和国有资本经营预算管理。

第八节 社会保险费征缴与征收管理

一、社会保险费征缴

中华人民共和国境内的用人单位和个人依法缴纳社会保险费。

社会保险费可以分为基本保险费和补充保险费。

基本保险费，主要包括基本养老保险费、基本医疗保险费、工伤保险费、失业保险费和生育保险费。

补充保险费，主要包括补充养老保险费和补充医疗保险费。

补充保险是相对于基本保险而言的，不是通过国家立法强制实施的，而是由用人单位或个人自愿参加的非强制性保险，一般是在单位和职工参加统一的基本保险后，由单位或个人根据需求和可能原则，适当增加保险项目，来提高保险保障水平的一种补充性保险。

（一）基本养老保险费的征缴

基本养老保险费用一般由国家、单位和个人三方或单位和个人双方共同负担，并实现广泛的社会互济。

参加基本养老保险的个人，达到法定退休年龄时累计缴费满 15 年的，按月领取基本养老金。

1. 基本养老保险费的征缴范围

职工应当参加基本养老保险，由用人单位和职工共同缴纳基本养老保险费。基本养老保险费的征缴范围，包括国有企业、外商投资企业、城镇集体企业、城镇私营企业和其他城镇企业及其职工，实行企业化管理的事业单位及其职工。省、自治区、直辖市人民政府可以规定，将城镇个体工商户纳入基本养老保险范围。

无雇工的个体工商户、未在用人单位参加基本养老保险的非全日制从业人员以及其他灵活就业人员可以参加基本养老保险，由个人缴纳基本养老保险费。

2. 基本养老保险费的缴费基数和费率

用人单位缴纳基本养老保险费的基数可以为职工工资总额，也可以为本单位职工个人缴费工资基数之和。

自 2019 年 5 月 1 日起，降低城镇职工基本养老保险（包括企业和机关事业单位基本养老保险）单位缴费比例。各省、自治区、直辖市及新疆生产建设兵团养老保险单位缴费比例高于 16% 的，可降至 16%。

职工应当按照国家规定的本人工资的比例缴纳基本养老保险费，记入个人账户。职工缴纳基本养老保险费的比例为个人缴费工资的 8%。本人月平均工资低于当地职工月平均工资的 60% 的，按照当地职工月平均工资的 60% 作为缴费基数。本人月平均工资高于当地职工平均工资的 300% 的，按照当地职工的月平均工资的 300% 作为缴费基数。缴费基数每年确定一次，且确定以后，1 年内不再变动。

各省应以本省城镇非私营单位就业人员平均工资和城镇私营单位就业人员平均工资加权计算的全口径城镇单位就业人员平均工资，核定社保个人缴费基数上下限，合理降低部分参保人员和企业的社保缴费基数。

个体工商户和灵活就业人员参加企业职工基本养老保险，可以在本省全口径城镇单位就业人员平均工资的 60%~300% 之间选择适当的缴费基数。

城乡居民养老保险基金由个人缴费、集体补助、政府补贴构成。个人缴费标准目前设为每年 100 元、200 元、300 元、400 元、500 元、600 元、700 元、800 元、900 元、1000 元、1500 元、2000 元 12 个档次，省（区、市）人民政府可以根据实际情况增设缴费档次，参保人自主选择档次缴费，多缴多得。有条件的村集体经济组织应当对参保人缴费给予补助。地方人民政府应当对参保人缴费给予补贴，对选择最低档次标准缴费的，补贴标准不低于每人每年 30 元；对选择较高档次标准缴费的，适当增加补贴金额；对选择 500 元及以上档次标准缴费的，补贴标准不低于每人每年 60 元，具体标准和办法由省（区、市）人民政府确定。对重度残疾人等缴费困难群体，地方人民政府为其代缴部分或全部最低标准的养老保险费。

（二）基本医疗保险费的征缴

1. 基本医疗保险费的征缴范围

职工应当参加职工基本医疗保险，基本医疗保险费由用人单位和职工共同缴纳。

基本医疗保险费的征缴范围，包括国有企业、外商投资企业、城镇集体企业、城镇私营企业和其他城镇企业及其职工，国家机关及其工作人员，事业单位及其职工，社会团体及其专职人员，民办非企业单位及其职工。省、自治区、直辖市人民政府可以规定，将城镇个体工商户纳入基本医疗保险的范围。

无雇工的个体工商户、未在用人单位参加职工基本医疗保险的非全日制从业人员以及其他灵活就业人员可以参加职工基本医疗保险，由个人按照国家规定缴纳基本医疗保险费。

2. 基本医疗保险费的缴费基数和费率

用人单位缴纳基本医疗保险的基数为职工工资总额，个人缴费基数为本人工资。

用人单位缴费比例应控制在职工工资总额的 6% 左右，职工个人缴费比例一般为本人工资收入的 2%。

随着经济发展，用人单位和职工缴费比例可作相应调整。

城乡居民基本医疗保险实行个人缴费和政府补贴相结合。

（三）失业保险费的征缴

1. 失业保险费的征缴范围

职工应当参加失业保险，由用人单位和职工按照国家规定共同缴纳失业保险费。

失业保险费的征缴范围，包括国有企业、外商投资企业、城镇集体企业、城镇私营企业和其他城镇企业及其职工，事业单位及其职工。省、自治区、直辖市人民政府可以规定，将社会团体及其专职人员，民办非企业单位及其职工，有雇工的城镇个体工商户及其雇工纳入失业保险的范围。

2．失业保险费的缴费基数和费率

依据《失业保险条例》，城镇企业事业单位按照本单位工资总额的2%缴纳失业保险费，城镇企业事业单位职工按照本人工资的1%缴纳失业保险费。

城镇企业事业单位招用的农民合同制工人本人不缴纳失业保险费。

省、自治区、直辖市人民政府根据本行政区域失业人员数量和失业保险基金数额，报经国务院批准，可以适当调整本行政区域失业保险费的费率。

自2019年5月1日起，实施失业保险总费率1%的省，延长阶段性降低失业保险费率的期限至2020年4月30日。

（四）生育保险费的征缴

1．生育保险费的征缴范围

职工应当参加生育保险，由用人单位按照国家规定缴纳生育保险费，职工个人不缴纳生育保险费。

省、自治区、直辖市人民政府根据本地实际情况，可以决定上述三项保险费的征缴范围适用于本行政区域内生育保险的征收、缴纳。

2．生育保险费的缴费基数和费率

依据《企业职工生育保险试行办法》，生育保险费的缴费比例由当地人民政府根据计划内生育人数和生育津贴、生育医疗费等费用确定，并可根据费用支出情况适时调整，但最高不得超过工资总额的1%。

企业缴纳的生育保险费作为期间费用处理，列入企业管理费用。

（五）工伤保险费的征缴

1．工伤保险费的征缴范围

职工应当参加工伤保险，由用人单位缴纳工伤保险费，职工个人不缴纳工伤保险费。

根据《工伤保险条例》的规定，工伤保险的征缴范围，包括中华人民共和国境内的企业、事业单位、社会团体、民办非企业单位、基金会、律师事务所、会计师事务所等组织和有雇工的个体工商户。

公务员和参照公务员法管理的事业单位、社会团体的工作人员因工作遭受事故伤害或者患职业病的，由所在单位支付费用。

2. 工伤保险费的缴费基数和费率

国家根据不同行业的工伤风险程度确定行业的差别费率，并根据工伤保险费使用、工伤发生率等情况在每个行业内确定若干费率档次。行业差别费率及行业内费率档次由国务院社会保险行政部门制定，报国务院批准后公布施行。

社会保险经办机构根据用人单位使用工伤保险基金、工伤发生率和所属行业费率档次等情况，确定用人单位缴费费率。

用人单位应当按照本单位职工工资总额，根据社会保险经办机构确定的费率缴纳工伤保险费。

自 2019 年 5 月 1 日起，延长阶段性降低工伤保险费率的期限至 2020 年 4 月 30 日，工伤保险基金累计结余可支付月数在 18 个月至 23 个月的统筹地区可以现行费率为基础下调 20%，累计结余可支付月数在 24 个月以上的统筹地区可以现行费率为基础下调 50%。

二、社会保险费征收管理

（一）社会保险登记

缴费单位应当自成立之日起 30 日内向当地社会保险经办机构办理社会保险登记，参加社会保险。登记事项包括：单位名称、住所、经营地点、单位类型、法定代表人或者负责人、开户银行账号以及国务院劳动保障行政部门规定的其他事项。

企业在办理登记注册时，同步办理社会保险登记。

缴费单位的社会保险登记事项发生变更或者缴费单位依法终止的，应当自变更或者终止之日起 30 日内，到社会保险经办机构办理变更或者注销社会保险登记手续。

自愿参加社会保险的无雇工的个体工商户、未在用人单位参加社会保险的非全日制从业人员以及其他灵活就业人员，应当向社会保险经办机构申请办理社会保险登记。

社会保险登记证件不得伪造、变造。

国家建立全国统一的个人社会保障号码。个人社会保障号码为公民身份号码。

工商行政管理部门、民政部门和机构编制管理机关应当及时向社会保险经办机构通报用人单位的成立、终止情况，公安机关应当及时向社会保险经办机构通报个人的出生、死亡以及户口登记、迁移、注销等情况。

用人单位不办理社会保险登记的，由社会保险行政部门责令限期改正；逾期不改正的，对用人单位处应缴社会保险费数额1倍以上3倍以下的罚款，对其直接负责的主管人员和其他直接责任人员处500元以上3000元以下的罚款。

（二）社会保险费核定

社会保险经办机构负责社会保险缴费核定等工作。

缴费单位必须按月向社会保险经办机构申报应缴纳的社会保险费数额，经社会保险经办机构核定后，在规定的期限内缴纳社会保险费。

缴费单位不按规定申报应缴纳的社会保险费数额的，由社会保险经办机构暂按该单位上月缴费数额的110%确定应缴数额；没有上月缴费数额的，由社会保险经办机构暂按该单位的经营状况、职工人数等有关情况确定应缴数额。缴费单位补办申报手续并按核定数额缴纳社会保险费后，由社会保险经办机构按照规定结算。

（三）社会保险费费款申报

1. 按时自行申报

（1）用人单位应当自行申报缴纳社会保险费。

①用人单位应当按照法律法规规定，按月在规定的申报期限内将本单位应缴纳的社会保险费和职工应缴的社会保险费一并向税务部门申报缴纳。

②申报事项包括：用人单位名称、组织机构代码、地址及联系方式；用人单位开户银行、户名及账号；用人单位的缴费险种、缴费基数、费率、缴费数额；职工名册及职工缴费情况；社会保险经办机构规定的其他事项。

③在一个缴费年度内，用人单位初次申报后，其余月份可以只申报上述规定事项的变动情况；无变动的，可以不申报。

④用人单位应当按照税务机关的规定填写社会保险费明细申报表，代职工进

行社会保险费明细申报。代职工申报的事项包括：职工姓名、社会保障号码、用工类型、联系地址、代扣代缴明细等。用人单位代职工申报的缴费明细以及变动情况应当经职工本人签字认可，由用人单位留存备查。

⑤单位办理社会保险缴费申报有困难的，经税务机关同意，可以邮寄申报。邮寄申报以寄出地的邮戳日期为实际申报日期。有条件的地区，用人单位也可以按照规定进行网上申报。

⑥用人单位应当向税务机关如实申报各项具体所列申报事项。用人单位申报材料齐全、缴费基数和费率符合规定、填报数量关系一致的，社会保险经办机构核准后出具缴费通知单；用人单位申报材料不符合规定的，退用人单位补正。

⑦社会保险经办机构或税务机关依法对用人单位进行稽核时，发现用人单位存在未足额申报缴纳的社会保险费，责令其限期对应补的社会保险费向税务机关申报缴纳。此种情况，允许单独申报单位应缴部分的社会保险费。

（2）灵活就业人员社会保险费日常申报。

以灵活就业人员身份参加社会保险费的缴费人按期向税务机关申报应缴社会保险费。灵活就业人员规定的申报期限可以按月、半年、全年。灵活就业人员可以自主选择不同档次的金额申报缴纳，各地档次金额可以根据当地情况进行设置。

（3）城乡居民社会保险费申报。

参加城乡居民社会保险的参保人或者代办单位向税务机关申报缴纳社会保险费。城乡居民社会保险费申报分为城乡居民养老保险费申报和城乡居民医疗保险费申报，正常均为1年缴纳1次。城乡居民养老保险申报可以自主选择不同档次的金额申报缴纳，各地档次金额可以根据当地情况进行设置。除了正常每年缴纳外，还允许到龄一次性补缴，补缴金额由人社部门核定后传递给税务部门征收。

2. 延期申报

用人单位因不可抗力，不能按期办理缴费申报的，可以延期申报；不可抗力情形消除后，应当立即向社会保险经办机构报告。社会保险经办机构应当查明事实，予以核准。

（四）社会保险费费款征收

1. 按时足额缴纳

用人单位应当按时足额缴纳社会保险费，非因不可抗力等法定事由不得缓缴、减免。职工应当缴纳的社会保险费由用人单位代扣代缴，用人单位应当按月将缴纳社会保险费的明细情况告知本人。

无雇工的个体工商户、未在用人单位参加社会保险的非全日制从业人员以及其他灵活就业人员，可以直接向税务机关缴纳社会保险费。

税务机关应当依法按时足额征收社会保险费，并将缴费情况定期告知用人单位和个人。社会保险费的费基、费率依照有关法律、行政法规和国务院的规定执行。

缴费单位和缴费个人应当以货币形式全额缴纳社会保险费。

社会保险费不得减免。

2. 未按时足额缴纳的处理

（1）责令其限期缴纳或者补足。

用人单位未按时足额缴纳社会保险费的，由税务机关责令其限期缴纳或者补足。

（2）申请划拨社会保险费。

用人单位逾期仍未缴纳或者补足社会保险费的，税务机关可以向银行和其他金融机构查询其存款账户；并可以申请县级以上有关行政部门作出划拨社会保险费的决定，书面通知其开户银行或者其他金融机构划拨社会保险费。

（3）提供担保与延期缴费。

用人单位账户余额少于应当缴纳的社会保险费的，税务机关可以要求该用人单位提供担保，签订延期缴费协议。

《延期缴费协议》期限最长不超过 1 年。

用人单位提供担保并签订延期缴费协议的，其职工在延缴期间按照规定享受社会保险待遇。用人单位按照社会保险法的规定，提供担保并与税务机关签订缓缴协议的，免收缓缴期间的滞纳金。

（4）申请人民法院强制执行。

用人单位未足额缴纳社会保险费且未提供担保的，税务机关可以申请人民法院扣押、查封、拍卖其价值相当于应当缴纳社会保险费的财产，以拍卖所得抵缴社会保险费。

（5）法律责任。

用人单位未按时足额缴纳社会保险费的，由税务机关责令限期缴纳或者补足，并自欠缴之日起，按日加收 0.5‰的滞纳金；逾期仍不缴纳的，由有关行政部门处欠缴数额 1 倍以上 3 倍以下的罚款。

第二章
税收征管改革与税费基础事项管理规范

第一节　税收征管改革

一、税收征管体制改革

（一）税收征管体制改革指导思想

全面贯彻党的十九大和十九届二中、三中全会精神，以习近平新时代中国特色社会主义思想为指导，以加强党的全面领导为统领，改革国税地税征管体制，合并省级和省级以下国税地税机构，划转社会保险费和非税收入征管职责，构建优化高效统一的税收征管体系，为高质量推进新时代税收现代化提供有力制度保证，更好发挥税收在国家治理中的基础性、支柱性、保障性作用，更好服务决胜全面建成小康社会、开启全面建设社会主义现代化国家新征程、实现中华民族伟大复兴的中国梦。

（二）税收征管体制改革基本原则

坚持党的全面领导，坚决维护习近平总书记的核心地位，坚决维护以习近平同志为核心的党中央权威和集中统一领导，把加强党的全面领导贯穿国税地税征管体制改革各方面和全过程，确保改革始终沿着正确方向推进。

坚持为民便民利民。以纳税人和缴费人为中心，推进办税和缴费便利化改革，从根本上解决“两头跑”“两头查”等问题，切实维护纳税人和缴费人合法权益，降低纳税和缴费成本，促进优化营商环境，建设人民满意的服务型税务机关，使人民有更多获得感。

坚持优化高效统一。调整优化税务机构职能和资源配置，增强政策透明度和执法统一性，统一税收、社会保险费、非税收入征管服务标准，促进现代化经济体系建设和经济高质量发展。

坚持依法协同稳妥。深入贯彻全面依法治国要求，坚持改革和法治相统一、相促进，更好发挥中央和地方两个积极性，实现国税地税机构事合、人合、力合、心合，做到干部队伍稳定、职责平稳划转、工作稳妥推进、社会效应良好。

（三）税收征管体制改革主要目标

通过改革逐步构建起优化高效统一的税收征管体系，为纳税人缴费人提供更加优质高效便利的服务，提高税法遵从度和社会满意度，提高征管效率，降低征纳成本，增强税费治理能力，确保税收职能作用充分发挥，夯实国家治理的重要基础。

（四）税收征管体制改革重点改革任务

各省、市、县税务局按期逐级分步完成集中办公、新机构挂牌并以新机构名义开展工作。从严从紧控制机构数量，进一步优化各层级税务组织体系和征管职责，完善结构布局和力量配置，做到机构设置科学、职能职责清晰、资源配置合理。同时，明确从 2019 年 1 月 1 日起，将基本养老保险费、基本医疗保险费、失业保险费、工伤保险费、生育保险费等各项社会保险费交由税务部门统一征收。按照便民、高效的原则，合理确定非税收入征管职责划转到税务部门的范围，对依法保留、适宜划转的非税收入项目成熟一批划转一批，逐步推进。要求整合纳税服务和税收征管等方面业务，优化完善税收和缴费管理信息系统，更好便利纳税人和缴费人。

二、进一步深化税收征管改革

（一）指导思想

中共中央办公厅、国务院办公厅印发的《关于进一步深化税收征管改革的意见》提出，要以习近平新时代中国特色社会主义思想为指导，全面贯彻党的十九大和十九届二中、三中、四中、五中全会精神，围绕把握新发展阶段、贯彻新发展理念、构建新发展格局，深化税收征管制度改革，着力建设以服务纳税人缴费人为中心，以发票电子化改革为突破口，以税收大数据为驱动力的具有高集成功能、高安全性能、高应用效能的智慧税务，深入推进精确执法、精细服务、精准监管、精诚共治。大幅提高税法遵从度和社会满意度，明显降低征纳成本，充分发挥税收在国家治理中的基础性、支柱性、保障性作用，为推动高质量发展提供有力支撑。

（二）工作原则

中共中央办公厅、国务院办公厅印发的《关于进一步深化税收征管改革的意见》，提出：

（1）坚持党的全面领导，确保党中央、国务院决策部署不折不扣落实到位。

（2）坚持依法治税，善于运用法治思维和法治方式深化改革，不断优化税务执法方式，着力提升税收法治化水平。

（3）坚持为民便民，进一步完善利企便民服务措施，更好满足纳税人缴费人合理需求。

（4）坚持问题导向，着力补短板强弱项，切实解决税收征管中的突出问题。

（5）坚持改革创新，深化税务领域“放管服”改革，推动税务执法、服务、监管的理念和方式手段等全方位变革。

（6）坚持系统观念，统筹推进各项改革措施，整体性集成式提升税收治理效能。

（三）主要目标

中共中央办公厅、国务院办公厅印发的《关于进一步深化税收征管改革的意见》，明确了主要目标：

（1）到 2022 年，在税务执法规范性、税费服务便捷性、税务监管精准性上取得重要进展。

（2）到 2023 年，基本建成“无风险不打扰、有违法要追究、全过程强智控”的税务执法新体系，实现从经验式执法向科学精确执法转变；基本建成“线下服务无死角、线上服务不打烊、定制服务广覆盖”的税费服务新体系，实现从无差别服务向精细化、智能化、个性化服务转变；基本建成以“双随机、一公开”监管和“互联网＋监管”为基本手段、以重点监管为补充、以“信用＋风险”监管为基础的税务监管新体系，实现从“以票管税”向“以数治税”分类精准监管转变。

(3) 到 2025 年，深化税收征管制度改革取得显著成效，基本建成功能强大的智慧税务，形成国内一流的智能化行政应用系统，全方位提高税务执法、服务、监管能力。

（四）全面推进税收征管数字化升级和智能化改造

中共中央办公厅、国务院办公厅《关于进一步深化税收征管改革的意见》提出，全面推进税收征管数字化升级和智能化改造的具体内容包括：

(1) 加快推进智慧税务建设。

(2) 稳步实施发票电子化改革。

(3) 深化税收大数据共享应用。

（五）加快推进智慧税务建设的目标

中共中央办公厅、国务院办公厅《关于进一步深化税收征管改革的意见》提出：

(1) 2022 年基本实现法人税费信息“一户式”、自然人税费信息“一人式”智能归集。

(2) 2023 年基本实现税务机关信息“一局式”、税务人员信息“一员式”智能归集，深入推进对纳税人缴费人行为的自动分析管理、对税务人员履责的全过程自控考核考评、对税务决策信息和任务的自主分类推送。

(3) 2025 年实现税务执法、服务、监管与大数据智能化应用深度融合、高效联动、全面升级。

（六）稳步实施发票电子化改革的目标

中共中央办公厅、国务院办公厅《关于进一步深化税收征管改革的意见》提出：

(1) 2021 年建成全国统一的电子发票服务平台，24 小时在线免费为纳税人提供电子发票申领、开具、交付、查验等服务。制定出台电子发票国家标准，有序推进铁路、民航等领域发票电子化。

(2) 2025 年基本实现发票全领域、全环节、全要素电子化，着力降低制度性交易成本。

（七）深化税收大数据共享应用

中共中央办公厅、国务院办公厅《关于进一步深化税收征管改革的意见》提出：

（1）探索区块链技术在社会保险费征收、房地产交易和不动产登记等方面的应用，并持续拓展在促进涉税涉费信息共享等领域的应用。

（2）不断完善税收大数据云平台，加强数据资源开发利用，持续推进与国家及有关部门信息系统互联互通。

（3）2025 年建成税务部门与相关部门常态化、制度化数据共享协调机制，依法保障涉税涉费必要信息获取；健全涉税涉费信息对外提供机制，打造规模大、类型多、价值高、颗粒度细的税收大数据，高效发挥数据要素驱动作用。完善税收大数据安全治理体系和管理制度，加强安全态势感知平台建设，常态化开展数据安全风险评估和检查，健全监测预警和应急处置机制，确保数据全生命周期安全。加强智能化税收大数据分析，不断强化税收大数据在经济运行研判和社会管理等领域的深层次应用。

（八）不断完善税务执法制度和机制

中共中央办公厅、国务院办公厅《关于进一步深化税收征管改革的意见》提出的具体内容包括：

（1）健全税费法律法规制度。

（2）严格规范税务执法行为。

（3）不断提升税务执法精确度。

（4）加强税务执法区域协同。

（5）强化税务执法内部控制和监督。

（九）大力推行优质高效智能税费服务

中共中央办公厅、国务院办公厅《关于进一步深化税收征管改革的意见》提出的具体内容包括：

（1）确保税费优惠政策直达快享。

（2）切实减轻办税缴费负担。

（3）全面改进办税缴费方式。

（4）持续压减纳税缴费次数和时间。

（5）积极推行智能型个性化服务。

（6）维护纳税人缴费人合法权益。

（十）精准实施税务监管

中共中央办公厅、国务院办公厅《关于进一步深化税收征管改革的意见》提出的具体内容包括：

（1）建立健全以“信用 + 风险”为基础的新型监管机制。

（2）加强重点领域风险防控和监管。

（3）依法严厉打击涉税违法犯罪行为。

（十一）持续深化拓展税收共治格局

具体内容包括：

（1）加强部门协作。

（2）加强社会协同。

（3）强化税收司法保障。

（4）强化国际税收合作。

第二节　税费基础事项管理

一、纳税人缴费人类型

（一）主管税务机关及科所分配

对首次纳入税务机关管理的纳税人、扣缴义务人、缴费人或税源管理项目（建筑工程项目、不动产项目等），或因经营地址发生变化需变更主管税务机关的，以及因税务机关管理范围调整而变更纳税人、扣缴义务人、缴费人的主管税务机关（科、所、分局）的，应由主管税务机关（科、所、分局）上一级税务机关进行分配主管税务机关及科所分配。

纳税人变更生产经营地址后（包括跨地市或者跨省），不再办理清税注销，通过本事项办理。

（二）税（费）种认定

税（费）种认定，是指税务机关通过获取纳税人、扣缴义务人、缴费人或受托代征人等课征主体（以下统称纳税人）报告的身份信息、纳税人首次进行纳税（费）申报时提供的税种信息，以及税收征管工作中依法取得的其他相关信息，通过建立后台数据模型，对纳税人的认定有效期、申报期限、纳税（费）期限、税率或单位税额、预算分配比例等税（费）种征收属性进行自动化认定的工作。

按照还责还权于纳税人的管理理念，由纳税人根据自身生产经营范围和发生的应税行为，依法选择相应税费种申报缴纳税费。税务机关仅负责维护征收属性相关内容。

（三）出口退（免）税企业分类管理

税务机关应按照风险可控、放管服结合、利于遵从、便于办税的原则，对出口退（免）税企业（以下简称出口企业）进行分类管理。各省、自治区、直辖市、计划单列市税务局负责本地区出口企业分类管理的组织实施。具有出口退（免）税审批权限的税务局负责所辖出口企业管理类别的评定工作。出口企业管理类别分为一类、二类、三类、四类，分别适用不同的出口退税管理。

出口企业相关情形发生变更并申请调整管理类别的，主管税务机关应按照有关规定及时开展评定工作。

税务机关发现出口企业需实施管理类别动态调整情形的应按规定调整其管理类别。

（四）增值税、消费税汇总纳税报告

固定业户应当向其机构所在地的主管税务机关申报纳税。总机构和分支机构不在同一县（市）的，应当分别向各自所在地的主管税务机关申报纳税；经国务院财政、税务主管部门或者其授权的财政、税务机关批准，可以由总机构汇总向总机构所在地的主管税务机关申报纳税。

（五）税务认定资格取消

税务机关对日常管理、检查中发现纳税人已不符合税务认定条件的，取消其已认定的税务认定资格；需要结清应纳税款、滞纳金、罚款，缴销发票及有关证件的，同时予以处理。

（六）涉税信息查询管理

纳税人可以通过网站、客户端软件、自助办税终端等渠道，经过有效身份认证和识别，自行查询税费缴纳情况、纳税信用评价结果、涉税事项办理进度等自身涉税信息。纳税人无法自行获取所需自身涉税信息，可以向税务机关提出书面申请，税务机关应当在本单位职责权限内予以受理。

各级税务机关应当采取有效措施，切实保障涉税信息查询安全可控。

（七）临时身份建立

对依法不需要办理税务登记、扣缴税款登记等主体登记的组织，在申请办理代开发票等涉税业务，或者税务机关依职权对其发起稽查、法制等涉税业务时，以及对于应办未办理税务登记、扣缴税款登记等主体登记的组织，税务机关依职权对其发起稽查、法制等涉税业务时，可以使用组织临时登记建立临时税收档案。

为满足税务机关内部涉税（费）事项办理需要，如收入规划核算部门填制汇总缴款书，进行社会保险费上划和解缴；发票管理部门进行发票缴销、印制等，赋予相关征收部门临时身份，便于对现金汇总以及社会保险费汇集等业务处理。

（八）社会保险参保缴费信息关联管理

税务机关依据社会保险经办机构传递的单位、个人参保缴费信息、工程项目参保缴费登记信息，与税务机关征缴系统的数据信息进行参保缴费信息关联，建对照关系，确认缴费单位、缴费个人的社会保险参保缴费信息的管理活动，是社会保险费征管的首要环节，是缴费单位纳入税务机关管理的标志。社会保险参保缴费信息关联管理包括用人单位（城乡居民虚拟户）参保缴费信息关联、灵活就业人员参保缴费信息关联、职工个人参保缴费信息关联、城乡居民参保缴费信息关联等。

社会保险参保缴费信息关联变更是对已建立社会保险参保缴费信息关联后，缴费人参保信息发生变化需要同步更新征收系统关联信息时发生的业务。

社会保险参保缴费信息关联注销是对已建立社保参保缴费信息关联后，缴费人已在社保经办机构办理参保登记注销，需要在征收系统进行同步注销而设置的。

（九）扣缴义务人指定

对非居民企业在中国境内取得工程作业和劳务所得应缴纳的所得税，税务机关可以指定工程价款或者劳务费的支付人为扣缴义务人。

税务人员根据《企业所得税法》第三十八条规定的可以指定扣缴义务人的情形，以及境内机构和个人向非居民发包工程作业或劳务项目时向税务机关报送的《境内机构和个人发包工程作业或劳务项目报告表》及非居民企业申报纳税证明资料或其他信息，制作《非居民企业承包工程作业和提供劳务企业所得税扣缴义务通知书》，送达被指定方，并告知扣缴义务人所扣税款的计算依据、计算方法、扣缴期限和扣缴方式。

（十）委托代征管理

（1）委托代征，是指税务机关根据《中华人民共和国税收征收管理法实施细则》（以下简称《税收征管法实施细则》）中有利于税收控管和方便纳税的要求，按照双方自愿、简便征收、强化管理、依法委托的原则和国家有关规定，委托有关单位和人员代征零星、分散和异地缴纳的税收的行为。委托代征管理主要包括委托协议签订、委托协议终止、委托协议公告。

（2）《委托代征协议书》有效期最长不得超过 3 年。有效期满需要继续委托代征的，应当重新签订《委托代征协议书》。

税务机关可以与代征人签订代开发票书面协议并委托代征人代开普通发票。代开发票书面协议的主要内容应当包括代开的普通发票种类、对象、内容和相关责任。代开发票书面协议由各省、自治区、直辖市和计划单列市自行制定。

（3）有下列情形之一的，税务机关可以向代征人发出《终止委托代征协议通知书》，提前终止委托代征协议：

①因国家税收法律、行政法规、规章等规定发生重大变化，需要终止协议的。

②税务机关被撤销主体资格的。

③因代征人发生合并、分立、解散、破产、撤销或者因不可抗力发生等情形，需要终止协议的。

④代征人有弄虚作假、故意不履行义务、严重违反税收法律法规的行为，或者有其他严重违反协议的行为。

⑤税务机关认为需要终止协议的其他情形。

(4)《签订委托代征协议公告》或《终止委托代征协议公告》需要在广播、电视、报纸、期刊、网络等新闻媒体或者代征范围内纳税人相对集中的场所进行公告。

（十一）企业集团及其成员单位信息采集

将企业集团及其成员单位认定纳入日常管理范围，由企业集团及其成员单位所属地税务部门按照税务登记的有关规定对企业集团及其成员单位进行标识认定。

企业集团名单最初由国家税务总局提供给企业集团所在地税务机关，企业集团所在地税务机关要求所辖企业集团提供成员单位名单并集中认定，此后，企业集团及其成员单位的认定纳入日常管理范围。企业集团及其成员单位新办税务登记时应对企业集团成员资格进行标示认定，企业集团成员单位名单有变更时，企业集团应向所在地税务机关报送变更成员单位名单，通过与原名单比对，分别由企业集团及其成员单位所在地税务机关对新增成员单位录入上级集团情况并对成员打标识，对减少的成员单位去除其成员单位标识及删除上级集团情况。

企业集团及其成员单位认定标识分为三类：

(1) 集团母公司（核心企业)。

(2) 集团母公司（集团总部）仅有相应集团的管理职能，却没有实际经营业务的集团总部机构。

(3) 集团成员公司。

（十二）税收调查企业认定

税收调查企业认定，是指税务机关按照财政部、国家税务总局统一下发的调查企业名单相关规定，对本年度需要进行税收调查的纳税人进行标识认定的工作。

全国税收调查的对象由重点调查企业和抽样调查企业组成，均为独立缴纳增值税的企业。其中，重点调查由财政部和国家税务总局根据税制改革、政策调整和税收管理的需要确定，主要包括各地重点税源监控企业、加工贸易企业等。抽样调查在总结往年经验的基础上，综合考虑税收分析研究需要、数据可获取性及代表性、全国调查能力及省级平衡等主、客观因素，采用科学的抽样方法实施。

（十三）重点税源纳税人认定

税务机关为了做好信息管税、税源专业化管理和税收收入质量管理工作，通过对所管辖的达到重点税源标准的纳税人进行标识认定而将其纳入监测范围。

为确保重点税源的连续性，除非连续 3 年未达到标准和停止经营的纳税人，已纳入重点税源的纳税人均应持续纳入监测。各级税务机关可以根据本地工作需要，逐级扩大重点税源监测范围。纳入监测的重点税源纳税人需完整填报重点税源报表各项指标，逐月上报税务总局。

重点税源监测的纳税人一般每年认定一次，由主管税务机关根据本年标准和上年实际纳税情况进行认定，在上报 1 月重点税源报表数据前完成最终的确认工作。

纳入重点税源监测的按单户纳税人每年 2 月通过“重点税源数据采集”流程填报所属期为 1 月重点税源报表数据前，各级税务机关可以进行名单的监测级次调整和增加、删除，即省级税务机关可以调整监测级次和增加、删除所有层级名单，市、县级税务机关可以调整本级及下级监测级次和增加、删除本级及下级监测企业名单。已经推送给下级机关的不可改数据。

（十四）退（免）税需实行特定管理企业确认

退（免）税需实行特定管理企业确认事项，是指税务机关对发生规定情形的企业实施特定管理的事项，包括退（免）税需提供收汇资料企业确认、出口适用增值税免税政策企业确认。

（1）退（免）税需提供收汇资料企业确认：主管税务机关发现出口企业按照规定需要在申报退（免）税时提供收汇资料的，应发起本事项并告知其在申报退（免）税时，对已收汇的出口货物需提供出口收汇资料。

（2）出口适用增值税适用免税政策企业确认：主管税务机关对出口企业存在需将出口适用增值税退（免）税政策改为适用免税政策情形的，应发起本事项并告知出口企业实行出口免税管理。本事项不包含非出口企业放弃出口适用增值税退（免）税政策情形。

（十五）境外注册中资控股居民企业认定

境外注册中资控股居民企业资格的认定，采用企业自行判定提请税务机关认定和税务机关调查发现予以认定两种形式。主要包含境外注册中资控股企业居民身份认定申请、境外注册中资控股企业居民身份认定 2 个事项。

（1）境外注册中资控股企业居民身份认定申请。

①符合居民企业认定条件的境外注册中资控股企业，须向其中国境内主要投资者登记注册地主管税务机关提出居民企业认定申请，主管税务机关对其居民企

业身份进行初步判定后，逐级报省级税务机关确认。经省级税务机关确认后抄送其境内其他投资地相关省税务机关。

②境外注册中资控股企业同时符合以下条件的，应判定其为实际管理机构在中同境内的居民企业，并实施相应的税收管理，就其来源于中国境内、境外的所得征收企业所得税。

A. 企业负责实施日常生产经营管理运作的高层管理人员及其高层管理部门履行职责的场所主要位于中国境内。

B. 企业的财务决策（如借款、放款、融资、财务风险管理等）和人事决策（如任命、解聘和薪酬等）由位于中国境内的机构或人员决定，或需要得到位于中国境内的机构或人员批准。

C. 企业的主要财产、会计账簿、公司印章、董事会和股东会议纪要档案等位于或存放于中国境内。

D. 企业 1/2（含 1/2）以上有投票权的董事或高层管理人员经常居住于中国境内。

③对于实际管理机构的判断，应当遵循实质重于形式的原则。境外注册中资控股企业应当根据生产经营和管理的实际情况，自行判定实际管理机构是否设立在中国境内。

④所称主管税务机关是指境外注册中资控股居民企业中国境内主要投资者登记注册地主管税务机关。

（2）境外注册中资控股企业居民身份认定

采用企业自行判定提请税务机关认定和税务机关调查发现予以认定两种形式，本事项适用于税务机关调查发现予以认定。境外注册中资控股企业未提出居民企业申请的，其中国主要投资者的主管税务机关可以根据所掌握的情况对其是否属于中国居民企业作出初步判定，层报国家税务总局确认。

（十六）自然人并档管理

自然人税收档案管理是基于身份证件的唯一性来保证档案的唯一性，由于现实情况的复杂性，同一自然人可能存在同时使用多个身份证件的情况（如自然人报送了错误的身份证件、中国大陆居民同时使用居民身份证和其他身份证件，外籍人员同时持有多种证件或先后持有不同号码的护照），不同的身份证件将使系统建立不同的税收档案，影响纳税人数据的归集和纳税记录打印的准确性。

税务机关或纳税人发现同一纳税人存在多条档案的情况下，经纳税人核实确认后，税务机关可进行合并档案操作。税务机关也可根据建立的风险指标、外部数据的比对等方法识别出同一自然人多个档案信息，经与纳税人核实确认后，可对税收档案进行关联合并。

对于并档有误的自然人档案，税务机关或纳税人核实确认后，由原并档操作税务机关进行取消并档。

（十七）股权转让电子台账信息采集

纳税人进行个人股权转让，依法完成申报纳税工作后，税务机关应当进行相关信息采集，建立股权转让个人所得税电子台账，将个人股东的相关信息录入征管信息系统，强化对每次股权转让间股权转让收入和股权原值的逻辑审核，对股权转让实施链条式动态管理。

二、税务行政许可

（一）税务行政许可申请事项

公民、法人或者其他组织依法需要取得税务行政许可的，在法律、法规、规章或者税务机关按照法律、法规、规章确定的期限内，直接向具有行政许可权的税务机关提出申请。

目前，税务机关保留的行政许可事项为：

(1) 企业印制发票审批。

(2) 对纳税人延期缴纳税款核准。

(3) 对纳税人延期申报核准。

(4) 对纳税人变更纳税定额的核准。

(5) 增值税专用发票（增值税税控系统）最高开票限额审批。

(6) 对采取实际利润额预缴以外的其他企业所得税预缴方式的核定。

（二）税务行政许可调整

税务行政许可调整，是指在纳税人享有某项税务行政许可资格的基础上，经纳税人申请，或税务机关主动发起，对纳税人的生产、经营等状况进行评估后，依法作出行政许可调整税务行政许可的决定。税务行政许可调整包含变更税务行政许可、撤回（变更）税务行政许可、撤销税务行政许可、税务行政许可延期决定、延续税务行政许可、税务行政许可注销等。

（1）变更税务行政许可。被许可人要求变更税务行政许可事项的，应当向作出行政许可决定的税务机关提出申请，符合法定条件标准的，税务机关应当依法办理变更手续。需要变更税务行政许可证件的，税务机关应当收回原来核发的许可证件，按规定核发新的许可证件。

（2）撤回（变更）税务行政许可。行政机关依法已经做出的行政许可，发生以下情形时，作出行政许可决定的行政机关或其上级机关可以撤回（变更）该税务行政许可：

①行政许可所依据的法律、法规、规章修改或者废止，为了公共利益的需要，行政机关可以依法变更或者撤回已经生效的行政许可。

②准予行政许可所依据的客观情况发生重大变化的，为了公共利益的需要，行政机关可以依法变更或者撤回已经生效的行政许可。

（3）撤销税务行政许可。税务机关作出的税务行政许可决定有以下情形之一的，作出行政许可决定的税务机关或者上级机关可以撤销该税务行政许可：

①税务机关工作人员滥用职权、玩忽职守作出准予行政许可决定的。

②税务机关超越法定职权作出准予行政许可决定的。

③税务机关及其工作人员违反法定程序作出准予行政许可决定的。

④对不具备申请资格或者不符合法定条件的申请人作出准予行政许可决定的。

⑤依法可以撤销税务行政许可的其他情况。被许可人以欺骗、贿赂等不正当手段取得行政许可的，税务机关应当予以撤销。依照规定撤销税务行政许可对公共利益造成重大损害的，不予撤销。

（4）税务行政许可延期决定。除可以当场作出行政许可决定的外，税务机关应当受理行政许可申请之日起 20 个工作日内作出行政许可决定；20 个工作日内不能作出决定的，经本税务机关负责人批准，可以延长 10 工作日，并应当将延长期限的理由告知申请人。但是，法律、法现另有规定的，依照其规定。依照《中华人民共和国行政许可法》第二十六条的规定，行政许可采取统一办理或者联合办理、集中办理的，办理的时间不得超过 45 日；45 日内不能办结的，经本级人民政府负责人批准，可以延长 15 日，并应当将延长期限的理由告知申请人。

（5）延续税务行政许可。 被许可人需要延续依法取得的行政许可的有效期的，应当在该行政许可有效期届满 30 个工作日前向作出行政许可决定的行政机关提出申请。但是，法律、法规、规章另有规定的，依照其规定。行政机关应当根据被许可人的申请，在该行政许可有效期届满前作出是否准予延续的决定：逾期未作决定的，视为准予延续。

（三）税务行政许可注销

税务机关对被许可人从事许可活动进行核查时，发现其存在下列情形之一时，采取办理注销该税务行政许可手续业务：

（1）行政许可有效期届满未延续的。

（2）赋予公民特定资格的行政许可，该公民死亡或者丧失行为能力的。

（3）法人或者其他组织依法终止的。

（4）行政许可依法被撤销、撤回，或者行政许可证件依法被吊销的。

（5）因不可抗力导致行政许可事项无法实施的。

（6）法律、法规规定的应当注销行政许可的其他情形。

依法注销行政许可的，应当收回行政许可证件并加盖注销标记。

三、优惠核实确认

（一）税收减免核准

纳税人享受减免税，应当提交核准材料，提出申请，经依法具有批准权限的税务机关按规定核准确认后执行。未按规定申请或虽申请但未经有批准权限的税务机关核准确认的，纳税人不得享受减免税。

（二）税收优惠日常核实

纳税人享受减免税的，对符合政策规定条件的材料有留存备查的义务。纳税人在税务机关后续管理中不能提供相关印证材料的，不得继续享受税收减免，追缴已享受的减免税款，并依照《税收征管法》的有关规定处理。

税务机关在纳税人首次减免税备案或者变更减免税备案后，应及时开展后续管理工作，对纳税人减免税政策适用的准确性进行审核。对政策适用错误的告知纳税人变更备案，对不应当享受减免税的，追缴已享受的减免税款，并依照《税收征管法》的有关规定处理。

税务机关应对享受减免税企业的实际经营情况进行事后监督检查。检查中，发现有关专业技术或经济鉴证部门认定失误的，应及时与有关认定部门协调沟通，提请纠正后，及时取消有关纳税人的优惠资格，督促追究有关责任人的法律责任。主管税务机关必要时可委托第三方机构进行检测、鉴定，一经发现不符合税收优惠条件的，应及时纠正并依法处理。

（三）企业所得税优惠事项后续核查

企业享受优惠事项采取“自行判别、申报享受、相关资料留存备查”的办理方式。企业应当根据经营情况以及相关税收规定自行判断是否符合优惠事项规定的条件，符合条件的，可以按照《企业所得税优惠事项管理目录（2017 年版》（国家税务总局公告 2018 年第 23 号附件）列示的时间自行计算减免税额，并通过填报企业所得税纳税申报表享受税收优惠。同时，按照规定归集和留存相关资料备查。

企业享受优惠事项后，税务机关将适时开展后续管理。

在后续管理时，企业应当根据税务机关管理服务的需要，按照规定的期限和方式提供留存备查资料，以证实享受优惠事项符合条件。其中，享受集成电路生产企业、集成电路设计企业、软件企业、国家规划布局内的重点软件企业和集成电路设计企业等优惠事项的企业，应当在完成年度汇算清缴后，按照《企业所得税优惠事项管理目录（2017 年版）》（国家税务总局公告 2018 年第 23 号附件）“后续管理要求”项目中列示的清单向税务机关提交资料。

为切实加强优惠资格认定取消后的管理工作，在软件、集成电路企业享受优惠政策后，税务部门转请发展改革、工业和信息化部门进行核查。对经核查不符合软件、集成电路企业条件的由税务部门追缴其已经享受的企业所得税优惠，并按照《税收征管法》的规定进行处理。

四、税收核定

（一）定期定额户①核定及调整

个体工商户税收定期定额征收，是指纳税人按照税务机关依照法律、行政法规及《个体工商户税收定期定额征收管理办法》（国家税务总局令 2006 年第 16

① 经主管税务机关认定和县以上税务机关（含县级，下同）批准的生产、经营规模小，达不到《个体工商户建账管理暂行办法》规定设置账簿标准的个体工商户，简称为定期定额户。

号）的规定，对个体工商户在一定经营地点、一定经营时期、一定经营范围内的应纳税经营额（包括经营数量）或所得额（以下简称定额）进行核定，并以此为计税依据，确定其应纳税额的一种征收方式。

定期定额户核定及调整包括定期定额户申请核定及调整定额、税务机关核定及调整定期定额户定额、定期定额户申请终止定期定额征收方式和税务机关终止定期定额征收方式。

（二）居民企业所得税核定

根据《企业所得税核定征收办法（试行）》（国税发〔2008〕30号印发）第三条的规定，纳税人依照法律、行政法规的规定可以不设置账簿的，应当设置但未设置账簿的，擅自销毁账簿或者拒不提供纳税资料的，申报的计税依据明显偏低又无正当理由的，发生纳税义务未按期办理申报、经税务机关责令限期申报逾期仍不申报的，虽设置账簿但账目混乱或者成本资料、收入凭证、费用凭证残缺不全的，存在上述情形之一的，核定征收企业所得税。

根据《企业所得税核定征收办法（试行）》（国税发〔2008〕30号印发）第九条的规定，核定征收企业所得税的居民企业，生产经营范围、主营业务发生重大变化，或者应纳税所得额或应纳税额增减变化达到20%的，应及时向税务机关申报调整已确定的应纳税额或应税所得率，税务机关在管理中发现纳税人应当调整而未申报调整的，可以依照职权进行调整。

根据《企业所得税核定征收办法（试行）》（国税发〔2008〕30号印发）第十一条的规定，税务机关应在每年6月底前对上年度实行核定征收企业所得税的纳税人进行重新鉴定。重新核定应纳企业所得税额或应税所得率。重新鉴定工作完成前，纳税人可暂按上年度的核定征收方式预缴企业所得税；重新鉴定工作完成后，按重新鉴定的结果进行调整。

税务机关有权采用下列任何一种方法核定其应纳税额：

（1）参照当地同类行业或者类似行业中经营规模和收入水平相近的纳税人的税负水平核定。

（2）按照应税收入额或成本费用支出额定率核定。

（3）按照耗用的原材料、燃料、动力等推算或测算核定。

（4）按照其他合理方法核定。

当采用一种方法不足以正确核定应纳税所得额或应纳税额的，可以同时采用两种以上的方法核定。

（三）个人所得税核定

个人独资企业和合伙企业、个体工商户的生产、经营所得有下列情形之一的，主管税务机关应采取核定征收方式征收个人所得税：

（1）企业依照国家有关规定应当设置但未设置账簿的。

（2）企业虽设置账簿，但账目混乱或者成本资料、收入凭证、费用凭证残缺不全，难以查账。

（3）纳税人发生纳税义务，未按照规定的期限办理纳税申报，经税务机关责令限期申报，逾期仍不申报的。

个人独资企业以投资者为纳税义务人，合伙企业以每一个合伙人为纳税义务人。

以上所说核定征收方式，包括定额征收、核定应税所得率征收以及其他合理的征收方式。

（四）非居民企业所得税核定

非居民企业因企业会计账簿不健全，资料残缺难以查账，或者其他原因不能准确计算并据实申报其应纳税所得额的，税务机关有权采用一定方法核定其应纳税所得额。主管税务机关应及时向非居民企业送达《非居民企业所得税征收方式鉴定表》，非居民企业应在收到该鉴定表后10个工作日内，完成对其的填写并送达主管税务机关，主管税务机关在受理《非居民企业所得税征收方式鉴定表》后20个工作日内，完成该项征收方式的确认工作。

税务机关发现非居民企业采用核定征收方式计算申报的应纳税所得额不真实，或者明显与其承担的功能风险不想匹配的，有权予以调整，重新核定应纳企业所得税额或应税所得率，或者税务机关依照法律、行政法规的规定，对符合条件，又不主动向税务机关提出申请核定应纳税额的纳税人，税务机关依职权核定应纳企业所得税额或应税所得率。重新鉴定工作完成前，纳税人可暂按上年度的核定征收方式预缴企业所得税；重新鉴定工作完成后，按重新鉴定的结果进行调整。

据实申报的非居民企业机构、场所，按实际数额预缴有困难的，经主管税务机关同意，可按上一纳税年度应纳税所得额平均额预缴，或者按经主管税务机关认可的其他方法预缴。

税务机关可依职权调整非居民企业所得税预缴方式。

（五）土地增值税清算核定

纳税人应进行土地增值税清算或经主管税务机关确定需要进行清算，但拒不清算或不提供清算资料的及在土地增值税清算审核中符合《土地增值税清算管理规程》第三十四条规定的，税务机关可依职权对其进行土地增值税清算核定工作。

税务机关根据纳税人实际情况可分别采用土地增值税清算定率核定或者土地增值税清算开发成本方式核定。

（六）环境保护税（调整）核定

环境保护税（调整）核定是对进行过环境保护税核定征收的纳税人因经营情况发生变化，需要重新核定污染物排放种类、数量和应纳税额或税务机关依职权对纳税人进行纳税核定工作的集合。纳税人不能按照《环境保护税法》第十条第一项至第三项规定的方法计算环境保护税的，按照省、自治区、直辖市人民政府生态环境主管部门规定的抽样测算的方法核定计算，由税务机关会同环境保护主管部门核定污染物排放种类、数量和应纳税额。环境保护税（调整）核定包含环境保护税（调整）核定申请和环境保护税（调整）核定等。

（七）增值税进项税额扣除标准核定

增值税进项税额扣除标准，是指为加强农产品增值税进项税额抵扣管理，经国务院批准，对财政部和国家税务总局纳入试点范围的增值税一般纳税人购进农产品增值税进项税额，实施核定扣除办法。增值税进项税额扣除标准包括农产品增值税进项税额扣除标准核定、增值税进项税额核定扣除农产品购进价格核定、农产品耗用率核定。

（八）计税价格核定管理

计税价格管理，是指为有效监控生产企业的生产、销售情况，堵塞漏洞，增加收入，税务机关应核定部分特定行业所生产产品的最低计税价格。计税价格管理包括白酒消费税最低计税价格核定、车辆购置税计税价格核定管理、车价信息管理。

（1）对于白酒生产企业销售给销售单位的白酒，生产企业消费税计税价格低于销售单位对外销售价格（不含增值税）70% 以下的，税务机关应核定消费税最低计税价格。

（2）纳税人自产、受赠、获奖或者以其他方式取得并自用的应税车辆的计税价格，主管税务机关参照国家税务总局规定的最低计税价格核定。

（3）车辆购置税价格信息管理工作包括车价信息的采集、上传、审核、汇审、发布及车辆最低计税价格的核定和下发等工作。

（九）核定应纳税额

纳税人存在《税收征管法》第三十五条或者第三十七条规定的情形之一的，税务机关有权核定其应纳税额。

（1）依照法律、行政法规的规定可以不设置账簿的。

（2）依照法律、行政法规的规定应当设置账簿但未设置的。

（3）擅自销毁账簿或者拒不提供纳税资料的。

（4）虽设置账簿，但账目混乱或者成本资料、收入凭证、费用凭证残缺不全，难以查账的。

（5）发生纳税义务，未按照规定的期限办理纳税申报，经税务机关责令限期申报，逾期仍不申报的。

（6）纳税人申报的计税依据明显偏低，又无正当理由的。

（7）未按照规定办理税务登记从事生产、经营的以及临时从事经营的。

在核定非居民企业年度应纳税额之前，要按照有关规定先责令其限期申报，若逾期仍不申报的才能进人到该程序。

根据《税收征管法实施细则》第四十七条的规定，纳税人有《税收征管法》第三十五条或者第三十七条所列情形之一的，税务机关有权采用下列任何一种方法核定其应纳税额：

（1）参照当地同类行业或者类似行业中经营规模和收入水平相近的纳税人的税负水平核定。

（2）按照营业收入或者成本加合理的费用和利润的方法核定。

（3）按照耗用的原材料、燃料、动力等推算或者测算核定。

（4）按照其他合理方法核定。

采用上述所列一种方法不足以正确核定应纳税额时，可以同时采用两种以上的方法核定。

纳税人对税务机关采取上述规定的方法核定的应纳税额有异议的，应当提供相关证据，经税务机关认定后，调整应纳税额。

（十）应认定未认定增值税一般纳税人销售额调整

对风险扫描推送的《应认定未认定增值税一般纳税人清册》中纳税人的情况进行调查核实，确认是否存在纳税人因申报错误、发票开具错误等原因造成销售额累计有误的，需要调整销售额的，制作《应认定来认定增值税一般纳税人销售额调整表》需对其销售额进行调整。对未达到增值税般纳税人标准的，可排除风险，不发放《税务事项通知书》（应办理增值税一般纳税人登记告知）。

（十一）非居民企业所得税汇算清缴审核

在年度终了之日起 5 个月内，主管税务机关应结合季度所得税申报表及日常征管情况，对企业报送的非居民企业年度所得税纳税申报表及其附表和其他有关资料进行审核，对应补缴所得税、应办理退税的企业发送《非居民企业所得税汇算清缴涉税事宜通知书》，通知纳税人办理税款多退少补事宜。

五、退（抵）税（费）

（一）一般退（抵）税管理

一般退（抵）税管理包括以下内容：误收多缴退抵税，入库减免退抵税，汇算清缴结算多缴退抵税，车辆购置税退税，车船税退抵税，增值税期末留抵税额退税，石脑油、燃料油消费税退税和不予加收滞纳金确认。

（1）误收多缴退抵税，是指因税务机关误收，或纳税人误缴而产生的应退还给纳税人的税款。在实际征收过程中，税务机关发现纳税人超过应纳税额多缴的税款，应当立即退还。纳税人多缴税款的，自结算缴纳税款之日起 3 年内发现的，可以向税务机关要求退还多缴的税款并加算银行同期存款利息，税务机关应该依照税收法律、法规及相关规定办理退还手续。

（2）入库减免退抵税，是指纳税人经批准符合政策规范可以享受减免的税款，由于此前已经缴纳入库，纳税人可以申请退抵已缴纳的税款。

（3）汇算清缴结算多缴退抵税，是指按照分期预缴、按期汇算结算的征管方式，对纳税人应清算形成的多缴税款办理退抵税费。

（4）车辆购置税退税，是指已缴纳车辆购置税的车辆，发生车辆退回生产企业或者经销商的，符合免税条件但已征税的设有固定装置的非运输车辆，以及其他依据法律、法规规定应予退税情形的，纳税人向税务机关申请退还已缴纳的车辆购置税。

（5）车船税退抵税，是指在一个纳税年度内，已完税的车船被盗抢、报废、灭失的，纳税人可以凭有关管理机关出具的证明和完税证明，向纳税所在地的主管税务机关申请退还自被盗抢、报废、灭失月份起至该纳税年度终了期间的税款。

（6）增值税期末留抵税额退税，是指对符合条件的增值税一般纳税人，由于特定事项产生的留抵税额，按照规定的计算公式予以计算退还，具体包括：

①符合条件的集成电路重大项目增值税留抵税额退税。

②对外购用于生产乙烯、芳烃类化工产品的石脑油、燃料油价格中消费税部分对应的增值税额退税。

③符合条件的大型客机和新支线飞机增值税留抵税额退税。

④自2018年7月27日起，对实行增值税期末留抵退税的纳税人，允许其从城市维护建设税、教育费附加和地方教育附加的计税（征）依据中扣除退还的增值税税额。

⑤自2019年4月1日起，试行增值税期末留抵税额退税制度。符合以下条件的纳税人，可以向主管税务机关申请退还增量留抵税额：

A. 自2019年4月税款所属期起，连续6个月（按季纳税的，连续两个季度）增量留抵税额均大于零，且第6个月增量留抵税额不低于50万元。

B. 纳税信用等级为A级或者B级。

C. 申请退税前36个月未发生骗取留抵退税、出口退税或虚开增值税专用发票情形的。

D. 申请退税前36个月未因偷税被税务机关处罚两次及以上的。

E. 自2019年4月1日起未享受即征即退、先征后返（退）政策的。

（7）石脑油、燃料油消费税退税，是指我国境内使用石脑油、燃料油生产乙烯、芳烃类化工产品的企业，包括将自产石脑油、燃料油用于连续生产乙烯、芳烃类化工产品的企业，将外购的含税石脑油、燃料油用于生产乙烯、芳烃类化工产品的企业，且生产的乙烯、芳烃类化工产品产量占本企业用石脑油、燃料油生产全部产品总量的50%以上（含）的，可按实际耗用量计算退还所含已缴纳的消费税。

（二）税收收入退还书开具

《中华人民共和国税收收入退还书》和《税收收入电子退还书》是税款退库的法定凭证。税务机关向国库传递《中华人民共和国税收收入退还书》，由国库据以办理税款退还的方式为手工退库。税务机关通过横向联网电子缴税系统将记录应退税款信息的《税收收入电子退还书》发送给国库，国库据以办理税款退还的方式为电子退库。

（三）出口货物劳务及服务免退税管理

适用免退税办法的出口企业在货物劳务报关出口、视同出口或发生增值税跨境应税行为并按会计规定做销售后，须在做销售的次月增值税纳税申报期内，向主管税务机关办理增值税纳税申报及消费税免税申报。属于报关出口的，为报关出口之日［出口货物报关单（出口退税专用）上的出口日期为准；属于非报关出口销售的，为出口发票或普通发票开具之日为准］次月起至次年 4 月 30 日前的各增值税纳税申报期内，出口企业应收齐有关凭证和信息，向当地主管税务机关办理增值税、消费税免退税申报。逾期的，不得申报免退税。

对出口企业符合规定的退（免）税申报，主管税务机关应按照规定办结相关手续；对不符合规定的，应将具体内容及处理意见一次性书面告知出口企业。

出口货物劳务及服务免退税管理包括出口货物劳务免退税申报核准、外国驻华使（领）馆及其馆员在华购买货物和服务增值税退税申报核准、外贸企业外购应税服务免退税申报核准、外贸综合服务企业代办退税申报核准、购进自用货物免退税申报核准、出口已使用过设备免退税申报核准、退税代理机构结算核准以及生产企业出口非自产货物消费税退税申报核准。

主管税务机关受理出口企业退（免）税申报后，对符合规定的，主管税务机关人员应遵循监督制约的原则，对申报的原始单证和电子数据进行有效性、逻辑性检查，进行相应的审核、复审、核准。

（1）出口货物劳务免退税申报核准，是指实行免退税办法的出口企业出口货物劳务后，向主管税务机关申请办理出口免退税申报业务，税务机关按照国家规定核准的管理事项，包括出口货物免退税申报核准、视同出口货物免退税申报核准、对外加工修理修配劳务免退税申报核准。

（2）外国驻华使（领）馆及其馆员在华购买货物和服务增值税退税申报核

准，是指北京市税务局在接到外交部礼宾司转来的外国驻华使（领）馆及其馆员在中华人民共和国境内购买货物和服务退税申报资料及电子申报数据后，10个工作日内按照规定完成免退税核准的事项。

（3）外贸企业外购应税服务免退税申报核准，是指实行免退税办法的出口企业提供增值税零税率应税服务后，向主管税务机关申请办理免退税申报业务，税务机关按照规定核准的管理事项，包括外贸企业外购应税服务免退税申报核准和航天发射业务免退税申报核准。

（4）外贸综合服务企业代办退税申报核准，是指实行免退税办法的外贸综合服务企业出口货物劳务后，向主管税务机关申请办理出口免退税申报业务，税务机关按照国家规定核准的管理事项。外贸综合服务企业应参照外贸企业出口退税申报相关规定，向主管税务机关单独申报代办退税。

（5）购进自用货物免退税申报核准，是指享受购进自用货物免退税政策的出口企业，应在规定申报期内向主管税务机关申请办理购进自用货物免退税的申报核准业务，税务机关按照国家规定核准的管理事项，包括输入特殊区域内生产企业耗用的水、电、气免退税核准和研发机构采购国产设备免退税核准。

（6）出口已使用过设备免退税申报核准，是指出口企业对出口的未计算抵扣进项税额的已使用过设备，向主管税务机关申报增值税免退税，税务机关按照国家规定核准的管理事项。

（7）退税代理机构结算核准，是指退税代理机构向境外旅客垫付购物离境退税资金后，于每月15日前将上月为境外旅客办理离境退税金额向主管税务局申请办理退税结算，主管税务局按照国家规定核准的管理事项。

（8）生产企业出口非自产货物消费税退税申报核准，是指生产企业出口的视同自产货物以及列名生产企业出口的非自产货物，对前一环节已征的消费税向主管税务机关申请办理消费税退税申报业务，税务机关按照规定核准的管理事项。

（四）出口货物劳务及服务免抵退税管理

适用免抵退税办法的出口企业在货物劳务报关出口、视同出口或发生增值税跨境应税行为并按会计规定做销售后，在做销售的次月增值税纳税申报期内，向主管税务机关办理增值税纳税申报。生产企业还需办理免抵退税相关申报及消费税免税申报（属于消费税应税货物的）。

属于报关出口的，为报关出口之日［出口货物报关单（出口退税专用）的出口日期为准；属于非报出口销售的，为出口发票或普通发票开具之日为准］次月起至次年4月30日前的各增值税纳税申报期内收齐有关凭证和信息，向当地主管税务机关申报办理出口增值税免抵退税。逾期的，不得申报免抵退税。

对出口企业符合规定的退（免）税申报，主管税务机关应按照规定办结相关手续；对不符合规定的，应将具体内容及处理意见一次性书面告知出口企业。

出口货物劳务及服务免抵退税管理包括出口货物劳务免抵退税申报核准（含视同出口免抵退税申报）、增值税零税率应税服务免抵退税申报核准、生产企业进料加工业务免抵退税核销。

主管税务机关受理出口企业退（免）税申报后，对符合规定的，主管税务机关人员应遵循监督制约的原则，对申报的原始单证和电子数据进行有效性、逻辑性检查，进行相应的审核、复审、核准。

（1）出口货物劳务免抵退税申报核准，是指实行免抵退税办法的出口企业出口货物劳务后，向主管税务机关申请办理免抵退税申报业务，税务机关按照规定核准的管理事项，包括出口货物免抵退税申报核准、视同出口货物免抵退税申报核准、对外加工修理修配劳务免抵退税申报核准。

（2）增值税零税率应税服务免抵退税申报核准，是指实行免抵退税办法的出口企业提供增值税跨境应税服务后，向主管税务机关申请办理免抵退税申报业务，税务机关按照规定核准的管理事项，包括增值税跨境运输应税行为免抵退税申报核准和增值税跨境其他应税行为免抵退税申报核准。

（3）生产企业进料加工业务免抵退税核销，是指生产企业应于每年4月20日前向主管税务机关申请办理上年度海关已核销的进料加工手（账）册项下的进料加工业务核销手续。4月20日前未申请核销的，对该企业的出口退（免）税业务，主管税务机关暂不办理，待其申请核销后，方可办理。

（五）出口货物劳务及服务其他涉税事项

出口货物劳务及服务其他涉税事项，是指税务机关为准确办理出口退（免）税业务而开展的与出口货物劳务及服务相关的涉税管理事项。

出口货物劳务及服务其他涉税事项包括出口货物劳务及服务征税或免税情况管理、出口货物劳务及服务应追回已退税款核准、暂扣出口退（免）税业务处理、解除暂扣出口退（免）税业务处理、出口退（免）税计划管理、备案终（停）止、出口退（免）税延期申报核准、出口退（免）税凭证信息查询、出口退（免）税凭证无相关电子信息申报及出口退（免）税风险管理。

（1）出口货物劳务及服务征税或免税情况管理，是指出口货物劳务及服务适用增值税、消费税免税、征税政策的，主管税务机关应将相关出口信息及时传递给出口企业主管税务机关征税部门的管理事项。主管税务机关征税部门应依据此信息提醒、督促出口企业及时做好调整账务、计提销项税额等相关涉税处理，并根据需要进行核查。

（2）出口货物劳务及服务应追回已退税款核准，是指对出口企业发生应追回已退（免）税款的出口业务，税务机关按规定完成相关税款追回手续的事项。

（3）暂扣出口退（免）税业务处理，是指税务机关对按政策规定需暂扣出口退（免）税款的出口企业办理暂扣税款手续的事项。出口企业应暂扣税款大于其已审批未退税款的，应按两者差额扣该企业以后发生的应退税款。暂扣税款事项可以在出口企业退（免）税申报前，也可以在退（免）税申报后、审核流程进行审批前。

（4）解除暂扣出口退（免）税业务处理，是指主管税务机关对出口退税暂扣税款原因消除的出口企业，按规定解除暂扣措施的事项。

（5）出口退（免）税计划管理，是指各级税务机关按照规定进行的出口退（免）税计划测算、分配及执行情况上报等管理事项，是税务机关税收收入指标管理的重要组成部分。

（6）备案终（停）止，是指主管税务机关发现出口企业存在备案终（停）止及恢复的相关情形时，依职权发起办理相关备案终（停）止及恢复手续并告知企业的管理事项。具体包括退税商店备案终止、退税代理机构备案终止、停止外贸综合服务企业代办退税业务、暂停或恢复先退税后核销办法以及停止出口退（免）税资格。

（7）出口退（免）税延期申报核准：是指出口货物劳务、发生增值税跨境应税行为的出口企业，因发生符合规定原因无法在规定期限内申报的，在出口退（免）税申报期限截止之日前向负责管理出口退（免）税的主管税务机关提出延期申请，主管税务机关按照规定及时核准的管理事项。

（8）出口退（免）税凭证信息查询，是指出口企业凭海关进口专用缴款书或中华人民共和国税收缴款凭证申报出口退（免）税前，应对上述凭证向主管税务机关申请协助进行申报查询相关的外部信息，主管税务机关应及时将查询结果告知纳税人。出口退（免）税凭证信息查询包括海关进口专用缴款书查询和中华人民共和国税收缴款凭证查询。

（9）出口退（免）税凭证无相关电子信息申报，是指出口企业出口的货物、劳务及服务在出口退（免）税年度申报截止之日前，需申报的退（免）税凭证仍然没有对应管理部门的电子信息或信息比对不符而无法完成申报的，向主管税务机关申报备案，主管税务机关按规定办理相关手续的事项。

（10）出口退（免）税风险管理，是指税务机关应当以风险管理为导向，以信息平台为依托，通过信息采集、数据分析等手段，筛选出口退（免）税风险信息，并根据出口退（免）税风险的类型和等级，采取退（免）税评估、税务稽查等应对手段，防控出口退（免）税风险的管理事项。

（六）社会保险费退费申请管理

缴费人、扣缴义务人因各种原因造成实际缴纳的社会保险费金额大于应缴纳金额的，可以提交退费申请。税务机关发现缴费人多缴费款的，应当立即核实应退费额、账户等相关情况，通知缴费人或扣缴义务人提交退费申请。社会保险费退费申请事项主要包括误收多缴退还社会保险费和结算清退社会保险费。

（1）误收多缴退还社会保险费，是指因税务机关误收，或缴费人多缴而产生的应退还给缴费人的费款。

（2）结算清退社会保险费，是指社会保险费结算申报时，多缴的社会保险费可以申请退费。

六、逾期及欠税

（一）催报催缴管理

纳税人、扣缴义务人未按照规定的期限办理纳税申报和报送有关资料的，税务机关按规定进行催报处理；税务机关对纳税人、扣缴义务人应缴未缴（指已形成应征税款但未按规定期限解缴入库）税款进行催缴处理。

（1）催报处理，是指税务机关对未按规定期限办理纳税（费）申报、报送财务报表等有关资料（指资产负债表、利润表、企业财务信息采集表等）的纳税人（缴费人）、扣缴义务人按规定生成催报清册，采用科学、合理的办法对纳税人（缴费人）进行催报处理。（涉及非税收入部分待司局确定）

（2）催缴处理，是指税务机关对应缴未缴［指已形成应征税（费）款但未按规定期限解缴入库］的纳税人、缴费人、扣缴义务人制作逾期未缴款清册，采用科学、合理的办法对纳税人进行催缴处理。

（二）欠税管理

欠税管理，是指税务机关对欠税纳税人欠缴税款、债务清偿等进行管理的活动。欠税管理包括欠税公告、抵缴欠税、增值税留抵抵欠、非居民欠税追缴。

（1）欠税公告，是指税务机关为了督促纳税人自觉缴纳欠税，防止新的欠税的发生，保证国家税款的及时足额入库，由县级以上各级税务机关将纳税人的欠税情况，在办税场所或者广播、电视、报纸、期刊、网络等新闻媒体上定期公告。

（2）抵缴欠税，是指依照税收法律、法规，纳税人既有多缴应退税款又有欠缴税款的，税务机关可以将应退税款和利息先抵扣欠缴税款。

（3）增值税留抵抵欠，是指增值税一般纳税人办理增值税纳税申报后，对于既有欠缴增值税又有增值税期末留抵税额的，需要用留抵税款抵缴欠税。

抵减欠缴税款时，应按欠税发生时间逐笔抵扣，先发生的先抵。抵缴的欠税包含呆账税金及欠税滞纳金。

确定实际抵减金额时，按填开《增值税进项留抵税额抵减增值税欠税通知书》的日期作为截止期，计算欠缴税款的应缴未缴滞纳金金额，应缴未缴滞纳金余额加欠税余额为欠缴总额。若欠缴总额大于期末留抵税额，实际抵减金额应等于期末留抵税额，并按配比方法计算抵减的欠税和滞纳金；若欠缴总额小于期末留抵税额，实际抵减金额应等于欠缴总额。

（4）非居民欠税追缴。

①在中国境内承包工程作业和提供劳务的非居民（包括非居民企业和非居民个人）逾期仍未缴纳税款的，项目所在地主管税务机关应自逾期之日起 15 日内，收集该非居民从中国境内取得其他收入项目的信息，并向其他收入项目支付人发出《非居民企业欠税追缴告知书》，并依法追缴税款和滞纳金。

②按照《企业所得税法》第三十七条的规定，应当扣缴的税款，扣缴义务人应扣未扣的，由扣缴义务人所在地主管税务机关依照《行政处罚法》第二十三条规定[①]责令扣缴义务人补扣税款，并依法追究扣缴义务人责任；需要向纳税人追

① 《中华人民共和国行政处罚法》由中华人民共和国第十三届全国人民代表大会常务委员会第二十五次会议于 2021 年 1 月 22 日修订通过，自 2021 年 7 月 15 日起施行。原《行政处罚法》第二十三条“行政机关实施行政处罚时，应当责令当事人改正或者限期改正违法行为”，变为第二十八条：“行政机关实施行政处罚时，应当责令当事人改正或者限期改正违法行为。当事人有违法所得，除依法应当退赔的外，应当予以没收。违法所得是指实施违法行为所取得的款项。法律、行政法规、部门规章对违法所得的计算另有规定的，从其规定。”

缴税款的，由所得发生地主管税务机关依法执行。扣缴义务人所在地与所得发生地不一致的，负责追缴税款的所得发生地主管税务机关应通过扣缴义务人所在地主管税务机关核实有关情况；扣缴义务人所在地主管税务机关应当自确定应纳税款未依法扣缴之日起5个工作日内，向所得发生地主管税务机关发送《非居民企业税务事项联络函》，告知非居民企业涉税事项。

（三）逾期增值税抵扣凭证抵扣管理

增值税一般纳税人发生真实交易但由于客观原因造成增值税扣税凭证（包括增值税专用发票、海关进口增值税专用缴款书和机动车销售统一发票）未能按照规定期限办理认证、确认或者稽核比对的，经主管税务机关核实、逐级上报，由省税务机关认证并稽核比对后，对比对相符的增值税扣税凭证，允许纳税人继续抵扣其进项税额。

上述客观原因包括如下类型：

(1) 因自然灾害、社会突发事件等不可抗力因素造成增值税扣税凭证逾期。

(2) 增值税扣税凭证被盗、抢，或者因邮寄丢失、误递导致逾期。

(3) 有关司法、行政机关在办理业务或者检查中，扣押增值税扣税凭证，纳税人不能正常履行申报义务，或者税务机关信息系统、网络故障，未能及时处理纳税人网上认证数据等导致增值税扣税凭证逾期。

(4) 买卖双方因经济纠纷，未能及时传递增值税扣税凭证，或者纳税人变更纳税地点，注销旧户和重新办理税务登记的时间过长，导致增值税扣税凭证逾期。

(5) 由于企业办税人员伤亡、突发危重疾病或者擅自离职，未能办理交接手续，导致增值税扣税凭证逾期。

(6) 国家税务总局规定的其他情形。

增值税一般纳税人对除因上述客观原因以外的其他原因造成增值税扣税凭证逾期的，仍应按照增值税扣税凭证抵扣期限有关规定执行，不得逾期抵扣。

（四）未按期申报抵扣增值税扣税凭证抵扣管理

增值税一般纳税人取得的增值税扣税凭证已认证或已采集上报信息但未按照规定期限申报抵扣；实行纳税辅导期管理的增值税一般纳税人以及实行海关进口增值税专用缴款书“先比对后抵扣”管理办法的增值税一般纳税人，取得的增值税扣税凭证稽核比对结果相符但未按规定期限申报抵扣，属于发生真实交易且由于客观原因造成的，经主管税务机关审核，允许纳税人继续申报抵扣其进项税额。

上述客观原因包括以下类型：

(1) 因自然灾害、社会突发事件等不可抗力原因造成增值税扣税凭证未按期申报抵扣。

(2) 有关司法、行政机关在办理业务或者检查中，扣押、封存纳税人账簿资料，导致纳税人未能按期办理申报手续。

(3) 税务机关信息系统、网络故障，导致纳税人未能及时取得认证结果通知书或稽核结果通知书，未能及时办理申报抵扣。

(4) 由于企业办税人员伤亡、突发危重疾病或者擅自离职，未能办理交接手续，导致未能按期申报抵扣。

(5) 国家税务总局规定的其他情形。

（五）不予加收滞纳金确认

主管税务机关依据税收法律、法规及相关规定，对涉及的纳税人、扣缴义务人不予加收滞纳金情形进行审批。

因税务机关的责任，致使纳税人、扣缴义务人未缴或者少缴税款的，税务机关在3年内可以要求纳税人、扣缴义务人补缴税款，但是不得加收滞纳金。

如有纳税人善意取得虚开的增值税专用发票且购货方不知取得的增值税专用发票是以非法手段获得的，又被依法追缴已抵扣税款的，不适用税务机关加收滞纳金的规定情形。

由于电子缴税故障等非纳税人、扣缴义务人原因，致使纳税人、扣缴义务人未缴或少缴税款而产生的滞纳金，税务机关依职权不予加收滞纳金。

七、税务代保管资金

（一）税务代保管资金收取

税务代保管资金，是指税务机关根据法律、行政法规、规章或有关规定，为履行征管职责，向纳税人、扣缴义务人、纳税担保人或者其他当事人收取的款项。其包括：个人出售住房应缴纳的个人所得税纳税保证金；外省、自治区、直辖市来本辖区从事临时经营活动的单位和个人申请领购发票按现行规定缴纳的发票保证金；纳税担保金；采取税收保全措施扣押的现金；个人转让上市公司限售股所得征收个人所得税纳税保证金；税收强制执行拍卖、变卖的款项；国家税务总局、财政部、中国人民银行根据税收业务需要确定的其他资金。

（二）税务代保管资金支付

税务代保管资金支付，是指税务机关根据法律、行政法规、规章或有关规定，将向纳税人、扣缴义务人、纳税担保人或者其他当事人收取的税务代保管资金进行支付的过程。

税务代保管资金支付范围包括：缴入国库；退还缴款人或其他当事人；依法支付拍卖费、保管费。

（三）税务代保管资金收入报告

税务代保管资金收入报告，是指税务机关根据法律、行政法规、规章或有关规定在向纳税人、扣缴义务人、纳税担保人或者其他当事人（除由税务机关核准的可代收代缴的税务代保管资金外）收取税务代保管资金前，对其所缴纳的税务代保管资金的交款方式、事由、金额等进行审批的过程。

八、预约定价安排

预约定价安排谈签与执行

预约定价安排谈签与执行经过预备会谈、谈签意向、分析评估、正式申请、协商签署和监控执行 6 个阶段。预约定价安排包括单边、双边和多边三种类型。

（1）预备会谈。企业有谈签预约定价安排意向的，应当向税务机关书面提出预备会谈申请，提交《预约定价安排预备会谈申请书》。税务机关可以与企业开展预备会谈。预备会谈期间，企业应当按照税务机关的要求补充资料。

（2）谈签意向。税务机关和企业在预备会谈期间达成一致意见的，主管税务机关向企业送达同意其提交谈签意向的《税务事项通知书》。企业收到《税务事项通知书》后向税务机关提出谈签意向，提交《预约定价安排谈签意向书》，并附送单边、双边或者多边预约定价安排申请草案。

（3）分析评估。企业提交谈签意向后，税务机关应当分析预约定价安排申请草案内容，评估其是否符合独立交易原则。根据分析评估的具体情况可以要求企业补充提供有关资料。分析评估阶段，税务机关可以与企业就预约定价安排申请草案进行讨论。税务机关可以进行功能和风险实地访谈。税务机关认为预约定价安排申请草案不符合独立交易原则的，企业应当与税务机关协商，并进行调整。

（4）正式申请。税务机关认为预约定价安排申请草案符合独立交易原则的，主管税务机关向企业送达同意其提交正式申请的《税务事项通知书》，企业收到通知后，可以向税务机关提交《预约定价安排正式申请书》，并附送预约定价安排正式申请报告。（如申请双边或者多边预约定价安排的，还需同时提交《启动特别纳税调整相互协商程序申请表》）。

（5）协商签署。税务机关应当在分析评估的基础上形成协商方案，并据此开展协商工作。

（6）监控执行。税务机关应当监控预约定价安排的执行情况。

（7）续签：预约定价安排执行期满后自动失效。企业申请续签的，应当在预约定价安排执行期满之日前90日内向税务机关提出续签申请，报送《预约定价安排续签申请书》。

（8）追溯。企业以前年度的关联交易与预约定价安排适用年度相同或者类似的，经企业申请，税务机关可以将预约定价安排确定的定价原则和计算方法追溯适用于以前年度该关联交易的评估和调整。追溯期最长为10年。

九、调查协查

（一）调查核实

调查核实，是指税务人员根据税源管理要求或其他业务的需求，对纳税人税务户籍管理、税收优惠、生产经营、财务核算、发票使用管理、协定对方和缔约国提请相互协商案件、情报交换管理、稽核比对结果为重号的海关缴款书、定期定额户典型调查分析、出口企业需要进行实地调查、车辆购置税完税信息共享等需要核查情况进行实地检查的过程。

（二）收函管理

税务机关接收函件后，根据来函类别进行审核登记，并根据审核结果填写拟办意见后，将函件归档。

（三）复函管理

（1）受托协查复函，是指受托方收到《税收违法案件协查函》后，应当根据协查请求，依照法定权限和程序调查，并按照要求及期限回函。受托方应当依据调查取证所掌握的情况及所获取的证据材料，向委托方出具《税收违法案件协查回复函》。

（2）特别纳税调整复函，是指受托方接收委托方发来的需要调查的关联方的相关信息，根据协查内容和协查要求，对案件信息相关的经济事项和反映的经济活动进行检查处理，取得相关证据并反馈协查结果的工作。

（3）税收情报交换管理复函，是指受托方接收委托方发来的需要核实的税收情报交换信息，根据协查内容和协查要求，对情报信息相关的经济事项和反映的经济活动进行检查处理，取得相关证据并反馈协查结果的工作。

（4）非居民企业所得税汇算清缴复函，是指非居民企业所得税汇算清缴机构所在地主管税务机关对企业的汇总申报资料进行审核时，对其他机构的情况有疑问需要进一步审核的，可以向其他机构所在地主管税务机关发送《非居民企业汇总申报纳税事项协查函》，其他机构所在地主管税务机关应负责就协查事项进行调查核实，并将结果函复汇缴机构所在地主管税务机关。

（5）受托协查延期复函，是指国家税务总局督办的案件，案件协查受托方在回函期限前不能完成检查工作的，可以在到期前填写《协查延期申请》逐级上报国家税务总局申请延期，国家税务总局接收受托协查税务机《协查延期申请》，对延期协查事项进行审批，确定是否予以批准；协查受托方接收《协查延期批复》，并及时将批复信息反馈委托协查方，在延期期限内给予回复。

（6）石脑油、燃料油增值税专用发票核查复函，是指受托方接受委托方发来的《生产企业定点直供石脑油、燃料油开具普通版增值税专用发票核查表（发函使用）》中的发票信息，进行核查，并反馈核查结果。

（7）进口增值税抵扣信息核查复函，是指海关需要对海关缴款书涉及的进口增值税申报抵扣情况进行核查确认的，可向纳税人主管税务机关发出《进口增值税抵扣信息委托核查函》，主管税务机关收到委托核查函后，在30日内以《进口增值税抵扣信息核查回复函》回复发函海关。

（8）调查出口税收有关情况的复函，是指供货企业、委托代办退税的生产企业所在地县以上税务机关的税源管理部门等相关部门（以下简称复函地税务机关）负责出口税收函调的复函工作，复函地税务机关应当通过函调系统查阅调查函接收情况，在收到调查函后，根据函件的核查要求及文件相关规定开展核查并进行复函。

（9）调查外购或委托业务的复函，是指上游企业的主管税务机关收到复函地税务机关发来的有关外购或委托业务的函件，应按照规定要求开展核查，并进行复函。

（10）延期复函，是指复函地税务机关因规定的特定原因不能按时复函的，应当自收到调查函之日起20个工作日内，向发函地税务机关回复《延期复函说明》，并说明不能按期复函的原因。

（四）涉税事项内部移送

1. 增值税专用发票和其他抵扣凭证稽核审核检查

造成稽核比对中发现异常的增值税专用发票和其他抵扣凭证的类型：一类是技术性错误，如录入错误、已申报但漏采集、漏传递、错报为失控或作废发票等；二类是涉及发票的一般性违规行为，需要进行补税、加收滞纳金和罚款，但不需要立案查处；三类是涉嫌虚开骗税，需要立案查处。

管理部门负责将属于第三类问题的增值税专用发票填列《发票审核检查移交清单》，经主管领导签字后，连同相关材料移交稽查部门查处。

管理部门将审核检查后，认为需跨省、地、县（以下简称异地）协查的增值税专用发票送交本地同级或对应税务局所属稽查部门，按现行有关协查规定形成内部生成数据，由稽查部门发起协查。

稽查部门要将管理部门移送的第三类和异地增值税专用发票协查结果反馈管理部门，管理部门将所有一、二、三类增值税专用发票审核检查结果送局领导确定的业务部门进行汇总。

2. 纳税评估管理

税收管理人员发现纳税人有偷税、逃避追缴欠税、骗取出口退税、抗税或其他需要立案查处的税收违法行为嫌疑的，要移交税务稽查部门处理。

对税源管理部门移交稽查部门处理的案件，税务稽查部门要将处理结果定期向相关部门反馈。

发现外商投资和外国企业与其关联企业之间的业务往来不按照独立企业业务往来收取或支付价款、费用，需要调查、核实的，应移交上级税务机关国际税收管理部门（或有关部门）处理。

3. 税收违法行为检举管理

不属于稽查局职责范围的检举事项，经本级税务机关稽查局负责人批准，移交有处理权的单位或者部门。

4. 大企业税收服务和管理

各级税务机关大企业税收管理部门应根据风险评估报告，按照风险等级，对企业实施针对性管理措施。在约谈企业、案头审计、布置企业自查、反避税调查过程中，发现企业有严重税收违法行为的，应移送稽查部门处理。

5. 出口退（免）税管理

（1）各级税务机关进出口税收管理部门在出口退（免）税审核、出口税收函调、退税预警评估等管理工作中，有证据证明出口企业涉嫌骗税，以及发现出口企业存在《涉嫌骗取出口退税线索移送情形》所列移送情形三种以上的，应移送至稽查部门。

（2）已稽查企业的新疑点移送。主管税务机关在开展出口退（免）税评估之前，对已被纳入稽查对象的出口企业，不得确定为评估对象，但必须将有关疑点通过《出口退税风险信息告知书》传递至稽查部门。

（3）立案和查处情况告知。稽查部门填报《关于出口企业的立案、查处情况告知书》，将出口企业涉嫌骗税违法行为立案、查处情况告知进出口管理部门。

①涉嫌骗税案件立案情况的告知。进出口税收管理部门移送稽查部门的，稽查部门应当自签收《涉嫌骗取出口退税线索移送稽查通知书》之日起 2 个月内，告知涉嫌骗税线索的立案情况；稽查部门立案查处的涉嫌骗税案件（除进出口税收管理部门移送外），应当在实施检查后的 5 个工作日内将立案情况告知进出口税收管理部门。

②案件查处情况的告知。对已结案的涉嫌骗税案件，稽查部门应当自结案之日起 5 个工作日内将查处结果告知进出口税收管理部门；对已经办理出口退（免）税备案的出口企业，因涉及虚开增值税专用发票或者其他增值税扣税凭证被税务行政处罚的，稽查部门应当自下达处罚决定之日起 5 个工作日内告知进出口税收管理部门。

十、通知及送达

（一）税务事项通知

税务事项通知，是指税务机关向纳税人、扣缴义务人要求当事人提供有关资料，办理有关涉税事项或履行告知义务时所做的通知。

（二）文书送达

税务人员将各环节制作好的需送达的各类税务文书，采用法定的送达方式送达受送达人。

采取直接送达、委托送达方式送达的，由两个以上送达人员持《税务文书送达回证》及税务文书，将税务文书送达给文书受送达人，根据送达情况，由文书受送达人、代收人、见证人、送达人在《税务文书送达回证》的相关栏目签字、盖章。

直接送达税务文书有困难的，可以委托其他有关机关或者其他单位代为送达，或者邮寄送达。

直接或者委托送达税务文书的，以签收人或者见证人在送达回证上的签收或者注明的收件日期为送达日期；邮寄送达的，以挂号函件回执上注明的收件日期为送达日期，并视为已送达。

如果同一送达事项的受送达人众多，或者采用上述的送达方式无法送达，税务机关可以公告送达税务文书，自公告之日起满 30 日，即视为送达。

十一、外部信息采集交互

（一）信息收集

信息收集，是指各级税务机关收集宏观经济信息、第三方涉税信息（含互联网涉税信息）、企业财务信息、生产经营信息、关联企业信息，整合不同应用系统信息，建立基础信息库，并定期予以更新，用于日常税源管理、信用动态监控和风险动态监控等税收管理事项。

各级税务机关应按照规范、统一的数据标准收集纳税人的收入、财产、投资、经营等涉税信息。信息采集的来源包括：

(1) 第三方信息，如市场监督管理局、国土资源局等职能机构提供的信息；供电、供水等公共事业类企业提供的信息；其他政府部门和社会组织共享的信息。

(2) 千户集团企业端数据。

(3) 税务机关在日常税源管理、纳税评估、税务稽查过程中发现的税源信息、税收风险信息。

(4) 其他可以获取的与企业经营相关的信息。

信息采集主要渠道包括：

(1) 互联网。

(2) 政务信息资源共享平台。

(3) 人工收集。

（二）简易注销信息反馈

税务部门通过信息共享获取市场监督管理部门推送的企业拟申请简易注销登记信息后，应按照规定的程序和要求，查询税务信息系统核实企业的相关涉税情况，对于经查询显示为以下情形的纳税人，税务部门不提出异议：

(1) 未办理过涉税事宜的纳税人。

(2) 办理过涉税事宜但没领过发票、没有欠税和没有其他未办结事项的纳税人。

(3) 在公告期届满之日前已办结缴销发票、结清应纳税款等清税手续的纳税人。

对于仍有未办结涉税事项的企业，税务部门在公告期届满次日向市场监督管理部门提出异议。

（三）情报交换

情报交换，是指我国与相关税收条约或协定缔约国家（地区）的主管当局为了正确执行税收条约或协定及其所涉及税种的国内法而相互交换所需信息的行为。

(1) 接收税收情报管理，是指我国主管当局（国家税务总局）根据税收条约或协定及其所涉及税种的我国国内法，对相关税收条约或协定国主管当局请求或提供的税收情报进行调查（使用）的行为。接收税收情报管理包括税收情报（自发情报、自动情报、专项情报请求）核查程序的启动、具体情报的调查使用、调查使用情况的反馈和审核。分别由国家税务总局、省局和地市级以下税务机关处理完成。

(2) 税收情报提供，是指我国为了正确执行相关税收条约或协定，向税收条约或协定缔约国（地区）的税务主管当局提供信息的行为。税收情报提供包括情报提供的采集、情报提供的审核和税务总局提供情报。

（3）税收情报请求，是指我国与相关税收条约或协定缔约国（地区）的税务主管当局为了正确执行税收条约或协定及其所涉及税种的国内法而请求缔约国（地区）对方提供信息的行为。税收情报请求包括情报请求的采集，情报请求的审核和国家税务总局发出情报请求。

十二、凭证及证件

（一）票证管理

票证管理包括票证计划、票证领发、票证作废、票证结报缴销（用票人）、票证结报缴销（基层税务机关）、票证停用和批量作废审批、票证销毁、票证损失核销、票证盘点、票证移交、票证检查、票证结账、票证账务更正、票证审核及差错处理、票证归档等内容。

（1）票证计划：使用和管理税收票证的税务机关应根据本地区税收票证使用情况，定期编报各种纸质税收票证的领用计划，报送至发放或印制税收票证的税务机关。票证计划类别分为固定计划和追加计划两种。

（2）票证领发：包含印刷税收票证、外部领取票证入库和税收票证发放。

（3）票证作废：在税款征收或退还的过程中，因开具错误、已填开丢失联次或是单份税票因印刷质量不合格等原因，无法正常使用的，对税收票证进行作废处理。

（4）票证结报缴销（用票人）：

①票证结报缴销（系统内），是指用票人向税务机关票证管理员进行经由系统开具或补录的税收票证结报缴销，是纸质税收票证结报缴销的一种。

②票证结报缴销（系统外），是指用票人向税务机关票证管理员进行未经系统开具或补录的税收票证结报缴销，是纸质税收票证结报缴销的一种。

③票证结报缴销（电子税票），是指数据电文税收票证可以由税收票证管理员按需或进行票证月结前，系统自动生成《税收票款结报缴销单》，自动确认结报缴销。

用票人，是指领取、填开各类税收票证的税务机关票证开具人员、“三代单位”（代扣代缴、代收代缴、委托代征及印花税代售人）以及其他经认可的税务机关以外的单位（自行填开税收票证的纳税人）。

（5）票证结报缴销（基层税务机关）：基层使用和管理税收票证的税务机关票证管理员对下属用票人结报缴销的票证进行汇总，填制《税收票款结报缴销单》后向上级税务机关办理税收票证结报缴销。

（6）票证停用和批量作废审批：由于税收政策变动、式样改变等原因或全包、全本印制质量不合格的票证，在进行销毁前，必须做税收票证停用和批量作废审批处理。

（7）票证销毁：使用和管理税收票证的税务机关对保管到期已填用税收票证的存根联和报查联（作为税收会计凭证的除外），全包全本印刷质量不合格的税收票证，停用税收票证，损毁和损失追回的税收票证，印发税务机关规定销毁的税收票证及需要销毁的税收票证专用章戳，保管期满的税收票证账簿、报表及各种税收票证资料进行销毁登记，在销毁申请信息审核批准后，各级税务机关组织、监督销毁票证。

（8）票证损失核销：未开具税收票证（含未销售印花税票）发生毁损或丢失、被盗、被抢等损失的，受损单位应当及时组织清点核查，并由各级税务机关按照权限进行损失核销审批。毁损残票和追回的税收票证按规定进行销毁。

税收票证专用章戳丢失、被盗、被抢的，受损税务机关应当立即向当地公安机关报案并逐级报告刻制税收票证专用章戳的税务机关；退库专用章丢失、被盗、被抢的，应当同时通知国库部门。重新刻制的税收票证专用章戳应当及时办理留底归档或预留印鉴手续。毁损和损失追回的税收票证专用章戳按规定进行销毁。

（9）票证盘点：税务机关应当对结存的税收票证定期进行盘点，发现结存税收票证实物与账簿记录数量不符的，应当及时查明原因并报告上级或所属税务机关。

（10）票证移交：税务机关票证管理员工作变动时，在监交人监督下，原票证管理员（移交人）向新票证管理员（接管人）办理票证和账簿核算资料等交接，并经监交人审查核准离岗，完成票证管理员交接过程。

（11）票证检查：县级（含县级）以上税务机关依据税收法律法规、税收票证管理办法及国家预算制度，对税收票证的印制、领发、保管、使用、结报缴销、作废、停用、损失核销和核算进行的检查。

（12）票证结账：省级、地市级以及区县级税务机关应当按税收票证种类、领用单位设置《税收票证分类出纳账》，根据《税收票证领发单》《税收票款结报缴销单》《税收票证损失核销报告审批单》《税收票证停用和批量作废申请审批单》《税收票证账务更正通知单》等凭证，对各种税收票证的印制、领发、开具、开具作废、损失核销、停用和批量作废的数量、字轨和号码及时进行登记和核算，按月结账，按期编制《税收票证用存报表》并报送上级税务机关。

（13）票证账务更正：使用和管理税收票证的税务机关在票证日常管理工作中发现各业务环节产生的原始单据（凭证）记录错误，且该原始单据（凭证）已经由各方确认或已进行账务核算处理，不能通过退回、作废等方法进行处理，而对该原始单据（凭证）载明的事项进行更正处理，以补正账务处理。票证账务更正的业务范围包括对票证领发、结报缴销、损失核销、停用和批量作废票证业务中发生的错误进行更正。

（14）票证审核及差错处理：基层税务机关的税收票证管理人员应当按日对已结报缴销税收票证的完整性、准确性和税收票证管理的规范性进行审核；基层税务机关的上级或所属税务机关税收票证管理人员对基层税务机关缴销的税收票证，应当定期进行复审。使用和管理税收票证的税务机关应依据税收法律法规、税收票证管理办法以及国家预算制度，对票证审核、票证检查中发现的税收票证印制、领发、保管、使用、结报缴销、作废、停用、损失核销和核算问题进行处理。

（15）票证归档：税务机关应当及时对已经开具、作废的税收票证、账簿以及其他税收票证资料进行归档保存。纸质税收票证、账簿以及其他税收票证资料，应当整理装订成册，保存期限 5 年；作为会计凭证的纸质税收票证保存期限 15 年。数据电文税收票证、账簿以及其他税收票证资料，应当通过光盘等介质进行存储，确保数据电文税收票证信息的安全、完整。

（二）税务检查证管理

税务检查证管理部门根据《税务检查证管理办法》的规定，对税务检查证进行的管理业务。

税务检查证管理包括申请办理税务检查证、申请核发税务检查证、税务检查证年审、税务检查证缴销、申请补发、换发税务检查证。

十三、征缴管理

（一）缴（退）库凭证销号

（1）缴款书上解销号，是指税务机关对税款缴入国库经收处的《中华人民共和国税收缴款书（银行经收专用)》《中华人民共和国税收缴款书（出口货物劳务专用)》《税收电子缴款书》进行上解销号的过程。

(2）缴款书入库销号，是指税务机关对税款缴入人民银行国库的《中华人民共和国税收缴款书（银行经收专用)》《中华人民共和国税收缴款书（出口货物劳务专用)》《税收电子缴款书》进行入库销号的过程。

(3）收入退还书销号，是指税务机关对税款从人民银行国库部门退回的《税收收入退还书》《电子税收收入退还书》进行销号的过程，退库日期为税款从人民银行国库部门退还的日期。

(4）更正（调库）通知书销号，是指对收到的经国库盖章的更正（调库）通知书进行销号的行为。

（二）对账管理

对账管理，是指税务机关在凭证销号的基础上，将税款缴库、退库和调库数据与国库相关数据进行核对，确认税款缴库、退库和调库业务完成的过程。发现数据不一致时，要及时查明原因并按规定予以调整。

(1）金库对账，是指税务机关与国库对税款缴库、退库、调库数据进行核对的过程。

(2）免抵调库，是指当纳税人审批通过的《出口退（免）税申报审核业务处理表》有免抵税额的，主管税务机关根据审批意见办理免抵调库，填开《更正（调库）通知书》送交国库办理调库。

(3）更正调库，是指税款缴库、退库业务办理完成后，税务机关或国库发现双方入库或退库税款预算科目、预算级次、收款国库等要素不一致需要调整的，应当进行更正。

（三）票款损失管理

票款损失管理包括票款损失报告、损失税金追回及赔偿、票款损失核销。

(1）票款损失报告，是指税务部门的自收税款发生被盗、丢失和征收过程中发生短差时，当事人应及时向领导报告，并按照处理权限的规定逐级报告上级税务机关进行审核、审批处理。

(2）损失税金追回及赔偿，是指税务部门的自收税款发生被盗、丢失和征收过程中发生短差时，经调查核实后，对追回税金或需要当事人赔偿的税金进行收取并开具损失税金追回及赔偿收据。

（3）票款损失核销，是指税务部门的自收税款发生被盗、丢失和征收过程中发生短差时，经调查和上级税务机关审批后，除责任人赔偿和追回税款外其余丢失的税款报有核销权限的税务机关进行核销处理。

（四）税务代保管资金利息缴库

税务代保管资金账户资金的利息按照有关规定办理缴库。

年终，税务机关填制一般缴款书，将利息余额以“其他利息收入”科目一次缴入国库。

（五）海关代征税款录入

进口环节的增值税、消费税由海关代征。各地海关征收之后，缴入当地国库，国库返还海关专用缴款书和收入退还书（海关专用）给同级税务机关，税务机关将信息存入系统，进行核算。对于系统可支持海关电子信息交换的情形，按有关规定执行。

税务机关要将海关专用缴款书（报查）和收入退还书（海关专用）（报查凭证）有关信息进行采集录入。录入之后的海关专用缴款书（报查）和收入退还书（海关专用）（报查凭证），还需进行票证销号，并参与金库对账。

第三节　税收征管信息化

一、金税三期

（一）金税三期总体目标

（1）一个平台，包含网络硬件和基础软件的统一的技术基础平台。

（2）两级处理，依托统一的技术基础平台，逐步实现税务系统的数据信息在税务总局和省局集中处理。

（3）三个覆盖，应用内容逐步覆盖所有税种，覆盖税收工作的主要工作环节，覆盖各级税务机关，并与有关部门联网。

（4）四类系统，包括征收管理、外部信息、决策支持和行政管理等子系统。

（二）金税三期创新点

1. 运用先进税收管理理念和信息技术做好总体规划

（1）运用流程管理理念规划征管系统，直接使用工作流工具，增强征管系统的适应性，有效支持业务由职能导向转变为流程导向，由结果监督转变为过程监督。

（2）运用税收风险管理理念规划管理决策系统，并与征收管理、行政管理系统进行有效衔接，提高信息应用水平。

（3）运用面向服务的理念、技术整合行政管理系统，把已开发的应用软件以松耦合方式整合到行政管理系统中，实现信息共享。

2. 统一全国征管数据标准、口径

（1）通过对税收元数据的属性定义，保证数据项标准、口径的唯一性。

（2）通过规范数据采集方式和标准，实现涉税信息的“一次采集，系统共享”，并为涉税信息的拓展应用奠定基础。

3. 实现全国征管数据应用大集中

逐步建立以税务总局为主、省局为辅的全国征管数据应用大集中模式，在税务总局进行征管数据的集中处理和存储，并建立第三方信息共享机制，实时、完整、准确地掌握纳税人涉税信息和税务机构、人员情况。

4. 统一原国税、原地税征管应用系统版本

实现全国原国税、原地税征管应用系统的版本统一。应用系统在统一技术基础平台的基础上，增强开放性、灵活性和可动态配置，充分适应税收业务管理和技术发展需要。

5. 统一规范纳税服务系统

通过统一规范税务总局、省局的纳税服务渠道、功能，建设全国的纳税服务系统，为纳税人和社会公众提供统一、规范的信息服务 、办税服务、征纳互动服务。

6. 建立统一的网络发票系统

通过建设统一的网络发票管理、查询等系统，制定网络发票开具标准和赋码规则等相关制度，及时获取纳税人开具发票信息，与申报信息分析比对，促进税源管理；为纳税人提供发票信息辨伪查询；逐步实现发票无纸化，最大限度地压缩假发票的制售空间。

二、国家税务总局风险管理云平台

国家税务总局风险管理云平台即金税三期决策支持系统（总局平台），是国家税务总局基于全国纳税人登记、申报、发票数据开发的决策支持系统。

主要功能包括全国纳税人涉税风险名录库，数据管控治理平台，增值税发票查询分析系统，纳税人关系云图，票流分析，自主探索空间，全国纳税人信息查询，纳税人画像等。

目前云平台的应用分四大类，即税收监控类、查询分析类、纳税人遵从分析类以及工具类。

1. 税收监控类

税收监控类包括对税收和纳税人的监控，服务于管理决策，为管理决策提供依据。主要内容有税收动态监控、组织收入监控决策、出口退税风险监控、四类人群监控、贫困地区税收分析、涉税专业服务动态监控。

2. 查询分析类

查询分析类，可以分为两类：一是信息查询类的应用，包括增值税发票查询分析系统、涉税企业信息查询、一户式查询。二是数据分析类的应用，包括数据超市、BI 自助统计分析。

3. 纳税人遵从分析类

纳税人遵从分析类，主要应用于风险管理与信用评级，是创新型应用。其包括票流分析、关系云图、用户画像、风险情报系统、稽查选案及案情研判、增值税发票风险分析平台、出口退税企业风险分析、纳税人关系分析。

4. 工具类

工具类是配置工具应用，包括标签配置、用户画像配置、纳税人关系配置、网络分析配置、查询定制、指标模型定制、BI 自助统计分析配置、网络分析工具。

纳税人关系分析是基于人机交互、逐层深入的可视化复杂关系网络分析，获得深层次的税收风险或其他相关线索，为进一步的日常征管、风险评估和稽查等应用提供客观的信息和数据。纳税人关系分析可以进行一对多的关系分析和两个纳税人之间的关系分析。

三、增值税发票管理系统

为贯彻落实党中央、国务院决策部署，适应税收现代化建设需要，夯实增值税管理基础，创新增值税发票管理方式，提升发票管理服务质效，优化征退衔接，税务总局开发完成了增值税发票管理系统 2.0 版（以下简称发票系统 2.0 版）。

发票系统 2.0 版涵盖增值税发票税控系统 V2.0、增值税发票电子底账系统、增值税发票综合服务平台、数字证书系统、统一受理平台等业务系统。

其中“增值税发票综合服务平台”分为企业版和税局版，它实现了统一渠道、统一界面、统一套录的“网上一窗式”体验，在整合原有系统的基础上确保功能界面的人性化、个性化及友好美观。不但对当期可用于申报抵扣的增值税发票勾选确认，还可以对退税、代办退税的增值税发票进行勾选确认，并且实现了与现有扫描认证数据的自动互联互通。

发票系统 2.0 版按照高质量推进新时代税收现代化的决策部署，以数据整合为基础，以技术创新为驱动，以税收管控为目标，构筑领用有记录、流转有监控、事中有阻断、治理有反馈的管理闭环，实现发票信息采集从“平面化”向“立体化”的拓展升级，完成增值税管理从“以票控税”向“信息管税”的跨越，为防范和打击发票违法违规行为，深化“放管服”改革和优化税收营商环境，营造规范公平的税收经济秩序，提供更加强大有力的支撑。

四、ITS自然人税收管理系统（个人所得税）

（1）2018 年 10 月前，支撑个人所得税改革过渡期政策业务办理，包括自然人实名认证、自然人信息采集、自然人信息变更、过渡期申报及相应的查询功能。

（2）2019 年 1 月前，支撑实施新税制，率先实施综合所得预扣预缴申报及分类所得申报，包括以下功能：

① 个人所得税改革核心业务，综合所得的预扣预缴和年度申报等。

② 分类所得扣缴申报和自行申报业务。

③ 征收开票（含电子缴税）、入库销号（含电子入库流水下载）、综合申报退

税及财力结算等。

④ 综合所得的预扣预缴流水单、年度完税证明、日常完税证明等。

⑤ 相关会统核算、报表业务。

⑤ 业务操作清册查询、一人式查询等。

⑦ 部分大屏展示政策效应分析等业务。

⑧ 其他相关业务，包括与核心征管的业务衔接，如票证使用衔接等。

（3）2020 年 1 月前，全面、深度支撑实施新税制，并拓展到自然人其他相关业务方面，主要包括报表分析、信用管理、风险管理、其他宏观分析等关键业务。

五、大数据下的税收治理

（一）利用大数据强化税源控管

税务机关在积累了纳税人大量有价值数据的基础上，结合工商、银行、海关等第三方信息，在“数据＋业务综合分析判研”的驱动下，从海量数据中挖掘有价值的税收数据，控管税源。

（二）利用大数据应对新生业态的税收征管

为加强对新生业态税收征管，税务机关要通过大数据，从“管事制”向“管数制”转变，实施“数据管税”；将纳税人税收、财务、经营等信息链条完全打通，实现涉税信息电子化，税务机关、纳税人、消费者和第三方部门的信息数据，完全取代纸质申报和发票等实物载体，构建以信息数据为核心要素展开的税收征管新模式；利用大数据助推纳税人自助式管理，使纳税人自主申报、税收政策自动适用成为征管主流；借助大数据效率高、成本低的优势，将以往征管强调抓大放小、集中精力管好重点税源，转变为大企业与中小型企业并重，重点税源与非重点税源并重；对税收信息判研出纳税人的异常数据，为风险管理提供“精确制导”，以强化税收征管。

（三）利用大数据加强税收风险管理

税务机关更多地通过大数据、涉税信息平台获取有关经济涉税信息数据进行比对分析、评估研判，将所有的海量涉税信息转化为可量化、可比对的数据，实现涉税业务信息的数字化管理。

（四）利用大数据做好纳税服务

税务机关从纳税人的个性化需求出发，切实改进纳税服务的有效供给，用以满足纳税人个性化的纳税服务需求。依托大数据分析制导服务供求，做到始于需求、终于满意。税务机关要有效运用税收大数据，分析不同行业、不同类型的纳税人的需求，从改变纳税服务的供给侧角度入手，根据每个纳税人所需求的纳税服务进行“私人定制”，从粗放型“端菜式”的纳税服务改为精准型“点菜式”的纳税服务。

六、“互联网＋税务”行动计划

国家税务总局制定的《“互联网＋税务”行动计划》充分运用互联网思维，引入云计算技术、发挥大数据优势，激发创新活力，变革税收管理方式，推进互联网与税收工作深度融合，拓展税收服务新领域，打造便捷办税新品牌，建设电子税务新生态，引领税收工作新变革，更广范围、更深程度、更高层次地依托“互联网＋”力量，为税收改革发展奠定稳固坚实基础，为税收现代化注入恒久动力，为税收服务国家治理提供强劲支撑。

《“互联网＋税务”行动计划》明确了“5大板块、20项重点行动”计划，勾勒出2020年普惠税务、智慧税务蓝图。

（1）社会协作。社会协作方面的行动计划有“互联网＋众包互助”“互联网＋创意空间”“互联网＋应用广场”。

（2）办税服务。办税服务方面的行动计划有“互联网＋在线受理”“互联网＋申报缴税”“互联网＋便捷退税”“互联网＋自助申领”。

（3）发票服务。发票服务方面的行动计划有“互联网＋移动开票”“互联网＋电子发票”“互联网＋发票查验”“互联网＋发票摇奖”。

（4）信息服务。信息服务方面的行动计划有“互联网＋监督维权”“互联网＋信息公开”“互联网＋数据共享”“互联网＋信息定制”。

（5）智能应用。智能应用方面的行动计划有“互联网＋智能咨询”“互联网＋税务学堂”“互联网＋移动办公”“互联网＋涉税大数据”“互联网＋涉税云服务”。

七、电子税务局建设

电子税务局建设以信息技术为依托，充分利用云计算、大数据等互联网技术的发展成果，形成税务总局和省局两级处理、线上和线下结合、虚拟和实体互动的新型税收管理和服务模式。以12366纳税服务平台和网上办税服务厅为基础，通过网站建设、热线系统升级、移动互联应用开发、权益保护系统开发等措施，全面拓展面向纳税人应用，实现“六能”功能，即能听、能问、能看、能查、能约、能办服务。

第四节　法律追责与救济事项

一、违法处置

（一）违法处置的内容

对税务行政相对人违法的行为，由税务机关责令纳税人限期改正，或对税务行政相对人的违法行为依法进行税务处理、处罚的过程。

违法处置主要包括税收（规费）违法行为处理，责令限期改正，简易程序处罚，一般程序处罚，查补税款和罚款变更或补充处理，延（分）期缴纳罚款申请审批，提请吊销营业执照，停供（收缴），解除停供（收缴）发票，税收违法行为检举管理，税务处理决定处理。

（二）税收（规费）违法行为处理

税收（规费）违法行为处理，是指在税收征收管理工作中发现的税收（规费）违法行为，进行登记、处理、跟踪税收（规费）违法行为处理的状态，并对税收（规费）违法行为处理进行终结审核。对税收（规费）违法行为的处理，根据税收（规费）违法行为的具体处理需要，进行具体处理。

（三）责令限期改正

纳税人、扣缴义务人及其他相关单位和个人有违法违章行为的，税务机关进行税收违法行为登记，由办理人员制作《责令限期改正通知书》，并将文书送达当事人。

对未自行申报、按时足额缴纳社会保险费的用人单位，由办理人员制作《责令限期改正通知书》，并将文书送达当事人。

（四）简易程序处罚

税务机关对违法事实确凿并有法定依据，对公民处以 50 元[①] 以下、对法人或者其他组织处以 1000 元[②] 以下罚款或警告的行政处罚。对社会保险费的违法违章进行处罚，各地根据是否有处罚权确定是否启动本事项。

由办理人员制作《税务行政处罚决定书（简易）》并当场交付当事人。

根据《中华人民共和国行政处罚法》的规定，简易处罚是当场作出行政处罚决定，并不需审批。

对社会保险费的违法违章进行处罚，制作《社会保险费行政处罚决定书（简易）》，并送达缴费人。

（五）一般程序[③] 处罚

一般程序处罚决定处理业务适用于对违反税收法律，且不适用简易程序处罚的税收违法行为实施行政制裁的处理。依法应当给予行政处罚的，行政机关必须查明事实；必须全面、客观、公正地调查，收集有关证据；必要时，依照法律、法规的规定，可以进行检查。行政机关在调查或者进行检查时，执法人员不得少于两人，并应当向当事人或者有关人员出示证件，询问或者检查应当制作笔录。行政机关必须充分听取当事人的意见，对当事人提出的事实、理由和证据，应当进行复核；当事人提出的事实、理由或者证据成立的，行政机关应当采纳。行政机关不得因当事人申辩而加重处罚。

① 2021 年 7 月 15 日起施行的最新修订《行政处罚法》第五十一条已将该数值修订为“200”。

② 2021 年 7 月 15 日起施行的最新修订《行政处罚法》第五十一条已将该数值修订为“3000”。

③ 《行政处罚法》由中华人民共和国第十三届全国人民代表大会常务委员会第二十五次会议于 2021 年 1 月 22 日修订通过，自 2021 年 7 月 15 日起施行。最新《行政处罚法》将“一般程序”表述为“普通程序”。

1. 一般程序处罚决定

税务机关对违反税收法律及《社会保险法》，且不适用简易程序处罚的税收、社会保险费等规费违法行为实施行政制裁的处理。

一般程序处罚决定包括一般程序处罚决定处理、税务行政处罚事项告知处理。税务机关作出行政处罚决定之前，告知当事人作出行政处罚决定的事实、理由及依据，以及告知当事人依法享有的权利，并进行当事人陈述申辩处理。对纳税信用评价为D级的纳税人，发现其税收违法违规行为的，不得适用规定处罚幅度内的最低标准。

2. 税务行政处罚听证

税务机关拟对公民处以2000元（含）以上，对法人或其他组织处以1万元（含）以上的罚款或吊销发票准印证等处罚，向公民、法人或其他组织送达《行政处罚事项告知书》或《税务行政处罚事项告知书》，当事人提出行政处罚听证申请的，依法审查受理行政处罚听证申请、组织实施听证。

税务机关应当在收到当事人听证要求后7日内将《税务行政处罚听证通知书》送达当事人，15日内举行听证。

听证延期处理，是指税务机关对当事人以不可抗力或者其他特殊情况而耽误提出听证期限为由，提出申请延长期限申请的处理。

3. 税务行政处罚案件集体审议

对情节复杂、争议较大、处罚较重、影响较广或者拟减轻处罚等税务行政处罚案件，应当经过集体审议决定。

（六）查补税款和罚款变更或补充处理

查补税款和罚款变更或补充处理，是指在复查案件中出现查补税款和罚款变更或补充处理情形，在行政复议、行政诉讼案件出现撤销或部分撤销、重新作出行政行为，或者未经复议及诉讼，但是在《税务处理决定书》《税务行政处罚决定书》等决定性文书送达后，税务机关发现原行政行为确有错误，作出行政决定的税务机关可以改变行政行为，进行查补税款、变更罚款、补充处理。

（七）延（分）期缴纳罚款申请审批

延（分）期缴纳罚款申请审批，是指被处罚对象确有经济困难，需要延期或者分期缴纳罚款的，经被处罚对象（当事人）申请和税务机关批准，可以暂缓或者分期缴纳。

（八）提请吊销营业执照

提请吊销营业执照，是指对不办理税务登记，且经税务机关责令限期改正，逾期不改正的纳税人，税务机关提请市场监督管理部门吊销其营业执照。

（九）停供（收缴）、解除停供（收缴）发票

从事生产、经营的纳税人、扣缴义务人有《税收征管法》规定的税收违法行为，拒不接受税务机关处理，税务机关可以收缴其发票或者停止向其发售发票。停供（收缴）发票后，纳税人、扣缴义务人接受税务机关处理的，税务机关恢复向其发售发票和返还收缴的空白发票。

（十）税收违法行为检举管理

税收违法行为检举管理包括税收违法行为检举事项管理、税收违法行为检举奖励管理。

（1）税收违法行为检举事项管理：单位、个人采用书信、互联网、传真、电话、来访等形式，向税务机关检举纳税人、扣缴义务人税收违法行为线索，税务机关对检举事项进行受理、登记、实施转办（交办）、检查、案件信息跟踪、对检举人进行反馈税收违法行为检举查办结果等事项的业务处理过程。

（2）税收违法行为检举奖励管理：检举税收违法行为的实名检举人，可以向税务机关申请检举奖金，税务机关经核实审批后发放税收违法行为检举奖金的业务处理过程。

税务机关对检举的税收违法行为经立案查实处理并依法将税款或者罚款收缴入库后，由税收违法案件举报中心根据实名检举人书面申请及其贡献大小，制作《检举纳税人税收违法行为奖励审批表》，提出奖励对象和奖励金额建议，按照规定权限和程序审批后，向检举人发出《检举纳税人税收违法行为领奖通知书》，通知检举人到指定地点办理领取手续。

（十一）税务处理决定处理

税务机关对各类税收违法行为依据有关税收法律、行政法规、规章作出处理决定，经过审批后，出具《税务处理决定书》的处理。

二、税款追征

税款追征纳税人未按照规定期限缴纳税款的，扣缴义务人未按照规定期限解缴税款的，税务机关应当责令其限期缴纳或者解缴等系列行为。

税款追征主要包括责令限期缴纳税（费）款，纳税担保，税收保全，强制执行，行使代位权、撤销权，阻止出境，审计（财政）监督检查决定意见处理。

（一）责令限期缴纳税（费）款

责令限期缴纳税（费）款，是指税务机关对在规定期限内不缴或者少缴应纳、应解缴、应担保税（费）款的纳税人、扣缴义务人、纳税担保人、缴费人，或者有逃避纳税义务行为的从事生产、经营的纳税人、缴费人，责令限期缴纳税（费）款的业务处理过程。

（二）纳税担保

纳税人为保证按时足额缴纳税款及滞纳金，由纳税人或第三人向税务机关提出申请，以其未设置担保物权或未全部设置担保物权的财产向税务机关提供担保，或由税务机关认可的纳税保证人为纳税人提供纳税保证。

纳税担保包括纳税担保申请确认、纳税担保到期处理、纳税担保解除处理。

（三）税收保全

税务机关有根据认为纳税人有不履行纳税义务可能的，可以在规定的纳税期之前，责令限期缴纳应纳税款；在限期内发现纳税人有明显的转移、隐匿其应纳税的商品、货物以及其他财产或者应纳税的收入的迹象的，税务机关可以责成纳税人提供纳税担保。如果纳税人不能提供纳税担保，经县以上税务局（分局）局长批准，税务机关可以采取书面通知纳税人开户银行或者其他金融机构冻结纳税人的金额相当于应纳税款的存款，扣押查封纳税人的价值相当于应纳税款的商品、货物或者其他财产的税收保全措施。税务机关采取上述规定的措施应当书面通知纳税人并制作现场笔录。

税收保全主要包括实施保全（一般）、实施保全（简易）、提前处理保全财产、解除保全、税收保全延期处理。

（四）强制执行

税务机关发现税务行政相对人在税款、滞纳金、罚款限缴期限到期后仍不缴纳时，经催告后，通知银行或其他金融机构扣缴税务行政相对人的存款或扣押，查封、拍卖、变卖部分财产以抵缴税款、滞纳金或罚款。

强制执行包括强制执行登记，催告处理，强制扣缴，现金扣缴，拍卖变卖，申请法院强制执行，强制执行（解除）中止、终结处理，强制执行协议签订。

（1）强制执行登记，是指对符合强制执行条件的案件进行登记，并选择强制执行措施。

（2）催告处理，是指税务机关作出强制执行决定前，应当事先催告当事人履行义务。税务机关申请人民法院强制执行前，应当催告当事人履行义务；催告书送达10日后当事人仍未履行义务的，税务机关可以依法采取强制执行，或向有管辖权的人民法院申请强制执行。对于实施加处罚款的，在告知当事人30日后，也要进行催告处理。

（3）强制扣缴，是指当税务行政管理相对人未按限缴期限缴纳税款、滞纳金、罚款时，税务机关通过内部审批文书报经有审批权限的税务局长批准后，决定对税务行政管理相对人采取强制扣缴措施，向其下达强制扣缴的书面文书，通知银行及其他金融机构从税务行政管理相对人存款中扣缴税款、滞纳金及罚款。

用人单位逾期仍未缴纳或者补足社会保险费的，社会保险费征收机构可以向银行和其他金融机构查询其存款账户，并可以申请县级以上有关行政部门作出划拨社会保险费的决定，书面通知其开户银行或者其他金融机构划拨社会保险费。

（4）现金扣缴，是现金扣缴税务机关对税务行政管理相对人采取的强制执行措施的一种。当税务行政相对人未按限缴期限缴纳税款、滞纳金、罚款，且有处于保全状态或担保状态的现金时，税务机关通过内部审批文书报经有审批权限的税务局局长批准后，决定对税务行政管理相对人采取现金扣缴措施，向其下达现金扣缴的书面文书，通知税务行政管理相对人扣缴税款、滞纳金及罚款决定及结果。

（5）拍卖变卖，是指当纳税人、扣缴义务人未在限期内缴纳或解缴税款，纳税担保人未按照规定的期限缴纳所担保的税款时，或者在稽查过程中对税收保全的商品、货物或者其他财产需要提前进行拍卖变卖处理的，经有审批权限的税务局局长批准，税务机关可以采取依法拍卖或者变卖所扣押、查封的商品、货物或者其他财产的措施，以拍卖或者变卖所得继续实施保全或者抵缴税款。

（6）申请法院强制执行。

税务机关向法院申请强制执行有以下情形：

①在当事人对税务机关的征收行为、处罚决定逾期不申请行政复议也不向人民法院起诉、又不履行的；复议申请人逾期不起诉又不履行行政复议决定的，或者不履行最终裁决的行政复议决定的，税务机关可以依法申请人民法院强制执行。

②当事人拒绝履行人民法院发生法律效力的判决、裁定的，税务机关可以依法向第一审人民法院申请强制执行。

税务机关向法院提出申请后，由法院采取强制执行措施。法院强制执行完毕，通知税务机关将税款、滞纳金、罚款、没收违法所得征收入库时，通知征收开票部门将上述款项征收入库。当事人包括从事生产经营的纳税人、扣缴义务人和非生产经营纳税人、扣缴义务人。

③用人单位未足额缴纳社会保险费且未提供担保的，社会保险费征收机构可以申请人民法院扣押、查封、拍卖其价值相当于应当缴纳社会保险费的财产，以拍卖所得抵缴社会保险费。

（7）强制执行（解除）中止、终结处理。

①有下列情形之一的，税务机关中止执行：

A. 当事人履行行政决定确有困难或者暂无履行能力的。

B. 第三人对执行标的主张权利，确有理由的。

C. 执行可能造成难以弥补的损失，且中止执行不损害公共利益的。

D. 行政机关认为需要中止执行的其他情形。

②中止执行的情形消失后，税务机关应当恢复执行。

③强制执行终结处理，是指对没有明显社会危害，当事人确无能力履行，中止执行满 3 年未恢复执行的，行政机关不再执行。

有下列情形之一的，终结执行：

A. 公民死亡，无遗产可供执行，又无义务承受人的。

B. 法人或者其他组织终止，无财产可供执行，又无义务承受人的。

C. 执行标的灭失的。

D. 据以执行的行政决定被撤销的。

E. 行政机关认为需要终结执行的其他情形。

（8）强制执行协议签订，是指税务机关在实施行政强制执行的过程中，可以在不损害公共利益和他人合法利益的情况下，与当事人达成执行协议。

（五）行使代位权、撤销权

欠缴税款的纳税人怠于行使到期债权，对国家税收造成损害的，税务机关依法申请人民法院行使代位权。

欠缴税款的纳税人放弃到期债权，无偿转让财产，或者以明显不合理的低价转让财产而受让人知道该情形，对国家税收造成损害的，税务机关依法申请人民法院行使撤销权。

（六）阻止出境

阻止出境是为了保证国家税收，防止逃避纳税义务，税务机关对欠缴税款的纳税人在离开国境前采取的限制性措施。欠缴税款的纳税人或者其法定代表人需要出境的，应当在出境前向税务机关结清应纳税款、滞纳金或者提供担保。未结清税款、滞纳金，又不提供纳税担保，税务机关可以通知出境管理机关阻止其出境。

阻止出境包括布控、撤控。

（1）布控，即欠缴税款的纳税人或其法定代表人需要出境，但尚未结清应纳税款、滞纳金，又不提供担保的，税务机关在其出境前通知出境管理机关阻止其出境。

（2）撤控，即是指税务机关在被阻止出境的欠税人结清所欠税款或提供纳税担保后，依法解除其出境限制。

（七）审计（财政）监督检查决定意见处理

被审计、检查单位有税收违法行为的，审计、检查单位下达决定、意见书，责成被审计、检查单位向税务机关缴纳税款、滞纳金时，税务机关应当根据有关机关的决定、意见书，依照税收法律、行政法规的规定，将应收的税款、滞纳金按照国家规定的税收征收管理范围和税款入库预算级次缴入国库。

三、行政救济

（一）行政救济的方式

税务行政相对人认为税务机关的行政行为直接侵害其合法权益，请求有关国家机关依法对行政违法或行政不当行为实施纠正，并追究其行政责任，以保护税务行政相对人的合法权益。

税务行政相对人同税务机关发生纳税争议时，必须依照税务机关根据法律、法规确定的税额、期限，先行缴纳或者解缴税款和滞纳金，或者提供相应的担保，依法申请行政复议；对行政复议决定不服的，可以向人民法院起诉；对税务机关的其他行政行为有争议时，可依法申请行政复议或提出行政诉讼。

行政救济主要包括税务行政复议、税务行政诉讼、税务行政赔偿、税务行政补偿、申请税务人员回避处理、重新作出行政行为处理。

（二）税务行政复议

税务行政相对人认为税务机关的具体行政行为侵犯其合法权益，向税务行政复议机关申请行政复议，复议机关据复议审查结果依法做出行政复议决定，并对有关决定进行依法执行的过程。

(1) 复议申请管理，是指税务行政相对人认为税务机关的行政行为侵犯其合法权益，依法向税务行政复议机关提出行政复议申请，税务行政复议机关对行政复议申请进行依法审查并做出相应处理的过程。复议申请管理主要包括复议申请处理、准予撤回复议申请。

(2) 复议监督处理是行政复议机关的上级机关对复议机关处理的行政复议实施监督的制度。目的是为了保护公民、法人和其他组织的合法权益，保证行政复议机关合法、准确、及时的审理复议案件。复议监督处理主要包括责令受理、责令行政复议机关恢复审理和提审。

(3) 复议审查管理：复议机关受理该申请后所进行的实质性审查，即对被申请人当初作出具体行政行为所依据的事实证据、法律程序、法律依据及设定的权利义务内容之合法性、适当性进行全面审查并提出审查意见，主要内容包括：被申请人是否具有执法资格；具体行政行为事实是否清楚，证据、理由是否确凿、充分；具体行政行为是否有法律依据或依据是否合法；作出具体行政行为的程序是否合法；具体行政行为有无明显不当等。

(4) 行政复议处理：包括驳回复议申请、维持原行政行为、变更原行政行为、撤销原行政行为、责令限期履行、和解处理、调解处理、复议终止。

（三）税务行政诉讼

税务行政诉讼，是指税务行政相对人认为税务机关及其工作人员的行政行为违法或者不当，侵犯了其合法权益，依法向人民法院提起行政诉讼，税务机关接受人民法院对税务行政行为的合法性审查，并根据人民法院的裁决进行后续业务处理的过程。税务行政诉讼包括应诉管理、应诉特殊业务处理、撤销（变更）具体行政行为。

（四）税务行政赔偿

税务行政赔偿，是指由于税务机关及其工作人员、受税务机关委托的组织或个人违法行使职权，侵犯公民、法人和其他组织的合法权益并造成损害后，根据受害者的申请，由国家承担赔偿责任，但由致害的税务机关作为赔偿义务机关代表国家予以赔偿的过程。税务行政赔偿主要包括赔偿申请处理、赔偿申请撤回、赔偿追偿。

（五）税务行政补偿

税务行政补偿，是指税务机关因国家利益、公共利益或其他法定事由需要撤回或变更行政决定，对税务行政管理相对人因此而受到的财产损失依法予以补偿。

（六）申请税务人员回避处理

申请税务人员回避处理业务适用于税务机关对当事人提出的回避申请处理。税务人员在核定应纳税额、调整税收定额、进行税务检查、实施税务行政处罚、办理税务行政复议、实施听证时，当事人认为税务人员与纳税人扣缴义务人等行政相对人或者其法定代表人、直接责任人有利害关系的，有权申请回避。对驳回申请回避的决定，如果法律法规允许当事人复核一次，税务机关应当准许。

（七）重新作出行政行为处理

行政复议机关在审理复议案件后，认定具体行政行为存在主要事实不清、证据不足、适用依据错误、违反法定程序、超越或滥用职权、具体行政行为明显不当等情形时，决定撤销、变更或者确认该具体行政行为违法：

（1）决定撤销或者确认该具体行政行为违法的，可以责令被申请人在一定期限内重新作出具体行政行为。

（2）人民法院在审理行政诉讼案件中，如果存在主要证据不足、适用法律法规错误，违反法定程序、超越或滥用职权等行为，可以判决撤销或者部分撤销具体行政行为，并可以判决被告重新作出行政行为。

税务机关在法律、法规、规章规定的期限内重新作出具体行政行为；法律、法规、规章未规定期限的，重新作出具体行政行为的期限为60日；或在人民法院裁判书中确定的期限内重新作出具体行政行为。

四、相互协商程序

（一）中国居民（国民）申请启动的相互协商程序

中国居民（国民）认为与中国签订税收协定并生效执行的国家或地区所采取的措施，已经或将会导致不符合税收协定所规定的征税行为，可以按规定向省税务机关提出申请，请求国家税务总局与缔约对方主管当局通过相互协商程序解决有关问题。

申请人对省税务机关拒绝受理的决定不服，在收到书面告知之日起15个工作日内向省税务机关或国家税务总局提出异议申请。

（二）特别纳税调整相互协商程序申请

根据我国对外签署的税收协定的有关规定，国家税务总局可以依据企业申请或者税收协定缔约对方税务主管当局请求启动相互协商程序，与税收协定缔约对方税务主管当局开展协商谈判，避免或者消除由特别纳税调整事项引起的国际重复征税。

相互协商内容包括：

（1）双边或者多边预约定价安排的谈签。

（2）税收协定缔约方实施特别纳税调查调整引起另一方相应调整的协商谈判。

第三章
税收风险管理

第一节　税收风险管理概述

一、税收风险概述

（一）风险的概念

所谓风险是对实现组织目标产生消极负面影响或存在潜在损失危害的各种可能性与不确定性。相对于组织目标的实现，风险被理解为未来具有负面影响及可能造成损失和危害的意义。

（1）发生的不确定性。

（2）一旦发生，损失和危害后果的严重程度。

（二）风险管理的概念

风险管理，是指如何在一个有风险的环境里把风险减至最低的管理过程。其中包括对风险的量度、评估和应对策略。风险管理是一门风靡全球的现代新兴管理科学，是研究风险发生规律，通过对风险进行分析识别、风险程度衡量评估和风险应对处理等优化组合策略、技术和方法，进而实现对风险有效防范、应对、控制的现代管理科学。其内涵包括风险管理技术、风险管理流程和风险管理方法。

（三）税收风险

税收风险，是指在征税过程中，由于制度方面的缺陷，政策、管理方面的失误，以及种种不可预知和控制的因素所引起的税源状况恶化、税收调节功能减弱、税收增长乏力，最终导致税收收入不能满足政府实现职能需要的一种可能性。使实际税收管理的结果与预期目标之间客观上存在偏差，导致纳税人的利益损失和国家税收流失损失的不确定性或可能性。

税收风险的损失性和危害性是客观存在的，具有导致税收遵从度降低、纳税人利益受损、税源状况恶化、税收调节功能减弱、税收收入减少或流失，进而不能满足政府财政职能需要。但同时税收风险也是变化的、可控的，可以通过有效的风险管理策略、措施方法进行有效防范、控制、转移和消除。

二、税收风险的分类

（一）税收风险类型

（1）按照风险来源，可分为税务部门内部风险和纳税人缴费人企业税收遵从风险。

（2）按照遵从态度及特征，可分为自愿遵从型、尝试遵从型、抵制不遵从型、恶意不遵从型。

（3）按照风险等级评定划分，可分为无风险、低风险、中风险、较高风险和高风险。

（二）纳税人缴费人遵从风险

纳税人缴费人税费遵从风险简称遵从风险，是指纳税人缴费人未能履行法定税收及缴费义务导致纳税人、缴费人的利益损失和国家税费流失损失的不确定性或可能性。

通常情况下，税收风险主要是指税费遵从风险。税费不遵从是税费遵从的相对概念。税费相关的法律和政策规定了一系列纳税人缴费人必须履行的义务，如果纳税人缴费人没有依法履行税费相关的法律和政策义务就产生了税费不遵从行为，进而导致纳税人、缴费人的自身利益损失和国家税费流失损失的风险。

尽管实际的税费缴纳义务在不同的纳税人缴费人之间有所不同，但依据税费征收管理过程，税费遵从风险具体表现为以下 6 各方面 ：

（1）税务登记风险。

（2）财务核算风险。

（3）发票使用风险。

（4）纳税申报风险。

（5）信息报送风险。

（6）税费缴纳风险。

（三）税务部门内部风险

税务部门内部风险存在于税收征收管理的整个过程及各个环节，就其具体内容而言，主要包括税制改革风险、涉外税务风险、税源监管风险以及税收执法风险等。

在我国的税收征收管理实践中，税务人员对税法及税收管理制度不遵从的执法和职务犯罪问题导致税务管理人员职务和利益损失及国家税收流失；税务人员对税收法律政策理解偏差、执法能力差、信息缺失或者执法人员渎职等违法渎职犯罪行为，也导致税务管理人员自身利益损失和国家税收流失损失，我们称之为税务执法风险。

三、税收风险管理的基本原则和意义

（一）税收风险管理的概念

税收风险管理是研究税收风险发生规律，对税收风险进行有效防范和控制的一门现代税收管理科学。同时，其他是税务机关运用风险管理的理论、技术方法，科学制定风险管理战略规划，开展税收风险分析识别与等级排序，通过风险提醒、纳税评估、税务审计、反避税调查、税务稽查等风险应对手段，力求最具效率地优化配置征管资源，防控税收风险，不断提高税法遵从度和税务机关管理水平的税收管理活动。

（二）税收风险管理的基本原则

各级税务机关要因地制宜，统筹安排管理资源，按照统分结合、分类分级应对的原则，合理划分各层级和各部门在税收风险管理工作中的职责，形成纵向联动、横向互动的工作机制，做到职责清晰、分工明确、运行顺畅。

（1）流程化、标准化管理原则。借鉴发达国家税收风险管理的实践经验，税收风险管理的流程基本上分为四个阶段：一是要制定科学的税收风险管理规划方案及相关制度；二是运用充分有效的信息数据资源开展税收风险分析识别、风险等级测度排序、预警监测；三是实施税收风险的差别化应对控制；四是税收风险管理绩效评价和管理系统优化，不断改进完善税收风险管理体系，形成周期性不断循环的良性闭环运行系统。

（2）防范胜于控制的管理原则。要关口前移至事前的风险防范、规避，加强事前和事中的风险监控管理，将税收风险扼杀在萌芽状态，有效防范和规避税收风险的发生，即使风险发生了也能及时得到有效控制和排查，构建科学有效的税收风险防控体系。

（3）分级分类，差别化、递进式风险应对控制原则。科学分析识别、评定不同风险等级，进行风险等级排序，分级分类实施风险应对控制。对无风险不打扰；对低风险纳税人采取风险提醒、纳税辅导等方式进行风险应对；对中等偏高风险等级的纳税人实施案头审核分析和税务约谈等纳税评估方式进行风险应对；对高风险纳税人采取税务检查、立案稽查、移送公安机关等方式进行风险应对。

（三）税收风险管理的意义

（1）税收风险管理是现代税收管理的先进理念和国际通行做法，是完善我国税收管理体系、提高税收治理能力、实现税收现代化的有力举措，是构建科学严密税收征管体系的核心。

（2）税收风险管理是深化税收征管改革的突破口。实施税收风险管理，就是要精准开展风险分析识别、分级分类精准实施风险应对，推动服务、管理、方式不断创新和税收征收管理体制变革。

（3）税收风险管理是完成组织收入目标的重要抓手。开展税收风险管理，通过风险分析识别，有助于找准税收流失漏洞，有效实施风险应对，促进税收收入高质量可持续增长。

（4）通过实施税收风险管理，可以促进税务机关有效地运用管理资源，把有限的征管资源优先配置到高风险领域和大企业税收领域，降低征纳税收风险，最具效率地实现税收遵从度最大化的目标。

四、各级税务机关税收风险管理的工作机制及职责

（一）税收风险管理的重要性

（1）税收风险管理是推进税收治理现代化的必然要求。

（2）税收风险管理是促进纳税遵从的根本途径。

（3）税收风险管理是提高税务机关主观能动性的重要抓手。

（二）税收风险管理工作机制

1. 国家税务总局税收风险管理工作机制及职责

（1）强化国家税务总局税收风险管理统筹职能。

①组织实施税收大数据和风险管理战略规划，统筹税收大数据和风险管理工作规程及年度计划制定工作。组织制定税收风险管理工作规程和年度计划，按照横向互动、纵向联动的原则，在征求各司局及省税务机关税收风险管理工作意见后，报国家税务总局税收风险管理部门审定后下发。

②统筹风险应对任务推送工作。根据税收风险管理工作需要，定期召开风险管理专题会议，审议各司局及各地区在风险管理工作中提炼或发现的具有全局性、普遍性的风险事项及特定类型纳税人或特定风险事项，适时扎口统一推送各地实施风险应对。相关司局如遇情况紧急、风险程度高、风险指向具体的特殊风险管理任务，可以会签国家税务总局风险管理部门并报经局领导批准后，单独成文下发或通过决策支持风险管理系统向下推送。

③统筹风险应对过程监控及效果评价工作。对推送各地应对的风险管理任务，国家税务总局风险管理部门统一组织实施应对过程监控和效果评价工作。

④统筹风险分析识别模型建设工作。组织税务系统精干力量，按计划逐步建立具有代表性的覆盖重点行业、税种及特定业务的风险分析识别指标体系及模型库，并及时内置到决策支持风险管理系统中，供各单位及各地区使用。

⑤统筹决策支持风险管理系统功能完善工作。汇总各司局及各地提出的关于完善决策支持风险管理系统功能的业务需求和意见，提交相关部门统一完善系统功能。

⑥统筹税收大数据治理工作。建立标准、规范的税收大数据获取、应用机制，包括税收大数据来源、内容、格式、口径、质量、应用等；制定税收大数据管理办法。不断拓宽数据来源、丰富数据内容、规范数据格式、统一数据口

径、提高数据质量、强化数据利用，负责税收大数据云平台建设，有效发挥税收大数据在风险管理工作中的基础性作用。

⑦统筹开展第三方涉税信息获取及应用工作。统一指导获取税收风险管理工作所需的第三方涉税信息。各司局提出第三方涉税信息应用的业务需求，国家税务总局风险管理部门负责制定业务标准和技术实现。第三方涉税信息交换至金税四期外部信息交换系统，供各单位及各地有效开展风险管理工作使用。

（2）发挥国家税务总局相关部门的税收风险管理职能作用。

①各税种管理部门（含国际税务部门）结合自身工作特点，承担分管税种或本部门业务的第三方涉税信息采集、分析识别模型建设及风险分析识别工作业务需求，向国家税务总局风险管理部门提供具有全局性、普遍性特征的风险事项。对特殊风险管理事项进行跟踪、指导、评价，并总结经验，进一步完善相关风险指标和风险任务。

②大企业税收管理部门在国家税务总局风险管理部门的统一领导下，牵头负责全国千户集团税收风险的分析识别工作。分析结果报国家税务总局风险管理部门统一推送各地。省税务局风险管理部门统筹再分析后，明确相关税务机关及应对主体，组织实施风险应对。省税务局风险管理部门将应对结果反馈给国家税务总局风险管理部门，同时报送全国千户集团税收风险分析部门。大企业税收管理部门可对相应情况进行跟踪、指导、评价、考核，并总结经验，完善大企业税收风险管理工作机制。

③高风险纳税人税收风险管理的主要应对手段为税务稽查。稽查部门负责承接风险管理部门推送的高风险案源线索，重点实施税务稽查，并反馈查处结果。对于高风险应对任务中反映出的行业性、地域性或特定类型纳税人的共性税收风险特征，稽查部门应及时提交给国家税务总局风险管理部门，补充完善到风险分析识别指标体系及模型库中，促进风险分析识别模型的不断优化和完善。

2．省税务局税收大数据和风险管理部门工作机制及职责

（1）统一税收风险管理组织领导。

各省税收风险管理部门要定期召开税收风险管理工作会议，落实国家税务总局税收风险管理工作规程及年度计划，因地制宜，细化并制定本地税收风险管理年度计划；审议本地区税收风险管理年度工作计划，总结本地区税收风险管理重大事项等。

(2) 统一接收国家税务总局税收风险管理部门推送的风险事项。

国家税务总局风险管理部门按计划下发的税收风险管理事项，统一由省税务局风险管理部门负责接收。其他部门推送的风险事项，须报送省税务局风险管理部门统筹管理。

(3) 统一扎口推送风险应对任务。

省税务局风险管理部门接收国家税务总局风险管理事项后，组织相关部门开展细化分析，统筹任务安排，扎口推送给有关单位开展风险应对工作。对国家税务总局风险办成员单位下发的特殊风险管理事项，省税务局风险管理部门可以组织相关部门开展细化分析，也可由相关部门开展细化分析。细化分析后的风险管理事项经省税务局风险管理部门统筹后，扎口推送有关单位实施风险应对。

(4) 统一反馈风险应对情况。

风险应对结束后，省税务局风险管理部门应分析总结风险应对情况，及时将应对情况反馈给国家税务总局风险管理部门。国家税务总局风险管理部门将应对情况通报给风险事项发起单位。

第二节　税收风险管理内容

一、税收风险管理的基本内容

税收风险管理的基本内容包括目标规划、税收大数据获取（信息收集）、风险分析识别、风险等级排序、风险应对任务管理、实施风险应对、过程监控和评价反馈，通过评价成果应用于规划目标的修订校正，从而形成各环节良性互动、质效持续改进的闭环管理。

（一）目标规划

税收风险管理目标规划是在对经济社会环境进行深入调查、分析研究的基础上，结合税务机关总体战略要求、内外部管理环境、管理资源等相关条件，对一定时期内税收风险管理的目标、阶段性战略重点、方针策略、主要实施步骤及相关措施方法等做出的系统性、全局性的总体谋划、规划及部署安排，形成系统性、全局性的战略规划和年度计划，统领和指导税收风险管理工作。

（二）税收大数据获取

各级税务机关要落实以税收大数据为驱动力的战略，多渠道获取、共享税收大数据，加强税收大数据资源的开发利用。加强宏观经济信息、互联网第三方涉税信息数据、企业财务信息、生产经营信息、纳税申报信息的获取和综合分析应用；有效整合、集成不同渠道、不同应用系统税收大数据，进行“一户式”“一人式”大数据归集、查询、比对和综合分析利用。

（三）风险分析识别

各级税务机关要建立覆盖税收征管全流程、各环节、各税种、各行业的风险识别指标体系、风险特征库和分析模型等风险分析识别工具。统筹安排风险识别工作，运用风险分析工具，对纳税人缴费人的税收大数据进行扫描、分析和识别，查找发现税收风险领域、行业、纳税人群体及涉税风险环节或税收风险点，为税收风险管理提供精准指向和具体应对目标。

（四）风险等级排序

根据风险分析识别结果，对风险发生的可能性和风险损失程度进行分析、判断和评价，建立风险纳税人库。按纳税人归集风险点，通过风险指标赋值、评分方法划分、评定税收风险等级，综合评定纳税人的风险分值，进行风险等级的高低组合排序。建立税收风险的预警机制，分级分类进行风险信息预警提示，对较高风险和高风险纳税人实施重点风险预警提示关注。结合征管资源和专业人员的配置情况，按照风险等级由高到低，合理确定风险应对任务数量。分级分类实施风险应对任务管理，按纳税人区域、规模和特定事项等要素，合理确定风险应对层级和承办部门。

（五）风险应对任务管理

风险应对任务管理，是指对通过风险分析识别、上级交办、部门转办以及其他途径产生的风险任务进行归集、整理、汇总、比对、审议、推送、分配等管理过程。风险应对任务来源包括三种情况：风险识别后等级排序结果；举报、上级交办、督办、部门转办、情报交换等风险信息接收；下级税务机关风险应对任务提请情况等。

风险应对任务管理应遵循“科学合理分配”“过滤重复预警”“集中归并执行”的原则，即：风险应对任务的推送、安排要充分考虑应对部门的承受能力，力求做到科学合理；利用风控系统过滤或人工干预方式，避免任务重复预警派发；对同一纳税人涉及多项事项，应集中归并任务，统一下发，防止多头下达风险应对任务。

千户集团风险应对任务实施以省级、市级税务机关为主。对于重大或复杂涉税事项的千户集团风险应对任务，由省级税务机关组织开展风险应对。

（六）实施风险应对

实施风险应对要按纳税人区域、规模和特定事项等要素，合理确定风险应对层级和承办部门。根据风险等级，合理配置征管资源，采取有针对性的风险应对措施和方法。根据税收风险等级由低到高，实施分级分类的差别化、递进式的风险应对策略，对无风险不打扰，低风险预提醒，中风险纳税评估、税务审计、反避税调查，高风险税务稽查，加大对高风险领域的税收风险应对力度。风险应对过程中，可采取风险提醒、纳税评估、税务审计、反避税调查、税务稽查等差异化风险应对手段。

（七）过程监控及评价反馈

要对税收风险管理全过程实施有效监控，建立健全科学的考核评价机制，及时监控和通报风险管理各环节的运行情况，并对风险识别的科学性和精准性、风险等级排序的合理性、风险应对措施的有效性等进行效果评价。

要将风险应对效果纳入绩效考核评价体系。加强对过程监控和评价结果的应用，不断优化风险识别指标和模型，完善风险管理措施，提出风险防控建议，实现风险管理质效的持续改进。要全面归集分析税务总局千户企业集团企业税收风险特征及成因，提出有效的风险防控建议，反馈给企业集团，促进大企业不断提高税法遵从度。

二、税收风险管理的重点工作

（一）创新大企业税收风险管理方式，实施两级风险分析与差别化风险应对

贯彻落实《深化大企业税收服务与管理改革实施方案》（税总发〔2015〕157号印发），提升大企业税收复杂事项风险管理层级，实施税务总局和省税务机关两级统筹分析，组织分类分级差别化应对，实现风险防控“精确制导”。税务总局组建千户集团税收风险分析专业团队，联合省税务机关大企业税收管理部门，跨区域统筹开展千户集团税收风险分析工作。税务总局风险管理部门扎口统一推送千户集团税收风险应对任务。省税务局风险管理部门按照风险等级将应对任务推送给相应税务机关，并确定风险应对主体，实施差别化风险应对。省税务机关参照税务总局对千户集团的风险分析方法，统筹开展本省大企业的税收风险分析工作。

（二）开展高收入者个人所得税风险管理工作

省税务机关要借助第三方涉税大数据，围绕重点人群、重点项目、重点行业、重点政策，研究建立高收入者个人所得税风险管理工作机制，积极开展高收入者个人所得税风险分析与风险应对工作。

（三）加强户籍、登记及申报风险管理工作

强化户籍管理，防范脱管户。对“一址多照”“多家企业法定代表人为同一人”“法人代表人和财务负责人及办税人员为同一人”等风险户予以重点关注。及时掌握户籍信息变动情况，适时调整“双定户”税额标准。及时有效监控纳税人不申报、迟申报和错误申报等情况，分析具体原因，采取有效措施提高纳税申报的及时性和准确性。

（四）做好增值税发票及出口退税风险管理工作

积极运用增值税发票管理新系统的税收大数据，针对高风险特征企业，前移风险管理关口，构建风险识别指标体系及相关模型，在税务登记、发票开具、纳税申报、出口退税等环节开展风险分析识别，以人机结合方式开展事中风险分析与应对，精准有效打击“假企业”虚开发票、“假出口”骗取退税、“假申报”骗取税费优惠等涉税违法行为，依法从严查处曝光并按照有关规定纳入企业和个人信用记录，共享至全国信用信息平台，实施联合惩戒。

（五）加强欠税风险管理工作

加强申报后的税款入库跟踪管理，防范申报税款未及时足额入库的风险。加强欠税风险管理工作包括：定期开展纳税人欠税偿还能力分析，查明欠税原因，有针对性地分类采取清缴欠税措施；严格执行税收保全措施及强制执行措施；加强与人民法院和破产管理人的沟通协调，力争欠税清理工作取得实质性成效。

（六）加强重点领域风险防控和监管

（1）加强重点行业税收风险管理工作。着重防范金融保险、投资管理、物流运输、大型连锁商业零售、房地产和建筑安装等行业税收风险。

（2）加强对隐瞒收入、虚列成本、转移利润以及利用“税收洼地”“阴阳合同”和关联交易等逃避税行为的风险分析识别和风险应对，加强预防性制度建设，加大依法防控和监督检查力度。

（七）加强税收征管主观努力程度评价工作

提升税收征管主观能动性，加强风险管理质效、组织收入力度、第三方涉税大数据获取及应用等重点事项的主观努力程度评价工作，科学测算税收收入和税收征收率，强化对税收风险管理全过程的监控和评价工作，采取措施，积极作为，通过有效实施税收风险管理不断提高税法遵从度和纳税满意度。

第三节　税收风险指标与风险分析模型

一、税收风险指标的设定

（一）税收风险指标的设定原则

1. 相关性原则

相关性原则，是指设定的各项指标，必须与分析的内容密切相关，必须能够反映和说明相关税收事项的内容和实质，能说明税收业务情况的关键指标和能反映税收业务情况特征和规律的指标。

2．全面性原则

全面性原则，是指要全面地选出那些能够反映纳税人税收法律义务履行情况全貌的指标，既要考核现状，也要考核历史状况，还要反映发展趋势；既要考核资金流，也要考核货物流，还要反映票流。

3．结构性原则

结构性原则，是指可以根据税务机关的主体业务和税源经济特点，分类税收风险指标，既可按税种分类，也可按具体业务分类或按照税种和具体业务一并分类。

4．可行性原则

可行性原则，是指设定的各项指标数据采集的可行性。指标数据来源，应尽量从税务机关现有的数据情报中抽取，不再增加纳税人和基层税务机关的工作负担。

5．可评价原则

该原则保证指标效果可以评价，以便管理、更新指标。

（二）税收风险指标设定的基本流程

1．建立和完善信息采集机制

税收风险分析识别是对纳税人的纳税申报行为进行全面、充分的指标测算、对比和分析，实现对纳税人涉税情况的全方位分析。因此，必须要有大量的、翔实的信息和资料，税务部门应积极与社会各部门进行数据信息交换，建立和完善信息采集机制，广泛搜集各类涉税信息。

2．分类建立相互协调的风险指标体系

根据税务机关的主体业务，可以建立若干大类、若干个具体指标。具体分类包括征管类、增值税类、消费税类、企业所得税类、个人所得税类、财务报表类、出口退税类、国际税收类、组织收入类等。指标设置在分类的基础上，要避免重复、矛盾，做到相互协调。

3．建立系统规范的风险指标构成要素

风险指标的建立，不仅包括指标名称、指标公式，而且由一系列指标要素构成。例如，在建立风险指标体系的同时，还应按照纳税人的生产能力、经营规模、区域经济发展状况等科学制定每一个指标数据的合理变动区间，即风险指标数据预警值、上下限及阈值；还应按照产生税收风险的原因，分级分类提出风险应对指引。

4. 建立税收风险指标库维护制度

在建立健全风险指标库时，要考虑到社会经济发展、科学技术进步等因素，通过实践来检验风险指标设立的合理性，对指标库中的指标名称、指标内容、指标数据等要素及时更新、修正和补充。

5. 建立风险指标评价制度

通过全方位的监控评价，推动风险指标设定的不断完善，有助于提升风险指标的科学性和有效性。

（三）税收风险指标的构成要素

一个完整的风险指标主要包括以下要素：指标类型、指标名称、数据类型、指标公式、数据来源、风险描述、分析周期、参数设置（预警值类型、指标权重、风险分值）、风险等级、应对指引、政策依据等。

（四）常用的税收风险指标与分析方法

常用的税收风险指标是税务机关筛选风险应对任务对象、进行风险分析时所应用的指标。常用的税收风险指标分为通用分析指标和特定分析指标两大类。

1. 通用税收风险指标与分析方法

（1）收入类风险分析指标。

营业收入变动率＝（本期营业收入－基期营业收入）÷基期营业收入×100%

如营业收入变动率超出预警值范围，可能存在少计收入的风险。

（2）成本类风险分析指标。

单位产成品原材料耗用率＝本期投入原材料÷本期产成品×100%

分析单位产品当期耗用原材料与当期产出的产成品成本比率，判断纳税人是否存在账外销售问题、是否错误使用存货计价方法、是否存在人为调整产成品成本等风险。

营业成本变动率＝（本期营业成本－基期营业成本）÷基期营业成本×100%

营业成本变动率超出预警值范围，可能存在多列成本、扩大税前扣除范围等风险。

（3）费用类风险分析指标。

销售（管理、财务）费用变动率＝[本期销售（管理、财务）费用－基期销售（管理、财务）费用]÷基期销售（管理、财务）费用×100%

如果销售（管理、财务）费用变动率与前期相差较大，可能存在税前多列支销售（管理、财务）费用问题，或者存在人为调剂所属期间费用等风险。

成本费用率＝（本期销售费用＋本期管理费用＋本期财务费用）÷本期主营业务成本×100%

分析纳税人期间费用与销售成本之间关系，与预警值相比较，如相差较大，企业可能存在多列或少列期间费用的风险。

成本费用利润率＝利润总额÷成本费用总额×100%

成本费用总额＝营业成本总额＋期间费用总额

成本费用利润率主要用于分析投入的成本费用与实现成果之间的关系，如果低于预警值，可能存在少计收入、多列成本费用的风险。

（4）利润类风险分析指标。

营业利润变动率＝（本期营业利润－基期营业利润）÷基期营业利润×100%

营业毛利率变动率＝（本期营业毛利率－基期营业毛利率）÷基期营业毛利率×100%

营业毛利率＝（本期营业收入－本期营业成本）÷本期营业收入×100%

营业毛利率指标若低于预警值，偏离幅度较大，可能存在多结转成本或不计少计收入问题。营业毛利率变动在20%以上为异常，要结合纳税人的销售规模来进一步分析识别。如果营业毛利率比上年上升，而税负率却比上年下降，两者的变动不配比显示异常。纳税人可能存在隐瞒收入、多抵扣进项税额、扩大成分费用扣除的风险。

（5）资产类风险分析指标。

净资产收益率＝净利润÷平均净资产×100%

分析纳税人资产综合利用情况，如指标与预警值相差较大，可能存在隐瞒收入或闲置未用资产计提折旧的风险。

总资产周转率＝营业收入净额÷平均总资产×100%

存货周转率（次数）＝销货成本÷平均存货余额

平均存货余额＝（期初存货＋期末存货）÷2

存货周转天数＝计算期天数÷存货周转率（次数）＝计算期天数×平均存货余额÷销售成本

存货周转率不仅可以用来衡量企业生产经营各环节中存货运营效率，反映企业购、产、销平衡效率，还被用来分析评价企业的经营业绩，反映企业的绩效。

通过存货周转率的计算与分析，测定企业一定时期内存货资产的周转速度。

存货周转率越高，表明企业存货资产变现能力越强，存货及占用在存货上的资金周转速度越快。但是存货周转率过快，则可能存在多列成本的风险。

应收账款周转率＝赊销收入净额 ÷ 应收账款平均余额

应收账款周转天数＝360÷ 应收账款周转率

赊销收入净额＝销售收入－现销收入－（销售退回＋销售折让＋销售折扣）

应收账款平均余额＝（应收账款余额年初数＋应收账款余额年末数）÷2

应收账款周转次数，是指在一定时期内（通常为年）应收账款转化为现金的平均次数。应收账款周转次数是一个正指标，周转次数越多，说明应收账款的变现能力越强，企业应收账款的管理水平越高；周转次数越少，说明应收账款的变现能力越弱，企业应收账款的管理水平越低。

固定资产综合折旧率＝基期固定资产折旧总额 ÷ 基期固定资产原值总额 ×100%

固定资产综合折旧率高于基期标准值，可能存在税前多列支固定资产折旧额问题。税务机关应要求企业提供各类固定资产的折旧计算情况，分析固定资产综合折旧率变化的原因。

资产负债率＝负债总额 ÷ 资产总额 ×100%

如果资产负债率与预警值相差较大，则说明企业偿债能力有问题，要关联分析对税收收入产生的影响。

2．税种风险指标与分析方法

（1）增值税风险指标与分析方法。

①增值税税负率。

增值税税负率＝本期应纳增值税税额 ÷ 本期应税销售收入 ×100%

增值税税负率一般会低于税率，小规模纳税人的税负率就是其征收率，增值税税负率受所属行业、所处地区影响，不同行业性质和地区税负率不同，各地区和行业都有平均税负率，可以参考判断该指标是否正常。

增值税税负率低于平均水平或低于预警值，可能存在少计收入，多抵扣进项税额，多列成本等问题。

②增值税发票风险指标。

A. 一般纳税人增票（申请增加开票量）风险分析指标。

按正常规律，一般纳税人经营情况大部分时间是正常经营的，出现销售波动时要求增加发票也是合理的。但企业在一个月内出现多次增票且增票总数较多，则说明企业经营波动太大，不符合经营常理，税务机关应对企业进行风险核查，防止虚开后注销走逃。

B. 增值税专用发票用量变动异常风险分析指标。

指标值＝一般纳税人专票使用量－一般纳税人专票上月使用量

增值税专用发票用量骤增，纳税人开具增值税专用发票超过上月，且份数较多的，除正常业务变化外，可能存在虚开现象。

税务机关重点核查纳税人的购销合同是否真实，纳税人的生产经营情况是否与签订的合同情况相符，并开展实地检查存货等；重点核查存货类“原材料”“产成品”及“货币资金”“银行存款”“现金”以及应收账款、预收账款等科目。

（2）企业所得税风险指标与分析方法。

①企业所得税税负率。

企业所得税税负率＝应纳所得税额 ÷ 利润总额 × 100%

与当地同行业同期和本企业基期所得税负担率相比，低于标准值显示异常可能存在不计或少计销售（营业）收入、多列成本费用、扩大税前扣除范围等问题，税务机关应运用其他相关指标深入评估分析。

②营业利润税负率。

营业利润税负率＝本期应纳税额 ÷ 本期营业利润 × 100%

与当地同行业同期和本企业基期所得税负担率相比，如果低于预定值，企业可能存在销售未计收入、多列成本费用、扩大税前扣除范围等问题，税务机关应作进一步分析。

③应纳税所得额变动率。

应纳税所得额变动率＝（评估期累计应纳税所得额－基期累计应纳税所得额）÷ 基期累计应纳税所得额 × 100%

该指标如果发生较大变化，可能存在少计收入、多列成本，人为调节利润等问题；也可能存在资本化支出费用化处理等问题。

④企业所得税贡献率。

企业所得税贡献率＝应纳所得税额 ÷ 营业收入 × 100%

将企业所得税贡献率与当地同行业同期水平对比，或与本企业基期所得税贡献率相比，低于标准值（或预警值）显示异常，可能存在不计或少计销售（营业）收入、多列成本费用、扩大税前扣除范围等问题，税务机关应运用所得税变动率等相关指标作进一步评估分析。

⑤企业所得税贡献变动率。

企业所得税贡献变动率＝（评估期企业所得税贡献率－基期企业所得税贡献率）÷基期企业所得税贡献率×100%

与企业基期指标和当地同行业同期指标相比，低于标准值可能存在不计或少计销售（营业）收入、多列成本费用、扩大税前扣除范围等问题。

⑥企业所得税税负变动率。

企业所得税税负变动率＝（评估期企业所得税税负率－基期企业所得税税负率）÷基期企业所得税税负率×100%

与企业基期指标和当地同行业同期指标相比，低于标准值可能存在不计或少计销售（营业）收入、多列成本费用、扩大税前扣除范围等问题。

3．关联风险指标动态配比分析方法

（1）营业收入变动率与营业利润变动率配比分析。

正常情况下，二者基本同步增长，如果出现不同步增长，则应分析其可能存在异常情况。例如，营业收入增长率大于营业利润增长率且相差较大，可能存在企业多列成本费用、扩大税前扣除范围问题。

（2）营业收入变动率与营业成本变动率配比分析。

正常情况下，二者基本同步增长，如果出现不同步增长，则应分析其可能存在异常情况。例如，营业收入变动率小幅增长，营业成本变动率增幅较大或者营业收入变动率下降、营业成本变动率保持不变，企业可能存在账外经营或少计收入、多列成本等风险。

（3）营业收入变动率与期间费用变动率配比分析。

当营业收入变动率增幅较小或者不增长，而期间费用变动率增长较多，可能存在企业少计收入、多列期间费用、扩大税前扣除范围等问题。

当营业收入变动率增幅较大，而期间费用变动率保持不动甚至下降，可能存在企业少列期间费用，延迟费用确认问题，或营业收入不真实，存在对外虚开发票的风险。税务机关应结合应收账款、应付账款账户的变化进一步深入分析。

（4）增值税税负率与销售额变动率配比分析。

计算分析纳税人税负率，与销售额变动率等指标配合使用，将销售额变动率和税负率与相应的正常峰值进行比较。销售额变动率高于正常峰值、税负率低于正常峰值的，销售额变动率低于正常峰值、税负率低于正常峰值的，以及销售额变动率及税负率均高于正常峰值的均可列入风险疑点范围。

与预警值对比，销售额变动率高于正常峰值及税负率低于预警值的，或销售额变动率正常而税负率低于预警值的，以进项税额为评估重点，查证有无扩大进项抵扣范围、骗抵进项税额、不按规定申报抵扣等问题，对应核实销项税额计算的正确性。

对销项税额的评估，应侧重查证有无账外经营、瞒报、迟报计税销售额、错用税率等问题。

（5）存货变动率、营业收入变动率、总资产收益率配比分析。

一般情况下，存货周转速度越快，存货占用水平越低，流动性越强，存货转化为现金或应收账款的速度就越快，这样会增强企业的短期偿债能力及获利能力。

存货周转率反映企业销售效率和存货使用效率。在正常情况下，如果企业经营顺利，存货周转率越高，说明企业存货周转得越快，企业的销售能力越强，营运资金占用在存货上的金额也会越少。

总资产收益率指标集中体现了资产运用效率和资金利用效果之间的关系，在企业资产总额一定的情况下，利用总资产收益率指标可以分析企业盈利的稳定性和持久性。

如果存货变动率提高，营业收入变动率应该增加，总资产收益率也应该增加，如果出现不同方向、不同步变动，则可能存在账外经营、少计收入、多列费用等风险。

在运用风险指标进行分析时，应该根据实际情况选择使用。既可以单独使用，也可以结合多项指标综合分析运用。

二、税收风险分析模型的构建

（一）税收风险分析模型构建原则

1. 重点行业优先性原则

在一个省内，应对省内的每个重点行业单独建立行业风险模型。但鉴于目前建模条件，应优先选取一些重点行业进行建模。优先建模行业的选取标准可以纳税人覆盖面、销售规模、税收贡献率为依据。具体选取标准可以分为：

（1）销售收入排名前两百的行业。

（2）入库税金排名前两百的行业。

(3) 纳税人户数排名前两百的行业。

对一个省内的纳税人户数较少、销售规模较小、税收贡献率较低的其他行业可采取“分类＋通用指标”方式，建立通用的行业风险分析指标，进行统一风险扫描和排序，完成任务推送的全覆盖。

2. 建模数据来源的外部性原则

建立行业模型的数据，应通过对纳税人进行典型调查得到。因为税务机关目前掌握的内部数据还不能满足建模的需要，特别是企业的单位物耗、单位能耗及生产规模、生产标准、工艺流程、投入产出率等各类与纳税人生产经营有关的涉税信息，可根据行业特点，设置《行业数据情报采集表》，采集主要材料、主要辅料、委外加工费、工资薪金、其他制造费用（能耗）、产成品、副产品（B品）、下脚料、受托加工支出、材料转让支出等相关项目数据。

3. 模型应用的动态管理原则

行业模型建立后，指标和数据应该是动态的，需要进行动态维护更新。这是因为企业生产经营是不断发展变化的，由于科学技术不断进步发展，生产经营方式不断改进，价格不断上下波动，因此建立行业模型指标、数据的定期采集、维护机制具有长远意义。要善于不断从企业的生产经营变化中发现规律、总结规律，更新公式、指标和各项数据参数。

（二）税收风险分析模型构建的一般程序

税收风险分析模型构建的一般程序应包括以下步骤：行业分类、典型调查、信息采集与分析、行业风险指标的确定、税收风险分析识别模型构建、模型验证及优化完善。

1. 行业分类

实行行业分类管理是按行业建立税收风险识别模型的理论基础和依据。同类行业纳税人涉及的经营内容、管理方式、行业标准、技术设备、物流渠道、核算方式、投入产出比都基本相同。因此，同类行业企业的生产经营信息具有可比性，可以互为参考。

实践中还应根据行业的规模大小、工艺流程异同、纳税信誉等级、财务核算是否健全等标准，对行业进行进一步细分与归类。

2. 典型调查

在税源分类的基础上，针对不同行业、不同规模、不同类型的纳税人进行深入调查，模清行业风险特征，探索行业经营规律，进而构建有效的行业风险分析识别模型。

选取调查的企业样本数量应当大于或等于30。样本数量太小，样本平均值不足以代表总体平均值，即预警值不具有代表性。如果企业数量过少，如小于30户，可以用所有企业作为样本。

选取样本企业时，在随机抽样的基础上，应当尽量选取财务核算较为规范、纳税信用较高的企业，以避免由于基础数据的不真实导致风险指标预警值不准确。

样本企业典型调查内容主要包括：(1）核实纳税人的基础征管信息，如企业税务登记信息。(2）调查纳税人生产经营情况，如生产工艺流程、行业特点、生产经营规律情况。(3）调查经营特征信息，如生产规模、经营面积、实际生产能力、投入产出率、单位能耗指标、购销渠道、关联企业等情况。(4）调查财务信息，如银行账户、资金分布、财务核算、销售方式、材料成本核算方法、账簿是否健全、资金运营状况等。(5）核实税收管理信息，履行纳税义务的情况，历史和当期经营成果、税额和税负率等各项财税指标。(6）调查纳税人的各种内控指标和制度等。(7）调查行业风险特征规律。

3. 信息采集与分析

对典型调查中采集的涉税信息进行归集分类、逐一分析，归纳提炼出行业生产经营规律、生产工艺流程；汇总统计行业风险指标的历史数据、当期数据、公认标准、行业标准等；对资源能源消耗型企业，加强关键能耗数据的采集，拓展第三方涉税数据信息的利用；对劳动密集型企业，加强对生产不同产品的生产工时、工人数量、劳动生产率及设备生产能力等涉税信息采集。

4. 行业风险指标的确定

在开展充分调查和信息采集与分析的基础上，应科学、合理地确定可衡量该行业纳税人生产经营情况、税收风险特征的指标和公认的有效指标。行业风险指标应按以下原则确定：(1）与企业生产经营客观依存度较大，而企业难以改变的风险因素，可以从第三方查证的耗电量等数据构建风险指标。(2）根据可以量化的风险指标，测算行业风险指标应达到的符合实际的标准值、预警值及合理阈值区间。

5. 税收风险分析模型构建

在全面准确采集、获取税收大数据的基础上，科学构建行业风险指标体系、测算相关预警参数、权重、算法模型等。

一个完整的税收风险分析模型主要包括以下内容：行业介绍（行业定义、行业状况、企业类型划分、工艺简介、行业发展趋势）、行业生产经营特点、行业涉税风险点、风险指标设置、风险指标预警值、风险阈值、风险权重、相关算法及风险应对指引等。

6. 模型验证及优化完善

税收分析风险模型建立后，将行业模型中建立的风险指标、预警值、权重、风险得分等，运用到税收风险分析识别与风险应对的实践中进行检验，根据实际结果与预警值的比对，对相关的指标值不断进行修正，验证税收风险分析模型的合理性和精准性，对税收风险模型中存在的缺陷及问题进行反复优化完善。

（三）税收风险分析模型的主要应用

1. 投入产出模型

投入产出模型主要适用于产品相对较为单一的制造业。由于测算、分析侧重的内容和角度不同，投入产出表现的形式不同，分析的方法也不尽相同。例如，按其投入产出指标表现形式，可分为产出率、单位产品定耗分析；按其侧重角度的不同，可分为原材料投入产出比、废料的产出率及再利用率、单位产品辅助材料（包装物）耗用定额的分析等。

2. 能耗测算模型

能耗测算主要是根据纳税人评估期内水、电、煤、气、油等能源、动力的生产耗用情况，利用单位产品能耗定额测算纳税人实际生产、销售数量，并与的税人申报数据对比、分析的一种方法。其中，耗电、耗水等数据可从电力部门、自来水公司等取得核实，相对较为客观。

3. 工时（工资）耗用模型

工时（工资）耗用模型，是指在单位产品耗用生产时间基本确定的前提下，按照纳税人在一定时期耗用工时总量，分析、测算该时期内的产品产量及销售数量或销售额，并与申报数据对比分析的方法。工资耗用是生产耗用工时反映在货币上的金额表现，该方法主要适用于单位产品耗用工时或者工资基本稳定、工资或工时记录完整、核算规范的工业企业。

4. 设备生产能力模型

设备生产能力，是指主要生产设备在原料、动力和人员等正常运转下产出的能力，可分为设计生产能力和实际生产能力。

5. 税负对比分析模型

税负对比分析是通过企业税负与行业税负的对比，对税负异常的企业进一步围绕关联指标深入展开分析，进而发现企业税收风险的一种方法。税负对比分析的适用范围广泛，对所有行业均可适用。

6. 资金监控分析模型

资金监控就是通过对纳税人一定时期内的“银行存款”“现金”“应收账款”“应收票据”等资金核算科目的分析监控，分析其资金的流转状况，并以此评析纳税人当期申报数据是否真实的方法。资金监控主要适用于一般纳税人和财务核算较为规范的小规模企业。

第四节　税收风险应对方法（纳税评估）

一、纳税评估流程

（一）确定纳税评估对象

1. 纳税评估对象的确定方法

根据税收风险管理工作的需要，依据征收管理中获取的税收大数据，采取计算机智能分析为主，人工分析为辅，对纳税人缴费人申报资料进行税收风险分析识别，确定税收风险等级，中等及较高风险等级纳税户，通过纳税评估方式实施风险应对。

2. 重点纳税评估对象的确定

纳税评估的重点对象包括：

(1) 综合审核分析中发现风险疑点较多的纳税户。

(2) 重点税源户。

(3) 特殊风险行业的重点企业。

(4) 税负异常变化的企业。

(5) 长时间零税负和负税负的纳税户。

(6) 纳税信用等级低的纳税户。

(7) 日常管理和税务稽查检查中发现较多问题相关行业及纳税户。

（二）纳税评估资料获取

纳税评估资料可以分为税务机关内部信息资料和外部涉税信息资料获取。

1. 内部数据信息资料

在纳税评估过程中，税务机关可以直接根据金税工程系统内纳税人依法报送的纳税申报资料、各项核定、认定事项的结果、增值税交叉稽核系统各类票证比对结果等数据，确定或调整纳税人的计税依据和应纳税额。

2. 外部涉税信息资料

对于从互联网第三方获取的涉税数据，税务机关应当确保数据的来源合法。数据本身的真实性和准确性由提供数据的第三方负责。对于通过公开网站及平台获取的涉税数据，如上市公司披露的报告、行业协会公开的资料、互联网发布的新闻等，税务机关应当确保数据来源合法，引用准确。

（三）案头风险分析

综合运用各种风险分析方法，分析申报纳税中存在的风险疑点，案头风险分析的主要内容如下。

1. 税务登记资料分析

通过金税系统“一户式”，查询了解税务登记，经营性质，注册资本及注册资本的构成，企业的组织结构，总、分支机构情况，关联企业情况，主营项目，生产经营的范围，主要产品生产工艺流程，银行基本账户及从业人员情况等。

2. 税收优惠资格认定、减免税备案与核准资料的分析

通过对税收优惠资格认定、减免税备案与核准资料的分析，了解企业享受税收优惠的情况。

3. 发票情况分析

通过对发票领购情况的分析，了解企业使用发票的种类、数量和结构，可以辅助判断企业生产经营变化情况，从发票领购、开具使用的数量和结构判断是否存在风险疑点。

4. 纳税申报资料分析

(1) 纳税人是否按照税法规定的程序、手续和时限履行申报纳税义务，各项纳税申报附送的各类抵扣、列支凭证是否合法、真实、完整。

（2）纳税申报主表、附表及项目、数字之间的逻辑关系是否正确，适用的税目、税率及各项数字计算是否准确，申报数据与税务机关所掌握的相关数据是否相符。

（3）收入、费用、利润及其他有关项目的调整是否符合税法规定，减免亏损结转、获利年度的确定是否符合税法规定并正确履行相关手续。

（4）与上期和同期申报纳税情况比对有无较大差异。

（四）调查核实

纳税评估的调查核实包括税务约谈和实地调查核实。

1. 税务约谈

税务约谈是纳税评估工作的重要环节，是确认或消除风险疑点的重要手段。税务约谈实际上包含了两个内容，即约谈与举证。

约谈是评估人员根据案头分析所确认的风险疑点，主动约请纳税人缴费人以及其他相关人员询问、沟通相关涉税问题，要求纳税人解释说明涉税风险疑点，同时给予纳税人相应的政策性宣传、辅导的过程。

举证是在约谈过程中，纳税人缴费人或者其他相关人员就税务机关提出质疑的问题进行解释、说明，并提供相应的资料以证明其纳税情况真实性与合理性的过程。

约谈和举证是一个问题的两个方面，即从税务机关或者纳税评估人员的角度考虑是约谈，而从纳税评估对象的角度考虑是举证。

（1）约谈的程序。

约谈程序一般包括约谈通知、约谈实施和约谈结论等阶段。

①约谈通知，是在约谈举证的建议被批准之后，向纳税人发出约谈通知文书，约请纳税人的财务负责人、法人代表或经法人代表授权的税务代理人到税务机关对疑点问题举证、说明和解释等。

②当面约谈应由两名或两名以上评估人员在税务机关固定场所进行。在约谈过程中，税务机关可以就纳税评估中发现的问题要求纳税人和扣缴义务人进行解释。对约谈情况需做约谈笔录。对风险疑点问题基本清楚，但详细情况或有关数据有待进一步查实的，可以由纳税人在规定期限内对疑点问题进行自查；自查完毕，纳税人向税务机关提交“纳税人自查报告”及相关举证材料。

③在约谈结束之后，由评估人员根据约谈笔录、纳税人自查报告及相关举证材料对纳税人风险疑点问题进行分析、核实、确认。

（2）税务约谈工作要求。

①启动约谈前，应根据纳税人存在的税收风险疑点，整理编写约谈提纲，确定约谈的时间、地点、对象和内容，经单位负责人审批同意后制作《税务约谈通知书》，在约谈日期前的合理期间内送达纳税人。

②约谈时，应告知被询问人的权利和义务，就相关涉税问题进行询问核实，纳税人就相关问题进行举证说明，如果纳税人提交书面说明或者相关举证材料，应当保存原件，保存原件确有困难的，应当及时复印、影印，并要求纳税人签字盖章。

③约谈人员不得少于两名，约谈过程中应制作相应的税务文书。

④约谈结束后，应将整个约谈情况进行分析整理，制作工作底稿，并进行备案归档。

2. 实地调查核实

实地调查核实，是指税务机关纳税评估人员通过到纳税人生产经营场所了解情况、审核账目凭证等方式，对评估案头分析中发现的纳税人的税收风险疑点进行核实，并采取进一步征管措施的工作方法。

（1）实地调查核实情形。

发现纳税人存在下列情形之一的，可实施实地调查核实：

①纳税人的解释说明和提供的有关举证资料无法排除其风险疑点或相关问题的。

②纳税人不积极配合税务约谈，拖延、推诿、不及时提供有关举证资料，使风险疑点无法核实和有效排除。

③对实行核定征收的纳税人进行纳税评估时，缺少评估分析资料。

④其他需要实施实地调查核实的。

（2）实地调查核实方法。

通常可以采用实物盘存法、观察法、抽查法和查对法等调查核实方法。

（五）评估处理与管理建议

1. 评估处理

评估处理，是指针对评估筛选出的风险疑点，根据案头分析、约谈举证和调查核实各阶段对风险疑点问题的确认结果，对具体评估对象税收风险进行评估认定，并按照税收法律、法规进行分类应对处理。

发现的计算和填写错误、政策和程序理解偏差等一般性问题，或存在的疑点问题经约谈、举证、调查核实等程序认定事实清楚，不具有偷税等违法嫌疑，无须立案查处的，可提请纳税人自行改正。需要纳税人自行补充的纳税资料，以及需要纳税人自行补正申报、补缴税款、调整账目的，税务机关应督促纳税人按照税法规定逐项落实。

发现纳税人存在偷、逃、抗、骗等需要立案查处的税收违法行为嫌疑，应移交税务稽查部门处理。

2. 管理建议

评估人员在纳税评估结束后，应当及时进行总结和分析，有针对性地提出日常风险监控管理目标和强化管理的措施建议。根据建议对象的不同，管理建议可以分为对外管理建议和对内管理建议。

对外管理建议，是指评估人员针对在纳税评估过程中所发现的纳税问题而向纳税人提出的一系列的改进建议与意见，其目的在于督促纳税人更为全面、及时地履行纳税义务，同时宣传有关的税收法律法规，提高纳税人的税法遵从度。

对内管理建议主要是针对税务管理部门提出的，是指评估人员针对评估过程中发现的税务机关在税收征管方面存在的一些不足而提出的有针对性的建议和意见。根据管理建议综合程度的高低，对内管理建议可以分为个案管理建议与综合管理建议。

二、纳税评估案头分析方法

纳税评估分析方法贯穿于整个纳税评估过程，在纳税评估的不同环节应运用不同的分析方法。这里主要介绍纳税评估的案头分析方法。

（一）核对法

核对法是纳税评估案头分析中最为常用的方法，也是最基本的方法。核对法，是指评估人员将从各种渠道所获取或者所掌握的纳税人相关涉税数据信息资料进行简单的核对比较，并据以对纳税人的税收法律义务履行情况做出初步分析评判的一种评估分析方法，主要包括以下 3 个方面。

1. 表表核对

(1) 申报表间的核对。

各税种的纳税申报表虽然有所差别，但是其中的很多内容都是存在勾稽关系的。纳税申报表间的核对主要是不同纳税申报表之间具有勾稽关系的项目或者是同一申报表中具有勾稽关系的项目的核对。

（2）财务报表间的核对。

财务报表间的核对主要是不同财务报表间具有勾稽关系的项目的核对。例如，将本期报表期初余额与上期报表期末余额进行核对，资产负债表中的“未分配利润”与利润分配表中的“未分配利润”项目进行核对等。通过核对，如果发现其中存在不正常的问题，即勾稽关系的项目之间存在严重的不相关关系，那么就可以列为进一步评估的风险疑点。

（3）申报表与财务报表间的核对。

由于税款的计算与缴纳是以企业的会计核算为基础的，企业所有税种纳税申报表上的数据也几乎可以从其会计核算中找到依据。纳税申报表特别是企业所得税纳税申报表上的很大一部分数据都可以在财务会计报表上找到对应的数据。一旦某个企业的这种关系被打破了，则需要作进一步分析。

2. 表实核对

表实核对是将纳税人的申报表以及财务报表等，与管理人员在实际的税收征管中掌握和了解的纳税人实际的生产经营情况及其他相关信息进行核对。表实核对需要根据税务机关收集到的具体涉税信息资料确定。

3. 内外涉税数据核对

内外涉税数据核对，是指纳税评估人员将其所能够收集和掌握到的全部涉税信息数据进行核对，一方面要将税务机关征收管理系统内的信息（即机内信息）与征收管理系统外的信息（即机外信息数据）进行核对；另一方面需要将税务机关在日常征管中掌握的纳税人涉税信息与外部涉税信息数据进行核对。

（二）比较分析法

比较分析法是评估人员在获取纳税人数据信息资料的基础上，将纳税申报数据、财务会计数据以及其他资料数据等进行比较和分析，以揭示其中差异，并在此基础上，将其差异与设定的参照数据进行比对，以判断其差异是否正常，进而判断纳税人在纳税申报等方面是否存在税收风险的一种分析方法。比较分析法是当前税务机关在纳税评估中常用的一种分析方法。

1. 绝对数比较分析

绝对数比较分析，是指纳税评估人员在评估过程中，直接将纳税人申报纳税的绝对数指标，包括总量与总额，与选择作为参照指标对象的绝对数进行比较，寻找其中存在的差异并进行判断的一种比较分析方法。在纳税评估中常用的绝对数指标包括应纳税收入额、应纳税所得额、应纳税额、成本总额、费用总额、利润总额、投资收益额、资产总额、投资总额等。

2. 相对数比较分析

相对数比较分析，是指纳税评估人员通过计算得到评估对象评估项目的比率或比重结构等相对数指标，与所选定的对象相对数指标进行比较，发现其中存在的差异，并进一步分析判断的一种比较分析方法。

（三）逻辑推理法

逻辑推理法是一种定量与定性相结合的分析方法，主要通过具有外在或者内在的逻辑联系和具有相关性的多个数据之间趋同或反差关系，分析纳税人可能存在税收风险的一种方法。

在纳税评估案头分析中，税务人员可以运用逻辑推理分析的逻辑关系和涉税业务的相关关系进行深入分析，主要包括以下 5 个方面。

1. 企业生产经营宗旨的逻辑分析

投资者设立企业以及企业从事生产经营的目的，都是一致的，即追求最大化的经济利益。按照这样的逻辑，如果一个企业高价购入商品或者原材料，而低价销售其产品或者商品，即使缴纳的税款相对较多，评估人员仍然应当给予高度关注。如果一个企业长期亏损却根本不考虑停产整顿、转产转行，甚至试图扩大生产规模，即使表面上都在按期履行纳税申报义务，甚至税负率还不低，税务机关都应当对其进行重点评估。

2. 经济效益的逻辑分析

通过对企业经济效益的分析与判断，可以在一定程度上了解企业生存与发展的能力，进而对其纳税申报与税款缴纳情况作出判断。通常而言，企业经济效益较好，那么扩大生产规模的可能性就越大，生产能力与生存能力就越强，而且应当具有规模效益，在税款缴纳与税额数量上也应呈现相应增长的态势。

3. 经济环境的逻辑分析

企业外部所处的经济环境直接影响企业的生产经营状况，而企业的生产经营状况又和税款的申报与缴纳直接相关。通常而言，当一个地区或者一个行业的经济景气度较高时，就意味着该地区以及该行业的纳税人处于一个相对较好的生产经营环境，企业的生产与销售及经济效益等都处于上升阶段，自然与销售和效益相关的流转税和所得税也应该呈现上升的趋势。相反，在经济衰退时期，纳税人的销售收入与效益都会呈现下降的趋势，税款缴纳数额下降也属于正常现象。

4. 经济业务的逻辑分析

不同的企业有不同的经济业务，而不同的经济业务又有不同的经营特点。对不同经济业务的经营特点进行分析，会发现其中存在很多的相关关系、逻辑关系。比如，货物生产企业以及商品加工企业需要大量地购入商品或者原材料产品，但是一个仓储企业大量购买商品或者原材料时就不正常，就应当判断其生产经营发生了问题。经济业务的不同特点以及其中存在的相关关系、逻辑关系，为税务机关开展纳税评估提供了运用逻辑推理进行分析判断的理论依据。

5. 收入、成本（费用）配比分析

收入与成本（费用）相配比既是会计核算的一项基本原则，也是所得税法上应纳税所得计算与确认的一项重要原则。该原则的基本内涵是某个纳税人所取得的收入应当与为取得收入的成本、费用相互匹配。通常而言，纳税人的成本大幅度增长的同时，其收入也应当大幅度增长，相应缴纳的税收也应该大幅度增长。如果某个纳税人的成本费用大幅度增长，但是其收入与缴纳的税款却没有相应增长，那么就有可能存在税收风险，需要评估人员采取进一步的措施，进行分析和应对。

第五节　主体税种常见的税收风险

一、增值税常见的税收风险

（一）销项税额类风险

1. 未按照增值税纳税义务发生时间确认收入风险

风险描述：企业因增值税纳税义务发生时间的规定与会计确认收入时间的规定存在差异，纳税人未按照增值税纳税义务发生时间确认收入。例如，企业发出商品但未取得报酬或者企业仍然保留商品所有权和控制权时，按照会计准则可不予确认收入，但按照税法规定增值税纳税义务可能已发生，存在因税会差异未计或少计提销项税金的风险。

2. 往来账期末余额较大、长期挂账隐匿收入风险

风险描述：企业“预收账款”“应收账款”“其他应收款”等科目期末金额长期较大，可能将实现收入长期挂账、不确认收入，甚至账外循环，涉及少缴增值税风险。

3. 价外费用和其他收入未按规定缴纳增值税风险

风险描述：企业提供货物、劳务以及服务过程中可能存在向购买方收取的品牌使用费、手续费、补贴、基金、集资费、返还利润、奖励费、违约金、滞纳金、延期付款利息、赔偿金、代收款项、代垫款项、包装费、包装物租金、储备费、优质费、运输装卸费以及其他各种性质的价外收费，可能存在未全额申报缴纳增值税的风险。但是对于符合条件的代为收取的政府性基金或者行政事业性收费不作为价外费用。

4. 非集团内企业之间资金拆借少计利息收入风险

风险描述：企业将贷款资金借给其他单位和个人使用，自身列支贷款利息，不收取利息或收取利息不计收入，存在少缴增值税的风险。

5. 将增值税应税产品用于集体福利或者个人消费、投资、分配给投资者、无偿赠送等行为未按规定申报，存在少缴税款风险

风险描述：企业将增值税应税产品用于集体福利或者个人消费、投资、分配给投资者、无偿赠送等未视同销售行为，存在未按规定申报纳税的风险。

6. 新产品试生产期间未计应税收入风险

风险描述：新产品试生产期间形成的产品出售时，存在未计提销项税额少缴增值税的风险。

7. 集团内非同一县（市）机构间移送存货用于销售未计应税收入风险

风险描述：企业将原辅料、包装物、产成品等存货在集团机构非同一县（市）的机构间相互移送，可能存在未申报销售收入的风险。

8. 委托代销已满 180 天未收到代销清单不及时确认销售风险

风险描述：企业以委托代销方式销售产品，发出商品已满 180 天仍未收到代销清单或者货款，企业不及时确认销售实现，造成延迟确认计算销项税额的风险。

9. 以非货币资产对外投资、捐赠、分配利润等未按规定缴纳增值税风险

风险描述：企业用非货币资产对外投资、捐赠、分配利润等未按照规定视同销售确认收入及计提税金，造成少缴纳税款的风险。

10. 销售使用过的固定资产未缴纳增值税或者计税方法适用错误风险

风险描述：企业销售自己使用过的固定资产，如果购进时属于不得抵扣且未抵扣进项税额的，适用简易办法依照 3% 征收率减按 2% 征收增值税政策的，可以放弃减税，按照简易办法依照 3% 征收率缴纳增值税，并可以开具增值税专用发票；如果购进时不属于不得抵扣且未抵扣进项税额的，按照一般计税方法依照 13% 税率（自 2019 年 4 月 1 日起执行）缴纳增值税。企业可能存在不计提增值税或者适用税率不正确的风险，或将依照简易办法 3% 征收率计算的应纳税款与一般计税办法计算的销项税额混淆，少缴增值税的风险。

11. 废弃物下脚料处置未按规定缴纳增值税风险

风险描述：企业存在对外销售下脚料和生产各环节产生的个别废品，未确认收入、未计提销项税额的风险。销售已使用过的除固定资产以外的废旧包装物、废旧材料等未按正常税率申报缴纳增值税的风险。企业以废弃物处置收入抵减清理费用，造成少计销售收入，少缴增值税的风险；企业废弃物中仍有市场价值的商品，未按照市场价格确认收入并计提销项税额的风险；企业在处理废弃物过程中，替关联方支付相关费用，导致多抵扣进项税额或多列费用的风险。

12. 增值税税率适用错误风险

风险描述：企业销售自产货物的同时提供服务不属于混合销售的，应分别核算货物和服务销售额，分别适用不同税率或者征收率；或者企业兼营不同税率的产品或者服务，未分别核算不同税率的销售额，从而有意高税低报或者采用低税率计算销售额，导致少缴增值税的风险。

（二）进项税抵扣类风险

1. 混淆增值税一般计税方法和简易计税方法风险

风险描述：适用一般计税方法的纳税人，兼营简易计税方法计税项目、免税项目而未划分清楚，将简易计税项目、免税项目取得的进项税额一并计入一般计税项目进行抵扣，存在多计进项税额的风险。

2. 通过取得增值税专用发票虚列成本费用，多抵扣进项税额风险

风险描述：企业虚列各项未真实发生的采购成本及费用项目，存在通过取得增值税发票多抵扣进项税额的风险。

比如企业可能存在从第三方取得发票或采用虚开运输发票多计进项成本费用；部分农产品收购企业可能存在虚开农副产品收购发票或扩大农产品范围的情况；园林绿化企业可能通过非法取得农产品收购发票，多抵扣苗木、花卉、木材等农产品进项税额；建筑企业由于部分上游材料无法取得发票，可能存在通过代开甚至接受虚开发票，大量不合理列支各类原材料及劳务项目；企业也存在将各类与生产经营无关的费用通过各种渠道取得的增值税扣税凭证列支，造成少缴税款。

3. 购进农产品单价不实、成交业务不实，少缴增值税风险

风险描述：生产企业购进的主要农产品，可能存在购进的单价差异过大，农产品价格不实的风险；在向农业生产者收购农产品自行填开《农产品收购统发票》时，企业可能存在虚开收购单价，或者将装卸费计入农产品收购价格，造成在计算核定农产品进项税额时，多计算农产品进项税额的风险；部分生产企业在日常的农产品采购业务中，会向小规模纳税人（个体工商户）或者一般纳税人购买粮食，但可能存在不能取得卖方开具的发票或者对方不愿开具发票，企业自己开具《农产品收购统一发票》，甚至让他人为自己开具增值税专用发票用于计算抵扣进项税额，引发少缴增值税的风险。

4. 购进农产品原材料未按核定扣除办法计算抵扣进项税额，少缴增值税风险

风险描述：自 2012 年 7 月 1 日起，以购进农产品为原料生产销售液体乳及乳制品、酒及酒精、植物油的增值税一般纳税人，纳入农产品增值税进项税额核定扣除试点范围，其购进农产品无论是否用于生产上述产品，增值税进项税额均按照《农产品增值税进项税额核定扣除试点实施办法》的规定抵扣。企业可能未按农产品增值税进项税额核定扣除办法计算抵扣进项税额，存在少缴税金的风险。

5. 抬高买价虚增材料采购成本，多抵扣进项税额风险

风险描述：根据相关规定，购进农产品为原料生产货物的，农产品增值税进项税额可按照投入产出法、成本法和参照法计算当期可以抵扣的增值税进项税额。适用农产品增值税进项税额核定扣除办法的企业，可能存在购进原材料单价和数量不真实、虚增单耗扣除率、虚增“农产品平均购买单价”指标、虚增材料采购成本、虚抵进项税额的情况，存在少缴增值税的风险。

6. 购买货物或者应税劳务、服务发生退货、中止未按规定转出进项税额风险

风险描述：一般纳税人购进货物或者应税劳务、服务，取得增值税专用发票后发生退回，企业可能未按规定进行进项税额转出，存在少缴纳增值税的风险。

7. 外购用于非增值税应税项目、简易计税方法计税项目、免征增值税项目、集体福利或个人消费，未按规定转出进项税额风险

风险描述：企业将外购货物、加工修理修配劳务、服务、无形资产和不动产用于非增值税应税项目（相关行业营改增前适用，营改增后不适用）、简易计税方法计税项目、免征增值税项目、集体福利或者个人消费，其对应的进项税额不得抵扣。企业在采购环节可能存在发生上述事项但未按规定做进项税额转出，引发少缴增值税的风险。

8. 管理不善造成原材料、库存商品、不动产、在建工程等的非正常损失，未按规定转出进项税额风险

风险描述：由于管理不善造成货物被盗、丢失、霉烂变质，以及因违反法律法规造成原材料、商品被依法没收、销毁、拆除等，未按规定作进项税额转出，存在少缴纳增值税的风险。

（三）增值税优惠类风险

1. 免税与应税业务收入划分不清或故意混淆，少缴增值税风险

风险描述：税收征管中企业应就免征增值税的经营项目到主管税务机关进行备案，且应分别核算应税收入与免税收入。企业可能未按规定进行减免税备案，未严格区分或故意混淆增值税应税收入和免税收入，存在少缴增值税的风险。

2. 扩大免税范围，不计提销项税额，少缴增值税风险

风险描述：将应税商品错误适用免税处理的风险，引发少缴增值税的风险。例如，将深加工农产品当作免税初级农产品进行申报，扩大农产品免税范围，不计提销项税额。

3. 统借统还业务中，向下属单位收取高于支付给金融机构借款利率水平的利息，未按规定缴纳增值税风险

风险描述：在统借统还业务实际操作中，企业集团或企业集团中的核心企业以及集团所属财务公司等统借方，可能存在向企业集团或者集团内下属单位收取的利息高于支付给金融机构借款利率水平或者支付的债券票面利率水平的情况。《财政部　国家税务总局关于全面推开营业税改征增值税试点的通知》（财税〔2016〕36号）规定，对这类情况不能享受免征增值税，应全额缴纳增值税。因此，企业可能存在未缴纳或未全额缴纳增值税的风险。

二、企业所得税常见的税收风险

（一）应税收入类风险

1. 发生视同销售行为，未按规定申报缴纳企业所得税风险

风险描述：企业将资产移送他人用于市场推广或销售、交际应酬、职工奖励或福利、股息分配、对外捐赠和其他改变资产所有权属的，发生非货币性资产交换，以及将货物、财产、劳务用于捐赠、偿债、赞助、集资、广告、样品等，可能存在未按税法规定视同销售货物、转让财产或者提供劳务确认收入，或重复列支成本的风险。

2. 国债转让收入混为持有期间利息收入，少缴企业所得税风险

风险描述：企业将国债转让收入与国债利息收入一并作为免税收入申报，存在少缴纳企业所得税的风险。企业投资国债并从国务院财政部门取得的国债利息收入，应以国债发行时约定应付利息的日期，确认利息收入的实现。转让国债，应在国债转让收入确认时确认免税国债利息收入的实现。

企业到期前转让国债，或者从非发行者投资购买的国债，其持有期间尚未兑付的国债利息收入，按以下公式计算确定：

国债利息收入＝国债金额×（适用年利率÷365）×持有天数

3. 取得的专项用途财政资金不符合企业所得税不征税收入条件风险

风险描述：取得的财政性资金不符合或部分不符合企业所得税不征税收入的条件，如不能提供专项用途的资金拨付文件、专门的资金管理办法或具体管理要求等，可能存在少确认应税收入的风险。

4. 未支出且未缴回的专项用途财政资金未确认收入风险

风险描述：企业将符合条件的财政性资金作不征税收入处理后，在5年（60个月）内未发生支出且未缴回财政或其他拨付资金的政府部门的部分，未按规定计入取得该资金第六年的应税收入总额的风险。

5. 取得的各项补贴收入未确认当期收入风险

风险描述：企业取得的各种补贴收入，如：政府补贴，出口贴息，专项补贴，增值税即征即退、先征后退（返），增值税加计抵减，其他税款返还，行政罚款返还，取得代扣代缴个人所得税手续费等，除国务院、财政部和国家税务总局规定不计入当期损益外，企业可能存在未按税法规定确认当期收入的风险。

6．处置废旧物、下脚料、副产品等不计或少计收入风险

风险描述：企业对外销售下脚料、残次废产品、副产品未确认收入或计入往来账目，如以废弃物处置收入抵减清理费用，存在少计销售收入的风险。

7．公允价值变动损益未按规定进行纳税调整风险

风险描述：企业以公允价值计量的金融资产、金融负债以及投资性房地产等，持有期间公允价值变动不计入应纳税所得额，在实际处理或结算时，处置所得的价款扣除其历史成本后的差额计入处置或结算期间的应纳税所得额。因此，企业在计算应纳税所得额时，应在会计利润总额基础上对公允价值损益做纳税调整。

8．未按纳税义务发生时间确认收入风险

风险描述：企业取得租金、利息、特许权使用费等收入，存在未按照合同约定的应支付的日期及金额确认收入的风险。

9．跨年工程未按完工进度或者完成的工作量确认收入风险

风险描述：企业受托加工制造大型机械设备、船舶、飞机，以及从事建筑、安装、装配工程业务或者提供其他劳务等，持续时间超过12个月的，存在未按照纳税年度内完工进度或者完成的工作量确认收入的风险。

（二）扣除类风险

1．未取得合法有效凭证的支出税前扣除风险

风险描述：按规定，企业发生支出应取得税前扣除凭证，作为计算企业所得税应纳税所得额时扣除相关支出的依据。企业可能存在业务招待费、差旅费、会议费等项目未取得真实、合法、有效的凭证而税前扣除，且未作纳税调整，引发少缴企业所得税的风险。

2．与生产经营无关的支出税前扣除风险

风险描述：按规定，企业实际发生的与取得收入有关的合理的支出，包括成本、费用、税金、损失和其他支出，准予在计算应纳税所得额时扣除。企业可能存在列支离退休职工费用、个人学历教育费用、个人车辆油票修理费、员工家属区物业费用、员工子女教育费、商业保险等与生产经营无关的费用，且税前未做纳税调整，引发少缴企业所得税的风险。

3．重复列支成本费用少缴企业所得税风险

风险描述：除另有规定外，企业实际发生的成本、费用、税金、损失和其他支出，不得重复扣除。企业可能存在设立分支机构，将同一项支出在不同分支机构中重复列支，高管工资在总公司和分公司重复列支，利用同一张发票重复列支支出等风险。

4. 其他不得扣除的支出项目未进行纳税调整风险

风险描述：企业可能存在列支《企业所得税法》第十条规定的不得扣除的支出项目（向投资者支付的股息、红利等权益性投资收益款项，企业所得税税款，税收滞纳金，罚金罚款和被没收财物的损失，《企业所得税法》第九条规定以外的捐赠支出，非广告性质赞助支出，未经核定的准备金支出，与取得收入无关的其他支出），且未做纳税调整，引发少缴企业所得税的风险。

5. 工资、薪金支出未按规定税前扣除风险

风险描述：按规定，企业发生的合理的工资、薪金支出，准予扣除。企业可能存在税前扣除已经计提但未实际发放的工资、薪金，税前扣除的计税工资超过政府有关部门给予的限定数额且未按规定进行调整，雇用季节工、临时工、实习生、返聘离退休人员、接受外部劳务派遣用工所实际发生的费用未区分为工资、薪金支出和职工福利费支出，将职工福利费混入到工资、薪金中进行税前扣除等风险。

6. 超标准列支有扣除限额的费用风险

风险描述：按规定，企业发生的职工福利费支出、职工教育经费、工会经费、业务招待费、广告和业务宣传费、公益性捐赠支出、手续费及佣金支出等每年的税前扣除均有额度的限制。企业可能存在未按规定准确归集核算相关费用，税前超额扣除的风险。

7. 预提费用税前扣除少缴税款风险

风险描述：企业设置预提费用科目，税前列支已经计提但未实际发生的预估房租、水电费及预提的清算，预估的土地增值税等费用，或年末应付工资贷方有余额，在汇算清缴期结束后仍未发放，未做纳税调增处理，存在少缴企业所得税的风险。

8. 不征税收入对应的支出税前扣除风险

风险描述：按规定，企业的不征税收入用于支出所形成的费用或者财产，不得扣除或者计算对应的折旧、摊销扣除。企业可能存在取得的财政拨款、行政事业性收费、政府性基金等不征税收入未计入收入总额但用于支出，形成的费用或者财产折旧、摊销未单独核算，税前扣除该部分支出，引发少缴企业所得税的风险。

（三）资产类风险

1. 未按规定计提固定资产折旧风险

风险描述：企业存在未按照税法规定的时间、范围和方法计提折旧，超出税法规定的范围（如对临时性施工设备、房屋建筑物外未使用的固定资产计提折旧），对与生产经营无关的资产计提折旧等风险。

2. 未按规定摊销无形资产风险

风险描述：企业可能存在取得的土地使用权的摊销年限未按照税法规定进行摊销，人为缩短摊销年限，多计提当期摊销费用的风险；可能存在支付的土地出让金、土地权属登记费未作为无形资产进行摊销，在管理费用中一次性列支的风险；可能存在达到无形资产标准的管理系统软件，未按照规定进行摊销在管理费用中一次性列支的风险；可能存在将应计入无形资产原值的软件安装调试费在管理费用中列支等未按规定摊销无形资产的风险。

3. 应资本化的利息支出一次性税前扣除风险

风险描述：企业为购置、建造固定资产、无形资产和经过 12 个月以上的建造才能达到预定可销售状态的存货而发生的借款，在有关资产购置、建造期间发生的合理的借款费用，未作为资本性支出计入有关资产的成本，而计入直接作为财务费用税前扣除的风险。

（四）损失类风险

1. 资产损失未按规定申报扣除风险

风险描述：企业发生的各项资产损失未按照税法规定申报扣除，在申报当年未进行会计处理，存在不符合扣除条件，少缴企业所得税的风险。

2. 资产损失相关证据资料不合规风险

风险描述：2017 年度之前资产损失专项申报资料需到主管税务机关备案，2017 年度及以后将资料留存备查，企业可能存在留存资料不完整、不规范，存在不符合税前扣除条件，少缴企业所得税的风险。

（五）优惠类风险

1. 非权益性投资行为产生的收益作为免税收入风险

风险描述：企业取得的兼具权益和债权双重特性的混合性投资行为产生的投

资收益（永续债除外），或企业收取的保本理财产品利息收入，不符合享受股息、红利免税收入条件，却作为免税收入的风险。

2. 持有股票不足12个月的投资收益作为免税收入风险

风险描述：企业持有居民企业公开发行并上市流通的股票期间取得投资收益按照税法规定必须连续12月以上才能享受免税。企业可能存在一律视同符合条件的居民企业之间的权益性投资收益，享受免税优惠，引发少缴纳企业所得税的风险。

3. 不符合“目录”范围规定，申报享受税收优惠风险

风险描述：核实企业所从事的项目是否符合《公共基础设施项目企业所得税优惠目录》《环境保护节能节水项目企业所得税优惠目录》的规定，企业同时从事不在“目录”范围内的项目取得的所得，应与享受优惠的公共基础设施项目所得分开核算，并合理分摊期间费用，没有分开核算的，不得享受企业所得税优惠政策。

4. 超范围享受农产品初加工和项目所得优惠风险

风险描述：享受税收优惠的农产品初加工范围是否符合《享受企业所得税优惠政策的农产品初加工范围（试行）》（财税〔2008〕149号）和《财政部　国家税务总局关于享受企业所得税优惠的农产品初加工有关范围的补充通如》（财税〔2011〕26号）的规定，企业从事农、林、牧、渔业项目，凡属于《产业结构调整指导目录（2011年版）》（国家发展和改革委员会令第9号）中限制和淘汰类的项目，不得享受优惠政策。

5. 研发费用的归集超范围或不规范风险

风险描述：研发费用和日常运营费用应分别核算。未按规定设置辅助账，未能如实提供产研共用设备和人员使用记录，擅自扩大研发费用归集口径，造成研发费用支出归集不准确，将运营领用的材料、常规升级等计入研发费，将后勤辅助人员工资计入研发费，虚构外聘人员劳务费，扩大其他费用范围，存在多享受加计扣除税收优惠政策的风险。

6. 特殊收入扣减处理不合规风险

风险描述：企业当期取得的研发过程中形成的下脚料、残次品、中间试制品等特殊收入，不足扣减的，允许加计扣除的研发费用按零计算。企业研发活动直接形成产品或作为组成部分形成的产品对外销售的，研发费用中对应的材料费用不得加计扣除。

7. 委托研发费用未按规定税前扣除风险

风险描述：企业在生产经营过程中，可能存在委托外部机构或个人开展研发活动的情况。其中，对企业委托境内外部机构或个人开展研发活动发生的费用，可由委托方按照研发活动发生费用的 80% 作为基数进行加计扣除，受托方不得加计扣除；委托境外进行研发活动所发生的费用，按照费用实际发生额的 80% 计入委托方的委托境外研发费用，委托境外研发费用不超过境内符合条件的研发费用 2/3 的部分，可以按规定在企业所得税前加计扣除。

在实务中，由于财务人员对文件理解片面或操作不当，企业可能存在将不符合条件受托研发费用享受加计扣除，或将委托境外研发费用超过规定限额扣除，引发少缴企业所得税的风险。

8. 购置节能节水等设备不符合抵免条件风险

风险描述：企业购置节能节水、环境保护、安全生产设备不属于相关目录的规定，应核实设备是否已投入使用，申请抵免的起始年度与购入并实际投入使用年度是否一致，是否存在少缴纳企业所得税的风险。

9. 专用设备转让、出租未按规定补缴税款风险

风险描述：企业购置并实际投入使用，已开始享受税收优惠的环境保护、节能节水、安全生产专用设备，如果从购置之日起 5 个纳税年度内发生转让、出租的，应在该专用设备停止使用当月，停止享受企业所得税优惠，并补缴已经抵免的企业所得税税款。

（六）其他风险

1. 向非居民企业支付股息、利息、特许权使用费等未代扣代缴企业所得税风险

风险描述：对非居民企业取得来源于中国境内的股息、红利等权益性投资收入和利息、租金、特许权使用费所得、转让财产所得以及其他所得应当缴纳的企业所得税，实行源泉扣缴，对非居民企业直接负有支付相关款项义务的单位或者个人，存在未代扣代缴企业所得税的风险。

2. 境外机构亏损抵减境内机构盈利少缴税款风险

风险描述：居民企业在境外投资设立不具有独立纳税地位的分支机构，其来源于境外的所得，以境外收入总额扣除与取得境外收入有关的各项合理支出后的余额为应纳税所得额。企业在汇总计算缴纳企业所得税时，其境外营业机构的亏损不得抵减境内营业机构的盈利。企业存在境外机构亏损抵减境内机构盈利，少缴税款的风险。

三、个人所得税常见的税收风险

（一）职工工资、薪金所得风险

1. 股权激励未按规定代扣代缴个人所得税风险

风险描述：企业对员工实施股权激励，授予员工股票期权、股权期权、限制性股票和股权奖励，存在未按规定代扣代缴个人所得税的风险。

2. 以免费旅游或以发票报销方式为员工报销费用发放津贴、补贴、奖金，未按规定并入工资、薪金所得代扣代缴个人所得税风险

风险描述：企业以免费旅游方式提供对职工的奖励，职工以凭票报销的形式取得的旅游费用未并入职工工资、薪金所得，未扣缴个人所得税的风险；或以油票、修理费、办公费、飞机票、通讯费等报销形式，发放职工奖金，存在隐匿个人所得，少申报个人所得税的风险。

3. 将自产产品用于职工福利、奖励、分配给投资者未代扣代缴个人所得税风险

风险描述：企业将自产产品用于职工福利、奖励、分配给投资者，存在未按规定代扣代缴个人所得税的风险。

（二）自然人股东所得风险

1. 分配利润未代扣代缴自然人股东个人所得税风险

风险描述：企业向个人股东分配利润时，未按规定代扣代缴个人所得税的风险。

2. 未分配利润、盈余公积、资本公积转增注册资本（股本）未按规定代扣代缴自然人股东个人所得税风险

风险描述：企业未分配利润、盈余公积、资本公积转增实收资本（股本），存在未按照利息、股息、红利所得项目代扣代缴自然人股东个人所得税的风险。

3. 自然人股东借用企业资金长期挂账未按规定代扣代缴个人所得税风险

风险描述：个人股东借用企业资金长期挂账，既不归还，又未用于企业生产经营的，企业存在未按规定代扣代缴个人所得税的风险。

4. 为自然人股东、职工购买房屋、汽车及其他财产未按规定代扣代缴个人所得税风险

风险描述：企业为个人股东、职工购买房屋、汽车及其他财产，存在未按规定代扣代缴个人所得税的风险。

（三）其他人员所得风险

1. 向董事、监事支付董事费、监事费未按规定代扣代缴个人所得税风险

风险描述：企业向在公司任职的董事、监事支付董事费、监事费，存在未按规定代扣代缴个人所得税的风险。

2. 向个人借款所付的利息未代扣代缴个人所得税风险

风险描述：企业为筹集经营资金，向员工或其他个人集资借款并支付利息，企业存在未按规定代扣代缴利息所得个人所得税的风险。

3. 促销活动向个人发放礼品未代扣代缴个人所得税风险

风险描述：企业在销售产品的过程中，常会举办一些营销活动，在活动中向个人派发礼品。企业向个人派发礼品，存在未代扣代缴个人所得税的风险。

第四章
大企业税收服务与管理

第一节　大企业税收服务与管理概述

一、大企业的界定

根据《国家税务总局关于印发〈纳税人分类分级管理办法〉的通知》（税总发〔2016〕99号）的要求，纳税人按规模分为大企业、重点税源企业和一般税源企业。大企业专指税务总局确定并牵头管理的、资产或纳税规模达到一定标准的企业集团；重点税源企业是指省以下税务机关牵头管理的、资产或纳税规模达到一定标准的企业纳税人，具体标准由省税务机关确定；一般税源企业是指除大企业、重点税源企业以外的企业纳税人。

二、大企业税收服务和管理的总体要求

（一）大企业税收服务和管理的指导思想

各级大企业税收服务和管理部门要全面贯彻税收征管体制改革总体部署和要求，以提升大企业服务和管理能力为目标，细化工作职责，理顺工作机制，提升工作效能，更好地发挥大企业税收服务和管理在深化税收领域“放管服”改革、优化税收营商环境、实现税收现代化中的积极作用。

（二）大企业税收服务和管理的基本原则

1. 统筹兼顾

通盘考虑各项工作职责的人力配置，统筹分析应对力量，合理划分内部工作职能与工作重点，积极优化与局内各科室的工作衔接，建立上下衔接、左右通达、健全有效的工作机制，实现大企业纳税服务和风险管理双促进、双提高。

2. 科学高效

立足大企业税收管理现代化，强化规划，优化流程，细化标准，持续提升服务和管理的科技含量与技术水准；着力做精数据、做优平台、做深服务，构建运转高效、工作完备、指挥有力的大企业税收服务和管理新格局。

3. 提升层级

针对大企业纳税人经营范围广、涉税事项专、层级架构繁、服务要求高的特点，以集团为对象，以行业为维度，突出分类，提升层级，将复杂涉税事项提升至市（地）以上管理，全面提高大企业服务和管理专业化水平。

4. 优化效能

依据工作序列，明晰工作定位，提升管理质效。风险管理重在形成闭环，纳税服务重在遵从引导，经济分析重在集成拓展，形成相得益彰、相互促进的良性综合效应。

三、大企业税收服务和管理的重点工作

（一）大企业纳税服务

1. 强化税企沟通

畅通税企沟通渠道，加强税企信息交流。通过税企座谈会、税企沙龙、企业走访等多种方式，认真听取大企业的意见和建议，了解生产经营及重大涉税事项情况，及时收集和回应大企业关心的涉税问题，构建良好的税企关系。

2. 开展政策辅导

完善大企业重组涉税事项纳税服务工作机制，依申请为大企业协调解决重组中的疑难事项。建立重大涉税事项政策辅导制度，对股权转让、关联交易、跨境投资等重大交易事项提出税务风险防控建议。针对跨区域经营的企业集团各地税

收政策理解、执行不一致问题，加强组织协调，提高政策的确定性和执行的统一性。

3. 实施风险提示

定期归集整理税收风险点，适时推送，助力企业防范税务风险。研究重点企业生产流程、整体架构、行业特征和核算特点，量身定制专门服务手册。收集整理税务风险防控典型案例，汇编成册，不定期发布。

4. 注重遵从引导

对辖区内重点行业税收风险事项进行细化研究，编制行业税收风险管理指引。选择符合条件的大企业，签订税收遵从合作协议或税收风险管理合作备忘录。对签约企业加强后续跟踪，建立工作台账，出具遵从评价报告，提高大企业的税法遵从度。

5. 推进内控建设

开展内控调查，深入了解企业情况，分析企业关键涉税控制节点和内控薄弱环节，研究完善内控测试指标体系，有重点地测试企业内控制度实际执行情况，提出完善建议，推动企业提高税法遵从水平。

6. 助力专项服务

积极推动促进遵从度高的企业绿色通道建设、自我遵从免查等专项服务落地。推进以集团为对象的纳税信用等级评定，增强企业的诚信纳税意识和纳税信用水平。服务国家发展战略，梳理相关税收政策，定期开展政策辅导和风险提醒，降低“走出去”企业税收成本和税收风险。

（二）制度规划建设

1. 建立健全各类制度

参照税务总局千户集团各项服务和管理工作规范，做好本地基础性制度建设工作。结合工作实际，加大名册管理、数据采集、指标模型、风险分析、风险应对、纳税服务、经济分析等工作制度建设力度，形成本地大企业税收服务和管理制度体系。

2. 强化工作统筹规划

按照税务总局千户集团工作规划和年度安排，统筹考虑大企业风险等级排序、行业税收规模、区域分布等因素，制定本地大企业税收风险管理工作规划和年度计划。在相关部门的统一协调下，做好与稽查、税政等部门的任务统筹，避免重复应对检查。

3. 加强内控机制建设

提高对内控机制建设重要性的认识，将内控机制建设贯穿大企业税收管理工作全过程。按照税务总局大企业税收风险管理内部控制制度和操作指引要求，确定本地大企业税收风险管理工作主要风险点，并制定切实可行的防控措施。强化信息系统的支撑和保障作用，切实防范工作风险。

（三）千户集团数据管理

1. 做好数据规划

以提高千户集团数据质量为核心，通过整体规划，进一步明确数据采集范围、采集内容和采集方式，细化明确具体管理措施；逐步构筑采集有考评、治理有反馈、使用有监控的管理闭环；建立规范统一的保障机制，实现数据管理规范高效、数据内容完整准确、数据应用安全可控。

2. 推进名册管理

核实、确认本地千户集团名册信息；审核、补充本地千户集团成员企业名册信息；进一步强化千户集团名册信息管理，避免出现企业信息漏报、误报等情况。

3. 强化税务端数据归集

根据千户集团及成员企业名单，从金税系统、增值税发票管理等信息系统中抽取、加工相关税收征管数据；做好相关数据的“一户式”归集、加载存储和分析应用。配合税务总局完成千户集团税收快报数据的归集、加工和审核等工作。

4. 规范企业端数据采集

落实千户集团及成员企业在征管系统中的标记工作，采集、审核、抽取千户集团及成员企业附报数据。按月（季）做好千户集团企业直报数据的收集、审核、报送和汇总工作。落实千户集团涉税电子财务数据常态化采集机制，按时、保质、保量地完成千户集团涉税电子财务数据采集、检测和加载工作，配合税务总局做好数据抽取工作。做好数据采集软件的业务保障，进一步加强数据采集过程中的审核校对，确保数据采集完整准确、及时有效。

5. 加强第三方数据获取

积极推进千户集团第三方涉税数据的采集、交换和共享。做好分析过程中相关互联网涉税数据收集、整理、应用等工作；指导下级大企业服务和管理部门开展千户集团的第三方涉税数据交换、获取、应用等工作。

6. 抓好数据联络员管理

根据税务总局千户集团数据联络员管理办法的相关要求，抓好本地千户集团数据联络员日常管理、业务培训等工作任务的落实。

（四）千户集团税收风险程度测试指标体系建设

1. 落实千户集团税收风险程度测试指标体系（以下简称指标模型）建设工作机制

落实千户集团风险指标模型“研发、验证、应用”三位一体的建设思路，持续优化千户集团指标模型建设工作机制，统筹和指导下级大企业服务和管理部门开展千户集团风险指标模型研发、验证、应用工作。

2. 配合千户集团指标模型研发

按照税务总局下发的千户集团风险指标模型架构、标准及相关要求，及时归集税收风险分析案例；针对集团特点和行业特色，归集、研究、制作风险特征库，配合完成千户集团风险指标模型研发工作；结合本地实际做好千户集团的指标模型研发建设。

3. 开展千户集团风险指标模型验证

根据税务总局制定的千户集团风险指标模型验证规范，在税务总局指导下，统筹开展千户集团风险指标模型验证相关工作。

4. 强化千户集团风险指标模型应用

根据税务总局和本地千户集团风险指标模型应用相关工作要求，依托大企业税收管理系统（税务审计软件），应用千户集团风险指标模型开展税收风险计算机扫描识别，支撑千户集团税收风险分析工作，根据分析结果及时反馈千户集团风险指标模型应用的问题和建议。

（五）大企业税收管理系统（税务审计软件）

1. 加强平台有机衔接

配合做好税务总局已上线的大企业税收管理系统（税务审计软件）功能的优化完善。充分依托金税等相关应用系统，结合本地大企业税收服务和管理实际需要，在税务总局大企业税收管理系统（税务审计软件）功能基础上，拓展完善当地大企业信息化平台功能；按照总省联动、省省互动的业务要求，积极推进税务总局、省局两级大企业信息化平台的有效衔接，实现税务总局大企业税收管理司和各省级大企业税收服务和管理部门之间的数据互联、模型共享、风险互推和服务直达。

2. 强化平台综合应用

充分应用好平台功能和数据，逐步将千户集团数据管理、风险分析、评审推送、经济分析和纳税服务等统一纳入金税四期平台运行，实现工作“平台化”“智能化”，有效提升大企业税收服务和管理质效。

3. 保障平台平稳运行

落实税务总局大企业税收管理系统（税务审计软件）的用户账号管理、数据权限申请、意见建议反馈等工作；做好平台功能的业务支持，组织开展平台业务功能培训、应用经验交流等工作。

（六）大企业税收风险分析

1. 制订年度分析计划

根据税务总局统筹确定的千户集团年度风险分析集团名单，确定本省风险分析成员企业名单，并上报税务总局。统筹考虑相关因素，制订本省千户集团年度风险分析计划，确定集团及成员企业名单，并上报税务总局备案。制订本省列名企业年度分析计划。

2. 开展税收风险识别

对纳入年度风险分析计划的本省千户集团及列名企业，以税收风险指标模型体系为基础，进行计算机风险扫描，形成相关集团及成员企业的税收风险识别报告。

3. 组织人工专业复评

结合计算机风险扫描结果，依托相关数据信息，通过常规风险分析、行业重点剖析和重大事项风险分析等方法，开展人工专业复评，形成分户税收风险分析报告。

4. 实施分级评审推送

建立分级评审制度，对风险分析报告进行审核，严格进行质量控制。对纳入税务总局统筹计划的企业风险分析报告报送税务总局，由税务总局税收大数据和税收风险管理部门形成风险应对任务统一推送应对；对纳入本省统筹计划的企业风险分析报告报送省局，由省局税收大数据和税收风险管理部门形成风险应对任务统一推送应对。

（七）大企业税收风险应对

1. 突出分类分级

对重大或复杂涉税事项由省级大企业服务和管理部门直接组织实施风险应对，发现纳税人有逃避缴纳税款、骗取出口退税或重大避税嫌疑的，及时移交相关部门研究处理。对一般性风险事项，由市（地）级以下大企业服务和管理部门或属地税务机关组织实施风险应对，省级大企业服务和管理部门加强监督管控，强化风险应对过程的专业指导、风险应对结果的分析评价，做好跨区域风险应对事项的统筹协调。

2. 组织实施应对

研究风险应对任务，制定应对方案。以风险分析报告为基础，了解企业生产经营情况、行业特点、相关税收政策等，按照《千户集团税收风险管理工作规程(试行)》要求，组织实施风险应对，做到事实清楚、证据充分，处理得当。

3. 推动争议解决

与本级法规、税政、征管等部门建立争议事项协调工作机制，及时研究解决风险应对中的税企争议问题，经本级税务机关研究后仍无法解决的，提请上级大企业服务和管理部门研究解决。

4. 强化增值应用

根据风险应对成果，及时优化风险分析工具，更新税收风险特征库。分析企业税务管理的薄弱环节，及时提出加强企业内部税务风险管理的意见建议，指导企业完善税务风险内控体系。针对税收风险管理中发现的税收法律和政策问题，提出完善税收立法、调整税收政策的意见建议。

（八）大企业税收经济分析

1. 提升分析选题站位

围绕党中央、国务院和国家税务总局重点聚焦的全局性和战略性问题，结合本地区经济社会发展和税收运行的具体特点，选取当地党委、政府关注的热点、焦点和难点领域，精准选题，深入开展千户集团及列名企业的税收经济分析工作。

2. 打造拳头产品

综合利用千户集团直报数据、附报数据、第三方涉税数据，全面反映经济税收各方面的运行成效、亮点和问题，拓展税收经济分析的广度和深度，着力提升税收经济分析质效，打造大企业税收经济分析拳头产品。

3. 加强部门联动协作

加强联动分析，探索开展税务机关与外部门之间的合作分析，按照主要行业、重点区域、重大发展战略等维度组建分析小组，广泛开展联合分析。

（九）明晰业务流程

结合税务总局千户集团各项工作流程要求，全面梳理名册管理、数据管理、风险分析、风险应对、纳税服务等业务环节，细化符合当地实际的工作流程，实现岗责体系、业务流程和信息系统功能的集成联动、优化整合，确保管理到位、工作有序、流程明晰。

（十）科学配置业务部门

大企业服务和管理部门应当根据编制数和人员到位情况，对现有工作职能进行合理划分，科学配置内设部门。各级大企业服务和管理部门应当配置综合管理、纳税服务、数据和经济分析、风险监控识别、风险分析与应对等业务部门。也可按行业增加设立若干分析应对部门。

第二节　千户集团数据管理——千户集团名册管理

一、千户集团名册管理

（一）千户集团的概念

千户集团，是指年度缴纳税额达到国家税务总局管理服务标准的企业集团，包括全部中央企业、中央金融企业以及达到上述标准的单一法人企业等。其中，年度缴纳税额为集团总部及其境内外全部成员企业境内年度纳税额合计，不包括关税、船舶吨税以及企业代扣代缴的个人所得税，不扣减出口退税和财政部门办理的减免税。

为贯彻落实中央《深化国税、地税征管体制改革方案》精神，税务总局下发了深化大企业税收服务与管理改革的实施方案，明确以全国千户集团和省局确定的大企业为服务与管理对象。2015 年，税务总局按照企业集团年纳税额 3 亿元以上的标准，筛选了 1000 户左右的企业集团，作为深化大企业税收服务与管理的对象。

2017 年，为深入学习贯彻党的十九大精神，进一步落实深化国税、地税征管体制改革方案和深化税务系统“放管服”改革工作的要求，切实优化大企业纳税服务，税务总局决定，对年纳税额 1 亿元以上、尚未列入千户集团管理范围的企业集团纳税人，由省（区、市）税务机关大企业税收管理部门比照千户集团服务和管理模式实施统一管理。

（二）千户集团名册管理范围

千户集团名册管理范围分内资企业集团、外资企业集团。内资企业集团为纳入企业合并会计报表范围，或虽未编制合并会计报表，但为集团控制且办理了工商或税务登记的中国境内各级分公司和子公司、控股的境外公司以及其他涉税组织机构。其中，集团控制是指投资方拥有对被投资方的权力，通过参与被投资方的相关活动而享有可变回报，并且有能力运用对被投资方的权力影响其回报金额。外资企业集团为全球总部控股并在中国境内办理了工商或税务登记的各级分公司和子公司以及其他涉税组织机构。

（三）千户集团名册信息

千户集团名册信息包括企业名称、纳税人识别号、统一社会信用代码、集团名称、上一级企业名称及其他涉税信息等项目。国家税务总局根据工作需要，适时修订千户集团名册信息项目内容。

（四）千户集团名单

1. 千户集团名单由国家税务总局确定，定期发布，实行动态管理

（1）已入选千户集团名单的企业集团总部按年维护集团名册信息，每年应按照要求填报相关信息，于每年 5 月 31 日企业所得税汇算清缴结束前报送省、自治区、直辖市、计划单列市税务机关（以下简称省税务机关）。

（2）省税务机关审核集团总部填报信息，并于每年 6 月 30 日前汇总上报国家税务总局。当年如新增符合条件的千户集团，由省税务机关提出，并组织集团总部按照要求填报集团名册信息，经省税务机关审核后于每年 6 月 30 日前汇总上报国家税务总局。

(3) 合并重组、破产、注销或年度缴纳税额连续 5 年未达到国家税务总局管理服务标准的企业集团，应从名册管理范围内调出。因上述原因需要调出名册管理范围的千户集团，由省税务机关核实，并于每年 6 月 30 日前汇总上报国家税务总局。

2. 千户集团按年确定其成员企业

(1) 集团总部按照税务机关要求组织填报集团成员企业名册信息，并于每年 10 月纳税申报期结束前报送省税务机关。

(2) 省税务机关交叉比对内外部信息，通过千户集团名册管理系统核实成员企业名册信息准确性、完整性，并于每年 10 月 31 日前上报国家税务总局。

(3) 省税务机关对总部在本省的集团，核实集团总部及该集团在本省的成员企业名册信息；对总部不在本省的集团，核实该集团在本省的成员企业名册信息。

(4) 对应报未报、提供虚假名册信息或拒绝报送名册信息的企业集团，省税务机关应及时上报国家税务总局。情节严重的，按照《税收征管法》及其实施细则等有关规定对集团总部及相应成员企业进行处理。对存在上述情形的集团总部及成员企业，税务机关记录相关纳税信用信息，相关信息用于纳税信用评价。

(五) 千户集团名册管理工作中的主要职责

1. 国家税务总局的主要职责

国家税务总局在千户集团名册管理工作中的主要职责包括：

(1) 制定、完善千户集团名册管理办法。

(2) 确定、调整千户集团名单和千户集团名册信息项目。

(3) 协调集团总部所在地的省税务机关和成员企业所在地的省税务机关的名册核实工作。

(4) 建立、完善千户集团名册管理系统并提供技术支持。

(5) 开展千户集团名册管理工作组织绩效考评。

(6) 其他名册管理工作。

2. 省税务机关的主要职责

省税务机关在千户集团名册管理工作中的主要职责包括：

(1) 核实、推荐本省符合千户集团入选标准的企业集团，提出入册企业集团调整建议，协助国家税务总局确定千户集团名单。

（2）组织总部在本省的集团报送成员企业名册信息。

（3）审核并补充完善本省的成员企业名册信息。

（4）评价总部在本省的集团报送的名册信息质量，向企业集团反馈评价结果。

（5）总结名册管理工作开展情况，提出工作建议。

（6）其他名册管理工作。

3. 列入千户集团名单的企业集团的主要职责

列入千户集团名单的企业集团在名册管理工作中的主要职责包括：

（1）按照税务机关要求，组织开展名册信息填写、审核和报送。

（2）根据税务机关反馈的核实结果，组织开展名册信息校正。

（3）开展集团内部名册管理工作培训，对成员企业提供相应指导。

（4）其他名册管理工作。

4. 省税务机关和企业集团名册管理工作沟通联络机制

（1）企业集团指定专人负责名册管理工作。

（2）省税务机关为企业集团提供咨询辅导，并指导各地税务机关对本地成员企业进行辅导。

（3）省税务机关应加强千户集团名册管理工作沟通协作和信息共享，可组建联合工作团队开展名册管理工作。

（4）各级税务机关应积极与相关部门对千户集团名册信息开展合作，主动从各级财政、市场监督、商务、国资委等部门获取千户集团名册补充信息，通过互联网搜集公开信息，丰富完善千户集团名册信息。

（5）省税务机关应根据实际工作情况定期开展千户集团重点行业或重点企业的专项分析，改进千户集团名册质量，加强千户集团名册管理。

二、千户集团数据管理

（一）千户集团数据管理的重要意义

1. 加强千户集团数据管理是贯彻落实《深化大企业税收服务与管理改革实施方案》的内在要求

《深化大企业税收服务与管理改革实施方案》（税总发〔2015〕157 号）明确

提出，要顺应大数据和“互联网＋”时代潮流，推进业务与技术的深度融合，积极实现税收大数据对大企业税收服务与管理的支撑作用。加强数据管理就是要求抓住千户集团这一“关键少数”，加快数据管理重要领域和关键环节的改革步伐，积极探索、勇于创新，采取切实措施，确保《深化大企业税收服务与管理改革实施方案》落实。

2. 加强千户集团数据管理是开展税收风险分析和经济分析的重要基础

税收大数据是大企业税收风险分析、经济分析的生命线和主要依托，它能透视未来经济发展趋势和税收运行态势。加强数据管理就是要求找准数据使用过程中的关键问题，研究提出整体提升千户集团数据质量的解决方案，并在此基础上统筹推进、狠抓落实，为税收风险分析和经济分析工作提供可靠支撑和保障。

3. 加强千户集团数据管理是提升大企业纳税服务水平的有效途径

数据是开展大企业纳税服务工作不可或缺的要素，并已成为推动大企业纳税服务可持续发展的动力之源。加强数据管理就是要求依托海量数据，在深入分析的基础上，对纳税人进行精准“画像”，研究提出更具系统性和针对性的服务举措，在更广范围、更深程度、更高层次服务大企业纳税人，不断增强大企业纳税人的获得感和满意度。

（二）加强千户集团数据管理的指导思想和主要目标

1. 指导思想

认真贯彻党中央、国务院和税务总局关于运用大数据加强对市场主体服务和监管的总体部署，按照《深化大企业税收服务与管理改革实施方案》确定的基本原则和目标任务，围绕“理清方向、搭建框架、抓住重点、分步实施”的总体要求，以大企业税收服务和管理需求为导向，以数据有效供给为目标，以信息技术手段为依托，实现千户集团数据规范化、标准化、专业化管理。

2. 主要目标

通过加强千户集团数据管理，构筑“ 采集有考评、治理有反馈、使用有监控”的管理闭环；形成“纵向联动、横向协动、税企互动”的工作格局；建立“规范统一、科学高效、立足长远”的保障机制，实现数据采集规范高效、数据内容完整准确、数据应用安全可控。

（三）千户集团数据管理的主要任务

1. 建立健全千户集团数据管理制度规范

(1) 建立健全千户集团数据联络员制度。贯彻落实税务总局大企业税收管理司制定的关于千户集团数据联络员的管理办法，进一步压实数据采集主体责任，畅通税企数据采集渠道。各省大企业税收管理部门定期召集千户集团联络员，通报当期数据采集进展和数据质量情况，共同研究数据采集中的问题；组织开展数据联络员业务培训，提高其业务能力。

(2) 建立千户集团名册管理制度。税务总局大企业税收管理司研究制定《千户集团名册管理办法》，明确千户集团入围标准、成员单位报送口径、组织架构梳理方法等。各省大企业税收管理部门通过国有资产管理、财政、市场监督等部门以及互联网获取集团架构信息，与现有名册开展比对校验；逐步建立名册动态更新机制，及时将符合标准的集团和遗漏的成员单位纳入千户集团名册。

(3) 建立数据管理岗责制度。各级大企业税收管理部门设置专门的数据管理岗，由专人负责数据采集、审核、汇总、上报等工作，并明确岗位职责和要求，每年根据工作完成情况对其进行考核。

(4) 建立千户集团数据质量管控和考核评价制度。税务总局大企业税收管理司研究制定数据质量管控规范，明确千户集团数据采集、上报、加载等环节质量管控的责任主体和工作要求。各省大企业税收管理部门对数据审核责任主体制定科学的考核评价和奖惩机制，并与绩效考核挂钩。

2. 强化千户集团数据采集、管理和应用

(1) 建立千户集团数据标准。税务总局大企业税收管理司统筹研究制定千户集团数据业务标准，进一步规范千户集团数据采集和应用的范围、内容、来源、方式、校验规则等；保持与国际接轨，推进国际通用的可扩展商业报告语言(XBRL) 标准在千户集团数据采集工作中的应用。

(2) 加强千户集团数据采集统筹规划。各级大企业税收管理部门会同相关部门，定期清理整合已有数据，全面掌握数据现状；在充分利用已有数据的前提下，统筹安排数据采集任务，避免数据多头采集、重复采集。税务总局大企业税收管理司根据年度工作任务要求，充分论证数据采集需求的必要性、可行性，按年制定全国千户集团数据采集总体规划。各省大企业税收管理部门结合实际工作需要，制定本省年度千户集团数据采集工作规划。

(3) 落实附报财务会计报表等日常数据报送工作。省以下税务机关应按照《国家税务总局关于规范全国千户集团及其成员单位企业纳税申报时附报财务会计报表有关事项的公告》(国家税务总局公告2016年第67号) 和税务总局关于规范全国千户集团及其成员企业纳税申报时附报财务会计报表工作的有关要求，保质保量做好千户集团附报财务会计报表数据的采集、校验和报送工作；通过多维度数据交叉比对，对千户集团快报数据严格审核，持续提升税收快报数据质量；在原总局定点联系企业数据直报的基础上，进一步拓展范围，加快建立千户集团数据直报工作机制。

(4) 拓展税务系统内、外部信息交换共享渠道。各省大企业税收管理部门要推进税务系统内部数据及时更新，保障增量数据有效获取；加快构建与国有资产管理、财政、市场监督等政府部门的信息共享渠道，建立相关机制；运用网络爬虫工具，从互联网定向获取千户集团企业股权交易、变更登记等信息，为千户集团税收风险分析和经济分析提供数据支持。

(5) 开展千户集团数据深度挖掘和应用。税务总局大企业税收管理司根据整体数据现状，统筹制定大企业数据应用工作计划，协调全国大企业税收管理专业团队数据的统一应用。各省大企业税收管理部门要深入挖掘千户集团各行业、集团等核心数据，不断提升数据增值利用；有效整合各方相关涉税数据，实现数据信息共享应用。

(6) 保障千户集团数据安全可控。各省大企业税收管理部门会同相关部门，按照税务总局信息安全相关规定要求，结合千户集团数据管理实际，制定千户集团数据安全保障具体措施；根据千户集团数据应用的需要，明确数据管理权限，分级分类使用数据；在重大专项工作中，严格按规定与相关单位和人员签订数据安全保密协议。

3. 加强千户集团数据管理的信息化支撑

(1) 优化千户集团数据采集工具和支持方式。税务总局大企业税收管理司会同相关部门，跟踪数据采集中存在的问题，及时升级和更新工具，不断优化和拓展数据采集功能，不断提升采集工具的易用性、适用性和可靠性；协调相关单位增加技术支持人员，整合技术力量，提升技术服务能力；在千户集团较为集中的省市探索设立技术服务网点，及时上门服务，解决数据采集中各类疑难问题，提升数据采集工作效率。

(2) 建立千户集团数据集市，统一数据应用平台。税务总局大企业税收管理司依托金税三期数据仓库，逐步建立千户集团数据集市，实现千户集团所有成员单位数据总局一级集中，多级使用；整合千户集团风险分析平台、经济监控平台、税务审计软件等信息系统，建立统一的数据应用平台，科学分配使用权限，实现共享使用。

（3）探索“互联网＋千户集团”试点应用。税务总局大企业税收管理司组织研发千户集团数据管理App软件，为千户集团数据联络员及各省大企业数据管理岗配置用户权限，通过软件推送数据管理任务；各省大企业税收管理部门负责软件推广应用，在线与企业沟通交流，反映企业涉税诉求，建立税企快速沟通渠道。

4. 加强数据管理专业化团队建设

（1）配置、充实数据管理人员。各省大企业税收管理部门会同相关部门，通过系统遴选、公务员招考和社会招聘等方式，充实千户集团数据管理队伍；按照数据管理岗位要求，配齐配强大企业数据管理岗位人员；积极探索从科研院校和互联网、大数据公司聘请专家，作为大企业数据管理外部智囊团队，研究解决重大数据难点问题。

（2）持续提升数据管理人员专业能力。各省大企业税收管理部门要制定和实施分级分类培养计划，设置专项培训课程，定期组织开展业务培训，构建大企业税收数据管理人才梯队；选派大企业数据管理优秀人才到知名大数据管理机构学习深造和实践锻炼，培养一支大企业数据管理高级专家团队。

（3）加大数据管理人员激励力度。各省大企业税收管理部门要通过个人绩效考核加分、专题表彰奖励等方式，充分调动大企业数据管理人员工作积极性和主动性，为数据管理优秀人才脱颖而出、干事创业、成长进步营造良好的发展环境。

三、千户集团基础信息报送

（一）报送内容

合并财务报表的集团总部报送营业收入、固定资产等基础涉税数据信息（列入合并范围的集团总部及其全部子公司各项合计数）。不编制合并财务报表的集团总部报送营业收入、固定资产等基础涉税数据的汇总数（集团总部及其全部成员企业各项合计数）。

（二）报送方式

各省税务机关（大企业税收管理部门）按照任务分工将千户集团总部按月（季）度报送相关涉税数据信息明细表及填报说明发放到千户集团总部，千户集团总部按照发放的表单格式，填报相关涉税数据信息并报送省税务机关（大企业税收管理部门）。各省税务机关（大企业税收管理部门）汇总审核本地千户集团报送数据信息后统一报送至税务总局。

（三）报送时间

千户集团和扩围集团总部应在月度、季度结束后18日内，报送年初至本月末、本季度末累计相关基础涉税数据信息；第四季度（即全年累计数）数据应于季度结束后28日内，即1月28日前报送。

四、千户集团报表报送要求

（一）基本要求

全国千户集团总部及其成员企业应在企业所得税预缴纳税申报时附报本级财务会计报表，以及税务机关根据实际需要要求附报的其他纳税资料，境外成员企业可暂不附报。年度终了，应在企业所得税年度纳税申报时，附报本级年度财务会计报表，以及税务机关根据实际需要要求附报的其他纳税资料。按照会计准则、会计制度等要求编制合并财务报表的全国千户集团总部，应在每年5月31日前附报上一年度的合并财务报表。

（二）报送内容及格式要求

全国千户集团及其成员企业应附报的财务会计报表，是指按照企业所适用的会计准则、会计制度等编制的财务会计报表，包括资产负债表、利润表、现金流量表、所有者权益（股东权益）变动表、附注等。原则上，所有资料应以电子形式附报。企业编制的原始财务会计报表与税务机关核心征管系统中报表格式不一致的，应将原始财务会计报表以Excel表格式，作为附件一并附报。企业应确保报送的财务会计报表数据的真实、完整、准确。

第三节　大企业个性化纳税服务

一、大企业个性化纳税服务内涵

（一）畅通纳税服务渠道

依托大企业税收管理信息系统，畅通税企之间、税务机关之间的沟通渠道，实现顺畅交流，提升沟通质效。

（二）创新纳税服务产品

优化大企业重大涉税事项处理途径，让大企业“多跑网路、少跑马路”。

（三）优化纳税服务手段

提高大企业纳税服务工作标准。建立与服务产品相配套的工作机制、工作标准，规范服务流程，确保各项服务措施可操作、可执行，让大企业在纳税服务上有切实的获得感。

二、大企业个性化纳税服务的主要任务

（一）增强服务意识，转变服务理念

以大企业需求为导向，树立税企合作共治、服务与管理高度融合的理念。坚持风险管理和优质服务同步推进，防范税收风险和引导自觉遵从平行治理。树立积极有为的意识，促进服务创新，营造和谐营商环境。

（二）拓展服务渠道，加强信息交流

运用“互联网＋”思维，依托税务大数据，借助 App、微信、微博等网络平台，拓展服务渠道，加强税企之间信息交流，消除税务机关与大企业之间的地域、层级限制，实现大企业纳税服务互联互通。

（三）强化日常沟通，及时回应诉求

完善大企业数据联络员制度，促进数据报送、诉求协调、风险管理等工作顺畅高效。不定期走访大企业，认真听取意见和建议，了解生产经营及重大涉税事项情况，及时回应涉税问题，做到沟通及时，处理快捷。

（四）优化专项交流，解决热点问题

定期举办税企沙龙、恳谈会、联席会等，通报大企业关心的涉税问题，提高税企双方对涉税事项认识的一致性。 结合税收热点难点问题，适时开展专题调研、高层对话，及时提出解决方案。建立行业税收工作小组，研究行业性涉税问题，探索有效对策建议。

（五）建立绿色通道，提供专属服务

合理确定准入标准，为符合条件的大企业提供绿色通道，提供发票直送、诉求升级、自我遵从免责等专属服务。针对大企业的个性化需求，尝试对接相关政府部门和行业协会，着力解决大企业遇到的各类问题。

（六）加强集团重组服务，提高政策确定性

针对涉及多地区或多税种的大企业重组涉税事项，建立大企业重组涉税事项纳税服务工作机制，规范工作程序，依申请为大企业协调重组中的疑难事项，提高政策确定性和执行统性，解决大企业重组事项多头跑、多次跑问题。

（七）针对重大交易事项，提供专业辅导

对股权转让、关联交易、跨境投资等重大交易事项，建立重大事项辅导制度，提出税务风险建议，降低大企业重大事项涉税风险成本，充分享受现有税收政策红利。

（八）减少跨区域涉税争议，提高执行一致性

针对跨区域经营的企业集团各地税收政策理解、执行不一致问题，加强组织协调，提出解决方案，及时提请上级单位协调，提高各地政策执行致性。

（九）强化数据监测分析，提供便捷高效服务

积极利用互联网和大数据技术，探索开展大企业数据监测统计，及时掌握大企业税收波动情况和发展趋势，开展精准分析，为大企业提供便捷、高效服务。

（十）研究内控指标体系，帮助企业加强内控建设

分析企业关键涉税控制节点和内控薄弱环节，研究完善内控测试指标体系。开展内控调查，深入了解企业情况。选择合适方法，有重点地测试企业内控制度实际执行情况，提出完善建议，提升企业内控质量。

（十一）签订遵从协议，推动遵从合作

选择税务风险内控完善的企业集团，签订《税收遵从合作协议》或者《税收遵从合作备忘录》，加强后续跟踪服务管理，建立工作台账，定期出具遵从评价报告，推动企业提高税收遵从水平。

（十二）定期归集整理税收风险，适时推送提醒到户

积极利用计算机扫描的风险成果，结合千户集团税收风险管理情况，定期归集日常风险，及时推送到户，督促企业自我评估、自我纠正，切实提高企业自我税务风险防范能力。

（十三）聚焦企业生产流程，定制专门服务手册

针对重点风险企业，研究生产流程、整体架构、行业特征和核算特点，分析潜在风险，量身定制专门服务手册，提供针对性服务。

（十四）分门别类编写行业指引，揭示行业共性风险

研究行业风险特征，梳理行业政策规定，分析行业共性风险，细化风险控制方法，分门别类编写风险指引，引导企业加强风险防范。

（十五）汇编典型风险案例，激发企业增强防范意识

收集整理企业税务风险典型案例，汇编成册，不定期发布，引导企业规范涉税行为。

（十六）积极利用信用评价体系，提升总体信用水平

完善信用评价体系，建立企业集团总部与成员企业信用联动机制，探索以集团为口径评价纳税信用状况，引导企业集团和成员企业诚信水平总体提高。

（十七）编制年度遵从报告，增强企业信誉意识

汇总企业税收缴纳、信用评定和遵从情况，按年编制《千户集团年度报告》《千户集团年鉴》，推进企业集团信息共享，增强大企业信誉意识。

（十八）优化“走出去”企业服务，助力国家发展战略

围绕“走出去”企业，梳理内外税收政策，跟踪征管问题，建立数据档案，收集整理大企业海外税收维权案例，定期开展政策辅导和税收提醒，强化“一对一”服务，降低“走出去”企业税收成本和涉税风险。

第四节　千户集团税收风险管理

一、千户集团税收风险管理的主要原则

（一）两级统筹

强化税务总局、省税务机关在千户集团税收风险管理工作中的分工协作，注重顶层设计，整合管理资源，明确工作职责，坚持上下联动，形成工作合力。

（二）合作推进

加强税务机关内部各部门工作协调，提高征管效率。积极与政府相关部门、行业协会等合作，实现涉税信息共享。

（三）信息集成

以税收大数据为核心，利用现代化采集、分析工具，建立科学的指标模型，

构建智能化的税收管理信息系统，发挥大数据技术对千户集团税收风险管理的支撑作用。

（四）促进遵从

在千户集团税收风险管理各环节强化税收宣传，优化纳税服务，加强税企合作，提升企业获得感，促进千户集团对税法的自我遵从。

二、千户集团税收风险管理流程

千户集团税收风险管理，以防范税收风险为导向，按照“数据采集—风险分析、等级排序—推送应对—反馈考核”四个环节，实施全流程闭环管理。

（一）数据采集

千户集团数据采集的内容包括企业端数据、税务端数据和第三方数据。税务总局整合企业端、税务端和第三方数据，逐步实现多层级、全方位的数据集成应用，为千户集团税收风险分析提供支撑。

1. 税务总局任务

（1）制定千户集团名册管理办法，组织各地大企业管理部门采集、更新千户集团及其成员单位名册信息。

（2）制定千户集团数据报送范围和标准，收集和加载千户集团财务报表数据和税收征管数据。

（3）组织编写业务需求，升级完善千户集团税收风险分析、名册管理和税收快报等功能模块。

（4）与财政部、国资委等部门沟通联系，获取千户集团企业有关信息。

（5）研究建立千户集团及其成员单位申报纳税时必须附报财务报表的机制。

2. 省税务局任务

（1）采集核实并定期更新本省千户集团名册信息。按时采集、审核、报送千户集团财务报表数据、税收征管数据、税收快报数据。

（2）协助税务总局制定完善千户集团名册管理办法。

（3）与各省财政、国有资产监督管理等部门沟通联系，获取千户集团企业相关信息。

（二）风险分析

税务总局、省税务机关结合计算机风险扫描结果，开展人工专业复评，形成《千户集团税收风险分析报告》。

1. 税务总局任务

（1）制定千户集团税收风险分析战略规划和年度工作计划。

（2）从企业年报、财务报表、纳税申报表、鉴证报告、企业内控制度等入手，借助采集的各类数据，对重大涉税风险进行分析后形成千户集团税收风险分析报告，提交税务总局税收风险管理部门后推送到各省应对。

（3）组织编写业务需求，升级完善千户集团税收风险分析、名册管理和税收快报等功能模块。

（4）根据千户集团分布特点及行业特性，组建千户集团税收风险分析专业团队，或者指定重点省份对重大事项或者重点行业的涉税问题进行分析后形成风险分析报告，由税务总局风险管理部门推送各省应对。

（5）对出现的疑似风险，税务总局风险分析部门与企业集团总部及时沟通，必要时要求企业总部说明情况，提供有关涉税事项的具体解释和情况说明。

（6）在税务总局风险任务推送各地应对前，根据工作需要，由税务总局风险管理部门牵头，组织与企业集团总部进行沟通，使集团总部了解本集团风险点的具体情况、具体分布，要求各集团做好与其成员企业的沟通确认工作。

（7）定期收集整理各省成熟的税收风险分析指标、模型，推动税收风险分析指标、模型建设，组织业务需求的编写。

（8）针对行业代表性集团开展典型调查，提高千户集团税收风险分析的精准度。

2. 省税务局任务

（1）参照税务总局千户集团税收风险分析年度计划，制定本省确定的千户集团税收风险分析工作计划，组织开展本省确定的千户集团税收风险分析。

（2）针对税务总局推送的风险应对任务，结合本省掌握的信息，由大企业税收管理部门组织开展二次或深度分析，在此基础上开展风险应对，提高税收风险分析质效。

（3）充分发挥对于当地企业情况熟悉、便于沟通的优势，对千户集团在本省的独立法人企业或分公司开展税收风险分析，并将分析结果报送税务总局进行系统排查。

（4）按照税务总局统一规划和部署，承担千户集团相关行业、重点集团、相关事项的税收风险分析任务，并将分析结果反馈税务总局。

（5）定期上报本省发现的税收风险案例。

（6）对税收风险分析过程中出现的问题，及时与相关企业进行沟通协调。

（7）向税务总局提供税收风险分析指标、模型，配合税务总局开展千户集团税收风险分析指标、模型建设。

（8）在人力资源、资料搜集、税企沟通等方面，积极支持、配合税务总局开展的税收风险分析和典型调查工作。

3．人工专业复评

人工专业复评可以采取案头分析、与企业沟通、选取代表性企业开展典型调查等方法。人工专业复评应当重点关注以下内容：

（1）企业所处的行业特点。

（2）企业适用的产业政策、税收政策、会计准则或会计制度。

（3）企业内部控制制度。

（4）企业财务报表，审计报告及相关鉴证报告。

（5）企业重组、股权转让、关联交易等复杂涉税事项。

（6）以前年度风险应对结论，包括纳税评估报告、税务处理决定书等。

（三）推送应对

税务总局大企业税收管理司将风险应对任务通过税务总局风险办统一推送至省税务机关税收风险管理部门，并抄送相关省税务机关大企业税收管理部门。

省税务机关大企业税收管理部门应当主动对接省局风险办，认真研究税务总局推送的千户集团税收风险应对任务并形成应对方案，以省、市税务机关为主，实施专业化应对。

对于重大或复杂涉税事项的风险应对任务，由省税务机关组织开展应对。风险应对人员可以通过查阅案头资料、税务约谈等方法，对风险分析报告中的涉税风险点进行核实。查阅案头资料和税务约谈中发现的必须到纳税人生产经营现场了解情况的，应当按照相关规定统筹进行实地核实。实地核实过程中发现纳税人其他税收风险点的，应当一并进行处理。

1. 税务总局任务

（1）大企业税收管理部门对千户集团税收风险分析报告进行评审。

（2）大企业税收管理部门对千户集团税收风险分析报告中涉及的需要税务总局相关业务司局明确的问题，提交相关业务司局研究确定。

（3）大企业税收管理部门对千户集团税收风险分析报告中涉及的重大疑难问题，提请专家委员会研究确定。

（4）大企业税收管理部门对审定通过的千户集团税收风险分析报告通过税务总局风险管理部门统一推送至各省税务局应对。

2. 省税务局任务

（1）大企业税收管理部门主动对接省税务局税收风险管理工作领导小组办公室，共同研究税务总局推送的千户集团税收风险应对任务，形成处理意见，由省税务局风险管理部门按照风险等级推送相应税务机关，开展差别化风险应对。

（2）协调处理千户集团税收风险应对工作中的具体问题。

（3）对各级应对主体报送的千户集团税收风险应对情况进行汇总、整理，按照要求报送相关统计报表及应对报告。

（4）对千户集团税收风险应对中查实确定的税收风险点，督促企业进行整改，对查实的税款及时组织入库。

（四）反馈考核

省税务机关大企业税收管理部门应当及时汇总本省千户集团税收风险应对情况，向税务总局（大企业税收管理司）报送《千户集团税收风险应对工作报告》以及《千户集团税收风险应对情况表》，并通过省局风险管理部门向税务总局风险管理部门反馈风险应对结果。

税务总局通过督导调研、限时督办等形式对各省税务机关上报的风险应对结果进行跟踪指导和后续监督，并对重大税收风险点进行专项评估。

1. 税务总局任务

（1）大企业税收管理部门对各地的千户集团税收风险应对情况进行督导、评估；配合税务总局风险管理部门指导各地做好税收风险应对工作。

（2）针对税收风险应对中出现的税企争议问题，必要时，税务总局风险管理部门组织由企业集团总部、总部所在地税务机关及相关税务机关、相关企业参加的协调会议，通报相关情况，要求各方积极协调配合，推进工作开展。

（3）针对省税务局风险管理部门反馈的在风险应对中发现的普遍性税收政策不明确问题，根据工作需要，由税务总局风险管理部门牵头，组织相关业务司局，尽快明确政策执行口径。

（4）对千户集团税收风险应对结果进行综合分析，改进分析方法，优化指标模型，更新千户集团税收风险特征库，完善业务需求。

（5）根据千户集团税收风险应对结果，提出完善税收政策、强化税收征管的意见建议。

2. 省税务局任务

（1）对本省范围内税务总局推送的千户集团税收风险任务应对情况进行跟踪检查、分析评价和绩效考核。

（2）针对本省范围内千户集团税收风险状况，及时改进征管工作措施，明确有关税收政策；指导企业增强风险防控，构建长效监管机制。

第五节　大企业税源监控分析

一、税源监控形式

税源监控包括日常涉税事项监控和专项涉税事项监控。

各级税务机关可按照企业所属行业、企业是否跨区域经营等不同标准选取税源监控事项，从不同角度分类实施税源监控。

二、大企业税源监控分析的工作任务

围绕党中央、国务院和国家税务总局重点聚焦的全局性和战略性问题，结合本地区经济社会发展和税收运行的具体特点，选取当地党委、政府关注的热点、焦点和难点领域，精准选题，深入开展千户集团及列名企业的税收经济分析工作。

（一）税务总局任务

（1）搭建千户集团税收经济分析体系框架，建立工作机制，完善分析方法。

（2）定期开展税收形势分析，提出加强集团企业税收管理的意见建议。

（3）开展宏观经济分析，利用集团企业涉税数据反映经济发展现状，揭示经济社会发展中值得关注的重大问题。

（4）开展税收经济专项分析，研究重大热点问题。

（5）与高等院校、科研机构合作，挖掘千户集团涉税数据，研究构建税收经济指数。

（6）梳理各类与经济发展密切相关的税源、税收指标，建立千户集团税源监控分析指标体系。

（7）从集团、行业、地区等维度监控千户集团纳税情况，查找并分析税收经济运行中的异常情况。

（二）省税务局任务

（1）配合税务总局做好税收经济分析和税收经济指数构建等相关工作。

（2）深入挖掘本省千户集团数据信息，开展税收经济分析工作。

（3）跟踪本省范围内千户集团总部、成员单位的税源与税收情况，跟踪分析税源发展变化趋势，及时上报异常情况及其原因。

（4）开展税源分析、税收收入进度分析等工作，并将结果反馈至税务总局。

三、大企业税源监控分析的工作内容

（一）大企业税源监控分析的主要工作内容

1. 梳理集团企业一户式组织架构

税务总局重点聚焦千户集团，各省税务机关聚焦集团总部在本省的千户集团和省局确定的大企业，共同采集并定期更新集团及其成员企业信息。税务总局联合省局梳理集团成员企业间层级关系，形成集团一户式组织架构。

2. 拓展集团企业税收大数据资源

运用税收大数据理念拓展信息来源，税务总局联合省局广泛采集、归集税收征管信息、第三方涉税信息和互联网涉税信息，依法督促纳税人提交或配合税务机关抽取复制其电子账簿、会计凭证报表和有关涉税资料等。在规范统一数据标准的基础上，做好历史数据校验清理，强化增量数据质量控制，切实做好数据的安全保密工作。

3．建立集团企业税源监控体系

税务总局联合省局梳理各类与经济发展密切相关的税源、税收数据项，明确数据来源和取数口径，建立科学的税源监控指标体系。依托税收风险分析平台，从集团维度重点监控集团及其成员企业纳税和经营情况，跟踪税源增长状况，反映集团税收发展趋势。

4．开展集团企业税收经济分析

在税务总局、省局层面开展集团企业税收经济分析。开展集团税收形势分析，提出加强集团企业税收管理的意见建议；开展集团经济运行状况分析，从税收角度反映经济发展动态，揭示经济社会发展中值得关注的重大问题；开展集团税收政策效应分析，跟踪税制改革和减免税政策的实施情况，测算税收政策变动对经济、税收等方面的影响。加强与高等院校、科研机构合作，深入挖掘集团企业数据，研究构建具有鲜明特色的大企业税收经济指数。

（二）大企业税源监控分析的思路

大企业税源监控分析的基本思路：通过简单的分类、对比等方式描述数据主要特征，契合分析主题，得出分析结论并提出政策建议。以推动制造业高质量发展的经济分析思路为例，具体如下。

1．经济现象分析

（1）从产业层面上看，经济增长由石油、化工、煤炭、钢铁等传统行业拉动向装备制造业（专用设备制造、航空航天、计算机通信等）和现代服务业转换。

指标分析及变动趋势：装备制造业和现代服务业等产业的营业收入同比增长率、营业收入增长的贡献率提高，传统行业的贡献率下降。

（2）从企业层面上看，发展模式由简单粗放的投资拉动型增长向高效集约的质量拉动型增长转换。

指标分析及变动趋势：企业净利润合计同比增长率较营业收入和期末资产总额增幅高、净利润率和总资产收益率提高、新增固定资产和在建工程合计增幅放缓等。

（3）从税收贡献看，制造业的税收贡献在国家税收收入中的占比较高。

指标分析及变动趋势：一定时期的税收入变动指标、分行业税收变动指标、制造业在整个税收收入中的占比较高。

2. 存在的不足或值得关注的问题

（1）新动能对经济发展总体贡献偏小，地区分布不均衡。

（2）传统行业基数大，竞争力弱，转型阵痛。

（3）房地产市场过度膨胀，挤占新动能发展空间。

3. 提出建议

（1）产业政策方面。

①淘汰扶优，加快产业结构优化升级。

②激励创新，提升科技创新能力。

③改善优化营商环境。

（2）完善税收政策建议。

①对企业投资方面进一步做好“放管服”改革。

②研究提高对制造业重点行业的税收优惠力度。

四、大企业税收经济分析指标

（一）常用的宏观经济分析指标

1. 消费者物价指数（CPI）

消费者物价指数是反映与居民生活有关的产品及劳务价格综合变动的宏观经济指标，用来反映居民家庭购买消费商品及服务的价格水平的变动情况，通常作为观察通货膨胀水平的重要指标。

2. 生产者物价指数（PPI）

生产者物价指数是衡量工业企业产品出厂价格变动趋势和变动程度的指数，是反映某一时期生产领域产品价格变动情况的重要经济指标，是制定有关经济政策和国民经济核算的重要依据。

3. 国内生产总值（GDP）

国内生产总值是指一个国家（或地区）所有常住单位在一定时期内生产活动的最终成果，是国民经济各部门增加值的总额，是国民经济核算的核心指标，是衡量一个国家或地区经济状况和发展水平的重要宏观经济指标。

4. 第一产业、第二产业、第三产业增加值占国内生产总值的比重

第一产业是指种植业与养殖业，也就是通常讲的“大农业”。

第二产业是指采掘业、制造业（工业）、建筑业。

第三产业是指除第一产业、第二产业以外的其他行业，包括交通运输、仓储和邮政业，信息传输、计算机服务和软件业，批发和零售业，住宿和餐饮业，金融业，房地产业，租赁和商务服务业，居民服务和其他服务业，教育、卫生、社会保障和社会福利业等。

5. 固定资产投资额

固定资产投资额是以货币表现的建造、购置固定资产活动的工作量及有关的费用总称，是反映固定资产投资规模、速度、比例关系和使用方向的综合性指标。全社会固定资产投资按经济类型可分为国有、集体、个体、联营、股份制、外商、港澳台商及其他等；按照管理渠道，全社会固定资产投资总额分为基本建设、更新改造、房地产开发投资和其他固定资产投资四个部分；按其构成内容可分为建筑安装，工程投资，设备、工器具购置投资和其他费用。

6. 社会消费品零售总额

社会消费品零售总额是研究国内零售市场变动情况，反映经济景气程度的重要指标。各种经济类型的批发零售贸易业、餐饮业、制造业等国民经济各行业直接售给城乡居民和社会集团的消费品总额，是反映各行业通过多种商品流通渠道向居民和社会集团供应的生活消费品总量，反映一定时期内人民物质文化生活水平的提高情况、社会商品购买力的实现程度及零售市场的规模状况。

7. 货币存量或流通量

（1）流通中的现金，用 M0 表示。

M0=流通中现金

（2）狭义货币供应量（M1），是指 M0 加上单位在银行的活期存款，反映着经济中的现实购买力。

狭义货币（M1）＝M0＋企业活期存款＋机关团体部队存款＋农村存款＋个人持有的信用卡类存款

（3）广义货币供应量（M2），是指 M1 加上单位在银行的定期存款和城乡居民个人在银行的各项储蓄存款以及证券客户保证金。

广义货币（M2）＝M1＋城乡居民储蓄存款＋企业存款中具有定期性质的存款＋信托类存款＋其他存款

M2 与 M1 的差额，即单位的定期存款和个人的储蓄存款之和，通常称作准货币。M2 不仅反映现实的购买力，还反映潜在的购买力。

若 M1 增速较快，则消费和终端市场活跃，存在通货膨胀的风险；若 M2 增速较快，则投资和中间市场活跃，易出现资产泡沫。

8. 外汇储备（Foreign Exchange Reserve）

外汇储备又称外汇存底，指一国政府所持有的国际储备资产中的外汇部分，即一国政府保有的以外币表示的债权。它是一个国家货币当局持有并可以随时兑换外国货币的资产。狭义而言，外汇储备指一个国家的外汇积累；广义而言，外汇储备是指以外汇计价的资产，包括现钞、黄金、国外有价证券等。外汇储备是一个国家国际清偿力的重要组成部分，同时对平衡国际收支、稳定汇率有重要的影响。

9. 投机性短期资本

投机性短期资本又称游资（Refugee Capital）或热钱（Hot Money）或不明资金。这种资金只为追求最高报酬，是以最低风险在国际金融市场上迅速流动的短期投机性资金。在外汇市场上，此种投机性资金常从有贬值倾向货币转换成有升值货币倾向的货币，由此增加了外汇市场的不稳定性。因此，只要投机的预期心理存在，就要有效加强外汇管制，阻止这种投机性资金的流动。

10. 外商直接投资（FDI）

外商直接投资是一国的投资者跨国境投入资本或其他生产要素，以获得利润或稀缺生产要素为目的的投资活动。

11. 贸易顺差或逆差

在一定的时间里（通常按年度计算），贸易双方互相买卖各种货物，甲方的出口金额大过乙方的出口金额，或甲方的进口金额少于乙方的进口金额，其中的差额，对甲方来说是贸易顺差，对乙方来说是贸易逆差。

12. 工业增加值

工业增加值是指工业企业在报告期内以货币形式表现的工业生产活动的最终成果，是工业企业全部生产活动的总成果扣除在生产过程中消耗或转移的物质产品和劳务价值后的余额，是工业企业生产过程中新增加的价值。各部门增加值之和即为国内生产总值，它反映的是一个国家（地区）在一定时期内所生产的和提供的最终产品与服务的市场价值总和。

（二）常用的税收经济分析指标

1. 市场主体数量指标

市场主体数量指标主要包括新增企业数量、注销企业数量等。

2. 市场主体行为指标

市场主体行为指标主要包括市场销售预期、动力燃料采购、原材料采购、固定资产投资、劳动力人数、应收账款、产品产销量、销售额、营业收入等。

3. 市场主体能力指标

市场主体能力指标主要包括偿债能力指标、盈利能力指标、发展能力指标、产销能力指标、盈亏与成本费用状况指标等。

4. 税收弹性系数指标

税收弹性系数指标主要包括税收收入与营业收入弹性系数、税收收入与增加值、利润的弹性系数、税收收入与资产总额弹性系数税收弹性系数。

5. 税收质量分析指标

税收质量分析指标主要包括税费负担率、税收的产业结构、行业税收集中度、行业税收贡献率、税种税收贡献率。

第五章
国际税收

第一节　国际税收概述

一、国际税收的概念

国际税收，是指两个（或两个以上的）国家政府，由于行使其各自的课税主权，在对跨国纳税人进行分别课税而形成的征纳关系中，所发生的国家之间的税收分配关系。国家间对商品服务、所得、财产课税的制度差异是国际税收产生的基础。国际税收的本质是利益在多个国家之间的分配，是各国政府对跨国公司所得的再分配的过程。

国际重复征税、国际双重不征税、国际避税与反避税、国际税收合作是常见的国际税收问题和税收现象。国际税收需要解决的主要问题是防止或者缓解国际重复征税和防范国际避税。

二、税收管辖权

（一）税收管辖权的概念

税收管辖权，是指主权国家根据其法律所拥有和行使的征税权力，是国际法公认的国家基本权利，属于国家主权在税收领域中的体现。税收管辖权表现在一国政府有权对哪些人征税、征何种税、征多少税及如何征税等方面。

（二）税收管辖权的分类

税收管辖权划分原则主要有属人原则和属地原则。

税收管辖权大致分为三类：居民管辖权、公民管辖权和地域管辖权。其中，前两者可以合称为居民（公民）管辖权，遵循的是属人原则，后者遵循的是属地原则。

（三）税收管辖权的行使

各国对税收管辖权的行使主要有三种情况。

1. 仅行使地域管辖权

一国只对来源于本国境内的所得行使征税权，其中包括本国居民的境内所得和外国居民的境内所得，但对本国居民的境外所得不行使征税权。

2. 同时行使地域管辖权和居民管辖权

一国对本国居民的境内所得、境外所得，以及外国居民的境内所得这三类所得都行使征税权。其中，对本国居民境外所得征税所依据的是居民管辖权，对外国居民在本国境内所得征税所依据的是地域管辖权。

中国是同时行使地域管辖权和居民管辖权的国家之一。

3. 同时行使地域管辖权、居民管辖权和公民管辖权

这种情况主要发生在个别强调本国征税范围的国家，其个人所得税除了行使地域管辖权和居民管辖权之外，还坚持行使公民管辖权。

（四）税收管辖权的优先原则

大多数国家在兼用居民（公民）管辖权和地域管辖权的同时，认同并遵循地域税收管辖权优先原则。

第二节　非居民企业税收管理

一、非居民企业税收管理概述

（一）非居民企业的纳税义务

非居民企业在中国境内设立机构、场所的，应当就其所设机构、场所取得的来源于中国境内的所得，以及发生在中国境外但与其所设机构、场所有实际联系的所得，缴纳企业所得税。

非居民企业在中国境内未设立机构、场所的，或者虽设立机构、场所但取得的所得与其所设机构、场所没有实际联系的，应当就其来源于中国境内的所得缴纳企业所得税。

（二）对外支付税务备案规定

对于需要多次对外支付的同一笔合同，仅需在首次付汇前办理税务备案，无须重复提交备案表等资料。

外国投资者以境内直接投资合法所得在境内再投资单笔 5 万美元以上不需税务备案，进一步降低跨境投资者办税成本。

（三）无须办理税务备案

境内机构和个人对外支付下列外汇资金，无须办理和提交《服务贸易等项目对外支付税务备案表》：

（1）境内机构在境外发生的差旅、会议、商品展销等各项费用。

（2）境内机构在境外代表机构的办公经费，以及境内机构在境外承包工程的工程款。

（3）境内机构发生在境外的进出口贸易佣金、保险费、赔偿款。

（4）进口贸易项下境外机构获得的国际运输费用。

（5）保险项下保费、保险金等相关费用。

（6）从事运输或远洋渔业的境内机构在境外发生的修理、油料、港杂等各项费用。

（7）境内旅行社从事出境旅游业务的团费以及代订、代办的住宿、交通等相关费用。

（8）亚洲开发银行和世界银行集团下属的国际金融公司从我国取得的所得或收入，包括投资合营企业分得的利润和转让股份所得、在华财产（含房产）出租或转让收入以及贷款给我国境内机构取得的利息。

（9）外国政府和国际金融组织向我国提供的外国政府（转）贷款 [含外国政府混合（转）贷款] 和国际金融组织贷款项下的利息。这里所称国际金融组织是指国际货币基金组织、世界银行集团、国际开发协会、国际农业发展基金组织、欧洲投资银行等。

（10）外汇指定银行或财务公司自身对外融资，如境外借款、境外同业拆借、海外代付以及其他债务等项下的利息。

（11）我国省级以上国家机关对外无偿捐赠援助资金。

（12）境内证券公司或登记结算公司向境外机构或境外个人支付其依法获得的股息、红利、利息收入及有价证券卖出所得收益。

（13）境内个人境外留学、旅游、探亲等因私用汇。

（14）境内机构和个人办理服务贸易、收益和经常转移项下退汇。

（15）国家规定的其他情形。

二、非居民企业税收管理的主要内容

（一）设有机构、场所的非居民企业管理

设立机构、场所的非居民企业，取得规定的所得，其企业所得税由机构、场所所在地主管税务机关负责税收管理。有机构、场所的非居民企业管理主要包括常驻代表机构、从事工程作业和提供劳务、国际运输等的税务管理。按征收方式分为据实征收和核定征收两类。

1. 非居民承包工程作业和提供劳务税收管理

承包工程作业，是指在中国境内承包建筑、安装、装配、修缮、装饰、勘探及其他工程作业。

提供劳务，是指在中国境内从事加工、修理修配、交通运输、仓储租赁、咨询经纪、设计、文化体育、技术服务、教育培训、旅游、娱乐及其他劳务活动。

非居民企业在中国境内承包工程作业或提供劳务的，应当自项目合同或协议（以下简称合同）签订之日起30日内，向项目所在地主管税务机关办理税务登记手续。

依照法律、行政法规规定负有税款扣缴义务的境内机构和个人，应当自扣缴义务发生之日起30日内，向所在地主管税务机关办理扣缴税款登记手续。

非居民企业在中国境内承包工程作业或提供劳务项目的，企业所得税按纳税年度计算、分季预缴，年终汇算清缴，并在工程项目完工或劳务合同履行完毕后结清税款。

税务机关应当建立税源监控机制，获取并利用发改委、建设、外汇管理、商务、教育、文化、体育等部门关于非居民在中国境内承包工程作业和提供劳务的相关信息，并可根据工作需要，将信息使用情况反馈给有关部门。

主管税务机关应当按项目建档、分项管理的原则，建立非居民承包工程作业和提供劳务项目的管理台账和纳税档案，及时准确掌握工程和劳务项目的合同执行、施工进度、价款支付、对外付汇、税款缴纳等情况。

2. 常驻代表机构税收管理

外国企业常驻代表机构，是指按照国务院有关规定，在工商行政管理部门登记或经有关部门批准，设立在中国境内的外国企业（包括中国港澳台企业）及其他组织的常驻代表机构（以下简称代表机构）。

代表机构应当就其归属所得依法申报缴纳企业所得税，就其应税收入依法申报缴纳增值税。

代表机构应当自领取工商登记证件（或有关部门批准）之日起30日内，持有关资料，向其所在地主管税务机关申报办理税务登记。

代表机构应当按照有关法律、行政法规和国务院财政、税务主管部门的规定设置账簿，根据合法、有效凭证记账，进行核算，并应按照实际履行的功能和承担的风险相配比的原则，准确计算其应税收入和应纳税所得额，在规定期限内向主管税务机关据实申报缴纳增值税和企业所得税。对账簿不健全，不能准确核算收入或成本费用，以及无法按照规定据实申报的代表机构，税务机关有权核定其应纳税所得额。

3. 汇算清缴管理

依照外国（地区）法律成立且实际管理机构不在中国境内，但在中国境内设立机构、场所的非居民企业，无论盈利或者亏损，均应按照《企业所得税法》及《非居民企业所得税汇算清缴管理办法》（国税发〔2009〕6号印发）的规定参加所得税汇算清缴。

非居民企业具有下列情形之一的，可不参加当年度的所得税汇算清缴：

(1) 临时来华承包工程和提供劳务不足1年，在年度中间终止经营活动，且已经结清税款。

(2) 汇算清缴期内已办理注销。

(3) 其他经主管税务机关批准可不参加当年度所得税汇算清缴。

非居民企业应当自年度终了之日起5个月内，向税务机关报送年度企业所得税纳税申报表，并汇算清缴，结清应缴应退税款。

企业在年度中间终止经营活动的，应当自实际经营终止之日起60日内，向税务机关办理当期企业所得税汇算清缴。

4. 核定征收管理

非居民企业因会计账簿不健全，资料残缺难以查账，或者其他原因不能准确计算并据实申报其应纳税所得额的，税务机关有权采取一定的方法核定其应纳税所得额。

税务机关可按照以下标准确定非居民企业的利润率：

（1）从事承包工程作业、设计和咨询劳务的，利润率为15%~30%。

（2）从事管理服务的，利润率为30%~50%。

（3）从事其他劳务或劳务以外经营活动的，利润率不低于15%。

采取核定征收方式征收企业所得税的非居民企业，在中国境内从事适用不同核定利润率的经营活动，并取得应税所得的，应分别核算并适用相应的利润率计算缴纳企业所得税；凡不能分别核算的，应从高适用利润率，计算缴纳企业所得税。

（二）源泉扣缴管理

对非居民企业取得来源于中国境内的股息、红利等权益性投资收益和利息、租金、特许权使用费所得、转让财产所得以及其他所得应当缴纳的企业所得税，实行源泉扣缴。

1. 扣缴义务发生时间

税款由扣缴义务人在每次支付或者到期应支付时，从支付或者到期应支付的款项中扣缴。

非居民企业取得应源泉扣缴的所得为股息、红利等权益性投资收益的，相关应纳税款扣缴义务发生之日为股息、红利等权益性投资收益实际支付之日。

非居民企业采取分期收款方式取得应源泉扣缴所得税的同一项转让财产所得的，其分期收取的款项可先视为收回以前投资财产的成本，待成本全部收回后，再计算并扣缴应扣税款。

中国境内企业和非居民企业签订与利息、租金、特许权使用费等所得有关的合同或协议，如果未按照合同或协议约定的日期支付上述所得款项，或者变更或修改合同或协议延期支付，但已计入企业当期成本、费用，并在企业所得税年度纳税申报中作税前扣除的，应在企业所得税年度纳税申报时按照企业所得税法有关规定代扣代缴企业所得税。如果企业上述到期未支付的所得款项，不是一次性计入当期成本、费用，而是计入相应资产原价或企业筹办费，在该类资产投入使用或开始生产经营后分期摊入成本、费用，分年度在企业所得税前扣除的，应在企业计入相关资产的年度纳税申报时就上述所得全额代扣代缴企业所得税。

2. 扣缴税款的申报缴纳

扣缴义务人应当自扣缴义务发生之日起 7 日内向扣缴义务人所在地主管税务机关申报和解缴代扣税款。

3. 非居民企业递延缴纳预提所得税

自 2018 年 1 月 1 日起，对境外投资者从中国境内居民企业分配的利润，直接投资于所有非禁止外商投资的项目和领域，凡符合规定条件的，实行递延纳税政策，暂不征收预提所得税。

境外投资者以分得利润进行的直接投资，包括境外投资者以分得利润进行的增资、新建、股权收购等权益性投资行为，但不包括新增、转增、收购上市公司股份（符合条件的战略投资除外）。

境外投资者分得的利润属于中国境内居民企业向投资者实际分配已经实现的留存收益而形成的股息、红利等权益性投资收益。

第三节　国际避税与反避税

一、国际避税的概念及产生原因

（一）国际避税的概念

国际避税，是指纳税人利用两个或两个以上国家的税法和国家间的税收协定的漏洞、特例和缺陷，规避或减轻其全球总纳税义务的行为。

（二）国际避税产生的原因

从内在动机来说，国际避税是由纳税人想尽各种办法，尽可能减轻税收负担的强烈愿望所导致的。从外部因素来说，国际避税主要是国家间的税收政策差异所造成的。

二、国际避税的基本方法

在国际经济活动中，跨国纳税人利用各国税收的差异进行避税的手法多种多样，常采用的避税方法如下。

（一）采取人员流动避税

(1) 转移住所。将个人住所或企业的管理机构真正迁出高税国，或者利用有关国家国内法关于企业或个人的居民身份界限的不同规定，以实现虚假迁出，即仅仅在法律上不再成为高税国的居民，或者通过短暂迁出和成为别的国家临时居民的办法，以求得对方国家的特殊税收优惠。

(2) 税收流亡。在实行居民管辖权的国家里，对个人居民身份的确立，除了采用上述标准外，不少国家还采用时间标准。即以在一国境内连续或累计停留时间达到一定标准为界限。对于居住时间的规定，各个国家规定不尽相同，有的规定为半年（183 天），有的规定 1 年（365 天），这就给跨国纳税人避税提供了可利用的机会。他们可以自由地游离于各国之间，确保自己不成为任何一个国家的居民，既能从这些国家取得收入，又可避免承担其中任何一个国家的居民纳税义务。

（二）通过资金、货物或劳务流动避税

相对于人的流动，资金、货物或劳务的流动则更隐蔽，对各国税务当局来说更难于控制。纳税人（主要是法人）把资金、货物或劳务等转移出高税国，通常是利用常设机构和子公司以及所在国其他税法规定等进行流动。

（三）利用企业组织形式避税

当一国企业决定对外投资时，是选择建立分支机构还是设立子公司，往往经过反复经济测算，权衡各种利弊，最后才作出跨国纳税人认为最有利的选择。分支机构与子公司往往在享受税收待遇方面差异很大，在跨国纳税方面也有许多差别，各有利弊。通常在营业初期以分支机构进行经营，当分支机构开始盈利后，

再变更为子公司，达到避税的目的。

（四）利用税收优惠避税

一般来说，世界各国都有各种税收优惠政策规定，例如，关于加速折旧、投资抵免、差别税率、亏损结转、延期纳税等。跨国纳税人往往可以利用税收优惠从事国际避税活动。此外，还有一些跨国纳税人设法钻税法对新办企业等缺乏严密界定的漏洞，利用新办企业的免、减税等优惠规定进行国际避税。

（五）资本弱化

资本弱化，是基于在一般情况下利息支出可以在税前扣除而股息、红利不能扣除的事实，企业所有者在投资于企业的资本中降低股本的比重，提高贷款的比重，以债权性投资替代权益性投资，从而增加利息支出来减少应税所得，实现税收负担最小目的。

（六）利用转让定价避税

转让定价，是指关联企业之间在销售货物、融通资金、提供劳务、转让无形资产和金融资产等时制定的价格。其一般做法是：高税国企业向其低税国关联企业销售货物、融通资金、提供劳务、转让无形资产或者金融资产时制定低价；低税国企业向其高税国关联企业销售货物、融通资金、提供劳务、转让无形资产或者金融资产时制定高价。这样，利润就从高税国转移到低税国，从而达到最大限度减轻其税负的目的。

（七）利用避税地避税

通过在避税地设立诸如控股公司、投资公司、信托公司、贸易公司、咨询公司、金融公司、保险公司、海运公司和其他经营机构等所谓“海外公司”，可以比较方便地进行以这些海外公司为基地的国际避税活动，这些海外公司也被称作国际避税活动的“基地公司”。

（八）滥用税收协定

滥用税收协定往往不是通过规避成为纳税主体来规避或减轻税负，而是通过设法成为能得到税收优惠的纳税主体来规避或减轻税负。

三、国际反避税的概念

国际反避税，是各国政府为维护本国税收权益而对国际避税活动采取的防范措施。国际避税的存在对有关国家的财政利益会产生很大的影响，使本应属于国家的财政收入转化为避税者的额外收益。因此，各国都采取积极措施，对国际避税加以防范。

四、国际反避税的基本方法

近年来，许多国家通过完善单边反避税措施和加强双边或多边反避税措施，对国际避税进行防范。具体措施和方法如下：

（1）强化税收立法。制定各类反避税条款，完善法规，堵塞税收漏洞。

（2）强化纳税人义务，包括规定跨国纳税人负有延伸提供税收情报的义务，对某些交易行为要事先取得政府同意，对国际避税案件要事后提供证明。

（3）强化税制管理，如注意收集有关信息资料、加强税务调查与税务审计，争取银行合作，对跨国纳税人的账目进行审查以全面了解企业的经营活动情况等。

（4）积极开展国际合作。通过签订税收协定，加强国际间税收情报交换，协同有关国家对同一案件进行同期税务检查等双边和多边的国际合作。

第四节　国际税收合作

一、国际税收情报交换

（一）情报交换的概念

情报交换，是指我国与相关税收协定缔约国家的主管当局为了正确执行税收协定及其所涉及税种的国内法而相互交换所需信息的行为。

（二）情报交换种类

情报交换的类型包括专项情报交换、自动情报交换、自发情报交换以及同期税务检查、授权代表访问和行业范围情报交换等。

（1）专项情报交换，是指缔约国一方主管当局就国内某一税务案件提出具体问题，并依据税收协定请求缔约国另一方主管当局提供相关情报，协助查证的行为。

（2）自动情报交换，是指缔约国双方主管当局之间根据约定，以批量形式自动提供有关纳税人取得专项收入的税收情报的行为。

（3）自发情报交换，是指缔约国一方主管当局将在税收执法过程中获取的其认为有助于缔约国另一方主管当局执行税收协定及其所涉及税种的国内法的信息，主动提供给缔约国另一方主管当局的行为。

（4）同期税务检查，是指缔约国主管当局之间根据同期检查协议，独立地在各自有效行使税收管辖权的区域内，对有共同或相关利益的纳税人的涉税事项同时进行检查，并互相交流或交换检查中获取的税收情报的行为。

（5）授权代表访问，是指缔约国双方主管当局根据授权代表的访问协议，经双方主管当局同意，相互到对方有效行使税收管辖权的区域进行实地访问，以获取、查证税收情报的行为。

（6）行业范围情报交换，是指缔约国双方主管当局共同对某一行业的运营方式、资金运作模式、价格决定方式及偷税方法等进行调查、研究和分析，并相互交换有关税收情报的行为。

二、税收协定

（一）税收协定概述

税收协定（含安排 / 协议）又称避免双重征税协定，是两个或两个以上主权国家（或税收管辖区），为协调相互之间的税收管辖关系和处理有关税务问题，通过谈判缔结的书面协议。税收协定主要是通过降低所得来源国税率或提高征税门槛，来限制其按照国内税收法律征税的权利，同时规定居民国对境外已纳税所得给予税收抵免。

税收协定的主要作用包括降低“走出去”企业在东道国的税负、有效消除双重征税、提高税收确定性和通过相互协商机制妥善解决涉税争议等。通常税收协定通过缔结具体条款，主要解决下列问题：

（1）消除双重征税。

（2）稳定税收待遇。

（3）适当降低税率，分享税收收入。

（4）减少管理成本，合理归属利润。

（5）防止偷漏税。

（6）实行无差别待遇。

（7）建立有效争端解决机制。

（二）税收协定与国内税法的关系

国际税收协定是以国内税法为基础的，在处理国际税收协定与其他国内税法的地位关系时，有两种模式：第一种模式为国际税收协定优于国内税法；第二种模式是国际税收协定与国内税法具有同等的法律效力。当出现冲突时，按照“新法优于旧法”和“特别法优于普通法”等处理法律冲突的一般性原则来协调。在中国，当协定与国内法发生冲突时，协定优先，但国内法规定的待遇优于协定时，则适用国内法。

（三）享受税收协定待遇管理

1. 申请享受协定待遇的对象

（1）从我国取得所得的非居民企业或个人。

（2）取得境外所得为享受中国政府对外签署的税收协定待遇的中国居民企业和个人。

2. 非居民纳税人享受税收协定待遇管理

非居民纳税人享受协定待遇，采取“自行判断、申报享受、相关资料留存备查”的方式办理。非居民纳税人自行判断符合享受协定待遇条件的，可在纳税申报时，或通过扣缴义务人在扣缴申报时，自行享受协定待遇，同时按照规定归集和留存相关资料备查，并接受税务机关后续管理。

非居民纳税人自行申报的，自行判断符合享受协定待遇条件且需要享受协定待遇，应在申报时报送《非居民纳税人享受协定待遇信息报告表》，并按照规定归集和留存相关资料备查。

在源泉扣缴和指定扣缴情况下，非居民纳税人自行判断符合享受协定待遇条件且需要享受协定待遇的，应当如实填写《非居民纳税人享受协定待遇信息报告表》，主动提交给扣缴义务人，并按照规定归集和留存相关资料备查。

扣缴义务人收到《非居民纳税人享受协定待遇信息报告表》后，确认非居民纳税人填报信息完整的，依国内税收法律规定和协定规定扣缴，并如实将《非居民纳税人享受协定待遇信息报告表》作为扣缴申报的附表报送主管税务机关。

非居民纳税人未主动提交《非居民纳税人享受协定待遇信息报告表》给扣缴义务人或填报信息不完整的，扣缴义务人依国内税收法律规定扣缴。

3. 税务机关后续管理

主管税务机关在后续管理或税款退还查实工作过程中，发现依据规定提供的资料不足以证明非居民纳税人符合享受协定待遇条件，或非居民纳税人存在逃避税嫌疑的，可要求非居民纳税人或扣缴义务人限期提供相关资料并配合调查。

非居民纳税人、扣缴义务人可以向主管税务机关提供资料复印件，但是应当在复印件上标注原件存放处，加盖报告责任人印章或签章。主管税务机关要求报验原件的，应报验原件。

非居民纳税人、扣缴义务人应配合主管税务机关进行非居民纳税人享受协定待遇的后续管理与调查。非居民纳税人、扣缴义务人均未按照税务机关要求提供相关资料，或逃避、拒绝、阻挠税务机关进行后续调查，主管税务机关无法查实其是否符合享受协定待遇条件的，应视为不符合享受协定待遇条件。

非居民纳税人不符合享受协定待遇条件而享受了协定待遇且未缴或少缴税款的，除因扣缴义务人未按规定扣缴申报外，视为非居民纳税人未按照规定申报缴纳税款，主管税务机关依法追缴税款并追究非居民纳税人延迟纳税责任。在扣缴情况下，税款延迟缴纳期限自扣缴申报享受协定待遇之日起计算。

扣缴义务人未按规定提供相关资料，发生不符合享受协定待遇条件的非居民纳税人享受协定待遇且未缴或少缴税款情形的，主管税务机关依据有关规定追究扣缴义务人责任，并责令非居民纳税人限期缴纳税款。

非居民纳税人未依法缴纳税款的，主管税务机关可以从该非居民纳税人在中国境内其他收入项目的支付人应付的款项中，追缴该非居民纳税人的应纳税款。

主管税务机关在后续管理或税款退还查实工作过程中，发现不能准确判定非居民纳税人是否可以享受协定待遇的，应当向上级税务机关报告；需要启动相互协商或情报交换程序的，按有关规定启动相应程序。

主管税务机关在后续管理过程中，发现需要适用税收协定主要目的测试条款或国内税收法律规定中的一般反避税规则的，适用一般反避税相关规定。

主管税务机关应当对非居民纳税人不当享受协定待遇情况建立信用档案，并采取相应后续管理措施。

（四）税收居民身份证明

企业或者个人为享受中国政府对外签署的税收协定（含与中国香港、中国澳门和中国台湾地区签署的税收安排或者协议）、航空协定税收条款、海运协定税收条款、汽车运输协定税收条款、互免国际运输收入税收协议或者换函（以下统称税收协定）待遇，可以向主管其所得税的税务机关申请开具《中国税收居民身份证明》。

中国居民企业的境内、境外分支机构应当由其中国总机构向总机构主管税务机关申请。合伙企业应当以其中国居民合伙人作为申请人，向中国居民合伙人主管税务机关申请。

主管税务机关根据《企业所得税法》及其实施条例、《个人所得税法》及其实施条例等规定，结合纳税人登记注册、在中国境内住所及居住时间等情况对居民身份进行判定，在受理申请之日起10个工作日内，由负责人签发《中国税收居民身份证明》并加盖公章或者将不予开具的理由书面告知申请人。

三、多边公约

（一）多边税收征管互助公约

2008年爆发席卷全球的金融危机之后，国际社会高度重视税收征管协作。2009年4月，20国集团（G20）伦敦峰会呼吁采取行动，打击国际逃避税。2010年5月，经济合作与发展组织（OECD）与欧洲委员会按照税收情报交换的国际标准，通过议定书形式对《多边税收征管互助公约》进行了修订。修订后的《多边税收征管互助公约》向全球所有国家开放，自2011年6月1日开始生效。

经国务院批准，我国于2013年8月27日签署了《多边税收征管互助公约》，并于2015年7月1日由第十二届全国人民代表大会常务委员会第十五次会议批准。2015 年 10 月 16 日，我国向经济合作与发展组织交存了《多边税收征管互助公约》批准书。《多边税收征管互助公约》于 2016 年 2 月 1 日对我国生效，自 2017 年 1 月 1 日起开始执行。《多边税收征管互助公约》适用于根据我国法律由税务机关征收管理的税种。

（二）《实施税收协定相关措施以防止税基侵蚀和利润转移的多边公约》

1.《实施税收协定相关措施以防止税基侵蚀和利润转移的多边公约》的意义

《实施税收协定相关措施以防止税基侵蚀和利润转移的多边公约》首次联合签字仪式于 2017 年 6 月 7 日在法国巴黎的 OECD 总部举行，67 个国家和地区的政府代表共同签署了该公约。国家税务总局局长王军代表中国政府签署《实施税收协定相关措施以防止税基侵蚀和利润转移的多边公约》。截至 2018 年 6 月底，该公约已覆盖 80 个国家和地区。

《实施税收协定相关措施以防止税基侵蚀和利润转移的多边公约》是第一个在全球范围内就税收协定政策进行多边协调的法律文件，在经济全球化和生产要素全球配置的条件下，为应对纳税人跨境逃避税提供多边税收合作法律框架，有利于促进主要经济体之间协调一致，开展高效务实合作，构建公平的国际税收体系，促进世界经济包容性增长。

2. 主要内容

《实施税收协定相关措施以防止税基侵蚀和利润转移的多边公约》共设 7 章 39 条。

（1）第一章为公约范围和术语解释。

（2）第二章为混合错配，纳入了 BEPS 第 2 项行动计划（消除混合错配安排的影响）的成果建议，明确当某实体被协定缔约一方视为税收透明体时，其取得的所得应如何适用税收协定，另一方面可以应对一些混合错配安排带来的双重不征税或少征税。

（3）第三章为防止协定滥用，纳入了 BEPS 第 6 项行动计划（防止协定优惠的不当授予）的成果建议，主要涉及在税收协定中纳入主要目的测试（PPT）、利益限制条款（LOB）以及其他规则，以防止择协避税（Treaty Shopping）等协定滥用行为。

（4）第四章为规避常设机构构成，纳入了 BEPS 第 7 项行动计划（防止人为规避构成常设机构）的成果建议，主要涉及通过扩大代理型常设机构范围、为常设机构豁免情形设置条件等措施，防止通过人为规避构成常设机构侵蚀来源国税基。

（5）第五章为改进争议解决，纳入了 BEPS 第 14 项行动计划（使争议解决机制更有效）的成果建议，主要涉及提高税收协定缔约双方主管当局解决涉税争议的效率，为纳税人增加确定性。

（6）第六章为仲裁，根据 BEPS 第 14 项行动计划的成果建议，规定了强制仲裁条款。

（7）第七章为最终条款，包括签署、生效、保留、通知、解释和执行、退约等条款。

四、BEPS行动计划

（一）基本情况

税基侵蚀和利润转移（Base Erosion and Profit Shifting，BEPS），是指利用不同税收管辖区的税制差异和规则错配进行税收筹划的策略，其目的是人为造成应税利润“消失”或将利润转移到没有或几乎没有实质经营活动的低税负国家（地区），从而最大限度地避税，甚至达到双重不征税的效果，造成对各国税基的侵蚀。

2012 年 6 月，G20 财长和央行行长会议同意通过国际合作应对 BEPS 问题，并委托经济合作与发展组织（OECD）开展研究。2013 年 6 月，OECD 发布《BEPS 行动计划》，并于当年 9 月在 G20 圣彼得堡峰会上得到各国领导人背书。2015 年 10 月，OECD 发布了包括数字经济、受控外国公司规则、有害税收实践、税收协定滥用、无形资产、其他高风险交易、数据统计分析、强制披露原则、转让定价同期资料、争端解决、多边工具等共计 15 项行动计划。该行动计划试图以“税收要与实质经济活动和价值创造相匹配”为原则，重新界定国际税收规则；尤其要避免跨国企业利用国际税收规则的不足，以及各国税制差异和征管漏洞，造成对主权国家税基的侵蚀。

（二）BEPS15 项行动计划的主要内容

BEPS 15 项行动计划的主要内容如表 5–1 所示。

表5–1　BEPS 15项行动计划的主要内容

类别	BEPS 15 项行动计划	内容摘要	主要反避税措施
应对数字经济带来的挑战	1. 数字经济	挑战：网络交易避免在任何地方设立有形场所，在全球范围内规避税收义务	通过其他行动计划，以及互相协调的跨境交易增值税政策
协调各国所得税税制	2. 混合错配	国家间的税制差异对同一交易进行不同的税务处理，产生国际重复征税或重复免税	消除错配
	3. 受控外国公司规则	构建有效的 CFC 税制	加强 CFC 规则
	4. 利息扣除	制定利息扣除通用方法，建议利用固定比率规则	限制利息扣除
	5. 有害税收实践	消除或修订有害优惠；设立最低标准；税收裁定信息交换	税收裁定信息交换
修订现行国际税收规则	6. 反税收协定滥用	制定了（税收协定）范本规则；反协定滥用最低标准	利益限制条款：一般反滥用条款（主要目的测试）
	7. 常设机构	修订 PE 定义：设定非居民征税的门槛标准	扩大代理型常设机构的范围
	转让定价：8. 无形资产	更新转让定价规则：指定无形资产定价方法；简化产品交易和低附加值服务的定价机制	独立交易原则：定价结果与价值创造一致；重视风险分析；地域市场因素；难估值无形资产的事后调整机制
	转让定价：9. 风险和资本		
	转让定价：10. 其他高风险交易		
提高税收透明度和确定性	11. 数据统计分析	设计 BEPS 的规模和经济影响相关指标	
	12. 强制披露原则	强制性披露制度	披露恶意税收筹划
	13. 转让定价同期资料	修订 TP 同期资料要求；国别报告模板；设立最低标准	主文档、本地文档、国别报告
	14. 争端解决	MAP；设立最低标准；仲裁机制	提高 MAP 的效果；同行审议
开发多边工具促进行动计划实施	15. 多边工具	制定《多边工具》；应用与协定相关的 BEPS 措施	

第五节　税收服务“一带一路”建设

一、“一带一路”的经济内涵

“一带一路”是“丝绸之路经济带”和“21 世纪海上丝绸之路”的简称。“一带一路”将充分依靠中国与有关国家既有的双多边机制，借助既有的、行之有效的区域合作平台，旨在借用古代“丝绸之路”的历史符号，高举和平发展的旗帜，积极发展与沿线国家的经济合作伙伴关系，共同打造政治互信、经济融合、文化包容的利益共同体、命运共同体和责任共同体。

当前，中国经济和世界经济高度关联。中国将一以贯之地坚持对外开放的基本国策，构建全方位开放新格局，深度融入世界经济体系。推进“一带一路”建设既是中国扩大和深化对外开放的需要，也是加强和亚欧非及世界各国互利合作的需要。

“一带一路”建设中，中国与丝路沿途国家分享优质产能，共商项目投资、共建基础设施、共享合作成果，包括道路联通、贸易畅通、货币流通、政策沟通、人心相通等 5 个方面的合作重点。

2019 年 4 月，第一届“一带一路”税收征管合作论坛在中国乌镇召开，论坛以“共建‘一带一路’：加强税收合作，改善营商环境”为主题，85 个国家（地区）税务主管当局负责人或其授权代表、16 个国际组织以及多家学术机构和跨国企业代表出席论坛。34 个国家和地区税务部门共同签署《“一带一路”税收征管合作机制谅解备忘录》，正式建立“一带一路”税收征管合作机制。

二、税收服务“一带一路”建设的主要内容

税收作为全球经济治理的重要组成部分，有助于优化生产要素配置、消除跨境投资障碍、推动国际经济合作，对推进“一带一路”建设发挥着重要作用。各级税务机关要充分认识“一带一路”建设的重要意义，主动服务国家对外开放大局，进一步完善税收服务“一带一路”工作体系，为我国企业参与国际经济合作创造良好的税收环境。

（一）做好税收协定执行

落实税收协定政策，营造优良营商环境，保障我国“走出去”企业的合法权益。加强我国居民享受税收协定待遇的服务、管理、统计分析工作，跟踪我国对外投资企业经营情况，及时反映境外涉税争议，配合国家税务总局与“一带一路”沿线国家税务主管当局就跨境纳税人提起的涉税争议开展相互协商。

（二）落实相关国内税收政策

结合全面推开营改增试点工作，落实跨境应税服务退税或免税政策、天然气等资源进口税收优惠政策、对外投资和对外承包工程出口货物退（免）税政策；按照所得税政策规定，落实境外所得税收抵免政策，减轻企业税收负担，促进国际资源共享和国际产能合作。

（三）优化“走出去”税收服务

落实“放管服”改革要求，推动税收服务优化升级。落实出口退（免）税企业分类管理、简化出口退（免）税流程、简化消除双重征税政策适用手续等规定，进一步减轻纳税人办税负担。做好《中国税收居民身份证明》开具工作，便利纳税人境外享受税收协定待遇，助力“走出去”企业和“一带一路”建设重点项目。创新境外税收服务模式与内容，提高服务的针对性和有效性，探索对“走出去”纳税人实行分类服务。针对大型跨国企业着重提供政策确定性相关的个性化服务，针对中小型企业者着重提供政策宣传辅导的普惠性服务。发挥优势，运用“互联网+”思维，提升国际税收办税便利度。

（四）深化国别税收信息研究

深入推进国别税收信息研究工作，做好境外税收政策跟踪和更新，配合国家税务总局陆续发布国别投资税收指南，进一步完善和丰富纳税人可获取的境外税收信息。

（五）完善税收政策咨询

丰富政策咨询途径，有条件的地区要加强12366国际税收服务专席或“走出去”服务专线建设。按照“互联网+税务”工作要求，丰富网站、微信、微博等税收咨询服务渠道，提升咨询服务水平。以“走出去”企业涉税风险为重点，探索为纳税人提供专家咨询、定制咨询、预约咨询等服务，响应涉税需求，促进纳税遵从。建立和完善国际税收知识库，整理并发布国际税收问题答疑手册。

（六）开展税收宣传与辅导

开展“走出去”税收政策大宣传、大辅导。按照国家税务总局总体工作要求，配合“一带一路”国际合作高峰论坛，结合“便民办税春风行动”，集中开展主题鲜明、形式多样、内容丰富的“走出去”专题宣传与辅导。结合《国家税务总局关于完善关联申报和同期资料管理有关事项的公告》（国家税务总局公告2016年第42号）、《国家税务总局关于完善预约定价安排管理有关事项的公告》（国家税务总局公告2016年第64号）、《国家税务总局关于发布〈特别纳税调查调整及相互协商程序管理办法〉的公告》（国家税务总局公告2017年第6号）等重要文件，就G20国际税改及BEPS行动计划成果落地、国际税收征管改革、税收协定解释和执行、国际税收其他政策更新等及时做好政策宣传与辅导。

（七）加强数据统计分析

各地税务机关应积极落实对外投资、所得报告相关制度，结合各地区特点以及“走出去”企业类型、所属行业、对外投资目的地等，有针对性地开展数据统计和税收分析，并在此基础上归纳税收风险类型，有针对地为纳税人提示风险。

（八）深化国际税收合作

落实好已签署的双边合作备忘录，加强与毗邻国家税务部门的信息交流与合作；积极参与亚欧博览会、中阿博览会等区域性交流合作平台，推动税收在相关交流活动中发挥更加突出的作用。

第六章
收入规划核算

第一节　收入规划

一、收入规划工作的意义和原则

（一）收入规划工作的意义

税收收入规划是围绕税务部门征收管理的目标进行的一项专业性较强的工作，是对长期、中期、短期税收目标的一种总体安排设计。

做好收入规划工作是确保财政收入稳定增长的重要举措，是做好组织收入工作的重要手段，是保证税收调节经济、调节分配作用得以发挥的客观需要，是维护我国市场经济秩序的重要方面。

（二）收入规划工作的原则

(1) 收入规划工作首先要坚持依法治税、应收尽收、坚决不收“过头税”组织收入的基本原则。

(2) 收入规划工作要坚持依法治税、从经济到税收的原则。

(3) 实事求是的原则。

二、新型收入规划管理体系

（一）新型收入规划管理体系的内涵

新型收入规划管理体系是新时期我国经济发展对税务部门税收职能充分发挥的客观需要，包括内部收入规划管理和外部收入规划管理两个方面。

内部收入规划管理，是指从税务机关内部的税收收入管理角度出发，通过分解各级税务机关组织收入工作步骤，并对每个工作环节采用科学的方法，严密的组织规划，从而达到对收入规划管理各工作环节更加有效的管理。

外部收入规划管理，重点是分析研究税收收入规划与经济发展之间的关系。税务部门通过定期或专项的方式开展广泛的经济税收调查，将调查了解到的经济社会信息与税务机关内部掌握的大数据进行关联比对分析，通过运用数理统计等技术方法，对各行业、各区域经济税收发展趋势进行多维度分析预测，对不同的宏观和微观经济税收政策，运用各种分析模型进行方向趋势和力度大小的测度，从而得出最优化的长、中、短期税收收入规划政策方案，并向上级部门和政府主要领导汇报，为各级政府进行税收经济决策服务，更好地发挥税收对国家治理的基础性、支柱性和保障性作用。

（二）新型税收收入管理目标

新型税收收入管理主要实现以下 4 项工作目标：

（1）强化税务机关完成预算的能力。

（2）提高税务机关统筹收入的自主性。

（3）增强组织收入工作的科学性。

（4）提升税收管理效率和收入增长质量。

（三）新型税收收入管理内容

新型税收收入管理有 4 个重要的环节，包括客观地“定”，科学地“分”，合理地“调”，准确地“考”。

1. 税收收入管理的“定”

客观地“定”，是指税务机关应当根据管辖领域内经济发展客观情况，综合考虑税收政策和税收征管等因素，有根据地提出税收收入预期目标，实事求是地开展组织收入工作。过高的目标在实际执行过程中往往会导致违反组织收入原则的情况发生，带来税收执法风险，而过低的目标则容易淡化收入目标，不利于充分调动组织收入工作的积极性。

2. 税收收入管理的“分”

科学地“分”，是指税务机关内部将组织收入工作科学合理地分解到各个层级和每个层级中的各个相关业务部门，从而形成组织收入合力。既将任务下达到下一级税务机关，同时又将任务分解到各个横向部门，从而形成上下左右各方共担组织收入目标的工作局面。

3. 税收收入管理的“调”

合理地“调”，是指上级税务机关对下级税务机关下达税收目标后，在整体税收目标保持基本稳定的情况下，对有增收潜力的地区与收入缺口较大地区税收目标进行相应有增有减的调整，或在总体目标受到各种不确定因素影响的情况下，根据客观实际情况对总量进行适度调整的系列收入目标管理活动。

4. 税收收入管理的“考”

准确地“考”，是指通过目标考核对承担组织收入目标的组织或个人目标完成情况，结合主观努力程度相关质量评判指标进行科学评价，以鼓励先进鞭策落后的制度设计。

三、收入规划管理要求和制度保障

（一）收入规划管理要求

要建立“预测预期—目标确定—过程监控—结果评价”的闭环收入管理机制，实现“客观地定、科学地分、合理地调、准确地考”，最终达到对税收收入科学有效的统筹调控。

（二）收入规划管理制度保障

在坚持组织收入原则的前提下，适应税收新常态的工作需要，要建立 5 个方面的制度，实现税收收入管理体系的良性运转。以行业税源分析监控为基础，以组织收入目标为引领，以收入质量考核为抓手，以横向纵向统筹协调为机制，以信息化数据平台为支撑，实现税收收入“量质齐升”。

第二节　税收会计

一、税收会计概述

税收会计，是指运用会计方法和手段，对税收业务进行全面、综合、连续、系统的核算反映与监督的税收管理活动。

（一）税收会计工作的主要任务

税收会计工作的主要任务包括 4 个方面：一是组织税收会计核算，记录和反映税收业务活动，提供税收会计信息；二是加强税收缴库、退库、调库业务管理，保障税款安全；三是实施税收会计监督，规范税收业务行为；四是开展税收会计分析，反映税收、经济运行情况，服务税收管理决策。

（二）税收会计核算对象

税收会计核算的对象是税收资金及其运动，即税务部门组织征收的各项收入的应征、征收、减免、欠缴、入库和提退等运动的全过程。这里的税收资金既包括税务部门负责征收的各项收入，也包括税务部门负责征收的其他收入。

税收资金的形态可以分为资金来源和资金占用两类。

（1）税收资金的来源形态，是指税收资金形成的具体渠道，包括应征税金、多缴税金和暂收款。

（2）税收资金的占用形态，是指税金形成以后的存在形态，具体有待征税金、待解税金、在途税金、减免税金、入库税金、提退税金、损失税金和保管款等形态。

（三）税收会计核算

税收会计核算应当坚持客观性、相关性、连续性原则。

税收会计核算应当以实际发生的税收业务为依据，根据税收管理的实际需要设置税收会计科目，收集和填制会计凭证，登记会计账簿，编制会计报表，对纳税申报、查补入库、税款征收、税收减免、税款缓征、缴库、退库、调库等税收业务进行全面的记录和反映。

1. 税收会计科目

税收会计科目应当根据税收管理的实际需要设置。总账科目、基本明细科目的名称、编号、核算内容及其使用方法由国家税务总局统一规定。

2. 税收会计原始凭证

税收会计原始凭证按其反映的税收业务内容的不同分为应征凭证、减免凭证、征解凭证、入库凭证、提退凭证和其他凭证等类别。

3. 税收会计记账凭证

税收会计记账凭证是根据原始凭证及有关资料编制的直接凭以登记会计账簿的依据。具备记账凭证基本要素的原始凭证，可作为记账凭证使用。

4. 税收会计账簿

税收会计账簿是以会计凭证为依据，按照会计科目，运用会计账户形式，全面、系统和连续地记录税收资金运动情况的簿籍，是编制会计报表的主要依据。税收会计账簿包括总账、明细账、日记账和其他辅助性账簿。

5. 税收会计报表编制

税收会计报表应当依据会计账簿和有关资料，按照税收会计资料归类汇总的要求编制。税收会计报表一般包括日报、月报、年报等。除国家税务总局确定编制周期的报表外，其他报表的具体编制周期由各省税务机关确定。

6. 税收会计对账

税收会计应当按日、分月和年终进行税务机关与金库的对账工作。将税务机关税收入库数据信息与国库预算收入日报表数据进行核对。税收入库数据信息与国库提供的库报数据要达到三个一致：一是预算科目的目级科目一致；二是预算级次一致，包括中央、省、市、县四级；三是数据一致，对账精度到角分。

7. 税款账户管理

税款账户，是指要办开户手续，账户由税务机关掌控的账户。银行在“待结算财政款项”科目下专设的用于归集税款的科目，不属于税款账户。

未经国家税务总局和财政部批准，不得开设任何税款过渡账户。目前，经国家税务总局和财政部批准开设的税款账户有两种：一是税务待缴库资金账户；二是税务代保管资金账户。

二、税收票证

（一）税收票证的概念

税收票证，是指税务机关、扣缴义务人依照法律法规，代征代售人按照委托协议，在征收税款、基金、费、滞纳金、罚没款等各项收入（以下统称税款）的过程中，开具的收款、退款和缴库凭证。

税收票证是纳税人实际缴纳税款或者收取退还税款的法定证明。

（二）税收票证的种类和适用范围

税收票证包括税收缴款书、税收收入退还书、出口货物劳务专用税收票证、税收完税证明、印花税专用税收票证以及国家税务总局规定的其他税收票证。

税收票证应当按规定的适用范围填开，不得混用。税收票证应当使用中文印制。民族自治地方的税收票证，可以加印当地一种通用的民族文字。各级政府部门委托税务机关征收的各种基金、费可以使用税收票证。

（三）税收票证的使用管理

税收票证的使用管理包括领发、保管、开具、作废、结报缴销、销毁和其他使用管理。

（四）税收票证的监督管理

税收票证的监督主要针对票证使用中的关键环节实施监督检查，如移交、核算、审核、归档和销毁等。

三、欠缴税金核算

（一）欠缴税金按发生时间核算

纳税人发生的欠缴税金根据所属期按 2001 年 5 月 1 日划分为前后两大部分进行反映。对于 2001 年 5 月 1 日之前发生的欠缴税金，单设“待清理呆账税金”账外科目专项核算反映。对于 2001 年 5 月 1 日之后发生的欠缴税金，全部并入

“待征”类总账科目核算。“待征”类总账科目下按“关停企业欠税”“空壳企业欠税”“未到期应缴税款”“缓征税款”“本年新欠”“往年陈欠”六类明细科目分类核算。

（二）欠缴税金按风险类型核算

根据每笔欠缴税金相关信息和纳税人财务指标，将欠缴税金（指本年新欠、往年陈欠和关停及空壳欠税）分为低风险欠缴、中风险欠缴、高风险欠缴和高危欠缴四类。

各税收会计核算单位应在账外设置“欠缴税金分风险类别登记簿”，分户、分欠缴税金风险类别登记反映纳税人欠缴税金变动情况。

依据“欠缴税金分风险类别登记簿”及税收会计核算内容，设置欠缴税金风险评价指标，主要包括新欠发生率、欠税追征率、欠税比重、欠税综合管控能力等评价指标。

四、减免税金核算

税收会计减免税核算是按照减免税政策及条款项目设置会计科目，通过申报表和收入退还书等原始凭证采集数据，完整、详细、及时地反映和监督减免税业务的税收管理活动。

（一）减免税核算范围

税收会计核算的减免税是指在既定税制框架下，国家对特定纳税人或特定经济行为，实行照顾性或激励性政策而发生的减税或免税。

税收会计核算的减免税政策实行减免税政策库管理。以下内容不纳入减免税政策库，不进行减免税核算：税前扣除、低税率、不征税等基本税制安排；分期纳税等不减少应缴税金总额的优惠政策；出口退税政策；具有减税效果的新税制安排；非税务机关执行的减免税政策；国家税务总局规定的其他政策。

（二）减免税核算内容

税务机关应当设置减免税总账科目及明细科目，对减免税业务办理情况进行核算反映。总账科目名称为“减免税金”，明细科目按照“纳税人识别号”“收入种类”“减免类型”“减免性质”分别设置。

（1）“纳税人识别号”明细科目按税务机关登记的纳税人识别号设置，分户核算纳税人享受减免税情况。

（2）“收入种类”明细科目按税（费）种类设置，核算不同税（费）种类的减免税情况。

（3）“减免类型”明细科目按减免税业务办理类型，分别设置“征前减免”“退库”“抵扣欠税”细目，核算不同业务类型办理的减免税情况。

第三节　税收统计

一、税收统计概述

（一）税收统计的概念和对象

1. 税收统计的概念

税收统计是社会经济统计的一个重要组成部分，是根据税收工作的要求，按照统一的制度和方法，从税收经济现象的数量方面反映税收活动及所涉及的社会经济活动情况的一种专业统计。

2. 税收统计的对象

（1）税收数据，包括纳税登记、纳税申报数据，以及应征、待征、入库、减免等税收资金核算数据。

（2）税基数据，主要包括国内生产总值（GDP）、国民生产总值（GNP）、国民收入、社会消费品零售总额、全社会固定资产投资、价格指数、规模以上工业企业利润额、金融机构存贷款余额、货运周转量、客运周转量等经济指标，或主营业务收入、利润总额等反映企业经营状况和个人收入状况的税源指标。

（3）由以上两类数据衍生的增量、增幅、弹性、税负等税收统计指标。

（二）税收统计的特点

1. 数量性

税收统计是从税务现象的数量变化来研究税务工作的发展变化规律的。因此，税收统计工作离不开对税收数量特征的加工整理和分析研究。进行数量分析，是社会经济统计的首要特点，也是税收统计的首要特点。

2. 具体性

税务统计所研究的数量都有其具体的社会经济内容，即每一个数据都是在一定时间、地点和条件下的量，不是空洞、抽象的数字。

3. 综合性

税收来源于国民经济各部门、各行业和各种企业类型等，涉及社会经济的各个领域，税收税源的增减变化以及税收收入结构比重的变化，都能综合反映国民经济和社会发展的变化情况，如国民经济产业结构调整、产品结构的变化等。

4. 以税法为依据

税收统计在指标设置、指标口径、计算方式上都要以税收法规为依据。

5. 及时灵活

税收统计可以随时根据工作需要，运用特有的灵活调查方式方法，有针对性地展开专题调查，及时反映税收工作某一专题的详细情况。

6. 与税收会计关系密切

税收统计与税收会计在核算对象、数据来源等方面有着密切的联系。税收资金运动既是税收会计核算的对象，也是税收统计研究的主要对象。税收会计所使用的原始凭证，也是税收统计数据的主要来源依据；税收统计中的税收收入口径与税收会计核算的入库税金口径完全一致等。

（三）税收统计的任务和要求

1. 税收统计的任务

税收统计的基本任务是进行税收统计调查、税收统计资料整理、税收统计分析，提供税收统计资料，实行税收统计监督，综合反映经济税源发展变化情况以及税收政策的实施效果。

2. 税收统计的基本要求

税收统计的基本要求与税收会计编写的要求一致。资料完整、数据准确、口径统一、报送及时是税收统计的基本要求。

（四）税收统计工作过程

一般来说，税收统计工作过程紧密相连、不可分割，大致可分为以下 4 个步骤。

1. 工作方案设计

在进行税收统计工作之前必须有一个周密的方案设计。方案设计是税收统计工作中重要的一环，也是指导税收统计工作的依据。

工作方案设计是围绕统计对象（主要是涉税数据），按照税收统计工作目的和要求，对税收统计工作所做的全面规划设想。方案设计的主要内容包括确定调查对象、调查单位、调查内容和调查方法等。

2. 统计资料收集

遵循统计学原理，采取必要措施得到准确可靠的统计资料。及时、准确、完整是收集统计资料的基本原则。

3. 统计资料整理

整理资料的目的就是通过科学的分组归类，使统计资料系统化、条理化，成为反映各特定内容的综合性资料，便于进一步计算统计指标和开展统计分析。

4. 税收统计分析

运用税收统计资料对统计内容进行概括、评价推断、预测，及时反映有关经济活动的动态和规律，对税收活动进行调节监督，为加强税收征收管理提供决策信息。

（五）税收统计调查

税收统计调查是指根据税收工作要求，按照预定的调查内容和方法，有组织、有计划地搜集各种统计资料的过程。根据搜集资料的组织方式不同，税收统计调查可分为税收统计报表调查和税收统计专门调查两种。

1. 税收统计报表调查

税收统计报表调查是为了定期取得系统、全面的基本统计资料，按照统一规定的时间、表式、指标和口径要求，自上而下统一布置、自下而上提供统计资料的一种调查方式方法。目前，这是税务机关搜集（或取得）统计资料的主要形式。

2. 税收统计专门调查

税收统计专门调查是指根据特定的目的和要求而专门组织的一种收集统计资

料的调查形式。它是对定期报表中没有反映，或反映不全，或反映不够详细的情况所作的调查，包括各种普查、重点调查、抽样调查和典型调查等，属专门组织的一次性税收调查。

（六）税收统计资料整理

1. 税收统计资料整理的含义

税收统计资料整理，是指按照一定的要求，把搜集到的各种统计资料进行科学的分组归类、加工处理，使之系统化和条理化，成为反映特定内容的综合性资料的过程。税收统计资料的整理和加工，是开展税收统计分析的基础。

2. 税收统计资料整理原则

税收统计资料整理原则主要包括系统性、可比性、实用性、以现有资料为依据等原则。出现与前期资料分组口径不同时，必须在当期整理的统计资料中逐项加以调整和说明，以免在使用资料时发生错误。

3. 常用的税收统计资料分组方法

常用的税收统计资料分组方法主要包括按税种、地区、企业类型、时期、城乡、行业、重点项目、税目或重点产品分组等。

二、税收报表体系

税收报表体系，包括税收基础报表和税收分析报表两部分。

税收基础报表，具体包括税收会计类、税收统计类、货物劳务税类、所得税类、财产行为税类、国际税收类、征管类、经济基础类等。

税收分析报表，具体包括税收分析表、税源分析表、税收经济分析表、专题分析表等。

三、常用的税收统计分析指标

税收统计分析指标有多种分类，常用的主要有以下几种。

（一）税收总量指标

税收总量指标是反映一定时期内实现的税收收入的总规模、总水平，通常是指税收收入实际入库数，是以绝对数表示的一定时期内税收的总量，是税收管理的目标，通常是按月、季度、半年和年度不同时期核算，一般用绝对数表示。

（二）税收相对指标

税收相对指标包括税收计划完成相对指标，结构相对指标，税收动态分析指标，如同比、环比、税收增长弹性等；税收强度相对指标，如税负率（宏观、中观和微观）。

1．税收计划完成程度相对指标

税收计划完成程度是税收收入在某时期内实际完成数与计划数对比的结果，该指标可以通过本期实际数与计划数对比分析，得到税收计划完成程度的相对指标，一般用百分数表示。

2．税收结构相对指标

税收结构相对指标可按税种、产业、行业、地区和企业经济类型等进行分类，计算不同的税收结构相对指标，反映税收在税种、行业、地区及经济类型等方面结构分布的数量特征。

研究税收总体数量特征时，除要了解掌握总量规模情况，还需要研究税收总体内部的结构构成状况，对其每个部分构成情况进行分析，这就需要计算税收结构相对指标，如各税种收入占总体税收收入的比重，某行业税收占总体税收的比重等。税收结构相对指标一般用百分数表示。

3．税收比较相对指标

税收比较相对指标通常用于比较分析两个不同地区不同行业或不同企业之间税收收入的差异，一般用倍数、系数或百分数表示。

4．税收强度相对指标

税收强度相对指标主要有税负率（也称税收负担率），是指纳税人承受国家税收状况的量度，反映一定时期内社会产品在国家与纳税人之间税收分配的数量关系，一般用百分数表示。

税收强度相对指标可以从宏观、中观和微观 3 个不同层次进行考察分析。

（1）宏观税负率。

宏观税负率从宏观角度，把税收作为一个整体来考察，反映整个国民经济的税收负担水平。这种反映一国或一地区总体税收负担水平的指标，称为宏观税负。当前国际上通用的宏观税负指标是一国或一地区一定时期内（通常为 1 年）税收收入总额与国内生产总值（CDP）的比率。一般用百分数来表示。

宏观税负的高低，表示政府在国民经济总量分配中集中程度的大小，同时也表示政府社会经济职能及财政功能的强弱；宏观税负的高低既是制定各项具体税收政策的重要依据，也是各项具体税收政策实施的综合体现。

（2）中观税负率。

中观税负率通常是指某个行业或国民经济某一部门的纳税人所缴纳的税收占同期该行业或部门经济产出的比重。如制造业税负率、化学制品业税负率等。

（3）微观税负率。

微观税负率是指某一纳税人在一定时期或某一经济事件过程中所缴纳的税收占同期经济收入的比重。

目前，国家税务总局和各省市税务机关使用的微观税负的指标比较多，这些指标利用税收征管数据和外部涉税数据加工计算而成，直接测算纳税人各类税负；或是通过考察微观企业生产经营状况侧面反映税收负担的水平。

（三）税收动态分析指标

通常情况下，要根据编制的税收时间序列计算税收动态分析指标，开展税收动态分析。税收动态分析指标主要包括以下几种。

1. 发展水平

发展水平是指时间序列中各时间所对应的税收指标数据，可以是绝对数、相对数和平均数。它反映某种税收现象在一定时间所达到的规模和水平。例如，2020 年某省税收完成 3 000 亿元，3 000 亿元代表该省 2020 年税收的发展规模和水平。

2. 平均发展水平

平均发展水平是将不同时间的税收发展水平加以平均得到的平均数。

3. 税收同比增减量

税收同比增减量也称税收同比增减幅度，是指当期税收收入与去年同期税收收入的差额，用以反映和描述当期税收与去年同期税收增减变化的绝对量。可以根据工作需要按月度、季度、年度不同时间计算。

4. 税收环比增减量

税收环比增减量也称税收环比增减幅度，是指当期税收收入与前一期税收收入的差额，用以反映和描述当期税收与前一期税收增减变化的绝对量。可以根据工作需要按月度、季度、年度不同时间计算。

5. 税收发展速度

税收发展速度是反映税收现象在时间上发展变化的动态相对指标，它是报告期的税收发展水平与基期税收发展水平对比计算的比率，一般用百分数表示。

6. 税收增减速度

税收增减速度是表明税收现象在时间上增减变化的动态相对指标，它是报告期的税收增减量与基期水平对比计算的动态比率，反映报告期税收发展水平比基期发展水平增减变化的程度。税收发展速度减 1 是税收增减速度。一般用百分数表示。

7. 税收环比发展速度

税收环比发展速度是报告期税收发展水平与前一期税收发展水平对比计算的动态比率，一般用百分数表示。

8. 税收环比增减速度

税收环比增减速度是报告期增减量与前一期发展水平对比计算的动态比率。税收环比发展速度减 1 是税收环比增减速度。一般用百分数表示。

9. 税收同比发展速度

税收同比发展速度是报告期的税收收入与前一年同期税收收入对比计算的动态比率，一般用百分数表示。

10. 税收同比增减速度

税收同比增减速度是报告期增减量与前一年同期税收发展水平对比计算的动态比率。税收同比发展速度减 1 是税收同比增减速度。一般用百分数表示。

11. 税收平均发展速度

税收平均发展速度通常用几何平均数计算。几何平均数的计算方法是 n 个税收环比发展速度变量值乘积的 n 次方根，通常用 G 表示。税收平均发展速度减 1 是税收平均增减速度。

12. 税收增长弹性

在税制不变的情况下，税收增长弹性是指税收收入对经济增长的反应程度。

宏观的税收弹性是一定时期的税收收入变动率与GDP变动率对比计算求得；微观层面的税收增长弹性是一定时期的税收收入变动率与对应的经济指标变动率对比计算求得，通常用系数表示，所以税收增长弹性又称税收弹性系数。

四、税收统计方法

（一）税收统计表格的应用

在税收统计工作中，税收统计表格是应用非常频繁的税收统计和数据表达工具。通常作为税收数据储存、保管的一种重要的方法，经常作为重要的历史资料储存使用。

税收统计表格在使用时，分为静态表格和动态表格等多种不同形态，需要根据税收统计工作的实际需要有针对性地选择运用。

税收统计表格具有直观的特点，有效使用税收统计表格，可以把需要说明的税收经济现象数据，通过有规则的表格设计简洁明了地展示出来。同时，通过有效的方式运用税收统计表格，可以反映税收经济规律及问题所在，充分节省工作时间，进而提高税收统计的工作效率。税收统计表格是税收统计分析重要的数据基础，其数据的系统性、真实性、有效性越高，税收分析的质量就越高。

（二）税收统计图形的应用

常用的税收统计图有以下4种。

1. 构成图

构成图通常也叫饼图，当要表示总体中各组成部分的个体数量在总体中所占比例时，经常使用饼图。

2. 条形图

条形图可以描述分类项目的静态和动态变化情况。一个坐标轴往往用来表示每个项目的各个取值，其长度即为该项目的水平和具体数值。纵轴和横轴通常可以互换，如果条形是垂直的也称为柱形图。

3. 折线图

折线图经常用来描述时间序列数据，用以反映某些指标或变量随时间的变化趋势，因此有时也称为时间序列图。

4．三维图

对一些较为复杂的经济现象和变量之间的关系，如果简单通过二维的各种图示来表达，很难将现象描述得清楚，这时就需要用到三维空间制图。三维空间制图可以起到直观、清晰的效果。

第四节　税收分析

一、税收分析概述

（一）税收分析的概念

税收分析是税务机关研究解决与税收有关的经济社会问题的重要途径和方法，通过收集和整理内部税收数据，结合外部信息，运用一定的经济税收理论和分析技术方法，查找规律和问题，作为上级领导和政府部门了解经济税收形势，提供研究税制改革完善、宏观经济政策和加强税收征管的决策依据，并提出改进的建议和措施，是服务经济社会发展的一项综合性税收工作。

随着我国国民经济的持续稳定增长和经济发展方式的逐步优化，对税收收入管理要求不断提高，税收分析在加快税收现代化进程，全面推进税制改革，提高税收征管效能，服务经济社会发展以及参与国际税收合作等方面的重要性日益凸显。

（二）税收分析的工作形式

税收分析在工作形式上既注重通过税收分析查找问题的过程本身，同时也注重通过实践找到解决问题的方法，总结经验，为各级领导决策服务，并将经验通过分析报告的形式予以推广，从而形成良性工作循环。

二、税收分析工作机制

税收分析工作机制的建立是做好税收分析工作的基本保障。科学、高效的税收分析运行工作机制，就是围绕税收形势分析、税收风险分析、政策效应分析、经济运行分析等四类分析内容，在打造完备的信息数据体系的基础上，运用定性和定量的分析方法，明晰各部门、各层级的税收分析职责，构建横向分工协作、纵向紧密联动的分析工作制度和各种闭环工作流程，促进税收分析工作制度化、系统化、科学化的形成，为不断打造税收分析的拳头产品奠定坚实的基础。

（一）横向税收分析机制

横向税收分析机制是根据各地实际工作情况选择由收入规划核算部门与横向职能部门联合牵头，其他部门配合的办法建立；也可以由有关税收职能部门牵头，收入规划核算部门和其他职能部门配合的办法建立实施。总体上，以有利于各类税收分析工作开展并能最大限度地发挥人力资源整合效能为标准，通过季度税收分析例会或讲评会等形式，实现税收分析工作的持续改进和良性循环。

（二）纵向税收分析机制

纵向税收分析机制是实行纵向层级管理，分为税务总局、省局、市局和区县局四级。上级税务机关负责对下级税务机关税收分析工作进行指导和监督，下级税务机关要按照上级税务机关的要求开展税收分析工作，并反馈税收分析的具体执行情况。

三、税收分析内容分类

税收分析作为实现税收职能的工具和方法，主要分为 4 个方面，即税收形势分析、税收风险分析、税收政策效应分析和经济运行分析。

（一）税收形势分析

税收形势分析，主要是通过对税收走势的研判，从宏观上准确剖析收入增减变化原因，客观反映税收计划执行中存在的问题，提出加强组织收入工作的措施。

（二）税收风险分析

税收风险分析，是运用税收与经济运行中的宏观、行业、微观税收大数据，开展关键风险指标比对分析，发现税收征管和纳税遵从中存在的税收风险点，指引征管资源的合理配置，为加强征管和组织收入服务。

（三）税收政策效应分析

税收政策效应分析是从事前、事中和事后密切跟踪税制改革和税收政策变动的实施情况，测算税收政策变动对经济、税收的定量影响，提出调整和优化建议。

（四）经济运行分析

经济运行分析，是利用税收大数据优势，从税收角度观察和反映国民经济运行状况，把握经济发展方式转变进程，揭示税源发展中值得关注的问题，为各级党委、政府提供高质量经济发展的意见和建议。

四、税收分析方法

税收分析方法包括对比分析法、因素分析法以及数理统计分析法等方法。

（一）对比分析法

对比分析法也称比较分析法，是税收分析常用的方法，通常是把两个相互联系的税收指标数据进行比较，从数量上展示和说明税收规模的大小，发展水平的高低，增减速度的快慢，分析形成差异的原因，以及各种关系是否协调等。在对比分析中，选择合适的对比标准是十分关键的步骤，选择的合适，才能做出客观的评价，选择不合适，可能得出错误的评价结论。

对比分析的指标可以是绝对数，也可以是相对数。比较的标准可以选择本期计划数、实际完成数、上年同期水平、国内外同行业企业同类指标的先进水平或平均水平等。

对比分析法只适用于同质指标的对比。常见做法是通过各项税收指标之间或者税收与经济指标之间的对比来描述和说明税收经济形势的发展规模、差异状况、发展变化等，揭示组织收入中存在的问题。

税收数据的对比分析通常包括规模、结构、增减、进度、关联税种等方面的对比分析，税收与经济的对比分析主要采用税负和弹性两种对比分析方法。

（二）因素分析法

税收因素分析法，是指从数量方面研究计算和分析税收经济现象变动中诸因素影响程度的一种分析方法。

从经济、政策、征管以及特殊因素等方面对税收、税源进行分析。其中，经济因素包括经济规模、产业结构、企业效益以及产品价格等变化情况；政策因素主要是指税收政策调整对税收、税源的影响；征管因素主要包括加强税源管理和各税种管理、清理欠税、查补税款等对税收收入的影响；特殊因素主要是一次性、不可比的增收、减收因素。

因素分析法是统计分析方法之一，是指当某经济指标同时受两个或两个以上因素变动影响时分析各因素对该指标变动的影响方向和程度，以便找出主要因素，抓住主要矛盾。因素分析在税收分析中有着非常重要的作用。首先，可及时反映经济变化对税收收入的影响程度；其次，用因素分析法进行税收分析，可以确定税收收入增长和减少的主要原因；最后，利用因素分析法可以从众多影响税收收入的税源因素中找出主要因素。

（三）数理统计分析法

数理统计分析法，是运用相关分析、一元或多元回归分析、时间序列分析等数理统计理论和方法，借助先进统计分析工具，利用历史数据，建立税收分析预测模型，对税收相关影响因素的相关关系进行量化分析的方法。

1. 相关分析

相关分析是指两个事物之间存在一定关系，这种关系可能是正相关关系，也可能是负相关关系，可以是确定性相关关系，也可以是关联相关关系。

两个事物间的相关性可以通过制作散点图，大致判定是线性相关还是非线性关系。对其相关关系强度可以通过相关系数来进行数量测定，通常情况下，相关系数是相关分析的测度工具。

2. 一元线性回归分析

进行回归分析时，首先需要确定哪个变量是因变量，哪个变量是自变量。在回归分析中，被预测或被解释的变量称为因变量，用 Y 表示。用来预测或解释因变量的一个或多个变量称为自变量，用 X 表示。当回归分析中只涉及一个自变量时称为一元回归分析，若因变量 Y 与 X 之间为线性关系，则称为一元线性回归分析。

第五节　重点税源监控

一、税源监控概念

税源监控，是指通过数据采集和分析应用，对纳税人的生产经营和税收情况进行反映、监督、评价，对经济税源运行情况和趋势进行分析、预测，并据以提高征收管理和纳税服务水平的活动。

开展税源监控是增强组织收入工作预见性和主动性，实施税源专业化管理、推进以数治税的重要手段，是提高收入质量、防范税收风险、评价政策效应、服务经济发展的重要途径。

目前，国家税务总局已初步建成了总局、省、市、县四级重点税源监控体系，条件成熟时实现由重点税源监控向整体税源监控的转变。

二、重点税源监控标准

2019 年，国家税务总局确定的重点税源纳税人标准是：2018 年实际缴纳增值税 500 万元以上的增值税纳税人；缴纳消费税 100 万元以上的消费税纳税人；缴纳的企业所得税 500 万元以上的各类纳税人；除上述税种外，其他各项税收合计达到 50 万元以上的纳税人，在国内上海、深圳、香港特别行政区，以及国外美国、英国、新加坡等地上市的纳税人。

为确保行业样本量，通用设备制造，专用设备制造，汽车制造，电气机械和器材制造，仪器仪表制造，医药制造，铁路、船舶、航空航天和其他运输设备制造，计算机、通信和其他电子设备制造等制造业以及信息传输软件和信息技术服务，租赁和商务服务，科学研究和技术服务，交通运输、仓储和邮政业等服务业，监控标准为2018年实际缴纳税款300万元以上的纳税人。

为确保房地产行业样本质量，在上述监控标准的基础上，房地产行业重点税源纳税人还应同时满足以下条件：项目投资额超过2亿元，连续3年实现稳定纳税500万元以上且可持续经营。

三、重点税源监控内容

（一）重点税源数据采集与审核

重点税源数据采集的渠道主要有4种方式：一是重点税源企业通过单机或网上重点税源直报系统申报，税务机关通过国家税务总局下发的TRAS重点税源系统收集上报；二是从税收征管信息系统查询获取；三是税务机关根据实际需要从发改委、经信委等政府部门交换信息得到，如规模以上企业工业增加值和利税等；四是从互联网查询取得。

在TRAS重点税源系统上报方式中，税务机关采集相关数据后，通过对表中各项数据设定钩稽关系，进行校对和审核。对公式审核报错的数据，通知下级机关和企业核实确认，修改后重新上报。

随着金税四期系统将全面推开，大数据优势越来越明显，税务机关可以从征管系统中获取税收大数据，从而不断提高数据采集质量和效率。

（二）重点税源报表和上报时限要求

重点税源报表共包括5张报表：《基本信息表》《税收信息（月报）表》《主要产品（月报）表》《财务信息（季报）表》和《企业调查问卷（季报）》。报表内容为企业基本信息、每月申报的各税种收入信息、财务信息、产品信息以及与企业生产经营有关的用电量、用工人数、工业增加值等经济信息。

重点税源企业每月需按时上报相关报表。为了提高重点税源数据时效性，全国重点税源报表上报时间为每月18日前，逢节假日顺延。

《基本信息表》年初一次性填报，年中有变化可以调整；《税收信息（月报）表》《主要产品（月报）表》按月报送，报表所属期为3月、6月、9月、12月，同时上报《财务信息（季报）表》；需要特别说明的是，《企业调查问卷（季报）》

为季报表，按报表所属期2月、5月、8月、11月填报，其中2月、5月、8月填报全年预测指标，11月填报下一年全年预测指标。

（三）重点税源行业监控方法

重点税源行业监控通常以重点行业分析为主线开展，建立完善税源景气指数、行业发展指标特征库，从税收视角反映经济运行状况，预测税收变动趋势，为税收收入管理和调整税收政策提供决策依据。主要监控指标包括纳税人基本信息、税收经济指标、产品（服务）产销指标、企业财务指标、能耗指标、生产经营发展趋势预测等。

重点税源行业风险分析监控是以建立行业风险分析指标体系和风险特征库为主线开展，建立健全风险预警系统，定期识别重点税源纳税人申报和税款缴纳过程中的风险点，积极开展风险应对，提高重点税源行业税收风险管理水平。

重点税源微观监控是以对重点税源行业中的重点企业分析为主线开展，指标除了行业监控指标之外，还包括各种比率指标、变动率指标，如税负率、资产负债率、各种成本费用变动率等。

各级税务机关应建立重点税源监控分析制度，积极开展税源日常分析、专题分析、税源景气（发展）指数分析和税收风险预警分析等各类分析。技术上采用对比分析法，因素分析法和弹性分析法等多种分析方法，总结重点税源行业税收经济运行规律，查找税收征管中的薄弱环节。

第二部分

随章练习

1. 下列有关增值税征税范围表述，不正确的是（　）。

A. 出租车公司向使用本公司自有出租车的出租车司机收取的管理费用，属于“陆路运输服务”

B. 航空运输的湿租业务，属于“航空运输服务”

C. 停车费，属于“不动产经营租赁服务”

D. 航空地面服务，属于“航空运输服务”

【参考答案】D

【答案解析】航空地面服务属于“物流辅助服务”的范围。

2. 下列关于增值税纳税人的表述，不正确的是（　）。

A. 单位租赁或承包给其他单位或者个人经营的，以承租人或承包人为纳税人

B. 资管产品运营过程中发生的增值税应税行为，以资管产品管理人为增值税纳税人

C. 对代理进口货物，以海关开具的完税凭证上的纳税人为增值税纳税人

D. 建筑企业与发包方签订建筑合同后以内部授权或者三方协议等方式，授权集团内其他纳税人（以下称“第三方”）为发包方提供建筑服务，并由第三方直接与发包方结算工程款的，由与发包方签订建筑合同的建筑企业缴纳增值税

【参考答案】D

【答案解析】根据《关于进一步明确营改增有关征管问题的公告》（国家税务总局公告 2017 年第 11 号）第二条的规定，建筑企业与发包方签订建筑合同后，以内部授权或者三方协议等方式，授权集团内其他纳税人（以下称“第三方”）为发包方提供建筑服务，并由第三方直接与发包方结算工程款的，由第三方缴纳增值税，与发包方签订建筑合同的建筑企业不缴纳增值税。

3. 下列关于增值税征税范围一般规定的表述，正确的是（　）。

A. 纳税人已售票但客户逾期未消费取得的运输逾期票证收入，按照“其他现

代服务”缴纳增值税

B. 邮政代理服务，按照“经纪代理服务”缴纳增值税

C. 金融商品持有期间（含到期）取得的非保本的收益，属于利息或利息性质的收入，征收增值税

D. 自 2018 年 1 月 1 日起，纳税人为客户办理退票而向客户收取的退票费、手续费等收入，按照“其他现代服务”缴纳增值税

【参考答案】D

【答案解析】根据《财政部　税务总局关于租入固定资产进项税额抵扣等增值税政策的通知》（财税〔2017〕90 号）第二条的规定，自 2018 年 1 月 1 日起，纳税人已售票但客户逾期未消费取得的运输逾期票证收入，按照“交通运输服务”缴纳增值税。纳税人为客户办理退票而向客户收取的退票费、手续费等收入，按照“其他现代服务”缴纳增值税。选项 B，邮政代理服务按照“邮政服务—其他邮政服务”缴纳增值税。选项 C，金融商品持有期间（含到期）取得的非保本收益，不属于利息或利息性质的收入，不征收增值税。

4. 下列关于增值税征税范围一般规定的表述，不正确的是（　）。

A. 纳税人在游览场所经营索道、摆渡车、电瓶车、游船等取得的收入，按照“交通运输服务”缴纳增值税

B. 提供餐饮服务的纳税人销售的外卖食品，按照“餐饮服务”缴纳增值税

C. 纳税人提供植物养护服务，按照“其他生活服务”缴纳增值税

D. 物业服务企业为业主提供的装修服务，按照“建筑服务”缴纳增值税

【参考答案】A

【答案解析】根据《财政部　国家税务总局关于明确金融　房地产开发　教育辅助服务等增值税政策的通知》（财税〔2016〕140 号）第十一条的规定，纳税人在游览场所经营索道、摆渡车、电瓶车、游船等取得的收入，按照“文化体育服务”缴纳增值税。

5. 下列选项中，自 2019 年 4 月 1 日起，不适用 9% 增值税税率的是（　）。

A. 出租不动产　　B. 销售不动产

C. 提供交通运输服务　　D. 销售酸奶制品

【参考答案】D

【答案解析】根据《国家税务总局深化增值税改革100问》第二问的规定，自2019年4月1日起，增值税一般纳税人销售交通运输、邮政、基础电信、建筑、不动产租赁服务，销售不动产，转让土地使用权，销售或者进口下列货物，税率为9%：粮食等农产品、食用植物油、食用盐；自来水、暖气、冷气、热水、煤气、石油液化气、天然气、二甲醚、沼气、居民用煤炭制品；图书、报纸、杂志、音像制品、电子出版物；饲料、化肥、农药、农机、农膜；国务院规定的其他货物。酸奶制品不属于农产品。

6. 下列各项业务，不适用5%征收率的是（ ）。

A. 房地产开发企业中的一般纳税人销售自行开发的房地产老项目，选择适用简易计税方法的

B. 小规模纳税人销售不动产

C. 一般纳税人出租其2016年4月30日前取得的不动产，选择简易计税方法的

D. 一般纳税人销售旧货

【参考答案】D

【答案解析】一般纳税人销售旧货，按照简易办法依照3%征收率减按2%征收增值税。

7. 以下小规模纳税人不可自行开具增值税专用发票的是（ ）。

A. 住宿业　B. 餐饮业　C. 其他个人　D. 建筑业

【参考答案】C

【答案解析】根据《国家税务总局关于实施第二批便民办税缴费新举措的通知》（税总函〔2019〕243号）第一条的规定，全面推行小规模纳税人自行开具增值税专用发票。税务总局进一步扩大小规模纳税人自行开具增值税专用发票范围，小规模纳税人（其他个人除外）发生增值税应税行为、需要开具增值税专用发票的，可以自愿适用增值税发票系统自行开具。

8. 某商厦（一般纳税人）零售的下列货物中，可以开具增值税专用发票的是（ ）。

A. 烟　B. 食品　C. 化妆品　D. 劳保专用的鞋帽

【参考答案】D

【答案解析】根据《国家税务总局关于修订〈增值税专用发票使用规定〉的

通知》（国税发〔2006〕156号）的规定，商业企业一般纳税人零售的烟、酒、食品、服装、鞋帽（不包括劳保专用部分）、化妆品等消费品不得开具增值税专用发票。

9. 某家用电器修理厂会计核算健全，2020不含税年销售额600万元，但一直未向主管税务机关申请增值税一般纳税人登记。2021年5月，该厂提供修理劳务并收取修理费价税合计226万元；购进的料件、电力等均取得增值税专用发票，对应的增值税税款合计2万元。该修理厂本月应缴纳增值税（ ）万元。

A.24　　B.32.84　　C.31.17　　D.26

【参考答案】D

【答案解析】未申请办理一般纳税人资格登记手续的，按一般纳税人管理征收增值税，进项税额不得抵扣。该修理厂本月应缴纳增值税＝226÷（1＋13%）×13%＝26（万元）。

10. 下列业务中，不是按照销售服务缴纳增值税的有（ ）。

A. 地板生产企业销售自产地板

B. 建筑施工企业包工包料承包工程

C. 医院提供医疗服务并销售药品

D. 饭店提供就餐服务并销售自制食品

【参考答案】A

【答案解析】依据是《财政部　国家税务总局关于全面推开营业税改征增值税试点的通知》（财税〔2016〕36号）附件1《营业税改征增值税试点实施办法》之附《销售服务、无形资产、不动产注释》。建筑施工企业包工包料承包工程属于建筑服务；医院提供医疗服务并销售药品属于生活服务中的医疗服务；饭店提供就餐服务并销售自制食品属于生活服务中的餐饮服务。

11. 房地产开发企业（一般纳税人）采取预收款方式销售自行开发的房地产项目，在收到预收款时按照（ ）的预征率预缴增值税。

A.1.5%　　B.2%　　C.3%　　D.5%

【参考答案】C

【答案解析】根据《国家税务总局关于发布〈房地产开发企业销售自行开发

的房地产项目增值税征收管理暂行办法〉的公告》（国家税务总局公告2016年第18号）第十条的规定，一般纳税人采取预收款方式销售自行开发的房地产项目，应在收到预收款时按照3%的预征率预缴增值税。

12. 下列关于一般计税方法下预缴增值税的说法中，错误的是（ ）。

A. 出租2016年5月1日后取得的、与机构所在地不在同一县（市）的不动产，应按照3%的预征率在不动产所在地预缴税款

B. 销售2016年5月1日后取得的不动产，应以取得的全部价款和价外费用减除该项不动产购置原价后的余额，按照5%的预征率在不动产所在地预缴税款

C. 房地产开发企业销售其2016年4月30日前开工的老项目，应以取得的全部价款和价外费用按照5%的预征率在不动产所在地预缴税款

D. 跨县（市）提供建筑服务，应以取得的全部价款和价外费用扣除支付的分包款后的余额，按照2%的预征率在建筑劳务发生地预缴税款

【参考答案】C

【答案解析】根据《财政部　国家税务总局关于全面推开营业税改征增值税试点的通知》（财税〔2016〕36号）附件2《营业税改征增值税试点有关事项的规定》第一条第十款的规定，房地产开发企业中的一般纳税人销售房地产老项目，以及一般纳税人出租其2016年4月30日前取得的不动产，适用一般计税方法计税的，应以取得的全部价款和价外费用，按照3%的预征率在不动产所在地预缴税款后，向机构所在地主管税务机关进行纳税申报。

13. 某企业为增值税一般纳税人，2021年4月销售自己使用过的设备一台，取得不含税收入60万元，该设备2018年购进时取得了增值税专用发票，注明价款75万元，已抵扣进项税额。该企业销售此设备的增值税销项税额是（ ）万元。

A. 0　　B. 1.2　　C. 2.4　　D. 7.8

【参考答案】D

【答案解析】一般纳税人销售自己使用过的2009年1月1日以后购进或者自制的固定资产，按照适用税率计算增值税销项税额。增值税销项税额 =60×13%=7.8（万元）。

14. 某生产企业为增值税一般纳税人，2020年12月销售应税货物不含税销售

额为600万元，销售免税货物销售额为200万元，货物耗用材料的进项税额为65万元，无法划分用途，该企业当月应缴纳的增值税为（ ）万元。

A. 67.75　　B. 94.25　　C. 78　　D. 29.25

【参考答案】D

【答案解析】应纳增值税 =600×13%−65×600÷（600＋200）=29.25（万元）。

15. 现行增值税规定，其他个人提供建筑服务，销售或者租赁不动产，转让自然资源使用权时的应申报纳税地点为（ ）。

A. 建筑服务发生地、不动产所在地、自然资源所在地主管税务机关

B. 其他个人户籍所在地

C. 其他个人经常居住地

D. 其他个人经常活动地

【参考答案】A

【答案解析】根据《财政部 国家税务总局关于全面推开营业税改征增值税试点的通知》（财税〔2016〕36号）附件1《营业税改征增值税试点实施办法》第四十六条第三款的规定，其他个人提供建筑服务，销售或者租赁不动产，转让自然资源使用权，应向建筑服务发生地、不动产所在地、自然资源所在地主管税务机关申报纳税。

16. 甲企业是增值税一般纳税人，2018年6月购入一栋办公楼，取得增值税专用发票，当前尚有40%未抵扣，下列做法正确的是（ ）。

A.2019年3月一次性转入进行抵扣

B.2019年4月一次性转入进行抵扣

C.2019年3月抵扣进项税额60%

D.2019年4月抵扣进项税额60%

【参考答案】B

【答案解析】根据《财政部 税务总局 海关总署关于深化增值税改革有关政策的公告》（财政部 税务总局 海关总署公告2019年第39号）的规定，符合规定条件尚未抵扣完毕的待抵扣进项税额，可自2019年4月税款所属期起从销项税额中抵扣。

17. 某信息服务公司，2019年1月至3月销售额为550万元，2019年4月份

申报期结束后，主管税务机关下达《税务事项通知书》，要求其接到通知书之日起5日内办理一般纳税人登记。期满后，该公司未办理任何手续，则该公司按一般纳税人计算增值税的期限是（ ）。

A.2019年4月至纳税人办理登记手续

B.2019年5月至纳税人办理登记手续

C.2019年4月至纳税人办理注销登记手续

D.2019年5月至纳税人办理注销登记手续

【参考答案】B

【答案解析】超过小规模纳税人标准的增值税纳税人，经税务机关通知，逾期仍不办理一般纳税人资格登记手续的，次月起按销售额依照增值税税率计算应纳税额，不得抵扣进项税额，直至纳税人办理登记手续为止。

18. 某农产品连锁超市，2019年3月设立，全年销售蔬菜100万元，销售水果200万元，牛羊肉200万元，鲜活禽蛋100万元，干货200万元。则判定其是否超过小规模纳税人标准的增值税年应税销售额是（ ）万元。

A.400　　B.500　　C.600　　D.800

【参考答案】D

【答案解析】增值税年应税销售额，是指纳税人在连续不超过12个月的经营期内累计应征增值税销售额，含减、免税销售额，提供境外服务销售额。

19. 疫情防控期间，对疫情防控重点保障物资生产企业（增值税一般纳税人）业务处理正确的是（ ）。

A. 运送疫情保障物资取得运输收入10.9万元，计提销项税额0.9万元

B. 增量留抵税额是指与2019年3月底相比新增加的期末留抵税额

C. 企业2020年度发生的亏损，最长结转年限由5年延长至8年

D. 可以按月申请全额退还增值税增量留抵税额

【参考答案】D

【答案解析】《财政部　税务总局关于支持新型冠状病毒感染的肺炎疫情防控有关税收政策的公告》（财政部　税务总局公告2020年第8号）规定，疫情防控重点保障物资生产企业可以按月向主管税务机关申请全额退还增值税增量留抵税额。增量留抵税额，是指与2019年12月底相比新增加的期末留抵税额；对纳税

人运输疫情防控重点保障物资取得的收入，免征增值税；受疫情影响较大的困难行业企业2020年度发生的亏损，最长结转年限由5年延长至8年。困难行业企业，包括交通运输、餐饮、住宿、旅游（指旅行社及相关、游览景区管理两类）四大类，具体判断标准按照现行《国民经济行业分类》执行。

20. 某房地产开发公司转让50个地面立体停车位永久性使用权给某企业，该行为增值税处理正确的是（　）。

A. 按转让无形资产征收增值税　　B. 按销售服务征收增值税

C. 按销售货物征收增值税　　D. 按销售不动产征收增值税

【参考答案】D

【答案解析】转让建筑物有限产权或者永久使用权的，转让在建的建筑物或者构筑物所有权的，以及在转让建筑物或者构筑物时一并转让其所占土地的使用权的，按销售不动产缴纳增值税。

21. 下列一般纳税人发生的经营行为中，按6%税率计算增值税的是（　）。

A. 提供通话服务　　B. 提供人身保险服务

C. 出租土地　　D. 出租住房

【参考答案】B

【答案解析】增值电信服务、金融服务、现代服务（不包括有形动产租赁服务、不动产租赁服务）、生活服务、销售无形资产（不包括转让土地使用权）增值税税率为6%。

22. 某餐饮店（增值税小规模纳税人）2019年计算增值税的征收率是（　）。

A.1.5%　　B.2%　　C.3%　　D.5%

【参考答案】C

【答案解析】小规模纳税人适用征收率，增值税法定的征收率为3%，但财政部和国家税务总局另有规定的除外。

23. 某建筑公司（增值税一般纳税人）出现的下列情形中，适用5%征收率计征增值税的是（　）。

A. 出租2016年3月购置办公楼　　B. 提供建筑服务，选择差额计税

C. 出租施工设备　　　　　　　　　　D. 转包建筑项目，收取管理费

【参考答案】A

【答案解析】一般纳税人选择按 5% 简易征收的情形：经营租赁方式出租其 2016 年 4 月 30 日前取得的不动产；销售其 2016 年 4 月 30 日前取得的不动产。

24. 某陶艺工作坊（个体工商户，小规模纳税人）将三间工作室（住房）出租给某画家，全年收取不含税租金 150 万元，则该个体户住房租金应缴纳的增值税是（　）万元。

A.13.5　　B.7.5　　C.4.5　　D.2.25

【参考答案】D

【答案解析】个体工商户出租住房，按照 5% 的征收率减按 1.5% 计算增值税。

25. 甲旅游公司（一般纳税人）组织多个国内旅游团，2021 年 1 月收取参团人员旅游费用共计 82 万元。为参团人员支出下列款项：机票费用 12 万元，酒店住宿费用 15 万元，景区门票费用 4 万元；向境内负责当地接待的旅行社支付了旅游费用 26 万元。另支付本公司导游交通及食宿费用共计 0.35 万元，导游劳务报酬 2 万元。该旅游公司当月选择差额计税的情形下，增值税销项税额为（　）万元。

A.1.28　　B.1.40　　C.1.42　　D.4.64

【参考答案】C

【答案解析】支付本公司导游交通及食宿费用、导游劳务报酬不得扣除，所以增值税销项税额 =（82–12–15–4–26）÷（1+6%）×6%=1.42（万元）。

26. 2020 年 1 月，王某出租临街商铺，一次性收取全年不含税租金 90 万元，则王某应缴纳的增值税是（　）万元。

A.0　　B.1.35　　C.2.7　　D.5.4

【参考答案】A

【答案解析】2019 年 1 月 1 日至 2021 年 4 月 1 日，小规模纳税人发生增值税应税销售行为，合计月销售额未超过 10 万元（以 1 个季度为 1 个纳税期的，季度销售额未超过 30 万元）的，免征增值税。

27. 某酒店（增值税一般纳税人）2019 年 10 月销项税额 30 万元，进项税额

35 万元，则当期加计抵减进项税是（ ）万元。

A.0　　B.5.25　　C.3.5　　D.17.5

【参考答案】A

【答案解析】自 2019 年 4 月 1 日至 2021 年 12 月 31 日，允许生产、生活性服务业纳税人按照当期可抵扣进项税额加计 10%，抵减应纳税额。当期应纳税额为 0，可加计抵减进项税为 0。

28. 某健身场所仅提供体育锻炼服务（增值税一般纳税人），2019 年 10 月销项税额 40 万元，进项税额 25 万元，则当期加计抵减进项税额是（ ）万元。

A.2.5　　B.3.75　　C.0　　D.12.5

【参考答案】B

【答案解析】健身场所属于生活性服务业纳税人，自 2019 年 10 月 1 日至 2021 年 12 月 31 日，允许生活性服务业纳税人按照当期可抵扣进项税额加计 15%，抵减应纳税额。

29. 某信息咨询公司仅从事报关业务咨询服务（增值税一般纳税人），2019 年 10 月销项税 55 万元，进项税额 50 万元，则当期可加计抵减进项税是（ ）万元。

A.0　　B.5　　C.7.5　　D.25

【参考答案】B

【答案解析】自 2019 年 4 月 1 日至 2021 年 12 月 31 日，允许生产、生活性服务业纳税人按照当期可抵扣进项税额加 10%，抵减应纳税额。该公司当期可加计抵减进项税为：$50 \times 10\% = 5$（万元）。

30. 某企业为增值税一般纳税人，2020 年 9 月从某花木栽培公司手中购入花卉 1100 盆，取得的普通发票上注明价款为 110580。该企业将 1/4 用于赠送某节日庆典，其余全部卖给客户取得产品不含税销售额 705000 元。则该企业当月应纳增值税是（ ）元。

A.96374.96　　B.74647.8　　C.82942　　D.102243.45

【参考答案】B

【答案解析】从花木栽培公司购入的花卉属于免税农产品，可以计算抵扣进项税额；外购货物对外无偿赠送，视同销售，要依法计算征收增值税。应纳增值

税 $=705000\div3\times4\times9\%-110580\times9\%=74647.8$（元）。

31. 某建筑材料生产企业纳税信用为 B 级，其一次领用发票的最高数量是（　）。

A.1 个月的发票用量　　B.2 个月的发票用量

C.3 个月的发票用量　　D.6 个月的发票用量

【参考答案】B

【答案解析】 纳税信用 B 级的纳税人可一次领取不超过 2 个月的增值税发票用量。

32. 下列各项中，不属于消费税纳税人的是（　）。

A. 向零售企业销售卷烟的卷烟批发企业

B. 委托加工白酒的委托方

C. 将超豪华小汽车销售给消费者的单位

D. 进口金银首饰的单位

【参考答案】D

【答案解析】 金银首饰在零售环节交消费税，在进口环节不交消费税。

33. 根据现行消费税政策，既在生产销售环节又在批发环节征收的应税消费品是（　）。

A. 白酒　　B. 卷烟　　C. 化妆品　　D. 豪华小汽车

【参考答案】B

【答案解析】 自 2009 年 5 月 1 日起，在卷烟的批发环节加征消费税。

34. 根据现行消费税政策，下列应税消费品仅在零售环节征收的是（　）。

A. 白酒　　B. 卷烟　　C. 化妆品　　D. 金银首饰

【参考答案】D

【答案解析】 金银首饰改在零售环节征收消费税后，在生产和进口环节不再征收消费税。

35. 某汽车厂的下列自产自用行为中，无须在移送使用环节征收消费税的是（　）。

A. 将自产小汽车用于小汽车生产碰撞试验

B. 将自产小汽车赠送给某市公安局

C. 将自产小汽车奖励给销售人员

D. 管理部门领用自产小汽车

【参考答案】A

【答案解析】纳税人自产应税消费品用于连续生产应税消费品的，不缴纳消费税；纳税人自产应税消费品用于其他方面的，于移送使用时纳税。

36. 宏光电子高科，注册地江苏南京江宁区，2019 年取得境内经营所得 500 万元，设在中国香港分公司经营所得为 300 万元，则 2019 年度宏光电子高科向主管税务机关申报的企业所得税年度所得是（　）万元。

A.500　　B.800　　C.650　　D.300

【参考答案】B

【答案解析】居民企业应当就其来源于中国境内、境外的所得缴纳企业所得税。

37. 县级人民政府将国有非货币性资产明确以股权投资方式投入企业，企业应作为国家资本金处理，该非货币性资产的计税基础是（　）。

A. 市场公允价值　　B. 双方协商价值

C. 该资产投入前的账面余值　　D. 政府确定的接收价值

【参考答案】D

【答案解析】县级以上人民政府（包括政府有关部门）将国有资产明确以股权投资方式投入企业，企业应作为国家投资金（包括资本公积）处理。该项资产如为非货币资产，应按政府确定的接收价值确定计税基础。

38. 2020 年度，甲企业实现销售收入 3000 万元，当年发生广告费 400 万元，上年度结转未扣除广告费 50 万元。已知广告费不超过当年销售收入 15% 的部分，准予扣除。甲企业在计算 2020 年度企业所得税纳税所得额时，纳税调整的广告费金额是（　）。

A. 纳税调整增加 50 万元　　B. 纳税调整增加 60 万元

C. 纳税调整减少 50 万元　　D. 纳税调整减少 60 万元

【参考答案】C

【答案解析】扣除限额 =3000×15%=450（万元）；本年实际发生 400 万元可以全额

扣除，另外，还可以扣除上年度结转未扣除的广告费 50 万元，纳税调减金额为 50 万元。

39. 2020 年，某居民企业实现销售货物收入 2025 万元，发生现金折扣 100 万元，后因商品质量问题，发生销货退回 25 万元，接受捐赠收入 120 万元，转让无形资产所有权收入 20 万元。国债利息收入 50 万元，确实无法偿付的应付款项 10 万元。2020 年该企业的企业所得税应税收入是（ ）万元。

A.2140　　B.2100　　C.2150　　D.2200

【参考答案】C

【答案解析】销售商品涉及现金折扣的，应当按扣除现金折扣前的金额确定销售商品收入金额。企业已经确认销售收入的售出商品发生销售折让和销售退回，应当在发生当期冲减当期销售商品收入。国债利息收入免税。所以应税收入 =（2025–25）+120+20+10=2150（万元）。

40. 德国某咨询管理公司在上海设立分公司，2019 年上海分公司在中国境内取得咨询所得 300 万元，假设无其他所得和支出，该公司在中国境内应交企业所得税是（ ）万元。

A.30　　B.45　　C.60　　D.75

【参考答案】D

【答案解析】非居民企业在中国境内设立机构、场所的，在境内取得所得，应适用 25% 计征企业所得税。应纳税额为 300×25%=75（万元）。

41. 下列收入中，属于企业所得税不征税收入的是（ ）。

A. 某社会团体收到的财政拨款

B. 企业取得购买国债的利息收入

C. 外贸企业收到的出口补贴款

D. 企业收到客户的奖励款

【参考答案】A

【答案解析】不征税收入有：(1) 财政拨款；(2) 依法收取并纳入财政管理的行政事业性收费、政府性基金；(3) 国务院规定的其他不征税收入。

42. 某电子公司（企业所得税税率 15%）2020 年 1 月 1 日向母公司（企业所

得税税率 25%）借入 1 年期贷款 5000 万元用于购置原材料，约定年利率为 10%，银行同期同类贷款利率为 7%。2020 年电子公司企业所得税税前可扣除的该笔借款的利息费用是（ ）万元。

A.1000　　B.500　　C.350　　D.0

【参考答案】C

【答案解析】电子公司的实际税负不高于境内关联方，不需要考虑债资比的限制，该笔借款税前可以扣除的利息金额为不超过金融机构同期同类贷款利率计算的数额。2020 年电子公司企业所得税税前可扣除的利息费用 =5000×7%=350（万元）。

43. 甲企业 2019 年全年应发工资 300 万元，年度汇缴前实际发放工资 280 万元，则甲公司 2019 年职工福利费的税收限额是（ ）万元。

A.24　　B.22.4　　C.42　　D.39.2

【参考答案】D

【答案解析】税前允许扣除的职工福利费不得超过年度实际支付的工资总额的 14%，即 280×14%=39.2（万元）。

44. 乙公司 2018 年和 2019 年全年实际发放工资总额均为 250 万元，2018 年职工教育经费支出 28 万元，2019 年职工教育费支出 18 万元，则乙公司 2019 年可以税前扣除的职工教育经费支出是（ ）。

A.18　　B.20　　C.26　　D.28

【参考答案】B

【答案解析】2018 年 1 月 1 日起，企业发生的职工教育经费支出，不超过工资薪金总额 8% 的部分，准予扣除；超过部分，准予在以后纳税年度结转扣除。2018 年，税收限额为 250×8%=20（万元），实际支出 28 万，向后结转 8 万元；2019 年，税收限额为 250×8%=20（万元），实际支出 18 万，余额 2 万元。2019 年可扣除职工教育经费支出为 18+2=20（万元）。

45. 丙公司 2019 年持有的下列资产，未投入使用的，相关资产的计提的折旧可税前扣除的是（ ）。

A. 房屋　　B. 机器设备　　C. 运输车辆　　D. 办公家具

【参考答案】A

【答案解析】除房屋建筑物外，未投入使用的固定资产不得计提折旧。房屋、建筑物无论是否使用均应计提折旧。

46. 某私营有限责任公司，2018 年被认定为高新技术企业，当年所得税申报，应纳税所得额为亏损 80 万元，该公司 2017 年年度申报为亏损 100 万元，则下列关于该公司亏损弥补的说法，正确的是（　）。

A.2017 年亏损最长可弥补至 2027 年

B.2017 年亏损最长可弥补至 2022 年

C.2018 年亏损最长可弥补至 2025 年

D.2018 年亏损最长可弥补至 2022 年

【参考答案】A

【答案解析】自 2018 年 1 月 1 日起，当年具备高新技术企业或科技型中小企业资格的企业，其具备资格年度之前 5 个年度发生的尚未弥补完的亏损，准予结转以后年度弥补，最长结转年限由 5 年延长至 10 年。

47. 企业实际支付下列商业保险中，不得税前扣除的是（　）。

A. 财产保险　B. 运输保险　C. 雇主责任险　D. 雇主重大疾病险

【参考答案】D

【答案解析】除法定的人身意外险外，企业为员工和雇主缴纳的商业保险不得税前扣除。法定的人身意外保险是根据国家有关规定为高空、井下等危险环境购买并支付的保险。雇主重大疾病险不属于可扣除的法定人身保险。企业实际发生的财产、运输和雇主责任险可税前扣除。

48. 2020 年某国家重点扶持的高新技术企业，主营业务收入 4000 万元、国债利息收入 40 万元，与收入配比的成本 2100 万元，全年发生管理费用 200 万元、销售费用 500 万元（其中包括广告费、业务宣传费支出 300 万元）、财务费用 500 万元，营业外支出 40 万元，上年未扣结转到本年度的广告费支出 100 万元。假设没有其他相关调整事项。2020 年度该企业应缴纳企业所得税（　）万元。

A.84　B.90　C.100　D.52

【参考答案】A

【答案解析】会计利润 =4000+40－2100－200－500－500－40=700（万元），广宣

费扣除限额 =4000×15%=600（万元），实际发生了 300 万元，准予全部扣除，上年结转的广告费支出也允许扣除。应纳企业所得税 =（700－100－40）×15%=84（万元）。

49. 某高新技术企业，2019 年购进环境保护专用设备一台，取得增值税专用发票，发票注明金额 80 万元，税额 10.4 万元。该企业当年申报的年度应纳税所得额 80 万元，适用 15% 的税率，则该公司当年享受环保专用设备抵免税额为（　）万元。

A.8　　B.9.04　　C.12　　D.20

【参考答案】A

【答案解析】企业购置并实际使用符合规定的环境保护、节能节水、安全生产等专用设备的，该专用设备的投资额的 10% 可以从企业当年的应纳税额中抵免；当年不足抵免的，可以在以后 5 个纳税年度结转抵免。该公司抵免前应纳税 80×15%=12（万元）。应享受的专用设备抵免额为 80×10%=8（万元），所以该公司当年享受环保专用设备抵免税额为 8 万元。

50. 某公司董事张某，同时兼任该公司的副总经理，其取得的董事费收入在计算缴纳个人所得税时，适用的所得项目是（　）。

A. 特许权使用费所得　　B. 工资、薪金所得

C. 劳务报酬所得　　D. 偶然所得

【参考答案】B

【答案解析】个人在公司（包括关联公司）任职、受雇，同时兼任该公司董事、监事的，应将董事费、监事费与个人工资薪金收入合并，统一按工资、薪金所得项目缴纳个人所得税。

51. 丁先生为独生子女，父亲已故，母亲年满 70 岁，丁先生无固定职业，仅有房屋租赁和证券投资收益，则丁先生申报个人所得税时，允许扣除的赡养支出专项附加扣除金额为每月（　）。

A.0　　B.1000　　C.1500　　D.2000

【参考答案】A

【答案解析】居民个人取得综合所得，税前可扣除专项附加扣除，包括赡养老人的支出。房屋租赁和证券投资收益不属于综合所得，故扣除金额为 0。

52. 居民个人发生下列支出中，在申报综合所得个人所得税时，可享受专项附加扣除的是（　）。

A. 基本养老保险　　B. 基本医疗保险

C. 商业养老保险　　D. 大病医疗

【参考答案】D

【答案解析】专项附加扣除，包括子女教育、继续教育、大病医疗、住房贷款利息或者住房租金、赡养老人等支出。

53. 根据我国的土地增值税政策的规定，下列选项中，不属于土地增值税纳税人的是（　）。

A. 转让境内土地使用权的外国企业

B. 转让境外土地使用权的外国企业

C. 转让境内土地使用权的国有企业

D. 转让境内土地使用权的非营利组织

【参考答案】B

【答案解析】境内转让房地产的单位和个人，为土地增值税的纳税人，转让境外土地使用权的外国企业不属于境内转让房地产行为。

54. 下列关于个人转让住房的土地增值税处理方式中，正确的是（　）。

A. 适用四级超率累进税率，减半征收

B. 减按 10% 的比例税率计征

C. 增值率未超过 20% 的，免征

D. 免税

【参考答案】D

【答案解析】个人转让住房免征土地增值税。

55. 下列关于土地增值税计税依据的叙述，正确的是（　）。

A. 增值额为转让房地产所取得的收入减除实际支出后的余额

B. 转让房地产所取得的收入减除扣除项目金额后的余额

C. 转让房地产所取得的收入减除与转让房地产有关的税金后的余额

D. 转让房地产所取得的收入减除房地产开发成本后的余额

【参考答案】B

【答案解析】土地增值税的计税依据是转让房地产所取得的增值额。转让房地产的增值额，是转让房地产的收入减除税法规定的扣除项目金额后的余额。

56. 纳税人申报缴纳土地增值税的起算时间是（　）。

A. 转让房地产合同签订之日　　B. 取得第一笔预售款之日

C. 取得第一笔正式销售款之日　　D. 开发项目达到清算条件之日

【参考答案】A

【答案解析】纳税人应自转让房地产合同签订之日起 7 日内办理纳税申报，并在税务机关核定的期限内缴纳土地增值税。

57. 纳税人转让房地产所取得的下列收入中，无须计入收入总额计征土地增值税的是（　）。

A. 货币收入　　B. 实物收入

C. 无形资产收入　　D. 代收的房屋维修基金

【参考答案】D

【答案解析】纳税人转让房地产所取得的收入，是指转让房地产所取得的各种收入，包括货币收入、实物收入和其他收入在内的全部价款及有关的经济利益。代收的房屋维修基金不计入收入总额计征土地增值税。

58. 房地产开发公司的下列赠予房产行为中，无须申报缴纳土地增值税的是（　）。

A. 将开发的部分房地产赠送给其关联的物业公司

B. 将开发的部分房地产赠送给施工单位

C. 将开发的部分房地产赠送给投资人

D. 将开发的部分房地产赠送给当地政府用于幼儿教育

【参考答案】D

【答案解析】对房产所有人、土地使用权所有人通过中国境内非营利的社会团体、国家机关将房屋产权、土地使用权赠与教育、民政和其他社会福利、公益事业的行为，不征土地增值税。

59. 下列房地产交易行为中，无须申报缴纳土地增值税的是（　）。

A. 房地产开发公司销售其开发的住宅

B. 房地产开发公司出租其开发的商铺

C. 个人转让购买的商铺

D. 工业企业销售其闲置的厂房

【参考答案】B

【答案解析】境内转让国有土地使用权、地上的建筑物及其附着物并取得收入的单位和个人，为土地增值税的纳税人。转让房地产为有偿转让房地产的所有权，出租商铺不属于所有权转让行为，无须申报缴纳土地增值税。

60. 个人取得经营所得按规定时限办理年度汇缴，规定时限的截止日期为（　）。

A. 次年 3 月 15 日　　B. 次年 3 月 31 日

C. 次年 6 月 15 日　　D. 次年 6 月 30 日

【参考答案】B

【答案解析】纳税人在取得经营所得的次年 3 月 31 日前，应向经营管理所在地主管税务机关办理汇算清缴。

61. 个人从任职公司的关联企业取得的下列收入中，按“工资、薪金所得”计征个人所得税的是（　）。

A. 利息收入

B. 财产租赁收入

C. 咨询收入

D. 兼任董事、监事取得的董事费、监事费

【参考答案】D

【答案解析】个人在公司（包括关联公司）任职、受雇，同时兼任公司董事、监事的，应将董事费、监事费与个人工资收入合并，统一按工资、薪金所得项目缴纳个人所得税。

62. 纳税人从两处以上取得经营所得的，选择向其中一处经营管理所在地主管税务机关办理年度汇总申报，并报送（　）。

A.《个人所得税经营所得纳税申报表（A 表）》

B.《个人所得税经营所得纳税申报表（B 表）》

C.《个人所得税经营所得纳税申报表（C 表）》

D.《个人所得税经营所得纳税申报表（D 表）》

【参考答案】C

【答案解析】纳税人从两处以上取得经营所得的，选择向其中一处经营管理所在地主管税务机关办理年度汇总申报，并报送《个人所得税经营所得纳税申报表（C 表）》。A 表为取得经营所得预缴申报表，B 表为取得经营所得汇缴申报表，无 D 表。

63. 下列关于扣缴个人所得税处理的表述，正确的是（　）。

A. 扣缴义务人向居民个人支付劳务报酬所得、稿酬所得、特许权使用费所得时，应当按次或者按月累计预扣预缴税款

B. 扣缴义务人向居民个人支付劳务报酬所得、稿酬所得、特许权使用费所得时，应当按次或者按月预扣预缴税款

C. 扣缴义务人向居民个人支付财产租赁所得时，应当按次或者按月预扣预缴税款

D. 扣缴义务人向居民个人支付财产转让所得时，应当按次或者按月预扣预缴税款

【参考答案】B

【答案解析】扣缴义务人向居民个人支付劳务报酬所得、稿酬所得、特许权使用费所得时，应当按次或者按月预扣预缴税款。支付财产租赁所得和财产转让所得，应按次扣缴个人所得税。

64. 下列关于非居民个人在境内取得工资、薪金所得，个人所得税处理正确的是（　）。

A. 可扣除子女教育和赡养老人的支出后计算个人所得税

B. 属于综合所得，按月预扣预缴，年度汇缴

C. 以每月收入额减除费用 5000 元后的余额为应纳税所得额，适用超额累进税率

D. 以每月收入额减除费用 5000 元后的余额为应纳税所得额，适用 20% 比例税率

【参考答案】C

【答案解析】非居民个人取得工资、薪金所得，以每月收入额减除费用5000元后的余额为应纳税所得额。工资、薪金所得适用超额累进税率。

65. 居民个人发生的下列支出，申报个人所得税时，可享受专项扣除的是（　）。

A. 子女教育费　　B. 赡养老人费　　C. 交通费　　D. 基本养老保险费

【参考答案】D

【答案解析】专项扣除，包括居民个人按照国家规定的范围和标准缴纳的基本养老保险、基本医疗保险、失业保险等社会保险费和住房公积金等。

66. 下列选项中，属于个人所得税中非居民个人的是（　）。

A. 在中国境内无住所，但一个纳税年度在中国境内居住满180天的个人

B. 在中国境内无住所，而在一个纳税年度内居住超过183天但不满360天的个人

C. 在中国境内有住所的个人

D. 在中国境内无住所，并在一个纳税年度内居住满1年但是不满5年的个人

【参考答案】A

【答案解析】根据《中华人民共和国个人所得税法》第一条的规定，在中国境内有住所，或者无住所而一个纳税年度内在中国境内居住累计满一百八十三天的个人，为居民个人。居民个人从中国境内和境外取得的所得，依照本法规定缴纳个人所得税。在中国境内无住所又不居住，或者无住所而一个纳税年度内在中国境内居住累计不满一百八十三天的个人，为非居民个人。非居民个人从中国境内取得的所得，依照规定缴纳个人所得税。

67. 根据《中华人民共和国个人所得税法》的规定，下列说法中，错误的是（　）。

A. 居民个人向扣缴义务人提供专项附加扣除信息的，扣缴义务人按月预扣预缴税款时应当按照规定予以扣除，不得拒绝

B. 非居民个人取得工资、薪金所得，劳务报酬所得，稿酬所得和特许权使用费所得，有扣缴义务人的，由扣缴义务人按月或者按次代扣代缴税款，不办理汇算清缴

C. 扣缴义务人每月或者每次预扣、代扣的税款，应当在次月十五日内缴入国库，并向税务机关报送扣缴个人所得税申报表

D. 扣缴义务人应当按照国家规定办理全员全额扣缴申报，不用向纳税人提供其个人所得和已扣缴税款等信息

【参考答案】D

【答案解析】根据《中华人民共和国个人所得税法》第十条的规定，扣缴义务人应当按照国家规定办理全员全额扣缴申报，并向纳税人提供其个人所得和已扣缴税款等信息。

68. 下列各项所得中，属于“工资、薪金所得”的是（　）。

A. 杂志社财务人员在本单位的报刊上发表作品取得的所得

B. 因公务用车制度改革个人以现金、报销等形式取得的所得

C. 员工因拥有股权而参与企业税后利润分配取得的所得

D. 股东取得股份制公司为其购买并登记在该股东名下的小轿车

【参考答案】B

【答案解析】杂志社财务人员在本单位的报刊上发表作品取得的所得为稿酬所得；员工因拥有股权而参与企业税后利润分配取得的所得和股东取得股份制公司为其购买并登记在该股东名下的小轿车属于股息、红利所得。

69. 下列各项所得中，应缴纳个人所得税的是（　）。

A. 托儿补助费　　B. 退休人员再任职收入

C. 差旅费津贴　　D. 工伤补偿金

【参考答案】B

【答案解析】根据《国家税务总局关于个人兼职和退休人员再任职取得收入如何计算征收个人所得税问题的批复》（国税函〔2005〕382号）的规定，退休人员再任职取得的收入，在减除按个人所得税法规定的费用扣除标准后，按“工资、薪金所得”应税项目缴纳个人所得税。

70. 非上市公司授予本公司员工的股票期权，符合规定条件并向主管税务机关备案的，可享受个人所得税的是（　）。

A. 免税政策　　B. 不征税政策

C. 减税政策　　D. 递延纳税政策

【参考答案】D

【答案解析】根据《财政部　国家税务总局关于完善股权激励和技术入股有关所得税政策的通知》（财税〔2016〕101号）第一条的规定，对符合条件的非上市公司股票期权、股权期权、限制性股票和股权奖励实行递延纳税政策。

71. 符合条件的非营利性科研机构和高校根据《中华人民共和国促进科技成果转化法》的规定，从职务科技成果转化收入中给予科技人员的现金奖励，可享受个人所得税税收优惠政策，下列关于该项政策的说法，错误的是（　）。

A. 可减按50%计入科技人员当月“劳务报酬所得”，依法缴纳个人所得税

B. 现金奖励是指非营利性科研机构和高校在取得科技成果转化收入3年（36个月）内奖励给科技人员的现金

C. 科技成果转化是指非营利性科研机构和高校向他人转让科技成果或者许可他人使用科技成果

D. 非营利性科研机构和高校转化科技成果，应当签订技术合同，并依据《技术合同认定登记管理办法》，在技术合同登记机构进行审核登记，并取得技术合同认定登记证明

【参考答案】A

【答案解析】根据《关于科技人员取得职务科技成果转化现金奖励有关个人所得税政策的通知》（财税〔2018〕58号）第一条的规定，依法批准设立的非营利性研究开发机构和高等学校根据《中华人民共和国促进科技成果转化法》规定，从职务科技成果转化收入中给予科技人员的现金奖励，可减按50%计入科技人员当月“工资、薪金所得”，依法缴纳个人所得税。

72. 依据个人所得税的相关规定，下列关于个体工商户税前扣除的说法中，正确的是（　）。

A. 个体工商户为业主本人支付的商业保险金，可以在税前扣除

B. 个体工商户被税务机关加收的税收滞纳金，可以在税前扣除

C. 个体工商户按照规定缴纳的行政性收费，按实际发生额在税前扣除

D. 个体工商户发生的经营费用与生活费用划分不清的，可全额在税前扣除

【参考答案】C

【答案解析】根据《国家税务总局个体工商户个人所得税计税办法》（国家税务总局令第35号）第十五条、第十六条、第二十三条的规定，个体工商户下列

支出不得扣除：(1) 个人所得税税款；(2) 税收滞纳金；(3) 罚金、罚款和被没收财物的损失；(4) 不符合扣除规定的捐赠支出；(5) 赞助支出；(6) 用于个人和家庭的支出；(7) 与取得生产经营收入无关的其他支出；(8) 国家税务总局规定不准扣除的支出。

个体工商户生产经营活动中，应当分别核算生产经营费用和个人、家庭费用。对于生产经营与个人、家庭生活混用难以分清的费用，其 40% 视为与生产经营有关费用，准予扣除。除个体工商户依照国家有关规定为特殊工种从业人员支付的人身安全保险费和财政部、国家税务总局规定可以扣除的其他商业保险费外，个体工商户业主本人或者为从业人员支付的商业保险费，不得扣除。

73. 下列关于个人所得税纳税期限的说法，错误的是（ ）。

A. 居民个人取得综合所得，按年计算个人所得税；有扣缴义务人的，由扣缴义务人按月或者按次预扣预缴税款；需要办理汇算清缴的，应当在取得所得的次年 3 月 1 日至 6 月 30 日内办理汇算清缴

B. 纳税人取得经营所得，按年计算个人所得税，由纳税人在月度或季度终了后 15 日内向税务机关报送纳税申报表，并预缴税款；在取得所得的次年 3 月 31 日前办理汇算清缴

C. 纳税人取得应税所得，扣缴义务人未扣缴税款的，应当在取得所得的次年 6 月 30 日前，缴纳税款

D. 居民个人从中国境外取得所得的，应当在取得所得的次年 1 月 1 日至 3 月 31 日申报纳税

【参考答案】D

【答案解析】根据《中华人民共和国个人所得税法》第十三条的规定，居民个人从中国境外取得所得的，应当在取得所得的次年 3 月 1 日至 6 月 30 日内申报纳税。

74. 按照我国个人所得税相关法律法规，纳税人接受技能人员职业资格继续教育、专业技术人员职业资格继续教育支出，在取得相关证书的当年，可按照一定的标准定额扣除，该标准是（ ）元。

A.2000　　B.3600　　C.4800　　D.12000

【参考答案】B

【答案解析】根据《国务院关于印发个人所得税专项附加扣除暂行办法的通知》（国发〔2018〕41号）第八条的规定，纳税人在中国境内接受学历（学位）继续教育的支出，在学历（学位）教育期间按照每月400元定额扣除。同一学历（学位）继续教育的扣除期限不能超过48个月。纳税人接受技能人员职业资格继续教育、专业技术人员职业资格继续教育的支出，在取得相关证书的当年，按照3600元定额扣除。

75. 老张持有某上市公司的流通股10万股，2019年2月，将其中的5万股转出，取得收入40万元，该流通股无法提供相关的成本资料。2019年2月老张转让该流通股应缴纳个人所得税（ ）万元。

A.6.8　　B.8　　C.6.4　　D.0

【参考答案】D

【答案解析】个人转让上市公司流通股，暂免征收个人所得税。

76. 国内某大学教授取得的下列收入，免于征收个人所得税的是（ ）。

A. 因任某校兼职教授取得的课酬

B. 按规定取得原提存的公积金

C. 因拥有持有期不足1年的某上市公司股票取得的利息

D. 被学校评为校级优秀教师获得的奖金

【参考答案】B

【答案解析】因任某校兼职教授取得的课酬需要按照劳务报酬缴纳个人所得税；持股期限在1个月以上1年以下的股票利息，暂减按50%计入应纳税所得额；校级教师奖金不在免税范围，需缴纳个税。

77. 中国居民李某转让限售股取得收入40000元，不能提供完整真实的限售股原值凭证，李某应缴纳的个人所得税为（ ）元。

A.8000　　B.6800　　C.6000　　D.5800

【参考答案】B

【答案解析】转让限售股时，如果纳税人未能提供完整、真实的限售股原值凭证的，不能准确计算限售股原值的，主管税务机关一律按限售股转让收入的20%核定限售股原值及合理税费。所以李某应缴纳的个人所得税为40000×（1−15%）×20%=6800（元）。

78. 纳税人王某有姐妹两人，年满 60 岁的父母均在老家，由在老家的妹妹负责日常照料。关于赡养老人专项附加扣除，以下分摊方法正确的是（　）。

A. 王某跟其妹妹约定，每人每月均摊扣除 1000 元

B. 王某跟其妹妹约定，由王某全部扣除 2000 元

C. 老人指定王某分摊 1500 元，其妹妹分摊 500 元

D. 老人指定王某分摊 2000 元，其妹妹分摊 0 元

【参考答案】A

【答案解析】纳税人为非独生子女的，赡养老人专项附加扣除标准为：由其与兄弟姐妹分摊每月 2000 元的扣除额度，每人分摊的额度不能超过每月 1000 元。

79. 居民个人办理 2020 年个人所得税综合所得汇算清缴不得晚于（　）。

A.2021 年 3 月 31 日　　B.2021 年 4 月 30 日

C.2021 年 5 月 31 日　　D.2021 年 6 月 30 日

【参考答案】D

【答案解析】需要办理综合所得汇算清缴的纳税人，应当在取得所得的次年 3 月 1 日至 6 月 30 日内，向任职、受雇单位所在地主管税务机关办理纳税申报，并报送《个人所得税年度自行纳税申报表》。

80. 下列关于居民个人接受学历（学位）继续教育专项附加扣除的表述中，正确的是（　）。

A. 接受境内、外学历教育支出均可享受专项附加扣除

B. 享受专项附加扣除的继续教育仅指接受境内学历（学位）继续教育

C. 扣除标准为每季度 400 元

D. 扣除标准为每季度 800 元

【参考答案】B

【答案解析】纳税人在中国境内接受学历（学位）继续教育的支出，在学历（学位）教育期间按照每月 400 元定额扣除。

81. 某纳税人直接向河流排放总铅 6000 千克（自动监测仪读数），已知总铅污染当量值为 0.025，假定其所在省公布的水污染物环境保护税税额为每污染当量 4 元，则该纳税人应纳的环境保护税为（　）元。

A.600　　B.24000　　C.680000　　D.960000

【参考答案】D

【答案解析】污染当量数＝排放量 ÷ 污染当量值＝ 6000÷0.025 ＝ 240000

应纳环境保护税＝污染当量数 × 具体适用税额＝ 240000×4 ＝ 960000（元）。

82. 下列情形中，应申报缴纳环境保护税的是（　）。

A. 家庭养鸡 6 羽排放应税污染物

B. 存栏 300 头奶牛的养牛场（达到当地规模养殖的标准）排放应税污染物

C. 船舶行驶排放应税污染物

D. 企业直接向依法成立的垃圾集中处理中心运送应税污染物

【参考答案】B

【答案解析】农业生产（不包括规模化养殖）排放应税污染物的暂免征收环境保护税；机动车、铁路机车、非道路移动机械、船舶和航空器等流动污染源排放应税污染物的暂免征收环境保护税；企业直接向依法成立的垃圾集中处理中心运送应税污染物不属于直接向环境排放应税污染物，不需要缴纳环境保护税。

83. 根据《印花税法》的规定，下列选项中，不属于印花税征税范围的是（　）。

A. 专利证　　B. 买卖合同

C. 借款合同　　D. 产权转移书据

【参考答案】A

【答案解析】买卖合同、借款合同、产权转移书据均为《印花税法》后附的印花税税目税率表列举的应税凭证。专利证是《印花税暂行条例》规定的征税范围。

84. 某企业 2019 年 3 月直接排放二氧化硫、氟化物各 20 千克、一氧化碳、氯化氢各 81 千克，假设大气污染物的税额标准为每污染当量 1.5 元，该企业只有一个排放口。对应污染物的污染当量值（单位：千克）分别为 0.95、0.87、16.7、10.75。该企业 3 月大气污染物应缴纳环境保护税（　）元。

A.48.55　　B.77.36　　C.42.03　　D.55.98

【参考答案】B

【答案解析】（1）各污染物的污染当量数：

(1) 二氧化硫：20÷0.95=21.05；②氟化物：20÷0.87=22.99；③一氧化碳：81÷16.7=4.85；④氯化氢：81÷10.75=7.53

(2) 按污染物的污染当量数排序

氟化物(22.99)>二氧化硫(21.05)>氯化氢(7.53)

每一排放口或者没有排放口的应税大气污染物，对前三项污染物征收环境保护税。

(3) 计算应纳税额

该企业3月大气污染物应缴纳环境保护税=(22.99+21.05+7.53)×1.5=77.36(元)。

85. 甲企业2021年4月产生尾矿1325吨，其中综合利用的尾矿为325吨(符合国家和地方环境保护标准)，在符合国家和地方环境保护标准的设施贮存400吨，适用税额为15元/吨。甲企业4月尾矿应缴纳环境保护税( )元。

A.19875　　B.9000　　C.15000　　D.8000

【参考答案】B

【答案解析】应税固体废物的计税依据废物的排放量确定，固体废物的排放量为当期应纳固体废物的产生量减去当期固体废物的贮存量、处置量、综合利用量的余额。应纳税额=(1325−325−400)×15=9000(元)。

86. 下列凭证中，需缴纳印花税的是( )。

A. 房屋赠与合同

B. 银行同业拆借所签订的借款合同

C. 无息、贴息贷款合同

D. 与高校学生签订的高校学生公寓租赁合同

【参考答案】A

【答案解析】房屋赠与合同应该按照产权转移书据缴纳印花税。

87. 在融资性售后回租业务中，对承租人、出租人因出售租赁资产及购回租赁资产所签订的合同( )。

A. 按“借款合同”万分之零点五征收印花税

B. 按“购销合同”万分之三征收印花税

C. 按“财产租赁合同”万分之十征收印花税

D. 不征收印花税

【参考答案】 D

【答案解析】 根据《财政部　国家税务总局关于融资租赁合同有关印花税政策的通知》（财税〔2015〕144 号）第二条的规定，在融资性售后回租业务中，对承租人、出租人因出售租赁资产及购回租赁资产所签订的合同，不征收印花税。

88. 某大型商贸城落户 A 市，2019 年 10 月 18 日，当地自然资源管理部门批准其占用土地 1000 平方米，其中占用耕地 500 平方米，该地块使用土地使用税税额为每平方米 6 元，则商贸城当年应纳城镇土地使用税是（　）元。

A.6000　　B.3000　　C.1000　　D.500

【参考答案】 D

【答案解析】 纳税人新征用的耕地，自批准征用之日起满 1 年后的次月开始缴纳城镇土地使用税。纳税人新征用的非耕地，自批准征用次月起缴纳城镇土地使用税。应纳土地使用税为（1000－500）×6÷12×2 ＝ 500（元）。

89. 甲公司与某事业单位共同使用一块面积为 5000 平方米的土地，其中事业单位占用 70%，当地城镇土地使用税单位税额为每平方米 5 元。甲公司应纳城镇土地使用税为（　）元。

A.7500　　B.17500　　C.25000　　D.90000

【参考答案】 A

【答案解析】 土地使用权由几方共有的，由共有各方按照各自实际使用的土地面积占总面积的比例，分别计算缴纳城镇土地使用税。甲公司应纳城镇土地使用税为 5000×30%×5 ＝ 7500（元）。

90. 根据车船税的相关规定，下列选项中，不属于专用作业车的是（　）。

A. 高空作业车　　B. 消防车　　C. 扫路车　　D. 救护车

【参考答案】 D

【答案解析】 根据《国家税务总局关于车船税征管若干问题的公告》（国家税务总局公告 2013 年第 42 号）第一条的规定，以载运人员或货物为主要目的的专用汽车，如救护车，不属于专用作业车。

91. 下列各项中，减半征收车船税的是（　）。

A. 电车　　B. 养殖渔船　　C. 节约能源车辆　　D. 警用车辆

【参考答案】C

【答案解析】电车正常缴纳车船税，养殖渔船、警用车辆免征车船税。

92. 根据车船税法的规定，办理登记的车船，纳税人自行申报缴纳车船税的，车船税的纳税地点是（　）。

A. 车船的登记地　　B. 车船的使用地

C. 车船的销售地　　D. 纳税人机构所在地

【参考答案】A

【答案解析】车船税的纳税地点为车船的登记地或者车船税扣缴义务人所在地。

93. 张某在南京市有两套住房，承继其房产的下列人员中，应按规定缴纳契税的是（　）。

A. 张某的外祖父　　B. 张某的表弟

C. 张某的祖母　　D. 张某的姐姐

【参考答案】B

【答案解析】张某的外祖父、姐姐、祖母均属于法定继承人，继承其房屋时不需缴纳契税，而张某的表弟不属于法定继承人，应按接受捐赠缴纳契税。

94. 下列不属于契税征税范围的是（　）。

A. 土地使用权出让　　B. 土地使用权赠与

C. 房屋交换　　D. 农村集体土地承包经营权的转移

【参考答案】D

【答案解析】征税范围包括：土地使用权出让；土地使用权转让，房屋买卖；房屋赠与；房屋交换。不包括农村集体土地承包经营权的转移。

95. 甲公司用闲置厂房置换乙公司的一块宗地，厂房和土地经市场评估后，甲公司支付乙公司不含差价 100 万元，当地契税适用税率为 3%。下列有关契税的处理方法，正确的是（　）。

A. 甲、乙两公司都应缴纳契税

B. 甲应纳税 3 万元，乙不需纳税

C. 乙应纳税 3 万元，甲不需纳税

D. 甲、乙两公司都无须缴纳契税

【参考答案】B

【答案解析】土地使用权交换、房屋交换，契税计税依据为所交换的土地使用权、房屋的价格的差额。支付差价一方为契税的纳税人。

96. 下列关于烟叶税的表述，正确的是（　）。

A. 境内收购烟叶的单位和个人为烟叶税的纳税人

B. 境内生产销售烟叶的单位和个人为烟叶税的纳税人

C. 烟叶税的计税依据为烟叶的收购价

D. 烟叶税的计税依据为纳税人支付的烟叶收购价和价外补贴

【参考答案】D

【答案解析】烟叶税的纳税人为收购单位，烟叶税的计税依据为收购总金额，包括价外补贴。

97. 纳税人临时占用耕地从事非农建设，应按规定缴纳耕地占用税。税务机关退还临时占用耕地所缴纳税款的情形是（　）。

A. 占用耕地期满之日起 1 年内依法复垦，恢复种植条件的

B. 占用耕地期满之日起 2 年内依法复垦，恢复种植条件的

C. 占用耕地期满之日起 3 年内依法复垦，恢复种植条件的

D. 占用耕地期满之日起 5 年内依法复垦，恢复种植条件的

【参考答案】A

【答案解析】纳税人在批准临时占用耕地期满之日起 1 年内依法复垦，恢复种植条件的，全额退还已经缴纳的耕地占用税。

98. 用人单位缴纳残疾人就业保障金的条件是（　）。

A. 安排残疾人就业的比例低于本单位在职职工总数的 2%

B. 当年有销售且安排残疾人就业的比例低于本单位在职职工总数的 2%

C. 当年有销售其安排残疾人就业的比例低于本单位在职职工总数的 1.5%

D. 安排残疾人就业的比例低于本单位在职职工总数的 1.5%

【参考答案】D

【答案解析】《残疾人就业条例》规定，用人单位应当按照一定比例安排残疾人就业，并为其提供适当的工种、岗位。用人单位安排残疾人就业的比例不得低于本单位在职职工总数的1.5%。具体比例由各省、自治区、直辖市人民政府根据本地区的实际情况规定。用人单位安排残疾人就业达不到其所在地省、自治区、直辖市人民政府规定比例的，应当缴纳保障金。

99. 某传媒公司（增值税一般纳税人），2019年3月提供广告服务取得不含税销售300万元，非广告服务业务不含税销售400万元，则当月应缴纳的文化事业建设费是（　）万元。

A.9　　B.21　　C.9.54　　D.22.6

【参考答案】C

【答案解析】文化事业建设费的缴费人应按照提供广告服务、娱乐服务取得的计费销售额和3%的费率计算应缴费额。计算文化事业建设费的销售额是指含税销售额。应缴纳文化事业建设费为300×（1＋6%）×3%＝9.54（万元）。

100. 李聪2019年12月入职江苏某上市公司，则该公司给李聪缴纳失业保险的费率是（　）。

A.2%　　B.1.5%　　C.1%　　D.0.5%

【参考答案】D

【答案解析】自2019年5月1日起，实施失业保险总费率1%的省，延长阶段性降低失业保险费率的期限至2020年4月30日。单位缴费0.5%，个人缴费0.5%。

101. 张月2019年9月10日境内购置一辆跑车，如果不考虑节假日，其申报缴纳车辆购置税最迟日期是（　）。

A.2019年9月10日　　B.2019年10月9日

C.2019年10月30日　　D.2019年11月8日

【参考答案】D

【答案解析】纳税人应当购置应税车辆之日起60日内申报缴纳车辆购置税。

102. 王月 2019 年 8 月购置一艘船，则王月开始缴纳车船税的月份是（　）。

A.2019 年 8 月　　B.2019 年 9 月

C.2020 年 7 月　　D.2020 年 9 月

【参考答案】A

【答案解析】车船税按年申报，分月计算，一次性缴纳。购置的新车船，购置当年的应纳税额自纳税义务发生的当月起至该年度终了按月计算。

103. 某企业进口一辆小汽车自用，关税完税价为 40 万元，关税税率 20%，消费税税率 10%，则其缴纳的车辆购置税是（　）元。

A.40000　　B.48000　　C.50000　　D.53333.33

【参考答案】D

【答案解析】纳税人进口自用应税车辆的计税价格，为关税完税价格加上关税和消费税，应纳车辆购置税为 40×（1＋20%）÷（1－10%）×10%=5.33（万元）。

104. 企业因遭遇新型冠状肺炎疫情长时间不能复工，不能按期缴纳 2020 年度企业汇算清缴所得税，申请延期缴纳税款的最长时间是（　）个月。

A.1　　B.2　　C.3　　D.6

【参考答案】C

【答案解析】纳税人因不可抗力因素，导致发生较大损失，正常生产经营活动受到较大影响的，或者当期货币资金在扣除应付职工工资、社会保险费后不足以缴纳税款的，经省、自治区、直辖市或计划单列市税务局批准，可以延期缴纳税款，但最长不得超过 3 个月。

105. 纳税人申请增值税专用发票最高开票限额不超过 100 万元的，负责审批的税务机关是（　）。

A. 省级税务机关　　B. 计划单列市税务机关

C. 地市级税务机关　　D. 区县税务机关

【参考答案】D

【答案解析】最高开票限额由一般纳税人申请，区县税务机关依法审批。

106. 主管税务机关受理纳税人最高开票限额申请以后，根据需要进行实地查验。无须事前进行实地查验是（　）。

A. 纳税人申请增值税专用发票最高开票限额不超过 10 万元的

B. 纳税人申请增值税专用发票最高开票限额不超过 20 万元的

C. 纳税人申请增值税专用发票最高开票限额不超过 50 万元的

D. 纳税人申请增值税专用发票最高开票限额不超过 100 万元的

【参考答案】A

【答案解析】主管税务机关受理纳税人最高开票限额申请以后，根据需要进行实地查验。纳税人申请增值税专用发票最高开票限额不超过 10 万元的，主管税务机关不需事前进行实地查验。

107. 甲房地产开发公司 2016 年开发的某住宅项目，2019 年 6 月 20 日全部售罄。2019 年 6 月 21 日，主管税务机关发出《税务事项告知书》，通知其自接到通知书日起 90 日内办理清算申报。期满后，甲房地产开发公司未做申报处理，主管税务机关正确的处理方式是（　）。

A. 将甲房地产开发公司列入“黑名单”

B. 立即开展税务检查

C. 对甲房地产开发公司进行土地增值税清算核定

D. 降低甲房地产开发公司纳税信用级别

【参考答案】C

【答案解析】纳税人应进行土地增值税清算或经主管税务机关确定需要进行清算，但拒不清算或不提供清算资料的，税务机关可依职权对其进行土地增值税清算核定工作。

108. 甲化妆品公司因计算错误，2019 年 3 月 5 日多交税款所属期为 2019 年 2 月的消费税 50 万元，则该公司申请退税的最迟时间为是（　）。

A.2022 年 1 月 29 日　　B.2022 年 3 月 4 日

C.2021 年 1 月 29 日　　D.2023 年 1 月 29 日

【参考答案】B

【答案解析】纳税人多缴税款的，自结算缴纳税款之日起 3 年内发现的，可以向税务机关要求退还多缴的税款并加算银行同期存款利息。

109. 2019年10月22日，某市办税服务厅工作人员小张办理票款结报时，发现某企业当期多交增值税20万元，下列处理方式中，正确的是（ ）。

A. 立即退还该企业多交的税款

B. 次月的纳税申报期内将多交税款抵税

C. 经上级税务机关批准，给该企业办理退税

D. 立即退还该企业多交税款及相应的利息

【参考答案】A

【答案解析】在实际征收过程中，税务机关发现纳税人超过应纳税额多缴的税款，应当立即退还。

110. 2020年1月，我国遭遇新型冠状病毒肺炎疫情，某县税务局2020年2月10日在该县税务局门户网站下发公告，对辖区内定期定额征收个体户，统一下调税收定额，将定额调整至原定额的50%。该公告文书送达日是（ ）。

A.2020年2月10日

B.2020年2月20日

C.2020年2月25日

D.2020年3月11日

【参考答案】D

【答案解析】如果同一送达事项的受送达人众多，或者采用上述规定的其他送达方式无法送达，税务机关可以公告送达文书，自公告之日起满30日，即视为送达。

111. 某基层税务机关办税厅工作人员2019年12月20日收到该市农村商业银行（国库经收处）返回的票证进行甲公司当期增值税缴款书上解销号处理，该行（国库经收处）收讫章日期为2019年12月19日，则计算甲公司当期增值税滞纳金计算的截止日期是（ ）。

A.2019年12月19日

B.2019年12月18日

C.2019年12月16日

D.2019年12月15日

【参考答案】A

【答案解析】对商业银行（国库经收处）返回的票证进行缴款书上解销号处理，以商业银行（国库经收处）收讫章日期为上解日期，该日期也是确定纳税人滞纳时间的终止日期。

112. 税收风险管理的核心目标是（　）。

A. 提高税法遵从度

B. 以风险管理为导向

C. 转变管理职能，发挥资源优势

D. 创新管理方式，优化资源配置

【参考答案】A

【答案解析】根据《国家税务总局关于加强税收风险管理工作的意见》（税总发〔2014〕105 号）的规定，税收风险管理贯穿于税收工作的全过程，是税务机关运用风险管理理论和方法，在全面分析纳税人税法遵从状况的基础上，针对纳税人不同类型不同等级的税收风险，合理配置税收管理资源，通过风险提醒、纳税评估、税务审计、反避税调查、税务稽查等风险应对手段，防控税收风险，提高纳税人的税法遵从度，提升税务机关管理水平的税收管理活动。

113. 某税务局税收管理员小夏、小王、小李、小张在一起讨论税收风险管理的意义，下列说法中，错误的是（　）。

A. 小夏认为，税收风险管理是现代税收管理的先进理念和国际通行做法，是构建科学严密的税收征管体系的核心工作

B. 小王认为，税收风险管理是完成组织收入目标的重要抓手，有助于找准税收流失漏洞，促进税收收入可持续增长

C. 小李认为，税收风险管理可以实现税收管理效能的最大化，不断提高税收管理的水平和质量

D. 小张认为，税收风险管理可以把有限的征管资源优先配置到中低风险领域和特定行业税收领域

【参考答案】D

【答案解析】根据《国家税务总局关于加强税收风险管理工作的意见》（税总发〔2014〕105 号）的规定，税收风险管理可以把有限的征管资源优先配置到高风险领域和大企业税收领域。

114. 下列对于税收风险管理的基本内容，正确的表述是（　）。

A. 包括目标规划、信息收集、风险识别、等级排序、风险应对、过程监控和评价反馈，以及通过评价成果应月于规划目标的修订校正，从而形成良性互动、

持续改进的管理闭环

B. 包括目标规划、信息收集、风险识别、等级排序、风险应对、过程监控和评价反馈

C. 包括目标规划、信息收集、风险识别、等级排序、风险应对

D. 包括目标规划、信息收集、风险识别、等级排序

【参考答案】A

【答案解析】根据《国家税务总局关于加强税收风险管理工作的意见》（税总发〔2014〕105号）的规定，税收风险管理的基本内容包括目标规划、信息收集、风险识别、等级排序、风险应对、过程监控和评价反馈，以及通过评价成果应用于规划目标的修订校正，从而形成良性互动、持续改进的管理闭环。

115. 某市税务局在推进纳税人差别化精准管理工作中，根据辖区企业风险等级情况，制定分级分类管理方案。下列说法中，错误的是（　）。

A. 对暂未发现风险的纳税人不打扰　B. 对低风险纳税人予以提醒辅导

C. 对中风险纳税人加强辅导　D. 对高风险纳税人重点监管

【参考答案】C

【答案解析】根据《国家税务总局关于进一步加强税收风险管理工作的通知》（税总发〔2016〕54号）的规定，通过加强税收风险管理，对纳税人实施差别化精准管理，对暂未发现风险的纳税人不打扰，对低风险纳税人予以提醒辅导，对中高风险纳税人重点监管。

116. 通过加强税收风险管理，对纳税人实施（　）精准管理，对暂未发现风险的纳税人不打扰，对低风险纳税人予以提醒辅导，对中高风险纳税人重点监管。

A. 差别化　B. 高效化　C. 便利化　D. 现代化

【参考答案】A

【答案解析】《国家税务总局关于进一步加强税收风险管理工作的通知》（税总发〔2016〕54号）提出，通过加强税收风险管理，对纳税人实施差别化精准管理，对暂未发现风险的纳税人不打扰，对低风险纳税人予以提醒辅导，对中高风险纳税人重点监管。

117. 县、区级税务机关重点应做好的税收风险管理工作是（　）。

A. 风险识别　　B. 风险应对　　C. 过程监控　　D. 评价反馈

【参考答案】B

【答案解析】《国家税务总局关于加强税收风险管理工作的意见》（税总发〔2014〕105 号）指出，市、县税务机关重点做好税收风险应对工作，必要时，也可以组织开展风险分析识别工作；县、区级税务机关应重点做好风险应对工作。

118. 各级税务机关要落实信息管税的工作思路，注重收集宏观经济信息、第三方涉积信息、企业财务信息、生产经营信息纳税申报信息，整合不同应用系统信息，建立（　）信息库。

A. 税收申报　　B. 部门基础

C. 企业基础信息库　　D. 其他基础

【参考答案】C

【答案解析】《国家税务总局关于加强税收风险管理工作的意见》（税总发〔2014〕105 号）指出，各级税务机关要注重收集宏观经济信息、第三方涉税信息、企业财务信息、生产经营信息、纳税申报信息，整合不同应用系统信息。建立企业基础信息库，并定期予以更新。

119. 通过对行业涉税信息筛选、整理、测算、分析，归纳描述行业风险发生规律，并以若干行业风险特征和公认的参数区间构成的风险特征指标体系和数学模型是（　）。

A. 行业税收风险分析模型　　B. 行业税收风险特征指标

C. 特定税收风险事项识别　　D. 行业税收风险分析案例

【参考答案】A

【答案解析】行业税收风险分析模型是通过对行业涉税信息筛选、整理、测算、分析，归纳描述行业风险发生规律，并以若干行业风险特征和公认的参数区间构成的风险特征指标体系和数学模型。

120. 税收风险管理是一个分层级的结构化的循环往复的流程，包括：①目标规划；②风险识别；③等级排序；④风险应对；⑤实施过程监控评估和评价反馈；⑥信息收集等环节，这些环节循环的顺序是（　）。

A. ①②③④⑤⑥　　B. ⑥④⑤③②①
C. ①②③⑥⑤④　　D. ①⑥②③④⑤

【参考答案】D

【答案解析】《国家税务总局关于加强税收风险管理工作的意见》(税总发〔2014〕105 号) 指出，税收风险管理的基本内容包括目标规划、信息收集、风险识别、等级排序、风险应对、过程监控和评价反馈，以及通过评价成果应用于规划目标的修订校正，从而形成良性互动、持续改进的管理闭环。

121. 2020 年 11 月某市某报刊登的一条财经新闻——《AN 证券公司 80% 股权挂牌转让》被编入当期《涉税消息》，某市税务局通过对一条涉税信息的比对核查，及时发现某金融企业发生大额股权转让交易，税务机关一次性催缴企业所得税 18 亿元。某市税务局这一做法运用的信息属于（　）。

A. 宏观经济信息　　B. 第三方涉税信息
C. 企业财务信息　　D. 生产经营信息

【参考答案】B

【答案解析】依据是《国家税务总局关于加强税收风险管理工作的意见》(税总发〔2014〕105 号)。

122. 在税收风险应对过程中，对确定为高风险等级的风险任务，一般采取的风险应对方式是（　）。

A. 风险提醒　　B. 纳税评估
C. 税务审计　　D. 税务稽查

【参考答案】D

【答案解析】根据《国家税务总局关于进一步加强税收风险管理工作的通知》(税总发〔2016〕54 号) 的规定，风险应对根据风险等级不同实行差异化应对手段，一般情况下，低风险任务采取风险提醒；中风险任务采取纳税评估，其中，大企业采取税务审计，进出口企业采取反避税调查；高风险任务采取税务稽查。

123. 税务机关根据风险识别结果，确定风险纳税人及风险等级，统一推送下达风险应对任务，对风险应对任务下达应当实施（　）。

A. 统一管理　　B. 扎口管理

C. 分类管理　　　　　　　　　　　D. 分级管理

【参考答案】B

【答案解析】根据《国家税务总局关于加强税收风险管理工作的意见》（税总发〔2014〕105 号）的规定，风险应对任务应扎口管理并统一推送下达。

124. **税务机关是选择纳税评估还是税务稽查作为应对策略，主要依据的是（　）。**

A. 纳税人的风险等级　　　　　　　B. 纳税人的行业类别

C. 纳税人的经营规模　　　　　　　D. 纳税人的成立时间

【参考答案】A

【答案解析】纳税人的风险等级是税务机关是选择纳税评估还是税务稽查作为应对策略的主要依据。

125. **某税务局税收管理员小刘、小王、小李、小陈一起讨论税收风险应对任务管理的意义，下列说法中，错误的是（　）。**

A. 小刘认为，税收风险应对任务管理是税收风险管理的基础环节和首要环节

B. 小王认为，税收风险应对任务管理就是对上级推送的风险应对任务进行整合，实现不同纳税人多条风险应对任务归集

C. 小李认为，税收风险应对任务管理应依据行业、规模等分类标准进行结构分布分析

D. 小陈认为，税收风险应对任务管理通过任务过滤管理可以提高风险管理对象精准度

【参考答案】B

【答案解析】根据《国家税务总局关于加强税收风险管理工作的意见》（税总发〔2014〕105 号）和《国家税务总局关于进一步加强税收风险管理工作的通知》（税总发〔2016〕54 号）的规定，税收风险应对任务管理就是对上级推送的风险应对任务进行整合，实现同一纳税人多条风险应对任务的按户归集。

126. **对同一纳税人的纳税评估、税务稽查等税务检查任务推送，1 个年度内原则上推送（　）次。**

A.1　　　　B.2　　　　C.3　　　　D.4

【参考答案】A

【答案解析】对同一纳税人的纳税评估、税务稽查等税务检查任务推送，1个年度内原则上只推送1次。

127. **税务机关已掌握纳税人新的涉税违法线索，或因执行国际条约需要，以及纳税人再次出现税款流失风险的情况，经（　）主要负责人批准后，可对已实施税务检查的纳税人再次实施税务检查。**

A. 地级以上税务机关（不含本级）

B. 地级以上税务机关（含本级）

C. 县（区）级以上税务机关（不含本级）

D. 县（区）级以上税务机关（含本级）

【参考答案】D

【答案解析】税务机关已掌握纳税人新的涉税违法线索，或因执行国际条约需要，以及纳税人再次出现税款流失风险的，经县（区）级以上（含）税务机关主要负责人批准后，可对已实施税务检查的纳税人再次实施税务检查。

128. **利润类风险分析指标不包括（　）。**

A. 主营业务利润变动率 =（本期主营业务利润 − 基期主营业务利润）÷ 基期主营业务利润 ×100%

B. 其他业务利润变动率 =（本期其他业务利润 − 基期其他业务利润）÷ 基期其他业务利润 ×100%

C. 税前弥补亏损扣除限额

D. 投资收益增减额

【参考答案】D

【答案解析】依据是《国家税务总局关于印发〈纳税评估管理办法（试行）〉的通知》（国税发〔2005〕43号）。

129. **企业税负率偏低，发票开具金额环比增幅异常增大，集中顶额开具金额占全部开票额比率增大，预收账款余额占营业收入比率较高，增值税收入与所得税收入偏差较大，风险指向企业可能存在（　）的税收风险。**

A. 隐匿收入　　B. 虚列成本费用

C. 虚开发票　　D. 关联交易

【参考答案】C

【答案解析】企业税负率偏低，发票开具金额环比增幅较大，集中顶额开具金额占全部开票额比率高，预收账款余额占营业收入比率较高，增值税收入与所得税收入偏差较大，风险指向企业可能存在虚开发票的税收风险。

130. 管理人员小张对某纳税户通过“一户式”开展案头风险分析，将企业申报的全员全额个人所得税申报人数与企业所得税申报表中的企业基础信息表、企业税务登记表从业人员进行比对分析，这种分析方法称为（　）。

A. 核对法　　B. 比率分析法

C. 指标对比分析法　　D. 投入产出模型分析法

【参考答案】A

【答案解析】核对法是指将纳税人的相互关联的纳税申报资料加以核对，确定其申报内容一致性、匹配性的方法。

131. 纳税人存在明显虚开或接受虚开发票现象，涉嫌偷税、逃避缴纳税款、骗取出口退税以及其他需要立案查处的税收违法行为嫌疑，应于案头分析结果或纳税评估报告中注明（　）。

A. 建议移交稽查部门处理　　B. 建议实地核查确认

C. 建议纳税人自行补正　　D. 疑点确认，进行评估处理

【参考答案】A

【答案解析】纳税人有明显存在虚开或接受虚开发票现象，涉嫌偷税、逃避缴纳税款、骗取出口退税以及其他需要立案查处的税收违法行为嫌疑，应建议移交稽查部门处理，并于案头分析结果或纳税评估报告中注明。

132. 在税务约谈过程中，纳税人或者其他相关人员就税务机关提出质疑的问题，进行解释、说明，并提供相应的资料以证明其纳税情况真实、合理的活动过程称为（　）。

A. 约谈　　B. 举证　　C. 调查　　D. 核实

【参考答案】B

【答案解析】举证是在约谈过程中，纳税人或者其他相关人员就税务机关提出质疑的问题，进行解释、说明，并提供相应的资料以证明其纳税情况真实、合

理的一个活动过程。

133. 某企业2020年度利润总额为100万元，主营业务收入为1 000万元，主营业务成本为60万元，应纳所得税额为30万元，该企业2020年企业所得税贡献率是（　）

A.3%　　B.30%

C.25%　　D.7.5%

【参考答案】A

【答案解析】所得税贡献率＝应纳所得税额 ÷ 主营业务收入 ×100%=30÷1 000 ×100% ＝ 3%。

134. 资产类通用风险分析指标包括（　）。

A. 净资产收益率　　B. 营业利润变动率

C. 营业成本变动率　　D. 营业毛利率变动率

【参考答案】A

【答案解析】资产类通用风险分析指标包括：净资产收益率、总资产周转率、存货周转率（次数）、应收账款周转率、固定资产综合折旧率、资产负债率。

135. 案头风险分析指标中，净资产收益率等于净利润与（　）的比值。

A. 期末净资产　　B. 销售成本

C. 平均净资产　　D. 平均总资产

【参考答案】C

【答案解析】净资产收益率等于净利润与平均净资产的比值。

136. 下列有关总资产周转率的计算公式中，正确的是（　）。

A. 总资产周转率＝营业收入净额 ÷ 平均总资产 ×100%

B. 总资产周转率＝（营业收入＋利息支出）÷ 平均总资产 ×100%

C. 总资产周转率＝营业成本 ÷ 平均总资产 ×100%

D. 总资产周转率＝（利润总额＋利息支出）÷ 平均总资产 ×100%

【参考答案】A

【答案解析】总资产周转率＝营业收入净额 ÷ 平均总资产 ×100%

137. 纳税评估通用风险分析指标包括（　）。

A. 增值税税负率

B. 单位产成品原材料耗用率

C. 企业所得税贡献率

D. 应付账款变动率与主营业务收入变动率配比分析

【参考答案】B

【答案解析】纳税评估通用分析指标包括：(1) 收入类评估分析指标；(2) 成本类评估分析指标；(3) 费用类评估分析指标；(4) 利润类评估分析指标；(5) 资产类评估分析指标。

138. 下列各项中，可能存在企业多列成本费用、扩大税前扣除范围问题的是（　）。

A. 主营业务收入变动率与主营业务利润变动率比值 <1 且相差较大，二者都为负

B. 主营业务收入变动率与主营业务利润变动率比值 >1 且相差较大，二者都为负

C. 主营业务收入变动率与主营业务利润变动率比值 <1 且相差较大，二者都为正

D. 比值为负数，且前者为负后者为正

【参考答案】A

【答案解析】依据是《国家税务总局关于印发〈纳税评估管理办法（试行）〉的通知》（国税发〔2005〕43 号）。

139. 在下列风险分析模型中，主要适用于产品相对较为单一的制造企业的是（　）。

A. 投入产出模型　　B. 能耗测算模型

C. 设备生产能力模型　　D. 工时（工资）耗用模型

【参考答案】A

【答案解析】投入产出模型主要适用于产品相对较为单一的制造企业。

140. 增值税专用发票存根联滞留票（以下简称滞留票）是指销售方已开出，

并抄税报税，而购货方没进行认证抵扣的增值税专用发票，滞留票可能存在的最大风险是（ ）。

A. 虚抵进项税　　B. 虚开发票

C. 隐匿购进、隐匿销售收入、账外经营　　D. 虚增成本

【参考答案】C

【答案解析】纳税人为隐匿销售收入，采取账外经营的方法，有意对购进的货物或应税劳务取得的专用发票不申请认证抵扣，形成滞留票，是滞留票最大的风险点。

141.（ ）**是指通过对存货、待处理财产损失、固定资产及在建工程等指标的分析，对其增值税、消费税、企业所得税等计税依据进行全面综合分析，及时发现税收风险点。**

A. 票流分析　　B. 资金流分析

C. 物流分析　　D. 关联交易分析

【参考答案】C

【答案解析】票流分析主要是对发票取得开具情况的分析；资金流分析主要是对资金流入流出等情况的分析；关联交易分析主要是对关联企业之间关联交易情况的分析。

142. **在风险分析识别中，剔除政策、季节和价格指数的影响，某企业进项税额增长率与销售收入增长率对比计算的弹性系数大于 1, 风险指向企业可能存在（ ）。**

A. 销售额与进货成本不匹配

B. 利润增长率与税收增长率相违背

C. 未按规定申报增值税

D. 虚假抵扣税款或隐瞒收入

【参考答案】D

【答案解析】进项税额增长幅度大于销售收入的增长幅度，对比的弹性系数大于 1，风险指向企业可能存在虚假抵扣税款或隐瞒收入的风险。

143. **根据纳税人评估期内水、电、煤、气、油等能源、动力的生产耗用情**

况，利用单位产品能耗定额测算纳税人实际生产、销售数量，并与纳税人申报信息对比分析的一种方法是（ ）。

A. 资金监控法　　B. 设备生产能力法

C. 工时（工资）耗用法　　D. 能耗测算法

【参考答案】D

【答案解析】能耗测算法是根据纳税人评估期内水、电、煤、气、油等能源、动力的生产耗用情况，利用单位产品能耗定额测算纳税人实际生产、销售数量，并与纳税人申报信息对比分析的一种方法。

144. **在纳税评估风险应对过程中，下列有关征纳双方举证责任的表述，正确的是（ ）。**

A. 由税务机关单方进行举证　　B. 由纳税人单方进行举证

C. 由税务机关负主要举证责任　　D. 由纳税人负主要举证责任

【参考答案】D

【答案解析】在纳税评估过程中，纳税人负主要举证责任。

145. **在纳税评估案头风险分析阶段，税务机关在纳税人基本资料审核时，对小型微利企业低税率优惠的审核内容不包括（ ）。**

A. 企业所从事行业是否属于国家非限制和禁止行业

B. 企业年度应纳税所得额、资产总额和从业人数是否符合规定要求

C. 申报的减免税金额是否正确

D. 企业申报的财务报表是否齐全

【参考答案】D

【答案解析】小型微利企业低税率优惠的审核内容主要有：(1) 企业所从事行业是否属于国家非限制和禁止行业；(2) 企业年度应纳税所得额、资产总额和从业人数是否符合规定要求；(3) 申报的减免税金额是否正确。

146. **下列选项中，不属于纳税评估必经程序的是（ ）。**

A. 审核分析　　B. 实地核查

C. 评定处理　　D. 确定评估对象

【参考答案】B

【答案解析】 根据《国家税务总局关于印发〈纳税评估管理办法（试行）〉的通知》（国税发〔2005〕43号）的规定，对案头审核能够排除疑点的可以不实地核查。

147. **对纳税人进行纳税评估风险应对时发现的问题，应由主管税务机关约谈纳税人的是（　）。**

A. 企业因计算和填写错误，少申报税款4000元

B. 企业因政策和程序理解偏差，少申报税款5000元

C. 需要提请企业进行陈述说明、补充提供举证资料等问题

D. 企业存在的风险点经核实确认不具有偷税等违法嫌疑

【参考答案】 C

【答案解析】 企业因计算和填写错误，少申报税款4000元和企业因政策和程序理解偏差，少申报税款5000元可由企业自行改正；企业存在的疑点问题经核实不具有偷税等违法嫌疑可以结案处理，无须约谈纳税人。

148. **下列的服务项目中，不属于大企业个性化纳税服务主要任务的是（　）。**

A. 针对重大交易事项，提供专业辅导

B. 研究大企业税务风险内控指标体系，帮助企业加强税务风险内控

C. 签订遵从协议，推动遵从合作

D. 大企业数据采集

【参考答案】 D

【答案解析】 依据是《国家税务总局关于进一步加强大企业个性化纳税服务工作的意见》（税总发〔2013〕145号）。

149. **目前大企业税收服务与管理的对象不包括（　）。**

A. 千户集团企业总部

B. 千户集团所属成员单位

C. 高收入、高净值自然人

D. 省局、市局列名大企业

【参考答案】 C

【答案解析】 根据《纳税人分级分类管理办法》（税总发〔2016〕99号）第五条、第十一条的规定，高收入、高净值自然人属于个人纳税人。

150. 税务审计是纳税评估中的特殊方式，它主要针对的是（　）。

A. 大企业　　B. 一般纳税人

C. 小规模纳税人　　D. 小企业

【参考答案】A

【答案解析】根据《国家税务总局关于加强税收风险管理工作的意见》（税总发〔2014〕105 号）的规定，切实发挥税务审计在大企业税收风险管理中的核心作用。

151. 按照会计准则、会计制度等要求编制合并财务报表的千户集团总部，附报上一年度的合并财务报表的时间应在每年（　）。

A.1 月 31 日前　　B.3 月 31 日前

C.5 月 31 日前　　D.6 月 30 日前

【参考答案】C

【答案解析】按照会计准则、会计制度等要求编制合并财务报表的千户集团总部，应在每年 5 月 31 日前附报上一年度的合并财务报表。

152. 千户集团名单由国家税务总局确定，定期发布，实行（　）。

A. 静态管理　　B. 动态管理　　C. 分级管理　　D. 分类管理

【参考答案】B

【答案解析】千户集团名单由国家税务总局确定，定期发布，实行动态管理。

153. 根据千户集团名册管理办法的规定，入选千户集团名单的标准是（　）。

A. 年度缴纳税额　　B. 年度销售总额

C. 年度利润总额　　D. 年度资产总额

【参考答案】A

【答案解析】根据《千户集团名册管理办法》（国家税务总局公告 2017 年第 7 号）的规定，年度缴纳税额是入选千户集团名单的标准。

154. 千户集团企业与相关税务机关要定期开展企业名册管理工作，具体时间规定是每（　）年。

A.5　　B.1　　C.2　　D. 半

【参考答案】B

【答案解析】根据《千户集团名册管理办法》（国家税务总局公告 2017 年第 7 号）第六条的规定，千户集团企业按年维护集团名册信息，每年应按照要求填报相关信息，于每年 5 月 31 日企业所得税汇算清缴结束前报送省、自治区、直辖市、计划单列市税务机关（以下简称“省税务机关”）；省税务机关审核并于每年 6 月 30 日汇总上报国家税务总局。

155. 确定千户集团名单的税务机关是（　）。

A. 国家税务总局　　B. 省级税务机关

C. 市级税务机关　　D. 县级税务机关

【参考答案】A

【答案解析】根据《千户集团名册管理办法》（国家税务总局公告 2017 年第 7 号）第五条的规定，千户集团名单由国家税务总局确定，定期发布，实行动态管理。

156. 下列选项中，不属于千户集团名册信息内容的是（　）。

A. 企业名称　　B. 纳税人识别号、统一社会信用代码

C. 专业人才库成员名册　　D. 集团名称、上一级企业名称

【参考答案】C

【答案解析】根据《千户集团名册管理办法》（国家税务总局公告 2017 年第 7 号）第四条的规定，千户集团名册信息包括企业名称、纳税人识别号、统一社会信用代码、集团名称、上一级企业名称及其他涉税信息等项目。

157. 全国千户集团及其成员企业应附报的财务会计报表，是指按照企业所适用的会计准则、会计制度等编制的财务会计报表，不包括（　）

A. 资产负债表　　B. 现金流量表

C. 期间费用明细表　　D. 股东权益变动表

【参考答案】C

【答案解析】全国千户集团及其成员企业应附报的财务会计报表，是指按照企业所适用的会计准则、会计制度等编制的财务会计报表，包括资产负债表、利润表、现金流量表、所有者权益（股东权益）变动表、附注等。

158. 税务总局指导省局，制定并完善大企业税务风险内控测试指标体系，组织开展大企业税务风险内控调查和测试工作，引导和推动大企业完善税务风险内控体系；选择税务风险内控制度较为完善、税法遵从度较高的大企业，签订（　），引导和约束税企双方共同信守承诺、防范风险。

A.《税收遵从合作协议》　　B. 发送提示提醒函

C. 督促自查自纠　　D. 组织专业化团队深入实地核查

【参考答案】A

【答案解析】根据《国家税务总局关于印发〈深化大企业税收服务与管理改革实施方案〉的通知》（税总发〔2015〕157 号）的规定，税务总局指导省局，制定并完善大企业税务风险内控测试指标体系，组织开展大企业税务风险内控调查和测试工作，引导和推动大企业完善税务风险内控体系；选择税务风险内控制度较为完善、税法遵从度较高的大企业，签订《税收遵从合作协议》，引导和约束税企双方共同信守承诺、防范风险。

159. 各级大企业税收管理部门针对了解掌握的大企业税收风险状况，向大企业提出税收风险防控建议，指导大企业完善税务风险内控机制，体现了（　）的工作要求。

A. 税收风险统筹分析　　B. 差别化风险应对

C. 风险应对过程管控　　D. 风险应对结果应用

【参考答案】D

【答案解析】各级大企业税收管理部根据税收风险分析和应对结果，提出后期开展税收风险管理的工作建议；针对了解掌握的大企业税收风险状况，向大企业提出税收风险防控建议，指导大企业完善税务风险内控机制。

160. 按照大企业风险管理的要求，对于重大或复杂涉税事项的千户集团风险应对任务，由（　）组织开展应对。

A. 国家税务总局　　B. 省级税务机关

C. 地级税务机关　　D. 县级税务机关

【参考答案】B

【答案解析】千户集团风险应对任务实施以省级、市级税务机关为主。对于重大或复杂涉税事项的千户集团风险应对任务，由省级税务机关组织开展应对。

161. 下列选项中，不属于人工专业复评方法的是（　）。

A. 案头分析　　B. 抽样调查

C. 企业沟通　　D. 典型调查

【参考答案】B

【答案解析】人工专业复评可以采取案头分析、与企业沟通、选取代表性企业开展典型调查等方法。

162. 大企业管理部门通过互联网、媒体、政府相关部门的门户网站，深入大企业开展典型调查等方式，多渠道获取大企业集团及其成员企业生产经营重大变化的涉税信息，下列不属于大企业重大的重要的涉税信息是（　）。

A. 集团企业资产重组　　B. 大企业股权转让

C. 日常生产销售情况　　D. 重大投资项目

【参考答案】C

【答案解析】大企业管理部门通过互联网、媒体、政府部门、走访企业等多种渠道收集大企业集团及其成员企业生产经营重大变化的相关信息，包括税务登记变更信息、企业重组信息、重大投资项目信息、诉讼判决与仲裁裁定情况等。

163. 市级税务机关大企业数据采集人员或县级税务机关重点税源管理人员应通过互联网、媒体、政府部门、走访企业等多种渠道收集集团及其成员企业生产经营重大变化的相关信息，采集次数每年（　）次。

A.1　　B.2　　C.3　　D.5

【参考答案】B

【答案解析】市级税务机关大企业数据采集人员或县级税务机关重点税源管理人员每年2次（1月、7月）通过互联网、媒体、政府部门、走访企业等多种渠道收集集团及其成员企业生产经营重大变化的相关信息。

164. 大企业税收风险管理是在按规模对纳税人进行分类的基础上，将大企业按行业、（　）等标准进行细分，实施针对性管理。

A. 销售收入　　B. 纳税额

C. 风险等级　　D. 员工人数

【参考答案】C

【答案解析】大企业税收风险管理目标是通过加强税收风险管理，对纳税人实施差别化精准管理，对暂未发现风险的纳税人不打扰，对低风险纳税人予以提醒辅导，对中高风险纳税人重点监管。

165. 对于已经确认的风险和不确定事项，依据涉税金额大小、问题性质重要程度、企业遵从意愿和遵从能力等因素进行风险等级排序并采取不同的应对手段。对于风险等级较低的问题可以采取（　）。

A. 实施大企业税务审计　　B. 下发企业责令限期自查

C. 实施税务稽查　　D. 风险较低，不予处理

【参考答案】B

【答案解析】对于风险等级较低的问题可以归纳整理后下发企业责令其限期自查。

166. 根据风险点分析的结果，形成风险分析报告。下列选项中，不属于风险分析报告内容的是（　）。

A. 企业概况、生产经营基本情况和申报纳税情况

B. 风险分析的思路、程序、方法和结果

C. 确定实地审计的重点内容和核实的方法、步骤

D. 企业的人力资源管理情况

【参考答案】D

【答案解析】企业的人力资源管理情况不是风险分析报告的内容。

167. 各级税务机关大企业税收管理部门在处理需要征求其他部门意见的涉税诉求时，应先（　），再征求其他相关部门意见。

A. 转交其他相关部门　　B. 与相关部门召开涉税事项协调会议

C. 提出具体处理建议　　D. 暂缓提出处理建议

【参考答案】C

【答案解析】根据《国家税务总局大企业税收服务和管理规程（试行）》（国税发〔2011〕71 号）第十一条的规定，各级税务机关大企业税收管理部门在处理需要征求其他部门意见的涉税诉求时，应先提出具体处理建议，再征求其他相关部门意见。大企业税收管理部门对企业涉税诉求的处理意见与其他相关部门意见一

致的，由大企业税收管理部门直接回复企业；意见不一致的，由大企业税收管理部门提请召开大企业涉税事项协调会议，明确处理意见后及时回复企业。

168. 税务机关在开展现场审计前，应发出（　）提前通知现场审计对象。

A.《责令限期改正通知书》　　B.《调账通知书》

C.《税务检查通知书》　　D.《税务事项通知书》

【参考答案】D

【答案解析】税务机关确定现场审计对象后，发出《税务事项通知书》提前通知企业。

169. 税务机关对纳税人提出的办税申请服务，能当场提供服务的要及时提供，不能及时提供的，应向纳税人（　）。

A. 承诺服务时限，并在规定的时限内提供相关服务

B. 说明原因，并让纳税人过段时间再来看看

C. 说明原因，并请纳税人回去等候通知

D. 开辟绿色通道，特事特办

【参考答案】A

【答案解析】税务机关对纳税人提出的办税申请服务，能当场提供服务的要及时提供，不能及时提供的，应向纳税人承诺服务时限，并在规定的时限内提供相关服务。

170. 根据《企业所得税法》及其实施条例的规定，下列选项中，属于非居民企业的是（　）。

A. 在湖北省市场监督管理局登记注册的企业

B. 在美国注册但实际管理机构在武汉的外商独资企业

C. 在美国注册的企业设在武汉的办事处

D. 在湖北省注册但在中东开展工程承包的企业

【参考答案】C

【答案解析】《企业所得税法》所称非居民企业，是指依照外国（地区）法律、法规成立且实际管理机构不在中国境内，但在中国境内设立机构、场所的，或者在中国境内未设立机构场所，但有来源中国境内所得的企业。

171. 适用于母子公司之间的税收抵免方法是（ ）。

A. 全额免税法　　B. 累进免税法

C. 直接抵免法　　D. 间接抵免法

【参考答案】D

【答案解析】间接抵免法一般适用于母子公司之间的税收抵免，直接抵免法适用于总分公司之间。

172. 扣缴义务人支付或者到期应支付的款项以人民币以外的货币支付或计价的，以下说法中，错误的是（ ）。

A. 扣缴义务人扣缴企业所得税的，应当按照扣缴义务发生之日人民币汇率中间价折合成人民币，计算非居民企业应纳税所得额

B. 取得收入的非居民企业在主管税务机关责令限期缴纳税款前自行申报缴纳应源泉扣缴税款的，应当按照填开税收缴款书之日前 1 日人民币汇率中间价折合成人民币，计算非居民企业应纳税所得额

C. 主管税务机关责令取得收入的非居民企业限期缴纳应源泉扣缴税款的，应当按照主管税务机关作出限期缴税决定之日前 1 日人民币汇率中间价折合成人民币，计算非居民企业应纳税所得额

D. 扣缴义务人扣缴企业所得税的，应当按照扣缴申报之日人民币汇率中间价折合成人民币，计算非居民企业应纳税所得额

【参考答案】D

【答案解析】扣缴义务人支付或者到期应支付的款项以人民币以外的货币支付或计价的，分别按以下情形进行外币折算：

（1）扣缴义务人扣缴企业所得税的，应当按照扣缴义务发生之日人民币汇率中间价折合成人民币，计算非居民企业应纳税所得额。扣缴义务发生之日为相关款项实际支付或者到期应支付之日。

（2）取得收入的非居民企业在主管税务机关责令限期缴纳税款前自行申报缴纳应源泉扣缴税款的，应当按照填开税收缴款书之日前 1 日人民币汇率中间价折合成人民币，计算非居民企业应纳税所得额。

（3）主管税务机关责令取得收入的非居民企业限期缴纳应源泉扣缴税款的，应当按照主管税务机关作出限期缴税决定之日前 1 日人民币汇率中间价折合成人民币，计算非居民企业应纳税所得额。

173. 在境内设有机构、场所的某非居民企业取得营业收入 100 万元，成本费用 70 万元，已知企业收入不能准确核算，税务机关核定的利润率为 10%，则其应纳企业所得税为（　）万元。

A.1.95　　B.1.85　　C.2.05　　D.2.15

【参考答案】A

【答案解析】应纳税所得额＝70÷（1－10%）×10%＝7.78（万元），应纳企业所得税＝7.78×25%＝1.95（万元）。

174. 非居民企业与中国居民企业签订机器设备或货物销售合同，合同既未列明安装劳务收费金额，又无参照标准的，主管税务机关可以根据实际情况，以不低于销售货物合同总价款的（　）为原则，确定非居民企业的劳务收入。

A.5%　　B.10%　　C.15%　　D.25%

【参考答案】B

【答案解析】根据《非居民企业所得税核定征收管理办法》（国税发〔2010〕19 号）第六条的规定，主管税务机关可以根据以不低于销售货物合同总价款的 10% 为原则，确定非居民企业的劳务收入。

175. 在中国境内未设立机构、场所的非居民企业甲从中国境内乙企业取得特许权使用费所得 200 万元，并向乙企业转让位于我国境内的一处房产，取得转让收入 500 万元，该房产净值为 400 万元。假设不考虑其他税费，乙企业应代扣甲企业的预提所得税为（　）万 元。

A.30　　B.28　　C.26　　D.20

【参考答案】A

【答案解析】乙企业应代扣甲企业的预提所得税为 200×10%＋（500－400）×10% =20＋10＝30（万元）。

176. 某非居民企业从事承包工程作业，税务机关核定的利润率为（　）。

A.5%~10%　　B.10%~20%

C.15%~30%　　D.20%~40%

【参考答案】C

【答案解析】根据《非居民企业所得税核定征收管理办法》（国税发〔2010〕

19 号）的规定，税务机关可按照以下标准确定非居民企业的利润率：

（1）从事承包工程作业、设计和咨询劳务的，利润率为 15%~30%。

（2）从事管理服务的，利润率为 30%~50%。

（3）从事其他劳务或劳务以外经营活动的，利润率不低于 15%。

177. 非居民企业取得应源泉扣缴的所得为股息、红利等权益性投资收益的，相关应纳税款扣缴义务发生之日为（　）。

A. 股息、红利等权益性投资实际支付之日

B. 董事会决议派息日

C. 账务处理日

D. 年度终了之日起 5 个月内

【参考答案】A

【答案解析】根据《国家税务总局关于非居民企业所得税源泉扣缴有关问题的公告》（国家税务总局公告 2017 年第 37 号）的规定，非居民企业取得应源泉扣缴的所得为股息、红利等权益性投资收益的，相关应纳税款扣缴义务发生之日为股息、红利等权益性投资收益实际支付之日。

178. 当前，各国税法和国际税收协定允许采用的减除国际重复征税的方法主要有 4 种，我国在参考国际惯例的基础上，出于维护本国税收利益的考虑，采用了（　）。

A. 扣除法　　B. 免税法　　C. 减免法　　D. 抵免法

【参考答案】D

【答案解析】我国在参考国际惯例的基础上，出于维护本国税收利益的考虑，采用抵免法减除国际重复征税。

179. 某非居民企业在中国境内未设立机构、场所，但在中国境内取得利息所得，根据《企业所得税法》的规定，该非居民企业应当按照（　）的税率计算缴纳企业所得税。

A.25%　　B.20%　　C.15%　　D.10%

【参考答案】D

【答案解析】根据《企业所得税法实施条例》第九十一条的规定，减按 10%

的税率征收企业所得税。

180. 多数国家为了维护本国的税收权益，在税收管辖权方面（ ）。

A. 只实行所得来源地管辖权

B. 只实行居民（公民）管辖权

C. 同时实行所得来源地管辖权和居民（公民）管辖权

D. 只实行地域管辖权

【参考答案】C

【答案解析】大多数国家都采取实行所得来源地管辖权和居民（公民）管辖权并行的方法。

181. 非居民企业所得税源泉扣缴时，扣缴义务人应当自扣缴义务发生之日起（ ）日内向扣缴义务人所在地主管税务机关申报和解缴代扣税款。

A.7　　B.15　　C.30　　D. 次

【参考答案】A

【答案解析】根据《国家税务总局关于非居民企业所得税源泉扣缴有关问题的公告》（国家税务总局公告 2017 年第 37 号）的规定，扣缴义务人应当自扣缴义务发生之日起 7 日内向扣缴义务人所在地主管税务机关申报和解缴代扣税款。

182. 非居民甲企业在我国境内未设有机构、场所，2021 年 5 月向境内乙企业转让专有技术。因突发事件，乙企业支付技术转让费困难，于是指定由其子公司丙代为支付款项给甲企业，下列说法正确的是（ ）。

A. 应由丙企业代扣代缴技术转让费应缴纳的企业所得税

B. 应由乙企业代扣代缴技术转让费应缴纳的企业所得税

C. 非居民甲企业所取得的技术转让费无须向我国缴纳企业所得税

D. 由非居民甲企业自行向乙企业所在地税务机关申报技术转让费应缴纳的企业所得税

【参考答案】B

【答案解析】《国家税务总局关于非居民企业所得税源泉扣缴有关问题的公告》（国家税务总局公告 2017 年第 37 号）规定，支付人自行委托代理人或指定其他第三方代为支付相关款项，或者因担保合同或法律规定等原因由第三方保证人或担保人支付相关款项的，仍由委托人、指定人或被保证人、被担保人承担扣缴义务。

183. 国际税收协定的核心内容是（　）。

A. 国际睦邻友好关系　　B. 国际重复税收

C. 免除国家之间的双重征税　　D. 确定地域限制

【参考答案】C

【答案解析】缔结国际税收协定的主要目的是避免有关国家纳税人的国际双重（或者多重）税负。

184. 假如一个纳税人利用一个国家的纳税人居住时间规定，在各国间旅行以避免成为纳税人，达到躲避纳税义务的目的，我们可以把这种人称为“税收难民”。从理论上说，“税收难民”所采用避税的方法属于（　）。

A. 人的流动　　B. 人的非流动　　C. 资金的流动　　D. 货物的流动

【参考答案】A

【答案解析】在实行居民管辖权的国家里，对个人居民身份的确立，除了采用上述标准外，不少国家还采用时间标准。即以在一国境内连续或累计停留时间达到一定标准为界限。对于居住时间的规定，各个国家规定不尽相同，有的规定为半年（183 天），有的则规定 1 年（365 天），这就给跨国纳税人避税提供了可利用的机会。他们可以自由地游离于各国之间，确保自己不成为任何一个国家的居民，既能从这些国家取得收入，又可避免承担其中任何一个国家的居民纳税义务。通常将上述国际避税方法称为“税收流亡”。

185. 下列各项中，按照属人原则确立税收管辖权，被大多数国家所采用的是（　）。

A. 地域管辖权　　B. 居民管辖权　　C. 公民管辖权　　D. 国籍管辖权

【参考答案】B

【答案解析】居民管辖权是按照属人原则确立税收管辖权，被大多数国家所采用。

186. 关于董事费来源地的判断，国际通行的标准是（　）。

A. 住所标准　　B. 停留时间标准

C. 劳务发生地标准　　D. 所得支付地标准

【参考答案】D

【答案解析】对于各种跨国公司的董事或其他高级管理人员，由于其经常在公司所在国境外的其他地点工作（如在分公司所在国或与公司业务有关的国家活动），流动性大，因此，确定这类人员提供劳务活动地点，国际上通行的做法是按照所得支付地标准确认董事费的所得来源地。

187. **下列关于来源地税收管辖权的判定标准，可适用于非独立个人劳务所得的是（　）。**

A. 劳务发生地标准　　B. 所得支付者标准

C. 常设机构标准　　D. 固定基地标准

【参考答案】B

【答案解析】对于非独立个人劳务所得来源地的确定，目前国际上通常采用停留期间标准和所得支付者标准。

188. **非居民纳税人个人所得税应税项目，以 1 个月确定应纳税所得额的是（　）。**

A. 非居民个人的工资、薪金所得　　B. 劳务报酬所得

C. 稿酬所得　　D. 特许权使用费所得

【参考答案】A

【答案解析】根据《中华人民共和国个人所得税法》第六条第二项的规定，非居民个人的工资、薪金所得，以每月收入额减除费用 5000 元后的余额为应纳税所得额；劳务报酬所得、稿酬所得、特许权使用费所得，以每次收入额为应纳税所得额。

189. **2019 年 4 月，第一届“一带一路”税收征管合作论坛在中国乌镇召开，与会国家和地区税务部门共同签署的文件是（　）。**

A.《“一带一路”税收征管合作机制谅解备忘录》

B.《“一带一路”税务合作备忘录》

C. 税收国际合作协议

D. 税收共治行动计划

【参考答案】A

【答案解析】在第一届“一带一路”税收征管合作论坛上，34 个国家和地区税务部门共同签署《“一带一路”税收征管合作机制谅解备忘录》。

190. 下列选项中，不属于新型税收收入管理工作目标的是（　）。

A. 提升税收管理效率和收入增长质量

B. 提高税务机关统筹税收收入的自主性

C. 增强组织收入工作的科学性

D. 强化地方政府完成预算的能力

【参考答案】D

【答案解析】新型税收收入管理主要实现以下四项工作目标：一是强化税务机关完成预算的能力；二是提高税务机关统筹税收收入的自主性；三是增强组织收入工作的科学性；四是提升税收管理效率和收入增长质量。

191. 新型税收收入管理体系的基础是（　）。

A. 组织收入目标　　B. 行业税源分析监控

C. 税收收入质量考核　　D. 横向纵向统筹协调

【参考答案】B

【答案解析】新型税收收入管理要在坚持组织收入原则的前提下，以行业税源分析监控为基础，以组织收入目标为引领，以收入质量考核为抓手，以横向纵向统筹协调为机制，以信息化数据平台为支撑，实现税收收入量质齐升。

192. 税收资金的来源形态是指税收资金形成的具体渠道。下列选项中，不属于资金来源类的是（　）。

A. 应征税金　　B. 多缴税金

C. 保管款　　D. 暂收款

【参考答案】C

【答案解析】保管款属于资金占用类科目，应征税金、多缴税金、暂收款属于资金来源类科目。

193.《国家税务总局关于印发〈进一步加强减免税核算工作方案〉的通知》（税总函〔2015〕183 号）对税收会计减免税核算内容进行了调整，在“减免税

金”总账科目下增设（　）明细科目，分户核算反映纳税人享受减免税情况。

A. 纳税人名称　　B. 纳税人姓名

C. 纳税人识别号　　D. 法定代表人身份证号

【参考答案】C

【答案解析】在“减免税金”总账科目下增设纳税人识别号明细科目，分户核算反映纳税人享受减免税情况。

194. 某地区 2019 年、2020 年的税收收入分别为 80.1 亿元和 104 亿元，两年的增值税分别为 39.2 亿元和 47.6 亿元，增值税对该地区税收收入的增收贡献率为（　）。

A. 61%　　B. 35%　　C. 8%　　D. 51%

【参考答案】B

【答案解析】增值税对该地区税收收入的增收贡献率 =（47.6 − 39.2）÷（104 − 80.1）×100% = 35%。

195. 重点税源报表不包括（　）。

A.《基本信息表》　　B.《税收信息（月报）表》

C.《财务信息（季报）表》　　D.《主要产品（季报）表》

【参考答案】D

【答案解析】重点税源报表包括：《基本信息表》《税收信息（月报）表》《主要产品（月报）表》《财务信息（季报）表》和《企业调查问卷（季报）》。

196. 某市税收收入 2016—2020 年各年的环比发展速度分别为 115.6%、107.8%、105.6%、103.6%、107.2%，则平均增长速度为（　）。

A.7%　　B. 7.5%　　C. 8%　　D. 9%

【参考答案】C

【答案解析】

平均发展速度 = $\sqrt[5]{115.6\% \times 107.8\% \times 105.5\% \times 103.6\% \times 107.2\%}$ = 108%。

平均增长速度 = 108% − 100% = 8%。

197. 2020 年某地区税收收入为 209.48 亿元，增长 7.8%，GDP 完成 4668 亿元，增长 9.9%，则税收弹性系数为（　）。

A.0.79　　B.2.2　　C.4.4　　D.2.1

【参考答案】A

【答案解析】税收弹性系数 = 7.8% ÷ 9.9% = 0.79。

198. 下列预测方法中，不属于相关与回归预测方法的是（　）。

A. 年度增长速度　　B. 一元线性回归

C. 多元线性回归　　D. 非线性关系

【参考答案】A

【答案解析】年度增长速度属于时间序列分析。

199. 在下列税收报表中，不属于税收分析报表的是（　）。

A. 税收分析表　　B. 税源分析表

C. 税收经济分析表　　D. 货物劳务税类指标

【参考答案】D

【答案解析】税收分析报表，具体包括税收分析表、税源分析表、税收经济分析表和专题分析表。

200. 下列各项中，（　）不是税收会计报表编制的原则。

A. 资料完整　　B. 数据准确

C. 责任明确　　D. 报送及时

【参考答案】C

【答案解析】本题考点为税收会计。税收会计报表编制的原则是资料完整、数据准确、口径统一和报送及时。

201. 经国家税务总局和财政部批准开设的税款账户有两种，一是税务待缴库资金账户，二是（　）。

A. 待征税收账户　　B. 税务代保管资金账户

C. 减免税金账户　　D. 在途税金账户

【参考答案】B

【答案解析】本题考点为税收会计。目前经国家税务总局和财政部批准开设的税款账户有两种，一是税务待缴库资金账户，二是税务代保管金账户。

202. 下列选项中，（ ）是纳税人据以缴纳税款，税务机关、扣缴义务人以及代征代售人据以征收、汇总税款的税收票证。

A. 税收缴款书　　　　B. 税收收入退还书

C. 税收完税证明　　　　D. 其他税收票证

【参考答案】A

【答案解析】税收缴款书是纳税人据以缴纳税款，税务机关、扣缴义务人以及代征代售人据以征收、汇总税款的税收票证。

203. 2019 年 1 月 1 日起，下列票证不再作为税收票证管理的是（ ）。

A.《税收完税证明（文书式)》　　　　B.《税收缴款书（税务收现专用)》

C.《税收完税证明（表格式)》　　　　D.《税收缴款书（银行经收专用)》

【答案】A

【答案解析】根据《国家税务总局关于调整部分税收票证管理工作有关事项的通知》（税总函〔2018〕552 号）和《国家税务总局关于明确〈税收完税证明〉（文书式）开具管理有关事项的通知》（税总函〔2018〕628 号）的规定，《税收完税证明（文书式)》不再作为税收票证管理。

204. 某企业 2020 年 2 月 15 日申报应纳增值税 49 万元，由于资金困难，未按时缴纳实现税款，该笔税款的上交日期为 4 月 20 日，该企业无其他欠缴税金，上年度应纳税款按期入库率 100%，当期速动比率为 98%，其主管税务机关 3 月份“欠缴税金分风险类别登记簿”登记此笔欠税的欠缴类别是（ ）。

A. 低风险欠缴　　　　B. 中风险欠缴

C. 高风险欠缴　　　　D. 高危欠缴

【答案】B

【答案解析】根据《国家税务总局关于欠缴税金按风险分类核算管理的通知》（税总函〔2014〕337 号）规定，该笔欠税的滞纳天数与上年度应纳税款按期入库率符合低风险欠缴条件，欠缴金额与当期速动比率符合中风险欠缴条件，税务机关应根据从高原则确定欠缴税金的风险类别。

205. 从事前、事中和事后密切跟踪税制改革和税收政策变动的实施情况，测算税收政策变动对经济、税收的定量影响，提出调整和优化建议，这是（ ）。

A. 税收形势分析　　　　B. 税收风险分析

C. 税收政策效应分析　　　　D. 经济运行分析

【参考答案】C

【答案解析】税收政策效应分析，是从事前、事中和事后密切跟踪税制改革和税收政策变动的实施情况，测算税收政策变动对经济、税收的定量影响，提出调整和优化建议；税收形势分析，主要是通过对税收走势的研判，从宏观上准确剖析收入增减变化原因，客观反映计划执行中存在的问题，提出加强组织收入工作的措施；税收风险分析，是运用税收与经济运行中的宏观微观数据，开展关键指标比对，发现税收征管和纳税遵从中存在的风险点，指引征管资源的合理配置，为组织收入服务；经济运行分析，是利用税收大数据优势，从税收角度观察和反映国家经济运行状况，把握经济发展方式转变进程，揭示税源发展中值得关注的问题，为各级党委、政府决策提供意见和建议。

206. 下列各项中（　）是利用税收大数据优势，从税收角度观察和反映国家经济运行状况，把握经济发展方式转变进程，揭示税源发展中值得关注的问题，为各级党委、政府决策提供意见和建议。

A. 税收形势分析　　　　B. 税收风险分析

C. 税收政策效应分析　　　　D. 经济运行分析

【参考答案】D

【答案解析】经济运行分析是利用税收大数据优势，从税收角度观察和反映国民经济运行状况，把握经济发展方式转变进程，揭示税源发展中值得关注的问题，为各级党委、政府提供高质量经济发展的意见和建议。

1. 纳税人的下列行为中，享受增值税免税优惠的有（　）。

A. 病虫害防治

B. 金融同业往来利息

C. 其他个人转让自用手机

D. 提供非学历教育的补课班收取的培训费

【参考答案】ABC

【答案解析】根据《财政部　税务总局关于全面推开营业税改征增值税试点的通知》（财税〔2016〕36号）附件3《营业税改征增值税试点过渡政策的规定》的规定，农业机耕、排灌、病虫害防治、植物保护、农牧保险以及相关技术培训业务，家禽、牲畜、水生动物的配种和疾病防治以及金融同业往来利息收入免征增值税。

根据《中华人民共和国增值税暂行条例》第十五条的规定：下列项目免征增值税：(1) 农业生产者销售的自产农产品。(2) 避孕药品和用具。(3) 古旧图书。(4) 直接用于科学研究、科学试验和教学的进口仪器、设备。(5) 外国政府、国际组织无偿援助的进口物资和设备。(6) 由残疾人的组织直接进口供残疾人专用的物品。(7) 销售的自己使用过的物品。根据《财政部 国家税务总局关于进一步明确全面推开营改增试点有关再保险、不动产租赁和非学历教育等政策的通知》（财税〔2016〕68号）第三条的规定，一般纳税人提供非学历教育服务，可以选择适用简易计税方法按照3%征收率计算应纳税额。

2. 下列选项中，应按照“有形动产租赁服务”缴纳增值税的有（　）。

A. 航空运输的干租业务　　B. 有形动产经营性租赁

C. 远洋运输的期租业务　　D. 水路运输的程租业务

【参考答案】AB

【答案解析】远洋运输的期租业务和水路运输的程租业务，按照交通运输服务缴纳增值税。

3. 下列选项中，在出版环节执行增值税先征后退100%政策的有（　）。

A. 专为少年儿童出版发行的报纸和期刊，中小学的学生课本

B. 专为老年人出版发行的报纸和期刊

C. 少数民族文字出版物

D. 某市人大办公室订购的非机关报纸和机关期刊的公文杂志

【参考答案】ABC

【答案解析】根据《财政部　税务总局关于延续宣传文化增值税优惠政策的

公告》（财政部 税务总局公告 2021 年第 10 号）第一条第一项的规定，对下列出版物在出版环节执行增值税 100% 先征后退的政策：(1) 中国共产党和各民主党派的各级组织的机关报纸和机关期刊，各级人大、政协、政府、工会、共青团、妇联、残联、科协的机关报纸和机关期刊，新华社的机关报纸和机关期刊，军事部门的机关报纸和机关期刊。上述各级组织不含其所属部门。机关报纸和机关期刊增值税先征后退范围掌握在一个单位一份报纸和一份期刊以内。(2) 专为少年儿童出版发行的报纸和期刊，中小学的学生教科书。(3) 专为老年人出版发行的报纸和期刊。(4) 少数民族文字出版物。(5) 盲文图书和盲文期刊。(6) 经批准在内蒙古、广西、西藏、宁夏、新疆五个自治区内注册的出版单位出版的出版物。(7) 列入上述公告附件 1 的图书、报纸和期刊。

4. 属于增值税加计抵减政策所称的生产、生活服务业纳税人的行业有（ ）。

A. 邮政服务　　B. 电信服务　　C. 现代服务　　D. 生活服务

【参考答案】ABCD

【答案解析】根据《财政部 税务总局 海关总署关于深化增值税改革有关政策的公告》（财政部 税务总局 海关总署公告 2019 年第 39 号）第七条的规定，自 2019 年 4 月 1 日至 2021 年 12 月 31 日，允许生产、生活性服务业纳税人按照当期可抵扣进项税额加计 10%，抵减应纳税额（以下称加计抵减政策）。

上述所称生产、生活性服务业纳税人，是指提供邮政服务、电信服务、现代服务、生活服务（以下称四项服务）取得的销售额占全部销售额的比重超过 50% 的纳税人。四项服务的具体范围按照《销售服务、无形资产、不动产注释》（财税〔2016〕36 号印发）执行。

5. 下列行为中，应视同销售缴纳增值税的有（ ）。

A. 在线教育平台向特定学员提供免费试听课程

B. 化工试剂公司以固定资产入股投资

C. 健身俱乐部向本单位员工免费提供健身服务

D. 煤矿公司为员工购买瓦斯报警装置

【参考答案】AB

【答案解析】在线教育平台向特定学员提供免费试听课程属于单位或者个体工商户向其他单位或者个人无偿提供服务，要视同销售处理；代工试剂公司以固定资产入股投资属于将自产、委托加工或购进的货物作为投资，提供给其他单位，要视同销售处理。

6. 下列选项中，关于增值税征收范围中，正确的有（　）。

A. 道路通行服务按不动产租赁

B. 向客户收取退票费按其他现代服务

C. 融资租赁按金融服务

D. 车辆停放按有形动产租赁

【参考答案】AB

【答案解析】融资租赁属于租赁服务；车辆停放属于不动产租赁服务。

7. 纳税人销售的下列商品与服务中，属于按货物征收增值税的有（　）。

A. 自来水　B. 热力　C. 氧气　D. 处理污水

【参考答案】ABC

【答案解析】货物是指有形动产，包括电力、热力、气体在内。

8. 纳税人境内发生下列经营行为中，属于增值税的销售服务的有（　）。

A. 制作广告牌并出售　B. 投放广告

C. 转让建筑物　D. 提供建筑服务

【参考答案】BD

【答案解析】销售服务，是指有偿提供交通运输服务、邮政服务、电信服务、建筑服务、金融服务、现代服务、生活服务。

9. 某生猪养殖场，符合该省规定的规模养殖标准，根据现行政策，对该养殖场免征的税种有（　）。

A. 增值税　B. 企业所得税

C. 城镇土地使用税　D. 环境保护税

【参考答案】ABC

【答案解析】从事种植养殖业免征企业所得税和城镇土地使用税，销售自产农产品免征增值税。规模养殖不免征环保税。

10. 某劳务派遣公司，增值税小规模纳税人，发生的下列情形中，适用 5% 征收率计征增值税的有（　）。

A. 出租闲置办公楼

B. 派遣劳务，选择差额计税

C. 派遣劳务，选择全额计税

D. 为某电视台介绍直播人员，收取介绍费

【参考答案】AB

【答案解析】小规模纳税人适用 5% 征收率计征增值税的情形有：转让其取得的不动产；转让其自建的不动产；出租不动产（不含住房）；提供劳务派遣服务，选择差额纳税的。

11. 某房地产开发公司（增值税一般纳税人），发生的下列情形中，可选择按 5% 征收率计征增值税的有（　）。

A. 出租 2016 年 4 月 30 日前验收合格的临街商铺

B. 销售 2016 年 4 月 30 日前开发的住宅项目

C. 出租 2016 年 4 月 30 日前取得的土地使用权

D. 销售 2016 年月 30 日后开发的住宅项目

【参考答案】ABC

【答案解析】一般纳税人选择按 5% 简易征收的情形：经营租赁方式出租其 2016 年 4 月 30 日前取得的不动产；销售其 2016 年 4 月 30 日前取得的不动产；销售 2016 年 4 月 30 日前开发的房地产项目。

12. 某设备制造公司（增值税一般纳税人），可申报抵扣的进项抵扣凭证有（　）。

A. 高速通行费增值税电子发票

B. 报销注明出差员工身份信息的机票

C. 进口货物报关时取得的增值税缴款书

D. 支付境外单位设计费扣缴增值税的完税凭证

【参考答案】ABCD

【答案解析】进项抵扣凭证包括：增值税专用发票；海关进口增值税专用缴款书；农产品销售发票或收购凭证；完税凭证；注明旅客身份信息的航空运输电

子客票行程单的、铁路车票、公路、水路等其他客票；道路通行费抵扣凭证。

13. 某增值税一般纳税人购进的下列货物中，按规定不能作为进项税额抵扣的有（　）。

A. 外购商品用于职工集体福利

B. 外购货物用于分配给股东

C. 外购原材料用于不动产在建工程

D. 发生非正常损失的产品中所耗用的外购材料

【参考答案】AD

【答案解析】用于简易计税方法计税项目、免征增值税项目、集体福利或者个人消费的购进货物、加工修理修配劳务、服务、无形资产和不动产进项税额不得抵扣。发生非正常损失的购进货物，以及相关的加工修理修配劳务和交通运输服务，进项税额不得抵扣。

14. 增值税一般纳税人购进应税服务、无形资产、不动产，下列项目中，进项税额不得抵扣销项税额的有（　）。

A. 非正常损失的不动产在建工程所耗用的购进货物、设计服务和建筑服务

B. 非正常损失的购进货物，以及相关的加工修理修配劳务和交通运输服务

C. 贷款服务

D. 住宿服务

【参考答案】ABC

【答案解析】发生非正常损失的购进货物，以及相关的加工修理修配劳务和交通运输服务，进项税额不得抵扣。购进的贷款服务、餐饮服务、居民日常服务和娱乐服务，进项税额不得抵扣。

15. 根据增值税发票管理相关规定，不得离线开具发票的纳税人有（　）。

A. 经税务总局、省税务局大数据分析发现存在涉税风险的纳税人

B. 纳税信用 A 级的纳税人

C. 纳税信用 B 级的纳税人

D. 新办理增值税一般纳税人登记未超过 3 个月的纳税人

【参考答案】AD

【答案解析】经税务总局、省税务局大数据分析发现存在涉税风险的纳税人，不得离线开具发票。新办理增值税一般纳税人登记的纳税人，自首次开票之日起3个月内不得离线开具发票。

16. 根据现行增值税管理要求，增值税纳税申报有（　）。

A. 增值税一般纳税人申报　　B. 增值税小规模纳税人申报

C. 增值税预缴申报　　D. 航空运输企业年度清算申报

【参考答案】ABCD

【答案解析】增值税申报包括：增值税预缴申报、增值税一般纳税人申报、原油天然气增值税申报、增值税小规模纳税人申报、航空运输企业年度清算申报。

17. 某商场零售的下列首饰中，应缴纳消费税的有（　）。

A. 翡翠项链　　B. 金银首饰

C. 玉石手镯　　D. 钻石戒指

【参考答案】BD

【答案解析】金银首饰、钻石及钻石饰品在零售环节征消费税。

18. 某汽车厂的下列自产自用行为无须在移送使用环节征收消费税的有（　）。

A. 将自产小汽车用于小汽车生产碰撞试验

B. 将自产小汽车赠送给应对新型冠状病毒感染的肺炎疫情的医院

C. 将自产小汽车奖励给销售人员

D. 管理部门领用自产小汽车

【参考答案】AB

【答案解析】纳税人自产应税消费品用于连续生产应税消费品的，不缴纳消费税；纳税人自产应税消费品用于其他方面的，于移送使用时纳税。单位和个体工商户将自产、委托加工或购买的货物，通过公益性社会组织和县级以上人民政府及其部门等国家机关，或者直接向承担疫情防治任务的医院，无偿捐赠用于应对新型冠状病毒感染的肺炎疫情的，免征增值税、消费税、城市维护建设税、教育费附加、地方教育附加。

19. 根据现行企业所得税政策，下列市场主体在境内取得收入，应缴纳企业

所得税的有（　）。

A. 在南京注册登记的某新能源汽车生产企业

B. 在香港注册，实际管理机构在苏州的某科技公司

C. 在宿迁注册的某个人独资企业

D. 在北京注册的某合伙制创业投资企业

【参考答案】AB

【答案解析】企业所得税的纳税人是指在中华人民共和国境内的企业和其他取得收入的组织。个人独资企业、合伙企业不适用企业所得税法的规定。

20. 下列选项中，属于不征税收入的有（　）。

A. 依法收取并纳入财政管理的政府性基金

B. 依法收取并纳入财政管理的行政事业性收费

C. 国债利息收入

D. 信用社存款利息收入

【参考答案】AB

【答案解析】不征税收入有：(1) 财政拨款；(2) 依法收取并纳入财政管理的行政事业性收费、政府性基金；(3) 国务院规定的其他不征税收入。

21. 下列各项属于企业所得税法规定的职工福利费支出的有（　）。

A. 职工住房补贴　　B. 职工交通补贴

C. 自办职工食堂经费补贴　　D. 离退休人员工资

【参考答案】ABC

【答案解析】离退休人员工资与企业取得的收入无关，不得列入福利费支出在企业所得税税前扣除。

22. 某纳税人已依法预缴 2019 年度个人所得税，则无须办理年度汇算的情形有（　）。

A. 汇算需补税但年度综合所得收入不超过 12 万元的

B. 年度汇算需补税金额不超过 400 元的

C. 年度汇算需退税金额不超过 400 元的

D. 已预缴税额与年度应纳税额一致

【参考答案】ABD

【答案解析】纳税人在2019年度已依法预缴个人所得税且符合下列情形之一的，无须办理年度汇算：(1) 纳税人年度汇算需补税但年度综合所得收入不超过12万元的；(2) 纳税人年度汇算需补税金额不超过400元的；(3) 纳税人已预缴税额与年度应纳税额一致或者不申请年度汇算退税的。

23. 居民个人从境内取得下列收入，按20%比例税率计征个人所得税的有（　）。

A. 出租住房收入　　B. 转让著作权收入

C. 中奖收入　　D. 转让限售股股票的收入

【参考答案】CD

【答案解析】自2008年3月1日起，对个人出租住房取得的所得减按10%的税率征收个人所得税。转让著作权取得的收入按综合所得适用超额累进税率。

24. 居民王某为甲公司程序设计员，2020年取得下列收入，应按“特许权使用费所得”申报个人所得税的有（　）。

A. 向境外转让一项发明专利取得的收入，该专利在境内使用

B. 为境内乙公司提供程序设计取得的收入，乙公司与甲公司不存在关联关系

C. 向境内丙公司提供非专利技术取得收入

D. 从甲公司取得股权激励收入

【参考答案】AC

【答案解析】特许权使用费所得，是指个人提供专利权、商标权、著作权、非专利技术以及其他特许权的使用权取得的所得。选项B为劳务报酬所得，选项D为工资、薪金所得。

25. 根据现行政策，采用累计预扣法扣缴个人所得税的有（　）。

A. 支付给居民个人的工资

B. 支付给非居民个人的工资

C. 支付给职工的内部集资利息

D. 支付给居民个人雇员的季度绩效奖金

【参考答案】AD

【答案解析】支付给雇员的季度绩效奖金属于工资、薪金所得。扣缴义务人

向居民个人支付工资、薪金所得时，应当按照累计预扣法计算预扣税款，并按月办理扣缴申报。

26. 某大学教授2019年取得的下列所得中，应按年计征个人所得税的有（ ）。

A. 从管理学院按月支取的工资　　B. 心理咨询收入

C. 市内房产租赁收入　　D. 从某专业杂志取得稿酬收入

【参考答案】ABD

【答案解析】该教授从管理学院按月支取的工资、心理咨询收入以及从某专业杂志取得稿酬收入为综合所得，应按年计征个税；市内房产租赁收入为财产租赁所得，应按次征收个税。

27. 下列自然人中，属于我国个人所得税居民个人的有（ ）。

A. 在南京有房产出租收入的香港居民

B. 国外做两年访问学者的南京籍张教授

C.2019年10月1日后回国定居的美籍华人丁某

D.2019年1月1日至2019年8月1日来华工作的外国专家

【参考答案】BCD

【答案解析】在中国境内有住所，或者无住所而一个纳税年度内在中国境内居住累计满183天的个人，为居民个人。在中国境内有住所，是指因户籍、家庭、经济利益关系而在中国境内习惯性居住。

28. 按照现行土地增值税的有关规定，下列说法中正确的有（ ）。

A. 对房地产评估增值征税

B. 房地产抵押期间不征税

C. 对房地产所有人将房屋产权赠与直系亲属不征税

D. 对房地产出租收入征税

【参考答案】BC

【答案解析】土地增值税对转让国有土地使用权、地上的建筑物及其附着物的行为征收。而评估增值、抵押期间和出租情况下房地产并没有转让，不应征收土地增值税。房产所有人、土地使用权所有人将房屋产权、土地使用权赠与直系亲属或承担直接赡养义务人的，不征收土地增值税。

29. **下列说法中，符合车船税有关规定的有（　）。**

A. 车船税纳税义务发生时间为取得车船所有权或者管理权的当月，即为购买车船的发票或者其他证明文件所载日期的当月

B. 已缴纳车船税的车船在同一纳税年度内办理过户的，不另行纳税，也不退税

C. 购置的新车船，购置当年的应纳税额自纳税义务发生的当月起按月计算缴纳车船税

D. 已办理退税的被盗抢车船，失而复得的，纳税人应当从公安机关出具相关证明的次月起计算缴纳车船税

【参考答案】ABC

【答案解析】已办理退税的被盗抢车船，失而复得的，纳税人应当从公安机关出具相关证明的当月起计算缴纳车船税。选项 D 表述不正确。

30. **境内单位和个人进口一辆小汽车自用，计征车辆购置税的价格包括（　）。**

A. 关税完税价格　　B. 关税

C. 增值税　　D. 消费税

【参考答案】ABD

【答案解析】纳税人进口自用应税车辆的计税价格，为关税完税价格加上关税和消费税。

31. **下列说法中，符合环境保护税政策规定的有（　）。**

A. 环境保护税的纳税义务发生时间是季度终了之日起 15 日内

B. 纳税人应当向应税污染物排放地的税务机关申报缴纳环境保护税

C. 不能按固定期限计算缴纳的，可以按次申报缴纳环境保护税

D. 环境保护主管部门和税务机关应当建立涉税信息共享平台和工作配合机制

【参考答案】BCD

【答案解析】不可混淆纳税义务发生时间与申报缴纳税款时间。环境保护税的纳税义务发生时间为纳税人排放应税污染物的当日。

32. **下列关于环境保护税税额的说法中，正确的有（　）。**

A. 某个纳税人排放多种大气污染物，应按所有污染物污染当量数之和计算环境保护税

B. 安装自动检测设备的纳税人，损毁或者擅自移动、改变污染物自动监测设备，应按污染物产量计算环境保护税

C. 应税固体废物的排放量为当期应税固体废物的产生量减去当期应税固体废物贮存量、处置量、综合利用量的余额

D. 无组织排放的，无须计算环境保护税

【参考答案】BC

【答案解析】每一排放口或者没有排放口的应税大气污染物，按照污染当量数从大到小排序，对前三项污染物征收环境保护税，选项A错误。纳税人计算当期应纳税额时，应统计所有应税污染物的排放量，包括有组织排放和无组织排放。选项D错误。

33. 下列应税房产应按4%计征房产税的有（ ）。

A. 个人出租住房用于居住

B. 个人出租住房用于经营

C. 企业将闲置厂房改造出租给职工用于居住

D. 公租金管理单位出租房产给居民用于居住

【参考答案】ABCD

【答案解析】根据《财政部　国家税务总局关于廉租住房经济适用住房和住房租赁有关税收政策的通知》（财税〔2008〕24号）和《财政部　税务总局　住房城乡建设部关于完善住房租赁有关税收政策的公告》（财政部　税务总局　住房城乡建设部公告2021年第24号）的规定，自2008年3月1日至2021年10月1日，对个人出租住房，不区分用途，按4%的税率征收房产税；对企事业单位、社会团体以及其他组织按市场价格向个人出租用于居住的住房，减按4%的税率征收房产税。

34. 境内拥有下列车辆，应缴纳车船税的有（ ）。

A. 电动车　　B. 小汽车　　C. 商用车　　D. 挂车

【参考答案】BCD

【答案解析】车船税税目包括乘用车、商用车、挂车、其他车辆、摩托车和船舶六个税目。征收车船税的乘用车应为机动车辆，电动车不属于机动车辆，不属于车船税的征税范围。

35. **根据现行车辆购置政策，下列行为中，应缴纳车辆购置税的有（ ）。**

A. 从车企购买小轿车用于销售的4S店

B. 从车企购买小汽车奖励职工的企业

C. 国内某企业进口轿车用于商务接待

D. 购买小汽车自用的某教育局

【参考答案】CD

【答案解析】在境内购置应税车辆的单位和个人，为车辆购置税的纳税人。购置是指以购买、进口、自产、受赠、获奖或者其他方式取得并自用应税车辆的行为。

36. **境内单位和个人购置下列车辆自用，需要缴纳车辆购置税的有（ ）。**

A. 小汽车　　B. 厢式货车

C. 排气量超过120毫升的摩托车　　D. 汽车挂车

【参考答案】ABD

【答案解析】车辆购置税的应税车辆具体范围为汽车、有轨电车、汽车挂车、排气量超过150毫升的摩托车。

37. **根据现行契税政策，下列房屋权属转移行为应缴纳契税的有（ ）。**

A. 赠送房屋给友人　　B. 依法继承房产

C. 获得政府奖励住房　　D. 等价交换房产

【参考答案】AC

【答案解析】法定继承人继承土地、房屋权属不征契税。交换房产，支付差价方须缴纳契税，等价交换无须缴纳契税。

38. **根据耕地占用税法，下列占地行为中，应缴纳耕地占用税的有（ ）。**

A. 占用耕地建房　　B. 占用园地从事非农建设

C. 占用林地建房　　D. 占用鱼塘修建农田水利设施

【参考答案】ABC

【答案解析】耕地占用税的征税范围为占用耕地建设建筑物、构筑物或者从事非农业建设。占用园地、林地、草地、农田水利用地、养殖水面、渔业水域滩涂以及其他农用地建设建筑物、构筑物或者从事非农业建设的，也应按规定缴纳耕地占用税。占用耕地建设农田水利设施的，不缴纳耕地占用税。

39. 下列有关资源税的表述，正确的是（　）。

A. 批发、零售矿泉水应缴纳资源税

B. 资源税按照《税目税率表》实行从价计征或者从量计征

C. 纳税人开采或者生产应税产品自用于连续生产应税产品的，不缴纳资源税

D. 纳税人应当向应税产品开采地或者生产地的税务机关申报缴纳资源税

【参考答案】BCD

【答案解析】《中华人民共和国资源税法》规定，在中华人民共和国领域和中华人民共和国管辖的其他海域开发应税资源的单位和个人，为资源税的纳税人，应当依照本法规定缴纳资源税。

40. 现行城市维护建设税设置了三档税率，具体有（　）。

A.7%　　B.5%　　C.3%　　D.1%

【参考答案】ABD

【答案解析】城市维护建设税按纳税人所在地的不同，设置了三档地区差别比例税率，即：7%、5%、1%。

41. 2019 年 1 月 1 日前，由税务机关负责征收的非税收入有（　）。

A. 企业社会保险　　B. 教育费附加

C. 文化事业建设费　　D. 残疾人就业保障基金

【参考答案】BCD

【答案解析】2019 年 1 月 1 日开始划转非税收入征管职责。非税收入划转改革前，税务机关负责征收的非税收入有：教育费附加、地方教育附加、文化事业建设费、废弃电器电子产品处理基金管理、残疾人就业保障基金。

42. 在我国境内从事下列经营活动，须按规定缴纳文化事业建设费的有（　）。

A. 餐饮服务　　B. 广告服务　　C. 住宿服务　　D. 娱乐服务

【参考答案】BD

【答案解析】文化事业建设费的征缴范围仅限在中华人民共和国境内提供的广告服务、娱乐服务。

43. 在我国境内生产和进口的电子产品，须按规定缴纳废弃电器电子产品处理基金的有（ ）。

A. 电视机 B.ETC 收款机

C. 微型计算机 D. 房间空调器

【参考答案】ACD

【答案解析】纳入废弃电器电子产品处理基金征收范围按照《废弃电器电子产品处理目录（2014 年版）》执行，包括电视机、电冰箱、洗衣机、房间空调器、微型计算机等十四类产品。

44. 根据《税收征管操作规范》的规定，下列涉税事项中，属于基础管理事项有（ ）。

A. 企业所得税年度汇缴 B. 欠税公告

C. 签订预约定价协议 D. 收取纳税保证金

【参考答案】BCD

【答案解析】企业所得税年度汇缴属于自主办理事项。

45. 某科技公司于 2019 年 12 月 20 日设立，设立当期按行政许可程序办理的涉税事项有（ ）。

A. 印制公章

B. 申领印有企业名称的增值税普通发票

C. 增值税专用发票最高开票限额

D. 申请核定定额征收方式缴纳企业所得税

【参考答案】CD

【答案解析】税务行政许可事项有：企业印制发票审批、对纳税人延期缴纳税款核准、对纳税人延期申报核准、对纳税人变更纳税定额的核准、增值税专用发票（增值税税控系统）最高开票限额审批、对采取实际利润额预缴以外的其他企业所得税预缴方式的核定。

46. 主管税务机关可以严格控制增值税专用发票最高开票限额的纳税人有（ ）。

A. “一址多照”、无固定经营场所

B. 信用等级评价为 C 级

C. 信用等级评价为 D 级

D. 财务负责人曾任非正常户或走逃失联企业的财务负责人的纳税人

【参考答案】ACD

【答案解析】对以下几类纳税人，主管税务机关可以严格控制其增值税专用发票最高开票限额：(1)“一址多照”、无固定经营场所的纳税人；(2) 信用等级评价为 D 级或严重税收失信的纳税人；(3) 其法人或财务负责人曾任非正常户或走逃失联企业的法人或财务负责人的纳税人；(4) 其他税收风险等级较高的纳税人。

47. 适用个体工商户税收定期定额征收有（　）。

A. 所有的个体工商户

B. 经营规模小，确无建账能力的个体工商户

C. 经营规模小，确无建账能力的个人独资企业

D. 经营规模小，确无建账能力的个人合伙企业

【参考答案】BC

【答案解析】个体工商户税收定期定额征收适用于经主管税务机关认定和县以上税务机关（含县级）批准的生产、经营规模小，达不到规定设置账簿标准的个体工商户和个人独资企业的税收征收管理。

48. 税务机关核定征收环境保护税，应向纳税人发放《税务事项通知书》（环境保护税（调整）核定通知），通知书应注明的内容有（　）。

A. 环境保护税核定征收的种类　　B. 核定的税额

C. 税款缴纳的期限　　D. 减免税情况

【参考答案】ABC

【答案解析】税务机关核定征收环境保护税，应向纳税人发放《税务事项通知书》（环境保护税（调整）核定通知），注明环境保护税核定征收的种类、数量、应纳税额、税款缴纳期限及申报缴税方式。

49. 某市税务机关受理某制冷设备 2018 年企业所得税汇算清缴多交税款退还时，发现纳税人申请资料存在疑点，则税务机关应派人进行调查巡查，重点调查《退（抵）税申请表》中的（　）。

A. 申请人　　B. 税种

C. 申请退税金额　　　　　　　　　　D. 经办人

【参考答案】BC

【答案解析】当汇算清缴结算多缴退抵税纳税人提交资料存在疑点时，应进行调查巡查，对《退（抵）税申请表》中"税种""申请退税金额"进行调查。

50. 下列税收管理行为中，属于欠税管理的有（　）。

A. 欠税公告　　　　　　　　　　B. 抵缴欠税

C. 增值税留抵抵欠　　　　　　　D. 增值税留抵退税

【参考答案】ABC

【答案解析】欠税管理包括：欠税公告、抵缴欠税、增值税留抵抵欠、非居民欠税追缴。

51.《税务事项通知书》的使用情形有（　）。

A. 税务机关通知纳税人缴纳税款

B. 税务机关要求纳税人提供涉税资料

C. 税务机关责令纳税人改正错误

D. 税务机关通知纳税人缴纳滞纳金

【参考答案】ABD

【答案解析】税务机关在通知纳税人缴纳税款、滞纳金，要求当事人提供有关资料，办理有关涉税事项时均可使用《税务事项通知书》。

52. 下列关于送达税务文书的表述，正确的有（　）。

A. 税务机关采取直接送达税务文书有困难的，可以委托其他有关机关或者其他单位代为送达

B. 税务机关采取直接送达的，由两个以上送达人员持《税务文书送达回证》及税务文书，将税务文书送达给文书受送达人

C. 税务机关采取委托送达方式送达文书的，由两个以上送达人员持《税务文书送达回证》及税务文书，将税务文书送达给文书受送达人

D. 税务机关采取委托送达方式送达文书的，由一名送达人员持《税务文书送达回证》及税务文书，将税务文书送达给文书受送达人

【参考答案】ABC

【答案解析】税务机关采取直接送达税务文书有困难的，可以委托其他有关机关或者其他单位代为送达，或者邮寄送达。税务机关采取直接送达、委托送达方式送达文书的，由两个以上送达人员持《税务文书送达回证》及税务文书，将税务文书送达给文书受送达人。

53. 各级税务机关建立基础信息库，并定期予以更新，用于日常税源管理、信用动态监控和风险动态监控等税收管理事项。基础信息库信息来源有（　）。

A. 宏观经济信息　　B. 互联网涉税信息

C. 企业财务信息　　D. 生产经营信息

【参考答案】ABCD

【答案解析】各级税务机关要注重收集宏观经济信息、第三方涉税信息（含互联网涉税信息）、企业财务信息、生产经营信息、关联企业信息，整合不同应用系统信息，建立基础信息库，并定期予以更新，用于日常税源管理、信用动态监控和风险动态监控等税收管理事项。

54. 税务机关获取和提供涉税信息的途径有（　）。

A. 纳税人自主报送　　B. 政务信息资源共享

C. 国际情报交换　　D. 外部门业务衔接

【参考答案】ABCD

【答案解析】除纳税人自主报送、税务机关管理服务业务办理信息收集外，税务机关通过政务信息资源共享、国际情报交换、外部门业务衔接等途径，获取和提供涉税信息。

55. 主管税务机关须按期进行入库销号税费缴款书有（　）。

A.《中华人民共和国税收缴款书（银行经收专用）》

B.《中华人民共和国税收缴款书（出口货物劳务专用）》

C.《税收电子缴款书》

D.《残疾人就业保证金缴款书》

【参考答案】ABC

【答案解析】需要进行入库销号处理的包括《中华人民共和国税收缴款书（银行经收专用）》《中华人民共和国税收缴款书（出口货物劳务专用）》《税收电

子缴款书》。不入国库的费、基金不做入库销号。

56. 税收风险管理是指税务机关运用风险管理的理念和方法，合理配置管理资源，通过实施差异化的风险应对措施，不断提高纳税遵从度的过程和方法。下列差异化的风险应对措施包括（　）。

A. 风险提醒　　B. 纳税评估

C. 税务审计、反避税调查　　D. 税务稽查

【参考答案】ABCD

【答案解析】根据《国家税务总局关于加强税收风险管理工作的意见》(税总发〔2014〕105号)的规定，税收风险管理贯穿于税收工作的全过程，是税务机关运用风险管理理论和方法，在全面分析纳税人税法遵从状况的基础上，针对纳税人不同类型不同等级的税收风险，合理配置税收管理资源，通过风险提醒、纳税评估、税务审计、反避税调查、税务稽查等风险应对手段，防控税收风险，提高纳税人的税法遵从度，提升税务机关管理水平的税收管理活动。

57. 各级级税务机关加强税收风险管理，对纳税人实施差别化精准管理，促进纳税遵从。差别化精准管理包括（　）。

A. 对暂未发现风险的纳税人加强监控

B. 对低风险纳税人予以提醒辅导

C. 对中高风险纳税人重点监管

D. 对愿意遵从的纳税人提供便利化办税条件

【参考答案】BCD

【答案解析】根据《国家税务总局关于进一步加强税收风险管理工作的通知》(税总发〔2016〕54号)的规定，通过加强税收风险管理，对纳税人实施差别化精准管理，对暂未发现风险的纳税人不打扰，对低风险纳税人予以提醒辅导，对中高风险纳税人重点监管。为愿意遵从的纳税人提供便利化办税条件，对不遵从的纳税人予以惩罚震慑，将从根本上解决纳税人不愿遵从或无遵从标准的问题，提高纳税遵从水平。

58. 风险识别是指税务机关对纳税人的涉税信息进行风险扫描、分析和识别，找出风险领域、环节或纳税人的过程。风险识别的主要内容包括（　）。

A. 建立风险识别指标体系　　B. 建立风险特征库

C. 建立风险分析模型　　D. 纳税人风险等级排序

【参考答案】ABC

【答案解析】根据《国家税务总局关于加强税收风险管理工作的意见》(税总发〔2014〕105号)的规定，纳税人风险等级排序属于风险等级排序环节的内容。

59. 风险管理部门根据风险分析识别成果，积极开展风险等级排序工作。下列选项中，属于税收风险等级排序内容的有（　）。

A. 对纳税人的涉税信息进行扫描、分析和筛选

B. 建立风险纳税人库、评定纳税人的风险分值，并进行等级排序

D. 按纳税户归集风险点

C. 确定需要实施风险应对的纳税人数量

【参考答案】BCD

【答案解析】根据《国家税务总局关于加强税收风险管理工作的意见》(税总发〔2014〕105号)的规定，对纳税人的涉税信息进行扫描、分析和筛选、找出风险易发生风险的领域、环节或纳税人群体是风险识别的内容。

60. 按照国家税务总局相关文件要求，在税收风险应对过程中，可采取的应对手段包括(　)。

A. 以短信方式对低风险纳税人进行风险提醒

B. 对存在较多税收风险点的纳税人进行纳税评估

C. 某税务局因人手不足，请某会计师事务所对纳税人进行评估

D. 某税务局对纳税人的关联交易采取反避税调查

【参考答案】ABD

【答案解析】根据《国家税务总局关于加强税收风险管理工作的意见》(税总发〔2014〕105号)的规定，风险应对方式有风险提醒、纳税评估、反避税调查、税务审计、税务稽查等。

61. 在下列各项中，属于税收风险应对策略的有（　）。

A. 风险提醒　　B. 纳税评估或税务审计

C. 反避税调查　　D. 税务稽查

【参考答案】ABCD

【答案解析】税收风险应对策略包括风险提醒、纳税评估、税务审计、反避税调查、税务稽查等。

62. 在下列各项中，属于税收风险管理目标具体执行计划的有（　）。

A. 风险应对指引编写　　B. 风险因素排除说明

C. 风险识别指标模型建设　　D. 风险识别规则编制

【参考答案】ACD

【答案解析】税收风险管理目标具体执行计划包括风险应对指引编写、风险识别规则编制和指标模型建设等计划。

63. 在下列各项中，属于税务机关外部涉税信息的有（　）。

A. 从房地产协会获取的涉税信息

B. 从地方财政部门获取的涉税信息

C. 从互联网资讯平台获取的涉税信息

D. 从税收征管信息系统获取的涉税信息

【参考答案】ABC

【答案解析】外部涉税信息主要包括从其他政府部门、企事业单位、社会团体及行业协会等第三方相关单位获得的，以及从各种公共媒体获得的涉税信息数据。

64. 省税务机关要借助第三方涉税信息，围绕（　），研究建立高收入者个人税收风险管理工作机制，积极开展高收入者个人所得税风险分析及应对工作。

A. 重点人群　　B. 重点项目　　C. 重点行业　　D. 重点政策

【参考答案】ABCD

【答案解析】《国家税务总局关于进一步加强税收风险管理工作的通知》（税总发〔2016〕54号）规定，省税务机关要借助第三方涉税信息，围绕重点人群、重点项目、重点行业、重点政策，研究建立高收入者个人税收风险管理工作机制，积极开展高收入者个人所得税风险分析及应对工作。

65. 在下列各项中，属于数据信息加工处理手段的有（　）。

A. 数据清洗　　B. 数据转换　　C. 数据汇总　　D. 数据字典

【参考答案】ABCD

【答案解析】数据加工的主要手段包括：数据清洗、数据转换、数据匹配、数据汇总、数据归集、数据字典、日常运维等。

66. 省税务机关税收风险管理职责中，负责组织开展的税收风险特征分析工作有（　）。

A. 区域性税收风险特征分析

B. 行业性税收风险特征分析

C. 特定事项税收风险特征分析

D. 特定类型纳税人税收风险特征分析

【参考答案】ABCD

【答案解析】省税务机关税收风险管理职责，按照税务总局计划开展区域性、行业性以及特定类型纳税人或者特定事项的税收风险分析工作。

67. 在下列各项中，属于人工专业复评方法的有（　）。

A. 重点调查　　B. 案头分析　　C. 企业沟通　　D. 典型调查

【参考答案】BCD

【答案解析】人工专业复评可以采取案头分析、与企业沟通、选取代表性企业开展典型调查等方法。

68. 有权确定税收风险积分标准和等级划分标准的税务机关包括（　）。

A. 国家税务总局　　B. 省级税务机关

C. 市级税务机关　　D. 县级税务机关

【参考答案】ABC

【答案解析】国家税务总局、省级及市级税务机关确定本级风险积分标准和等级划分标准。

69. 在下列各项中，属于税收风险等级排序的主要评价因素的有（　）。

A. 风险模型、指标的积分标准　　B. 风险偏好程度

C. 风险发生概率　　D. 风险损失程度

【参考答案】ACD

【答案解析】风险模型、指标的积分标准、风险发生概率及风险发生造成税款流失的严重程度为风险等级排序的主要评价因素。

70. 在下列各项中，属于高税收风险情形的有（ ）。

A. 虚开或接受虚开发票　　B. 存在偷逃骗税嫌疑

C. 税收负担率异常　　D. 收入变动率异常

【参考答案】AB

【答案解析】高风险情形包括：虚开或接受虚开发票；风险指标、模型运算结果直接指向是高风险；税收风险点情形复杂，预估不缴或少缴税款数额较大，存在偷逃骗税嫌疑。

71. 强化户籍管理，防范脱管户，对（ ）等风险户予以重点关注，及时掌握户籍信息变动情况。

A. “一址多照”

B. “经营地址变化”

C. “多家企业法定代表人为同一人”

D. “法人代表和财务负责人及办税人员为同一人”

【参考答案】ACD

【答案解析】《国家税务总局关于进一步加强税收风险管理工作的通知》（税总发〔2016〕54号）规定，强化户籍管理，防范脱管户，对“一址多照”“多家企业法定代表人为同一人”“法人代表和财务负责人及办税人员为同一人”等风险户予以重点关注，及时掌握户籍信息变动情况。

72. 按照国家税务总局文件要求，某市税务局在税收风险应对过程中，可采取的应对策略包括（ ）。

A. 以短信风险提醒方式提醒某公司2020年《资产负债表》数字存在明显笔误

B. 对存在多项涉税风险点的某公司实施纳税评估

C. 对长通跨国贸易公司的关联交易采取反避税调查

D. 针对涉嫌虚开增值税专用发票的高风险户温暖羊绒制品有限公司，由该市稽查局实施风险应对

【参考答案】ABCD

【答案解析】风险应对过程中，可根据风险等级实施差别化风险应对，分别采取风险提醒、纳税评估、税务审计、反避税调查、税务稽查等差异化应对手段。

73. 高风险户通过下列（　）方式取得虚开增值税扣税凭证，存在少缴或逃避缴纳增值税的风险。

A. 虚开农副产品收购发票，扩大农产品范围，把非免税农产品开具成免税农产品

B. 购进原材料时无发票，从第三方取得虚开发票，虚抵进项税额

C. 采用虚开运输发票进行进项税额抵扣，同时解决成本入账问题

D. 通过其他各种渠道取得其他虚开增值税扣税凭证，虚抵进项税额

【参考答案】ABCD

【答案解析】高风险企业通过虚开农副产品收购发票，扩大农产品范围，把非免税农产品开具成免税农产品；购进原材料时无发票，从第三方取得虚开发票，虚抵进项税额；采用虚开运输发票进行进项税额抵扣，同时解决成本入账问题；通过其他各种渠道取得其他虚开增值税扣税凭证，虚抵进项税额，存在少缴或逃避缴纳增值税的风险。

74. 各级税务机关要通过加强税收风险管理，对纳税人实施差别化精准管理，促进纳税遵从，差别化精准管理包括（　）。

A. 对暂未发现风险的纳税人不打扰

B. 对低风险的纳税人予以提醒辅导

C. 对中高风险纳税人重点监管

D. 对不遵从的纳税人予以惩罚震慑

【参考答案】ABCD

【答案解析】根据《国家税务总局关于进一步加强税收风险管理工作的通知》（税总发〔2016〕54 号）的规定，通过加强税收风险管理，对纳税人实施差别化精准管理，对暂未发现风险的纳税人不打扰，对低风险纳税人予以提醒辅导，对中高风险纳税人重点监管。为愿意遵从的纳税人提供便利化办税条件，对不遵从的纳税人予以惩罚震慑，将从根本上解决纳税人不愿遵从或无遵从标准的问题，

提高纳税遵从水平。

75. 作为重点监管的中高风险户，通常具有的税收风险特征包括（　）。

A. 长亏不倒连续 3 年以上

B. 长期零申报、低税负、税负变动率异常下降

C. 涉税财务指标之间逻辑关系混乱、关联变动不配比

D. 风险等级较高、纳税信用等级较低

【参考答案】ABCD

【答案解析】中高风险等级纳税户，通常具有长亏不倒连续 3 年以上、长期零申报、低税负、税负变动率异常下降、财务指标之间逻辑关系混乱、关联变动不配比、风险等级较高、纳税信用等级较低等税收风险特征。

76. 在开展"一户式"税收风险分析识别时，对企业的总资产变动率与应税收入变动率进行动态配比分析时（　）。

A. 总资产变动率与应税收入变动率的弹性系数与 1 的偏离越大，税收风险越高

B. 弹性系数趋近于 1 是合理的

C. 总资产变动率与应税收入变动率应该同方向、同幅度变化

D. 两者是负相关关系

【参考答案】ABC

【答案解析】对总资产变动率与应税收入变动率进行动态配比分析时，总资产变动与应税收入变动的弹性系数与 1 的偏离越大，税收风险越高；弹性系数趋近于 1 是合理的；总资产变动率与应税收入变动率应该同方向、同幅度变化，两者是正相关关系。

77. 运用纳税人"一户式"财务报表数据对某企业开展风险分析时，企业连续几个会计年度的流动比率分别为 58%、46%、37%、35%、26%，对这一组财务指标进行动态风险分析识别时，风险指向企业可能存在（　）。

A. 企业资金链条连续性较差　　B. 偿债能力强

C. 存在账外经营的风险　　D. 存在关联交易的风险

【参考答案】ACD

【答案解析】企业连续几个会计年度的流动比率低于 200%，且呈现下降的变

动趋势，风险指向企业资金链条连续性较差，偿债能力弱，可能存在账外经营或关联交易的风险点。

78. 在税收风险分析识别时，主营业务收入变动率与主营业务成本变动率动态配比分析时，关联变动的弹性系数合理值是（　）。

A.0.8~1.2　　B. 大于 1 或小于 1

C. 等于 1　　D. 趋近于 1

【参考答案】ACD

【答案解析】弹性系数的合理值是等于 1，也可以是介于 0.8~1.2 或趋近于 1。

79. 运用纳税人"一户式"涉税财务报表相关数据，通过关联财务指标开展涉税风险分析时，通常情况下，总资产周转率提高，存货周转率加快，（　）。

A. 营业收入增长　　B. 资产收益率、利润率增长

C. 应纳税额减少　　D. 应纳税额增长

【参考答案】ABD

【答案解析】运用纳税人"一户式"涉税财务报表相关数据，通过关联财务指标开展涉税风险分析时，通常情况下，总资产周转率提高，存货周转率加快，企业的营业收入增长，资产收益率、利润率增长，应纳税额增长。

80. 改进和提高大数据税收风险分析能力，要注重培养和提升（　），提高大数据风险分析的科学性、精准性及实效性。

A. 税收与经济关系的分析能力

B. 纳税人生产经营、行业生产经营规律、税收政策、第三方涉税信息、涉税财务指标、税收风险指标等多维度综合风险画像分析能力

C. 运用有内、外部税收大数据进行比对分析识别的精准分析能力

D. 将典型案例、行业风险分析模型等应用到风险分析中的能力

【参考答案】ABCD

【答案解析】改进和提高大数据税收风险分析能力，要注重培养和提升税收与经济关系的分析能力，纳税人生产经营、行业生产经营规律、税收政策、第三方涉税信息、涉税财务指标、税收风险指标等多维度综合风险画像分析能力，运用有内、外部税收大数据进行比对分析识别的精准分析能力，将典型案例、行业

风险分析模型等应用到风险分析中的能力，掌握专业分析技术和分析工具的能力，提高大数据风险分析的科学性、精准性及实效性。

81. 按照大企业税收风险管理的要求，千户集团风险应对任务实施以（　）税务机关为主。

A. 总局　　B. 省级　　C. 市级　　D. 县级

【参考答案】BC

【答案解析】千户集团风险应对任务实施以省级、市级税务机关为主。对于重大或复杂涉税事项的千户集团风险应对任务，由省级税务机关组织开展应对。

82. 风险任务统筹应遵循的原则有（　）。

A. 系统规划实施　　B. 科学合理分配

C. 过滤重复预警　　D. 统一扎口推送

【参考答案】BCD

【答案解析】任务统筹应遵循的原则：科学合理分配、过滤重复预警、统一扎口推送。

83. 在下列各项中，属于风险应对任务来源的有（　）。

A. 等级排序结果推送　　B. 接收举报等风险信息

C. 下级税务机关提请　　D. 税收任务计划安排

【参考答案】ABC

【答案解析】风险应对任务来源包括三种情况：风险识别后等级排序结果；举报、上级交办、督办、部门转办、情报交换等风险信息接收；下级税务机关风险应对任务提请情况。

84. 在下列各项中，属于风险应对事项的有（　）。

A. 纳税评估　　B. 出口退（免）税评估

C. 反避税调查及特别纳税调整　　D. 税务稽查

【参考答案】ABCD

【答案解析】风险应对事项主要包括纳税评估、出口退（免）税评估、特别纳税调整、税务稽查等四类事项。

85. 评估人员应该根据案头分析结果提出评估建议，下列各项中，属于评估建议的有（　）。

A. 建议通过约谈举证确认　　B. 未发现异常，风险疑点排除

C. 建议移交稽查部门处理　　D. 疑点确认，进行纳税评估处理

【参考答案】ABCD

【答案解析】评估建议包括：建议约谈举证确认、建议实地核查确认、建议移交稽查部门处理、建议转专业部门处理、疑点确认，进行评估处理、未发现异常，疑点排除、建议任务异常处理等。

86. 税务约谈是纳税评估工作的重要环节，是验证或消除风险点的重要途径。约谈实际上包括（　）。

A. 约谈询问核实　　B. 纳税人举证说明

C. 实地调查核实　　D. 抽样调查

【参考答案】AB

【答案解析】评估约谈是纳税评估工作的重要环节，是验证或消除风险疑点的重要途径。约谈实际上包含了两个概念，即税务约谈询问与纳税人举证说明。

87. 税务约谈的基本程序一般包括（　）。

A. 约谈人员　　B. 约谈通知

C. 约谈实施　　D. 约谈结论

【参考答案】BCD

【答案解析】约谈程序一般包括约谈通知、约谈实施和约谈结论等几个阶段。

88. 开展税务约谈前，应当向纳税人出具《税务约谈通知书》。通知书应明确载明的税务约谈事项有（　）。

A. 约谈时间　　B. 约谈地点　　C. 约谈内容　　D. 约谈方法

【参考答案】ABC

【答案解析】开展税务约谈前，应当向纳税人出具《税务约谈通知书》。通知书应明确载明税务约谈的时间、地点、内容等事项，以及需要纳税人提供相关举证的资料。

89. 纳税评估人员可以在纳税评估报告中注明“建议纳税人自行补正”的情形有（　）。

A. 申报计算和填写错误

B. 政策和程序理解偏差

C. 认定事实清楚，不具有偷税等违法嫌疑，无须立案查处的

D. 存在发票虚开嫌疑

【参考答案】ABC

【答案解析】对纳税评估中发现的计算和填写错误、政策和程序理解偏差等一般性问题，或存在的疑点问题经约谈、举证、调查核实等程序认定事实清楚，不具有偷税等违法嫌疑，且纳税人对该疑点或问题认识清楚，与评估人员对处理办法达成一致的，在纳税评估报告中注明“建议纳税人自行补正”。

90. 下列在税务约谈时，做法正确的有（　）。

A. 税务约谈要经所在税源管理部门批准，并事先发出《税务约谈通知书》，提前通知纳税人

B. 税务约谈的对象主要是企业法定代表人

C. 纳税人因特殊困难不能按时接受税务约谈的，可向税务机关说明情况，经批准后延期进行

D. 纳税人可以委托具有执业资格的税务代理人进行税务约谈。税务代理人代表纳税人进行税务约谈时，应向税务机关提交纳税人委托代理合法证明

【参考答案】ACD

【答案解析】根据《国家税务总局关于印发〈纳税评估管理办法（试行）〉的通知》（国税发〔2005〕43号）第十九条的规定，税务约谈的对象主要是企业财务会计人员。

91. 在税收风险应对时，可实施实地调查核实的情形有（　）。

A. 纳税人的解释说明和提供的有关举证资料无法排除其风险疑点

B. 纳税人不配合税务约谈，不及时提供有关资料，使风险疑点无法核实

C. 对实行核定征收的纳税人进行纳税评估时，缺少评估分析资料

D. 纳税人涉嫌虚开或接受虚开增值税发票

【参考答案】ABC

【答案解析】可实施实地调查核实情形有：(1) 纳税人的解释说明和提供的有关资料无法排除其涉税疑点或问题的；(2) 纳税人不积极配合税务约谈，拖延、推诿、不及时提供有关资料，使风险疑点无法核实的；(3) 对实行核定征收的纳税人进行纳税评估时，缺少评估分析资料的；(4) 其他需要实施实地调查核实的。

92. 在下列各项中，属于实地调查核实方法的有（　）。

A. 实物盘存法　　B. 实地观察法　　C. 查对法　　D. 经验法

【参考答案】ABC

【答案解析】实地调查核实方法：实物盘存法、观察法、抽查法和查对法等。

93. 在纳税评估中，税务人员可以运用于逻辑关系推理分析和相关关系分析，主要包括（　）。

A. 企业的生产经营宗旨的逻辑分析

B. 经济效益的逻辑分析

C. 经济环境的逻辑分析

D. 经济业务的逻辑分析

【参考答案】ABCD

【答案解析】在纳税评估中，税务人员可以运用逻辑关系推理分析和相关关系分析，主要包括 5 个方面：企业的生产经营宗旨的逻辑分析；经济效益的逻辑分析；经济环境的逻辑分析；经济业务的逻辑分析；收入、成本（费用）配比分析。

94. 纳税评估通用分析指标包括（　）。

A. 收入类评估分析指标　　B. 利润类评估分析指标

C. 成本、费用类评估分析指标　　D. 负债类评估分析指标

【参考答案】ABC

【答案解析】纳税评估通用分析指标包括：(1) 收入类评估分析指标；(2) 成本类评估分析指标；(3) 费用类评估分析指标；(4) 利润类评估分析指标；(5) 资产类评估分析指标。

95. 成本类通用评估分析指标包括（　）。

A. 单位产成品原材料耗用率　　B. 成本率

C. 原材料损耗率　　D. 主营业务成本变动率

【参考答案】AD

【答案解析】 成本类通用评估分析指标包括：单位产成品原材料耗用率、主营业务成本变动率。

96. 费用类通用评估分析指标包括（　）。

A. 销售费用变动率　　B. 管理费用变动率

C. 财务费用变动率　　D. 营业成本变动率

【参考答案】ABC

【答案解析】 费用类通用评估分析指标包括：期间费用变动率、销售（管理、财务）费用变动率、成本费用率、成本费用利润率。

97. 利润类通用评估分析指标包括（　）。

A. 净资产收益率　　B. 营业利润变动率

C. 营业毛利率　　D. 毛利率变动率

【参考答案】BCD

【答案解析】 利润类通用评估分析指标包括：营业利润变动率、营业毛利率、毛利率变动率。

98. 增值税评估分析指标包括（　）。

A. 增值税税负率分析指标

B. 进项税额控制数分析指标

C. 增值税专用发票用量变动异常指标

D. 一般纳税人增票异常指标

【参考答案】ABCD

【答案解析】 增值税评估分析指标包括：增值税税负率、进项税额控制指标、一般纳税人增票（申请增加开票量）异常评估指标、增值税专用发票用量变动异常评估指标。

99. 在对主营业务收入变动率与主营业务利润变动率进行配比分析时，当出

现（　）等情形时，纳税人可能存在多列成本费用，扩大税前扣除范围的问题。

A. 比值 >1 且相差较大，二者都为正

B. 比值 >1 且相差较大，二者都为负

C. 比值 <1 且相差较大，二者都为正

D. 比值为负，且前者为正后者为负

【参考答案】AD

【答案解析】依据是《国家税务总局关于印发〈纳税评估管理办法（试行）〉的通知》（国税发〔2005〕43 号）。

100. **企业所得税评估分析指标包括（　）。**

A. 企业所得税税负率　　B. 企业所得税贡献率

C. 应纳税所得额变动率　　D. 主营业务利润率及主营业务利润变动率

【参考答案】ABCD

【答案解析】企业所得税评估分析指标包括：企业所得税税负率、营业利润税负率、企业应纳税所得额变动率、企业所得税贡献率、企业所得税贡献变动率、企业所得税税负变动率。

101. **制造业常用的风险评估分析模型有（　）。**

A. 工时耗用模型　　B. 设备生产能力模型

C. 能耗测算模型　　D. 投入产出模型

【参考答案】ABCD

【答案解析】制造业常用的纳税风险评估分析模型有投入产出模型、能耗测算模型、工时（工资）耗用模型、设备生产能力模型、税负对比模型、资金监控模型。

102. **税收大数据主要包括（　）。**

A. 纳税人报送的数据　　B. 税务机关采集的外部涉税数据

C. 第三方涉税数据　　D. 国际情报交换数据

【参考答案】ABCD

【答案解析】纳税人报送的数据、税务机关采集的外部涉税数据、第三方涉税数据、国际情报交换数据为涉税数据的主要范围。

103. 纳税评估风险应对中发现下列问题，需要移交稽查部门处理的有（ ）。

A. 纳税人计算错误问题

B. 纳税人对税收政策和程序理解偏差

C. 纳税人有逃避追缴欠税嫌疑

D. 纳税人涉嫌虚开增值税专用发票行为

【参考答案】CD

【答案解析】根据《国家税务总局关于印发〈纳税评估管理办法（试行）〉的通知》（国税发〔2005〕43号）的规定，发现纳税人有偷税、逃避追缴欠税、骗取出口退税、抗税或其他需要立案查处的税收违法行为嫌疑的，要移交税务稽查部门处理。

104. 税务机关实地核查的事项包括（ ）。

A. 查看纳税人生产经营活动场所

B. 检查纳税人应纳税的商品、货物或者其他财产

C. 对纳税人以纸质、电子或其他介质为载体的记录和文件进行现场核查

D. 对纳税人实物资产进行现场核查

【参考答案】ABCD

【答案解析】根据《国家税务总局关于印发〈纳税评估管理办法（试行）〉的通知》（国税发〔2005〕43号）第二十条的规定，对评估分析和税务约谈中发现的必须到生产经营现场了解情况、审核账目凭证的，应经所在税源管理部门批准，由税收管理员进行实地调查核实。对调查核实的情况，要作认真记录。需要处理处罚的，要严格按照规定的权限和程序执行。

105. 运用对比分析法进行纳税评估分析时，需要考虑的因素有（ ）。

A. 季节性　　B. 法人变更

C. 经营规模　　D. 价格变动

【参考答案】ACD

【答案解析】法人变更对企业的生产经营无较大影响。

106. 某县税务局评估人员小张和小李，在对评估对象实施约谈过程中发生的下列情形中，需转入实地核查环节的包括（ ）。

A. 纳税人拒绝主管税务机关约谈建议或不能在约定的期限内履行约谈承诺的

B. 纳税人在约谈说明中拒不解释评估人员提出的问题，或对评估人员提出的问题未能说明清楚的

C. 约谈后同意自查补税，或者选择以自查补税代替约谈说明，但未在约定的期限内自查补税且无正当理由的

D. 风险疑点全部被排除，未发现新的风险点

【参考答案】ABC

【答案解析】根据《国家税务总局关于印发〈纳税评估管理办法（试行）〉的通知》（国税发〔2005〕43 号）第十八条、第十九条的规定，对纳税评估中发现的计算和填写错误、政策和程序理解偏差等一般性问题，或存在的疑点问题经约谈、举证、调查核实等程序认定事实清楚，不具有偷税等违法嫌疑，无须立案查处的，可提请纳税人自行改正。需要纳税人自行补充的纳税资料，以及需要纳税人自行补正申报、补缴税款、调整账目的，税务机关应督促纳税人按照税法规定逐项落实。对纳税评估中发现的需要提请纳税人进行陈述说明、补充提供举证资料等问题，应由主管税务机关约谈纳税人。经过上述环节，纳税人如果拒绝主管税务机关约谈建议或不能在约定的期限内履行约谈承诺的，在约谈说明中拒不解释评估人员提出的问题，或对评估人员提出的问题未能说明清楚的，约谈后同意自查补税，或者选择以自查补税代替约谈说明，但未在约定的期限内自查补税且无正当理由的，风险疑点未能有效排除，需转入实地核查环节进一步调查核实。

107. 在纳税评估分析时，可能导致企业所得税税收贡献率低于基期所得税贡献率，同时低于同期同行业所得税贡献率预警值的情况包括（　）。

A. 少列费用　　B. 多列成本

C. 不计或少计收入　　D. 擅自扩大税前扣除范围

【参考答案】BCD

【答案解析】企业所得税税收贡献率低于同行业同期和本企业基期所得税税收负担率，可能存在不计或少计销售（营业）收入、多列成本费用、扩大税前扣除范围等问题。

108. 下列纳税人中，列为纳税评估重点分析对象的有（　）。

A. 重点税源户

B. 纳税信用较低，日常管理和税务检查中发现较多问题的纳税人

C. 逾期未申报的纳税人

D. 长时间零税负和负税负申报的纳税人

【参考答案】ABD

【答案解析】根据《国家税务总局关于印发〈纳税评估管理办法（试行）〉的通知》（国税发〔2005〕43 号）的规定，重点税源户、特殊行业的重点企业、税负异常变化、长时间零税负和负税负申报、纳税信用等级低下、日常管理和税务检查中发现较多问题的纳税人要列为纳税评估的重点分析对象。

109. **当前税收风险管理的重点工作包括（ ）。**

A. 开展高收入者个人所得税风险管理工作

B. 做好增值税发票及出口退税风险管理工作

C. 加强户籍、登记及纳税申报风险管理工作

D. 对大企业实施以税务总局为主体的风险分析及差别化风险应对

【参考答案】ABC

【答案解析】对大企业实施两级风险分析及差别化风险应对的税收风险管理方式。

110. **在下列各项中，属于大企业共同特质的有（ ）。**

A. 企业规模大，行业地位高　　B. 集团化管理，多元化经营

C. 税收贡献大，遵从风险低　　D. 法治意识强，服务要求高

【参考答案】ABCD

【答案解析】大企业都具有共同的特质：第一，企业规模大，行业地位高。第二，集团化管理，多元化经营。第三，税收贡献大，遵从风险低。第四，法治意识强，服务要求高。

111. **大企业税收管理的工作原则包括（ ）。**

A. 分类管理，提升层级　　B. 平衡治理，合作遵从

C. 风险导向，数据驱动　　D. 整合资源，部门协同

【参考答案】ABCD

【答案解析】大企业税收管理的工作原则：分类管理，提升层级；平衡治理，

合作遵从；风险导向，数据驱动；整合资源，部门协同。

112. 大企业风险分析识别的手段包括（　）。

A. 计算机分析识别　　B. 人工分析识别

C. 人机结合分析识别　　D. 典型分析

【参考答案】ABC

【答案解析】大企业纳税评估分析手段包括：计算机分析识别、人工分析识别及人机结合分析识别。

113. 千户集团名册信息包括（　）。

A. 企业名称　　B. 统一社会信用代码

C. 下一级企业名称　　D. 纳税人识别号

【参考答案】ABD

【答案解析】千户集团名册信息包括企业名称、纳税人识别号、统一社会信用代码、集团名称、上一级企业名称及其他涉税信息等项目。国家税务总局根据工作需要，适时修订千户集团名册信息项目内容。

114. 根据千户集团名册管理办法的规定，应从千户集团名册管理范围内调出的情形包括（　）。

A. 企业合并重组

B. 企业破产

C. 企业注销

D. 企业集团年度缴纳税额连续 5 年未达到总局管理服务标准

【参考答案】ABCD

【答案解析】合并重组、破产、注销或年度缴纳税额连续 5 年未达到国家税务总局管理服务标准的企业集团，应从名册管理范围内调出。

115. 对有遵从意愿，但遵从能力较低的中等风险的大企业，风险应对的方法包括（　）。

A. 约谈企业　　B. 案头审计

C. 税务稽查　　D. 辅导企业自查

【参考答案】ABD

【答案解析】对有遵从意愿但遵从能力较低的中等风险企业，可以通过引导和帮助的方式，采取约谈企业、案头审计、辅导企业自查等措施。

116. **国家税务总局与企业集团签订税收遵从协议，共同承诺税企双方合作防控税务风险应遵循的原则包括（　）。**

A. 自愿　　B. 平等　　C. 公开　　D. 互信

【参考答案】ABCD

【答案解析】国家税务总局与企业集团签订税收遵从协议，共同承诺税企双方合作防控税务风险应遵循的原则包括：自愿、平等、公开和互信。

117. **大企业个性化纳税服务主要包括（　）等内容。**

A. 推进内控　　B. 税企沟通　　C. 诉求处理　　D. 服务创新

【参考答案】ABCD

【答案解析】大企业个性化纳税服务主要包括推进内控、税企沟通、诉求处理、服务创新等内容。

118. **千户集团税收风险管理应当坚持的主要原则有（　）。**

A. 两级统筹　　B. 合作推进

C. 信息集成　　D. 促进遵从

【参考答案】ABCD

【答案解析】千户集团税收风险管理应当坚持的主要原则：两级统筹；合作推进；信息集成；促进遵从。

119. **千户集团数据采集的内容包括（　）。**

A. 企业员工数据　　B. 企业端数据

C. 税务端数据　　D. 第三方涉税数据

【参考答案】BCD

【答案解析】千户集团数据采集的内容：企业端数据、税务端数据和第三方涉税数据。

120. 在对千户集团开展税收风险管理过程中，要采取人工专业复评的风险分析方法，下列属于人工专业复评重点关注的内容是（　）。

A. 企业所处的行业特点

B. 企业适用的产业政策、税收政策、会计准则或会计制度

C. 企业内部控制制度、企业财务报表、审计报告及相关鉴证报告

D. 企业重组、股权转让、关联交易等复杂涉税事项

【参考答案】ABCD

【答案解析】千户集团税收风险管理的流程，人工专业复评应当重点关注的内容包括：(1) 企业所处的行业特点；(2) 企业适用的产业政策、税收政策、会计准则或会计制度；(3) 企业内部控制制度；(4) 企业财务报表、审计报告及相关鉴证报告；(5) 企业重组、股权转让、关联交易等复杂涉税事项；(6) 以前年度风险应对结论，包括纳税评估报告、稽查处理决定书等。

121. 税收经济分析的工作原则包括（　）。

A. 坚持服务大局　　B. 坚持发挥优势

C. 坚持精品为要　　D. 坚持人才引领

【参考答案】ABCD

【答案解析】税收经济分析的工作原则包括：(1) 坚持服务大局；(2) 坚持发挥优势；(3) 坚持精品为要；(4) 坚持人才引领。

122. 大企业税收经济分析的主要内容包括（　）。

A. 经济税源分析　　B. 税收形势分析

C. 优化营商环境措施效应分析　　D. 税收负担及收入分配分析

【参考答案】ABCD

【答案解析】大企业税收经济分析的主要内容包括：经济税源分析；税收形势分析；优化营商环境措施效应分析；税收负担及收入分配分析。

123. 税收管辖权大致分为（　）。

A. 政府管辖权　　B. 居民管辖权

C. 公民管辖权　　D. 地域管辖权

【参考答案】BCD

【答案解析】税收管辖权大致分为三类：居民管辖权、公民管辖权和地域管辖权。

124. **下列关于税务机关确定非居民企业的利润率的标准的叙述，正确的有（ ）。**

A. 从事管理服务的，利润率为 30%~50%

B. 从事承包工程作业的，利润率为 15%~30%

C. 从事设计劳务的，利润率为 15%~30%

D. 从事咨询劳务的，利润率不低于 15%

【参考答案】ABC

【答案解析】税务机关可按照以下标准确定非居民企业的利润率：(1) 从事承包工程作业、设计和咨询劳务的，利润率为 15%~30%；(2) 从事管理服务的，利润率为 30%~50%；(3) 从事其他劳务或劳务以外经营活动的利润率不低于 15%。

125. **税收收入规划工作要坚持的原则有（ ）。**

A. 依法治税　　B. 从经济到税收

C. 稳健可靠　　D. 实事求是

【参考答案】ABD

【答案解析】税收收入规划工作要坚持依法治税、从经济到税收和实事求是的原则。

126. **在下列各项中，税收分析包括（ ）。**

A. 税收形势分析　　B. 税收风险分析

C. 政策效应分析　　D. 经济运行分析

【参考答案】ABCD

【答案解析】税收分析包括：税收形势分析、税收风险分析、政策效应分析、经济运行分析等 4 类分析内容。

127. **税收会计核算应当坚持的原则有（ ）。**

A. 合法性　　B. 客观性　　C. 相关性　　D. 连续性

【参考答案】BCD

【答案解析】税收会计核算应当坚持客观性、相关性、连续性原则。

128. 入库凭证是证明税款已经缴入国库的一种凭证，具体包括（　）。

A. 各种税收缴款书回执联　　B. 各种税收缴款书报查联

C. 预算收入日报表　　D. 更正通知书

【参考答案】ACD

【答案解析】依据是《税收会计制度》（国税发〔1998〕186 号）第二十一条。

129. 税收会计对账要求将税务机关税收入库数据信息与国库预算收入日报表数据进行核对。税收入库数据信息与国库提供的库报数据要达到（　）一致。

A. 预算科目　　B. 预算级次

C. 税款金额　　D. 征收品名

【参考答案】ABC

【答案解析】税收入库数据信息与国库提供的库报数据要达到三个一致。一是预算科目的目级科目一致；二是预算级次一致，包括中央、省、市、县、四级；三是数据一致，对账精度到角分。

130. 在下列各项中，属于税收统计专门调查的有（　）。

A. 重点调查　　B. 抽样调查　　C. 统计报表调查　　D. 典型调查

【参考答案】ABD

【答案解析】税收统计专门调查包括各种普查、重点调查、抽样调查和典型调查等，多属一次性调查。

131. 自 2020 年 2 月 1 日起，下列各项中，列入异常增值税扣税凭证范围的有（　）。

A. 纳税人丢失税控专用设备中已开具且已上传的增值税专用发票

B. 非正常户纳税人未按规定缴纳税款的增值税专用发票

C. 增值税发票管理系统稽核比对发现“比对不符”“缺联”“作废”的增值税专用发票

D. 经税务总局、省税务局大数据分析发现，纳税人开具的增值税专用发票存在涉嫌虚开、未按规定缴纳消费税等情形的

【参考答案】BCD

【答案解析】符合下列情形之一的增值税专用发票，列入异常凭证范围：（1）纳税人丢失、被盗税控专用设备中未开具或已开具未上传的增值税专用发

票；(2) 非正常户纳税人未向税务机关申报或未按规定缴纳税款的增值税专用发票；(3) 增值税发票管理系统稽核比对发现“比对不符”“缺联”“作废”的增值税专用发票；(4) 经税务总局、省税务局大数据分析发现，纳税人开具的增值税专用发票存在涉嫌虚开、未按规定缴纳消费税等情形的；(5) 属于《国家税务总局关于走逃（失联）企业开具增值税专用发票认定处理有关问题的公告》（国家税务总局公告2016年第76号）第二条第（1）项规定情形的增值税专用发票。

132. **下列关于发票电子化改革的表述，正确的有（ ）。**

A.2021年建成全国统一的电子发票服务平台

B.2023年基本实现发票全领域、全环节、全要素电子化

C. 制定出台电子发票国家标准

D. 有序推进铁路、民航等领域发票电子化

【参考答案】ACD

【答案解析】2021年建成全国统一的电子发票服务平台，24小时在线免费为纳税人提供电子发票申领、开具、交付、查验等服务。制定出台电子发票国家标准，有序推进铁路、民航等领域发票电子化，2025年基本实现发票全领域、全环节、全要素电子化，着力降低制度性交易成本。

133. **国家税务总局2021年3月2日通报了首起增值税电子专用发票虚开案件，犯罪嫌疑人通过线上注册空壳公司、申领并对外虚开电子专票400余万元即被抓获，这体现了税收大数据的作用有（ ）。**

A. 依托税务网络可信身份体系对发票开具、使用等进行全环节即时验证和监控

B. 对虚开骗税等违法犯罪行为惩处从事后打击逐渐向事前事中精准防范转变

C. 充分依托国家“互联网+监管”系统多元数据汇聚功能，精准有效打击“假企业”虚开发票

D. 根据税收风险适当提高“双随机、一公开”抽查比例

【参考答案】ABC

【答案解析】依法严厉打击涉税违法犯罪行为。充分发挥税收大数据作用，依托税务网络可信身份体系对发票开具、使用等进行全环节即时验证和监控，实现对虚开骗税等违法犯罪行为惩处从事后打击向事前事中精准防范转变。健全违

法查处体系，充分依托国家“互联网＋监管”系统多元数据汇聚功能，精准有效打击“假企业”虚开发票、“假出口”骗取退税、“假申报”骗取税费优惠等行为，保障国家税收安全。与提高“双随机、一公开”抽查比例无关，与税务执法风险信息化内控监督体系无关。

134. 根据《机动车发票使用办法》的规定，开具机动车发票的销售方包括（　）。

A. 机动车生产企业　　B. 机动车授权经销企业

C. 二手车经销企业　　D. 其他机动车贸易商

【参考答案】ABD

【答案解析】开通机动车发票开具模块的销售方分为机动车生产企业、机动车授权经销企业、其他机动车贸易商三种类型。

135. 优化税务执法方式，要推动税务执法、服务、监管的理念方式手段变革，需要深入推进的重点主要包括（　）。

A. 精确执法　　B. 精细服务　　C. 精准监管　　D. 精诚共治

【参考答案】ABCD

【答案解析】优化税务执法方式，要推动税务执法、服务、监管的理念方式手段变革，深入推进精确执法、精细服务、精准监管、精诚共治。

136. 深化税收征管改革的工作原则，除坚持党的全面领导以外，还包括（　）。

A. 坚持依法治税　　B. 坚持为民便民

C. 坚持问题导向　　D. 坚持改革创新、坚持系统观念

【参考答案】ABCD

【答案解析】中共中央办公厅、国务院办公厅《关于进一步深化税收征管改革的意见》指出，坚持党的全面领导，确保党中央、国务院决策部署不折不扣落实到位；坚持依法治税，善于运用法治思维和法治方式深化改革，不断优化税务执法方式，着力提升税收法治化水平；坚持为民便民，进一步完善利企便民服务措施，更好满足纳税人缴费人合理需求；坚持问题导向，着力补短板强弱项，切实解决税收征管中的突出问题；坚持改革创新，深化税务领域“放管服”改革，推动税务执法、服务、监管的理念和方式手段等全方位变革；坚持系统观念，统筹推进各项改革措施，整体性集成式提升税收治理效能。

137. 到 2023 年，要基本建成税务执法新体系，其主要特征包括（　）。

A. 重实效轻留痕　　　　B. 无风险不打扰

C. 有违法要追究　　　　D. 全过程强智控

【参考答案】BCD

【答案解析】中共中央办公厅、国务院办公厅《关于进一步深化税收征管改革的意见》指出，到 2023 年，基本建成“无风险不打扰、有违法要追究、全过程强智控”的税务执法新体系。

138. 下列关于发票电子化改革的说法，正确的有（　）。

A. 2021 年建成全国统一的电子发票服务平台

B. 24 小时在线免费为纳税人提供电子发票申领、开具、交付、查验等服务

C. 制定出台电子发票国家标准

D. 有序推进铁路、民航等领域发票电子化

【参考答案】ABCD

【答案解析】中共中央办公厅、国务院办公厅《关于进一步深化税收征管改革的意见》指出，2021 年建成全国统一的电子发票服务平台，24 小时在线免费为纳税人提供电子发票申领、开具、交付、查验等服务。制定出台电子发票国家标准，有序推进铁路、民航等领域发票电子化，2025 年基本实现发票全领域、全环节、全要素电子化，着力降低制度性交易成本。

139. 2023 年基本建成税务执法质量智能控制体系，具体体现在（　）。

A. 执法信息网上录入　　　　B. 执法程序网上流转

C. 执法活动网上监督　　　　D. 执法结果网上查询

【参考答案】ABCD

【答案解析】中共中央办公厅、国务院办公厅《关于进一步深化税收征管改革的意见》指出，全面落实行政执法公示、执法全过程记录、重大执法决定法制审核制度，推进执法信息网上录入、执法程序网上流转、执法活动网上监督、执法结果网上查询，2023 年基本建成税务执法质量智能控制体系。

140. 2022 年基本构建起税务执法风险信息化内控监督体系的主要特征有（　）。

A. 全面覆盖　　B. 全程防控　　C. 全员有责　　D. 全新概念

【参考答案】ABC

【答案解析】中共中央办公厅、国务院办公厅《关于进一步深化税收征管改革的意见》指出，2022 年基本构建起全面覆盖、全程防控、全员有责的税务执法风险信息化内控监督体系。

141. 下列说法中，符合税务执法区域协同目标的有（　）。

A. 区域间税务执法标准统一　　B. 区域间执法信息互通

C. 区域间执法结果互认　　D. 全国涉税涉费事项通办

【参考答案】ABCD

【答案解析】中共中央办公厅、国务院办公厅《关于进一步深化税收征管改革的意见》指出，加强税务执法区域协同。推进区域间税务执法标准统一，实现执法信息互通、执法结果互认，更好服务国家区域协调发展战略。简化企业涉税涉费事项跨省迁移办理程序，2022 年基本实现资质异地共认。持续扩大跨省经营企业全国通办涉税涉费事项范围，2025 年基本实现全国通办。

142. 根据车辆购置税法，下列关于车辆购置税的说法中，正确的有（　）。

A. 车辆购置税的税率为 10%

B. 车辆购置税实行一次性征收

C. 纳税人应当自纳税义务发生之日起 60 日内申报缴纳车辆购置税

D. 农用运输车不属于车辆购置税的征税范围

【参考答案】ABC

【答案解析】农用运输车属于汽车，购置农用运输车应按规定缴纳车辆购置税。

143. 下列各项中，免征或减征车船税的有（　）。

A. 军队、武装警察部队专用的车船

B. 节约能源、使用新能源的车船

C. 捕捞、养殖渔船

D. 半挂牵引车

【参考答案】ABC

【答案解析】军队、武装警察部队专用的车船免税；对节约能源车船，减半征收车船税；对使用新能源车船，免征车船税；半挂牵引车应征收车船税。

144. 环境保护税的计税单位有（ ）。

A. 每污染当量　B. 每吨　C. 每千克指数　D. 超标分贝

【参考答案】ABD

【答案解析】应税污染物的计税依据，按照下列方法确定：(1) 应税大气污染物按照污染物排放量折合的污染当量数确定；(2) 应税水污染物按照污染物排放量折合的污染当量数确定；(3) 应税固体废物按照固体废物的排放量确定；(4) 应税噪声按照超过国家规定标准的分贝数确定。

145. 下列关于城镇土地使用税纳税义务发生时间的说法，正确的有（ ）。

A. 通过拍卖方式取得建设用地（不属于新征用耕地），应从合同约定的交付土地时间的次月起缴纳城镇土地使用税

B. 以出让方式取得土地使用权，应由受让方从合同约定的交付土地时间的次月起缴纳城镇土地使用税

C. 购置存量房，自房产权属登记机关签发房屋权属证书的次月起计征城镇土地使用税

D. 购置新建商品房，自签订房屋销售合同的次月起计征城镇土地使用税

【参考答案】ABC

【答案解析】购置新建商品房，自房屋交付使用之次月起计征城镇土地使用税。

1. 甲企业委托乙企业加工服装一批，乙企业根据甲企业的要求采购材料并加工，则乙企业向甲企业收取的加工费按加工劳务征收增值税。（ ）

【参考答案】×

【答案解析】加工是指受托加工货物，即委托方提供原料及主要材料，受托方按照委托方的要求制造货物并收取加工费的业务。

2. 根据现行增值税政策，转让专利的所有权属于转让无形资产，转让专利的

使用权属于特许权许可，属于销售服务。（ ）

【参考答案】×

【答案解析】销售无形资产，是指有偿转让无形资产所有权或者使用权的业务活动。

3. 纳税人进口货物，按照组成计税价格和规定的税率计算增值税。其中，组成计税价格＝关税完税价格＋消费税。（ ）

【参考答案】×

【答案解析】纳税人进口货物，按照组成计税价格和规定的税率计算增值税。其中，组成计税价格＝关税完税价格＋关税＋消费税。

4. 一般纳税人增值税业务适用简易计税方法计税的，计算应纳税额时不得抵扣进项税额。（ ）

【参考答案】√

【答案解析】一般纳税人增值税业务适用简易计税方法计税的，应纳税额，是指按照销售额和增值税征收率计算的增值税额，不得抵扣进项税额。

5. 自 2019 年 4 月 1 日起，对制造业纳税人试行增值税期末留抵税额退税政策，对服务业纳税人实行进项税额加计抵减政策。（ ）

【参考答案】×

【答案解析】自 2019 年 4 月 1 日起，对符合条件的所有行业的纳税人试行增值税期末留抵税额退税政策。

6. 纳税人销售货物或者应税劳务，开具发票的时间早于收款时间，则纳税义务发生时间为开具发票的当天。（ ）

【参考答案】√

【答案解析】纳税人销售货物或者应税劳务，增值税纳税义务发生时间为收讫销售款项或者取得索取销售款项凭据的当天；先开具发票的，为开具发票的当天。

7. 税务机关应根据纳税人的需要核准增值税专用发票最高开票限额，按需供应发票。（ ）

【参考答案】×

【答案解析】税务机关应根据纳税人实际生产经营和销售情况进行审批增值税专用发票最高开票限额，保证纳税人生产经营的正常需要。

8. 其他个人发生应税行为应在户籍所在地申报缴纳增值税。( )

【参考答案】×

【答案解析】其他个人提供建筑服务，销售或者租赁不动产，转让自然资源使用权，应向建筑服务发生地、不动产所在地、自然资源所在地主管税务机关申报纳税。

9. 单位和个人转让自然资源使用权应在自然资源所在地主管税务机关申报纳税。( )

【参考答案】×

【答案解析】固定业户发生应税行为，应当向其机构所在地或者居住地主管税务机关申报缴纳增值税个人转让自然资源使用权应在自然资源所在地主管税务机关申报纳税。

10. 取得增值税专用发票列入异常凭证范围的，尚未申报抵扣增值税进项税额的，暂不允许抵扣。( )

【参考答案】✓

【答案解析】略。

11. 取得增值税专用发票列入异常凭证范围的，尚未申报出口退税或者已申报但尚未办理出口退税的，除另有规定外，暂不允许办理出口退税。( )

【参考答案】✓

【答案解析】略。

12. 委托单位和个人加工的应税消费品的，受托方为消费税扣缴义务人。( )

【参考答案】×

【答案解析】委托加工的应税消费品，除受托方为个人外，受托方为消费税扣缴义务人。

13. 一般纳税人增值税业务适用一般计税方法计税的，当期进项税额均可抵扣。（ ）

【参考答案】×

【答案解析】未按规定办理一般纳税人登记的，不得抵扣进项。

14. 甲企业与乙企业于 2020 年 12 月 10 日签订了销售设备合同金额为 113 万元，合同约定 2021 年 3 月 15 日交付该设备；12 月 20 日，甲企业开具增值税专用发票给乙企业，甲企业应在 2020 年 12 月确认增值税纳税义务，同时应将开具发票金额确认为 2020 年度企业所得税收入额。

【参考答案】×

【答案解析】根据《国家税务总局关于确认企业所得税收入若干问题的通知（国税函〔2008〕875 号）的规定，企业销售商品同时满足下列条件的，应确认企业所得税收入的实现：(1) 商品销售合同已经签订，企业已将商品所有权相关的主要风险和报酬转移给购货方；(2) 企业对已售出的商品既没有保留通常与所有权相联系的继续管理权，也没有实施有效控制；(3) 收入的金额能够可靠地计量；(4) 已发生或将发生的销售方的成本能够可靠地核算。该合同约定的销售商品行为 2020 年度不能同时满足上述 4 个条件，不应确认为 2020 年度企业所得税收入额。综上所述本题错误。

15. 个人在公司（包括关联公司）任职、受雇，同时兼任该公司董事、监事的，应将董事费、监事费与个人工资收入合并，统一按工资、薪金所得项目缴纳个人所得税。（ ）

【参考答案】✓

【答案解析】略。

16. 人造石油属于资源税的征税范围。（ ）

【参考答案】×

【答案解析】人造石油不是资源税税目税率表列举的应税资源。

17. 纳税人购买自用应税车辆的车辆购置税计税价格，为纳税人实际支付给销售者的价款与价外费用，不包括增值税税款。（ ）

【参考答案】×

【答案解析】纳税人购买自用应税车辆的计税价格，为纳税人实际支付给销售者的全部价款，不包括增值税税款。

18. 甲企业以 5000 万元购得乙企业一块宗地，合同签订之日为 2019 年 10 月 20 日，办理交付手续为 2019 年 10 月 30 日，则甲企业契税纳税义务发生时间为 2019 年 10 月 30 日。（　）

【参考答案】×

【答案解析】契税的纳税义务发生时间为纳税人签订土地、房屋权属转移合同的当天，或者纳税人取得其他具有土地、房屋权属转移合同性质凭证的当天。

19. 王兰拥有小轿车 2 辆，每年应在其户籍所在地缴纳车船税。（　）

【参考答案】×

【答案解析】车船税的纳税地点为车船的登记地或者车船税扣缴义务人所在地。依法不需要办理登记的车船，车船税的纳税地点为车船的所有人或者管理人所在地。

20. 企业享受所得税优惠事项采取“自行判别、申报享受、相关资料按规报送”的办理方式。（　）

【参考答案】×

【答案解析】企业享受所得税优惠事项采取“自行判别、申报享受、相关资料留存备查”的办理方式。

21. 某个体酒楼 2019 年全年销售额超过当地税务机关规定的定期定额征收标准。2020 年 1 月，主管税务机关可将其定期定额征收方式转变为查账征收。（　）

【参考答案】√

【答案解析】主管税务机关可依照法律、行政法规的规定，终止个体工商户及个人独资企业执行定期定额征收方式并转为查账征收。

22. 根据《印花税法》的规定，小张在淘宝购物的电子订单免征印花税。（　）

【参考答案】√

【答案解析】个人与电子商务经营者订立的电子订单免征印花税。

23. 纳税人申请汇算清缴结算多缴退抵税时，税务机关应派人实地调查核实，核实无误后，立即办理退抵税。（ ）

【参考答案】×

【答案解析】当汇算清缴结算多缴退抵税纳税人提交资料存在疑点时，应进行调查巡查，对《退（抵）税申请表》中“税种”“申请退税金额”进行调查。

24. 税务机关对纳税人、扣缴义务人应缴未缴（指已形成应征税款但未按规定期限解缴入库）税款进行催缴处理。（ ）

【参考答案】✓

【答案解析】略。

25. 单位和灵活就业人员未按期缴纳社会保险的，税务机关应责令其限期缴纳，缴费人限期未改正的，税务机关可依法采取强制执行措施。（ ）

【参考答案】×

【答案解析】税务机关对应缴未缴的缴费人、扣缴义务人（不含灵活就业人员、城乡居民以及特殊缴费）生成逾期未缴款清册，采用科学、合理的办法对缴费人进行催缴处理。

26. 税务追缴欠税时应要求纳税人同时缴纳所欠税款及相应滞纳金。（ ）

【参考答案】×

【答案解析】对纳税人、扣缴义务人、纳税担保人应缴纳的欠税及滞纳金不再要求同时缴纳，可以先行缴纳欠税，再依法缴纳滞纳金。

27. 依照税收法律法规，纳税人既有多缴应退税款又有欠缴税款的，税务机关可以将应退税款和利息先抵扣欠缴税款。（ ）

【参考答案】✓

【答案解析】略。

28. 当地设有国库经收处的，基层税务机关应于收取税款的当日或次日办理

税收票款的结报缴销。（　）

【参考答案】√

【答案解析】略。

29. 基层税务机关的税收票证管理人员应当按月对已结报缴销税收票证的完整性、准确性和税收票证管理的规范性进行审核。（　）

【参考答案】×

【答案解析】基层税务机关的税收票证管理人员应当按日对已结报缴销税收票证的完整性、准确性和税收票证管理的规范性进行审核。

30. 税务部门的自收税款发生被盗、丢失和征收过程中发生短差时，当事人应及时向领导报告，并按照处理权限的规定逐级报告上级税务机关进行审核、审批处理。（　）

【参考答案】√

【答案解析】略。

31. 实施税收风险管理，就是要把有限的征管资源优先配置到高风险领域和大企业税收领域，实现税源管理专业化，推动服务管理方式创新和税收管理体制变革。（　）

【参考答案】√

【答案解析】根据《国家税务总局关于加强税收风险管理工作的意见》（税总发〔2014〕105号）的规定，实施税收风险管理，就是要把有限的征管资源优先配置到高风险领域和大企业税收领域，实现税源管理专业化，推动服务管理方式创新和税收管理体制变革。

32. 税收风险管理目标规划是税务机关对一定时期内风险管理的工作目标、方针策略、实施步骤等作出的系统性、全局性谋划。（　）

【参考答案】√

【答案解析】税收风险管理目标规划是税务机关在对外部环境和内部条件进行认真分析研究的基础上，对一定时期内风险管理的工作目标、方针策略、实施步骤等作出的系统性、全局性谋划。

33. 税务总局负责建立健全全国或者区域范围的风险管理特征库，省级税务机关负责建立健全分税种的分析识别模型和指标体系。（ ）

【参考答案】×

【答案解析】税务总局负责建立健全全国或者区域范围的风险管理特征库、模型和指标体系。风险办统筹风险分析识别模型建设工作。各业务部门结合自身工作特点，承担分管税种或本部门业务的分析识别模型建设。

34. 在税种管理中，要把税收风险管理的方法与税种管理特点紧密结合起来，研究各税种的风险发生规律，建立税种风险分析指标体系和模型，形成体现税种特点的风险任务，并为开展综合性的统一应对提供专业支撑。（ ）

【参考答案】✓

【答案解析】略。

35. 税收风险指标设定时，设定的各项风险指标，必须与分析的内容密切相关，必须能够反映和说明相关税收事项的内容和实质，这是结构性原则的要求。（ ）

【参考答案】×

【答案解析】设定的各项风险指标，必须与分析的内容密切相关，必须能够反映和说明相关税收事项的内容和实质是税收风险指标的相关性原则。

36. 税收风险模型构建的一般程序中，其最后的环节应当是建立评价制度。（ ）

【参考答案】×

【答案解析】税收风险模型建立的一般程序应包括以下步骤：行业分类、典型调查、信息采集与分析、风险指标确定、风险分析行业模型构建、模型验证及优化完善。

37. 税收风险模型构建中信息采集与分析环节，要求对劳动密集型企业，加强对生产不同产品的生产工时、工人数量、劳动生产率及设备生产能力等涉税信息采集。（ ）

【参考答案】✓

【答案解析】对资源能源消耗型企业，加强关键能耗数据采集，拓展第三方信息：对劳动密集型企业，加强对生产不同产品的生产工时、工人数量、劳动生产率及设备生产能力等信息采集。

38. 对风险等级为中等风险的应对任务，应采取的应对方式只能是纳税评估。（ ）

【参考答案】×

【答案解析】按风险等级高低不同，风险应对方式一般遵循的原则为：高风险任务采取税务稽查方式应对，中风险任务采取纳税评估、税务审计和反避税调查等应对方式，低等级风险采取提示提醒方式。

39. 收集涉税信息数据主要是要收集税务机关掌握的内部数据，其他外部数据只作参考。（ ）

【参考答案】×

【答案解析】根据《国家税务 总局关于加强税收风险管理工作意见》（税总发〔2014〕105 号）的规定，各级税务机关要落实信息管税的工作思路，将挖掘和利用好内外部涉税信息作为税收风险管理工作的基础。注重收集宏观经济信息、第三方涉税信息、企业财务信息、生产经营信息、纳税申报信息，整合不同应用系统信息。建立企业基础信息库，并定期予以更新。对于集团性大企业，还要注重收集集团总部信息。

40. 外部信息数据是指税务机关获取的外部单位提供的与所管辖纳税人相关的涉税数据。（ ）

【参考答案】✓

【答案解析】略。

41. 税务机关涉税信息数据采集主要包括各外部系统数据抽取、第三方信息导入、日常信息采集等。（ ）

【参考答案】×

【答案解析】税务机关信息采集主要包括各内部系统数据抽取、第三方信息导入、日常信息采集等。

42. 税收风险识别是通过建立并运用风险分析工具，对涉税数据进行风险扫描、

分析和识别，找出容易发生风险的领域、环节或纳税人群体的一项工作。（ ）

【参考答案】✓

【答案解析】略。

43. 税收风险识别通常包括风险特征分析、风险指标模型建设、风险点加工归集、风险应对指引编写等。（ ）

【参考答案】✓

【答案解析】略。

44. 风险等级排序中的风险积分标准和等级划分标准一律由国家税务总局确定。（ ）

【参考答案】×

【答案解析】国家税务总局、省级及市级税务机关确定本级风险积分标准和等级划分标准。

45. 任务统筹是指对通过风险分析识别、上级交办、部门转办以及其他途径产生的风险任务，进行归集、整理、汇总、比对、审批、推送、分配等过程。（ ）

【参考答案】✓

【答案解析】略。

46. 拟定风险应对任务对象时，无特殊情况，风险积分相同，信用评价积分较低的优先纳入风险应对任务推送对象。

【参考答案】✓

【答案解析】略。

47. 对同一纳税人的纳税评估、税务稽查等税务检查任务推送，一个年度内可以推送多次。（ ）

【参考答案】×

【答案解析】对同一纳税人的纳税评估、税务稽查等税务检查任务推送，一个年度内原则上只推送一次。

48. 纳税人状态为非正常户的，可列入风险应对纳税人清册，实施风险应对。（　）

【参考答案】 ×

【答案解析】 纳税人状态为非正常户的，暂不列入风险应对纳税人清册，待解除非正常户后再列入风险应对纳税人清册。

49. 纳税评估是税务机关运用数据信息对比分析的方法，对纳税人和扣缴义务人纳税申报情况的真实性和准确性作出定性和定量的判断，并采取进一步征管措施的行政指导行为。（　）

【参考答案】 ×

【答案解析】 纳税评估是指税务机关运用数据信息对比分析的方法，对纳税人和扣缴义务人纳税申报情况的真实性和准确性作出定性和定量的判断，并采取进一步征管措施的管理行为。

50. 纳税评估的对象为主管税务机关负责管理的一般纳税人及其应纳的所有税种。（　）

【参考答案】 ×

【答案解析】 纳税评估的对象为主管税务机关负责管理的所有纳税人及其应纳所有税种。

51. 纳税评估资料可以分为税务机关内部信息资料、外部涉税信息资料和第三方信息资料。（　）

【参考答案】 ×

【答案解析】 纳税评估资料可以分为税务机关内部信息资料和外部信息资料。

52. 对于从第三方获取的涉税数据，税务机关应当确保数据的真实性和准确性。（　）

【参考答案】 ×

【答案解析】 略。

53. 开展纳税评估时，对于通过公开资料采集的涉税数据资料，税务机关应当确保该数据来源合法，引用准确。（　）

【参考答案】✓

【答案解析】略。

54. 在财务指标涉税风险分析中，主营业务成本变动率与主营业务收入变动率对比计算的弹性系数大于1的幅度越大，税收风险越低。（ ）

【参考答案】×

【答案解析】在财务指标涉税风险分析中，主营业务成本变动率与主营业务收入变动率对比计算的弹性系数大于1的幅度越大，税收风险越高。

55. 某县税务局风险管理岗小张在接到风险应对任务后，通过“一户式”查询企业涉税信息数据，开展案头风险分析识别过程中，用企业的流动比率和速动比率财务指标数据分析企业的经营能力。（ ）

【参考答案】×

【答案解析】流动比率和速动比率不是反映企业经营能力的财务指标，是反映企业偿债能力的财务指标。存货周转率、应收账款周转率、流动资产周转率等是反映企业经营能力的财务指标。

56. 某税务局税收管理人员小张，通过互联网“巨潮资讯网”平台，查询获取到某上市公司甲公司限售股解禁信息，进一步查询了解到其辖区内的某公司乙公司持有甲公司的限售股。于是及时辅导、提醒乙公司，有效规避了乙公产生滞纳金、罚款等税收遵从风险。（ ）

【参考答案】✓

【答案解析】通过互联网等涉税大数据开展风险分析，采取预防性措施，及时辅导提醒纳税人，防控税收遵从风险。

57. 逻辑推理法是一种定量分析方法，主要通过相关性的多个数据之间趋同或反差关系，分析纳税人可能存在税收风险的一种方法。（ ）

【参考答案】×

【答案解析】逻辑推理法是一种定量与定性相结合的分析方法，主要通过具有外在或者内在的逻辑联系和相关性的多个数据之间趋同或反差关系，分析纳税人可能存在的税收风险。

58. 存货周转率越高，表明企业存货资产变现能力越强，但是存货周转率过快，则可能存在多列成本的风险。(　)

【参考答案】✓

【答案解析】存货周转率越高，表明企业存货资产变现能力越强，存货及占用在存货上的资金周转速度越快，但是存货周转率过快，则可能存在有多列成本的问题。

59. 约谈和举证是一个问题的两个方面，即从税务机关或者纳税评估人员的角度考虑是举证；而从纳税人即纳税评估对象的角度考虑是约谈。(　)

【参考答案】×

【答案解析】约谈和举证是一个问题的两个方面，即从税务机关或者纳税评估人员的角度考虑是约谈；而从纳税人即纳税评估对象的角度考虑是举证。

60. 税务约谈时，对于纳税人提交书面说明或者相关材料的，应当保存原件，保存原件确有困难的，应当及时复印、影印，但纳税人不必签字盖章。(　)

【参考答案】×

【答案解析】约谈时，应告知被询问人的权利和义务，就相关涉税问题进行询问，纳税人就相关问题进行举证说明，如果纳税人提交书面说明或者相关材料的，应当保存原件，保存原件确有困难的，应当及时复印、影印，并要求纳税人签字盖章。

61. 根据《国家税务总局关于印发〈纳税评估管理办法（试行）〉的通知》（国税发〔2005〕43 号）的规定，具有税收执法资格的评估人员在实施询问约谈时应当不少于 3 名。(　)

【参考答案】×

【答案解析】实施询问约谈的评估人员应当不少于 2 名，并具有税收执法资格。

62. 开展税务约谈前，应当向纳税人出具《税务检查通知书》。通知书应明确载明税务约谈的时间、地点、内容等事项，以及需要纳税人提供相关举证的资料。(　)

【参考答案】×

【答案解析】开展税务约谈前，应当向纳税人出具《税务约谈通知书》。通知书应明确载明税务约谈的时间、地点、内容等事项，以及需要纳税人提供相关举证的资料。

63. 纳税评估约谈结束后，税务机关制作的纳税评估约谈情况记录，应由约谈人、记录人和被约谈人签字确认。（ ）

【参考答案】✓

【答案解析】略。

64. 纳税评估分析报告和纳税评估工作底稿是税务机关内部资料，不发纳税人，不作为行政复议和诉讼依据。（ ）

【参考答案】✓

【答案解析】根据《国家税务总局关于印发〈纳税评估管理办法（试行）的通知》（国税发〔2005〕43号）第二十二条的规定，纳税评估分析报告和纳税评估工作底稿是税务机关内部资料，不发纳税人，不作为行政复议和诉讼依据。

65. 纳税评估处理是评估人员对评估对象进行评估分析或者进一步询问核实后，根据不同情形，按照有关规定，对评估对象的纳税申报情况进行评价并做出相应处理的过程。（ ）

【参考答案】✓

【答案解析】根据《国家税务总局关于印发〈纳税评估管理办法（试行）的通知》（国税发〔2005〕43号）第十八条、第二十条的规定，评估处理是纳税评估人员对评估对象进行评估分析或者进一步询问核实后，根据不同情形，按照有关规定，对评估对象的纳税申报情况进行评价并做出相应处理的过程。

66. 纳税人主动选择以自查补税代替约谈说明的，应在约定的约谈日到期日当天提出申请。（ ）

【参考答案】×

【答案解析】纳税人主动选择以自查补税代替约谈说明的，应在约定的约谈日到期前提出申请，同时应将此意见作为约谈说明的内容，在《纳税评估约谈情况表》上进行记录。

67. 实地核实过程中发现纳税人有其他税收风险点，应当单独进行处理。( )

【参考答案】 ×

【答案解析】 实地核实过程中发现纳税人有其他税收风险点的，应当一并进行处理。

68. 纳税评估报告应详细记录纳税评估所确定的主要疑点和问题，详细描述评估过程，记录评估基本情况和认定的结论，提出纳税评估处理建议。( )

【参考答案】 √

【答案解析】 略。

69. 纳税评估管理建议一般是对外管理建议，不包括对内管理建议。( )

【参考答案】 ×

【答案解析】 纳税评估管理建议可以分为对外管理建议和对内管理建议。

70. 纳税评估的过程监控与评价反馈即是对税收风险管理全过程实施有效监控，并对风险识别科学性和针对性、风险等级排序准确性、风险应对策略有效性等进行效果评价。( )

【参考答案】 √

【答案解析】 略。

71. 大企业是指省级税务机关确定并牵头管理的、资产或纳税规模达到一定标准的企业集团。( )

【参考答案】 ×

【答案解析】 大企业是指国家税务总局确定并牵头管理的、资产或纳税规模达到一定标准的企业集团。

72. 大企业税收管理对象的确定并没有统一的标准。总体来讲，大企业税收管理的对象范围划分有“单一标准”和“复合标准”两种。( )

【参考答案】 √

【答案解析】 略。

73. 大企业税收管理的对象范围划分有“单一标准”和“复合标准”两种。目前大多数国家采用单一标准。（　）

【参考答案】×

【答案解析】大企业税收管理的对象范围划分有“单一标准”和“复合标准”两种。目前大多数国家采用复合标准。

74. 在涉税基础事项实行属人管理、不改变税款入库级次的前提下，将大企业复杂涉税事项提升至总局、省局统筹管理。（　）

【参考答案】×

【答案解析】在涉税基础事项实行属地管理、不改变税款入库级次的前提下，将大企业复杂涉税事项提升至总局、省局统筹管理。

75. 税务机关在出台重大税收政策和管理制度之前，可以征求企业意见，并对意见进行认真分析研究。（　）

【参考答案】×

【答案解析】根据《国家税务总局大企业税收服务和管理规程（试行）》（国税发〔2011〕71号）第五条的规定，税务机关在出台重大税收政策和管理制度之前，应征求企业意见，并对意见进行认真分析研究。

76. 千户集团按年确定其成员企业。集团总部按照税务机关要求组织填报集团成员企业名册信息，并于每年6月纳税申报期结束前报送省税务机关。（　）

【参考答案】×

【答案解析】千户集团按年确定其成员企业。集团总部按照税务机关要求组织填报集团成员企业名册信息，并于每年10月纳税申报期结束前报送省税务机关。

77. 千户集团企业应积极落实税收风险指标模型“研发、验证、应用”三位一体的建设思路，持续优化千户集团指标模型建设工作机制，统筹和指导下级大企业服务和管理部门开展千户集团指标模型研发、验证和应用工作。（　）

【参考答案】√

【答案解析】略。

78. 对风险分析中发现的同质性高、涉及面广的风险点，税务总局可以协调集团总部所在地主管税务机关，向集团总部进行提示告知。（　）

【参考答案】×

【答案解析】对风险分析中发现的同质性高、涉及面广的风险点，税务总局可以协调集团总部所在省级税务机关，向集团总部进行提示告知。

79. 在千户集团企业税务约谈结束后，应制作《纳税评估约谈情况表》。（　）

【参考答案】×

【答案解析】税务约谈结束后制作《纳税评估约谈情况表》，由约谈人、记录人和被约谈人（或者纳税人委托的税务代理人）签字确认。如纳税人属于千户集团企业，则制作《千户集团税收风险应对工作底稿》。

80. 千户集团风险应对任务由总局风险管理部门直接推送至省级税务机关大企业税收管理部门。（　）

【参考答案】×

【答案解析】千户集团风险应对任务由总局风险管理部门统一推送至省级风险管理部门，并抄送相关省级税务机关大企业税收管理部门。

81. 大企业的税收经济分析指标包括宏观经济分析指标、市场主体数量指标、市场主体行为和能力指标，税收收入指标、企业税收负担率指标、税收弹性系数、税收贡献率等分析指标。（　）

【参考答案】√

【答案解析】略。

82. 人工专业复评方法通常包括案头分析、与企业沟通、全面调查等方法。（　）

【参考答案】×

【答案解析】人工专业复评可以采取案头分析、与企业沟通、选取代表性企业开展典型调查等方法。

83. 大多数国家（地区）在兼用居民（公民）管辖权和地域管辖权的同时，认同并遵循居民（公民）税收管辖权优先原则。（　）

【参考答案】 ×

【答案解析】 大多数国家（地区）在兼用居民（公民）管辖权和地域管辖权的同时，认同并遵循地域税收管辖权优先原则。

84. 临时来华承包工程和提供劳务不足一年，在年度中间终止经营活动，且已经结清税款，可以不参加当年度的所得税汇算清缴。（ ）

【参考答案】 √

【答案解析】 略。

85. 无住所个人在中国境内停留的当天满 24 小时的，计入中国境内居住天数，在中国境内停留的当天不足 24 小时的，不计入中国境内居住天数。（ ）

【参考答案】 √

【答案解析】 根据《财政部　税务总局关于在中国境内无住所的个人居住时间判定标准的公告》（财政部　税务总局公告 2019 年第 34 号）的规定，无住所个人在中国境内停留的当天满 24 小时的，计入中国境内居住天数，在中国境内停留的当天不足 24 小时的，不计入中国境内居住天数。

86. 在中国，当国际税收协定与国内法发生冲突时，国内法优先。（ ）

【参考答案】 ×

【答案解析】 在中国，当国际税收协定与国内法发生冲突时，协定优先，但国内法规定的待遇优于协定时，则适用国内法。

87. 两个事物间的相关性可以通过制作散点图来大致判定是线性相关还是非线性关系。对其相关强度可以通过相关系数来进行数量测定。（ ）

【参考答案】 √

【答案解析】 略。

88. 税收统计的基本要求：资料完整、数据准确、口径统一、报送及时。（ ）

【参考答案】 √

【答案解析】 略。

89. 税收票证包括税收缴款书、税收收入退还书、出口货物劳务专用税收票证、印花税专用税收票证，以及国家税务总局规定的其他税收票证。(　)

【参考答案】 √

【答案解析】 略。

90. 税收增长弹性是指税收收入对经济增长的反应程度，在给定税制不变的情况下，一般表示为税收收入的变动率和 GNP 变动率之比。(　)

【参考答案】 ×

【答案解析】 税收增长弹性是指税收收入对经济增长的反应程度，在给定税制不变的情况下，一般表示为税收收入的变动率和 GDP 变动率之比。

91. 重点税源企业一经确定，原则上年度内不做调整。(　)

【参考答案】 √

【答案解析】 略。

92. 重点税源监控实行总局、省级局、地（市）级局和县级局 4 级管理模式，由上而下，层层分解。

【参考答案】 ×

【答案解析】 重点税源监控实行总局、省级局、地（市）级局和县级局 4 级管理模式，由下而上，层层负责。

93. 电子专票属于增值税专用发票，其法律效力、基本用途、基本使用规定等与增值税纸质专用发票相同。(　)

【参考答案】 √

【答案解析】 略。

94. 税务机关在对一个纳税人进行发票管理时，其电子专票和纸质专票的增值税专用发票的最高开票限额应当相同。(　)

【参考答案】 √

【答案解析】 略。

95. 税务机关按照电子专票和纸质专票的合计数，为纳税人核定增值税专用发票领用数量。（　）

【参考答案】✓

【答案解析】略。

96. 受票方索取纸质专票的，开票方应当开具纸质专票。

【参考答案】✓

【答案解析】略。

97. 纳税人开具电子专票后，发生销货退回，购买方已将电子专票用于申报抵扣的，由购买方在增值税发票管理系统中填开并上传《开具红字增值税专用发票信息表》，填开《信息表》时需填写相对应的蓝字电子专票信息。

【参考答案】×

【答案解析】纳税人开具电子专票后，发生销货退回、开票有误、应税服务中止、销售折让等情形，需要开具红字电子专票的，购买方已将电子专票用于申报抵扣的，由购买方在增值税发票管理系统中填开并上传《开具红字增值税专用发票信息表》，填开《信息表》时不填写相对应的蓝字电子专票信息。

98. 纳税人在开具红字电子专票时，需追回已经开具的蓝字电子专票。（　）

【参考答案】×

【答案解析】相较于红字纸质专票开具流程，纳税人在开具红字电子专票时，无须追回已经开具的蓝字电子专票，具有简便易行好操作的优点。

99. 在全国增值税发票查验平台下载的增值税电子专用发票版式文件不能归档。（　）

【参考答案】×

【答案解析】在全国增值税发票查验平台下载的增值税电子专用发票版式文件可以归档。

100. 试点纳税人在完成增值税电子专用发票票种核定、增值税专用发票（增值税税控系统）最高开票限额审批、免费领取税务 UKey、下载并安装增值税发

票开票软件后，即可开具增值税电子专用发票。（　）

【参考答案】✓

【答案解析】略。

101. **增值税电子专用发票目前只可通过税务 UKey 开具，不可通过税控盘、金税盘开具。（　）**

【参考答案】✓

【答案解析】略。

102. **试点纳税人发现当月开具的一张增值税电子专用发票的金额填错了，可以作废重开。（　）**

【参考答案】×

【答案解析】试点纳税人发现当月开具的一张增值税电子专用发票的金额填错了，不可作废重开。

103. **增值税电子专用发票采用电子签名代替发票专用章，增值税电子专用发票的票面上不再展示发票专用章。（　）**

【参考答案】✓

【答案解析】略。

104. **纳税人同时使用增值税电子专用发票和纸质增值税专用发票，两者的最高开票限额应当不相同。（　）**

【参考答案】×

【答案解析】纳税人同时使用增值税电子专用发票和纸质增值税专用发票，两者的最高开票限额应当相同。

105. **某公司是浙江试点的小规模纳税人，该公司不能开具增值税电子专用发票。（　）**

【参考答案】×

【答案解析】浙江试点的小规模纳税人可以自行开具增值税电子专用发票。

106. 受票方向增值税电子专用发票的开票方索取纸质专用发票的，开票方不可以开具纸质专用发票。（ ）

【参考答案】×

【答案解析】受票方向增值税电子专用发票的开票方索取纸质专用发票的，开票方应当开具纸质专用发票。

107. 发生销售退回等事项，受票方已将电子专票用于申报抵扣的，应当在销售方开具红字电子专票的当期，做进项税额转出。（ ）

【参考答案】×

【答案解析】发生销货退回、开票有误、应税服务中止、销售折让等情形，受票方已将电子专票用于申报抵扣的，购买方应当暂依《信息表》所列增值税税额从当期进项税额中转出。

108. 增值税电子发票是增值税专用发票。（ ）

【参考答案】×

【答案解析】增值税电子发票分为增值税电子普通发票和专用发票。

109. 电子发票与纸质发票具有同等法律效力，纳税人取得的电子发票，可不再另以纸质形式保存。（ ）

【参考答案】√

【答案解析】略。

110. 税务 UKey 的初始密码是 11111111。（ ）

【参考答案】×

【答案解析】税务 ueky 的初始密码是 88888888。

111. 受票方打印纸质的增值税电子专用发票对打印颜色没有要求，打印清晰即可。（ ）

【参考答案】√

【答案解析】略。

112. 销售方销售机动车开具增值税专用发票后发生销售折让的，红字增值税专用发票的“规格型号”栏应填写机动车车辆识别代号 / 车架号。（　）

【参考答案】×

【答案解析】销售方销售机动车开具增值税专用发票后发生销售折让的，红字增值税专用发票的“规格型号”栏不填写机动车车辆识别代号 / 车架号。

113. 某使用网络办税的纳税人于 2021 年 4 月 20 日登记为一般纳税人，4 月 21 日开具第一张发票，该纳税人自 4 月 21 日起 3 个月内不得离线开具发票。（　）

【参考答案】✓

【答案解析】新办理增值税一般纳税人登记的纳税人，自首次开票之日起 3 个月内不得离线开具发票，按照有关规定不使用网络办税或不具备风险条件的特定纳税人除外。

114. 建设税务监管新体系，要实现从“以数治税”向“以票管税”分类精准监管的转变。（　）

【参考答案】×

【答案解析】建设税务监管新体系，要实现从“以票管税”向“以数治税”分类精准监管转变。

115. 根据《欠税公告办法（试行）》（国家税务总局令第 9 号）的规定，公告的欠税包括税款、滞纳金和罚款。（　）

【参考答案】×

【答案解析】公告的欠税不包括滞纳金和罚款。

116. 税务机关与国库对税款缴库、退库、调库数据进行核对的过程是金库对账。（　）

【参考答案】✓

【答案解析】略。

117. 对已建立社会保险参保缴费信息关联后，缴费人参保信息发生变化需要同步更新征收系统关联信息时发生的业务。（　）

【参考答案】✓

【答案解析】依据是《税收征管操作规范》2.1.2.2 社会保险参保缴费信息关联变更相关规定。

118. **个人出租住房，按照 5% 的增值税征收率减按 1.5% 计算纳税。**（ ）

【参考答案】✓

【答案解析】按照 5% 的征收率减按 1.5% 计算应纳增值税额的是个人出租住房。

119. **纳税人销售旧货的，按照简易办法依照 3% 征收率征收增值税。**（ ）

【参考答案】×

【答案解析】纳税人销售旧货的，按照简易办法依照 3% 征收率减按 2% 征收增值税。

120. **单位或者个体工商户向其他单位或者个人无偿提供服务，视同销售服务。**（ ）

【参考答案】×

【答案解析】视同销售服务，是指单位或者个体工商户向其他单位或者个人无偿提供服务，但用于公益事业或者以社会公众为对象的除外。

四、综合实务题

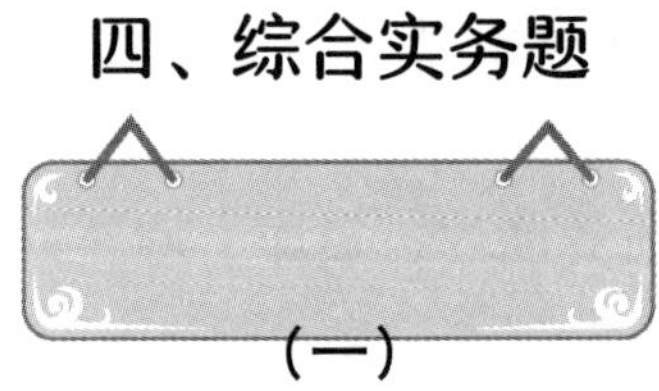

（一）

某全国连锁经营大型超市（增值税一般纳税人，纳税信用 A 级），总机构设在南京甲区。2020 年 10 月在无锡市乙区某街道设立阳光店（二级分支机构）。该大型超市的经营模式为：日用工业制品由总机构统一采购，统一定价，分支机构负责销售；生鲜食品由分支机构就近采购，市场定价。

根据上述资料，回答下列问题：

1. 下列关于阳光店发票领用的表述，正确的是（　）。

A. 由总机构统一领用，邮政派送

B. 由阳光店向其主管税务机关申请领用

C. 申请印制单位名称的发票时，须填报《税务行政许可申请审批表》

D. 由总机构自行印制发票

【参考答案】B

【答案解析】任何单位不得携带邮寄空白发票，不得自行印制发票；申请领用本单位名称的发票不属于税务行政许可事项；阳光店为二级分支机构，应向其主管税务机关申领发票。

2. 下列关于总机构统一采购，阳光店负责销售的物品的增值税处理方式，正确的是（　）。

A. 由总机构进行增值税核算，分支机构无须核算

B. 分支机构销售收款，应按规定计提销项税额

C. 进项税额由总机构申报扣除，分支机构无进项税额

D. 进项税额由分机构申报扣除，总机构无进项税额

【参考答案】B

【答案解析】总分机构应分别核算销项税额和进项税额。

3. 【多项选择题】阳光店每月从农民手中收购农产品用于销售，下列说法中，符合增值税政策的有（　）。

A. 收购的农产品，由阳光店开具农产品收购发票

B. 销售的农产品免征增值税

C. 销售的蔬菜、禽蛋免征增值税

D. 销售水果免征增值税

【参考答案】AC

【答案解析】农产品市场发票一般由收款方开具，特殊情况下也可以由销售方开具；农业生产者销售自产产品免征增值税，商业单位销售农产品不享受销售自产农产品免税政策；蔬菜、禽蛋全流通环节免征增值税。

4. 下列关于阳光店企业所得税的处理的说法中，正确的是（　）。

A. 由总机构汇总纳税，阳光店无须缴纳企业所得税

B. 阳光店就其实际取得的所得向其主管税务机关申报缴纳企业所得税

C. 由总机构汇总纳税，阳关店根据总机构汇总计算分配的结果向主管税务机关预缴企业所得税

D. 阳光店按取得收入的 2% 就地预缴企业所得税

【参考答案】C

【答案解析】居民企业在中国境内设立不具有法人资格营业机构的，应当汇总计算并缴纳企业所得税。有经营职能的二级分支机构应就地预缴企业所得税。

（二）

山东某烟草公司（增值税一般纳税人，拥有烟叶许可证），2020 年 5 月发生下列业务：

（1）收购烟叶 991.57 万公斤，收购单价为 30.4 元 / 公斤，开具收购发票，注明价格补贴和增值税。

（2）支付季节性收购用工劳务派遣费 20 万元，其中派遣单位代为发放工资与社保 15.8 万元，派遣单位为增值税一般纳税人，选择差额计税，开具增值税专用发票。

（3）批发销售给江苏某商场卷烟 250 大箱，每箱 150 标准条，取得不含税销售额 2000 万元。

根据上述资料，回答下列问题：

5. 烟草公司收购烟叶，缴纳烟叶税的地点是（　）。

A. 烟草公司注册地

B. 烟草公司经营地

C. 烟叶销售地

D. 烟叶收购地

【参考答案】D

【答案解析】纳税人应当向烟叶收购地的主管税务机关申报缴纳烟叶税。

6. 该公司收购烟叶，适用的烟叶税税率是（ ）。

A.10% B.13% C.20% D.25%

【参考答案】C

【答案解析】烟叶税税率统一为 20%。

7. 该公司收购烟叶应缴纳的烟叶税是（ ）万元。

A.3918.68 B.4310.53 C.6028.75 D.6631.62

【参考答案】D

【答案解析】烟叶税计税依据为收购金额，包括纳税人支付给烟叶销售者的烟叶收购价款和价外补贴。价外补贴统一暂按烟叶收购价款的 10% 计入收购金额。应纳烟叶税 = 991.57 × 30.4 ×（1 + 10%）× 20% = 6631.62（万元）。

8. 该公司收购烟叶可申报抵扣的进项税额是（ ）万元。

A.2197.47 B.2984.22 C.3581.07 D.3978.97

【参考答案】C

【答案解析】烟叶税为价内税，进项税额 = 991.57 × 30.4 ×（1 + 10%）×（1 + 20%）× 9% = 3581.07（万元）。

9. 支付季节性收购用工劳务派遣费，可申报抵扣的进项税额是（ ）万元。

A.1.2 B.0.2377 C.0.6 D.0.1223

【参考答案】B

【答案解析】一般纳税人提供劳务派遣服务，选择差额计税，代为发放的工资社保不得开具增值税专用发票。进项税额 =（20 − 15.8）÷ 1.06 × 6% = 0.2377（万元）。

10. 该公司卷烟批发环节应纳消费税是（ ）万元。

A.0 B.220 C.223.75 D.222.25

【参考答案】C

【答案解析】卷烟在生产环节征收消费税后，在商业批发环节征收 11% 加 0.005 元/支的消费税。应纳消费税 = 2000 × 11% + 250 × 150 × 200 × 0.005 ÷ 10000 = 223.75（万元）。

（三）

某服装企业（实行查账征收的一般纳税人），2020 年 1 月在政府的扶持下，迅速转产医用防护口罩，属于疫情防控重点物资生产企业。2020 年第一季度发生下列业务：

（1）进口口罩和防护服用于一线职工生产防护，报关价 100 万元，关税税率为 6%。

（2）1 月购进口罩生产专用设备，取得增值税专用发票，发票注明金额 600 万元，税额 78 万元，该设备当月投入生产，企业按 10 年计提折旧，不考虑固定资产残值率。

（3）将自产第一批口罩捐赠给当地某新冠肺病定点收治医院，该批口罩成本 300 万元，不含税市场价 330 万元。

（4）销售口罩取得不含税收入 600 万元；通过电商平台销售服装，取得不含税收入 800 万元。

（5）当期生产成本 800 万元；销售费用 100 万元，其中，业务宣传费 30 万元，财务费用 40 万元，管理费用 30 万元。

假设该企业按规定享受支持抗击疫情系列优惠政策。

根据上述资料，回答下列问题：

11. 下列关于该企业进口口罩和防护服增值税处理中，正确的是（ ）。

A. 免征进口环节增值税

B. 海关代征增值税 13 万元

C. 申报抵扣进项税额 13 万元

D. 海关代征增值税 13.78 万元

【参考答案】A

【答案解析】 2020 年 1 月 1 日至 3 月 31 日对国内有关政府部门、企事业单位、社会团体、个人以及来华或在华的外国公民从境外或海关特殊监管区域进口并直接捐赠进口物资可免征进口税收。

12.【多项选择题】该企业将自产医用口罩捐赠给定点收治医院，税务处理正确的是（ ）。

A. 企业办理增值税减免备案后享受免征增值税

B. 企业自行申报免征增值税，相关资料留存备查

C. 直接捐赠不得税前扣除

D. 可税前一次性扣除

【参考答案】BD

【答案解析】纳税人按照《财政部 税务总局关于支持新型冠状病毒感染的肺炎疫情防控有关税收政策的公告》（财政部 税务总局公告2020年第8号）和《财政部 税务总局关于支持新型冠状病毒感染的肺炎疫情防控有关捐赠税收政策的公告》（财政部 税务总局公告2020年第9号）的规定，免征增值税的，可自主进行免税申报，无须办理有关免税备案手续，选项A错误，选项B正确；企业和个人直接向承担疫情防治任务的医院捐赠用于应对新型冠状病毒感染的肺炎疫情的物品，允许在计算应纳税所得额时全额扣除。

13. 下列关于购进口罩生产专用设备的所得税处理，正确的是（ ）。

A. 设备的价款与税金可从当期应纳税额中抵减

B. 购进价款大于500万元，不得一次性扣除

C. 设备价款和税金可在所得税前一次性扣除

D. 设备价款可在所得税前一次性扣除

【参考答案】D

【答案解析】对疫情防控重点物资生产企业扩大产能购置设备允许企业所得税税前一次性扣除，购进设备的税金可从销项税额中抵扣，不构成实际支出。

14. 该企业2020年第一季度会计利润是（ ）万元。

A.630 B.330 C.300 D.130

【参考答案】D

【答案解析】对外捐赠口罩形成营业外支出300万元，会计利润 = 600 + 800 − 800 − 100 − 40 − 30 − 300 = 130（万元）。

15. 该企业2020年第一季度应申报的应纳税所得额是（ ）万元。

A.630　　　　B.360　　　　C.330　　　　D.0

【参考答案】D

【答案解析】购进设备应计提折旧＝600÷（12×10）×11＝55（万元），对疫情防控重点物资生产企业扩大产能购置设备允许企业所得税税前一次性扣除，季度预缴自行申报享受，固定资产加速折旧纳税调减＝600－55＝545（万元）；当期申报实际利润＝130－545＝－415（万元）。

（四）

某市综合医院，2021 年 1 月发生下列员工支出：

（1）发放 2020 年全年一次性奖金。

（2）工会部门举办迎新年会，购买水果、零食及年会现场抽奖奖品。

（3）给春节期间值班医生发放值班补贴。

（4）给医护人员发放预防新型冠状病毒感染肺炎的医药防护用品。

（5）根据省政府规定，给第一批支援湖北医护人员发放“勇敢逆行者”奖金。

根据上述资料，回答下列问题：

16.【多项选择题】关于发放 2020 年全年一次性奖金的个人所得税处理，以下说法正确的是（　）。

A. 必须并入综合所得，预扣预缴个人所得税

B. 可不并入综合所得，单独扣缴个人所得税

C. 可不并入综合所得，适用原税率单独扣缴个人所得税

D. 可选择并入当年综合所得计算纳税

【参考答案】BD

【答案解析】根据《财政部　税务总局关于个人所得税法修改后有关优惠政策衔接问题的通知》（财税〔2018〕164 号）的规定，居民个人取得全年一次性奖金，在 2021 年 12 月 31 日前，不并入当年综合所得，以全年一次性奖金收入除以 12 个月得到的数额，按照个人所得税修法后月度税率表，确定适用税率和速算扣除数，单独计算纳税。居民个人取得全年一次性奖金，也可以选择并入当年综合所得计算纳税。

17.【多项选择题】关于迎新年工会支出个人所得税，处理正确的是（　）。

A. 集体享受的水果、零食，不征个人所得税

B. 集体享受的水果、零食，统一按 20% 扣缴个人所得税

C. 年会中员工中奖所得，按偶然所得计征个人所得税

D. 年会中员工中奖所得，按工资薪金所得计征个人所得税

【参考答案】AD

【答案解析】福利费是指根据国家有关规定，从企业、事业单位、国家机关、社会团体提留的福利费或者工会经费中支付给个人的生活补助费。集体享受的、不可分割的、未向个人量化的非现金方式的福利，原则上不征收个人所得税。

18. 对值班医生发放值班补贴个人所得税，处理正确的是（　）。

A. 属于单位支出，无须扣缴个人所得税

B. 属于免税福利，无须扣缴个人所得税

C. 计入发放当月的工资薪金所得，按规定预扣预缴个人所得税

D. 属于国务院规定的补贴津贴，免征个人所得税

【参考答案】C

【答案解析】工资、薪金所得，是指个人因任职或者受雇取得的工资、薪金、奖金、年终加薪、劳动分红、津贴、补贴以及与任职或者受雇有关的其他所得。

19. 关于发放给医护人员的医药防护用品个人所得税，处理正确的是（　）。

A. 按偶然所得扣缴个人所得税

B. 计入综合所得，按规定申报缴纳个人所得税

C. 计入工资薪金所得，按规定预扣预缴个人所得税

D. 免征个人所得税

【参考答案】D

【答案解析】根据《财政部　税务总局关于支持新型冠状病毒感染的肺炎疫情防控有关个人所得税政策的公告》（财政部　税务总局公告 2020 年第 10 号）的规定，个人取得单位发放的预防新型冠状病毒感染肺炎的医药防护用品等，免征个人所得税。

20. 对“勇敢逆行者”奖金个人所得税，处理正确的是（　）。

A. 计入“工资薪金所得”，按规定免征个人所得税

B. 计入偶然所得，按规定免征个人所得税

C. 计入劳务报酬所得，按规定免征个人所得税

D. 不做任何处理

【参考答案】A

【答案解析】工资、薪金所得，是指个人因任职或者受雇取得的工资、薪金、奖金、年终加薪、劳动分红、津贴、补贴以及与任职或者受雇有关的其他所得。医护人员受单位委派援助湖北，从单位取得的各项奖金都属于工资薪金所得。对参加疫情防治工作的医务人员和防疫工作者按照政府规定标准取得的临时性工作补助和奖金，免征个人所得税。

（五）

南京市溧水区某农民合作社，系经批准的从事生猪规模养殖单位，增值税一般纳税人。2021 年第一季度发生下列业务：

（1）扩建猪圈，新占用耕地 2000 平方米。

（2）购进四头种猪，开具增值税发票，注明金额 6000 元。

（3）购置一辆小型货车用于运送猪仔和采购饲料，取得增值税专用发票，发票注明价款 40 万元。

（4）与某市菜篮子公司签订 3 年期生猪供货合同，合同约定合作社每年向菜篮子公司提供不低于 500 头 200 斤以上的年猪。

该合作社 2020 年占用土地 10000 平米，其中生猪养殖占地 8000 平，其余为办公和生活用地；拥有办公房账面原值 300 万元，猪圈账面原值 50 万元。除生猪养殖外，该合作社未发生其他经营业务。当地规定的城镇土地使用税单位税额为 3 元 / 平方米，耕地占用税单位税额为 45 元 / 平方米。我省规定的房产原值扣除比例为 30%。

根据上述资料，回答下列问题：

21.【多项选择题】该合作社应按季度申报的税种有（　）。

A. 增值税　　B. 企业所得税
C. 环境保护税　　D. 车辆购置税

【参考答案】BC

【答案解析】规模养殖单位属于现行环境保护税的纳税人，环境保护税按月计算，按季度申报。农民合作社属于企业所得税纳税人，应按季度办理预缴申报；一般纳税人按月办理增值税申报；车辆购置税为一次性税收。

22. 下列关于新占用耕地的税务处理，正确的是（　）。

A. 占用次月缴纳耕地占用税

B. 占用耕地 1 年后的次月开始申报缴纳城镇土地使用税

C. 占用耕地建养猪场无须缴纳耕地占用税

D. 建养猪场减半征收耕地占用税

【参考答案】B

【答案解析】耕地占用税的纳税义务发生时间为纳税人收到自然资源主管部门办理占用耕地手续的书面通知的当日。纳税人应当自纳税义务发生之日起 30 日内申报缴纳耕地占用税。纳税人新征用的耕地，自批准征用之日起满 1 年后的次月开始缴纳城镇土地使用税。除占用耕地建设农田水利设施外，其他非农建设都应按规定缴纳耕地占用税。

23. 关于购进种猪，会计核算正确的是（　）。

A. 计入“固定资产”科目

B. 计入“原材料”科目

C. 计入“无形资产”科目

D. 计入“生物资产——生产性生物资产”科目

【参考答案】D

【答案解析】生物资产是指与农业生产相关的有生命的（即活的）动物和植物。生产性生物资产，是指企业为生产农产品、提供劳务或者出租等目的而持有的生物资产，包括经济林、薪炭林、产畜和役畜等。

24. 该合作社应纳车辆购置税是（　）万元。

A.4.52　　B.4　　C.2　　D.0

【参考答案】B

【答案解析】车辆购置税的计税依据为不含增值税的价款，税率统一为 10%，应纳税额 = 40 × 10% = 4（万元）。

25. 根据《印花税法》的规定，下列关于该合作社生猪供应合同印花税，处理正确的是（ ）。

A. 免征印花税 B. 按市场价的万分之三计算印花税

C. 在签订时先按定额 5 元贴花 D. 减半征收印花税

【参考答案】A

【答案解析】生猪供应合同属于销售农产品的买卖合同。印花税法规定，农民专业合作社销售农产品书立的买卖合同免印花税。

26.【多项选择题】关于该合作社房产税与城镇土地使用税，处理正确的是（ ）。

A. 全年应纳房产税 2.52 万元

B. 全年应纳房产税 2.94 万元

C. 全年应纳城镇土地使用税 3 万元

D. 全年应纳城镇土地使用税 0.6 万元

【参考答案】AD

【答案解析】猪圈不属于应税房产，应纳房产税 = 300 × 1.2% ×（1 − 30%）= 2.52（万元）；对直接用于农、林、牧、渔业的生产用地，免征城镇土地使用税。直接用于农、林、牧、渔业的生产用地，是指直接从事于种植、养殖、饲养的专业用地，不包括农副产品加工场地和生活、办公用地。应纳城镇土地使用税 =（10000 − 8000）× 3 = 6000（元）。

（六）

市某股份有限公司成立于 2015 年 8 月，从事轴承的生产销售，是增值税一般纳税人，适用的增值税税率为 13%，所得税征收方式为查账征收。2021 年 6 月，主管税务机关根据风险识别系统的提示和本局纳税评估的安排，将该纳税人列入增值税、企业所得税纳税评估对象。

该公司2020年度部分申报数据如下：营业收入6800万元，业务成本5000万元，存货全年平均余额500万元，固定资产平均原值3500万元，全年累计折旧520万元，利润总额240万元，应纳增值税税额235万元，应纳所得税税额65万元。

根据上述资料，计算并回答下列问题：

27. **该公司2020年增值税税负率为（　）。**

A.3.46%　　B.3.53%　　C.3.57%　　D.3.67%

【参考答案】A

【答案解析】增值税税负率＝235÷6800＝3.46%。

28. **该公司2020年企业所得税税负率为（　）。**

A.16.25%　　B.20.45%　　C.25%　　D.27.08%

【参考答案】D

【答案解析】企业所得税税负率＝65÷240＝27.08%。

29. **该公司2020年企业所得税贡献率为（　）。**

A.0.96%　　B.1.02%　　C.16.25%　　D.25%

【参考答案】A

【答案解析】企业所得税贡献率＝65÷6800＝0.96%。

30. **该公司2020年存货周转期为（　）。**

A.10次　　B.9次　　C.36天　　D.36.5天

【参考答案】C

【答案解析】存货周转期＝（360×500）÷5000=36（天）。

31. **该公司2020年固定资产折旧率为（　）。**

A.14.86%　　B.16.48%　　C.18.14%　　D.18.64%

【参考答案】A

【答案解析】固定资产折旧率＝520÷3500＝14.86%。

（七）

某股份有限公司成立于2016年5月，从事服装的生产销售，是增值税一般纳税人，所得税征收方式为查账征收，未享受增值税、企业所得税税收优惠，适用的增值税税率为13%。2021年6月，主管税务机关根据风险识别系统的提示和本局纳税评估的安排，将该纳税人列入增值税、企业所得税纳税评估对象。

该公司2020年度部分申报数据如下：主营业务收入6600万元，其他业务收入200万元，主营业务成本5120万元，销售费用220万元，管理费用1100万元，财务费用100万元，利润总额260万元，应纳增值税税额240万元，应纳企业所得税税额68万元。

根据上述资料，计算并回答下列问题：

32. 该公司2020年增值税税负率为（　）。

A.3.75%　　B.3.53%　　C.3.57%　　D.5.33%

【参考答案】B

【答案解析】 增值税税负率＝240÷6800＝3.53%。

33. 该公司2020年企业所得税税负率为（　）。

A.26.15%　　B.25%　　C.0.96%　　D.16.25%

【参考答案】A

【答案解析】 企业所得税税负率＝68÷260＝26.15%。

34. 该公司2020年企业所得税贡献率为（　）。

A.26.15%　　B.25%　　C.1.03%　　D.1%

【参考答案】D

【答案解析】 企业所得税贡献率＝68÷6800=1%。

35. 该公司2020年管理费用率为（　）。

A.11.76%　　B.17.19%　　C.16.17%　　D.16.18%

【参考答案】D

【答案解析】 年管理费用率＝1100÷6800＝16.18%。

36. 该公司 2020 年期间费用率为（　）。

A.16.19%　　B.20.88%　　C.22.19%　　D.20.59%

【参考答案】B

【答案解析】 期间费用率＝（220＋1100＋100）÷6800＝20.88%。

（八）

某香油脂有限公司成立 1990 年，有职工 2000 余人，主要产品是湘香名牌食用花生油，在全省的市场占有率 80% 以上，主要原材料是花生。

2021 年 6 月，湘乡市国税局开展对该公司进行纳税评估。约谈环节得到了 2018 年实际经营相关数据，该公司投入原材料比上年增长近一倍，但申报的应税收入、企业所得税与 2017 年变化不大，与原材料变化不配比。2020 年 1~12 月，实现食用花生油销售收入 36850000 元，销量为 275000 公斤，产品平均售价为 134 元 / 公斤（不含税），账面食用花生油期初无库存，期末库存为 65000 公斤；1~12 月投入花生 650000 公斤。该行业投入产出比在 55% 以上。

要求：请根据以上资料，把你认为正确的答案序号填在相应的答题框中（不定项选择）。

37. 测算该公司评估期食用花生油产量（　）公斤。

A.520000　　B.357500

C.220000　　D.18823750

【参考答案】B

【答案解析】 评估期食用花生油产量＝650000×55%＝357500（公斤）。

38. 测算该公司评估期食用花生油销售量（　）公斤。

A.357500　　B.65000

C.292500　　D.275000

【参考答案】C

【答案解析】评估期食用花生油销售量＝357500－65000＝292500（公斤）。

39. **该公司评估期食用花生油销售数量问题值（　）**公斤。

A.17500　　　　B.292500

C.275000　　　　D.65000

【参考答案】A

【答案解析】食用花生油销售数量问题值＝292500－275000＝17500（公斤）。

40. **评估期食用花生油销售金额问题值（　）**元。

A.17500　　　　B.275000

C.292500　　　　D.2345000

【参考答案】D

【答案解析】食用花生油销售金额问题值＝17500×134＝2345000（元）。

（九）

甲二手车商系一般纳税人，其经营模式是：先收购车主的二手车，之后再转卖给其他消费者，以争取中间的零售差价。2020 年 5 月，甲以 10 万元的价格销售了一台前期收购的小汽车，车辆的购买方是乙公司，该笔业务是甲当月唯一的收入。

根据上述资料，回答下列问题：

41. **甲当月应纳增值税额是多少？**

【参考答案】应纳税额＝[100000÷(1+0.5%)]×0.5%＝497.5（元）。

42. **甲如何填写申报表？**

【参考答案】办理增值税纳税申报时，减按 0.5% 征收率征收增值税的销售额，应当填写在《增值税纳税申报表附列资料（一）》（本期销售情况明细）“二、简易计税方法计税”中“3% 征收率的货物及加工修理修配劳务”相应栏次填写：

[100000÷(1+0.5%)]×3%=2985.07（元）。

对应减征的增值税应纳税额，按销售额的 2.5% 计算填写在《增值税纳税申报表（一般纳税人适用）》“应纳税额减征额”及《增值税减免税申报明细表》减税项目相应栏次填写：

[100000÷(1+0.5%)]×2.5%=2487.56（元）。

43. 如果乙是一般纳税人，甲是否可以应乙的要求，开具增值税专用发票？

【参考答案】甲应向乙开具一张二手车销售统一发票。如果乙索取增值税专用发票，甲应再向乙开具一张征收率为 0.5% 的增值税专用发票。

（十）

2021 年 6 月，某市税务局风险管理部门收到上级推送的风险任务提示：甲运输企业的购进燃料费用占销售收入的 13.75%，存在不符合经营常规的风险。正常情况下，扣除购入固定资产抵扣因素，燃料占营业收入的比率应在 15% ～ 25% 之间（根据本地标杆企业数据测算，仅供参考）。风险管理部门随即派出两名税务人员对该道路运输企业开展风险应对排查工作。

1. 企业基本情况案头分析

甲运输企业成立于 2016 年，为增值税一般纳税人，办公、生活区用地及仓储设施占地面积约 5 000 平方米。近年来企业的利润都是微利或微亏，增值税税负在 1% 左右，在行业内属于偏低水平。购进燃料费用占销售收入比率偏低，则纳税人可能存在隐瞒销售收入或者虚进油料增值税专票抵扣的税收风险。

2. 与企业相关人员沟通询问核实

针对该企业的税收风险疑点，税务人员与企业法人和财务负责人进行了沟通询问核实，企业法人和财务负责人对企业经营状况进行了解释说明：

（1）该公司主要经营货物运输、兼营搬运和仓储。主要为两家固定客户运输产品、设备，跨省长途货运，定线运输，有 6 辆自有货车。

（2）当问及为何利润率低时，财务负责人借机向税务人员吐起了苦水：“运输行业竞争激烈，利润薄，罚款多。最难的是很多费用无法取得发票，如洗车、指路等，增值税专用发票更是困难。”

一是异地加油难以取得进项发票。采取现金加油方式的长途货运车辆，因加油站开具专票要求不一，往往因备案资料准备不全而难以取得专票。中石化客户使用现金加油，可以在加油站现场索取普通发票。如果客户使用现金加油后需要开具增值税专用发票的，需要在加油现场索取《增值税发票开具通知单》，由加油员工填写好加油记录，客户带回单位完善相应的开票信息，加盖客户单位公章后，于 45 天内到当地的开票网点换开增值税专用发票 ；

二是修理费获取进项抵扣发票难度较大，长途运输车辆在途中发生的修理费，往往因修理单位不是一般纳税人而无法取得进项发票。即便是一般纳税人也存在备案资料准备不全而难以取得进项发票的问题。

(3) 介绍中，财务人员还见缝插针向税务人员咨询两个与税收有关的问题 ：

一是企业自有货场 4 000 平方米，因不足 6 000 平方米，不符合物流企业城镇土地使用税减半征收的优惠政策规定，如果再租用 2000 平方米的货场，是否就符合税收优惠的规定？

二是税务机关认定的该企业印花税“货物运输合同（按运输费用万分之五贴花）”缴税期限是“次”，但运费收入有的有合同，有的无合同。印花税要怎么交，是每月按主营业务收入提交，还是就按有合同的金额交？税务人员对财务人员的问题进行了现场解答。

3. 进一步深入调查核实

明明是燃料费用占销售收入比率低，但是，企业财务人员讲的最多的是取得燃料发票的不易。听了企业财务负责人的基本介绍，又解答完相关问题，税务人员带着疑惑调取相关涉税资料开展比对分析，通过约谈询问进一步调查核实，相关情况如下 ：

(1) 该道路运输企业主要抵扣项目有油品、石油液化气、轮胎、修理费等，风险期并无购入固定资产抵扣进项税额。但费用支出零碎、繁杂，油料费、路桥费等主要支出无法直接配比核实。进项发票不规范，除从加油站开具的成品油发票外，还有大量发票品名写着“轮胎”与“电瓶”，甚至还有的写“原油”和“原料气”。对外开具的发票备注栏内容填写不全，无法查实。每辆车的收入与成本不能“一一对应”，难以配比。企业申报资料中未体现无票销售收入，无返程收入，不符合行业的经营常规。

(2) 企业的账务不能反映企业经营的真实情况。两位税务人员采用迂回的方法约谈了车队司机，试图通过司机了解运输业务流程并取得实际经营数据。一位司机说，企业运输车辆的核定吨位是 26 吨，但如果按核定吨位运输都得赔钱，实际载重一般都能达到 35 吨，虽然超过核定运载能力，但这是业内常态。另一位司机谈到，所谓的“6 辆自有货车”，实际上只有 2 辆是企业自有，其他 4 辆只是名义挂靠，车主为了取得营运证，必须把车辆过户到该货运企业名下，这样货运企业就承担替挂靠车辆开具运输发票并收回账款的责任。所以，表面上这些车辆都是公司的“自有车辆”，但对于挂靠车辆，企业只收取管理费，收入、成本、费用都由车主自己核算。

（3）税务人员还了解到，对于 2 辆企业自有车辆，企业为了自身简便成本核算，在支付运输费用中采取了仅仅支付单程费用的包干核算方式。比如一条线路车辆单程 1 200 公里，实际需要发生油费约 3000 元，过路费 2400 元，不含驾驶员费用合计 5400 元。企业采取包干方式支付驾驶员油卡 3500 元和现金 3500 元，该费用仅为车辆单程的相关费用；如果驾驶人员有剩余则节约归己，作为工资补贴；但返程的业务需要驾驶员自己联系，收入也归驾驶员所有；现金 3 000 元费用，驾驶人员需自己找路桥票等进行费用冲抵。

请根据上述资料，回答下列问题：

44. 该运输企业可能存在的税收风险点？

【参考答案】

（1）企业可能存在挂靠车辆未开票，收入未入账；自有车辆返程驾驶员自行承揽的业务收入不入账。

（2）企业可能通过虚列成本费用的方式平衡利润。企业原始凭证混乱，有些品目的发票明显不属于企业的购入商品；企业存在通过用油料卡结算工资、虚进油料，造成账面亏损等，造成少缴企业所得税的风险；另外，更换轮胎、电瓶业务是否真实，货车是否是使用石油液化气的车辆，修理费是否真实等风险疑点需要进一步核实确认。

（3）利用发放油料卡发放驾驶员工资，驾驶员通过各种方式寻找业务返程，解决回程费用和自己的工资收入不入账，存在少缴个人所得税的风险。

（4）运输车辆超载，企业存在隐匿收入的风险点。

（5）货物运输业务属于交通运输业，增值税税率为 10%（现在为 9%）。货运代理、仓储、装卸搬运、港口码头服务等物流业务属于物流辅助业务，增值税税率为 6%，企业可能存在混淆不同项目，高率低报，低开发票税率逃避缴纳税款，或应客户要求高开税率，虚开发票。

45. 请你谈谈税务人员“调取涉税资料，开展研究比对分析”，查看的涉税资料可能会是哪些？

【参考答案】

（1）查看账上车辆情况，获取车辆容量，计算单车载重量。

（2）查看销售合同，确定主要营运线路及承运销售单价。

（3）查看成本测算，确定单位车辆油耗范围，行驶里程。

（4）通过查询防伪税控系统，取得纳税人燃料类增值税发票抵扣数据。

（5）查看燃料供应合同，确定购买燃料总量及结存数量。

46. 请回答企业财务人员提出的有关印花税的问题。

【参考答案】根据《国家税务局关于印花税若干具体问题的规定》（国税地字〔1988〕25号）第五条的规定，对货物运输、仓储保管、财产保险、银行借款等，办理一项业务既书立合同，又开立单据的，只就合同贴花。凡不书立合同，只开立单据，以单据作为合同使用的，应按照规定贴花。因此，有运输合同的按合同贴花，没有合同的应按单据贴花。

47. 该企业自有4000平方米货厂，再租用2000平方米货厂，是否能享受城镇土地使用税优惠政策？

【参考答案】根据《财政部　国家税务总局关于继续实施物流企业大宗商品仓储设施用地城镇土地使用税优惠政策的公告》（财政部　税务总局公告2020年第16号）的规定，确实有仓储设施占地面积6000平方米以上的要求。但一般而言，城镇土地使用税的纳税人为土地使用权证上的单位和个人，也就是出租方。因此，即使再租用2000平方米达到面积要求，也不符合政策规定，不能享受优惠政策。

48. 对运输企业开具运输发票有什么具体要求？

【参考答案】增值税一般纳税人提供货物运输服务，使用增值税专用发票和增值税普通发票，开具发票时应将起运地、到达地、车种车号以及运输货物信息等内容填写在发票备注栏中，如内容较多可另附清单。

49. 请结合案例，提出对运输企业加强征收管理的建议。

【参考答案】

（1）税务机关管理人员在日常税源管理工作中，对企业经营情况应及时掌握，切实做到精细化、专业化管理，及时收集了解运输挂靠车辆等涉税信息。

（2）交通运输业管理的核心在于企业的油耗、车辆、工资、行车里程等基本涉税信息，应加强对企业基础数据的动态监控及相关指标模型构建，防控企业的税收风险。

（3）通过涉税数据信息比对分析，识别判断运输企业的运输能力、营业收入与路桥费、油料费、司机薪酬等主要费用之间存在的数据关联性，提高风险分析识别的精准性，进而提高税收风险应对的质效。

第三部分

税收政策知识更新测试练习及相关附录

税收政策知识更新测试练习

本部分主要内容包括：

（1）2020 年 1 月至 2021 年 5 月底新出台的重要税费政策及法律法规。

主要包括：《中华人民共和国行政处罚法》、《国家税务总局办公厅关于印发〈税务机关政府信息公开申请办理规范〉的通知》（税总办发〔2020〕35 号）、《国家税务总局、工业和信息化部、公安部关于发布〈机动车发票使用办法〉的公告》（国家税务总局、工业和信息化部、公安部公告 2020 年第 23 号）、《国家税务总局关于发布〈税务行政处罚“首违不罚”事项清单〉的公告》（国家税务总局公告 2021 年第 6 号）等内容。

（2）2021 年减税降费部分重点政策。

（3）国民经济和社会发展第十四个五年规划和二　三五年远景目标。

（4）深化税收征管改革。

（5）相关附录。

一、2020年1月1日至2021年5月底新出台的重要税费政策及法律法规

（一）广告费和业务宣传费支出税前扣除有关事项政策

1.【多项选择题】下列企业中，2021 年发生的广告费和业务宣传费支出在企业所得税税前扣除限额比例是当年销售（营业）收入 30% 的有（　）。

A. 化妆品制造或销售企业

B. 医药制造企业

C. 调味料制造企业

D. 饮料制造（不含酒类制造）企业

E. 酒类制造企业

【参考答案】ABD

【答案解析】《财政部　国家税务总局关于广告费和业务宣传费支出税前扣除有关事项的公告》（财政部　国家税务总局公告2020年第43号）第一条规定，对化妆品制造或销售、医药制造和饮料制造（不含酒类制造）企业发生的广告费和业务宣传费支出，不超过当年销售（营业）收入30%的部分，准予扣除；超过部分，准予在以后纳税年度结转扣除。

2.**【判断题】烟草企业实际发生的，不超过当年销售收入15%的广告费和业务宣传费，准予在计算应纳税所得额时扣除。（　）**

【参考答案】×

【答案解析】《财政部　国家税务总局关于广告费和业务宣传费支出税前扣除有关事项的公告》（财政部　国家税务总局公告2020年第43号）第三条规定，烟草企业的烟草广告费和业务宣传费支出，一律不得在计算应纳税所得额时扣除。

3.**【实务计算题】从事化妆品制造的甲公司和从事化妆品销售的乙公司是关联企业。根据甲、乙两公司签订的广告费和业务宣传费分摊协议约定：2021年，甲公司发生的不超过当年销售（营业）收入税前扣除限额比例内的广告费和业务宣传费支出的30%归集至乙公司扣除。2021年，甲公司年销售（营业）收入1000万元，当年实际发生广告费和业务宣传费500万元，乙公司销售收入为2500万元，当年实际发生广告费和业务宣传费1000万元。**

请回答下列问题：

（1）甲公司2021年广告费和业务宣传费应调增的应纳税所得额是（　）万元。

A.90　　B.200　　C.290　　D.300

【参考答案】C

【答案解析】根据《财政部　国家税务总局关于广告费和业务宣传费支出税前扣除有关事项的公告》（财政部　国家税务总局公告2020年第43号）的规定，甲公司广告费和业务宣传费的扣除比例为销售收入的30%。2021年甲公司广告费和业务宣传费的税前扣除限额＝当年销售（营业）收入 ×30% ＝ 1000×30% ＝ 300（万元），实际发生广告费和业务宣传费 500 万元，超出限额 500 － 300 ＝ 200（万元）。按照分摊协议，甲公司分摊到乙公司的广告费和业务宣传费扣除限额 =300×30% ＝ 90（万元），根据《财政部　国家税务总局关于广告费和业务宣传费支出税前扣除有关事项的公告》（财政部　国家税务总局公告 2020 年第 43 号）第二条的规定，对签订广告费和业务宣传费分摊协议的关联企业，其中一方发生的不超过当年销售（营业）收入税前扣除限额比例内的广告费和业务宣传费支出可以在本企业扣除，也可以将其中的部分或全部按照分摊协议归集至另一方扣除。所以，甲公司 2021 年度纳税调增的广告费和业务宣传费＝分摊至乙公司的部分＋超限额部分＝ 90 ＋ 200 ＝ 290（万元）。

（2）甲公司可以结转以后年度扣除的广告费和业务宣传费是（　）万元。

A.90　　B.200　　C.300　　D.500

【参考答案】B

【答案解析】甲公司结转以后年度扣除的广告费和业务宣传费 =500 － 300 ＝ 200（万元）。

（3）乙公司 2021 年广告费和业务宣传费应调增的应纳税所得额是（　）万元。

A.160　　B. 200　　C.300　　D.840

【参考答案】A

【答案解析】乙公司广告费和业务宣传费的扣除比例为销售收入的 30%。乙公司当年广告费和业务宣传费的税前扣除限额＝当年销售（营业）收入 ×30%=2500×30% ＝ 750（万元），从甲公司分摊转移来的广告费和业务宣传费扣除限额为 90 万元，则乙公司 2021 年度允许扣除的广告费和业务宣传费 =750+90=840（万元）。根据《财政部　国家税务总局关于广告费和业务宣传费支出税前扣除有关事项的公告》（财政部　国家税务总局公告 2020 年第 43 号）的规定，乙公司在计算本企业广告费和业务宣传费支出企业所得税税前扣除限额时，可将归集至本企业的广告费和业务宣传费不计算在内，故乙公司 2021 年度纳税调增的广告费和业务宣传费 =1000 － 840 ＝ 160（万元）。

（4）乙公司可以结转以后年度扣除的广告费和业务宣传费是（　）万元。

A.90　　B.160　　C. 250　　D.750

【参考答案】C

【答案解析】乙公司结转以后年度扣除的广告费和业务宣传费 =1000 － 750

= 250（万元）。

（二）二手车经销增值税等若干问题

1.【单项选择题】纳税人受托对垃圾废弃物进行专业化处理，专业化处理后产生货物，且货物归属委托方的，下列关于受托方的说法，正确的是（　）。

A. 受托方属于提供“加工劳务”，其收取的处理费用适用 13% 的增值税税率

B. 受托方属于提供“专业技术服务”，其收取的处理费用适用 13% 的增值税税率

C. 受托方属于提供“加工劳务”，其收取的处理费用适用 6% 的增值税税率

D. 受托方属于提供“专业技术服务”，其收取的处理费用适用 6% 的增值税税率

【参考答案】A

【答案解析】《国家税务总局关于明确二手车经销等若干增值税征管问题的公告》（国家税务总局公告 2020 年第 9 号）第二条第（二）项规定，专业化处理后产生货物，且货物归属委托方的，受托方属于提供“加工劳务”，其收取的处理费用适用 13% 的增值税税率。

2.【单项选择题】A 公司投资 B 公司股权初始投资成本为 20 元 / 股，后续 B 公司首次公开发行股票并上市，A 公司在持有 B 公司限售股解禁后卖出价为 40 元 / 股。如果上市发行价为 10 元 / 股，A 公司转让 B 公司限售股增值税的计算方式是（　）。

A. 按照卖出价减实际成本价的余额 20 元 / 股计算缴纳增值税

B. 按照卖出价 40 元 / 股计算缴纳增值税

C. 按照卖出价减发行价的余额 30 元 / 股计算缴纳增值税

D. 按照发行价 10 元 / 股计算缴纳增值税

【参考答案】A

【答案解析】《财政部　国家税务总局关于全面推开营业税改征增值税试点的通知》（财税〔2016〕36 号）规定，金融商品转让，按照卖出价扣除买入价后的余额为销售额。计算公式：应纳增值税额 =（卖出价 − 买入价）× 6%。根据《国家税务总局关于明确二手车经销等若干增值税征管问题的公告》（国家税务总局

局公告2020年第9号）第四条的规定，单位将其持有的限售股在解禁流通后对外转让，按照《国家税务总局关于营改增试点若干征管问题的公告》（国家税务总局公告2016年第53号）第五条规定确定的买入价，低于该单位取得限售股的实际成本价的，以实际成本价为买入价计算缴纳增值税。

3.【单项选择题】二手车商系一般纳税人，其经营模式是：先收购车主的二手车，之后再转卖给其他消费者，以挣取中间的零售差价。2020年5月，甲以10万的价格销售了一台前期收购的小汽车，车辆的购买方是乙公司，该笔业务是甲当月唯一的收入。甲办理增值税纳税申报时，减按0.5%征收率征收增值税的销售额，应当填写在《增值税纳税申报表附列资料（一）》（本期销售情况明细）“二、简易计税方法计税”中“3%征收率的货物及加工修理修配劳务”相应栏次填写（ ）元。

A.2985.07　　B.2487.56　　C.497.5　　D.990.1

【参考答案】A

【答案解析】[100000÷（1 + 0.5%）]×3% = 2985.07（元）。

4.【判断题】拍卖行受托拍卖文物艺术品，委托方按规定享受免征增值税政策的，拍卖行可以自己名义就代为收取的货物价款向购买方开具增值税普通发票，对应的货物价款不计入拍卖行的增值税应税收入。（ ）

【参考答案】✓

【答案解析】《国家税务总局关于明确二手车经销等若干增值税征管问题的公告》（国家税务总局公告2020年第9号）第三条规定，拍卖行受托拍卖文物艺术品，委托方按规定享受免征增值税政策的，拍卖行可以自己名义就代为收取的货物价款向购买方开具增值税普通发票，对应的货物价款不计入拍卖行的增值税应税收入。

5.【实务计算题】二手车车商甲是一般纳税人，其经营模式是先收购二手车，之后再转卖给其他消费者，以赚取中间的零售差价。2021年5月，甲以10万元的价格向乙公司销售了一台前期8万元收购的小汽车。

（1）该项业务甲应纳增值税额是（ ）元。

A.398　　B.497.51　　C.597.01　　D.2985.07

【参考答案】B

【答案解析】《国家税务总局关于明确二手车经销等若干增值税征管问题的公告国家税务总局公告》（国家税务总局公告 2020 年第 9 号）规定，从事二手车经销业务的纳税人销售其收购的二手车，纳税人减按 0.5% 征收率征收增值税。简易计税应纳税额 = [100000 ÷ （1 + 0.5%）] × 0.5% = 497.51（元）。

（2）下列关于二手车车商甲办理增值税纳税申报的说法中，错误的是（　）。

A. 需要填写《增值税纳税申报表附列资料（一）》（本期销售情况明细）中“二、简易计税方法计税”中“3% 征收率的货物及加工修理修配劳务”相应栏次

B. 在《增值税纳税申报表附列资料（一）》（本期销售情况明细）“3% 征收率的货物及加工修理修配劳务”相应栏次中填写金额 2985.07 元

C. 应当填写在《增值税纳税申报表（小规模纳税人适用）》“应征增值税不含税销售额（3% 征收率）”相应栏次

D. 在《增值税纳税申报表（一般纳税人适用）》“应纳税额减征额”及《增值税减免税申报明细表》减税项目相应栏次中填写 2487.56 元

【参考答案】C

【答案解析】根据《国家税务总局关于明确二手车经销等若干增值税征管问题的公告国家税务总局公告》（国家税务总局公告 2020 年第 9 号）的规定，二手车车商甲（一般纳税人）在办理增值税纳税申报时，减按 0.5% 征收率征收增值税的销售额，应当填写在《增值税纳税申报表附列资料（一）》（本期销售情况明细）“二、简易计税方法计税”中“3% 征收率的货物及加工修理修配劳务”相应栏次，即 [100000 ÷ （1 + 0.5%）] × 3% = 2985.07（元）；对应减征的增值税应纳税额，按销售额的 2.5% 计算并填写在《增值税纳税申报表（一般纳税人适用）》“应纳税额减征额”及《增值税减免税申报明细表》减税项目相应栏次，即 [100000 ÷ （1 + 0.5%）] × 2.5% = 2487.56（元）。

（3）**【多项选择题】**如果购买方乙公司是一般纳税人，则下列关于甲开具发票的说法中，正确的有（　）。

A. 甲应当向乙开具一张二手车销售统一发票

B. 如果乙索取增值税专用发票，甲可以向乙开具一张征收率为 0.5% 的增值税专用发票

C. 甲只能开具一张二手车销售统一发票，不得开具其他发票

D. 如果甲已开具一张二手车销售统一发票，为乙再开具一张增值税专用发票，需要缴纳两次税

E. 如果甲已开具一张二手车销售统一发票，为乙再开具一张增值税专用发票，只需要缴纳一次税

【参考答案】ABE

【答案解析】《二手车流通管理办法》（商务部 公安部 工商行政管理局 国家税务总局令 2005 年第 2 号）规定，二手车经销企业销售二手车时，应当向买方开具税务机关监制的统一发票。因二手车销售统一发票不是有效的增值税扣税凭证，为维护购买方纳税人的进项抵扣权益，《国家税务总局关于明确二手车经销等若干增值税征管问题的公告国家税务总局公告》（国家税务总局公告 2020 年第 9 号）规定，从事二手车经销业务的纳税人除按规定开具二手车销售统一发票外，购买方索取增值税专用发票的，纳税人应当为其开具征收率为 0.5% 的增值税专用发票。甲应当向乙开具一张二手车销售统一发票。如果乙索取增值税专用发票，甲应当再开具一张征收率为 0.5% 的增值税专用发票交给乙。发票可以开两张，但税只缴纳一份。

（三）首违不罚

1. **【单项选择题】下列涉税事项中，适用“首违不罚”的事项是（ ）。**

A. 纳税人首次利用少申报收入方式少缴纳税款

B. 纳税人首次骗取出口退税

C. 纳税人首次虚开发票

D. 委托代征单位首次未按照规定开具税收票证

【参考答案】D

【答案解析】《国家税务总局关于发布〈税务行政处罚“首违不罚”事项清单〉的公告》（国家税务总局公告 2021 年第 6 号）规定，首次发生清单中所列事项且危害后果轻微，在税务机关发现前主动改正或者在税务机关责令限期改正的期限内改正的，不予行政处罚。《税务行政处罚“首违不罚”事项清单》包括扣缴义务人首次未按照《税收票证管理办法》的规定开具税收票证。纳税人首次利用少申报收入方式少缴纳税款、纳税人首次骗取出口退税、纳税人首次虚开发票等情节严重，性质恶劣，不适用“首违不罚”。

2. **【单项选择题】下列税务机关首次发现的纳税人行为，不适用“首违不罚”的是（ ）**

A. 纳税人逾期纳税申报，在税务机关责令期内申报的

B. 纳税人逾期未缴纳税款，税务机关责令限期缴纳逾期仍未缴纳的

C. 纳税人为客户开具白条且没有违法所得的

D. 纳税人未按照有关规定缴销发票且没有违法所得的

【参考答案】B

【答案解析】根据《国家税务总局关于发布〈税务行政处罚“首违不罚”事项清单〉的公告》（国家税务总局公告2021年第6号）的规定，“首违不罚”事项清单包括：纳税人未按照《中华人民共和国税收征收管理法》及实施细则等有关规定的期限办理纳税申报和报送纳税资料；纳税人未按照《中华人民共和国税收征收管理法》及实施细则、《发票管理办法》等有关规定取得发票，以其他凭证代替发票使用且没有违法所得；纳税人未按照《中华人民共和国税收征收管理法》及实施细则、《中华人民共和国发票管理办法》等有关规定缴销发票且没有违法所得等。

3.【单项选择题】2021年1月20日，国务院总理李克强在主持召开的国务院常务会议强调，为了减轻企业负担，巩固经济稳定恢复，需要科学制定裁量基准，将在税务执法领域研究推广的制度是（　）。

A. 首票服务制　　B. 首问责任制

C.“首违不罚”清单制　　D. 服务承诺制

【参考答案】C

【答案解析】2021年1月20日，国务院总理李克强主持召开国务院常务会议，要求规范交通、税务、应急等领域执法，科学制定裁量基准，对轻微交通违法、一般交通违法初犯偶犯等更多采取警告方式，慎用或不适用罚款，在税务执法领域研究推广“首违不罚”清单制度。

4.【多项选择题】不予税务行政处罚的情形包括（　）。

A. 首次发生清单中所列事项且危害后果轻微，在税务机关发现前主动改正的

B. 违反税收法律、行政法规应当给予行政处罚的行为，在5年内未被发现的

C. 不满14周岁的人有违法行为的

D. 精神病人在不能辨认或者不能控制自己行为时有违法行为的

E. 首次发生清单中所列事项且危害后果轻微，在税务机关责令限期改正的期限内改正的

【参考答案】ABCDE

【答案解析】《国家税务总局关于发布〈税务行政处罚裁量权行使规则〉的公告》（国家税务总局公告2016年第78号）规定，当事人有下列情形之一的，不予行政处罚：(1) 违法行为轻微并及时纠正，没有造成危害后果的；(2) 不满14周岁的人有违法行为的；(3) 精神病人在不能辨认或者不能控制自己行为时有违法行为的；(4) 其他法律规定不予行政处罚的。《国家税务总局关于发布〈税务行政处罚"首违不罚"事项清单〉的公告》（国家税务总局公告2021年第6号）规定，首次发生清单中所列事项且危害后果轻微，在税务机关发现前主动改正或者在税务机关责令限期改正的期限内改正的，不予行政处罚。

5.【多项选择题】下列税务机关首次发现的纳税人行为，适用"首违不罚"的事项有（ ）。

A. 纳税人丢失账簿和记账凭证

B. 纳税人违规以收取手续费方式替人代开发票

C. 纳税人未按规定缴销发票且有违法所得

D. 纳税人未按规定将其全部银行账号向税务机关报送

E. 纳税人未按规定向主管税务机关报送开具发票的数据且没有违法所得

【参考答案】ADE

【答案解析】根据《国家税务总局关于发布〈税务行政处罚"首违不罚"事项清单〉的公告》（国家税务总局公告2021年第6号）的规定，"首违不罚"清单包括：纳税人未按照《中华人民共和国税收征收管理法》及实施细则等有关规定设置、保管账簿或者保管记账凭证和有关资料；纳税人未按照《中华人民共和国税收征收管理法》及实施细则等有关规定将其全部银行账号向税务机关报送；纳税人未按照《中华人民共和国税收征收管理法》及实施细则、《中华人民共和国发票管理办法》等有关规定缴销发票且没有违法所得。纳税人违规以收取手续费方式替人代开发票不适用"首违不罚"是因为收取手续费属于违法所得；纳税人未按规定缴销发票且有违法所得不适用"首违不罚"也是因为有违法所得。

（四）网络直播营销管理

【多项选择题】根据新出台的《网络直播营销管理办法（试行）》，国家网信

部门和国务院公安、商务、文化和旅游、税务、市场监督管理、广播电视等有关主管部门需要共同建立健全的工作机制包括（　）。

A. 线索移交　B. 信息共享　C. 会商研判　D. 教育培训　E. 岗位交流

【参考答案】ABCD

【答案解析】根据《网络直播营销管理办法（试行）》第四条的规定，国家网信部门和国务院公安、商务、文化和旅游、税务、市场监督管理、广播电视等有关主管部门建立健全线索移交、信息共享、会商研判、教育培训等工作机制，依据各自职责做好网络直播营销相关监督管理工作。

（五）机动车发票使用办法

1.**【单项选择题】开通机动车发票开具模块的销售方不包括（　）。**

A. 机动车生产企业　　B. 机动车授权经销企业

C. 二手车经销企业　　D. 其他机动车贸易商

【参考答案】C

【答案解析】《国家税务总局　工业和信息化部　公安部关于发布〈机动车发票使用办法〉的公告》（国家税务总局　工业和信息化部　公安部公告2020年第23号）规定，开通机动车发票开具模块的销售方分为机动车生产企业、机动车授权经销企业、其他机动车贸易商三种类型。

2.**【单项选择题】2021年5月，张先生在汽车4S店购买一台新车，取得4S店开具的机动车销售统一发票。由于工作人员的疏忽将张先生的身份证号码录入错误，一直到张先生在办理车辆注册登记时才发现开票有误，此时已经缴纳了车辆购置税，则张先生退回4S店换票的发票联次除注册登记联外，还应包括（　）。**

A. 报税联　B. 存根联　C. 抵扣联　D. 发票联

【参考答案】D

【答案解析】《国家税务总局　工业和信息化部　公安部关于发布〈机动车发票使用办法〉的公告》（国家税务总局　工业和信息化部　公安部公告2020年第23号）规定，开具纸质机动车销售统一发票后，如发生销货退回或开具有误的，销售方应开具红字发票，红字发票内容应与原蓝字发票一一对应，如消费者已办理车辆购置税纳税申报的，不需退回报税联。因个人不是一般纳税人，所以抵扣联销售方不会交给张先生。记账联、存根联都由销货单位留存。因此，张先生应退回注册登记联和发票联。

3.【单项选择题】下列关于机动车销售统一发票的开具的说法，正确的是（ ）。

A. 销售方销售机动车，只能开具机动车销售统一发票，不能开具其他类型发票

B. 机动车销售统一发票打印内容出现压线或者出格的，若内容清晰完整，无须退还重新开具

C. 销售方销售机动车开具增值税专用发票后发生销售折让的，红字增值税专用发票的“规格型号”栏应填写机动车车辆识别代号 / 车架号

D. 一张机动车销售统一发票可以填写多辆机动车的车辆识别代号 / 车架号

【参考答案】B

【答案解析】根据《国家税务总局 工业和信息化部 公安部关于发布〈机动车发票使用办法〉的公告》（国家税务总局 工业和信息化部 公安部公告 2020 年第 23 号）的规定，向消费者销售机动车，销售方应当开具机动车销售统一发票；其他销售机动车行为，销售方应当开具增值税专用发票。机动车销售统一发票打印内容出现压线或者出格的，若内容清晰完整，无须退还重新开具。销售方销售机动车开具增值税专用发票后发生销售折让的，红字增值税专用发票的“规格型号”栏不填写机动车车辆识别代号 / 车架号。一张机动车销售统一发票只能填写一辆机动车的车辆识别代号 / 车架号。

4.【多项选择题】机动车销售统一发票的联次包括（ ）。

A. 发票联　　B. 抵扣联

C. 注册登记联　　D. 存根联

E. 报税联

【参考答案】ABCDE

【答案解析】根据《国家税务总局 工业和信息化部 公安部关于发布〈机动车发票使用办法〉的公告》（国家税务总局 工业和信息化部 公安部公告 2020 年第 23 号）附件《机动车销售统一发票票样》，机动车发票共六联：发票联、抵扣联、注册登记联、存根联、报税联、记账联。

5.【多项选择题】某增值税一般纳税人购买车辆，在申报缴纳车辆购置税前发现发票开具错误，如该纳税人已抵扣增值税，在申请开具红字发票时，应退还给 4S 店的发票联次包括（ ）。

A. 发票联　　　　B. 报税联

C. 注册登记联　　　　D. 抵扣联

E. 存根联

【参考答案】ABC

【答案解析】根据《国家税务总局 工业和信息化部 公安部关于发布〈机动车发票使用办法〉的公告》（国家税务总局 工业和信息化部 公安部公告 2020 年第 23 号）的规定，如该纳税人已抵扣增值税，在申请开具红字发票时，应将其所持的机动车销售统一发票的发票联、报税联、注册登记联退还给 4S 店。因该纳税人已抵扣增值税，不回退抵扣联。而存根联留存在销售方，并未交给购货方。

6.【多项选择题】主管税务机关结合销售方取得机动车的相关凭据判断其经营规模，并动态调整机动车发票领用数量。“相关凭据”包括（ ）。

A. 增值税专用发票

B. 海关进口增值税专用缴款书

C. 货物进口证明书

D. 机动车整车出厂合格证

E. 法院判决书、裁定书、调解书，以及仲裁裁决书、调解书，公证债权文书

【参考答案】ABCDE

【答案解析】根据《国家税务总局 工业和信息化部 公安部关于发布〈机动车发票使用办法〉的公告》（国家税务总局 工业和信息化部 公安部公告 2020 年第 23 号）的规定，主管税务机关可以结合销售方取得机动车的相关凭据判断其经营规模，并动态调整机动车发票领用数量。取得机动车的相关凭据包括：（1）增值税专用发票；（2）海关进口增值税专用缴款书；（3）货物进口证明书；（4）机动车整车出厂合格证；（5）法院判决书、裁定书、调解书，以及仲裁裁决书、调解书，公证债权文书；（6）国家税务总局规定的其他凭证。

7.【多项选择题】销售机动车开具增值税专用发票时，应遵循的规则包括（ ）。

A. 正确选择机动车的商品和服务税收分类编码

B. 增值税专用发票“规格型号”栏应填写机动车车辆识别代号 / 车架号

C.“单位”栏应选择“台”

D.“单价”栏应填写对应机动车的不含增值税价格

E.《销售货物或应税劳务、服务清单》需填写规格型号、单位、单价等栏次

【参考答案】ABDE

【答案解析】根据《国家税务总局　工业和信息化部　公安部关于发布〈机动车发票使用办法〉的公告》（国家税务总局　工业和信息化部　公安部公告 2020 年第 23 号）的规定，销售机动车开具增值税专用发票时，“单位”栏应选择“辆”。

8.**【判断题】销售方应当开具机动车销售统一发票还是开具增值税专用发票，取决于销售对象是否是消费者。（　）**

【参考答案】✓

【答案解析】根据《国家税务总局　工业和信息化部　公安部关于发布〈机动车发票使用办法〉的公告》（国家税务总局　工业和信息化部　公安部公告 2020 年第 23 号）的规定，向消费者销售机动车，销售方应当开具机动车销售统一发票；其他销售机动车行为，销售方应当开具增值税专用发票。

（六）税务机关政府信息公开申请办理规范

1.**【单项选择题】申请人以平常信函等无须签收的邮寄方式提交政府信息公开申请的，税务机关信息公开机构确认收到申请的时间方法是（　）。**

A. 应当于收到申请的当日与申请人进行确认，以确认之日为收到申请之日

B. 应当于税务机关登记台账之日确认为收到申请之日

C. 应当以税务机关信函收发部门收到之日确认为收到申请之日

D. 应当以邮局的邮戳日期确认为收到申请之日

【参考答案】A

【答案解析】根据《税务机关政府信息公开申请办理规范》（税总办发〔2020〕35 号印发）第二条的规定，申请人以平常信函等无须签收的邮寄方式提交政府信息公开申请的，信息公开机构应当于收到申请的当日与申请人进行确认，以确认之日为收到申请之日。

2.**【单项选择题】下列选项中，可以公开的税务机关政府信息是（　）。**

A. 依法确定为国家秘密的政府信息

B. 法律、行政法规禁止公开的政府信息

C. 公开后可能导致政府部门行政诉讼败诉的政府信息

D. 公开后可能危及国家安全、公共安全、经济安全、社会稳定的政府信息

【参考答案】C

【答案解析】根据《税务机关政府信息公开申请办理规范》（税总办发〔2020〕35号印发）的规定，不予公开类包括：(1) 依法确定为国家秘密的政府信息；(2) 法律、行政法规禁止公开的政府信息；(3) 公开后可能危及国家安全、公共安全、经济安全、社会稳定的政府信息。

3.**【单项选择题】申请人提出政府信息公开申请，但税务机关没有现成信息，需要对现有政府信息进行加工、分析的，税务机关正确的做法是（　）。**

A. 可以不予提供

B. 必须在加工、分析后提供

C. 可以提供未经加工的信息

D. 告知申请人该政府信息不存在

【参考答案】A

【答案解析】根据《税务机关政府信息公开申请办理规范》（税总办发〔2020〕35号印发）第五条的规定，税务机关没有现成信息，需要对现有政府信息进行加工、分析的，税务机关可以不予提供。

4.**【多项选择题】公民、法人或者其他组织提出税务机关政府信息公开申请的方式有（　）。**

A. 当面申请

B. 邮寄申请

C. 互联网在线平台申请

D. 电话申请

E. 由第三方申请

【参考答案】ABC

【答案解析】根据《税务机关政府信息公开申请办理规范》（税总办发〔2020〕35号印发）第一条的规定，公民、法人或者其他组织可以采取当面申请、邮寄申请、互联网在线平台申请等方式提出政府信息公开申请，并在政府信息公

开申请表中准确详实填写申请人信息、所需政府信息事项内容、信息获取方式等。

5.【多项选择题】税务机关信息公开机构应当建立台账，对收到的政府信息公开申请及办理情况逐一记载。应登记的内容主要包括（ ）。

A. 收到申请的时间　　B. 申请情况

C. 办理情况　　D. 申请人的家庭住址信息

E. 复议诉讼情况

【参考答案】ABCE

【答案解析】根据《税务机关政府信息公开申请办理规范》（税总办发〔2020〕35号印发）第二条的规定，政府信息公开申请应登记的内容主要包括收到申请的时间、申请情况、办理情况和复议诉讼情况。

6.【多项选择题】税务机关起草的政府信息公开答复文书，其类型主要包括（ ）。

A. 予以公开　　B. 不予公开

C. 部分公开　　D. 无法提供

E. 不予处理

【参考答案】ABCDE

【答案解析】根据《税务机关政府信息公开申请办理规范》（税总办发〔2020〕35号印发）第五条第（一）项的规定，答复书主要分为予以公开、不予公开、部分公开、无法提供、不予处理等5种类型。

7.【多项选择题】下列情形中，税务机关收到政府信息公开申请可以不予处理的有（ ）。

A. 申请人申请公开政府信息的数量、频次明显超过合理范围，税务机关认为申请理由不合理的

B. 申请人要求对已获取的政府信息进行确认或者重新出具的

C. 申请人申请的信息属于党务信息的

D. 申请人以政府信息公开申请的形式进行信访、投诉、举报等活动的

E. 申请人提出的申请内容为要求税务机关提供政府公报、报刊、书籍等公开出版物的

【参考答案】ABCDE

【答案解析】根据《税务机关政府信息公开申请办理规范》第五条第（一）项第五类的规定，不予处理类包括：(1) 申请人以政府信息公开申请的形式进行信访、投诉、举报等活动的，税务机关应当告知申请人不作为政府信息公开申请处理，并告知进行信访、投诉、举报等活动的渠道。(2) 税务机关已就申请人提出的政府信息公开申请作出答复、申请人重复申请公开相同政府信息的，告知申请人不予重复处理。(3) 申请人提出的申请内容为要求税务机关提供政府公报、报刊、书籍等公开出版物的，税务机关可以告知其获取的途径。(4) 申请人申请公开政府信息的数量、频次明显超过合理范围，税务机关可以要求申请人说明理由。税务机关认为申请理由不合理的，告知申请人不予处理。(5) 申请人要求对已获取的政府信息进行确认或者重新出具的，税务机关可以不予处理。申请人要求税务机关更正与其自身相关的不准确政府信息记录，有权更正的税务机关审核属实的，应当予以更正并告知申请人；不属于本税务机关职能范围的，税务机关告知申请人向有权更正的行政机关提出，或者转送有权更正的行政机关处理并告知申请人。(6) 所申请公开信息属于工商、不动产登记资料等信息，有关法律、行政法规对信息的获取有特别规定的，告知申请人依照有关法律、行政法规的规定办理。(7) 申请人申请的信息属于党务信息的，税务机关可以不予处理，并告知申请人按照《中国共产党党务公开条例（试行）》有关规定办理。

8.【多项选择题】如果税务机关政府信息公开申请内容不符合规定要求，申请人须进行补正，下列有关补正要求的说法，错误的有（ ）。

A. 补正原则上不超过一次

B. 补正期限一般不超过 10 个工作日

C. 应当在收到申请之日起 7 个工作日内一次性告知申请人补正事项

D. 申请人补正后仍无法明确申请内容的，税务机关不再受理

E. 申请人无正当理由，逾期不补正的，视为放弃申请

【参考答案】BD

【答案解析】根据《税务机关政府信息公开申请办理规范》（税总办发〔2020〕35 号印发）的规定，补正期限一般不超过 15 个工作日。补正原则上不超过一次。申请人补正后仍无法明确申请内容的，税务机关应当通过与申请人当面或者电话沟通等方式明确其所需获取的政府信息；经沟通，税务机关认为申请内容仍不明确的，可以根据客观事实作出无法提供的决定。需要申请人补正的，信息公开机

构应当在收到申请之日起7个工作日内一次性告知申请人补正事项、合理补正期限、逾期不补正的后果。

9.**【判断题】税务机关在行政征收、行政处罚、行政许可、行政检查、行政强制、行政奖励、行政确认以及行政复议等工作中形成的行政执法案卷信息，应按照行政相对人要求公开。（ ）**

【参考答案】×

【答案解析】根据《税务机关政府信息公开申请办理规范》（税总办发〔2020〕35号印发）的规定，税务机关在行政征收、行政处罚、行政许可、行政检查、行政强制、行政奖励、行政确认以及行政复议等工作中形成的行政执法案卷信息，可以不予公开。

10.**【判断题】税务机关政府信息公开的申请人为公民的，应实名申请，否则不予受理。（ ）**

【参考答案】✓

【答案解析】根据《税务机关政府信息公开申请办理规范》（税总办发〔2020〕35号印发）第二条的规定，申请人是公民的，应登记申请人姓名、身份证号码、联系电话、通信地址、邮政编码等。

11.**【判断题】申请公开的税务机关政府信息涉及商业秘密、个人隐私，公开后可能损害第三方利益的，承办部门应提请信息公开机构口头征求第三方意见。（ ）**

【参考答案】×

【答案解析】根据《税务机关政府信息公开申请办理规范》（税总办发〔2020〕35号印发）第四条的规定，申请公开的政府信息涉及商业秘密、个人隐私，公开后可能损害第三方利益的，承办部门应提请信息公开机构书面征求第三方意见。

（七）新行政处罚法

1.**【单项选择题】当事人同一个税收违法行为违反不同处罚规定且均应处以罚款的，税务机关应当采用的处罚原则是（ ）。**

A. 不予处罚　　B. 择轻处罚

C. 择重处罚　　D. 数罪并罚

【参考答案】C

【答案解析】根据《中华人民共和国行政处罚法》第二十九条的规定，同一个违法行为违反多个法律规范应当给予罚款处罚的，按照罚款数额高的规定处罚。

2. **【单项选择题】2021 年 8 月某纳税人因偷逃税款 3 万元被处以 2 倍罚款，但纳税人到期仍不缴纳罚款，则税务机关加处罚款的数额不得超出的数额是（　）万元。**

A.1.5　　B.1.8　　C.3　　D.6

【参考答案】D

【答案解析】根据《中华人民共和国行政处罚法》第七十二条的规定，当事人逾期不履行行政处罚决定的，作出行政处罚决定的行政机关可以每日按罚款数额的 3% 加处罚款，加处罚款的数额不得超出罚款的数额。

3. **【单项选择题】2021 年 8 月，某稽查局在将某涉嫌虚开增值税专用发票犯罪案件移送公安机关立案前，未进行税务处罚，在人民法院判处罚金后，稽查局的做法正确的是（　）。**

A. 依据法院处理结果给予行政罚款

B. 加处罚款，但数额不得超出罚金的数额

C. 不再给予罚款

D. 给予 0.5~5 倍罚款

【参考答案】C

【答案解析】根据《中华人民共和国行政处罚法》第三十五条的规定，违法行为构成犯罪，人民法院判处罚金时，行政机关已经给予当事人罚款的，应当折抵相应罚金；行政机关尚未给予当事人罚款的，不再给予罚款。

（八）增值税专用发票电子化

1. **【单项选择题】下列关于增值税电子普通发票和机动车销售统一发票的表述，不正确的是（　）。**

A. 增值税电子普通发票的版式文件法律效力、基本用途、基本使用规定等与税务机关监制的增值税普通发票相同

B. 增值税电子普通发票的发票号码为12位，按年度、分批次编制

C. 机动车销售统一发票为电脑六联式发票

D. 从2006年10月1日起，机动车销售统一发票注册登记联一律加盖开票单位印章

【参考答案】B

【答案解析】增值税电子普通发票的发票代码为12位，发票号码为8位，按年度、分批次编制。

2.**【单项选择题】目前，下列可以开具增值税电子专用发票的开票软件是（ ）。**

A. 税务UKey版　　B. 金税盘版

C. 税控盘版　　D. 防伪税控盘版

【参考答案】A

【答案解析】目前，税务UKey版是增值税电子专用发票的开票软件。

3.**【单项选择题】目前，下列可以开具增值税电子专用发票开票软件的是（ ）。**

A. 税务UKey版　B. 金税盘版　C. 税控盘版　D. 防伪税控盘版

【参考答案】A

【答案解析】根据《国家税务总局关于在新办纳税人中实行增值税专用发票电子化有关事项的公告》（国家税务总局公告2020年第22号）第五条的规定，需要开具增值税纸质普通发票、电子普票、纸质专票、电子专票、纸质机动车销售统一发票和纸质二手车销售统一发票的新办纳税人，统一领取税务UKey开具发票。

4.**【单项选择题】纳税人可以对电子专票信息进行查验的平台是（ ）。**

A. 增值税发票查验平台　　B. 增值税综合服务平台

C. 第三方自建平台　　D. 防伪税控平台

【参考答案】A

【答案解析】根据《国家税务总局关于在新办纳税人中实行增值税专用发票电子化有关事项的公告》（国家税务总局公告2020年第22号）第九条的规定，

单位和个人可以通过全国增值税发票查验平台对电子专票信息进行查验。

5.【单项选择题】在提供专票电子化试点网格化服务时，将服务对象区分为（ ）。

A. 开票方和受票方　　B. 税控盘和税务 UKey 用户

C. 新办纳税人和存量纳税人　　D. 低风险纳税人和中高风险纳税人

【参考答案】A

【答案解析】根据《增值税专用发票电子化试点网格化服务和管理工作规范 1.0 版》的规定，将专票电子化试点纳税人分为开票方、受票方，开展针对性服务。

6.【单项选择题】增值税电子专用发票的发票代码后两位是（ ）。

A.11　　B.12　　C.13　　D.14

【参考答案】C

【答案解析】根据《国家税务总局关于在新办纳税人中实行增值税专用发票电子化有关事项的公告》（国家税务总局公告 2020 年第 22 号）第三条的规定，电子专票的发票代码为 12 位，编码规则：第 1 位为 0，第 2~5 位代表省、自治区、直辖市和计划单列市，第 6~7 位代表年度，第 8~10 位代表批次，第 11~12 位为 13。发票号码为 8 位，按年度、分批次编制。

7.【单项选择题】受票方取得电子专票用于申报抵扣增值税进项税额，应当登录确认发票用途的平台是（ ）。

A. 增值税电子发票公共服务平台　　B. 增值税发票综合服务平台

C. 全国增值税发票查验平台　　D. 金税三期核心征管系统

【参考答案】B

【答案解析】根据《国家税务总局关于在新办纳税人中实行增值税专用发票电子化有关事项的公告》（国家税务总局公告 2020 年第 22 号）第八条的规定，受票方取得电子专票用于申报抵扣增值税进项税额或申请出口退税、代办退税的，应当登录增值税发票综合服务平台确认发票用途。

8.【单项选择题】增值税电子专用发票格式为（ ）。

A.OFD　　B.PDF　　C.WPS　　D.TXT

【参考答案】A

【答案解析】目前，电子发票版式文件仅支持 OFD 格式。

9.**【单项选择题】对于首次申领增值税发票的新办纳税人，税务机关核定增值税电子专用发票的最高开票限额，不得超过的额度是（ ）万元。**

A.1　　B.10　　C.100　　D.1000

【参考答案】B

【答案解析】根据《国家税务总局关于新办纳税人首次申领增值税发票有关事项的公告》（国家税务总局公告 2018 年第 29 号）的规定，税务机关为首次申领增值税发票的新办纳税人办理发票票种核定，增值税专用发票最高开票限额不超过 10 万元，每月最高领用数量不超过 25 份。

10.**【单项选择题】增值税电子专用发票最多支持开具（ ）条。**

A.100　　B.150　　C.200　　D.250

【参考答案】A

【答案解析】根据《增值税电子专用发票常见问题解答》的规定，增值税电子专用发票最多支持开具 100 条。

11.**【单项选择题】下列关于纸质增值税专用发票和增值税电子专用发票在抵扣和勾选上的说法，正确的是（ ）。**

A. 增值税电子专用发票无法抵扣和勾选

B. 增值税电子专用发票无须在申报期进行抵扣统计表的生成和确认操作，可直接抵扣

C. 二者的抵扣和勾选在系统中的流程、功能均相同

D. 增值税电子专用发票只能进行退税勾选

【参考答案】C

【答案解析】根据《增值税电子专用发票常见问题解答》，纸质增值税专用发票和增值税电子专用发票的抵扣和勾选在系统中的流程、功能均相同。

12.**【单项选择题】下列不是电子发票的优点的是（ ）。**

A. 交付便捷　　B. 保管便利　　C. 耗费成本　　D. 绿色环保

【参考答案】C

【答案解析】电子发票有交付便捷、保管便利、节约成本、绿色环保等优点。

13. **【单项选择题】强调对管辖区域内服务对象的全面覆盖，通过科学合理预估新办纳税人数量，及时获取受票方企业信息，明确服务对象，统筹服务力量和资源，这种服务被称作（　）。**

A. 全员服务　　B. 全域服务　　C. 全程服务　　D. 全线服务

【参考答案】B

【答案解析】根据增值税专用发票电子化试点的要求，全域服务，是指强调对管辖区域内服务对象的全面覆盖，通过科学合理预估新办纳税人数量，及时获取受票方企业信息，明确服务对象，统筹服务力量和资源。

14. **【多项选择题】下列专项工作方案中，属于“1 + 1 + 5”工作机制中“5”的有（　）。**

A. 绩效　　B. 内控

C. 督导　　D. 纪律监督

E. 稽查

【参考答案】ABCD

【答案解析】“1 + 1 + 5”工作机制中的“5”包括内控、督导、绩效、特派办以及纪律监督等5个专项方案。

15. **【多项选择题】下列选项中，可以通过税务Ukey来开具的发票的有（　）。**

A. 机动车销售统一发票　　B. 通用机打发票

C. 二手车销售统一发票　　D. 增值税电子普通发票

E. 增值税纸质专用发票

【参考答案】ACDE

【答案解析】根据《国家税务总局关于在新办纳税人中实行增值税专用发票电子化有关事项的公告》（国家税务总局公告2020年第22号）第四条的规定，自各地专票电子化实行之日起，本地区需要开具增值税纸质普通发票、增值税电子普通发票、纸质专票、电子专票、纸质机动车销售统一发票和纸质二手车销售统一发票的新办纳税人，统一领取税务UKey开具发票。

16.**【判断题】电子专票属于增值税专用发票，其法律效力、基本用途、基本使用规定等与增值税纸质专用发票相同。（ ）**

【参考答案】✓

【答案解析】根据《国家税务总局关于在新办纳税人中实行增值税专用发票电子化有关事项的公告》（国家税务总局公告2020年第22号）第二条的规定，电子专票由各省税务局监制，采用电子签名代替发票专用章，属于增值税专用发票，其法律效力、基本用途、基本使用规定等与增值税纸质专用发票相同。

17.**【判断题】税务机关在对一个纳税人进行发票管理时，其电子专票和纸质专票的增值税专用发票的最高开票限额应当相同。（ ）**

【参考答案】✓

【答案解析】根据《国家税务总局关于在新办纳税人中实行增值税专用发票电子化有关事项的公告》（国家税务总局公告2020年第22号）第五条的规定，电子专票和纸质专票的增值税专用发票（增值税税控系统）最高开票限额应当相同。

18.**【判断题】税务机关按照电子专票和纸质专票的合计数，为纳税人核定增值税专用发票领用数量。（ ）**

【参考答案】✓

【答案解析】根据《国家税务总局关于在新办纳税人中实行增值税专用发票电子化有关事项的公告》（国家税务总局公告2020年第22号）第五条的规定，税务机关按照电子专票和纸质专票的合计数，为纳税人核定增值税专用发票领用数量。

19.**【判断题】纳税人开具电子专票后，发生销货退回，购买方已将电子专票用于申报抵扣的，由购买方在增值税发票管理系统中填开并上传《开具红字增值税专用发票信息表》，在填开《开具红字增值税专用发票信息表》时需要填写相对应的蓝字电子专票信息。（ ）**

【参考答案】×

【答案解析】根据《国家税务总局关于在新办纳税人中实行增值税专用发票电子化有关事项的公告》（国家税务总局公告2020年第22号）第七条第（一）项的规定，纳税人开具电子专票后，发生销货退回、开票有误、应税服务中止、销售折让等情形，需要开具红字电子专票的，购买方已将电子专票用于申报抵扣的，由购买方在增值税发票管理系统中填开并上传《开具红字增值税专用发票信息表》，填开《开具红字增值税专用发票信息表》时不填写相对应的蓝字电子专票信息。

20.**【判断题】纳税人在开具红字电子专票时，需追回已经开具的蓝字电子专票。（　）**

【参考答案】×

【答案解析】根据《国家税务总局关于在新办纳税人中实行增值税专用发票电子化有关事项的公告》（国家税务总局公告2020年第22号）的规定，相较于红字纸质专票开具流程，纳税人在开具红字电子专票时，无须追回已经开具的蓝字电子专票，具有简便易行好操作的优点。

（九）国际运输船舶增值税退税管理

1.**【单项选择题】适用国际运输船舶增值税退税政策的船舶的来源只能是（　）。**

A. 从建造船舶企业购进　　B. 从船舶贸易公司购进

C. 从二手船交易企业购进　　D. 从个人手中购进

【参考答案】A

【答案解析】根据《财政部　交通运输部　国家税务总局关于海南自由贸易港国际运输船舶有关增值税政策的通知》（财税〔2020〕41号）、《财政部　交通运输部　国家税务总局关于中国（上海）自由贸易试验区临港新片区国际运输船舶有关增值税政策的通知》（财税〔2020〕52号）的规定，适用国际运输船舶增值税退税政策的船舶的来源只能是直接从建造船舶企业购进的，从其他船舶贸易、二手船交易等企业购进的不得退税。

2.**【单项选择题】运输企业船舶退税的申报期限是（　）。**

A. 认证或登录增值税发票选择确认平台进行确认起360日内

B. 购进船舶之日（以发票开具日期为准）次月1日起至次年4月30日前的各增值税纳税申报期

C. 认证或登录增值税发票选择确认平台进行确认起180日内

D. 货物报关出口之日［以出口货物报关单（出口退税专用）上注明的出口日

期为准］起 90 天后第一个增值税纳税申报期截止之日

【参考答案】B

【答案解析】根据《国家税务总局关于发布〈国际运输船舶增值税退税管理办法〉的公告》（国家税务总局公告 2020 年第 18 号）第八条的规定，运输企业船舶退税的申报期限，为购进船舶之日（以发票开具日期为准）次月 1 日起至次年 4 月 30 日前的各增值税纳税申报期。

3.**【单项选择题】在洋浦港已办理船舶退税备案的运输企业，已知该船 2020 年 1 月购入，取得增值税专用发票一份，税款 1000 万元已完成退税。船舶按 10 年计提折旧，预计无残值。2021 年 1 月发生船籍所有人变更，则应补缴的税款是（ ）万元。**

A.500　　B.600　　C.900　　D.1000

【参考答案】C

【答案解析】根据《国家税务总局关于发布〈国际运输船舶增值税退税管理办法〉的公告》（国家税务总局公告 2020 年第 18 号）第十二条的规定，已办理增值税退税的船舶发生船籍所有人变更、船籍港变更或不再从事国际运输（或港澳台运输）业务等情形，不再符合财税〔2020〕41 号文件、财税〔2020〕52 号文件退税条件的，运输企业应在条件变更次月纳税申报期内，向主管税务机关补缴已退税款。未按规定补缴的，税务机关应当按照现行规定追回已退税款。

应补缴税款＝购进船舶的增值税专用发票注明的税额 ×（净值 ÷ 原值）

净值＝原值－累计折旧

应补缴税款＝购进船舶的增值税专用发票注明的税额 ×（净值 ÷ 原值）＝ 1000×（9÷10）= 900（万元）。

4.**【多项选择题】某企业新购船舶适用国际运输船舶增值税退税管理办法，则该船登记的船籍港可能是（ ）。**

A. 海南洋浦港　　B. 海南海口港

C. 宁波舟山港　　D. 上海洋山港

E. 大连大连港

【参考答案】AD

【答案解析】根据《财政部　交通运输部　国家税务总局关于海南自由贸易

港国际运输船舶有关增值税政策的通知》（财税〔2020〕41号）、《财政部　交通运输部　国家税务总局关于中国（上海）自由贸易试验区临港新片区国际运输船舶有关增值税政策的通知》（财税〔2020〕52号）的规定，船舶登记必须是在海南洋浦港或上海洋山港，除了这两个港，其他的不得退税。

5.【多项选择题】已办理国际运输船舶退税备案的运输企业，停止适用船舶退税政策的业务情形包括（　）。

A. 船籍所有人变更

B. 船籍港变更

C.《国际船舶运输经营许可证》届满换证

D. 不再从事国际运输（或港澳台运输）业务

E. 船舶主要部件维修更换

【参考答案】ABD

【答案解析】根据《国家税务总局关于发布〈国际运输船舶增值税退税管理办法〉的公告》（国家税务总局公告2020年第18号）第七条的规定，已办理船舶退税备案的运输企业，发生船籍所有人变更、船籍港变更或不再从事国际运输（或港澳台运输）业务等情形，不再符合财税〔2020〕41号文件、财税〔2020〕52号文件退税条件的，应自条件变化之日起30日内，持相关资料向主管税务机关办理备案变更。自条件变更之日起，运输企业停止适用船舶退税政策。

6.【判断题】因为运输企业用于申报船舶退税的增值税发票不得用于进项税额抵扣，所以运输企业购进船舶申报退税只需取得增值税普通发票。（ ）

【参考答案】×

【答案解析】根据《国家税务总局关于发布〈国际运输船舶增值税退税管理办法〉的公告》（国家税务总局公告2020年第18号）第十一条的规定，运输企业购进船舶取得的增值税专用发票，已用于进项税额抵扣的，不得申报船舶退税；已用于船舶退税的，不得用于进项税额抵扣。因此这句话的前半句是正确的，但结论是错误的，运输企业购进船舶申报退税应取得增值税专用发票。

7.【判断题】因条件变更已经向主管税务机关补缴国际运输船舶退税的运输企业，自取得完税凭证当期起，可凭从税务机关取得解缴税款的完税凭证，从销

项税额中抵扣完税凭证上注明的增值税额。（ ）

【参考答案】✓

【答案解析】根据《国家税务总局关于发布〈国际运输船舶增值税退税管理办法〉的公告》（国家税务总局公告2020年第18号）第十三条的规定，已办理增值税退税的船舶发生船籍所有人变更、船籍港变更或不再从事国际运输（或港澳台运输）业务等情形，不再符合财税〔2020〕41号文件、财税〔2020〕52号文件规定，并已经向主管税务机关补缴已退税款的运输企业，自取得完税凭证当期起，可凭从税务机关取得解缴税款的完税凭证，从销项税额中抵扣完税凭证上注明的增值税额。

（十）税务证明事项告知承诺制

1.【单项选择题】对通过告知承诺制方式办理的申请人，税务机关在日常监管中不得运用的监管方式是（ ）。

A.“双随机、一公开”监管　　B.歧视性监管

C.重点监管　　D.“互联网＋监管”

【参考答案】B

【答案解析】根据《国家税务总局关于印发〈全面推行税务证明事项告知承诺制实施方案〉的通知》（税总发〔2020〕74号）的规定，对免予核查的事项，要综合运用“双随机、一公开”监管、重点监管、“互联网＋监管”、智慧监管等方式实施日常监管，不得对通过告知承诺制方式办理的申请人采取歧视性监管措施。

2.【单项选择题】下列业务中，不适用税务证明事项告知承诺制的是（ ）。

A.税务登记　　B.行政确认

C.税收减免　　D.税收处罚

【参考答案】D

【答案解析】根据《国家税务总局关于印发〈全面推行税务证明事项告知承诺制实施方案〉的通知》（税总发〔2020〕74号）的规定，在税务机关办理税务登记、行政确认、税收减免等依申请的税务事项要求提供证明材料时实行证明事项告知承诺制。

3.【单项选择题】下列关于税务证明告知承诺制的说法，正确的是（　）。

A. 对于实行告知承诺制的税务证明事项，申请人只能采用告知承诺制方式办理

B. 申请人有较严重的不良信用记录或者存在曾作出虚假承诺等情形的，在信用修复前不适用告知承诺制

C. 税务证明事项告知承诺，一经申请，不得撤回

D. 申请人不愿承诺或者无法承诺的，不允许办理涉税业务

【参考答案】B

【答案解析】根据《国家税务总局关于印发〈全面推行税务证明事项告知承诺制实施方案〉的通知》（税总发〔2020〕74号）的规定，申请人有较严重的不良信用记录或者存在曾作出虚假承诺等情形的，在信用修复前不适用告知承诺制。对于实行告知承诺制的税务证明事项，申请人可自主选择是否采用告知承诺制方式办理。在税务事项办结前，申请人有合理理由的，可以撤回承诺申请，撤回后应当按原程序办理税务事项。申请人不愿承诺或者无法承诺的，应当提交税务部门依据法律法规或者国务院决定要求提供的证明。

4.【多项选择题】税务机关实施税务证明事项告知承诺制，应以书面形式一次性告知申请人的内容包括（　）。

A. 税务机关核查权力　　B. 证明内容

C. 不实承诺的法律责任　　D. 承诺方式

E. 设定依据

【参考答案】ABCDE

【答案解析】根据《国家税务总局关于印发〈全面推行税务证明事项告知承诺制实施方案〉的通知》（税总发〔2020〕74号）第二条第（四）项的规定，书面告知的内容应当包括事项名称，设定依据，证明内容，承诺方式，不实承诺可能承担的民事、行政、刑事责任，税务机关核查权力，承诺书是否公开、公开范围及时限等。

5.【多项选择题】不适用税务证明事项告知承诺制的事项包括（　）。

A. 直接涉及重大国家税收安全的事项

B. 涉及国家秘密的事项

C. 属于重要涉外事项

D. 风险较大、纠错成本较高、损害难以挽回的事项

E. 获取难度较大的税务证明事项

【参考答案】ABCD

【答案解析】根据《国家税务总局关于印发〈全面推行税务证明事项告知承诺制实施方案〉的通知》（税总发〔2020〕74号）第二条第（二）项的规定，有关证明事项直接涉及重大国家税收安全、国家秘密或属于重要涉外事项，风险较大、纠错成本较高、损害难以挽回的，不适用告知承诺制。而与纳税人生产经营或生活密切相关的、使用频次较高或者获取难度较大的税务证明事项恰恰是适用告知承诺制的证明事项。

6.【多项选择题】对在核查或者日常监管中发现纳税人虽然进行了税务证明事项承诺，但承诺不实的，税务机关可以采取的措施包括（　）。

A. 依法终止办理　　B. 责令限期整改

C. 撤销行政决定　　D. 予以行政处罚

E. 确定为失信信息

【参考答案】ABCDE

【答案解析】根据《国家税务总局关于印发〈全面推行税务证明事项告知承诺制实施方案〉的通知》（税总发〔2020〕74号）第三条第（一）项的规定，对在核查或者日常监管中发现承诺不实的，依法终止办理、责令限期整改、撤销行政决定或者予以行政处罚，并根据虚假承诺的认定处理文书确定为失信信息。

7.【多项选择题】下列选项中，属于告知承诺制申请人需要书面承诺内容的有（　）。

A. 已知晓告知事项　　B. 已符合相关条件

C. 愿意承担不实承诺的法律责任　　D. 承诺的意思表示真实

E. 证明义务

【参考答案】ABCD

【答案解析】根据《国家税务总局关于印发〈全面推行税务证明事项告知承诺制实施方案〉的通知》（税总发〔2020〕74号）第二条第（四）项的规定，书面承诺的内容应当包括申请人已知晓告知事项、已符合相关条件、愿意承担不实承诺的法律责任以及承诺的意思表示真实等。证明义务属于税务机关告知的内

容，而不是承诺的内容。

8.**【多项选择题】以税务证明事项告知承诺制推动形成的税收治理模式，其特点有（　）。**

A. 标准公开　　B. 规则公平

C. 预期明确　　D. 各负其责

E. 信用监管

【参考答案】ABCDE

【答案解析】根据《国家税务总局关于印发〈全面推行税务证明事项告知承诺制实施方案〉的通知》（税总发〔2020〕74号）第一条第（三）项的规定，在税务机关办理税务登记、行政确认、税收减免等依申请的税务事项要求提供证明材料时实行证明事项告知承诺制，以税务机关清楚告知、纳税人诚信守诺为重点，推动形成标准公开、规则公平、预期明确、各负其责、信用监管的税收治理模式。

（十一）无偿转让股票等增值税政策

1.**【单项选择题】纳税人无偿转让股票时，转出方股票卖出价的确定方式是（　）。**

A. 按照组成计税价格确定

B. 按照纳税人最近时期销售同类服务、无形资产或者不动产的平均价格确定

C. 按照股票的买入价确定

D. 按照其他纳税人最近时期销售同类服务、无形资产或者不动产的平均价格确定

【参考答案】C

【答案解析】根据《财政部　国家税务总局关于明确无偿转让股票等增值税政策的公告》（财政部　国家税务总局公告2020年第40号）第一条的规定，纳税人无偿转让股票时，转出方以该股票的买入价为卖出价，按照“金融商品转让”计算缴纳增值税。

2.**【多项选择题】下列有关纳税人无偿转让股票的说法，正确的有（　）。**

A. 无偿转让股票不需要缴纳增值税

B. 转入方将股票再转让，卖出价即为增值额

C. 转入方将股票再转让，以原转出方的卖出价为买入价

D. 按照“金融商品转让”计算缴纳增值税

E. 按照纳税人最近时期销售同类股票平均价格确定卖出价

【参考答案】ACD

【答案解析】根据《财政部　国家税务总局关于明确无偿转让股票等增值税政策的公告》（财政部　国家税务总局公告2020年第40号）第一条的规定，纳税人无偿转让股票时，转出方以该股票的买入价为卖出价，增值额为零，不需要缴纳增值税。按照“金融商品转让”计算缴纳增值税。在转入方将上述股票再转让时，以原转出方的卖出价为买入价，因为原卖出价不一定为0，因此再转让的卖出价也不一定是增值额。同样，还是按照“金融商品转让”计算缴纳增值税。按照纳税人最近时期销售同类股票平均价格确定卖出价为视同销售的一般方法之一，而《财政部　国家税务总局关于明确无偿转让股票等增值税政策的公告》（财政部　国家税务总局公告2020年第40号）属于特别规定，优于一般规定。

3.【判断题】自2019年8月20日起，金融机构向小型企业、微型企业和个体工商户发放1年期以上（不含1年）至5年期以下（不含5年）小额贷款取得的利息收入适用免征增值税政策，增加了“5年期以上贷款市场报价利率”这一选择标准。（　）

【参考答案】✓

【答案解析】根据《财政部　国家税务总局关于明确无偿转让股票等增值税政策的公告》（财政部　国家税务总局公告2020年第40号）第二条的规定，自2019年8月20日起，金融机构向小型企业、微型企业和个体工商户发放1年期以上（不含1年）至5年期以下（不含5年）小额贷款取得的利息收入，可选择中国人民银行授权全国银行间同业拆借中心公布的1年期贷款市场报价利率或5年期以上贷款市场报价利率，适用《财政部　国家税务总局关于金融机构小微企业贷款利息收入免征增值税政策的通知》（财税〔2018〕91号）规定的免征增值税政策。

4.【判断题】土地所有者依法征收土地，并向土地使用者支付土地及其相关有形动产、不动产补偿费的行为，可以按规定享受增值税免税政策。（　）

【参考答案】✓

【答案解析】根据《财政部　国家税务总局关于明确无偿转让股票等增值税

政策的公告》（财政部 国家税务总局公告2020年第40号）第三条的规定，土地所有者依法征收土地，并向土地使用者支付土地及其相关有形动产、不动产补偿费的行为，属于《营业税改征增值税试点过渡政策的规定》（财税〔2016〕36号印发）第一条第（三十七）项规定的土地使用者将土地使用权归还给土地所有者的情形，可以按规定享受增值税免税政策。

（十二）残保金征收政策

【单项选择题】某企业2020年在职职工25人，至2021年年底未变动。所属省人民政府规定的安排残疾人就业比例为1.7%，上年该企业实际安排的残疾人就业比例为1.2%。则下列关于2021年申报残保金的说法中，正确的是（ ）。

A. 按规定应缴费额的50%缴纳残疾人就业保障金

B. 按规定应缴费额的90%缴纳残疾人就业保障金

C. 享受暂免征收政策，暂免征收残疾人就业保障金

D. 全额征收残疾人就业保障金

【参考答案】C

【答案解析】《财政部关于调整残疾人就业保障金征收政策的公告》（财政部公告2019年第98号）第三条规定，自2020年1月1日起至2022年12月31日，对残疾人就业保障金实行分档减缴政策。其中，用人单位安排残疾人就业比例达到1%（含）以上，但未达到所在地省、自治区、直辖市人民政府规定比例的，按规定应缴费额的50%缴纳残疾人就业保障金；用人单位安排残疾人就业比例在1%以下的，按规定应缴费额的90%缴纳残疾人就业保障金。《财政部关于调整残疾人就业保障金征收政策的公告》（财政部公告2019年第98号）第四条规定，自2020年1月1日起至2022年12月31日，在职职工人数在30人（含）以下的企业，暂免征收残疾人就业保障金。

（十三）海南自由贸易港企业所得税优惠政策

1. **【单项选择题】总机构设在海南自由贸易港以外，分支机构设在海南自由贸易港内，则可能适用海南自由贸易港企业所得税15%优惠税率政策的是（ ）。**

A. 总机构　　　　B. 分支机构

C. 总机构和分机构　　　　　　　　D. 均不可能

【参考答案】B

【答案解析】根据《财政部　国家税务总局关于海南自由贸易港企业所得税优惠政策的通知》（财税〔2020〕31 号）第一条的规定，对总机构设在海南自由贸易港以外的企业，仅就其设在海南自由贸易港内的符合条件的分支机构的所得，适用 15% 税率。

2.【单项选择题】在海南自由贸易港设立的旅游投资公司，2020 年开始在境外 A 国投资境外子公司（持股比例为 25%），2021 年境内应纳税所得额为 1000 万元，2021 年从 A 国取得税后投资所得 90 万元，A 国企业所得税税率 10%，则该公司当年应纳企业所得税是（　）万元。

A.100　　　B.150　　　C.165　　　D.275

【参考答案】B

【答案解析】根据《财政部　国家税务总局关于海南自由贸易港企业所得税优惠政策的通知》（财税〔2020〕31 号）第二条的规定，对在海南自由贸易港设立的旅游业、现代服务业、高新技术产业企业新增境外直接投资取得的所得，免征企业所得税。上述所称新增境外直接投资所得应当符合以下条件：（1）从境外新设分支机构取得的营业利润；或从持股比例超过 20%（含）的境外子公司分回的，与新增境外直接投资相对应的股息所得。（2）被投资国（地区）的企业所得税法定税率不低于 5%。故符合条件的境外所得免征企业所得税，旅游投资公司应纳企业所得税 = 1000 × 15%=150（万元）。

3.【多项选择题】现行适用 15% 企业所得税税率的企业有（　）。

A. 设在西部地区国家鼓励类产业的企业

B. 符合横琴新区优惠目录的企业

C. 国家需要重点扶持的高新技术企业

D. 设在海南自由贸易港符合条件的企业

E. 经认定的技术先进型服务企业

【参考答案】ABCDE

【答案解析】《财政部　国家税务总局　发展改革委关于延续西部大开发企业所得税政策的公告》（财政部　国家税务总局　发展改革委公告 2020 年第 23

号）规定，2021 年 1 月 1 日至 2030 年 12 月 31 日，对设在西部地区的鼓励类产业企业减按 15% 的税率征收企业所得税。《财政部　国家税务总局关于横琴新区企业所得税优惠目录增列旅游产业项目的通知》（财税〔2019〕63 号）规定，横琴新区内享受减按 15% 税率征收企业所得税优惠政策的鼓励类产业企业，统一按照《横琴新区企业所得税优惠目录（2019 版）》执行。《企业所得税法》第二十八条第二款规定，国家需要重点扶持的高新技术企业，减按 15% 的税率征收企业所得税。《财政部　国家税务总局关于海南自由贸易港企业所得税优惠政策的通知》（财税〔2020〕31 号）规定，对总机构设在海南自由贸易港的符合条件的企业，仅就其设在海南自由贸易港的总机构和分支机构的所得，适用 15% 税率；对总机构设在海南自由贸易港以外的企业，仅就其设在海南自由贸易港内的符合条件的分支机构的所得，适用 15% 税率。具体征管办法按照税务总局有关规定执行。《财政部　国家税务总局　商务部　科技部 发展改革委关于将技术先进型服务企业所得税政策推广至全国实施的通知》（财税〔2017〕79 号）规定，对经认定的技术先进型服务企业，减按 15% 的税率征收企业所得税。

4.【多项选择题】下列关于购入固定资产在应纳税所得额前扣除的说法，正确的有（　）。

A. 自 2020 年 1 月 1 日起执行至 2024 年 12 月 31 日，对在海南自由贸易港设立的企业，新购置（含自建、自行开发）固定资产或无形资产，单位价值不超过 500 万元（含）的，允许一次性计入当期成本费用在计算应纳税所得额时扣除

B. 企业在 2018 年 1 月 1 日至 2023 年 12 月 31 日新购进的设备、器具，单位价值不超过 500 万元的，允许一次性计入当期成本费用在计算应纳税所得额时扣除，不再分年度计算折旧

C. 自 2020 年 1 月 1 日起执行至 2024 年 12 月 31 日，对在海南自由贸易港设立的企业，新购置（含自建、自行开发）固定资产或无形资产，单位价值超过 500 万元的，不得一次性扣除且不得缩短折旧、摊销年限

D. 自 2020 年 1 月 1 日起执行至 2021 年 3 月 31 日，对疫情防控重点保障物资生产企业为扩大产能新购置的相关设备，允许一次性计入当期成本费用在企业所得税税前扣除

E. 六个行业的小型微利企业 2014 年 1 月 1 日后新购进的研发和生产经营共用的仪器、设备，单位价值不超过 100 万元的，允许一次性计入当期成本费用在

计算应纳税所得额时扣除

【参考答案】ABDE

【答案解析】《财政部　国家税务总局关于海南自由贸易港企业所得税优惠政策的通知》（财税〔2020〕31号）规定，对在海南自由贸易港设立的企业，新购置（含自建、自行开发）固定资产或无形资产，单位价值不超过500万元（含）的，允许一次性计入当期成本费用在计算应纳税所得额时扣除，不再分年度计算折旧和摊销；新购置（含自建、自行开发）固定资产或无形资产，单位价值超过500万元的，可以缩短折旧、摊销年限或采取加速折旧、摊销的方法。根据《财政部 国家税务总局关于设备、器具扣除有关企业所得税政策的通知》（财税〔2018〕54号）、《财政部　国家税务总局关于延长部分税收优惠政策执行期限的公告》（财政部　国家税务总局公告2021年第6号）的规定，企业在2018年1月1日至2023年12月31日新购进的设备、器具，单位价值不超过500万元的，允许一次性计入当期成本费用在计算应纳税所得额时扣除，不再分年度计算折旧。根据《财政部　国家税务总局关于支持新型冠状病毒感染的肺炎疫情防控有关税收政策的公告》（财政部　国家税务总局公告2020年第8号）、《财政部　国家税务总局关于延续实施应对疫情部分税费优惠政策的公告》（财政部　国家税务总局公告2021年第7号）的规定，自2020年1月1日起执行至2021年3月31日，对疫情防控重点保障物资生产企业为扩大产能新购置的相关设备，允许一次性计入当期成本费用在企业所得税税前扣除。根据《财政部　国家税务总局关于完善固定资产加速折旧企业所得税政策的通知》（财税〔2014〕75号）的规定，六个行业的小型微利企业2014年1月1日后新购进的研发和生产经营共用的仪器、设备，单位价值不超过100万元的，允许一次性计入当期成本费用在计算应纳税所得额时扣除。

（十四）资源税有关问题执行口径

1.【单项选择题】纳税人申报的资源税应税产品销售额明显偏低且无正当理由的，或者有自用应税产品行为而无销售额的，主管税务机关有权确定其销售额。主管税务机关确定应税产品销售额的方法和顺序是（　）。

①按后续加工非应税产品销售价格，减去后续加工环节的成本利润后确定

②按其他纳税人最近时期同类产品的平均销售价格确定

③按纳税人最近时期同类产品的平均销售价格确定

④按应税产品组成计税价格

A. ①③②④

B. ④③②①

C. ③②④①

D. ③②①④

【参考答案】D

【答案解析】根据《财政部　国家税务总局关于资源税有关问题执行口径的公告》（财政部　国家税务总局公告2020年第34号）第三条的规定，纳税人申报的应税产品销售额明显偏低且无正当理由的，或者有自用应税产品行为而无销售额的，主管税务机关可以按下列方法和顺序确定其应税产品销售额：

（1）按纳税人最近时期同类产品的平均销售价格确定。

（2）按其他纳税人最近时期同类产品的平均销售价格确定。

（3）按后续加工非应税产品销售价格，减去后续加工环节的成本利润后确定。

（4）按应税产品组成计税价格确定。

组成计税价格＝成本 ×（1 ＋成本利润率）÷（1 －资源税税率）

上述公式中的成本利润率由省、自治区、直辖市税务机关确定。

2.【单项选择题】下列关于资源税缴纳地点的说法中，错误的是（　）。

A. 纳税人应当在矿产品的开采地缴纳资源税

B. 纳税人机构所在地与应税产品开采地不一致的，应在开采地缴纳资源税

C. 纳税人应当在机构所在地缴纳资源税

D. 纳税人应当在海盐的生产地缴纳资源税

【参考答案】C

【答案解析】根据《财政部　国家税务总局关于资源税有关问题执行口径的公告》（财政部　国家税务总局公告2020年第34号）第十条的规定，纳税人应当在矿产品的开采地或者海盐的生产地缴纳资源税。

3.【单项选择题】某煤炭企业既符合“填充开采置换出的煤炭资源税减征50%”的条件，又符合“从衰竭期矿山开采的矿产品减征30%资源税”的条件。那么开采同一应税产品，该纳税人可以执行的政策是（　）。

A. 只能选择减征30%　　　　B. 只能选择减征50%

C. 同时享受两项减征政策　　　　　　　　D. 选择其中一项执行

【参考答案】D

【答案解析】根据《财政部　国家税务总局关于资源税有关问题执行口径的公告》（财政部　国家税务总局公告2020年第34号）第九条的规定，纳税人开采或者生产同一应税产品同时符合两项或者两项以上减征资源税优惠政策的，除另有规定外，只能选择其中一项执行。

4. **【单项选择题】纳税人开采或者生产同一应税产品，其中既有享受减免税政策的，又有不享受减免税政策的，则核算确定免税、减税项目的销售额或者销售数量的方法是（　）。**

A. 消费占比法　　　　　　　　　　　　　B. 库存占比法

C. 销售占比法　　　　　　　　　　　　　D. 产量占比法

【参考答案】D

【答案解析】根据《财政部　国家税务总局关于资源税有关问题执行口径的公告》（财政部　国家税务总局公告2020年第34号）第八条的规定，纳税人开采或者生产同一应税产品，其中既有享受减免税政策的，又有不享受减免税政策的，按照免税、减税项目的产量占比等方法分别核算确定免税、减税项目的销售额或者销售数量。

5. **【多项选择题】下列关于资源税销售额的说法中，正确的有（　）。**

A. 按照纳税人销售应税产品向购买方收取的全部价款确定，包括增值税税款

B. 运输到购买方指定地点的建设基金，准予从销售额中扣除

C. 纳税人的销售额不得扣除从坑口到车站、码头等的运输费用

D. 计入销售额中的相关运杂费用，凡取得增值税发票或者其他合法有效凭据的，准予从销售额中扣除

E. 从洗选（加工）地到购买方指定地点的装卸、仓储、港杂费用准予从销售额中扣除

【参考答案】BDE

【答案解析】根据《财政部　国家税务总局关于资源税有关问题执行口径的公告》（财政部　国家税务总局公告2020年第34号）第一条的规定，资源税应税产品（以下简称应税产品）的销售额，按照纳税人销售应税产品向购买方收取

的全部价款确定，不包括增值税税款。计入销售额中的相关运杂费用，凡取得增值税发票或者其他合法有效凭据的，准予从销售额中扣除。相关运杂费用是指应税产品从坑口或者洗选（加工）地到车站、码头或者购买方指定地点的运输费用、建设基金以及随运销产生的装卸、仓储、港杂费用。

6.**【多项选择题】下列选项中，属于自用于应当缴纳资源税情形的有（　）。**

A. 非货币性资产交换　　B. 样品

C. 连续生产非应税产品　　D. 偿债

E. 开采耗用

【参考答案】ABCD

【答案解析】根据《财政部　国家税务总局关于资源税有关问题执行口径的公告》（财政部　国家税务总局公告2020年第34号）第二条的规定，纳税人自用应税产品应当缴纳资源税的情形，包括纳税人以应税产品用于非货币性资产交换、捐赠、偿债、赞助、集资、投资、广告、样品、职工福利、利润分配或者连续生产非应税产品等。

7.**【多项选择题】当纳税人外购应税产品与自采应税产品混合销售或者混合加工为应税产品销售时，下列说法中，正确的有（　）。**

A. 准予扣减外购应税产品的购进金额或者购进数量

B. 已税产品购进金额当期不足扣减的不得结转下期扣减

C. 纳税人应当准确核算外购应税产品的购进金额或者购进数量

D. 纳税人未准确核算的，一并计算缴纳资源税

E. 扣减外购应税产品的购进金额或者购进数量，应当取得外购应税产品的增值税发票、海关进口增值税专用缴款书或者其他合法有效凭据

【参考答案】ACDE

【答案解析】根据《财政部　国家税务总局关于资源税有关问题执行口径的公告》（财政部　国家税务总局公告2020年第34号）第五条的规定，纳税人外购应税产品与自采应税产品混合销售或者混合加工为应税产品销售的，在计算应税产品销售额或者销售数量时，准予扣减外购应税产品的购进金额或者购进数量；当期不足扣减的，可结转下期扣减。纳税人应当准确核算外购应税产品的购进金额或者购进数量，未准确核算的，一并计算缴纳资源税。纳税人核算并扣减

当期外购应税产品购进金额、购进数量，应当依据外购应税产品的增值税发票、海关进口增值税专用缴款书或者其他合法有效凭据。

8.【判断题】纳税人以自采原矿洗选加工为选矿产品销售，按照选矿产品计征资源税，在原矿移送环节不缴纳资源税。（ ）

【参考答案】✓

【答案解析】根据《财政部　国家税务总局关于资源税有关问题执行口径的公告》（财政部　国家税务总局公告2020年第34号）第七条的规定，纳税人以自采原矿洗选加工为选矿产品（通过破碎、切割、洗选、筛分、磨矿、分级、提纯、脱水、干燥等过程形成的产品，包括富集的精矿和研磨成粉、粒级成型、切割成型的原矿加工品）销售，或者将选矿产品自用于应当缴纳资源税情形的，按照选矿产品计征资源税，在原矿移送环节不缴纳资源税。

9.【判断题】对于无法区分原生岩石矿种的粒级成型砂石颗粒，不征收资源税。（ ）

【参考答案】×

【答案解析】根据《财政部　国家税务总局关于资源税有关问题执行口径的公告》（财政部　国家税务总局公告2020年第34号）第七条的规定，对于无法区分原生岩石矿种的粒级成型砂石颗粒，按照砂石税目征收资源税。

（十五）简并税费申报

1.【单项选择题】下列有关财产和行为税合并申报的说法中，错误的是（ ）。

A. 纳税人发现错填、漏填税源信息时，可以直接修改已填写的税源明细表

B. 合并申报不强制要求一次性申报全部税种

C. 不同纳税期限的财产和行为税各税种可以合并申报

D. 合并申报不支持单税种更正

【参考答案】D

【答案解析】根据《国家税务总局关于简并税费申报有关事项的公告》（国家税务总局公告2021年第9号）的解读，合并申报支持单税种更正。

2.【多项选择题】自 2021 年 6 月 1 日起，纳税人使用《财产和行为税纳税申报表》简并税费申报，适用的税种包括（　）。

A. 城镇土地使用税　　B. 城市维护建设税

C. 房产税　　D. 车船税

E. 耕地占用税

【参考答案】ACDE

【答案解析】根据《国家税务总局关于简并税费申报有关事项的公告》（国家税务总局公告 2021 年第 9 号）第一条的规定，自 2021 年 6 月 1 日起，纳税人申报缴纳城镇土地使用税、房产税、车船税、印花税、耕地占用税、资源税、土地增值税、契税、环境保护税、烟叶税中一个或多个税种时，使用《财产和行为税纳税申报表》。

3.【多项选择题】自 2021 年 5 月 1 日起，在海南、陕西、大连和厦门开展申报表整合试点，试点申报表包含的税种有（　）。

A. 增值税　　B. 消费税

C. 城市维护建设税　　D. 教育费附加

E. 地方教育附加

【参考答案】ABCDE

【答案解析】根据《国家税务总局关于简并税费申报有关事项的公告》（国家税务总局公告 2021 年第 9 号）第二条的规定，自 2021 年 5 月 1 日起，海南、陕西、大连和厦门开展增值税、消费税分别与城市维护建设税、教育费附加、地方教育附加申报表整合试点。

4.【多项选择题】在简并的财产和行为税纳税申报中，有些税种有稳定的税源，其税源明细表可以实现“一次填报，长期有效”，具有这样特点的税种有（　）。

A. 城镇土地使用税　　B. 房产税

C. 土地增值税　　D. 环境保护税

E. 车船税

【参考答案】ABE

【答案解析】根据《国家税务总局关于简并税费申报有关事项的公告》（国家税务总局公告 2021 年第 9 号）的解读，对于城镇土地使用税、房产税、车船税等稳定税源，可以“一次填报，长期有效”。例如，某企业按季缴纳城镇土地使用税、房产税，8月15日购入厂房，假设当季申报期为10月1日至10月20日，则企业可在8月15日至10月20日的任意时刻填写城镇土地使用税、房产税税源明细表，然后申报，只要厂房不发生转让、损毁等变化情况，就可以一直使用该税源明细表。

5.【多项选择题】在简并的财产和行为税纳税申报中，对于一次性税源，纳税人可以在发生纳税义务后立即填写税源明细表，也可以在申报时填报所有税源信息。所谓“一次性税源”指（　）。

A. 耕地占用税　　B. 印花税

C. 资源税　　D. 房产税

E. 车船税

【参考答案】ABC

【答案解析】根据《国家税务总局关于简并税费申报有关事项的公告》（国家税务总局公告2021年第9号）的解读，对于耕地占用税、印花税、资源税等一次性税源，纳税人可以在发生纳税义务后立即填写税源明细表，也可以在申报时填报所有税源信息。

（十六）现金收付

【判断题】根据最新的税收征管要求，为防止职务犯罪风险，办税服务厅将取消人工现金收付通道，不提供收取现金、找零服务。（　）

【参考答案】×

【答案解析】根据《国家税务总局办公厅关于税费征收过程中人民币现金收付有关事项的通知》（税总办函〔2021〕7号）第一条的规定，线下办税缴费服务场所（含办税服务厅、代办机构等）应设置人工现金收付通道，提供收取现金、找零服务。

（十七）二手车异地交易

【判断题】二手车所有人不通过二手车经销企业、二手车拍卖企业等将车辆

直接出售给买方的，应当由二手车交易市场经营者按规定向买方开具二手车销售统一发票。（　）

【参考答案】✓

【答案解析】依据是《商务部办公厅 公安部办公厅 税务总局办公厅关于推进二手车交易登记跨省通办便利二手车异地交易的通知》（商办消费函〔2021〕126号）第一条规定。

（十八）土地闲置费、城镇垃圾处理费划转

1.**【判断题】自2021年7月1日起，土地闲置费、城镇垃圾处理费划转至税务部门征收，由税务部门催缴、追缴。（　）**

【参考答案】✓

【答案解析】根据《国家税务总局　财政部　自然资源部　住房和城乡建设部　中国人民银行关于土地闲置费、城镇垃圾处理费划转有关征管事项的公告》（国家税务总局　财政部　自然资源部　住房和城乡建设部　中国人民银行公告2021年第12号）的规定，自2021年7月1日起，自然资源部门负责征收的土地闲置费、住房和城乡建设等部门负责征收的按行政事业性收费管理的城镇垃圾处理费划转至税务部门征收。两费都由税务部门出具催缴通知，并通过涉税渠道及时追缴。

2.**【判断题】划转税务部门征收以前欠缴的土地闲置费、城镇垃圾处理费，不划转税务部门，由原执收（监缴）单位负责征缴入库。（　）**

【参考答案】×

【答案解析】根据《国家税务总局　财政部　自然资源部　住房和城乡建设部　中国人民银行关于土地闲置费、城镇垃圾处理费划转有关征管事项的公告》（国家税务总局　财政部　自然资源部　住房和城乡建设部　中国人民银行公告2021年第12号）第四条的规定，划转税务部门征收以前欠缴的土地闲置费、城镇垃圾处理费，由税务部门负责征缴入库。原执收（监缴）单位和税务部门要加强部门协同，做好征管资料交接、欠费金额确认等工作，确保征收工作有效衔接、欠缴费款及时入库。

二、2021年减税降费部分重点政策

（一）2021年延续性优惠政策

1.【单项选择题】天津一家小型商贸公司，属于按季申报的增值税小规模纳税人。2021年1季度销售货物共取得不含增值税销售额200万元，假设未开具增值税专用发票，该公司应该缴纳增值税为（ ）万元。

A.0　　B.2　　C.4　　D.6

【参考答案】B

【答案解析】根据《财政部　国家税务总局关于延续实施应对疫情部分税费优惠政策的公告》（财政部　国家税务总局公告2021年第7号）的规定，《财政部　国家税务总局关于支持个体工商户复工复业增值税政策的公告》（财政部　国家税务总局公告2020年第13号）规定的税收优惠政策，执行期限延长至2021年12月31日。该公司2021年可以继续享受小规模纳税人复工复业增值税政策。该公司1季度取得不含税销售额200万元，已经超过季度销售额免征增值税政策的标准，不能享受免征增值税政策，但可以继续减按1%征收率计算缴纳增值税。因此，该公司1季度应当缴纳的增值税为：200×1%＝2（万元）。

2.【单项选择题】湖北省一家小型公司，属于按季申报的增值税小规模纳税人。2021年2季度因提供加工劳务取得不含增值税销售额60万元，该公司应纳增值税税额为（ ）万元。

A.0　　B.0.15　　C.0.6　　D.1.8

【参考答案】C

【答案解析】根据《财政部　国家税务总局关于延续实施应对疫情部分税费优惠政策的公告》（财政部　国家税务总局公告2021年第7号）的规定，2021年4月1日至2021年12月31日，适用3%征收率的应税销售收入减按1%征收率计算缴纳增值税。不含增值税销售额60万元收入超过45万元免税收入，应全额计税。该公司2季度应当缴纳的增值税为：60×1%＝0.6（万元）。

3.【单项选择题】一家2020年5月被省工信厅确定为疫情防控重点保障物资

医疗物资生产企业，则其享受疫情防控留抵退税政策的执行到期日是（ ）。

A.2020 年 12 月 31 日　　B.2021 年 3 月 31 日

C.2021 年 5 月 31 日　　D.2021 年 12 月 31 日

【参考答案】B

【答案解析】根据《财政部　国家税务总局关于延续实施应对疫情部分税费优惠政策的公告》（财政部　国家税务总局公告 2021 年第 7 号）的规定，疫情防控留抵退税政策执行至 2021 年 3 月 31 日。

4.**【单项选择题】下列业务中，不能在企业所得税前一次性扣除的是（ ）。**

A. 甲公司 2021 年 3 月购置一台 480 万元的机床

B. 乙公司是疫情防控重点保障物资生产企业，2021 年 3 月 25 日购置一台 1000 万元生产设备

C. 丙公司是疫情防控重点保障物资生产企业，2021 年 4 月 15 日购置一条 700 万元的生产线

D. 丁公司 2021 年 5 月购置一台 48 万元的轿车

【参考答案】C

【答案解析】根据《财政部　国家税务总局关于设备器具扣除有关企业所得税政策的通知》（财税〔2018〕54 号）和《财政部　国家税务总局关于延长部分税收优惠政策执行期限的公告》（财政部　国家税务总局公告 2021 年第 6 号）的规定，企业在 2018 年 1 月 1 日至 2023 年 12 月 31 日新购进的设备、器具，单位价值不超过 500 万元的，允许一次性计入当期成本费用在计算应纳税所得额时扣除，不再分年度计算折旧。根据《财政部 国家税务总局关于延续实施应对疫情部分税费优惠政策的公告》（财政部　国家税务总局公告 2021 年第 7 号）的规定，对疫情防控重点保障物资生产企业购置设备一次性扣除政策的截止时间是 2021 年 3 月底，因此，乙公司购置的生产设备符合扣除条件。丙公司购置的生产线属于购买价值超过 500 万元，且属于疫情防控重点保障物资生产企业购置设备一次性扣除政策已过期的业务，不能一次性扣除。

5.**【单项选择题】一家旅行社，2021 年企业所得税经核算发生亏损，则亏损结转年限是（ ）年。**

A.3　　B.5　　C.8　　D.10

【参考答案】B

【答案解析】根据《财政部　国家税务总局关于支持新型冠状病毒感染的肺炎疫情防控有关税收政策的公告》（财政部　国家税务总局公告 2020 年第 8 号）、《财政部　国家税务总局关于电影等行业税费支持政策的公告》（财政部 国家税务总局公告 2020 年第 25 号）的规定，对受新型冠状病毒感染的肺炎疫情影响较大的交通运输、餐饮、住宿、旅游、电影等 5 个行业，2020 年度的亏损结转年限由税法规定的 5 年延长到 8 年，即上述 5 个行业 2020 年度的亏损可以在 2020–2028 年结转弥补，但 2021 年度的亏损只能按现行税法规定的期限结转扣除。

6.【单项选择题】某公司 2021 年 4 月向红十字会捐赠了 200 万元用于疫情防控，下列有关其在企业所得税税前扣除的说法，正确的是（ ）。

A. 可以按照年度会计利润的 12% 扣除

B. 当年扣除不完的，不得在以后年度结转扣除

C. 可以全额在企业所得税税前扣除

D. 不得在企业所得税税前扣除

【参考答案】A

【答案解析】根据《财政部　国家税务总局关于延续实施应对疫情部分税费优惠政策的公告》（财政部　国家税务总局公告 2021 年第 7 号）的规定，《财政部　国家税务总局关于支持新型冠状病毒感染的肺炎疫情防控有关捐赠税收政策的公告》（财政部　国家税务总局公告 2020 年第 9 号）执行到 2021 年 3 月底。因此，2021 年 3 月后再发生疫情捐赠支出，按照年度会计利润的 12% 扣除，当年扣除不完的，可以在 3 年内结转扣除。

7.【单项选择题】下列关于企业在 2021 年实施的社会保险缴费政策的说法，错误的是（ ）。

A. 实施阶段性降低失业保险、工伤保险费率政策

B. 各项社会保险缴费按相关规定正常征收

C. 不再实施阶段性减免和缓缴企业养老保险、失业保险、工伤保险费政策

D. 继续实施阶段性减免企业社保费政策

【参考答案】D

【答案解析】根据《人力资源社会保障部办公厅　财政部办公厅　国家税务

总局办公厅关于2021年社会保险缴费有关问题的通知》（人社厅发〔2021〕2号）的规定，从2021年1月1日起，不再实施阶段性减免和缓缴企业养老保险、失业保险、工伤保险费政策，各项社会保险缴费按相关规定正常征收。阶段性降低失业保险、工伤保险费率政策2021年4月底到期后，延续实施1年，至2022年4月30日。

8.【单项选择题】**挂车减征车辆购置税政策于2021年6月30日到期后，其后续政策是（ ）。**

A. 延续减半政策至2021年底　　B. 延续减半政策至2023年底

C. 恢复全额征税政策　　D. 实施全额免征政策

【参考答案】B

【答案解析】根据《财政部　国家税务总局关于延长部分税收优惠政策执行期限的公告》（财政部　国家税务总局公告2021年第6号）的规定，对挂车减征车辆购置税于2021年6月30日到期后，执行期限延长至2023年12月31日。

9.【单项选择题】**2021年，个人取得单位发放用于预防新型冠状病毒感染的肺炎的实物和现金，需要计入工资、薪金收入征收个人所得税的是（ ）。**

A. 现金　　B. 药品　　C. 医疗用品　　D. 防护用品

【参考答案】A

【答案解析】根据《财政部　国家税务总局关于支持新型冠状病毒感染的肺炎疫情防控有关个人所得税政策的公告》（财政部　国家税务总局公告2020年第10号）、《财政部　国家税务总局关于延续实施应对疫情部分税费优惠政策的公告》（财政部　国家税务总局公告2021年第7号）的规定，自2020年1月1日至2021年12月31日，单位发给个人用于预防新型冠状病毒感染的肺炎的药品、医疗用品和防护用品等实物（不包括现金），不计入工资、薪金收入，免征个人所得税。

10.【单项选择题】**2021年，下列纳税人提供的服务中，免征增值税的是（ ）。**

A. 电影制作服务　　B. 电影发行服务

C. 电影放映服务　　D. 电视转播服务

【参考答案】C

【答案解析】根据《财政部　国家税务总局关于电影等行业税费支持政策的

公告》（财政部　国家税务总局公告2020年第25号）、《财政部　国家税务总局关于延续实施应对疫情部分税费优惠政策的公告》（财政部　国家税务总局公告2021年第7号）的规定，自2020年1月1日至2021年12月31日，对纳税人提供电影放映服务取得的收入免征增值税。

11.**【单项选择题】下列有关2021年文化事业建设费的说法中，正确的是（　）。**

A.月销售额不超过2万元（按季纳税6万元），减半征收

B.月销售额不超过3万元（按季纳税9万元），免征

C.月销售额不超过10万元（按季纳税30万元），减半征收

D.全额免征文化事业建设费

【参考答案】D

【答案解析】根据《财政部　国家税务总局关于电影等行业税费支持政策的公告》（财政部　国家税务总局公告2020年第25号）、《财政部　国家税务总局关于延续实施应对疫情部分税费优惠政策的公告》（财政部　国家税务总局公告2021年第7号）的规定，自2020年1月1日至2021年12月31日，免征文化事业建设费。

12.**【单项选择题】2021年，下列个人收入需要征收个人所得税的是（　）。**

A.社区防疫工作者按照政府规定标准取得的临时性工作补助

B.个人领取单位发放的用于预防新型冠状病毒感染的肺炎的口罩、手套、消毒液

C.外籍人员以现金形式取得的住房补贴、伙食补贴等

D.疫情防治发热门诊医生取得的每日300元政府补助

【参考答案】C

【答案解析】根据《财政部　国家税务总局关于延续实施应对疫情部分税费优惠政策的公告》（财政部　国家税务总局公告2021年第7号）、《财政部　国家税务总局关于支持新型冠状病毒感染的肺炎疫情防控有关个人所得税政策的公告》（财政部　国家税务总局公告2020年第10号）的规定，对参加疫情防治工作的医务人员和防疫工作者按照政府规定标准取得的临时性工作补助和奖金，免征个人所得税。政府规定标准包括各级政府规定的补助和奖金标准。对省级及省级以上人民政府规定的对参与疫情防控人员的临时性工作补助和奖金，比照执

行。单位发给个人用于预防新型冠状病毒感染的肺炎的药品、医疗用品和防护用品等实物（不包括现金），不计入工资、薪金收入，免征个人所得税。外籍人员以非现金形式取得的住房补贴、伙食补贴等免征个税，但以现金形式取得的征税。

13.**【多项选择题】下列增值税优惠政策执行期限延长至 2023 年 12 月 31 日的有（ ）。**

A. 经营公租房租金收入免征增值税政策

B. 研发机构采购设备退还增值税政策

C. 企业集团内单位（含企业集团）之间的资金无偿借贷行为免征增值税政策

D. 临床检验中心向医院等机构提供医疗检测等服务免征增值税政策

E. 生产抗艾滋病病毒药品免征增值税政策

【参考答案】ABCDE

【答案解析】依据是《财政部 国家税务总局关于延长部分税收优惠政策执行期限的公告》（财政部 国家税务总局公告 2021 年第 6 号）。

14.**【多项选择题】下列税收优惠政策中，2021 年 12 月 31 日到期的政策有（ ）。**

A. 免征文化事业建设费政策

B. 支持新型冠状病毒感染的肺炎病情防控有关个人所得税优惠政策

C. 疫情防控重点保障物资生产企业按月申请全额退还增值税增量留抵税额政策

D. 电影放映服务取得的收入免征增值税政策

E. 疫情防控重点保障物资生产企业为扩大产能新购置的 500 万元以内的设备允许在企业所得税前一次性扣除政策

【参考答案】ABD

【答案解析】根据《财政部 国家税务总局关于延续实施应对疫情部分税费优惠政策的公告》（财政部 国家税务总局公告 2021 年第 7 号）的规定，选项 ABD 涉及税费优惠政策执行期限延长至 2021 年 12 月 31 日。选项 CE 对应政策 2021 年 3 月 31 日到期。

15.**【多项选择题】电影行业企业 2020 年度发生的亏损延长结转年限最长至 8 年，下列适用该项政策的企业有（ ）。**

A. 电影制作企业　　B. 电影发行企业

C. 互联网电影播放企业　　　　　D. 电影放映企业

E. 广播电视网企业

【参考答案】ABD

【答案解析】根据《财政部　国家税务总局关于电影等行业税费支持政策的公告》（财政部　国家税务总局公告2020年第25号）第二条的规定，电影行业企业2020年度发生的亏损延长结转年限最长至8年，限于电影制作、发行和放映等企业，不包括通过互联网、电信网、广播电视网等信息网络传播电影的企业。

16. **【判断题】由于疫情防控重点保障物资生产企业购置设备一次性扣除政策的截止时间是2021年3月底，某公司2021年2月春节前购买设备未及时享受一次性扣除政策的，该公司只能在2021年预缴第一季度（或3月份）税款时进行一次性扣除。（　）**

【参考答案】×

【答案解析】根据《财政部　国家税务总局关于延续实施应对疫情部分税费优惠政策的公告》（财政部　国家税务总局公告2021年第7号）的规定，对疫情防控重点保障物资生产企业购置设备一次性扣除政策的截止时间是2021年3月底。根据《国家税务总局政策法规司减税降费政策即问即答》（2021年第一期），该企业既可在2021年预缴第一季度（或3月份）税款时进行一次性扣除，也可以选择2022年办理汇算清缴时统一申报，享受一次性扣除政策。

17. **【判断题】自2021年1月1日起，销售方包茶不能够享受免征增值税政策。（　）**

【参考答案】√

【答案解析】《财政部　国家税务总局关于继续执行边销茶增值税政策的公告》（财政部　税务总局公告2021年第4号）规定，自2021年1月1日起至2023年12月31日，对边销茶生产企业销售自产的边销茶及经销企业销售的边销茶免征增值税。上述所称边销茶，是指以黑毛茶、老青茶、红茶末、绿茶为主要原料，经过发酵、蒸制、加压或者压碎、炒制，专门销往边疆少数民族地区的紧压茶。政策更改取消了销售方包茶享受免征增值税政策。

18. **【判断题】已按软件产品享受增值税退税政策的电子出版物，可以再申请**

享受增值税先征后退政策。（　）

【参考答案】×

【答案解析】《财政部　国家税务总局关于延续宣传文化增值税优惠政策的公告》（财政部　国家税务总局公告2021年第10号）第五条规定，已按软件产品享受增值税退税政策的电子出版物不得再按本公告申请增值税先征后退政策。

（二）2021年小微企业税收优惠政策

1.**【单项选择题】2021年，对小型微利企业年应纳税所得额不超过100万元的部分，计入应纳税所得额的比例是（　）。**

A.12.5%　　B.25%　　C.50%　　D.100%

【参考答案】A

【答案解析】根据《国家税务总局关于落实支持小型微利企业和个体工商户发展所得税优惠政策有关事项的公告》（国家税务总局公告2021年第8号）的规定，对小型微利企业年应纳税所得额不超过100万元的部分，减按12.5%计入应纳税所得额，按20%的税率缴纳企业所得税。

2.**【单项选择题】A企业经过判断符合小型微利企业条件。2021年第1季度预缴企业所得税时，应纳税所得额为50万元，那么A企业实际应纳所得税额是（　）万元。**

A.1.25　　B.2.5　　C.5　　D.10

【参考答案】A

【答案解析】根据《国家税务总局关于落实支持小型微利企业和个体工商户发展所得税优惠政策有关事项的公告》（国家税务总局公告2021年第8号）的规定，A企业实际应纳所得税额＝50×12.5%×20%＝1.25（万元）。

3.**【单项选择题】2021年，A企业经过判断符合小型微利企业条件。该企业第2季度预缴企业所得税时，相应的累计应纳税所得额为150万元，那么A企业当季减免税额是（　）万元。**

A.2.5　　B.7.5　　C.12.5　　D.30

【参考答案】D

【答案解析】根据《国家税务总局关于落实支持小型微利企业和个体工商户发展所得税优惠政策有关事项的公告》（国家税务总局公告2021年第8号）的规定，对小型微利企业年应纳税所得额不超过100万元的部分，减按12.5%计入应纳税所得额，按20%的税率缴纳企业所得税。根据《财政部 国家税务总局关于实施小微企业普惠性税收减免政策的通知》（财税〔2019〕13号）的规定，对年应纳税所得额超过100万元但不超过300万元的部分，减按50%计入应纳税所得额，按20%的税率缴纳企业所得税。A企业实际应纳所得税额＝100×12.5%×20%＋（150－100）×50%×20%＝2.5＋5＝7.5（万元）。减免税额＝150×25%－7.5＝30（万元）。

4.【单项选择题】2021年，纳税人张某同时经营个体工商户A和个体工商户B，年应纳税所得额分别为80万元和50万元，那么张某在2021年度汇总纳税申报时，可以享受减半征收个人所得税政策的应纳税所得额是（ ）万元。

A.50　　B.80　　C.100　　D.130

【参考答案】C

【答案解析】根据《财政部　国家税务总局关于实施小微企业和个体工商户所得税优惠政策的公告》（财政部　国家税务总局公告2021年第12号）的规定，对个体工商户经营所得年应纳税所得额不超过100万元的部分，在现行优惠政策基础上，减半征收个人所得税。

5.【单项选择题】纳税人李某经营个体工商户C，年应纳税所得额为8万元（适用税率10%，速算扣除数1500），同时可以享受残疾人政策减免税额2000元，那么李某该项政策的减免税额是（ ）元。

A.2250　　B.4250　　C.5500　　D.6500

【参考答案】A

【答案解析】根据《国家税务总局关于落实支持小型微利企业和个体工商户发展所得税优惠政策有关事项的公告》（国家税务总局公告2021年第8号）的规定，减免税额＝（个体工商户经营所得应纳税所得额不超过100万元部分的应纳税额－其他政策减免税额×个体工商户经营所得应纳税所得额不超过100万元部分÷经营所得应纳税所得额）×（1－50%），李某该项政策的减免税额=[（80000×10%－1500）－2000]×（1－50%）＝2250（元）。

6.【单项选择题】自 2021 年 4 月 1 日起，按照现行规定应当预缴增值税税款的小规模纳税人，凡在预缴地实现的月销售额未超过 15 万元的，（　）。

A. 向预缴地主管税务机关预缴

B. 当期无须预缴

C. 向主管税务机关预缴

D. 自主选择向预缴地主管税务机关或主管税务机关预缴

【参考答案】B

【答案解析】根据《国家税务总局关于小规模纳税人免征增值税征管问题的公告》（国家税务总局公告 2021 年第 5 号）第五条的规定，按照现行规定应当预缴增值税税款的小规模纳税人，凡在预缴地实现的月销售额未超过 15 万元的，当期无须预缴税款。

7.【多项选择题】根据最新规定，关于《中华人民共和国增值税暂行条例实施细则》第九条所称的其他个人，采取一次性收取租金形式出租不动产取得的租金收入，下列说法中，正确的有（　）。

A. 在计算增值税时，不在对应的租赁期内平均分摊

B. 在计算增值税时，可在对应的租赁期内平均分摊

C. 分摊后的月租金收入未超过 15 万元的，免征增值税

D. 分摊后的月租金收入超过 15 万元的，超过部分征收增值税

E. 在计算增值税时，全额征收增值税

【参考答案】BC

【答案解析】根据《国家税务总局关于小规模纳税人免征增值税征管问题的公告》（国家税务总局公告 2021 年第 5 号）第四条的规定，《中华人民共和国增值税暂行条例实施细则》第九条所称的其他个人，采取一次性收取租金形式出租不动产取得的租金收入，可在对应的租赁期内平均分摊，分摊后的月租金收入未超过 15 万元的，免征增值税。

8.【多项选择题】2021 年 1 月 1 日至 2022 年 12 月 31 日，年应纳税所得额不超过 100 万元的部分，在已有优惠政策基础上，适用再减半征收所得税的纳税人包括（　）。

A. 非居民企业　　　　B. 小型微利企业

C. 个体工商户　　　　　　　　　　D. 个人独资企业

E. 合伙企业

【参考答案】BC

【答案解析】《财政部　国家税务总局关于实施小微企业和个体工商户所得税优惠政策的公告》（财政部　国家税务总局公告 2021 年第 12 号）规定，对小型微利企业年应纳税所得额不超过 100 万元的部分，在《财政部 国家税务总局关于实施小微企业普惠性税收减免政策的通知》（财税〔2019〕13 号）第二条规定的优惠政策基础上，再减半征收企业所得税。对个体工商户年应纳税所得额不超过 100 万元的部分，在现行优惠政策基础上，减半征收个人所得税。个人独资企业和合伙企业不适用该政策。根据《国家税务总局关于非居民企业不享受小型微利企业所得税优惠政策问题的通知》（国税函〔2008〕650 号）的规定，非居民企业不适用小型微利企业的税优惠政策。

9.【判断题】2021 年 1 月 1 日至 2022 年 12 月 31 日，对月销售额 15 万元以下（含本数）的增值税小规模纳税人，免征增值税。（ ）

【参考答案】×

【答案解析】根据《财政部　国家税务总局关于明确增值税小规模纳税人免征增值税政策的公告》（财政部　国家税务总局公告 2021 年第 11 号）第一条的规定，自 2021 年 4 月 1 日至 2022 年 12 月 31 日，对月销售额 15 万元以下（含本数）的增值税小规模纳税人，免征增值税。

10.【判断题】所有已经使用金税盘、税控盘等税控专用设备开具增值税发票的小规模纳税人，都可以自愿向税务机关免费换领税务 Ukey 开具发票。（ ）

【参考答案】×

【答案解析】根据《国家税务总局关于小规模纳税人免征增值税征管问题的公告》（国家税务总局公告 2021 年第 5 号）第七条的规定，已经使用金税盘、税控盘等税控专用设备开具增值税发票的小规模纳税人，月销售额未超过 15 万元的，可以继续使用现有设备开具发票，也可以自愿向税务机关免费换领税务 Ukey 开具发票。

11.【判断题】实行核定征收的个体工商户，不适用年应纳税所得额不超过 100 万元的部分，在现行优惠政策基础上，再减半征收个人所得税政策。（ ）

【参考答案】×

【答案解析】根据《国家税务总局关于落实支持小型微利企业和个体工商户发展所得税优惠政策有关事项的公告》（国家税务总局公告2021年第8号）第二条第（一）项的规定，对个体工商户经营所得年应纳税所得额不超过100万元的部分，在现行优惠政策基础上，再减半征收个人所得税。个体工商户不区分征收方式，均可享受。

12.**【判断题】自2021年1月1日起，个体工商户、个人独资企业、合伙企业和个人申请代开货物运输业增值税发票时，税务机关不再预征个人所得税。（ ）**

【参考答案】×

【答案解析】根据《国家税务总局关于落实支持小型微利企业和个体工商户发展所得税优惠政策有关事项的公告》（国家税务总局公告2021年第8号）第三条、第四条的规定，自2021年4月1日起，个体工商户、个人独资企业、合伙企业和个人申请代开货物运输业增值税发票时，税务机关不再预征个人所得税。

13.**【实务计算题】纳税人吴某经营个体工商户D，2020年的年应纳税所得额为1200000元（适用税率35%，速算扣除数65500），可以享受的残疾人政策减免税额为6000元。**

（1）吴某适用支持个体户发展政策的减免税额是（ ）元。

A.65500　　B.139750　　C.354500　　D.208750

【参考答案】B

【答案解析】根据《国家税务总局关于落实支持小型微利企业和个体工商户发展所得税优惠政策有关事项的公告》（国家税务总局公告2021年第8号）的规定，吴某享受的支持个体户发展政策减免税额＝（个体工商户经营所得应纳税所得额不超过100万元部分的应纳税额-其他政策减免税额×个体工商户经营所得应纳税所得额不超过100万元部分÷经营所得应纳税所得额）×（1－50%）＝[（1000000×35%－65500）－6000×1000000÷1200000]×（1－50%）＝139750（元）。

（2）吴某减免税额合计金额是（ ）元。

A.139750　　B.6000　　C.133750　　D.145750

【参考答案】D

【答案解析】吴某可以同时享受残疾人政策减免税额6000元，和支持个体户发展政策减免，吴某应享受的减免税额合计 = 139750 − 6000 = 145750（元）。

（3）吴某在不考虑减免税情况下的个人所得税应纳税额是（　）元。

A.354500　　B.208750　　C.284500　　D.420000

【参考答案】A

【答案解析】纳税人吴某经营个体工商户 D，年应纳税所得额为 1200000 元（适用税率 35%，速算扣除数 65500），应纳个人所得税税额 = 1200000 × 35% − 65500 = 354500（元）。

（4）吴某个人所得税实际应纳税额是（　）元。

A.354500　　B.145750　　C.208750　　D.420000

【参考答案】C

【答案解析】吴某实际个人所得税应纳税额 = 354500 − 145750 = 208750（元）。

（三）研发费用税前加计扣除政策

【多项选择题】某电子制造企业，2021 年上半年符合条件的未形成无形资产的研发费用金额为 50 万元，下列关于加计扣除政策说法中，正确的有（　）。

A. 在 2021 年 10 月预缴时即可扣除

B. 加计扣除比例为 100%

C. 加计扣除比例为 75%

D. 加计扣除额为 87.5 万元

E. 税前扣除额为 100 万元

【参考答案】ABE

【答案解析】根据《财政部　国家税务总局关于进一步完善研发费用税前加计扣除政策的公告》（财政部　国家税务总局公告 2021 年第 13 号）的规定，制造业企业开展研发活动中实际发生的研发费用，未形成无形资产计入当期损益的，在按规定据实扣除的基础上，自 2021 年 1 月 1 日起，再按照实际发生额的 100% 在税前加计扣除；形成无形资产的，自 2021 年 1 月 1 日起，按照无形资产成本的 200% 在税前摊销。企业预缴申报当年第 3 季度（按季预缴）或 9 月（按月预缴）企业所得税时，可以自行选择就当年上半年研发费用享受加计扣除优惠政策。即税前扣除 50×（1＋100%）＝100（万元）。根据《研发费用税前加计扣除新政指引》第五条的规定，除烟草制造业、住宿和餐饮业、批发和零售业、房地产业、租赁和商务服务业、娱乐业以外的其他行业企业，10 月预缴申报可提前享受上半年研发费用加计扣除优惠。

（四）研发机构采购国产设备增值税退税政策

1.**【单项选择题】研发机构采购国产设备全额退还增值税计税依据是（　）。**

A. 增值税发票上注明的税额

B. 当期增值税预缴税额

C. 与 2019 年 12 月相比期末留抵税额增加额

D. 经计算的出口退税税额

【参考答案】A

【答案解析】根据《国家税务总局关于发布〈研发机构采购国产设备增值税退税管理办法〉的公告》（国家税务总局公告 2020 年第 6 号）第十四条的规定，研发机构采购国产设备的应退税额，为增值税发票上注明的税额。

2.**【单项选择题】主管税务机关在受理研发机构申报采购国产设备退税后，不必采取发函调查或其他方式调查，直接不予退税的是（　）。**

A. 审核中发现疑点，经核实仍不能排除疑点的

B. 增值税一般纳税人使用增值税普通发票申报退税的

C. 非增值税一般纳税人申报退税的

D. 采购国产设备取得的增值税专用发票，已用于进项税额抵扣

【参考答案】D

【答案解析】《国家税务总局关于发布〈研发机构采购国产设备增值税退税管理办法〉的公告》（国家税务总局公告 2020 年第 6 号）第十三条规定，属于增值税一般纳税人的研发机构申报采购国产设备退税，主管税务机关经审核符合规定的，应按规定办理退税。研发机构申报采购国产设备退税，属于下列情形之一的，主管税务机关应采取发函调查或其他方式调查，在确认增值税发票真实、发票所列设备已按规定申报纳税后，方可办理退税：审核中发现疑点，经核实仍不能排除疑点的；增值税一般纳税人使用增值税普通发票申报退税的；非增值税一

般纳税人申报退税的。根据《国家税务总局关于发布〈研发机构采购国产设备增值税退税管理办法〉的公告》（国家税务总局公告2020年第6号）第十五条的规定，研发机构采购国产设备取得的增值税专用发票，已用于进项税额抵扣的，不得申报退税；已用于退税的，不得用于进项税额抵扣。

3.【多项选择题】在执行研发机构采购国产设备全额退还增值税政策中，主管税务机关应追回已退税款的情形包括（ ）。

A. 研发机构假冒采购国产设备退税资格

B. 研发机构虚构采购国产设备业务

C. 研发机构增值税发票既申报抵扣又申报退税

D. 研发机构提供虚假退税申报资料

E. 研发机构未能在规定的期限内申报退税

【参考答案】ABCD

【答案解析】《国家税务总局关于发布〈研发机构采购国产设备增值税退税管理办法〉的公告》第十九条规定，研发机构采取假冒采购国产设备退税资格、虚构采购国产设备业务、增值税发票既申报抵扣又申报退税、提供虚假退税申报资料等手段，骗取采购国产设备退税的，主管税务机关应追回已退税款。研发机构未能在规定的期限内申报退税因其没退税，不涉及追回。

4.【多项选择题】研发机构采购国产设备全额退还增值税申报应提交的资料包括（ ）。

A.《购进自用货物退税申报表》

B. 采购国产设备合同

C. 增值税专用发票

D. 主管税务机关要求提供的其他资料

E. 增值税普通发票中的卷票

【参考答案】ABCD

【答案解析】根据《研发机构采购国产设备增值税退税管理办法》（国家税务总局公告2020年第6号）第十二条的规定，已备案的研发机构应在退税申报期内，凭下列资料向主管税务机关办理采购国产设备退税：(1)《购进自用货物退税申报表》。(2) 采购国产设备合同。(3) 增值税专用发票，或者开具时间为

2019 年 1 月 1 日至本办法发布之日前的增值税普通发票（不含增值税普通发票中的卷票，下同）。(4) 主管税务机关要求提供的其他资料。增值税普通发票中的卷票不符合申请采购国产设备退税条件。

5.【单项选择题】某外资研发中心于 2019 年 12 月购进国产设备一台，不含税价 80 万元，税额 10.4 万元，取得增值税专用发票一份，税款未抵扣。设备按 10 年计提折旧，无残值。2020 年 3 月，申请适用研发机构采购设备增值税退税政策，并退税 10.4 万元。2021 年 12 月，该设备转让，不含税售价 20 万元。该外资研发中心应补缴的税款金额是（ ）万元。

A. 0　　B.5.2　　C.8.32　　D.10.4

【参考答案】C

【答案解析】(1) 固定资产入账价值为 80 万元；(2) 从 2020 年 1 月开始计提折旧，到 2021 年 12 月共计提折旧 80÷10×2 ＝ 16（万元），折余价值＝ 80 － 16 ＝ 64（万元）；(3) 应补缴税款＝增值税发票上注明的税额 ×（设备折余价值 ÷ 设备原值）＝ 10.4×（64÷80）＝ 8.32（万元）。

（五）集成电路产业企业所得税税收优惠政策

1.【单项选择题】下列不属于现行集成电路产业企业所得税税收优惠政策的是（ ）。

A. 国家鼓励的集成电路线宽小于 28 纳米（含），且经营期在 15 年以上的集成电路生产企业或项目，10 年免征

B. 国家鼓励的集成电路线宽小于 65 纳米（含），且经营期在 15 年以上的集成电路生产企业或项目，“五免五减半”

C. 国家鼓励的集成电路线宽小于 130 纳米（含），且经营期在 10 年以上的集成电路生产企业或项目，“两免三减半”

D. 集成电路线宽小于 0.25 微米或投资额超过 80 亿元的集成电路生产企业，减按 15% 的税率征收企业所得税

【参考答案】D

【答案解析】根据《财政部 国家税务总局 发展改革委 工业和信息化部关于促进集成电路产业和软件产业高质量发展企业所得税政策的公告》（财政

部　国家税务总局　发展改革委　工业和信息化部公告 2020 年第 45 号）第一条的规定，国家鼓励的集成电路线宽小于 28 纳米（含），且经营期在 15 年以上的集成电路生产企业或项目，第一年至第十年免征企业所得税；国家鼓励的集成电路线宽小于 65 纳米（含），且经营期在 15 年以上的集成电路生产企业或项目，第一年至第五年免征企业所得税，第六年至第十年按照 25% 的法定税率减半征收企业所得税；国家鼓励的集成电路线宽小于 130 纳米（含），且经营期在 10 年以上的集成电路生产企业或项目，第一年至第二年免征企业所得税，第三年至第五年按照 25% 的法定税率减半征收企业所得税。根据《财政部　国家税务总局　发展改革委　工业和信息化部关于促进集成电路产业和软件产业高质量发展企业所得税政策的公告》（财政部　国家税务总局　发展改革委　工业和信息化部公告 2020 年第 45 号）第十条的规定，集成电路线宽小于 0.25 微米或投资额超过 80 亿元的集成电路生产企业经认定后，减按 15% 的税率征收企业所得税的规定停止执行。

2.【单项选择题】对于按照集成电路生产企业享受税收优惠政策的，优惠期的起算点是（　）。

A. 自获利年度起计算

B. 自项目取得第一笔生产经营收入所属纳税年度起计算

C. 自取得营业执照年度起计算

D. 自取得高新技术企业资格年度起计算

【参考答案】A

【答案解析】根据《财政部　国家税务总局　发展改革委　工业和信息化部关于促进集成电路产业和软件产业高质量发展企业所得税政策的公告》（财政部　国家税务总局　发展改革委　工业和信息化部公告 2020 年第 45 号）的规定，对于按照集成电路生产企业享受税收优惠政策的，优惠期自获利年度起计算。

3.【单项选择题】对国家鼓励的重点集成电路设计企业和软件企业，实施的税收优惠是（　）。

A. 自获利年度起，五免，接续年度减按 10% 的税率征收企业所得税

B. 自获利年度起，两免三减半

C. 自获利年度起，五免五减半

D. 自获利年度起，两免，接续年度减按 15% 的税率征收企业所得税

【参考答案】A

【答案解析】根据《财政部　国家税务总局　发展改革委　工业和信息化部关于促进集成电路产业和软件产业高质量发展企业所得税政策的公告》（财政部　国家税务总局　发展改革委　工业和信息化部公告2020年第45号）第四条的规定，国家鼓励的重点集成电路设计企业和软件企业，自获利年度起，第一年至第五年免征企业所得税，接续年度减按10%的税率征收企业所得税。

4.【多项选择题】下列企业尚未弥补完的亏损，向以后年度结转的年限有可能达到10年的有（　）。

A. 电影行业企业

B. 国家鼓励的集成电路线宽小于130纳米（含）的集成电路生产企业

C. 受疫情影响较大的困难行业企业

D. 政策性搬迁企业

E. 高新技术企业或科技型中小企业

【参考答案】BE

【答案解析】根据《财政部　国家税务总局关于电影等行业税费支持政策的公告》（财政部　税务总局公告2020年第25号）的规定，对电影行业企业2020年度发生的亏损，最长结转年限由5年延长至8年。根据《财政部　国家税务总局关于支持新型冠状病毒感染的肺炎疫情防控有关税收政策的公告》（财政部　国家税务总局公告2020年第8号）第四条的规定，受疫情影响较大的困难行业企业2020年度发生的亏损，最长结转年限由5年延长至8年。《国家税务总局关于发布〈企业政策性搬迁所得税管理办法〉的公告》（国家税务总局公告2012年第40号）第二十一条规定，搬迁企业由于搬迁停止生产经营无所得的，从搬迁年度次年起，至搬迁完成年度前一年度止，可作为停止生产经营活动年度，从法定亏损结转弥补年限中减除；企业边搬迁、边生产的，其亏损结转年度应连续计算。《财政部　国家税务总局　发展改革委　工业和信息化部关于促进集成电路产业和软件产业高质量发展企业所得税政策的公告》（财政部　国家税务总局　发展改革委 工业和信息化部公告2020年第45号）规定，国家鼓励的线宽小于130纳米（含）的集成电路生产企业，属于国家鼓励的集成电路生产企业清单年度之前5个纳税年度发生的尚未弥补完的亏损，准予向以后年度结转，总结转年限最长不得超过10年。《财政部　国家税务总局关于延长高新技术企业和科技型中小企业亏损结转年限的通知》（财税〔2018〕76号）规定，自2018年1月1日起，当年具备高新技术企业或科技型中小企业资格（以下统称资格）的企业，其具备资格年度之前5个年度发生的尚未弥补完的亏损，准予结转以后年度弥补，最长结转年限由5年延长至10年。

（六）先进制造业留抵退税政策

1.【实务计算题】A企业为先进制造业行业纳税人（符合留抵退税相关政策），2019年3月期末留抵税额为130万元，2021年4月税款所属期的期末留抵税额为280万元。A企业2021年5月申请退还增量留抵税额。A企业12个月内生产电子设备销售额800万元，生产铁路运输设备1200万元，生产食品饮料1600万元。

A企业2019年4月至2021年4月取得以下发票：

①增值税专用发票（含机动车销售统一发票），注明税额200万元。

②海关进口增值税专用缴款书，注明税额200万元。

③解缴税款完税凭证，注明税额21.2万元。

④农产品收购发票或销售发票，计算抵扣税额6.8万元。

⑤过路过桥通行费发票（含电子发票），计算抵扣税额30万元。

⑥国内旅客运输中，注明旅客身份信息的机票、火车票、铁路车票，公路、水路等其他客票（含电子发票），计算抵扣税额10万元。

上述发票已全部抵扣。

请回答以下问题：

（1）A公司符合留抵退税政策条件的销售额占全部销售额的比重是（ ）。

A.22.22%　　B.33.33%　　C.44.44%　　D.55.56%

【参考答案】D

【答案解析】根据《财政部　国家税务总局关于明确先进制造业增值税期末留抵退税政策的公告》（财政部　国家税务总局公告2021年第15号）第二条的规定，本公告所称先进制造业纳税人，是指按照《国民经济行业分类》，生产并销售“非金属矿物制品”“通用设备”“专用设备”“计算机、通信和其他电子设备”“医药”“化学纤维”“铁路、船舶、航空航天和其他运输设备”“电气机械和器材”“仪器仪表”销售额占全部销售额的比重超过50%的纳税人。A公司生产并销售符合留抵退税政策条件的销售额占全部销售额的比重＝（800 ＋ 1200）÷（800 ＋ 1200 ＋ 1600）＝ 55.56%。

（2）**【多项选择题】假设 2021 年 5 月 A 公司企业符合留抵退税相关政策，“相关政策”包括（　）。**

A. 纳税信用等级为 A 级或者 B 级

B. 申请退税前 36 个月未发生骗取留抵退税、出口退税或虚开增值税专用发票情形

C. 申请退税前 36 个月未因偷税被税务机关处罚两次及以上

D. 自 2019 年 4 月 1 日起未享受即征即退、先征后返（退）政策

E. 当月增量留抵税额必须大于 50 万元

【参考答案】ABCD

【答案解析】根据《财政部　国家税务总局关于明确先进制造业增值税期末留抵退税政策的公告》（财政部　国家税务总局公告 2021 年第 15 号）第一条的规定，自 2021 年 4 月 1 日起，同时符合以下条件的先进制造业纳税人，可以自 2021 年 5 月及以后纳税申报期向主管税务机关申请退还增量留抵税额：(1) 增量留抵税额大于零；(2) 纳税信用等级为 A 级或者 B 级；(3) 申请退税前 36 个月未发生骗取留抵退税、出口退税或虚开增值税专用发票情形；(4) 申请退税前 36 个月未因偷税被税务机关处罚两次及以上；(5) 自 2019 年 4 月 1 日起未享受即征即退、先征后返（退）政策。

（3）**2019 年 4 月至 2021 年 4 月，进项构成比例为（　）。**

A.42.7%　　B.85.4%　　C.90%　　D.100%

【参考答案】C

【答案解析】根据《财政部　国家税务总局关于明确先进制造业增值税期末留抵退税政策的公告》（财政部　国家税务总局公告 2021 年第 15 号）第四条第二款的规定，进项构成比例，为 2019 年 4 月至申请退税前一税款所属期内已抵扣的增值税专用发票（含税控机动车销售统一发票）、海关进口增值税专用缴款书、解缴税款完税凭证注明的增值税额占同期全部已抵扣进项税额的比重。2019 年 4 月至 2021 年 4 月进项构成比例＝（200 ＋ 200 ＋ 21.2）÷（200 ＋ 200 ＋ 21.2 ＋ 6.8 ＋ 30 ＋ 10）＝ 421.2÷468 ＝ 90%。

（4）2021 年 5 月 A 公司可以申请退还的增量留抵税额是（　）万元。

A.31.86　　B.49　　C.81　　D.135

【参考答案】D

【答案解析】根据《财政部　国家税务总局关于明确先进制造业增值税期末留抵退税政策的公告》（财政部　国家税务总局公告 2021 年第 15 号）第四条第一款的规定，先进制造业纳税人当期允许退还的增量留抵税额，按照以下公式计算：允许退还的增量留抵税额 = 增量留抵税额 × 进项构成比例。增量留抵税额 280 – 130 = 150（万元），进项构成比例为 90%，2021 年 5 月，A 公司允许退还的增量留抵税额 = 增量留抵税额 × 进项构成比例 = 150 × 90% = 135（万元）。

（5）假设 A 公司留抵退税各项条件都符合，则下一次留抵税额退税的最早属期是（　）。

A. 2021 年 6 月　　B. 2021 年 12 月　　C.2022 年 2 月　　D.2022 年 3 月

【参考答案】A

【答案解析】根据《财政部　国家税务总局关于明确先进制造业增值税期末留抵退税政策的公告》（财政部　国家税务总局公告 2021 年第 15 号）的规定，自 2021 年 5 月及以后纳税申报期向主管税务机关申请退还增量留抵税额。因此，不用再间隔 6 个月。

三、国民经济和社会发展第十四个五年规划和二〇三五年远景目标

1.【单项选择题】“十四五”时期我国进入新发展阶段，习近平总书记审时度势，对我国作出了加快构建新发展格局的重大决策。这个“新发展格局”是指（　）。

A. 国内小循环为主体、国内国际单循环相互促进

B. 国内小循环为主体、国际国内双循环相互促进

C. 国内大循环为主体、国内国际单循环相互促进

D. 国内大循环为主体、国内国际双循环相互促进

【参考答案】D

【答案解析】在省部级主要领导干部学习贯彻党的十九届五中全会精神专题研讨班开班式上，习近平总书记强调，加快构建以国内大循环为主体、国内国际

双循环相互促进的新发展格局，是《中共中央关于制定国民经济和社会发展第十四个五年规划和二〇三五年远景目标的建议》提出的一项关系我国发展全局的重大战略任务，需要从全局高度准确把握和积极推进。

2.【单项选择题】国家税务总局局长王军指出，税务部门深入贯彻落实十九届五中全会作出的决策部署和《中共中央关于制定国民经济和社会发展第十四个五年规划和二〇三五年远景目标的建议》安排的目标任务，要“锚定一个总目标”，这个总目标是（　）。

A. 做国家财力的坚定保障者　　B. 做宏观调控的高效执行者

C. 做国家战略的忠实服务者　　D. 高质量推进新时代税收现代化建设

【参考答案】D

【答案解析】国家税务总局局长王军指出，深刻领会、深入贯彻、深化落实十九届五中全会作出的决策部署和《中共中央关于制定国民经济和社会发展第十四个五年规划和二〇三五年远景目标的建议》安排的目标任务，关键是“锚定一个总目标，下好两手关键棋，紧扣三大着力点”。《中共中央关于制定国民经济和社会发展第十四个五年规划和二〇三五年远景目标的建议》提出全面建设社会主义现代化国家，高质量推进以“六大体系”“六大能力”为主要内容的新时代税收现代化建设是税务部门服务这一宏伟目标的具体体现。

3.【单项选择题】2021 年便民春风行动的主题是（　）。

A. 我为纳税人缴费人办实事　　B. 优化执法服务 · 办好惠民实事

C. 战疫情促发展，服务全面小康　　D. 减税降费优服务，助复产促发展

【参考答案】B

【答案解析】国家税务总局 2021 年“我为纳税人缴费人办实事暨便民办税春风行动”围绕“优化执法服务 · 办好惠民实事”主题，推出 10 个方面共 100 条便民利民惠民的服务措施。

4.【多项选择题】《中共中央关于制定国民经济和社会发展第十四个五年规划和二〇三五年远景目标的建议》提出，统筹发展和安全，把安全发展贯穿国家发展各领域和全过程。其中，税务机关要坚守的底线主要包括（　）。

A. 组织收入底线　　　　B. 税费安全底线
C. 纳税服务底线　　　　D. 廉洁从税底线
E. 人事安排底线

【参考答案】ABD

【答案解析】国家税务总局党委书记、局长王军在《充分发挥税收职能作用积极服务全面建设社会主义现代化》中提出，国家各级税务机关要坚守组织收入底线，要坚守税费安全底线，要坚守廉洁从税底线。

5.【多项选择题】国家税务总局局长王军指出，为完成十九届五中全会作出的决策部署和《中共中央关于制定国民经济和社会发展第十四个五年规划和二〇三五年远景目标的建议》安排的目标任务，税务系统要"下好两手关键棋"，分别是（　）。

A. 完善现代税收制度　　　　B. 深化税收征管制度改革
C. 落实优化收入分配战略任务　　　　D. 支持科技创新战略支撑
E. 促进扩大内需这个战略基点

【参考答案】AB

【答案解析】国家税务总局局长王军指出，"下好两手关键棋"：一是完善现代税收制度；二是深化税收征管制度改革。

6.【多项选择题】《中共中央关于制定国民经济和社会发展第十四个五年规划和二〇三五年远景目标的建议》任务的部署，为税务部门明确了服务全面建设社会主义现代化国家的重要着力点。以下属于税务部门"紧扣三大着力点"内容的是（　）。

A. 支持科技创新　　　　B. 促进扩大内需
C. 完善现代税收制度　　　　D. 落实优化收入分配
E. 深化税收征管制度改革

【参考答案】ABD

【答案解析】国家税务总局局长王军指出，"紧扣三大着力点"：一是支持科技创新这一战略支撑。二是促进扩大内需这个战略基点。三是落实优化收入分配这项战略任务。

四、深化税收征管改革

1.【单项选择题】**要深刻把握中共中央办公厅、国务院办公厅《关于进一步深化税收征管改革的意见》提出的战略要求，对管出公平、管出质量的部署要求，建立健全以（　）为基础的新型监管机制，既以最严格的标准防范逃避税，又避免影响企业正常生产经营，实现对市场主体干扰最小化，监管效能最大化。**

A.“互联网 +”　　　　B.“信用 + 风险”

C.“大数据 + 云平台”　　　　D.“一户式”

【参考答案】B

【答案解析】《中共中央办公厅　国务院办公厅关于进一步深化税收征管改革的意见》提出，对管出公平、管出质量的部署要求，建立健全以“信用 + 风险”为基础的新型监管机制，推动从“以票管税”向“以数治税”分类精准监管转变，既以最严格的标准防范逃避税，又避免影响企业正常生产经营，实现对市场主体干扰最小化，监管效能最大化。

2.【单项选择题】**各级税务机关要建立健全税费收入质量监控和分析机制，利用大数据完善分区县、分税种、分时段的收入实时监控体系，对（　）等异常情况，及时分析排查，发现违法违规行为一律严肃处理，并建立典型案例通报制度，强化以案示警的作用。**

A. 虚列成本　　　　B. 错误享受税收优惠

C. 收入畸高畸低　　　　D.“阴阳合同”

【参考答案】C

【答案解析】《国家税务总局关于优化税务执法方式严禁征收“过头税费”的通知》（税总发〔2020〕29 号）提出，要建立健全税费收入质量监控和分析机制，利用大数据完善分区县、分税种、分时段的收入实时监控体系，对收入畸高畸低等异常情况，及时分析排查，发现违法违规行为一律严肃处理，并建立典型案例通报制度，强化以案示警的作用。

3.【单项选择题】**到 2025 年，深化税收征管制度改革取得显著成效，基本建成功能强大的（　）税务，形成国内一流的智能化行政应用系统，全方位提高税务执法、服务、监管能力。**

A. 智慧　　B. 智能　　C. 科技　　D. 现代化

【参考答案】A

【答案解析】《中共中央办公厅　国务院办公厅关于进一步深化税收征管改革的意见》提出，到2025年，深化税收征管制度改革取得显著成效，基本建成功能强大的智慧税务，形成国内一流的智能化行政应用系统，全方位提高税务执法、服务、监管能力。

4.【单项选择题】**到2023年，基本建成以“双随机、一公开”监管和“互联网+监管”为基本手段、以重点监管为补充、以“信用+风险”监管为基础的税务监管新体系，实现从“以票管税”向“以数治税”（　）转变。**

A. 精准税务监管　　B. 科学精确执法

C. 分类精准监管　　D. 科学规范执法

【参考答案】C.

【答案解析】《中共中央办公厅　国务院办公厅关于进一步深化税收征管改革的意见》提出，到2023年，基本建成以“双随机、一公开”监管和“互联网+监管”为基本手段、以重点监管为补充、以“信用+风险”监管为基础的税务监管新体系，实现从“以票管税”向“以数治税”分类精准监管转变。

5.【单项选择题】**聚焦发挥数据生产要素的创新引擎作用，把（　）理念贯穿税收征管全过程。**

A.“以票控税”　　B.“以人管税”

C.“以数治税”　　D.“以网治税”

【参考答案】C

【答案解析】国家税务总局关于深入学习贯彻落实《关于进一步深化税收征管改革的意见》的通知（税总发〔2021〕21号）规定，聚焦发挥数据生产要素的创新引擎作用，把“以数治税”理念贯穿税收征管全过程。

6.【单项选择题】**运用法治思维，创新行政执法方式，严格规范税务执法行为，强化税务执法内部控制和监督，坚决防止粗放式、选择性、“一刀切”执法，推动从经验式执法向（　）转变。**

A. 主动执法　　B. 科学精确执法

C. 规范执法　　D. 科学性执法

【参考答案】B

【答案解析】国家税务总局关于深入学习贯彻落实《关于进一步深化税收征管改革的意见》的通知（税总发〔2021〕21号）提出，运用法治思维，创新行政执法方式，严格规范税务执法行为，强化税务执法内部控制和监督，坚决防止粗放式、选择性、“一刀切”执法，推动从经验式执法向科学精确执法转变。

7.【单项选择题】**充分发挥税收大数据作用，依托税务网络（ ）体系对发票开具、使用等进行全环节即时验证和监控，实现对虚开骗税等违法犯罪行为惩处从事后打击向事前事中精准防范转变。**

A. 纳税信用　　B. 大数据监控

C. 可信身份　　D. 云数据

【参考答案】C

【答案解析】《中共中央办公厅　国务院办公厅关于进一步深化税收征管改革的意见》提出，充分发挥税收大数据作用，依托税务网络可信身份体系对发票开具、使用等进行全环节即时验证和监控，实现对虚开骗税等违法犯罪行为惩处从事后打击向事前事中精准防范转变。

8. **深化税收大数据共享应用。探索区块链技术在（ ）等方面的应用，并持续拓展在促进涉税涉费信息共享等领域的应用。**

A. 税务稽查　　B. 经济分析

C. 减税降费　　D. 社会保险费征收、房地产交易和不动产登记

【参考答案】D

【答案解析】《中共中央办公厅　国务院办公厅关于进一步深化税收征管改革的意见》提出，深化税收大数据共享应用。探索区块链技术在社会保险费征收、房地产交易和不动产登记等方面的应用，并持续拓展在促进涉税涉费信息共享等领域的应用。

9. **强化市县税务机构在日常性服务、涉税涉费事项办理和（ ）等方面的职责，适当上移全局性、复杂性税费服务和管理职责。**

A. 风险应对　　B. 大企业审计

C. 减税降费　　　　D. 优惠落实

【参考答案】A

【答案解析】《中共中央办公厅　国务院办公厅关于进一步深化税收征管改革的意见》提出，强化市县税务机构在日常性服务、涉税涉费事项办理和风险应对等方面的职责，适当上移全局性、复杂性税费服务和管理职责。

10. **【单项选择题】建成具有高集成功能、高安全性能、高应用效能的智慧税务是深化税收征管改革目标之一，其实现路径不包括（　）。**

A. 以服务纳税人缴费人为中心　　　　B. 以发票电子化改革为突破口

C. 以税收大数据为驱动力　　　　D. 以信息化自助终端为基础

【参考答案】D

【答案解析】《中共中央办公厅　国务院办公厅关于进一步深化税收征管改革的意见》指出，深化税收征管制度改革，着力建设以服务纳税人缴费人为中心、以发票电子化改革为突破口、以税收大数据为驱动力的具有高集成功能、高安全性能、高应用效能的智慧税务。

11. **【单项选择题】下列不属于2023年税务部门税费服务新体系目标的是（　）。**

A. 线下服务无死角　　　　B. 窗口服务一条龙

C. 线上服务不打烊　　　　D. 定制服务广覆盖

【参考答案】B

【答案解析】《中共中央办公厅　国务院办公厅关于进一步深化税收征管改革的意见》指出，到2023年税务部门要基本建成“线下服务无死角、线上服务不打烊、定制服务广覆盖”的税费服务新体系，实现从无差别服务向精细化、智能化、个性化服务转变。

12. **【单项选择题】下列不属于2023年税务监管新体系目标特点的是（　）。**

A. 以“双随机、一公开”监管和“互联网＋监管”为基本手段

B. 以重点监管为补充

C. 以“信用＋风险”监管为基础

D. “以票管税”为主要监管手段

【参考答案】D

【答案解析】《中共中央办公厅　国务院办公厅关于进一步深化税收征管改革的意见》指出，2023年，要基本建成以"双随机、一公开"监管和"互联网+监管"为基本手段、以重点监管为补充、以"信用+风险"监管为基础的税务监管新体系。

13.【单项选择题】按照进一步深化税收征管改革的目标要求，税务机关倡导的执法方式是（　）。

A. 经验式执法　　　　B. 科学精确执法

C. 钓鱼式执法　　　　D. 想象式执法

【参考答案】B

【答案解析】《中共中央办公厅　国务院办公厅关于进一步深化税收征管改革的意见》指出，进一步深化税收征管改革，执法方式要实现从经验式执法向科学精确执法转变。

14.【单项选择题】下列关于智慧税务建设目标说法中，正确的是（　）。

A.2023年基本实现法人税费信息"一人式"

B.2022年基本实现自然人税费信息"一户式"

C.2023年基本实现税务机关信息"一局式"

D.2022年基本实现税务人员信息"一员式"

【参考答案】C

【答案解析】《中共中央办公厅　国务院办公厅关于进一步深化税收征管改革的意见》指出，2022年基本实现法人税费信息"一户式"、自然人税费信息"一人式"智能归集。2023年基本实现税务机关信息"一局式"、税务人员信息"一员式"智能归集。

15.【单项选择题】按照进一步深化税收征管改革的要求，税务机关变革后的执法方式是（　）。

A. 粗放式执法　　　　B. 非强制性执法

C. 选择性执法　　　　D. "一刀切"执法

【参考答案】B

【答案解析】《中共中央办公厅　国务院办公厅关于进一步深化税收征管改革的意见》指出，创新行政执法方式，要有效运用说服教育、约谈警示等非强制性执法方式，让执法既有力度又有温度，做到宽严相济、法理相融。坚决防止粗放式、选择性、“一刀切”执法。

16.【单项选择题】建设税务监管新体系，未来要实现的征管方式是（ ）。

A.“以数治税” B.“以票管税”

C.“综合治税” D.“信息管税”

【参考答案】A

【答案解析】《中共中央办公厅 国务院办公厅关于进一步深化税收征管改革的意见》指出，主要目标是基本建成以“双随机、一公开”监管和“互联网＋监管”为基本手段、以重点监管为补充、以“信用＋风险”监管为基础的税务监管新体系，实现从“以票管税”向“以数治税”分类精准监管转变。

17.【单项选择题】“依法运用大数据精准推送优惠政策信息，促进市场主体充分享受政策红利”，实现这一目标的计划时间是（ ）年。

A.2021 B.2022 C.2023 D.2025

【参考答案】B

【答案解析】《中共中央办公厅 国务院办公厅关于进一步深化税收征管改革的意见》指出，2022 年实现依法运用大数据精准推送优惠政策信息，促进市场主体充分享受政策红利。

18.【单项选择题】2022 年税务部门办理正常出口退税的平均时间将压缩至（ ）个工作日以内。

A.4 B.6 C.7 D.10

【参考答案】B

【答案解析】《中共中央办公厅 国务院办公厅关于进一步深化税收征管改革的意见》指出，2022 年税务部门办理正常出口退税的平均时间压缩至 6 个工作日以内。

19.【单项选择题】下列属于严格规范税务执法行为范畴的制度是（ ）。

A. 行政处罚裁量基准制度 B.“首违不罚”清单制度

C. 纳税缴费信用评价制度 D. 实名办税缴费制度

【参考答案】A

【答案解析】《中共中央办公厅　国务院办公厅关于进一步深化税收征管改革的意见》指出，“首违不罚”清单制度属于与提升税务执法精确度范畴；纳税缴费信用评价制度、实名办税缴费制度属于建立健全以“信用＋风险”为基础的新型监管机制范畴。行政处罚裁量基准制度属于严格规范税务执法行为范畴。

20. **【多项选择题】到2023年，税费服务新体系的特点包括（　）。**

A. 服务智能化　　B. 服务个性化

C. 服务无差别　　D. 服务精细化

E. 服务商业化

【参考答案】ABD

【答案解析】《中共中央办公厅　国务院办公厅关于进一步深化税收征管改革的意见》指出，税费服务新体系要实现从无差别服务向精细化、智能化、个性化服务转变。

21. **【多项选择题】优化税务执法方式，要推动税务执法、服务、监管的理念方式手段变革，深入推进“四精”，其内容包括（　）。**

A. 精品意识　　B. 精细服务

C. 精准监管　　D. 精诚共治

E. 精确执法

【参考答案】BCDE

【答案解析】《中共中央办公厅　国务院办公厅关于进一步深化税收征管改革的意见》指出，深入推进精确执法、精细服务、精准监管、精诚共治，大幅提高税法遵从度和社会满意度，明显降低征纳成本，充分发挥税收在国家治理中的基础性、支柱性、保障性作用，为推动高质量发展提供有力支撑。

22. **【多项选择题】深化税收征管改革的工作原则，除坚持党的全面领导以外，还包括（　）。**

A. 坚持依法治税　　B. 坚持为民便民

C. 坚持问题导向　　D. 坚持改革创新

E. 坚持系统观念

【参考答案】ABCDE

【答案解析】《中共中央办公厅　国务院办公厅关于进一步深化税收征管改革

的意见》指出，深化税收征管改革的工作原则包括坚持党的全面领导、坚持依法治税、坚持为民便民、坚持问题导向、坚持改革创新、坚持系统观念。

23.【多项选择题】下列关于发票电子化改革的说法，正确的有（ ）。

A.2021 年建成全国统一的电子发票服务平台

B. 将实现 24 小时在线免费为纳税人提供电子发票申领、开具、交付、查验等服务

C. 将制定出台电子发票国家标准

D. 将有序推进铁路、民航等领域发票电子化

E.2023 年将基本实现发票全领域、全环节、全要素电子化

【参考答案】ABCD

【答案解析】《中共中央办公厅　国务院办公厅关于进一步深化税收征管改革的意见》指出，2021 年建成全国统一的电子发票服务平台，24 小时在线免费为纳税人提供电子发票申领、开具、交付、查验等服务。制定出台电子发票国家标准，有序推进铁路、民航等领域发票电子化，2025 年基本实现发票全领域、全环节、全要素电子化，着力降低制度性交易成本。

24.【多项选择题】为 2023 年基本建成税务执法质量智能控制体系，需要重点推进的工作包括（ ）。

A. 执法信息网上录入

B. 执法程序网上流转

C. 执法活动网上监督

D. 执法结果网上查询

E. 执法过程网上实现

【参考答案】ABCD

【答案解析】《中共中央办公厅　国务院办公厅关于进一步深化税收征管改革的意见》指出，要全面落实行政执法公示、执法全过程记录、重大执法决定法制审核制度，推进执法信息网上录入、执法程序网上流转、执法活动网上监督、执法结果网上查询，2023 年基本建成税务执法质量智能控制体系。

25.【多项选择题】2022 年将要构建起的税务执法风险信息化内控监督体系，其特点包括（ ）。

A. 全面覆盖

B. 全程防控

C. 全员有责　　　　D. 全新概念

E. 全网贯通

【参考答案】ABC

【答案解析】《中共中央办公厅　国务院办公厅关于进一步深化税收征管改革的意见》指出，2022 年基本构建起全面覆盖、全程防控、全员有责的税务执法风险信息化内控监督体系。

26.**【多项选择题】下列选项中，符合税务执法区域协同目标的有（　）。**

A. 区域间税务执法标准统一　　　　B. 区域间执法信息互通

C. 区域间执法结果互认　　　　D. 涉税涉费事项全国通办

E. 区域间联动交叉执法

【参考答案】ABCD

【答案解析】《中共中央办公厅　国务院办公厅关于进一步深化税收征管改革的意见》指出，加强税务执法区域协同。推进区域间税务执法标准统一，实现执法信息互通、执法结果互认，更好服务国家区域协调发展战略。简化企业涉税涉费事项跨省迁移办理程序，2022 年基本实现资质异地共认。持续扩大跨省经营企业全国通办涉税涉费事项范围，2025 年基本实现全国通办。

27.**【多项选择题】下列税务机关的措施中，符合深化税收征管改革推行智能型个性化服务要求的有（　）。**

A. 提升“12366”税费服务平台，向以 24 小时智能咨询为主转变

B.2022 年基本实现全国咨询“一线通答”

C. 精准提供线上服务

D. 持续优化线下服务

E. 有偿满足特殊人员、特殊事项的服务需求

【参考答案】ABCD

【答案解析】《中共中央办公厅　国务院办公厅关于进一步深化税收征管改革的意见》指出，积极推行智能型个性化服务。全面改造提升“12366”税费服务平台，加快推动向以 24 小时智能咨询为主转变，2022 年基本实现全国咨询“一线通答”。运用税收大数据智能分析识别纳税人缴费人的实际体验、个性需求等，精准提供线上服务。持续优化线下服务，更好满足特殊人员、特殊事项的服务需求。

28.【多项选择题】下列措施中，属于减轻纳税人缴费人办税缴费负担的有（ ）。

A. 减少纳税人缴费人重复报送

B. 全面推行税务证明事项告知承诺制

C. 拓展容缺办理事项

D. 将税务执法风险防范措施嵌入信息系统

E. 扩大涉税资料由事前报送改为留存备查的范围

【参考答案】ABCE

【答案解析】《中共中央办公厅　国务院办公厅关于进一步深化税收征管改革的意见》指出，要切实减轻办税缴费负担，包括积极通过信息系统采集数据，加强部门间数据共享，着力减少纳税人缴费人重复报送。全面推行税务证明事项告知承诺制，拓展容缺办理事项，持续扩大涉税资料由事前报送改为留存备查的范围。将税务执法风险防范措施嵌入信息系统是强化税务执法内部控制和监督的内容，不是减轻纳税人缴费人办税缴费负担的内容。

29.【多项选择题】依法严厉打击涉税违法犯罪行为，加强预防性制度建设，加大依法防控和监督检查力度，重点包括（ ）。

A. 隐瞒收入、虚列成本的行为

B. 转移利润的行为

C. 利用“税收洼地”逃避税行为

D. 利用“阴阳合同”逃避税行为

E. 利用关联交易逃避税行为

【参考答案】ABCDE

【答案解析】《中共中央办公厅　国务院办公厅关于进一步深化税收征管改革的意见》指出，对隐瞒收入、虚列成本、转移利润以及利用“税收洼地”“阴阳合同”和关联交易等逃避税行为，加强预防性制度建设，加大依法防控和监督检查力度。

30.【多项选择题】纳税人获取增值税电子专用发票的版式文件的系统包括（ ）。

A. 增值税发票开票系统

B. 增值税发票电子底账系统

C. 增值税发票综合服务平台

D. 全国增值税发票查验平台

【参考答案】AD

【答案解析】纳税人获取增值税电子专用发票的版式文件的系统包括增值税发票开票系统和全国增值税发票查验平台。

31.【多项选择题】2023年改进办税缴费方式的目标包括（　）。

A. 信息系统自动提取数据

B. 信息系统自动计算税额

C. 信息系统自动采集数据并申报

D. 信息系统自动预填申报

E. 纳税人缴费人确认或补正后即可线上提交

【参考答案】ABDE

【答案解析】《中共中央办公厅　国务院办公厅关于进一步深化税收征管改革的意见》指出，2023年基本实现信息系统自动提取数据、自动计算税额、自动预填申报，纳税人缴费人确认或补正后即可线上提交。

32.【多项选择题】深化拓展税收共治格局离不开加强社会协同，可采用的社会协同措施包括（　）。

A. 积极发挥行业协会和社会中介组织作用

B. 支持第三方按市场化原则为纳税人提供个性化服务

C. 加强对涉税中介组织的职业监管和行业监管

D. 加强税务系统内部跨部门协同监管

E. 在税务领域深入推行“好差评”制度

【参考答案】ABC

【答案解析】《中共中央办公厅　国务院办公厅关于进一步深化税收征管改革的意见》指出，加强社会协同。积极发挥行业协会和社会中介组织作用，支持第三方按市场化原则为纳税人提供个性化服务，加强对涉税中介组织的执业监管和行业监管。税务系统内部跨部门协同监管属于内部监管，不属于社会协同范畴。“好差评”制度属于系统内部跟踪问效，也不属于社会协同措施。

33.【多项选择题】下列深化税收征管改革的措施中，属于持续深化拓展税收共治格局范畴的有（　）。

A. 加强部门协作　　B. 加强社会协同

C. 强化税收司法保障　　　　　　　　D. 强化国际税收合作

E. 强化税务执法内部控制和监督

【参考答案】ABCD

【答案解析】依据是《中共中央办公厅　国务院办公厅关于进一步深化税收征管改革的意见》。

34. **【多项选择题】下列深化税收征管改革的措施中，属于强化税收司法保障措施的有（　）。**

A. 做实健全公安派驻税务联络机制

B. 畅通行政执法与刑事执法衔接工作机制

C. 持续深化“银税互动”

D. 强化涉税犯罪案件查办

E. 检察机关依法提出检察建议

【参考答案】ABDE

【答案解析】《中共中央办公厅　国务院办公厅关于进一步深化税收征管改革的意见》指出，要强化税收司法保障。公安部门要强化涉税犯罪案件查办工作力量，做实健全公安派驻税务联络机制。实行警税双方制度化、信息化、常态化联合办案，进一步畅通行政执法与刑事执法衔接工作机制。检察机关发现负有税务监管相关职责的行政机关不依法履责的，应依法提出检察建议。完善涉税司法解释，明晰司法裁判标准。“银税互动”与跨部门协同监管相关，但与司法无关。

35. **【判断题】健全涉税涉费信息对外提供机制，打造规模大、类型多、价值高、颗粒度细的税收大数据。（　）**

【参考答案】√

【答案解析】《中共中央办公厅　国务院办公厅关于进一步深化税收征管改革的意见》指出，健全涉税涉费信息对外提供机制，打造规模大、类型多、价值高、颗粒度细的税收大数据。

36. **【判断题】为切实减轻办税缴费负担，将持续扩大涉税资料由留存备查改为事前报送的范围。（　）**

【参考答案】×

【答案解析】《中共中央办公厅　国务院办公厅关于进一步深化税收征管改革的意见》指出，要持续扩大涉税资料由事前报送改为留存备查的范围。

37.**【判断题】2021年基本实现企业税费事项能掌上办理，个人税费事项能网上办理。( )**

【参考答案】×

【答案解析】《中共中央办公厅　国务院办公厅关于进一步深化税收征管改革的意见》指出，2021年基本实现企业税费事项能网上办理，个人税费事项能掌上办理。

38.**【判断题】强化市县税务机构在日常性服务、涉税涉费事项办理和风险应对等方面的职责，适当下移全局性、复杂性税费服务和管理职责。( )**

【参考答案】×

【答案解析】《中共中央办公厅　国务院办公厅关于进一步深化税收征管改革的意见》指出，强化市县税务机构在日常性服务、涉税涉费事项办理和风险应对等方面的职责，适当上移全局性、复杂性税费服务和管理职责。

39.**【判断题】对涉税违法犯罪案件，依法从严查处曝光并按照有关规定纳入企业和个人信用记录，共享至全国信用信息平台。( )**

【参考答案】×

【答案解析】《中共中央办公厅　国务院办公厅关于进一步深化税收征管改革的意见》规定，对重大涉税违法犯罪案件，依法从严查处曝光并按照有关规定纳入企业和个人信用记录，共享至全国信用信息平台。

40.**【判断题】充分发挥税收大数据作用，依托税务网络可信身份体系对发票开具、使用等进行全环节即时验证和监控，实现对虚开骗税等违法犯罪行为惩处从事后打击向事前事中精准防范转变。( )**

【参考答案】✓

【答案解析】《中共中央办公厅　国务院办公厅关于进一步深化税收征管改革的意见》提出，充分发挥税收大数据作用，依托税务网络可信身份体系对发票开具、使用等进行全环节即时验证和监控，实现对虚开骗税等违法犯罪行为惩处从事后打击向事前事中精准防范转变。

附录1

国家税务总局关于在新办纳税人中实行增值税专用发票电子化有关事项的公告

（国家税务总局公告2020年第22号）

为全面落实《优化营商环境条例》，深化税收领域“放管服”改革，加大推广使用电子发票的力度，国家税务总局决定在前期宁波、石家庄和杭州等 3 个地区试点的基础上，在全国新设立登记的纳税人（以下简称“新办纳税人”）中实行增值税专用发票电子化（以下简称“专票电子化”）。现将有关事项公告如下：

一、自 2020 年 12 月 21 日起，在天津、河北、上海、江苏、浙江、安徽、广东、重庆、四川、宁波和深圳等 11 个地区的新办纳税人中实行专票电子化，受票方范围为全国。其中，宁波、石家庄和杭州等 3 个地区已试点纳税人开具增值税电子专用发票（以下简称“电子专票”）的受票方范围扩至全国。

自 2021 年 1 月 21 日起，在北京、山西、内蒙古、辽宁、吉林、黑龙江、福建、江西、山东、河南、湖北、湖南、广西、海南、贵州、云南、西藏、陕西、甘肃、青海、宁夏、新疆、大连、厦门和青岛等 25 个地区的新办纳税人中实行专票电子化，受票方范围为全国。

实行专票电子化的新办纳税人具体范围由国家税务总局各省、自治区、直辖市和计划单列市税务局（以下简称“各省税务局”）确定。

二、电子专票由各省税务局监制，采用电子签名代替发票专用章，属于增值税专用发票，其法律效力、基本用途、基本使用规定等与增值税纸质专用发票（以下简称“纸质专票”）相同。电子专票票样见附件。

三、电子专票的发票代码为 12 位，编码规则：第 1 位为 0，第 2-5 位代表省、自治区、直辖市和计划单列市，第 6-7 位代表年度，第 8-10 位代表批次，第

11-12 位为 13。发票号码为 8 位，按年度、分批次编制。

四、自各地专票电子化实行之日起，本地区需要开具增值税纸质普通发票、增值税电子普通发票（以下简称“电子普票”）、纸质专票、电子专票、纸质机动车销售统一发票和纸质二手车销售统一发票的新办纳税人，统一领取税务 UKey 开具发票。税务机关向新办纳税人免费发放税务 UKey，并依托增值税电子发票公共服务平台，为纳税人提供免费的电子专票开具服务。

五、税务机关按照电子专票和纸质专票的合计数，为纳税人核定增值税专用发票领用数量。电子专票和纸质专票的增值税专用发票（增值税税控系统）最高开票限额应当相同。

六、纳税人开具增值税专用发票时，既可以开具电子专票，也可以开具纸质专票。受票方索取纸质专票的，开票方应当开具纸质专票。

七、纳税人开具电子专票后，发生销货退回、开票有误、应税服务中止、销售折让等情形，需要开具红字电子专票的，按照以下规定执行：

（一）购买方已将电子专票用于申报抵扣的，由购买方在增值税发票管理系统（以下简称“发票管理系统”）中填开并上传《开具红字增值税专用发票信息表》（以下简称《信息表》），填开《信息表》时不填写相对应的蓝字电子专票信息。

购买方未将电子专票用于申报抵扣的，由销售方在发票管理系统中填开并上传《信息表》，填开《信息表》时应填写相对应的蓝字电子专票信息。

（二）税务机关通过网络接收纳税人上传的《信息表》，系统自动校验通过后，生成带有“红字发票信息表编号”的《信息表》，并将信息同步至纳税人端系统中。

（三）销售方凭税务机关系统校验通过的《信息表》开具红字电子专票，在发票管理系统中以销项负数开具。红字电子专票应与《信息表》一一对应。

（四）购买方已将电子专票用于申报抵扣的，应当暂依《信息表》所列增值税税额从当期进项税额中转出，待取得销售方开具的红字电子专票后，与《信息表》一并作为记账凭证。

八、受票方取得电子专票用于申报抵扣增值税进项税额或申请出口退税、代办退税的，应当登录增值税发票综合服务平台确认发票用途，登录地址由各省税务局确定并公布。

九、单位和个人可以通过全国增值税发票查验平台（https：//inv-veri.chinatax.gov.cn）对电子专票信息进行查验；可以通过全国增值税发票查验平台下载增值税电子发票版式文件阅读器，查阅电子专票并验证电子签名有效性。

十、纳税人以电子发票（含电子专票和电子普票）报销入账归档的，按照《财政部 国家档案局关于规范电子会计凭证报销入账归档的通知》（财会〔2020〕6号）的规定执行。

十一、本公告自2020年12月21日起施行。

特此公告。

附件：增值税电子专用发票（票样）（略）

国家税务总局

2020年12月20日

附录2

国家税务总局关于深入学习贯彻落实《关于进一步深化税收征管改革的意见》的通知

税总发〔2021〕21号

国家税务总局各省、自治区、直辖市和计划单列市税务局，国家税务总局驻各地特派员办事处，局内各单位：

为贯彻落实好中共中央办公厅、国务院办公厅印发的《关于进一步深化税收征管改革的意见》（以下简称《意见》），深入推进税务领域“放管服”改革，打造市场化、法治化、国际化营商环境，更好服务市场主体发展，现将有关要求通知如下。

一、充分认识《意见》的重大意义

党的十八大以来，在以习近平同志为核心的党中央坚强领导下，我国税收制度改革不断深化，税收征管体制持续优化，纳税服务和税务执法的规范性、便捷性、精准性不断提升，但与推进国家治理体系和治理能力现代化的要求相比、与纳税人缴费人的期待相比仍有一定差距。《意见》立足于解决当前税收征管中存在的突出问题和深层次矛盾，围绕把握新发展阶段、贯彻新发展理念、构建新发展格局，对进一步深化税收征管改革作出全面部署，具有多方面重大意义。

（一）这是党中央、国务院关于“十四五”时期税收改革发展的重要制度安排。

党中央、国务院高度重视深化税收征管改革。2020年12月30日，习近平总书记主持召开中央全面深化改革委员会第十七次会议，对进一步优化税务执法方式、深化税收征管改革进行研究。党的十九届五中全会对深化税收征管制度改革提出了明确要求。李克强总理在今年的《政府工作报告》中强调，要深化财税金融体制改革，纵深推进“放管服”改革，加快营造市场化、法治化、国际化营商环境，激发各类市场主体活力。《意见》充分体现党的十九届五中全会、全国“两会”和《中华人民共和国国民经济和社会发展第十四个五年规划和2035年远景目标纲要》（以下简称“十四五”规划纲要）精神，坚持问题导向和目标导向，提出了进一步深化税收征管改革的指导思想、工作原则、主要目标和重点任务，集成推出一系列针对性强、含金量高的服务征管举措，不仅将有力推动税收征管改革不断走向深入，而且为“十四五”时期税收工作确立了总体规划和蓝图框架。

（二）**这是体现党中央、国务院关心关怀、顺应纳税人缴费人期盼的重大民心工程。**

今年是建党100周年，中央部署在全党开展党史学习教育和“我为群众办实事”实践活动，强调要落实以人民为中心的发展思想，践行全心全意为人民服务的宗旨。《意见》体现“十四五”规划纲要关于坚持共同富裕方向、不断满足人民对美好生活向往的要求，顺应人民群众期待，坚持为民便民，聚焦解决纳税人缴费人的堵点、难点、痛点问题，推出一系列优质高效智能、利企便民惠民的措施，以更好满足纳税人缴费人合理需求，必将指导税务部门在提升纳税人缴费人办税缴费体验中不断提高社会满意度，进一步增强人民群众获得感。

（三）**这是指导税务部门当前及今后一个时期“带好队伍、干好税务”、更好服务国家治理现代化的纲领性文件。**

党的十八大以来，税务部门深入学习贯彻习近平新时代中国特色社会主义思想以及习近平总书记关于税收工作的重要论述，确立了以“带好队伍、干好税务”为主要内容的新时代税收现代化建设总目标，有力服务了经济社会发展大局。《意见》提出深入推进精确执法、精细服务、精准监管、精诚共治，为税务部门持续深入“干好税务”指明了方向；《意见》就坚持党对税收工作的全面领导、建设高素质税务执法队伍、人才培养、绩效考评等作出系列部署，对税务部门持续深入“带好队伍”提出了明确要求，必将有力促进构建税务部门全面从严治党新格局，引领保障高质量推进新发展阶段税收现代化不断取得新成绩、开创新局面，更好发挥税收在国家治理中的基础性、支柱性、保障性作用，为推动高质量发展、服务国家治理现代化提供有力支撑。

各级税务机关和广大税务干部要充分认识《意见》的重大意义，切实把思想和行动统一到党中央、国务院重大部署上来，结合深入开展党史学习教育、“我为群众办实事”实践活动以及落实“十四五”规划纲要，认真抓好《意见》的学习贯彻，确保落地见效。

二、准确把握《意见》的主要内容

《意见》提出了进一步深化税收征管改革的6个方面24类重点任务，涉及税收工作的各个方面。各级税务机关要准确把握，积极推动《意见》各项部署安排落实落地。

（一）数据赋能更有效。

运用现代信息技术建设智慧税务，实现从信息化到数字化再到智慧化是税收征管发展趋势。要深刻领会《意见》聚焦发挥数据生产要素的创新引擎作用，把“以数治税”理念贯穿税收征管全过程的部署安排，稳步实施发票电子化改革，深化税收大数据共享应用，着力建设具有高集成功能、高安全性能、高应用效能的智慧税务，全面推进税收征管数字化升级和智能化改造。

（二）税务执法更精确。

坚持严格规范公正文明执法，是全面推进依法治国的基本要求，是维护社会公平正义的重要举措。要深刻理解《意见》健全执法制度机制、把握税务执法时度效的核心要义，运用法治思维，创新行政执法方式，严格规范税务执法行为，强化税务执法内部控制和监督，坚决防止粗放式、选择性、“一刀切”执法，推动从经验式执法向科学精确执法转变。

（三）税费服务更精细。

不断满足纳税人缴费人的服务需求，是税务部门践行以人民为中心的发展思想的直接体现，是构建一流税收营商环境的具体行动。要深刻认识《意见》大力推行优质高效智能税费服务的重要意义，切实做到税费优惠政策直达快享，有效减轻办税缴费负担，全面改进办税缴费方式，实现从无差别服务向精细化、智能化、个性化服务转变，持续提升纳税人缴费人获得感。

（四）税务监管更精准。

实施科学精准的税务监管，维护经济税收秩序，是税务部门的重要职责。要深刻把握《意见》对管出公平、管出质量的部署要求，建立健全以“信用＋风险”为基础的新型监管机制，推动从“以票管税”向“以数治税”分类精准监管转变，既以最严格的标准防范逃避税，又避免影响企业正常生产经营，实现对市场主体干扰最小化，监管效能最大化。

（五）税收共治更精诚。

税收工作深度融入国家治理，与政治、经济、社会、文化和民生等各领域息息相关，深化税收征管改革需要各方面的支持、配合和保障。要深刻认识《意见》进一步拓展税收共治格局的重要作用，聚焦重点领域和薄弱环节，突出制度化、机制化、信息化，进一步做实做精部门协作、社会协同、税收司法保障和国际税收合作，凝聚更大合力为税收工作提供强大支撑。

（六）组织保障更有力。

加强组织体系建设，是税收治理体系和治理能力现代化的重要组成部分。要深刻理解《意见》进一步激发税务干部活力动力的精神实质，着眼新使命新职责，优化征管职责和力量，加强征管能力建设，改进提升绩效考评，提高干部队伍法治素养和依法履职能力，为进一步深化税收征管改革提供强有力的组织保障。

三、坚决抓好《意见》的贯彻实施

（一）加强组织领导，突出党建引领。

各级税务机关要坚持和加强党对贯彻落实《意见》工作的领导，增强“四个意识”，坚定“四个自信”，做到“两个维护”。税务总局成立《意见》落实领导小组及其办公室，各省税务局要加强统一领导，成立本级领导小组及其办公室，扎实推进各项改革任务落地。

（二）细化任务分工，分步有序实施。

税务总局制定贯彻落实工作方案，明确阶段工作安排，分步推进《意见》实施；细化路线图时间表责任人，分类推进任务落地。各相关司局要按照任务分工，主动担当作为，积极加强与有关部门的沟通协调和对各地税务机关的工作指导。各省税务局既要按照税务总局统一部署抓好贯彻落实，确保全国“一盘棋”；又要积极向当地党委政府汇报，推动制定本地实施方案，将深化税收征管改革纳入当地“十四五”改革发展规划之中统筹安排，凝聚条块协同推进的合力。

（三）强化统筹集成，持续优化提升。

《意见》涉及征管服务理念、业务制度、岗责体系和信息系统的优化调整，必须坚持系统观念，不仅要把正在开展的发票电子化改革、金税四期建设、便民办税春风行动等重点工作作为落实《意见》的重要举措，而且要把今后一段时期“带好队伍、干好税务”的系列改革，都纳入《意见》的贯彻落实中统筹谋划、集成贯通、一体推进，务求取得系统性、开创性成效。

（四）做好宣传解读，严格督查考评。

各级税务机关要认真组织集中学习和培训，引导税务干部统一思想认识，自觉融入改革大局。要突出让纳税人缴费人更有获得感，加强贯彻落实《意见》的宣传工作，深入解读《意见》促进税务执法监管公平公正公开、办税缴费服务便民利民惠民的举措，积极宣传改革经验做法和成效。要积极回应社会关切，引导社会各界理解和支持税收工作。要注重工作实效，力戒形式主义、官僚主义。要将《意见》贯彻实施工作纳入督查督办和绩效考评，定期开展评估总结、跟踪问效。要健全激励和问责机制，对工作不力、进度迟缓的要依规严肃问责。

国家税务总局

2021 年 3 月 26 日

附录3

国家税务总局关于优化整合出口退税信息系统更好服务纳税人有关事项的公告

国家税务总局公告2021年第15号

为贯彻党中央、国务院决策部署，持续深化“放管服”改革、优化营商环境，积极落实中办、国办印发的《关于进一步深化税收征管改革的意见》，更好服务市场主体，按照在党史学习教育中开展好“我为群众办实事”实践活动的要求，税务总局将金税三期工程系统和出口退税管理系统进行了整合，在金税三期工程系统中开发了出口退税管理模块。本次系统整合工作，坚持为民便民，以优化执法服务、办好惠民实事为导向，大幅简并优化了出口退（免）税申报、报送资料、办税程序、证明开具和分类管理等措施，增加了便捷服务功能。现将有关事项公告如下：

一、取消部分出口退（免）税申报事项

（一）纳税人因申报出口退（免）税的出口报关单、代理出口货物证明、委托出口货物证明、增值税进货凭证没有电子信息或凭证内容与电子信息不符，无法在规定期限内申报出口退（免）税或者开具《代理出口货物证明》的，取消出口退（免）税凭证无相关电子信息申报，停止报送《出口退（免）税凭证无相关电子信息申报表》。待收齐退（免）税凭证及相关电子信息后，即可申报办理退（免）税。

（二）纳税人因未收齐出口退（免）税相关单证，无法在规定期限内申报出口退（免）税或者开具《代理出口货物证明》的，取消出口退（免）税延期申

报，停止报送《出口退（免）税延期申报申请表》及相关举证资料。待收齐退（免）税凭证及相关电子信息后，即可申报办理退（免）税。

二、简化出口退（免）税报送资料

（一）纳税人办理出口退（免）税备案时，停止报送《对外贸易经营者备案登记表》《中华人民共和国外商投资企业批准证书》《中华人民共和国海关报关单位注册登记证书》。

（二）纳税人办理出口退（免）税备案变更时，在《出口退（免）税备案表》中仅需填报变更的内容。该备案表由《国家税务总局关于出口退（免）税申报有关问题的公告》（2018 年第 16 号）发布。

（三）生产企业办理增值税免抵退税申报时，报送简并优化后的《免抵退税申报汇总表》（附件 1）和《生产企业出口货物劳务免抵退税申报明细表》（附件 2），停止报送《免抵退税申报汇总表附表》《免抵退税申报资料情况表》《生产企业出口货物扣除国内免税原材料申请表》；办理消费税退税申报时，报送简并优化后的《生产企业出口非自产货物消费税退税申报表》（附件 3）。

（四）生产企业办理年度进料加工业务核销时，报送简并优化后的《生产企业进料加工业务免抵退税核销表》（附件 4）。企业获取的主管税务机关反馈数据与实际业务不一致的，报送简并优化后的《已核销手册（账册）海关数据调整表》（附件 5）。主管税务机关确认核销后，生产企业应根据《生产企业进料加工业务免抵退税核销表》确认的应调整不得免征和抵扣税额在首次纳税申报时申报调整。

（五）外贸企业以及横琴、平潭（以下简称区内）购买企业办理出口退（免）税申报时，报送简并优化后的《外贸企业出口退税进货明细申报表》（附件 6）和《外贸企业出口退税出口明细申报表》（附件 7），停止报送《外贸企业出口退税汇总申报表》《区内企业退税进货明细申报表》《区内企业退税入区货物明细申报表》《区内企业退税汇总申报表》。

（六）纳税人办理已使用过且未计算抵扣进项税额设备的出口退（免）税申报时，报送简并优化后的《出口已使用过的设备退税申报表》（附件 8），停止报送《出口已使用过的设备折旧情况确认表》。

（七）纳税人办理购买水电气、采购国产设备退税时，报送简并优化后的

《购进自用货物退税申报表》（附件 9），停止报送《购进水电气退税申报表》。

（八）纳税人办理跨境应税行为免抵退税申报时，报送简并优化后的《免抵退税申报汇总表》，停止报送《免抵退税申报汇总表附表》。其中，办理国际运输（港澳台运输）免抵退税申报时，报送简并优化后的《国际运输（港澳台运输）免抵退税申报明细表》（附件 10）；办理其他跨境应税行为免抵退税申报时，报送简并优化后的《跨境应税行为免抵退税申报明细表》（附件 11）和《跨境应税行为收讫营业款明细清单》（附件 12）。

（九）纳税人办理航天运输服务或在轨交付空间飞行器及相关货物免退税申报时，报送简并优化后的《航天发射业务免退税申报明细表》（附件 13）；办理其他跨境应税行为免退税申报时，报送简并优化后的《跨境应税行为免退税申报明细表》（附件 14），停止报送《外贸企业外购应税服务出口明细申报表》《外贸企业出口退税进货明细申报表》《外贸企业出口退税汇总申报表》。

三、优化出口退（免）税办税程序

（一）纳税人办理出口退（免）税申报时，根据现行规定应在申报表中填写业务类型的，按照优化后的《业务类型代码表》（附件 15）填写。

（二）纳税人发现已申报、但尚未经主管税务机关核准的出口退（免）税申报数据有误的，应报送《企业撤回退（免）税申报申请表》（附件 16），主管税务机关未发现存在不予退税情形的，即可撤回该批次（所属期）申报数据。

纳税人自愿放弃已申报、但尚未经主管税务机关核准的出口退（免）税的，应报送《企业撤回退（免）税申报申请表》，主管税务机关未发现存在不予退税情形或者因涉嫌骗取出口退税被税务机关稽查部门立案查处未结案的，即可撤回该笔申报数据。已撤回申报数据涉及的相关单证，不得重新用于办理出口退（免）税申报。

（三）国家计划内出口的免税卷烟，因指定口岸海关职能变化不办理报关出口业务，而由其下属海关办理卷烟报关出口业务的，自海关职能变化之日起，下属海关视为指定口岸海关。从上述下属海关出口的免税卷烟，可按规定办理免税核销手续。

已实施通关一体化的地区，自本地区通关一体化实施之日起，从任意海关报关出口的免税卷烟，均可按规定办理免税核销手续。

四、简化出口退（免）税证明开具

（一）纳税人申请开具《代理出口货物证明》时，报送简并优化后的《代理出口货物证明申请表》（附件 17），停止报送纸质的《委托出口货物证明》。

（二）纳税人发生退运或者需要修改、撤销出口货物报关单时，报送简并优化后的《出口货物已补税 / 未退税证明》（附件 18），停止报送《退运已补税（未退税）证明申请表》。主管税务机关按照下列规定在《出口货物已补税 / 未退税证明》上填写核实结果并反馈纳税人。

1. 出口货物未申报出口退（免）税的，核实结果填写“未退税”。

2. 已申报但尚未办理退（免）税的出口货物，适用免抵退税方式的，待纳税人撤销免抵退税申报后，或者向纳税人出具《税务事项通知书》，要求其在本月或次月申报免抵退税时以负数冲减原申报数据后，核实结果分别填写“未退税”“已补税”；适用免退税方式的，待纳税人撤销出口退（免）税申报后，核实结果填写“未退税”。

3. 已办理退（免）税的出口货物，适用免抵退税方式的，待向纳税人出具《税务事项通知书》，要求其在本月或次月申报免抵退税时以负数冲减原申报数据后，核实结果填写“已补税”；适用免退税方式的，待纳税人补缴已退税款后，核实结果填写“已补税”。

纳税人委托出口货物发生退运或者需要修改、撤销出口货物报关单时，应由委托方向主管税务机关申请开具《出口货物已补税 / 未退税证明》转交受托方，受托方凭该证明向主管税务机关申请开具《出口货物已补税 / 未退税证明》。

纳税人未按规定负数冲减原免抵退税申报数据的，在冲减数据前不得再次申报退（免）税。

（三）纳税人需要作废出口退（免）税相关证明的，应向主管税务机关提出申请，并交回原出具的纸质证明。

五、完善出口退（免）税分类管理

（一）将《出口退（免）税企业分类管理办法》（国家税务总局公告 2016 年第 46 号发布，2018 年第 31 号修改）第六条中“评定时纳税信用级别为 C 级，或尚未评价纳税信用级别”调整为“评定时纳税信用级别为C级、M级或尚未评价纳税信用级别”。

（二）年度评定结果于评定完成后的次月1日起生效，动态调整和复评于评定完成后的次日起生效。新的管理类别生效前，已申报的出口退（免）税，仍按原类别办理。

（三）《出口退（免）税企业分类管理办法》中的“外贸综合服务业务”，应符合《国家税务总局关于调整完善外贸综合服务企业办理出口货物退（免）税有关事项的公告》（2017年第35号）中关于代办退税业务的规定。

六、增加出口退（免）税便捷服务

（一）为便于纳税人申报办理出口退（免）税事项，本次系统整合提供了电子税务局、标准版国际贸易“单一窗口”、出口退税离线申报工具三种免费申报渠道，供纳税人选用。

（二）为便于纳税人办理下列出口退（免）税事项，上述三种免费申报渠道中增加了便捷服务功能，纳税人可通过上述申报渠道，提出相关申请。

1. 出口退（免）税备案撤回；

2. 已办结退税的出口货物免退税申报，发现申报数据有误而作申报调整；

3. 将申请出口退税的增值税专用发票、海关进口增值税专用缴款书用途改为申报抵扣；

4. 出口退（免）税相关证明作废；

5. 进料加工计划分配率调整。

七、本公告未明确的其他出口退（免）税事项，按照现行出口退（免）税相关规定执行。

八、施行时间

本公告自发布之日起施行；其中，江苏省、广西壮族自治区、海南省、四川省、贵州省、云南省、西藏自治区自本地区金税三期工程系统出口退税管理模块上线之日起施行。《废止的文件条款目录》（附件 19）中列明的条款相应停止施行。

特此公告。

附件：

1. 免抵退税申报汇总表（略）。
2. 生产企业出口货物劳务免抵退税申报明细表（略）。
3. 生产企业出口非自产货物消费税退税申报表（略）。
4. 生产企业进料加工业务免抵退税核销表（略）。
5. 已核销手册（账册）海关数据调整表（略）。
6. 外贸企业出口退税进货明细申报表（略）。
7. 外贸企业出口退税出口明细申报表（略）。
8. 出口已使用过的设备退税申报表（略）。
9. 购进自用货物退税申报表（略）。
10. 国际运输（港澳台运输）免抵退税申报明细表（略）。
11. 跨境应税行为免抵退税申报明细表（略）。
12. 跨境应税行为收讫营业款明细清单（略）。
13. 航天发射业务免退税申报明细表（略）。
14. 跨境应税行为免退税申报明细表（略）。
15. 业务类型代码表（略）。
16. 企业撤回退（免）税申报申请表（略）。
17. 代理出口货物证明申请表（略）。
18. 出口货物已补税未退税证明（略）。
19. 废止的文件条款目录（略）。

国家税务总局

2021 年 6 月 3 日

第四部分

征收管理业务知识和能力升级模拟练习

征收管理业务知识和能力升级模拟练习一

一、单项选择题（本类题共 40 题，计 40 分，每题 1 分。）

1. 纳税人受托对垃圾废弃物进行专业化处理，专业化处理后产生货物，且货物归属委托方的，下列关于受托方的说法正确的是（　）。

A. 受托方属于提供“加工劳务”，其收取的处理费用适用 13% 的增值税税率

B. 受托方属于提供“专业技术服务”，其收取的处理费用适用 13% 的增值税税率

C. 受托方属于提供“加工劳务”，其收取的处理费用适用 6% 的增值税税率

D. 受托方属于提供“专业技术服务”，其收取的处理费用适用 6% 的增值税税率

2. A 公司投资 B 公司股权初始投资成本为 20 元 / 股，后续 B 公司首次公开发行股票并上市，A 公司在持有 B 公司限售股解禁后卖出价为 40 元 / 股。如果上市发行价为 10 元 / 股，A 公司转让 B 公司限售股增值税的计算方式是（　）。

A. 按照卖出价减发行价的余额 30 元 / 股计算缴纳增值税

B. 按照卖出价 40 元 / 股计算缴纳增值税

C. 按照卖出价减实际成本价的余额 20 元 / 股计算缴纳增值税

D. 按照发行价 10 元 / 股计算缴纳增值税

3. 甲企业（小规模纳税人）2021 年 5 月销售一台旧车，应纳增值税适用的征收率是（　）。

A. 0.5%　　　B. 1%　　　C. 2%　　　D. 3%

4. 由于发生了以下情形，企业 2020 年度纳税信用评价从 90 分起评的是（　）。

A. 近 3 年内接受过税务机关组织的大企业税务审计

B. 近 3 年内接受过税务机关组织的反避税调查

C. 近 3 年内无非经常性指标信息，只接受过社会统计调查

D. 近 3 年内接受过税务机关组织的税务稽查

5. 2020 年纳税人对于因年度指标得分不满 40 分被评为 D 级，则 2021 年度评价时，下列说法正确的是（　）。

A. 直接判定为 B 级　　B. 在 2021 年评价时加扣 11 分

C. 直接判定为 C 级　　D. 直接判定为 D 级

6. 下列涉税事项中，适用“首违不罚”的事项是（　）。

A. 纳税人首次利用少申报收入方式少缴纳税款

B. 纳税人首次骗取出口退税

C. 纳税人首次虚开发票

D. 委托代征单位首次未按照规定开具税收票证

7. 下列税务机关首次发现的纳税人行为，不适用“首违不罚”的是（　）

A. 纳税人逾期纳税申报，在税务机关责令期内申报的

B. 纳税人逾期未缴纳税款，税务机关责令限期缴纳逾期仍未缴纳的

C. 纳税人接受白条并作为入账凭证且没有违法所得的

D. 纳税人未按照有关规定缴销发票且没有违法所得的

8. 2021 年 1 月 20 日，国务院总理李克强在主持召开的国务院常务会议强调，为了减轻企业负 担，巩固经济稳定恢复，需要科学制定裁量基准，将在税务执法领域研究推广的制度是（　）。

A. 首票服务制　　B. 首问责任制

C. “首违不罚”清单制　　D. 服务承诺制

9. 开通机动车发票开具模块的销售方不包括（　）。

A. 机动车生产企业　　B. 机动车授权经销企业

C. 二手车经销企业　　D. 其他机动车贸易商

10. 2021 年 5 月，张先生在汽车 4S 店购买一台新车，取得 4S 店开具的机动车销售统一发票。由于工作人员的疏忽将张先生的身份证号码录入错误，一直到张先生在办理车辆注册登记时才发现开票有误，此时已经缴纳了车辆购置税，则张先生退回 4S 店换票的发票联次除注册登记联外，还应包括（　）。

A. 报税联　　B. 发票联　　C. 抵扣联　　D. 存根联

11. 关于机动车销售统一发票的开具，下列说法正确的是（　）。

A. 销售方销售机动车，只能开具机动车销售统一发票，不能开具其他类型发票

B. 机动车销售统一发票打印内容出现压线或者出格的，若内容清晰完整，无须退还重新开具

C. 销售方销售机动车开具增值税专用发票后发生销售折让的，红字增值税专用发票的“规格型号”栏应填写机动车车辆识别代号 / 车架号

D. 一张机动车销售统一发票可以填写多辆机动车的车辆识别代号 / 车架号

12. 关于房地产开发企业销售自行开发的房地产项目的增值税计税方法，下列表述错误的是（　）。

A. 增值税一般纳税人销售自行开发的房地产新项目，适用一般计税方法计税

B. 增值税一般纳税人销售自行开发的房地产老项目，可以选择适用简易计税方法按照 3% 的征收率计税

C. 增值税小规模纳税人销售自行开发的房地产项目，按照 5% 的征收率计税

D. 采取预收款方式销售自行开发的房地产项目，在收到预收款时按照 3% 的预征率预缴增值税

13. 某县税务局在对某企业增值税涉税风险疑点进行排查时，发现企业涉嫌骗取出口退税、虚开增值税专用发票等增值税重大税收违法行为，决定终止为其办理留抵退税。税务机关向纳税人出具终止办理留抵退税的《税务事项通知书》的期限是（　）。

A. 自作出终止办理留抵退税决定之日起 15 个工作日内

B. 自作出终止办理留抵退税决定之日起 10 个工作日内

C. 自作出终止办理留抵退税决定之日起 7 个工作日内

D. 自作出终止办理留抵退税决定之日起 5 个工作日内

14. 纳税人的下列增值税业务中，表述正确的是（　）。

A. 提供建筑服务适用一般计税方法的，可扣除支付的分包款

B. 提供融资租赁服务，可扣除对外支付的借款利息、本金

C. 提供旅游服务，可扣除向旅游服务购买方收取并支付给其他单位的住宿费

D. 销售其开发的房地产老项目选择适用简易计税方法计税，可扣除支付的土地价款

15. 创业投资企业采取股权投资方式投资于未上市的中小高新技术企业 2 年以上的，可以按照其投资额的固定比例在股权持有满 2 年的当年抵扣该创业投资企业的应纳税所得额；当年不足抵扣的，可以在以后纳税年度结转抵扣。该固定比例是（　）。

A.50%　　B.60%　　C.70%　　D.80%

16. 汇算清缴期结束后，税务机关发现企业应当取得而未取得发票、其他外部凭证或者取得不合规发票、不合规其他外部凭证并且告知企业的，企业补开、换开符合规定的发票、其他外部凭证的期限为（　）。

A. 应当自被告知之日起 30 日内

B. 应当自被告知之日起 60 日内

C. 应当自被告知之日起 90 日内

D. 应当自被告知之日起 180 日内

17. 某市一家小型商贸公司，属于按季申报的增值税小规模纳税人。2021 年 1 季度销售货物共取得不含增值税销售额 200 万元，假设未开具增值税专用发票，该公司应该缴纳增值税为（　）万元。

A.0　　B.2　　C.4　　D.6

18. 下列房地产交易行为中，无须申报缴纳土地增值税的是（　）。

A. 房地产开发公司销售其开发的住宅

B. 房地产开发公司出租其开发的商铺

C. 个人转让购买的商铺

D. 工业企业销售其闲置的厂房

19. 甲公司用闲置厂房置换乙公司的一块宗地，厂房和土地经市场评估后，甲公司支付乙公司不含差价 100 万元，当地契税适用税率为 3%。下列有关契税处理正确的是（　）。

A. 甲乙两公司都应缴纳契税

B. 甲应纳税 3 万元，乙不需纳税

C. 乙应纳税 3 万元，甲不需纳税

D. 甲乙两公司都无须缴纳契税

20. 需要办理登记的车船，纳税人自行申报缴纳车船税的，车船税的纳税地点是（　）。

A. 车船使用地的主管税务机关所在地

B. 车船登记地的主管税务机关所在地

C. 纳税人住所所在地的主管税务机关所在地

D. 车船购买地的主管税务机关所在地

21. 纳税人既有应退税款又有欠缴税款的，税务机关的下列处理正确的是（　）。

A. 将应退税款和利息先抵扣欠缴税款

B. 纳税人不同意抵顶欠税的，税务机关不得将应退还的多缴税款抵顶欠税

C. 将抵扣欠税后的余额用于留抵纳税人的下期应纳税额

D. 应退税款必须退还纳税人，对欠缴税款发催缴通知书

22. 经人民防空主管部门批准需缴纳防空地下室易地建设费的，建设单位在办理（　）前，应当先缴纳防空地下室易地建设费。

A. 建设用地规划许可证　　B. 国有土地使用证

C. 建筑工程施工许可证　　D. 建设工程规划许可证

23. 以下不属于重点税源报表内容的是（　）。

A. 企业基本信息　　B. 产品信息

C. 各税种收入信息　　D. 经营的预测信息

24. 受疫情影响生产经营严重困难的企业，可申请缓缴社会保险费，缓缴期限最长不超过（　）。

A. 3 个月　　B. 6 个月

C. 1 年　　D. 3 年

25. 税务机关是选择纳税评估还是税务稽查作为风险应对策略，主要依据的是（　）。

A. 纳税人的风险等级　　B. 纳税人的行业类别

C. 纳税人的经营规模　　D. 纳税人的成立时间

26.2020 年 11 月某市某报刊登的一条财经新闻——《AN 证券公司 80% 股权挂牌转让》被编入当期《涉税消息》，某市税务局风险管理人员通过对一条涉税信息的比对核查，及时发现某金融企业发生大额股权转让交易，税务机关一次性催缴企业所得税 18 亿元。风险管理人员这一做法运用的信息属于（　）。

A. 宏观经济信息　　B. 第三方涉税信息

C. 企业财务信息　　D. 生产经营信息

27. 在多国税收抵免条件下，跨国纳税人所在国政府对其全部外国来源所得，不分国别汇总在一起，统一计算一个抵免限额的是（　）。

A. 分项抵免限额　　B. 综合抵免限额

C. 分国抵免限额　　D. 税收饶让

28. 按照国际惯例，在大企业认定时，为避免一刀切带来的管理不便，大企业认定标准多采用（　）。

A. 单一标准　　B. 共性标准

C. 复合标准　　D. 分级标准

29. 下列情形应该退还教育费附加的是（　）。

A. 先征后返增值税　　B. 因减免消费税而发生退税的

C. 出口产品退还消费税　　D. 先征后退增值税

30. 下列不属于税收票证的是（　）。

A. 税收缴款书　　B. 税收收入退还书

C. 税收完税证明　　D. 增值税专用发票

31. 外籍个人艾伦来华任职，2019 年 3 月 1 日 6 时入境，2019 年 4 月 25 日 18 时离境，该外籍个人境内居住天数为（　）天。

A.53　　B.54

C.55　　D.56

32. 居民个人取得的下列所得应并入当年综合所得，计算缴纳个人所得税的是（　）。

A. 证券经纪人佣金收入

B. 提前退休的一次性补偿收入

C. 个人与用人单位解除劳动关系取得一次性补偿收入

D. 单位按低于购置或建造成本价格出售住房给职工，职工因此而少支出的差价部分

33. 刘某于 2019 年 5 月在某省境内购买一栋精装修别墅，作为家庭唯一住房，成交价格 950 万元，另按照与房地产开发公司的合同约定支付别墅装修费用 150 万元。已知，当地契税税率为 3%，则刘某应缴纳契税（　）万元。

A.16.5　　B.22

C.33　　D.15.5

34. 每一排放口或者没有排放口的应税第一类水污染物，按照污染当量数从大到小排序，征收环境保护税的污染物项目是（　）。

A. 第一项　　B. 前二项

C. 前三项　　D. 前五项

35. 下列关于在 2021 年实施的企业社会保险缴费政策的说法，错误的是（　）。

A. 实施阶段性降低失业保险、工伤保险费率政策

B. 各项社会保险缴费按相关规定正常征收

C. 不再实施阶段性减免和缓缴企业养老保险、失业保险、工伤保险费政策

D. 继续实施阶段性减免企业社保费政策

36. 根据《企业所得税法》及其相关规定，下列表述正确的是（　）。

A. 企业应纳税所得额的计算以收付实现制为原则

B. 我国企业所得税管辖权选择居民管辖权

C. 企业所得税纳税人分为居民企业和非居民企业

D. 自然灾害损失有赔偿的部分，可以税前扣除

37. 企业综合利用资源，生产符合国家和行业相关标准的产品所取得的收入，可以在计算企业所得税应纳税所得额时，减按一定比例计入收入总额。此处的“一定比例”是（　）。

A.10%　　B.50%

C.70%　　D.90%

38. 下列各项支出中，不属于个人所得税专项附加扣除的是（　）。

A. 继续教育支出　　B. 赡养老人支出

C. 首套住房贷款利息支出　　D. 商业养老保险支出

39. 个人因改善居住条件而转让原自用住房，下列税务处理符合现行税收政策的是（　）。

A. 居住未满 3 年，按法规计征土地增值税

B. 居住满 3 年未满 5 年的，减半征收土地增值税

C. 居住满 5 年或 5 年以上的，免予征收土地增值税

D. 不论居住时间的长短，一律暂免征收土地增值税

40. 税收风险可按照不同的分类标准进行分类，其中将税收风险分为一般税收风险和重大税收风险的分类标准是（　）。

A. 风险来源　　B. 风险可测程度

C. 风险等级评定　　D. 风险成因

二、多项选择题（本类题共25题，计25分，每题1分。）

41. 深化税收征管改革的工作原则，除坚持党的全面领导以外，还包括（　）。

A. 坚持依法治税　　B. 坚持为民便民

C. 坚持问题导向　　D. 坚持改革创新、坚持系统观念

42. 根据《网络直播营销管理办法（试行）》，国家网信部门和国务院公安、商务、文化和旅游、税务、市场监督管理、广播电视等有关主管部门需要共同建立健全的工作机制包括（　）。

A. 线索移交　　B. 信息共享

C. 会商研判　　D. 教育培训

43. 下列税务机关首次发现的纳税人行为，适用“首违不罚”的事项有（　）。

A. 纳税人丢失账簿和记账凭证

B. 纳税人违规以收取手续费方式替人代开发票

C. 纳税人未按规定将其全部银行账号向税务机关报送

D. 纳税人未按规定向主管税务机关报送开具发票的数据且没有违法所得

44.《国家税务总局关于纳税信用管理有关事项的公告》（国家税务总局公告2020年第15号）中推出四项优化纳税信用管理的措施，新措施的具体内容可以概括为（　）。

A. 增加非独立核算分支机构自愿参与纳税信用评价

B. 增加纳税信用评价前指标复核机制，满足纳税人合理需求

C. 调整纳税信用起评分的适用规则

D. 调整D级评价保留2年的措施，适当放宽有关标准

45. 二手车车商甲是一般纳税人，其经营模式是先收购二手车，之后再转卖给其他消费者，以赚取中间的零售差价。如果购买方乙公司是一般纳税人，则下列关于甲开具发票的说法中正确的有（　）。

A. 甲应当向乙开具一张二手车销售统一发票

B. 如果乙索取增值税专用发票，甲可以向乙开具一张征收率为 0.5% 的增值税专用发票

C. 甲只能开具一张二手车销售统一发票，不得开具其他发票

D. 如果甲已开具一张二手车销售统一发票，为乙再开具一张增值税专用发票，只需要缴纳一次税

46. 如果税务机关政府信息公开申请内容不符合规定要求，申请人须进行补正，下列有关补正要求的说法错误的有（　）。

A. 补正原则上不超过一次

B. 补正期限一般不超过 10 个工作日

C. 应当在收到申请之日起 7 个工作日内一次性告知申请人补正事项

D. 申请人补正后仍无法明确申请内容的，税务机关不再受理

47. 甲企业 2019 年 1 月购置一辆国产小汽车自用，缴纳车辆购置税 10 万元，2020 年 7 月该小汽车因质量不合格退回生产企业，下列有关车辆购置税的处理，正确的有（　）。

A. 甲企业可以到主管税务机关申请退还车辆购置税

B. 甲企业申请办理退税手续时，应提供生产企业开具的退车证明和退车发票

C. 甲企业应申请退还车辆购置税 10 万元

D. 甲企业应申请退还车辆购置税 9 万元

48. 下列项目中，计算消费税时不可扣除外购应税消费品的已纳消费税税额的有（　）。

A. 为生产高档化妆品而领用的外购已税高档香水精

B. 为生产金银镶嵌首饰而领用的外购已税珠宝玉石

C. 为生产实木地板而领用的外购已税实木地板

D. 为生产白酒而领用的外购已税白酒

49. 某居民个人在北京工作，按规定不得享受住房租金专项附加扣除的有（　）。

A. 纳税人本人名下拥有北京市区住房

B. 纳税人配偶名下拥有北京市远郊区住房

C. 纳税人父母名下拥有北京市区住房

D. 纳税人配偶已申请享受住房贷款利息扣除

50. 按照企业所得税最新政策规定，2021 年度所得税汇算清缴时下列处理错误的有（　）。

A. 企业将自产产品捐赠过程中发生的运费 1 万元（公益性社会组织将其开具了公益捐赠票据）作为公益性捐赠支出按照规定在税前做了扣除处理

B. 企业 2018 年度（核定征税）投入使用的设备，2021 年度改为查账征税后，按照税法规定的折旧年限 10 年，就剩余年限继续计提折旧额并在税前扣除

C. 企业购买了价值 100 万元的文物收藏，并作为投资资产进行了税务处理，按税法规定条件计提的折旧费用在企业所得税前做了扣除处理

D. 企业按照市场价格销售货物，取得了由政府财政部门根据企业 3 年来销售货物金额的 1% 支付的资金，全部确认企业所得税收入

51. 转让旧房地产及建筑物的扣除项目包括（　）。

A. 旧房及建筑物的评估价格
B. 旧房及建筑物的重置成本价
C. 支付的评估费用
D. 转让环节缴纳的税款

52. 按现行政策规定，下列业务免征印花税的有（　）。

A. 对小型、微型企业同金融机构签订的借款合同
B. 对个人销售首次购买的普通住房签订的产权转移书据
C. 企业、个人出租门店、柜台等签订的合同
D. 无息、贴息贷款合同

53. 下列情形应使用《税务事项通知书》的有（　）。

A. 税务机关在通知纳税人缴纳税款
B. 税务机关要求纳税人提供涉税资料
C. 税务机关责令纳税人改正错误
D. 税务机关在通知纳税人缴纳滞纳金

54. 木木科技公司，于 2019 年 12 月 20 日设立，设立当期按行政许可程序办理的涉税事项有（　）。

A. 印制公章

B. 申领印有企业名称的增值税普通发票

C. 申请增值税专用发票最高开票限额

D. 申请核定定额征收方式缴纳企业所得税

55. 在下列各项中，属于信息加工手段的有（　）。

A. 数据清洗　　B. 数据转换

C. 数据汇总　　D. 数据字典

56. 运用“一户式”纳税人运用相关的财务报表数据对某企业开展风险分析，企业连续几个会计年度的流动比率分别为 58%、46%、37%、35%、26%，对这一组财务指标进行动态涉税风险分析识别时，风险指向企业可能存在（　　）

A. 企业资金链条连续性较差　　B. 偿债能力强

C. 存在账外经营的风险　　D. 存在关联交易的风险

57. 下列属于组织税收收入基本原则的有（　）。

A. 依法征税　　B. 应收尽收

C. 应退即退　　D. 坚决不收“过头税”

58. 境外中资企业居民身份认定，采用的形式有（　）。

A. 企业自行判定提请税务机关认定

B. 税务机关调查发现予以认定

C. 企业自行判定到税务机关备案

D. 企业自行判定

59. 经过复议的案件，在税务行政诉讼中由（　）。

A. 最初作出行政行为的行政机关所在地人民法院管辖

B. 复议机关所在地人民法院管辖

C. 原告住所地人民法院管辖

D. 原告主管税务机关所在地人民法院管辖

60. 下列专项工作方案中，属于“1+1+5”工作机制中“5”的有（ ）。

A. 绩效　　B. 内控　　C. 督导　　D. 纪律监督

61. 房地产开发企业发生的下列支出，计算土地增值税增值额时应计入“开发成本——开发间接费用”的有（ ）。

A. 人防工程易地建设费

B. 房地产公司免费为业主办过户手续产生费用

C. 周转房摊销

D. 项目工程部办公租金

62. 根据现行企业所得税政策，下列行业不适用研发费用税前加计扣除政策的有（ ）。

A. 烟草制造业　　B. 住宿和餐饮业

C. 批发和零售业　　D. 酒类制造业

63. 列入非税收入通用申报表的有（ ）。

A. 国家重大水利工程建设基金　　B. 农网还贷资金

C. 文化事业建设费　　D. 残疾人就业保障金

64. 关于房屋附属设施的契税处理，下列说法正确的有（ ）。

A. 对于承受与房屋相关的附属设施所有权或土地使用权的行为，按照契税规定征收契税

B. 对于不涉及土地使用权和房屋所有权转移变动的，附属设施所有权或土地使用权的行为，也应征收契税。

C. 采取分期付款方式购买房屋附属设施土地使用权、房屋所有权的，应按合同规定的总价款计征契税

D. 承受的房屋附属设施权属单独计价的，按照适用税率征收契税

65. 下列避免国际重复征税的消除方法中，使用得最多的方法包括（ ）。

A. 扣除法　　B. 免税法　　C. 抵免法　　D. 低税法

三、判断题（本类题共30题，计15分，每题0.5分。）

66. 烟草企业实际发生的，不超过当年销售收入 15% 的广告费和业务宣传费，准予在计算应纳税所得额时扣除。（　）

67. 电子专票属于增值税专用发票，其法律效力、基本用途、基本使用规定等与增值税纸质专用发票相同。（　）

68. 税务机关按照电子专票和纸质专票的合计数，为纳税人核定增值税专用发票领用数量。（　）

69. 因为运输企业用于申报船舶退税的增值税发票不得用于进项税额抵扣，所以运输企业购进船舶申报退税只需取得增值税普通发票。（　）

70. 自 2019 年 8 月 20 日起，金融机构向小型企业、微型企业和个体工商户发放 1 年期以上（不含 1 年）至 5 年期以下（不含 5 年）小额贷款取得的利息收入适用免征增值税政策，增加了“5 年期以上贷款市场报价利率”这一选择标准。（　）

71. 土地所有者依法征收土地，并向土地使用者支付土地及其相关有形动产、不动产补偿费的行为，可以按规定享受增值税免税政策。（　）

72. 纳税人以自采原矿洗选加工为选矿产品销售，按照选矿产品计征资源税，在原矿移送环节不缴纳资源税。（　）

73. 在简并的财产和行为税纳税申报中，对于一次性税源，纳税人应当在发生纳税义务后立即填写税源明细表，不可以在申报时填报所有税源信息。（　）

74. 甲公司将生产出的排量为 1.5 升的小汽车 1 辆，用于本公司管理部门办公使用，该车不含税售价为 15 万元，甲公司申报缴纳车辆购置税的不含税价格为 12 万元，甲公司应缴纳车辆购置税为 1.2 万元。（　）

75. 卷烟在批发、零售环节征收消费税，采用从价定率和从量定额相结合的复合计税方式。（　）

76. 单位和灵活就业人员未按期缴纳社会保险的，税务机关应责令其限期缴纳，缴费人限期未改正的，税务机关可依法采取强制执行措施。（　）

77. 某住宅小区开发可售住宅面积 50000 平方米，项目配套有会所 2000 平方米和派出所用房 1000 平方米。项目完工后派出所无偿移交给公安机关，会所对外出售。总开发成本 20000 万元。土地增值税清算时该项目住宅可扣除的开发成本是 19231 万元。（　）

78. 个人独资企业的个人投资者以企业资金为其家庭成员支付与企业生产经

营无关的消费性支出，视为企业对个人投资者利润分配，应按“股息、红利所得”税目计征个人所得税。（　）

79. 房地产开发企业将开发的部分房地产转为企业自用或用于出租等商业用途时，应征收土地增值税。（　）

80. 自 2020 年 1 月 1 日至 2022 年 12 月 31 日，对物流企业自有或承租的大宗商品仓储设施用地，免征城镇土地使用税。（　）

81. 纳税人应纳的资源税，应当向应税产品的开采或者生产所在地主管税务机关缴纳。（　）

82. 某公司获准占用耕地建造厂房，应当在收到自然资源主管部门办理耕地手续的书面通知之日起 30 日内缴纳耕地占用税。（　）

83. 税务部门征收国有土地使用权出让收入应当使用省级财政部门统一监（印）制的非税收入票据，按照税务部门全国统一信息化方式规范管理。（　）

84. 扣缴义务人因有特殊困难，不能按期缴纳税款的，经省、自治区、直辖市税务局批准，可以延期缴纳税款，但是最长不得超过 3 个月。（　）

85. 海丰进出口公司纳税信用级别为 D 级，出口企业管理类别应评定为四类。（　）

86. 对纳税人、扣缴义务人、纳税担保人应缴纳的欠税及滞纳金，可以先行缴纳欠税，再依法缴纳滞纳金。（　）

87. 对各级税务局的稽查局的具体行政行为不服的，向其所属税务局的上一级税务局申请行政复议。（　）

88. 税务机关在作出执法决定前，要调阅相关记录资料，对执法行为的合法性、规范性等进行审核。（　）

89. 增值税一般纳税人购进的农产品用于生产或委托加工 13% 税率货物的，在生产领用环节可加计抵扣进项税额的比例是 2%。（　）

90. 企业从关联方接受的债权性投资与权益性投资的比例超过规定标准而发生的利息支出，不得在计算企业所得税应纳税所得额时扣除。（　）

91. 新加坡居民 JACK（20 周岁），2020 年 8 月 10 日从新加坡飞往海口，然后在海口美兰机场转机飞往南京，转机期间在机场免税店购买化妆品 5 件，金额 8500 元。JACK 可享受离岛免税政策。（　）

92. 对城镇范围内融资租赁的房产由出租人自融资租赁合同约定开始日的次月起依照房产租金按规定比例计算缴纳房产税。（　）

93. 在判断是否对非居民企业通过常设机构取得的经营所得征税时，实际所

得原则要求仅对非居民企业通过常设机构取得的经营所得征税。（　）

94. 根据现行大企业风险管理相关规定，在两级税收风险统筹分析中，税务总局制定千户集团税收风险分析战略规划和年度工作计划；省税务局参照制定本省确定的千户集团税收风险分析工作计划。（　）

95. 某工业企业为重点税源户，主要生产甲乙两种产品，其中甲产品占该企业全部销售额的 90% 以上，此时在重点税源补充信息采集《产品表》中只填列甲产品的相关信息。（　）

四、实务题（本类题共 2 题，计 20 分，每小题 2 分。）

（一）

某汽车生产企业，增值税一般纳税人，企业所得税实行查账征收，纳税信用 A 级。2020 年 1 月在政府的扶持下，迅速转产防疫物资。该企业已列入省发改委公布的疫情防控重点保障物资生产企业名单。2021 年 3 月发生下列业务：

（1）购进生产防护服专用设备，取得增值税专用发票，注明金额 550 万元、税额 71.5 万元。

（2）将自产的一批医用防护服捐赠给当地承担新型冠状病毒感染的肺炎疫情防治任务的某医院，该批防护服不含税市场价 330 万元。

（3）销售医用防护服，取得不含税收入 800 万元。

（4）将自产小轿车 1 辆用于管理部门，该轿车市场含税售价 70 万元 / 辆。

（5）当月发生的水、电费，取得增值税专用发票，注明税额合计 18 万元。

（6）2021 年 3 月 28 日，接到主管税务机关送达的《税务事项通知书》。经告知，该公司其取得的发票号码为 01901493、01901495 增值税专用发票由开具方主管税务机关列入异常扣税凭证范围，合计进项税额 24 万元，该公司已在 2019 年 9 月的税款所属期申报抵扣。

假设，该公司按规定享受支持抗击疫情系列税收优惠政策；当月取得的增值税抵扣凭证均通过增值税发票综合服务平台勾选用于抵扣；该公司认定接受的异常抵扣凭证对应的经营业务真实。

根据上述资料，回答下列问题（计算结果保留两位小数）：

96. 下列关于购进生产防护服专用设备，企业所得税处理正确的是（　）。

A. 设备的价款与税金的10%可从当期应纳税额中抵减

B. 设备价款大于500万元，不得在企业所得税税前一次性扣除

C. 设备价款和税金可在企业所得税前一次性扣除

D. 设备价款可在企业所得税税前一次性扣除

97. 该企业将自产医用防护服捐赠给定点收治医院，税务处理正确的是（　）。

A. 视同销售，计提销项税额

B. 免征增值税

C. 直接捐赠不得税前扣除

D. 相关支出可按当年会计利润的12%在企业所得税税前扣除

98. 【多项选择题】关于自产轿车用于管理部门，税务处理正确的有（　）。

A. 应申报缴纳消费税

B. 应计提增值税销项税额

C. 应确认企业所得税视同销售收入

D. 需申报缴纳车辆购置税

99. 【多项选择题】该公司认定接受的异常抵扣凭证对应经营业务真实，接到主管税务机关《税务事项告知书》，正确的处理有（　）。

A. 当月转出进项税额24万元

B. 更正2019年9月税款所属期的增值税申报申请

C. 暂不做进项税额转出，自收到《税务事项通知书》之日起10个工作日内向主管税务机关提出核实

D. 向主管税务机关提供证明异常凭证对应经营业务真实性的相关资料

100. 该公司2021年3月应纳增值税税额（　）万元。

A.14.5　　B.23.6　　C.19.76　　D.43.76

（二）

某电子设备制造有限公司成立于2015年8月，从事电子设备的生产销售，是增值税一般纳税人，企业所得税征收方式为查账征收，未享受增值税、企业所

得税税收优惠。2021 年 7 月主管税务机关根据风险识别系统的提示和纳税评估的安排，将该纳税人列入增值税、企业所得税纳税评估对象。

该公司 2020 年度部分申报数据：主营业务收入 6800 万元，主营业务成本 5000 万元，管理费用 360 万元，销售费用 280 万元，财务费用 250 万元，存货年初余额 400 万元，存货年末余额 600 万元，固定资产年初原值 3300 万元，固定资产年末原值 3700 万元，全年累计折旧 520 万元，利润总额 860 万元，应纳增值税税额 240 万元，应纳企业所得税税额 220 万元。

请根据以上资料，计算并回答下列问题：

101. 该公司 2020 年增值税税负率为（　）。

A.4.8%　　B.3.53%　　C.3.35%　　D.2.79%

102. 该公司 2020 年企业所得税贡献率为（　）。

A.3.24%　　B.25%　　C.25.58%　　D.44%

103. 该公司 2020 年期间费用率为（　）。

A.5.29%　　B.9.41%　　C.9.68%　　D.13.09%

104. 该公司 2020 年存货周转率为（　）次。

A.12.5　　B.10　　C.8.33　　D.5

105. 该公司 2020 年固定资产综合折旧率为（　）。

A.7.43%　　B.14.05%　　C.14.86%　　D.15.76%

征收管理业务知识和能力升级模拟练习一
参考答案

一、单项选择题（本类题共40题，计40分，每题1分。）

1.【参考答案】A

【答案解析】《国家税务总局关于明确二手车经销等若干增值税征管问题的公告》（国家税务总局公告 2020 年第 9 号）第二条第（二）项规定，专业化处理后产生货物，且货物归属委托方的，受托方属于提供“加工劳务”，其收取的处理费用适用 13% 的增值税税率。

2.【参考答案】C

【答案解析】《财政部　国家税务总局关于全面推开营业税改征增值税试点的通知》(财税〔2016〕36 号)规定，金融商品转让，按照卖出价扣除买入价后的余额为销售额。计算公式：应纳增值税额＝（卖出价－买入价）×6%。根据《国家税务总局关于明确二手车经销等若干增值税征管问题的公告》（国家税务总局公告 2020 年第 9 号）第四条的规定，单位将其持有的限售股在解禁流通后对外转让，按照《国家税务总局关于营改增试点若干征管问题的公告》（国家税务总局公告 2016 年第 53 号）第五条规定确定的买入价，低于该单位取得限售股的实际成本价的，以实际成本价为买入价计算缴纳增值税。

3.【参考答案】A

【答案解析】《财政部　税务总局关于二手车经销有关增值税政策的公告》（财政部　税务总局公告 2020 年第 17 号）规定，自 2020 年 5 月 1 日至 2023 年 12 月 31 日，从事二手车经销的纳税人销售其收购的二手车，由原按照简易办法依3%征收率减按2%征收增值税，改为减按0.5%征收增值税。

4.【参考答案】C

【答案解析】《国家税务总局关于纳税信用管理有关事项的公告》（国家税务总局公告2020年第15号）第二条规定，自开展2020年度评价时起，调整纳税信用评价计分方法中的起评分规则。近3个评价年度内存在非经常性指标信息的，从100分起评；近3个评价年度内没有非经常性指标信息的，从90分起评。根据《国家税务总局关于明确纳税信用管理若干业务口径的公告》（国家税务总局公告2015年第85号）第三条第二款的规定，非经常性指标缺失，是指在评价年度内，税务管理系统中没有纳税评估、大企业税务审计、反避税调查或税务稽查出具的决定（结论）文书的记录。

5.【参考答案】B

【答案解析】《国家税务总局关于纳税信用管理有关事项的公告》（国家税务总局公告2020年第15号）第三条规定，自开展2019年度评价时起，调整税务机关对D级纳税人采取的信用管理措施。对于因评价指标得分评为D级的纳税人，次年由直接保留D级评价调整为评价时加扣11分。

6.【参考答案】D

【答案解析】《国家税务总局关于发布〈税务行政处罚“首违不罚”事项清单〉的公告》（国家税务总局公告2021年第6号）规定，首次发生清单中所列事项且危害后果轻微，在税务机关发现前主动改正或者在税务机关责令限期改正的期限内改正的，不予行政处罚。《税务行政处罚“首违不罚”事项清单》包括扣缴义务人首次未按照《税收票证管理办法》的规定开具税收票证。纳税人首次利用少申报收入方式少缴纳税款、纳税人首次骗取出口退税、纳税人首次虚开发票等情节严重，性质恶劣，不适用“首违不罚”。

7.【参考答案】B

【答案解析】根据《国家税务总局关于发布〈税务行政处罚“首违不罚”事项清单〉的公告》（国家税务总局公告2021年第6号）的规定，“首违不罚”事项清单包括：纳税人未按照《税收征管法》及实施细则等有关规定的期限办理纳税申报和报送纳税资料；纳税人未按照《税收征管法》及实施细则、《发票管理办法》等有关规定取得发票，以其他凭证代替发票使用且没有违法所得；纳税人未按照《税收征管法》及实施细则、《发票管理办法》等有关规定缴销发票且没有违法所得等。

8.【参考答案】C

【答案解析】2021 年 1 月 20 日，国务院总理李克强主持召开国务院常务会议，要求规范交通、税务、应急等领域执法，科学制定裁量基准，对轻微交通违法、一般交通违法初犯偶犯等更多采取警告方式，慎用或不适用罚款，在税务执法领域研究推广“首违不罚”清单制度。

9.【参考答案】C

【答案解析】《国家税务总局　工业和信息化部　公安部关于发布〈机动车发票使用办法〉的公告》（国家税务总局　工业和信息化部　公安部公告 2020 年第 23 号）规定，开通机动车发票开具模块的销售方分为机动车生产企业、机动车授权经销企业、其他机动车贸易商三种类型。

10.【参考答案】B

【答案解析】《国家税务总局　工业和信息化部　公安部关于发布〈机动车发票使用办法〉的公告》（国家税务总局 工业和信息化部　公安部公告 2020 年第 23 号）规定，开具纸质机动车销售统一发票后，如发生销货退回或开具有误的，销售方应开具红字发票，红字发票内容应与原蓝字发票一一对应，如消费者已办理车辆购置税纳税申报的，不需退回报税联。因个人不是一般纳税人，所以抵扣联销售方不会交给张先生。记账联、存根联都由销货单位留存。因此，张先生应退回注册登记联和发票联。

11.【参考答案】B

【答案解析】根据《国家税务总局　工业和信息化部　公安部关于发布〈机动车发票使用办法〉的公告》（国家税务总局　工业和信息化部　公安部公告 2020 年第 23 号）的规定，向消费者销售机动车，销售方应当开具机动车销售统一发票；其他销售机动车行为，销售方应当开具增值税专用发票。机动车销售统一发票打印内容出现压线或者出格的，若内容清晰完整，无须退还重新开具。销售方销售机动车开具增值税专用发票后发生销售折让的，红字增值税专用发票的“规格型号”栏不填写机动车车辆识别代号 / 车架号。一张机动车销售统一发票只能填写一辆机动车的车辆识别代号 / 车架号。

12.【参考答案】B

【答案解析】房地产开发企业中的一般纳税人，销售自行开发的房地产老项目，可以选择适用简易计税方法按照 5% 的征收率计税。

13.【参考答案】D

【答案解析】税务机关对增值税涉税风险疑点进行排查时，发现纳税人涉嫌骗取出口退税、虚开增值税专用发票等增值税重大税收违法行为的，终止为其办理留抵退税，并自作出终止办理留抵退税决定之日起5个工作日内，向纳税人出具终止办理留抵退税的《税务事项通知书》。

14.**【参考答案】**C

【答案解析】建筑服务适用简易计税方法的，以取得的全部价款和价外费用扣除支付的分包款后的余额为销售额；融资租赁服务，以取得的全部价款和价外费用扣除借款利息、发行债券后的利息为销售额；房企一般纳税人销售开发项目（选择简易计税的老项目除外），以取得的全部价款和价外费用，扣除受让土地时向政府部门支付的土地价款后的余额为销售额。

15.**【参考答案】**C

【答案解析】创业投资企业采取股权投资方式投资于未上市的中小高新技术企业2年以上的，可以按照其投资额的70%在股权持有满2年的当年抵扣该创业投资企业的应纳税所得额；当年不足抵扣的，可以在以后纳税年度结转抵扣。

16.**【参考答案】**B

【答案解析】依据是《国家税务总局关于发布〈企业所得税税前扣除凭证管理办法〉的公告》（国家税务总局公告2018年第28号）第十五条规定。

17.**【参考答案】**B

【答案解析】根据《财政部　国家税务总局关于延续实施应对疫情部分税费优惠政策的公告》（财政部　国家税务总局公告2021年第7号）的规定，《财政部　国家税务总局关于支持个体工商户复工复业增值税政策的公告》（财政部　国家税务总局公告2020年第13号）规定的税收优惠政策，执行期限延长至2021年12月31日。该公司2021年可以继续享受小规模纳税人复工复业增值税政策。该公司1季度取得不含税销售额200万元，已经超过季度销售额免征增值税政策的标准，不能享受免征增值税政策，但可以继续减按1%征收率计算缴纳增值税。因此，该公司1季度应该缴纳的增值税为：200×1%=2（万元）。

18.**【参考答案】**B

【答案解析】境内转让国有土地使用权、地上的建筑物及其附着物并取得收入的单位和个人，为土地增值税的纳税人。转让房地产为有偿转让房地产的所有权，出租商铺不属于所有权转让行为，无须申报缴纳土地增值税。

19.**【参考答案】**B

【答案解析】土地使用权交换、房屋交换，契税计税依据为所交换的土地使用权、房屋的价格的差额。支付差价一方为契税的纳税人。

20.【参考答案】B

【答案解析】需要办理登记的车船，纳税人自行申报缴纳车船税的，纳税地点为车船登记地的主管税务机关所在地。

21.【参考答案】A

【答案解析】纳税人既有应退税款又有欠缴税款的，税务机关可以将应退税款和利息先抵扣欠缴税款。

22.【参考答案】D

【答案解析】建设单位在办理建设工程规划许可证前，应当先缴纳防空地下室异地建设费。

23.【参考答案】D

【答案解析】重点税源报表内容为企业基本信息、每月申报的各税种收入信息、财务信息、产品信息以及与生产经营有关的用电量、用工人数、工业增加值等经济信息。

24.【参考答案】B

【答案解析】根据《人力资源社会保障部　财政部　税务总局关于阶段性减免企业社会保险费的通知》（人社部发〔2020〕11号）的规定，受疫情影响生产经营严重困难的企业，可申请缓缴社会保险费，缓缴期限最长不超过6个月，缓缴期间免收滞纳金。

25.【参考答案】A

【答案解析】纳税人的风险等级是税务机关是选择纳税评估还是税务稽查作为应对策略的主要依据。

26.【参考答案】B

【答案解析】依据是《国家税务总局关于加强税收风险管理工作的意见》（税总发〔2014〕105号）。

27.【参考答案】B

【答案解析】综合抵免限额是在多国税收抵免条件下，跨国纳税人所在国政府对其全部外国来源所得，不分国别汇总在一起，统一计算一个抵免限额。

28.【参考答案】C

【答案解析】根据《国外大企业税收概览》，大企业认定标准多采用复合标准。在大企业认定时，多采用复合指标，多维度定义大企业，避免一刀切带来的管理不便。

29.**【参考答案】**B

【答案解析】对于减免增值税、消费税而发生退税的，同时退还已征收的教育费附加。但对于出口产品退还增值税、消费税的，不退还已征的教育费附加。对增值税、消费税实行先征后返、先征后退、即征即退办法的，除另有规定外，对随之附征的教育费附加，一律不予退还。

30.**【参考答案】**D

【答案解析】税收票证包括税收缴款书、税收收入退还书、出口货物劳务专用税收票证、税收完税证明、印花税专用税收票证以及国家税务总局规定的其他税收票证。

31.**【参考答案】**B

【答案解析】根据《财政部　税务总局关于在中国境内无住所的个人居住时间判定标准的公告》（财政部　税务总局公告2019年第34号）的规定，无住所个人一个纳税年度内在中国境内累计居住天数，按照个人在中国境内累计停留的天数计算。在中国境内停留的当天满24小时的，计入中国境内居住天数，在中国境内停留的当天不足24小时的，不计入中国境内居住天数。

32.**【参考答案】**A

【答案解析】根据《财政部　税务总局关于个人所得税法修改后有关优惠政策衔接问题的通知》（财税〔2018〕164号）的规定，B、C、D不并入当年综合所得，单独按规定计算纳税。

33.**【参考答案】**C

【答案解析】房屋买卖的契税计税价格为房屋买卖合同的总价款，买卖装修的房屋，装修费用应包括在内。刘某应缴纳契税＝（950+150）×3%=33（万元）。

34.**【参考答案】**D

【答案解析】每一排放口的应税水污染物，按照《中华人民共和国环境保护税法》所附《应税污染物和当量值表》，区分第一类水污染物和其他类水污染物，按照污染当量数从大到小排序，对第一类水污染物按照前五项征收环境保护税，对其他类水污染物按照前三项征收环境保护税。

35.**【参考答案】**D

【答案解析】根据《人力资源社会保障部办公厅　财政部办公厅　国家税

务总局办公厅关于2021年社会保险缴费有关问题的通知》（人社厅发〔2021〕2号）的规定，从2021年1月1日起，不再实施阶段性减免和缓缴企业养老保险、失业保险、工伤保险费政策，各项社会保险缴费按相关规定正常征收。阶段性降低失业保险、工伤保险费率政策2021年4月底到期后，延续实施1年至2022年4月30日。

36.**【参考答案】**C

【答案解析】企业应纳税所得额的计算，以权责发生制为原则；我国税收管辖权选择地域管辖权和居民管辖权的双重管辖权标准；企业发生的损失，减除责任人赔偿和保险赔款后的余额，依照规定扣除。

37.**【参考答案】**D

【答案解析】企业综合利用资源，生产国家非限制和禁止并符合国家和行业相关标准的产品所取得的收入，在计算应纳税所得额时，减按90%计入收入总额。

38.**【参考答案】**D

【答案解析】《中华人民共和国个人所得税法》第六条规定，专项附加扣除，包括子女教育、继续教育、大病医疗、住房贷款利息或者住房租金、赡养老人等支出。

39.**【参考答案】**D

【答案解析】自2008年11月1日起，对个人销售住房暂免征收土地增值税，选项D正确。

40.**【参考答案】**C

【答案解析】税收风险可按照风险等级评定进行分类，将税收风险分为一般税收风险和重大税收风险。

二、多项选择题（本类题共25题，计25分，每题1分。）

41.**【参考答案】**ABCD

【答案解析】中共中央办公厅、国务院办公厅《关于进一步深化税收征管改革的意见》提出，坚持党的全面领导，确保党中央、国务院决策部署不折不扣落实到位；坚持依法治税，善于运用法治思维和法治方式深化改革，不断优化税务执法方式，着力提升税收法治化水平；坚持为民便民，进一步完善利企便民服务措施，更好满足纳税人缴费人合理需求；坚持问题导向，着力补短板强弱项，切实解决税收征管中的突出问题；坚持改革创新，深化税务领域“放管服”改革，推动税务执法、服务、监管的理念和方式手段等全方位变革；坚持系统观念，统筹推进各项改革措施，整体性集成式提升税收治理效能。

42.**【参考答案】**ABCD

【答案解析】根据《网络直播营销管理办法（试行）》第四条的规定，国家网信部门和国务院公安、商务、文化和旅游、税务、市场监督管理、广播电视等有关主管部门建立健全线索移交、信息共享、会商研判、教育培训等工作机制，依据各自职责做好网络直播营销相关监督管理工作。

43.**【参考答案】**ACD

【答案解析】根据《国家税务总局关于发布〈税务行政处罚“首违不罚”事项清单〉的公告》（国家税务总局公告2021年第6号）的规定，“首违不罚”清单包括：纳税人未按照《税收征管法》及实施细则等有关规定设置、保管账簿或者保管记账凭证和有关资料；纳税人未按照《税收征管法》及实施细则等有关规定将其全部银行账号向税务机关报送；纳税人未按照《税收征管法》及实施细则、《发票管理办法》等有关规定缴销发票且没有违法所得；纳税人使用税控装置开具发票，未按照《税收征管法》及实施细则、《发票管理办法》等有关规定的期限向主管税务机关报送开具发票的数据且没有违法所得；纳税人违规以收取手续费方式替人开发票不适用“首违不罚”是因为收取手续费属于违法所得。

44.**【参考答案】**ABCD

【答案解析】根据《国家税务总局关于纳税信用管理有关事项的公告》（国家税务总局公告2020年第15号）的规定，国家税务总局推出“两增加，两调整”的完善措施，即：增加非独立核算分支机构自愿参与纳税信用评价；增加纳税信用评价前指标复核机制，满足纳税人合理需求；调整纳税信用起评分的适用规则；调整D级评价保留2年的措施，适当放宽有关标准。

45.**【参考答案】**ABD

【答案解析】《二手车流通管理办法》（商务部　公安部　工商行政管理局　国家税务总局令2005年第2号）规定，二手车经销企业销售二手车时，应当向买方开具税务机关监制的统一发票。因二手车销售统一发票不是有效的增值税扣税凭证，为维护购买方纳税人的进项抵扣权益，《国家税务总局关于明确二手车经销等若干增值税征管问题的公告国家税务总局公告》（国家税务总局公告 2020 年第 9 号）规定，从事二手车经销业务的纳税人除按规定开具二手车销售统一发票外，购买方索取增值税专用发票的，纳税人应当为其开具征收率为 0.5% 的增值税专用发票。甲应当向乙开具一张二手车销售统一发票。如果乙索取增值税专用发票，甲应当再开具一张征收率为 0.5% 的增值税专用发票交给乙。发票可以开两张，但税只缴纳一份。

46.【参考答案】BD

【答案解析】根据《税务机关政府信息公开申请办理规范》（税总办发〔2020〕35 号印发）的规定，补正期限一般不超过 15 个工作日。申请人补正后仍无法明确申请内容的，税务机关应当通过与申请人当面或者电话沟通等方式明确其所需获取的政府信息；经沟通，税务机关认为申请内容仍不明确的，可以根据客观事实作出无法提供的决定。

47.【参考答案】ABD

【答案解析】车辆被退回生产企业或者经销商的，纳税人申请退税时，自纳税人办理纳税申报之日起，按已缴税款每满 1 年扣减 10% 计算退税额，未满 1 年的按已缴纳税款全额退税。2018 年 1 月到 2019 年 7 月已经满 1 年了，所以应退税额 =10×（1–1×10%）=9（万元）。

48.【参考答案】BD

【答案解析】选项 B，在零售环节缴纳消费税的金银镶嵌首饰不得扣除外购珠宝玉石的已纳消费税税款；选项 D，酒类产品一般不允许抵扣以前环节已纳的消费税税额（葡萄酒除外）。

49.【参考答案】ABD

【答案解析】根据《专项附加扣除暂行办法》第十七条的规定，纳税人在主要工作城市没有自有住房而发生的住房租金支出。根据《专项附加扣除暂行办法》第二十条的规定，纳税人及其配偶在一个纳税年度内不能同时分别享受住房贷款利息和住房租金专项附加扣除。

50.【参考答案】CD

【试题解析】《国家税务总局关于企业所得税若干政策征管口径问题的公告》（国家税务总局公告 2021 年第 17 号）规定，企业购买的文物、艺术品用于收藏、展示、保值增值的，作为投资资产进行税务处理。文物、艺术品资产在持有期间，计提的折旧、摊销费用，不得税前扣除。企业按照市场价格销售货物、提供劳务服务等，凡由政府财政部门根据企业销售货物、提供劳务服务的数量、金额的一定比例给予全部或部分资金支付的，应当按照权责发生制原则确认收入。

51.**【参考答案】**ACD

【答案解析】转让旧房地产及建筑物的扣除项目包括：取得土地使用权时按国家统一规定缴纳的有关费用；旧房及建筑物的评估价格；支付的评估费用；转让环节缴纳的税款。

52.**【参考答案】**ABD

【答案解析】根据《财政部　税务总局关于支持小微企业融资有关税收政策的通知》（财税〔2017〕77号）、《财政部　税务总局关于延长部分税收优惠政策执行期限的公告》（财政部 税务总局公告2021年第6号）的规定，自2018年1月1日至2023年12月31日，对金融机构与小型企业、微型企业签订的借款合同免征印花税，《财政部　国家税务总局关于调整房地产交易环节税收政策的通知》（财税〔2008〕137号）规定，对个人销售或购买住房暂免征收印花税。《印花税法》第十二条规定，无息或者贴息借款合同免征印花税。

53.**【参考答案】**ABD

【答案解析】税务机关在通知纳税人缴纳税款、滞纳金，要求当事人提供有关资料，办理有关涉税事项时均可使用《税务事项通知书》。

54.**【参考答案】**CD

【答案解析】税务行政许可事项：企业印制发票审批、对纳税人延期缴纳税款核准、对纳税人延期申报核准、对纳税人变更纳税定额的核准、增值税专用发票（增值税税控系统）最高开票限额审批、对采取实际利润额预缴以外的其他企业所得税预缴方式的核定。

55.**【参考答案】**ABCD

【答案解析】信息加工的主要手段包括数据清洗、数据转换、数据匹配、数据汇总、数据归集、数据字典、日常运维等。

56.**【参考答案】**ACD

【答案解析】企业连续几个会计年度的流动比率低于200%，且呈现下降的变动趋势，风险指向企业资金链条连续性较差，偿债能力弱，可能存在账外经营或关联交易的风险点。

57.**【参考答案】**ABD

【答案解析】组织税收收入原则是税收主体在税收征纳的各种行为和全过

程中必须把握的标准和必须遵守的准则。我国现行组织收入原则：依法征税，应收尽收，坚决不收“过头税”，坚决防止和制止越权减免税，坚决落实各项税收优惠政策。

58.【参考答案】AB

【答案解析】境外中资企业居民身份认定，采用企业自行判定提请税务机关认定和税务机关调查发现予以认定两种形式。

59.【参考答案】AB

【答案解析】行政案件由最初作出行政行为的行政机关所在地人民法院管辖。经复议的案件，也可以由复议机关所在地人民法院管辖。

60.【参考答案】ABCD

【答案解析】“1+1+5”工作机制中的“5”包括内控、督导、绩效、特派办以及纪律监督等5个专项方案。

61.【参考答案】CD

【答案解析】选项A属于前期工程费，选项B属于管理费用，选项C、D属于开发间接费用。

62.【参考答案】ABC

【答案解析】根据《财政部　国家税务总局　科技部关于完善研究开发费用税前扣除政策的通知》(财税〔2015〕119号）的规定，不适用税前加计扣除政策的行业有：烟草制造业、住宿和餐饮业、批发和零售业、房地产业、租赁和商务服务业、娱乐业和财政部和国家税务总局规定的其他行业。

63.【参考答案】AB

【答案解析】根据《国家税务总局关于国家重大水利工程建设基金等政府非税收入项目征管职责划转有关事项的公告》(国家税务总局公告2018年第63号）的规定，国家重大水利工程建设基金和农网还贷资金均使用非税收入通用申报表。

64.【参考答案】ACD

【答案解析】对于承受与房屋相关的附属设施所有权或土地使用权的行为，按照契税规定征收契税；对于不涉及土地使用权和房屋所有权转移变动的，不征收契税。采取分期付款方式购买房屋附属设施土地使用权、房屋所有权的，应按合同规定的总价款计征契税。承受的房屋附属设施权属单独计价的，按照适用税率征收契税。

65.【参考答案】BC

【答案解析】避免国际重复征税的消除方法中，使用得最多的方法包括免税法和抵免法。

三、判断题（本类题共30题，计15分，每题0.5分。）

66.【参考答案】×

【答案解析】《财政部 国家税务总局关于广告费和业务宣传费支出税前扣除有关事项的公告》（财政部 国家税务总局公告2020年第43号）第三条规定，烟草企业的烟草广告费和业务宣传费支出，一律不得在计算应纳税所得额时扣除。

67.【参考答案】√

【答案解析】根据《国家税务总局关于在新办纳税人中实行增值税专用发票电子化有关事项的公告》（国家税务总局公告2020年第22号）第二条的规定，电子专票由各省税务局监制，采用电子签名代替发票专用章，属于增值税专用发票，其法律效力、基本用途、基本使用规定等与增值税纸质专用发票相同。

68.【参考答案】√

【答案解析】根据《国家税务总局关于在新办纳税人中实行增值税专用发票电子化有关事项的公告》（国家税务总局公告2020年第22号）第五条的规定，税务机关按照电子专票和纸质专票的合计数，为纳税人核定增值税专用发票领用数量。

69.【参考答案】×

【答案解析】根据《国家税务总局关于发布〈国际运输船舶增值税退税管理办法〉的公告》（国家税务总局公告2020年第18号）第十一条的规定，运输企业购进船舶取得的增值税专用发票，已用于进项税额抵扣的，不得申报船舶退税；已用于船舶退税的，不得用于进项税额抵扣。因此这句话的前半句是正确的，但结论是错误的，运输企业购进船舶申报退税应取得增值税专用发票。

70.【参考答案】√

【答案解析】根据《财政部 国家税务总局关于明确无偿转让股票等增值税政策的公告》（财政部 国家税务总局公告2020年第40号）第二条的规定，自2019年8月20日起，金融机构向小型企业、微型企业和个体工商户发放1年期以上(不含1年)至5年期以下(不含5年)小额贷款取得的利息收入，可选择中国人民银行授权全国银行间同业拆借中心公布的1年期贷款市场报价利率或5年期以上贷款市场报价利率，适用《财政部 国家税务总局关于金融机构小微企业贷款利息收入免征增值税政策的通知》(财税〔2018〕91号)规定的免征增值税政策。

71. **【参考答案】** √

【答案解析】 根据《财政部　国家税务总局关于明确无偿转让股票等增值税政策的公告》(财政部　国家税务总局公告2020年第40号)第三条的规定，土地所有者依法征收土地，并向土地使用者支付土地及其相关有形动产、不动产补偿费的行为，属于《营业税改征增值税试点过渡政策的规定》(财税〔2016〕36号印发)第一条第(三十七)项规定的土地使用者将土地使用权归还给土地所有者的情形，可以按规定享受增值税免税政策。

72. **【参考答案】** √

【答案解析】 根据《财政部　国家税务总局关于资源税有关问题执行口径的公告》（财政部　国家税务总局公告2020年第34号）第七条的规定，纳税人以自采原矿洗选加工为选矿产品（通过破碎、切割、洗选、筛分、磨矿、分级、提纯、脱水、干燥等过程形成的产品，包括富集的精矿和研磨成粉、粒级成型、切割成型的原矿加工品）销售，或者将选矿产品自用于应当缴纳资源税情形的，按照选矿产品计征资源税，在原矿移送环节不缴纳资源税。

73. **【参考答案】** ×

【答案解析】 根据《国家税务总局关于简并税费申报有关事项的公告》（国家税务总局公告2021年第9号）的解读，对于耕地占用税、印花税、资源税等一次性税源，纳税人可以在发生纳税义务后立即填写税源明细表，也可以在申报时填报所有税源信息。

74. **【参考答案】** ×

【答案解析】 依据《车辆购置税法》的规定，纳税人自产自用应税车辆的计税价格，按照纳税人生产的同类应税车辆的销售价格确定，不包括增值税税款。甲公司应缴纳车辆购置税=15×10%=1.5（万元）。

75. **【参考答案】** ×

【答案解析】 卷烟在生产（委托加工）进口环节征收消费税的基础上，在批发环节加征消费税。生产（委托加工）进口环节和批发环节都采用复合计税方法，零售环节不征消费税。

76.**【参考答案】**×

【答案解析】税务机关对应缴未缴的缴费人、扣缴义务人（不含灵活就业人员、城乡居民以及特殊缴费）生成逾期未缴款清册，采用科学、合理的办法对缴费人进行催缴处理。

77.**【参考答案】**√

【试题解析】该项目的单位开发成本=20000÷（50000+2000）=0.3846（万元）。

该项目的住宅可扣除开发成本=50000×0.3846=19231（万元）。

78.**【参考答案】**×

【答案解析】根据《财政部　国家税务总局关于规范个人投资者个人所得税征收管理的通知》（财税〔2003〕158号）的规定，个人独资企业、合伙企业的个人投资者以企业资金为本人、家庭成员及其相关人员支与企业生产经营无关的消费性支出及购买汽车、住房等财产性支出，视为企业对个人投资者利润分配，并入投资者个人的生产经营所得，依照“经营所得”项目计征个人所得税。

79.**【参考答案】**×

【答案解析】根据《国家税务总局关于印发〈土地增值税规程〉的通知》（国税发〔2009〕91号）的规定，房地产开发企业将开发的部分房地产转为企业自用或用于出租等商业用途时，如果产权未发生转移，不征收土地增值税，在税款清算时不列收入，不扣除相应的成本和费用。

80.**【参考答案】**×

【答案解析】自2020年1月1日至2022年12月31日，对物流企业自有（包括自用和出租）或承租的大宗商品仓储设施用地，减按所属土地等级适用税额标准的50%计征城镇土地使用税。

81.**【参考答案】**√

【答案解析】略。

82.**【参考答案】**√

【答案解析】根据《中华人民共和国耕地占用税法》第十条的规定，耕地占用税的纳税义务发生时间为纳税人收到自然资源主管部门办理占用耕地手续的书面通知的当日。纳税人应当自纳税义务发生之日起30日内申报缴纳耕地占用税。

83.**【参考答案】**×

【答案解析】根据《财政部　自然资源部　税务总局　人民银行关于将国

有土地使用权出让收入、矿产资源专项收入、海域使用金、无居民海岛使用金四项政府非税收入划转税务部门征收有关问题的通知》（财综〔2021〕19号）的规定，税务部门征收国有土地使用权出让收入、矿产资源专项收入、海域使用金、无居民海岛使用金四项政府非税收入应当使用财政部统一监（印）制的非税收入票据，按照税务部门全国统一信息化方式规范管理。

84.**【参考答案】**×

【答案解析】扣缴义务人不能申请延期缴纳税款。

85.**【参考答案】**√

【答案解析】略。

86.**【参考答案】**√

【答案解析】对纳税人、扣缴义务人、纳税担保人应缴纳的欠税及滞纳金不再要求同时缴纳，可以先行缴纳欠税，再依法缴纳滞纳金。

87.**【参考答案】**×

【答案解析】对各级税务局的稽查局的具体行政行为不服的，向其所属税务局申请行政复议。

88.**【参考答案】**√

【答案解析】各级税务机关应发挥记录作用，提高税务执法实效，在作出执法决定前，要调阅相关记录资料，对执法行为的合法性、规范性等进行审核。

89.**【参考答案】**×

【答案解析】2019年4月1日起，从农业生产者购进农产品，按照农产品收购发票或者销售发票上注明的买价和9%的扣除率计算进项税额。用于生产或者委托加工13%税率货物的，在领用时当期加计扣除1%的进项税额。

90.**【参考答案】**√

【答案解析】略。

91.**【参考答案】**√

【答案解析】旅客，是指年满16周岁，已购买离岛机票、火车票、船票，并持有效身份证件（国内旅客持居民身份证、港澳台旅客持旅行证件、国外旅客持护照），离开海南本岛但不离境的国内外旅客。

92.**【参考答案】**×

【答案解析】《财政部　国家税务总局关于房产税城镇土地增值税有关问题的通知》（财税〔2009〕128号）规定，融资租赁的房产由承租人自融资租赁合同约定开始日的次月起依照房产余值缴纳房产税。合同未约定开始日的由承租人自合同签订的次月起依照房产余值缴纳房产税。

93. **【参考答案】** √

【答案解析】 实际所得原则是指一国仅对非居民企业通过常设机构取得的经营所得征税。

94. **【参考答案】** √

【答案解析】《国家税务总局办公厅关于千户集团税收风险分析及相关工作任务细化分工的通知》(税总办发〔2016〕144号)规定，在两级税收风险统筹分析中，税务总局制定千户集团税收风险分析战略规划和年度工作计划；省税务局参照制定本省确定的千户集团税收风险分析工作计划。

95. **【参考答案】** √

【答案解析】《2019年重点税源监控报表填报说明》规定，《产品表》中的产品销售额要占到全部销售额的80%以上。该企业甲产品占全部销售额的90%以上，此时在重点税源补充信息采集《产品表》中只填列甲产品的相关信息。

四、实务题（本类题共2题，计20分，每小题2分。）

（一）

96. **【参考答案】** D

【答案解析】 对疫情防控重点保障物资生产企业为扩大产能新购置的相关设备，允许一次性计入当期成本费用在企业所得税税前扣除。购进设备的税金可从销项税额中抵扣，不构成实际支出，故D选项正确。

97. **【参考答案】** B

【答案解析】 单位和个体工商户将自产、委托加工或购买的货物，通过公益性社会组织和县级以上人民政府及其部门等国家机关，或者直接向承担疫情防治任务的医院，无偿捐赠用于应对新型冠状病毒感染的肺炎疫情的，免征增值税、消费税、城市维护建设税、教育费附加、地方教育附加。

企业和个人直接向承担疫情防治任务的医院捐赠用于应对新型冠状病毒感染的肺炎疫情的物品，允许在计算企业所得税或个人所得税应纳税所得额时全额扣除。

98. **【参考答案】** AD

【答案解析】纳税人自产应税消费品用于连续生产应税消费品的，不缴纳消费税；纳税人自产应税消费品用于其他方面的，于移送使用时纳税。自产轿车用于管理部门，不能视同销售，无须计提销售税额，管理部门领用自产轿车，属于所有权未发生改变的内部处置资产，无须确认企业所得税视同销售收入。在境内购置应税车辆的单位和个人，为车辆购置税的纳税人。购置，是指以购买、进口、自产、受赠、获奖或者其他方式取得并自用应税车辆的行为。

99.**【参考答案】**CD

【答案解析】纳税信用A级纳税人有权要求税务机关10日内对异常凭证进行核实，暂不做进项转出等处理。接收异常凭证的纳税人，如认为所对应的经营业务真实，应自收到《税务事项通知书》之日起10个工作日内向主管税务机关提出核实申请，并提供相关证明材料。

100.**【参考答案】**C

【答案解析】销项税额=800×13%=104（万元）。

进项税额发生额=71.5+18=89.5（万元）。

免税项目应分摊进项税额=330÷（330+800）×18=5.26（万元）。

应纳增值税=104－（89.5－5.26）=19.76（万元）。

（二）

101.**【参考答案】**B

【答案解析】增值税税负率=240÷6800×100%=3.53%。

102.**【参考答案】**A

【答案解析】企业所得税贡献率=220÷6800×100%=3.24%。

103.**【参考答案】**D

【答案解析】期间费用率=（360+280+250）÷6800×100%=13.09%。

104.**【参考答案】**B

【答案解析】平均存货=（400+600）÷2=500（万元）；存货周转率=5000÷500=10（次）。

105.**【参考答案】**C

【答案解析】固定资产平均原值=（3300+3700）÷2=3500（万元）；固定资产综合折旧率=520÷3500×100%=14.86%。

征收管理业务知识和能力升级模拟练习二

一、单项选择题（本类题共40题，计40分，每题1分。）

1. 下列属于严格规范税务执法行为范畴的制度是（ ）。

A. 行政处罚裁量基准制度

B. “首违不罚”清单制度

C. 纳税缴费信用评价制度

D. 实名办税缴费制度

2. 2022年税务部门办理正常出口退税的平均时间将压缩至（ ）个工作日以内。

A.4　　B.6　　C.7　　D.10

3. 建设税务监管新体系，未来要实现的征管方式是（ ）。

A. “以数治税”　　B. “以票管税”

C. “综合治税”　　D. “信息管税”

4. “十四五”时期我国进入新发展阶段，习近平总书记审时度势，对我国作出了加快构建新发展格局的重大决策。这个“新发展格局”是指（ ）。

A. 以国内小循环为主体、国内国际单循环相互促进

B. 以国内小循环为主体、国际国内双循环相互促进

C. 以国内大循环为主体、国内国际单循环相互促进

D. 以国内大循环为主体、国内国际双循环相互促进

5. 对国家鼓励的重点集成电路设计企业和软件企业，实施的企业所得税税收优惠是（ ）。

A. 自获利年度起，五免，接续年度减按 10% 的税率征收企业所得税

B. 自获利年度起，两免三减半

C. 自获利年度起，五免五减半

D. 自获利年度起，两免，接续年度减按 15% 的税率征收企业所得税

6. 某外资研发中心于 2019 年 12 月购进国产设备一台，不含税价款 80 万元，进项税额 10.4 万元，取得增值税专用发票一份，税款未抵扣。设备按 10 年计提折旧，无残值。2020 年 3 月，申请适用研发机构采购设备增值税退税政策，并退税 10.4 万元。2021 年 12 月，该设备转让，不含税售价 20 万元。该外资研发中心应补缴的税款金额是（ ）万元。

A. 0　　B. 5.2　　C. 8.32　　D. 10.4

7. 纳税人李某是个体工商户经营者，假设 2021 年应纳税所得额为 80000 元（适用税率 10%，速算扣除数 1500），同时可以享受残疾人政策减免税额 2000 元，那么李某可以享受个体工商户个人所得税减半政策的减免税额是（ ）元。

A. 2250　　B. 4250　　C. 5500　　D. 6500

8. 自 2021 年 4 月 1 日起，按照现行规定应当预缴增值税税款的小规模纳税人，凡在预缴地实现的月销售额未超过 15 万元的，（ ）。

A. 向预缴地主管税务机关预缴税款

B. 当期无须预缴税款

C. 向主管税务机关预缴税款

D. 自主选择向预缴地主管税务机关或主管税务机关预缴税款

9. 2021 年，A 企业经过判断符合小型微利企业条件。该企业第 2 季度预缴企业所得税时，相应的累计应纳税所得额为 150 万元，那么 A 企业当季减免税额是（ ）万元。

A. 30　　B. 7.5　　C. 12.5　　D. 2.5

10. 下列有关 2021 年文化事业建设费优惠政策的说法中，正确的是（　）。
A. 月销售额不超过 2 万元（按季纳税 6 万元），减半征收
B. 月销售额不超过 3 万元（按季纳税 9 万元），免征
C. 月销售额不超过 10 万元（按季纳税 30 万元），减半征收
D. 全额免征文化事业建设费

11.2021 年，下列纳税人提供的服务中，免征增值税的是（　）。
A. 电影放映服务　　B. 电影发行服务
C. 电影制作服务　　D. 电视转播服务

12.2019 年 10 月 1 日至 2021 年 12 月 31 日，允许生活性服务业纳税人按照当期可抵扣进项税额的一定比例加计抵减应纳税额，这一比例是（　）。
A.5%　　B.10%　　C.15%　　D.20%

13. 海南离岛旅客每年每人免税购物额度为（　）万元人民币。
A.5　　B.10　　C.20　　D.30

14. 根据《税收征管法》的规定，对违反税收法律、行政法规的行为，在一定期限内未被发现的，将不再给予行政处罚。这里的期限为（　）年。
A.1　　B.3　　C.5　　D.10

15. 下列收入中，属于企业所得税免税收入的是（　）。
A. 甲公司取得的财政拨款 200 万元
B. 乙单位收取的行政事业性收费 100 万元
C. 丙单位收取的政府性基金 80 万元
D. 丁公司取得的国债利息收入 80 万元

16. 下列所得，不并入综合所得征收个人所得税是（　）。
A. 工资、薪金所得　　B. 劳务报酬所得
C. 财产转让所得　　D. 稿酬所得

17. 某纳税人直接向河流排放水污染物，其环境保护税的计税依据为（ ）。

A. 排放量　　B. 污染当量数

C. 污染当量值　　D. 产生量

18. 根据《印花税法》的规定，不属于印花税征税范围的是（ ）。

A. 专利证　　B. 买卖合同

C. 借款合同　　D. 产权转移书据

19. 甲企业以出让方式取得国有土地使用权，2021 年 1 月 5 日签订成交确认书，3 月 4 日签订出让合同，未约定交付土地的时间。4 月 6 日，甲企业缴纳了全部价款，7 月 15 日办理了国有土地使用权登记证书。甲企业城镇土地使用税纳税义务发生时间为（ ）。

A.2021 年 2 月　　B.2021 年 4 月

C.2021 年 5 月　　D.2021 年 8 月

20. 根据现行税收政策，增值税小规模纳税人不享受减半征收税收优惠政策的税种是（ ）。

A. 资源税　　B. 契税

C. 房产税　　D. 城镇土地使用税

21. 纳税人申请增值税专用发票最高开票限额不超过 100 万元的，负责审批的税务机关是（ ）。

A. 省级税务机关　　B. 计划单列市税务机关

C. 地市级税务机关　　D. 区县税务机关

22. 下列个人中，在 2021 年 1 月预扣预缴时，可以适用“累计减除费用直接按照全年 6 万元计算扣除”政策的是（ ）。

A.2021 年新入职月收入 10000 元的赵某

B.2 年前开始一直在某公司任职、2020 年收入不超过 6 万元、2021 年月收入 20000 元的刘某

C.2020 年 9 月入职月收入 40000 元的保险营销员钱某

D.2021 年 1 月因实习取得 2000 元劳务报酬所得的在校大学生李某

23. 某企业 2020 年 2 月 15 日申报应纳增值税 47 万元，由于资金困难，未按时缴纳实现税款，该笔税款的上交日期为 4 月 20 日，该企业无其他欠缴税金，上年度应纳税款按期入库率 100%，当期速动比率为 96%，其主管税务机关 3 月“欠缴税金分风险类别登记簿”登记此笔欠税的欠缴类别是（　）。

A. 低风险欠缴　　B. 中风险欠缴

C. 高风险欠缴　　D. 高危欠缴

24. 失业保险金的标准，由省、自治区、直辖市人民政府确定，不得低于（　）。

A. 当地上年社会平均工资　　B. 本单位在职职工上年平均工资

C. 本人上年单位平均工资　　D. 城市居民最低生活保障标准

25. 税务机关对低风险纳税人采取的风险应对措施是（　）。

A. 纳税评估　　B. 风险提示提醒

C. 税务审计　　D. 税务稽查

26. 企业税负率偏低，发票开具金额环比增幅异常增大，集中顶额开具金额占全部开票额比率增大，增值税收入与所得税收入偏差较大，风险指向企业可能存在（　）的税收风险。

A. 隐匿收入　　B. 虚列成本费用

C. 虚开发票　　D. 关联交易

27. 假如一个纳税人利用一个国家的纳税人居住时间规定，在各国间旅行以避免成为纳税人，达到躲避纳税义务的目的，我们可以把这种人称为“税收难民”。从理论上说，税收难民所采用避税的方法属于（　）。

A. 人员流动避税　　B. 利用税收优惠避税

C. 资金流动避税　　D. 货物流动避税

28. 国家税务总局大企业管理司全面构建“三位一体”管理新格局，居于“三位一体”的核心地位的是（　）。

A. 数据 B. 指标

C. 平台 D. 互联网

29. 自2020年1月1日起至（ ）年12月31日，对残疾人就业保障金实行分档减缴政策。

A. 2020 B. 2021

C. 2022 D. 2023

30. 2019年1月1日起，下列票证不再作为税收票证管理的是（ ）。

A.《税收完税证（文书式）》

B.《税收缴款书（税务收现专用）》

C.《税收完税证（表格式）》

D.《税收缴款书（银行经收专用）》

31. 某省某二手车经销企业，增值税一般纳税人，2020年6月销售其收购的二手车，按简易办法计征增值税的征收率是（ ）。

A.5% B.2%

C.1% D.0.5%

32. 下列有关电子发票的表述正确的是（ ）。

A. 电子专票由国家税务总局监制

B. 电子专票法律效力与纸质专票不同

C. 电子发票要加盖“发票专用章”

D. 电子发票的纸质打印件作为报销入账归档依据的，必须同时保存打印该纸质件的电子会计凭证

33. 某光伏有限责任公司，2019年被认定为高新技术企业，2020年应纳税所得额为280万元，不符合小型微利企业条件，则该公司2020年应纳企业所得税额是（ ）万元。

A.70 B.28

C.23 D.42

34. 纳税人临时占用耕地从事非农建设缴纳耕地占用税后，在批准临时占用耕地期满之日起一定期限内依法复垦，恢复种植条件的，税务机关应全额退还其缴纳的耕地占用税。此处的“一定期限是指”（　）年内。

A.1　　B.2

C.3　　D.5

35. 下列欠税公告期限的表述，正确的是（　）。

A. 企业或单位欠税的，每年公告一次

B. 走逃、失踪的纳税户随时公告

C. 个体工商户和其他个人欠税的，每季公告一次

D. 经税务机关查无下落的非正常户欠税的，定期公告

36. 某汽车租赁公司为增值税一般纳税人，仅提供车辆租赁（不提供驾驶）服务。根据现行增值税政策规定，该公司汽车租赁服务的适用税率是（　）。

A.13%　　B.10%

C.9%　　D.6%

37. 某电子高科技有限公司（居民企业），2019 年取得境内经营所得 500 万元，设在中国香港的分公司经营所得为 300 万元，则该公司应向主管税务机关申报的 2019 年度应纳税所得额是（　）万元。

A.500　　B.800

C.650　　D.300

38. 下列固定资产的折旧可以在计算企业所得税税前进行扣除的是（　）。

A. 以经营租赁方式租出的固定资产

B. 以融资租赁方式租出的固定资产

C. 与经营活动无关的固定资产

D. 单独估价作为固定资产入账的土地

39. 金先生为独子，父母均已年满 60 岁，在计算个人所得税时，允许扣除的赡养老人支出专项附加扣除金额为每月（　）。

A.1000 元　　B.1200 元

C.1500 元　　D.2000 元

40. 在财务指标涉税风险分析中，下列有关总资产周转率的计算公式中，表述正确的是（　）。

A. 总资产周转率＝营业收入净额 ÷ 平均总资产 ×100%

B. 总资产周转率＝（营业收入＋利息支出）÷ 平均总资产 ×100%

C. 总资产周转率＝营业成本 ÷ 平均总资产 ×100%

D. 总资产周转率＝（利润总额＋利息支出）÷ 平均总资产 ×100%

二、多项选择题（本类题共25题，计25分，每题1分。）

41. 深化拓展税收共治格局离不开加强社会协同，可采用的社会协同措施包括（　）。

A. 积极发挥行业协会和社会中介组织作用

B. 支持第三方按市场化原则为纳税人提供个性化服务

C. 加强对涉税中介组织的职业监管和行业监管

D. 加强税务系统内部跨部门协同监管

42. 下列税务机关的措施中，符合深化税收征管改革推行智能型个性化服务要求的有（　）。

A. 提升“12366”税费服务平台，向以 24 小时智能咨询为主转变

B. 2022 年基本实现全国咨询“一线通答”

C. 精准提供线上服务

D. 持续优化线下服务

43. 关于发票电子化改革，下列说法正确的有（　）。

A.2021 年建成全国统一的电子发票服务平台

B. 将实现 24 小时在线免费为纳税人提供电子发票申领、开具、交付、查验等服务

C. 将制定出台电子发票国家标准

D. 将有序推进铁路、民航等领域发票电子化

44.《中共中央关于制定国民经济和社会发展第十四个五年规划和二〇三五年远景目标的建议》任务的部署，为税务部门明确了服务全面建设社会主义现代化国家的重要着力点。以下属于税务部门“紧扣三大着力点”内容的是（ ）。

A. 支持科技创新　　B. 促进扩大内需

C. 完善现代税收制度　　D. 落实优化收入分配

45. 某电子制造企业，2021 年上半年符合条件的未形成无形资产的研发费用金额为 50 万元，下列关于加计扣除政策说法正确的有（ ）。

A. 在 2021 年 10 月预缴时即可扣除

B. 加计扣除比例为 100%

C. 加计扣除比例为 75%

D. 税前扣除额为 100 万元

46.2021 年 1 月 1 日至 2022 年 12 月 31 日，年应纳税所得额不超过 100 万元的部分，在已有的税收优惠政策基础上，适用再减半征收企业所得税的纳税人包括（ ）。

A. 非居民企业　　B. 小型微利企业

C. 个体工商户　　D. 个人独资企业

47. 下列税收优惠政策中，2021 年 12 月 31 日到期的政策有（ ）。

A. 免征文化事业建设费政策

B. 支持新型冠状病毒感染的肺炎病情防控有关个人所得税优惠政策

C. 疫情防控重点保障物资生产企业按月申请全额退还增值税增量留抵税额政策

D. 电影放映服务取得的收入免征增值税政策

48. 在简并的财产和行为税纳税申报中，对于一次性税源，纳税人可以在发生纳税义务后立即填写税源明细表，也可以在申报时填报所有税源信息。所谓“一次性税源”指（ ）。

A. 耕地占用税　　B. 印花税
C. 资源税　　D. 房产税

49. 下列单位中，属于消费税纳税人的有（　）。
A. 委托加工实木地板的单位
B. 受托加工白酒的企业
C. 销售木制一次性筷子的商店
D. 生产销售小汽车的汽车厂

50. 下列所得应按“工资、薪金所得”项目申报缴纳个人所得税的有（　）。
A. 个人兼职取得的收入
B. 教师在自己任职学校创办的刊物上发表文章取得的稿费
C. 退休后再任职取得的收入
D. 企业以误餐补助名义向员工发放的现金补贴

51. 个人取得的下列所得，免征个人所得税的有（　）。
A. 国有企业职工从依法破产的企业中取得的一次性安置费
B. 个人实际领（支）取原提存的基本医疗保险金
C. 被拆迁人依法取得的拆迁补偿款
D. 企业职工参加本企业组织的运动会所获得的奖金

52. 中明公司在甲省和乙省同时拥有两块土地，中明公司办理城镇土地使用税纳税申报地点正确的有（　）。
A. 甲省土地所在地
B. 乙省土地所在地
C. 甲省土地所在地或乙省所在地
D. 税务机关确定的其中一省的土地所在地

53. 下列不属于土地增值税征税范围的有（　）。
A. 房地产出租　　B. 房地产评估增值
C. 房地产代建行为　　D. 房地产抵押期满转移产权

54. 纳税人在注册自然人税收管理系统时，需要在【纳税人识别号】/【确认纳税人识别号】的位置录入相关信息，以下属于纳税人办理注册时输入信息的种类有（　）。

A. 输入扣缴单位的纳税人识别号

B. 输入扣缴单位法人的身份证号码

C. 输入扣缴单位财务人员的身份证号码

D. 已进行过三证合一的单位，输入扣缴单位的统一社会信用代码

55. 木木科技公司，于 2019 年 12 月 20 日设立，设立当期按行政许可程序办理的涉税事项有（　）。

A. 印制公章

B. 申领印有企业名称的增值税普通发票

C. 申请增值税专用发票最高开票限额

D. 申请核定定额征收方式缴纳企业所得税

56. 下列关于税收风险分析的表述正确的有（　）。

A. 企业行业类型可以从税务登记表中读取

B. 营业收入可以从增值税一般纳税人申报表中读取

C. 固定资产加速折旧（扣除）调减额可以从所得税月（季）度预缴纳税申报表中读取

D. 以行业增值率分析判定企业增值税税负是否存在涉税风险

57. 在下列各项中，税收分析包括（　）。

A. 税收形势分析　　B. 税收风险分析

C. 政策效应分析　　D. 经济运行分析

58. 根据《企业所得税法》的相关规定，特别纳税调整的方法包括（　）。

A. 转让定价法　　B. 预约定价安排

C. 成本分摊协议　　D. 资本弱化管理

59. 经核准延期申报的纳税人，应当在纳税期内预缴税款，并在核准的延期

内办理税款结算。预缴税款的数额可以是（　）。

A. 本期预估税额　B. 本期应申报的税额

C. 上期实际缴纳的税额　D. 税务机关核定的税额

60. 下列项目所得，享受免征企业所得税税收优惠的有（　）。

A. 远洋捕捞所得　B. 咨询服务所得

C. 海水养殖所得　D. 苹果种植所得

61. 某企业新购船舶适用国际运输船舶增值税退税管理办法，则该船登记的船籍港可能是（　）。

A. 海南洋浦港　B. 上海洋山港

C. 大连大连港　D. 海南海口港

62. 适用国际运输船舶增值税退税政策的船舶的来源不能是（　）。

A. 从建造船舶企业购进

B. 从其他船舶贸易公司购进

C. 从二手船交易企业购进

D. 从个人手中购进

63. 强调对管辖区域内服务对象的全面覆盖，通过科学合理预估新办纳税人数量，及时获取受票方企业信息，明确服务对象，统筹服务力量和资源，这种服务不被称作（　）。

A. 全员服务　B. 全域服务

C. 全程服务　D. 全线服务

64. 下列税收管理行为中，属于欠税管理的有（　）。

A. 非居民欠税追缴　B. 增值税留抵抵欠

C. 欠税公告　D. 抵缴欠税

65. 当事人同一个税收违法行为违反不同处罚规定且均应处以罚款的，税务机关不应当采用的处罚原则是（　）。

A. 不予处罚　　B. 择轻处罚
C. 择重处罚　　D. 数罪并罚

三、判断题（本类题共30题，计15分，每题0.5分。）

66. 充分发挥税收大数据作用，依托税务网络可信身份体系对发票开具、使用等进行全环节即时验证和监控，实现对虚开骗税等违法犯罪行为惩处从事后打击向事前事中精准防范转变。( )

67.2021 年基本实现企业税费事项能掌上办理，个人税费事项能网上办理。( )

68. 对于按照集成电路生产企业享受企业所得税税收优惠政策的，优惠期自获利年度起计算。( )

69. 实行核定征收的个体工商户，不适用年应纳税所得额不超过 100 万元的部分，在现行优惠政策基础上，再减半征收个人所得税政策。( )

70. 自 2021 年 1 月 1 日起，个体工商户、个人独资企业、合伙企业和个人申请代开货物运输业增值税发票时，税务机关不再预征个人所得税。( )

71. 已按软件产品享受增值税退税政策的电子出版物，可以再申请享受增值税先征后退政策。( )

72. 由于疫情防控重点保障物资生产企业购置设备一次性扣除政策的截止时间是 2021 年 3 月底，某公司 2021 年 2 月春节前购买设备未及时享受一次性扣除政策的，该公司只能在 2021 年预缴第一季度（或 3 月份）税款时进行一次性扣除。( )

73. 对于无法区分原生岩石矿种的粒级成型砂石颗粒，不征收资源税。( )

74. 以前欠缴的土地闲置费、城镇垃圾处理费，不划转税务部门，由原执收（监缴）单位负责征缴入库。( )

75. 二手车所有人不通过二手车经销企业、二手车拍卖企业等将车辆直接出售给买方的，应当由二手车交易市场经营者按规定向买方开具二手车销售统一发票。( )

76. 根据最新的税收征管要求，为防止职务犯罪风险，办税服务厅将取消人工现金收付通道，不提供收取现金、找零服务。( )

77. 购置已征车辆购置税的车辆，不再征收车辆购置税。( )

78. 纳税人到外县（市）销售自产应税消费品的，于应税消费品销售后，向销售地主管税务机关申报缴纳消费税。（ ）

79. 王某所在单位 2019 年 4 月按照累计预扣预缴法计算王某工资、薪金应纳税额时，应补（退税）余额为 -1500 元，纳税人申请退税，税务机关应当及时办理。（ ）

80. 根据《印花税法》的规定，没有单独列明的增值税税款应当作为应税合同的计税依据。（ ）

81. 纳税人应纳的资源税，应当向机构所在地主管税务机关申报缴纳资源税。（ ）

82. 某公司获准占用耕地建造厂房，应当在收到自然资源主管部门办理耕地手续的书面通知之日起 15 日内缴纳耕地占用税。（ ）

83. 缴纳义务人依据《征缴土地闲置费决定书》向税务部门申报缴纳土地闲置费，税务部门开具缴费凭证。（ ）

84. 扣缴义务人因有特殊困难，不能按期缴纳税款的，经省、自治区、直辖市税务局批准，可以延期缴纳税款，但是最长不得超过 6 个月。（ ）

85. 某进出口公司纳税信用级别为 D 级，出口企业管理类别应评定为一类。（ ）

86. 对纳税人、扣缴义务人、纳税担保人应缴纳的欠税及滞纳金，同时缴纳欠税和滞纳金。（ ）

87. 已向税务机关提交《预约定价安排谈签意向书》并与税务机关达成一致意见的企业，对于预约定价安排涉及的年度和关联交易，该企业可以暂不作为特别纳税调整的调查对象。（ ）

88. 某公司为商务服务业的小规模纳税人，已选择自行开具增值税专用发票。该公司仍可以就商务服务业务取得的销售额，向税务机关申请代开增值税专用发票。（ ）

89. 新设立登记的企业领取由市场监督管理部门核发加载法人和其他组织统一社会信用代码的营业执照后，无须再次进行税务登记，不再领取税务登记证。（ ）

90. 纳税人的子女接受全日制学历教育的相关支出，按每个子女每月 800 元的标准定额扣除。（ ）

91. 对于领取“一照一码”营业执照后 30 日内未到税务局办理涉税事宜的纳税人，不予进行“逾期办理税务登记”的处罚。（ ）

92. 税务机关政府信息公开的申请人为公民的，应实名申请，否则不予受理。（ ）

93. 一个纳税年度内首次取得工资、薪金所得的居民个人，扣缴义务人在预扣预

缴工资、薪金所得个人所得税时，可扣除从年初开始计算的累计减除费用。(　)

94. 税收增长弹性是指税收收入对经济增长的反应程度，在税制不变的情况下，一般表示为税收收入的变动率和 GNP 变动率之比。(　)

95. 存货周转率越低，表明企业存货资产变现能力越强，但是存货周转率过快，则可能存在多列成本的问题。(　)

四、实务题（本类题共2大题，10小题，计20分，每小题2分。）

（一）

A 企业为先进制造业行业纳税人（符合留抵退税相关政策），2019 年 3 月期末留抵税额为 130 万元，2021 年 4 月税款所属期的期末留抵税额为 280 万元。A 企业 2021 年 5 月申请退还增量留抵税额。

A 企业 12 个月内生产电子设备销售额 800 万元，生产铁路运输设备 1200 万元，生产食品饮料 1600 万元。

A 企业 2019 年 4 月至 2021 年 4 月取得以下发票：

（1）增值税专用发票（含机动车销售统一发票），注明税额 200 万元。

（2）海关进口增值税专用缴款书，注明税额 200 万元。

（3）解缴税款完税凭证，注明税额 21.2 万元。

（4）农产品收购发票或销售发票，计算抵扣税额 6.8 万元。

（5）过路过桥通行费发票（含电子发票），计算抵扣税额 30 万元。

（6）国内旅客运输中，注明旅客身份信息的机票、火车票、铁路车票，公路、水路等其他客票（含电子发票），计算抵扣税额 10 万元。

上述发票已全部抵扣。

请回答以下问题：

96. A 公司符合留抵退税政策条件的销售额占全部销售额的比重是（　）。

A.22.22%　　B.33.33%

C.44.44%　　D.55.56%

97. 假设，2021 年 5 月，A 公司企业符合留抵退税相关政策，“相关政策”包括（ ）。

A. 纳税信用等级为 A 级或者 B 级

B. 申请退税前 36 个月未发生骗取留抵退税、出口退税或虚开增值税专用发票情形

C. 申请退税前 36 个月未因偷税被税务机关处罚两次及以上

D. 自 2019 年 4 月 1 日起未享受即征即退、先征后返（退）政策

E. 当月增量留抵税额必须大于 50 万元

98.2019 年 4 月至 2021 年 4 月，进项构成比例为（ ）。

A.42.7%　　B.85.4%

C.90%　　D.100%

99.2021 年 5 月 A 公司可以申请退还的增量留抵税额是（ ）万元。

A.31.86　　B.49

C.81　　D.135

100. 假设 A 公司留抵退税各项条件都符合，则下一次留抵税额退税的最早属期是（ ）。

A.2021 年 6 月　　B.2021 年 12 月

C.2022 年 2 月　　D.2022 年 3 月

（二）

甲科技有限公司成立于 2018 年 10 月，为增值税一般纳税人，企业所得税实行查账征收。主要经营计算机硬件、办公用品及耗材的销售。2021 年 7 月主管税务机关根据风险识别系统的提示，将该纳税人列入增值税、企业所得税纳税评估对象，对其 2020 年度增值税、企业所得税的纳税情况开展纳税评估。

该公司 2020 年度部分申报数据如下：

（1）增值税申报表填报的销售额 1820 万元，应纳增值税 0.2 万元。

（2）企业所得税年度申报表填报的营业收入 1820 万元，营业成本 1630 万

元，利润总额 150 万元，应纳企业所得税 42 万元。

(3) 预收账款期初余额为 0，期末余额为 236 万元。

请根据以上资料，计算并回答下列问题（计算结果保留两位小数）：

101. 该公司的增值税税负率为（　）。

A.0.01%　　B.0.1%

C.0.6%　　D.1%

102. 该公司的企业所得税负担率为（　）。

A.2.5%　　B.2.8%

C.25%　　D.28%

103. 该公司的企业所得税贡献率为（　）。

A.2.31%　　B.2.61%

C.23%　　D.26%

104. 该公司的销售净利率为（　）。

A.9.89%　　B.9.20%

C.5.93 %　　D.3.59%

105. 关于甲公司预收账款的风险描述，正确的是（　）。

A. 预收账款余额偏大，甲公司可能存在多列成本风险

B. 预收账款余额增加较多，甲公司可能存在商品已发出但收入未确认风险

C. 预收账款余额偏大，甲公司可能存在多计支出风险

D. 预收账款余额偏大，甲公司可能存在多计收入风险

征收管理业务知识和能力升级模拟练习二 参考答案

一、单项选择题（本类题共40题，计40分，每题1分。）

1.【参考答案】A

【答案解析】《中共中央办公厅 国务院办公厅关于进一步深化税收征管改革的意见》指出，“首违不罚”清单制度属于与提升税务执法精确度范畴；纳税缴费信用评价制度、实名办税缴费制度属于建立健全以“信用＋风险”为基础的新型监管机制范畴。行政处罚裁量基准制度属于严格规范税务执法行为范畴。

2.【参考答案】B

【答案解析】《中共中央办公厅 国务院办公厅关于进一步深化税收征管改革的意见》指出，2022年税务部门办理正常出口退税的平均时间压缩至6个工作日以内。

3.【参考答案】A

【答案解析】《中共中央办公厅 国务院办公厅关于进一步深化税收征管改革的意见》指出，主要目标是基本建成以“双随机、一公开”监管和“互联网＋监管”为基本手段、以重点监管为补充、以“信用＋风险”监管为基础的税务监管新体系，实现从“以票管税”向“以数治税”分类精准监管转变。

4.【参考答案】D

【答案解析】在省部级主要领导干部学习贯彻党的十九届五中全会精神专题研讨班开班式上，习近平总书记强调，加快构建以国内大循环为主体、国内国际双循环相互促进的新发展格局，是《中共中央关于制定国民经济和社会发展第十四个五年规划和二〇三五年远景目标的建议》提出的一项关系我国发展全局的重大战略任务，需要从全局高度准确把握和积极推进。

5.**【参考答案】**A

【答案解析】根据《财政部　国家税务总局　发展改革委　工业和信息化部关于促进集成电路产业和软件产业高质量发展企业所得税政策的公告》（财政部 国家税务总局　发展改革委　工业和信息化部公告 2020 年第 45 号）第四条的规定，国家鼓励的重点集成电路设计企业和软件企业，自获利年度起，第一年至第五年免征企业所得税，接续年度减按 10% 的税率征收企业所得税。

6.**【参考答案】**C

【答案解析】（1）固定资产入账价值为 80 万元；（2）从 2020 年 1 月开始计提折旧，到 2021 年 12 月共计提折旧 80÷10×2=16（万元），折余价值 =80 －16=64（万元）；（3）应补缴税款 = 增值税发票上注明的税额 ×（设备折余价值 ÷ 设备原值）=10.4×（64÷80）=8.32（万元）。

7.**【参考答案】**A

【答案解析】根据《国家税务总局关于落实支持小型微利企业和个体工商户发展所得税优惠政策有关事项的公告》（国家税务总局公告 2021 年第 8 号）的规定，减免税额 =（个体工商户经营所得应纳税所得额不超过 100 万元部分的应纳税额－其他政策减免税额 × 个体工商户经营所得应纳税所得额不超过 100 万元部分 ÷ 经营所得应纳税所得额）×（1 － 50%），李某该项政策的减免税额 =[（80000×10% － 1500）－ 2000]×（1 － 50%）=2250（元）。

8.**【参考答案】**B

【答案解析】根据《国家税务总局关于小规模纳税人免征增值税征管问题的公告》（国家税务总局公告 2021 年第 5 号）第五条的规定，按照现行规定应当预缴增值税税款的小规模纳税人，凡在预缴地实现的月销售额未超过 15 万元的，当期无须预缴税款。

9.**【参考答案】**A

【答案解析】根据《国家税务总局关于落实支持小型微利企业和个体工商户发展所得税优惠政策有关事项的公告》（国家税务总局公告 2021 年第 8 号）的规定，对小型微利企业年应纳税所得额不超过 100 万元的部分，减按 12.5% 计入应纳税所得额，按 20% 的税率缴纳企业所得税。根据《财政部　国家税务总局关于实施小微企业普惠性税收减免政策的通知》（财税〔2019〕13号）的规定，对年应纳税所得额超过100万元但不超过300万元的部分，减按50%计入应纳税所得额，按20%的税率缴纳企业所得税。A企业实际应纳所得税额=100×12.5%×20%+（150－100）×50%×20%=2.5+5=7.5（万元）。减免税额=150×25%－7.5=30（万元）。

10.**【参考答案】**D

【答案解析】根据《财政部　国家税务总局关于电影等行业税费支持政策的公告》（财政部　国家税务总局公告2020年第25号）、《财政部　国家税务总局关于延续实施应对疫情部分税费优惠政策的公告》（财政部　国家税务总局公告2021年第7号）的规定，自2020年1月1日至2021年12月31日，免征文化事业建设费。

11.**【参考答案】**A

【答案解析】根据《财政部　国家税务总局关于电影等行业税费支持政策的公告》（财政部　国家税务总局公告2020年第25号）、《财政部　国家税务总局关于延续实施应对疫情部分税费优惠政策的公告》（财政部　国家税务总局公告2021年第7号）的规定，自2020年1月1日至2021年12月31日，对纳税人提供电影放映服务取得的收入免征增值税。

12.**【参考答案】**C

【答案解析】2019年10月1日至2021年12月31日，允许生活性服务业纳税人按照当期可抵扣进项税额加计15%，抵减应纳税额。

13.**【参考答案】**B

【答案解析】根据《财政部　海关总署　税务总局关于海南离岛旅客免税购物政策的公告》（财政部　海关总署　税务总局公告2020年第33号）第三条的规定，离岛旅客每年每人免税购物额度为10万元人民币，本题答案应选B。

14.**【参考答案】**C

【答案解析】根据税收征管法的规定，对违反税收法律、行政法规的行为，在5年内未被发现的，将不再给予行政处罚。

15.**【参考答案】**D

【答案解析】财政拨款、依法收取并纳入财政管理的行政事业性收费、政府性基金为企业所得税不征税收入。国债利息收入为企业所得税免税收入。

16.【参考答案】C

【答案解析】《中华人民共和国个人所得税法》第二条规定，综合所得为前四项，即（1）工资、薪金所得；(2）劳务报酬所得；(3）稿酬所得；(4）特许权使用费所得。

17.【参考答案】B

【答案解析】大气污染物、水污染物环境保护税的计税依据是污染当量数。

18.【参考答案】A

【答案解析】买卖合同、借款合同、产权转移书据均为印花税法后附的印花税税目税率表列举的应税凭证。专利证是《中华人民共和国印花税暂行条例》规定的征税范围。

19.【参考答案】B

【答案解析】以出让或转让方式有偿取得土地使用权的，应由受让方从合同约定交付土地时间的次月起缴纳城镇土地使用税；合同未约定交付土地时间的，由受让方从合同签订的次月起缴纳城镇土地使用税。

20.【参考答案】B

【答案解析】按照规定，对增值税小规模纳税人享受减半征收资源税、城市维护建设税、房产税、城镇土地使用税、印花税（不含证券交易印花税）、耕地占用税的优惠。

21.【参考答案】D

【答案解析】最高开票限额由纳税人申请，区县税务机关依法审批。

22.【参考答案】B

【答案解析】根据《国家税务总局关于进一步简便优化部分纳税人个人所得税预扣预缴方法的公告》（国家税务总局公告 2020 年第 19 号）的规定，赵某 2021 年新入职，不符合要求。钱某不满足上年度全年在同一公司任职规定。大学生李某也不是上年全年预扣预缴人员。只有 2 年前开始一直在公司任职、2020 年收入不超过 6 万元、2021 年月收入 20000 元的刘某符合条件。

23.【参考答案】D

【答案解析】根据《国家税务总局关于欠缴税金按风险分类核算管理的通知》（税总函〔2014〕337 号）的规定，该笔欠税的滞纳天数与上年度应纳税款按期入库率符合低风险欠缴条件，欠缴金额与当期速动比率符合中风险欠缴条件，税务机关应根据从高原则确定欠缴税金的风险类别。

24.【参考答案】D

【答案解析】根据《中华人民共和国社会保险法》第四十七条的规定，失业保险金的标准，由省、自治区、直辖市人民政府确定，不得低于城市居民最低生活保障标准。

25.【参考答案】B

【答案解析】税务机关对低风险纳税人应进行风险提示提醒。

26.【参考答案】C

【答案解析】企业税负率偏低，发票开具金额环比增幅较大，集中顶额开具金额占全部开票额比率高，增值税收入与所得税收入偏差较大，风险指向企业可能存在 虚开发票的税收风险。

27.【参考答案】A

【答案解析】人员流动避税是指通过人的流动进行国际避税，包括转移住所和税收流亡。

28.【参考答案】B

【答案解析】国家税务总局大企业管理司全面构建“数据、指标、平台”三位一体的管理，其中指标是三位一体新格局的中间体，居于核心地位。

29.【参考答案】C

【答案解析】根据《财政部关于调整残疾人就业保障金征收政策的公告》（财政部公告 2019 年第 98 号）的规定，自 2020 年 1 月 1 日起至 2022 年 12 月 31 日，对残疾人就业保障金实行分档减缴政策。

30.【参考答案】A

【试题解析】根据《国家税务总局关于调整部分税收票证管理工作有关事项的通知》（税总函〔2018〕552 号）、《国家税务总局关于明确〈税收完税证明〉（文书式）开具管理有关事项的通知》（税总函〔2018〕628 号）要求，《税收完税证明（文书式）》不再作为税收票证管理。

31.【参考答案】D

【答案解析】自 2020 年 5 月 1 日至 2023 年 12 月 31 日，从事二手车经销的纳税人销售其收购的二手车，由原按照简易办法依 3% 征收率减按 2% 征收增值税，改为减按 0.5% 征收增值税。

32.【参考答案】D

【试题解析】《国家税务总局关于在新办纳税人中实行增值税专用发票电

子化有关事项的公告》（国家税务总局公告 2020 年第 22 号）规定，电子专票由各省税务局监制，采用电子签名代替发票专用章；其法律效力、基本用途、基本使用规定等与纸质专票相同；纳税人以电子发票（含电子专票和电子普票）报销入账归档的，按照《财政部　国家档案局关于规范电子会计凭证报销入账归档的通知》（财会〔2020〕6 号）的规定执行。

33.【参考答案】D

【答案解析】认定为高新技术企业减按 15% 计算企业所得税。应纳税额 =280 × 15%=42（万元）。

34.【参考答案】A

【答案解析】纳税人在批准临时占用耕地期满之日起 1 年内依法复垦，恢复种植条件的，全额退还已经缴纳的耕地占用税。

35.【参考答案】B

【答案解析】欠税公告期限为企业或单位欠税的，每季公告一次；个体工商户和其他个人欠税的，每半年公告一次；走逃、失踪的纳税户以及其他经税务机关查无下落的非正常户欠税的，随时公告。

36.【参考答案】A

【答案解析】增值税一般纳税人提供有形动产租赁服务，增值税适用 13% 税率。

37.【参考答案】B

【答案解析】居民企业应当就其来源于中国境内、境外的所得缴纳企业所得税。

38.【参考答案】A

【答案解析】下列固定资产不得计算折旧扣除：(1) 房屋、建筑物以外未投入使用的固定资产；(2) 以融资租赁方式租出的固定资产；(3) 与经营活动无关的固定资产；(4) 单独估价作为固定资产入账的土地；(5) 已足额提取折旧仍继续使用的固定资产；(6) 以经营租赁方式租入的固定资产；(7) 其他不得计算折旧扣除的固定资产。

39.【参考答案】D

【答案解析】《个人所得税专项附加扣除暂行办法》第二十二条规定，纳税人赡养一位及以上被赡养人的赡养支出，统一按照以下标准定额扣除：纳税人为独生子女的，按照每月 2000 元的标准定额扣除。

40【参考答案】A

【答案解析】总资产周转率＝营业收入净额 ÷ 平均总资产 ×100%。

二、多项选择题（本类题共25题，计25分，每题1分。）

41.【参考答案】ABC

【答案解析】《中共中央办公厅　国务院办公厅关于进一步深化税收征管改革的意见》指出，加强社会协同。积极发挥行业协会和社会中介组织作用，支持第三方按市场化原则为纳税人提供个性化服务，加强对涉税中介组织的执业监管和行业监管。税务系统内部跨部门协同监管属于部门协作，不属于社会协同范畴。

42.【参考答案】ABCD

【答案解析】《中共中央办公厅　国务院办公厅关于进一步深化税收征管改革的意见》指出，积极推行智能型个性化服务。全面改造提升“12366”税费服务平台，加快推动向以24小时智能咨询为主转变，2022年基本实现全国咨询“一线通答”。运用税收大数据智能分析识别纳税人缴费人的实际体验、个性需求等，精准提供线上服务。持续优化线下服务，更好满足特殊人员、特殊事项的服务需求。

43.【参考答案】ABCD

【答案解析】《中共中央办公厅　国务院办公厅关于进一步深化税收征管改革的意见》指出，2021年建成全国统一的电子发票服务平台，24小时在线免费为纳税人提供电子发票申领、开具、交付、查验等服务。制定出台电子发票国家标准，有序推进铁路、民航等领域发票电子化，2025年基本实现发票全领域、全环节、全要素电子化，着力降低制度性交易成本。

44.【参考答案】ABD

【答案解析】国家税务总局局长王军指出，“紧扣三大着力点”：一是支持科技创新这一战略支撑。二是促进扩大内需这个战略基点。三是落实优化收入分配这项战略任务。

45.【参考答案】ABD

【答案解析】根据《财政部　国家税务总局关于进一步完善研发费用税前加计扣除政策的公告》（财政部　国家税务总局公告2021年第13号）的规定，

制造业企业开展研发活动中实际发生的研发费用，未形成无形资产计入当期损益的，在按规定据实扣除的基础上，自2021年1月1日起，再按照实际发生额的100%在税前加计扣除；形成无形资产的，自2021年1月1日起，按照无形资产成本的200%在税前摊销。企业预缴申报当年第3季度（按季预缴）或9月份（按月预缴）企业所得税时，可以自行选择就当年上半年研发费用享受加计扣除优惠政策。即税前扣除50×（1+100%）=100（万元）。根据《研发费用税前加计扣除新政指引》第五条的规定，除烟草制造业、住宿和餐饮业、批发和零售业、房地产业、租赁和商务服务业、娱乐业以外的其他行业企业，10月预缴申报可提前享受上半年研发费用加计扣除优惠。

46.**【参考答案】**BC

【答案解析】《财政部　国家税务总局关于实施小微企业和个体工商户所得税优惠政策的公告》（财政部　国家税务总局公告2021年第12号）规定，对小型微利企业年应纳税所得额不超过100万元的部分，在《财政部 国家税务总局关于实施小微企业普惠性税收减免政策的通知》（财税〔2019〕13号）第二条规定的优惠政策基础上，再减半征收企业所得税。对个体工商户年应纳税所得额不超过100万元的部分，在现行优惠政策基础上，减半征收个人所得税。个人独资企业和合伙企业不适用该政策。根据《国家税务总局关于非居民企业不享受小型微利企业所得税优惠政策问题的通知》（国税函〔2008〕650号）的规定，非居民企业不适用小型微利企业的税优惠政策。

47.**【参考答案】**ABD

【答案解析】根据《财政部　国家税务总局关于延续实施应对疫情部分税费优惠政策的公告》（财政部　国家税务总局公告2021年第7号）的规定，选项ABD涉及税费优惠政策执行期限延长至2021年12月31日。选项C对应政策是2021年3月31日到期。

48.**【参考答案】**ABC

【答案解析】根据《国家税务总局关于简并税费申报有关事项的公告》（国家税务总局公告2021年第9号）的解读，对于耕地占用税、印花税、资源税等一次性税源，纳税人可以在发生纳税义务后立即填写税源明细表，也可以在申报时填报所有税源信息。

49.**【参考答案】**AD

【答案解析】在境内生产、委托加工和进口应税消费品的单位和个人，以及国务院确定的销售应税消费品其他单位和个人，为消费税的纳税人。2006年增加了高尔夫球及球具、高档手表、游艇、木制一次性筷子、实木地板税目。

50.**【参考答案】**CD

【答案解析】个人兼职取得的收入，按“劳务报酬所得”项目纳税；教师在自己任职学校创办的刊物上发表文章取得的稿费，按“稿酬所得”项目纳税。

51.**【参考答案】**ABC

【答案解析】省级人民政府、国务院部委和中国人民解放军军以上单位，以及外国组织、国际组织颁发的科学、教育、技术、文化、卫生、体育、环境保护等方面的奖金，免征个人所得税，选项D是企业颁发的奖金，因此需要征收个人所得税。

52.**【参考答案】**AB

【答案解析】根据《国家税务局关于印发〈关于土地使用税若干具体问题的解释和暂行规定〉的通知》（国税地字〔1988〕第15号）的规定，纳税人使用的土地不属于同一省（自治区、直辖市）管辖范围的，应由纳税人分别向土地所在地的税务机关缴纳土地使用税。

53.**【参考答案】**ABC

【答案解析】土地增值税的征税范围是转让国有土地使用权、地上的建筑物及其附着物的行为。

54.**【参考答案】**AD

【答案解析】依据《自然人税收管理系统（ITS）（个人所得税部分）扣缴客户端用户操作手册》（1.9版）中1.3系统初始化相关规定，注册第一步为录入单位信息：在【纳税人识别号】/【确认纳税人识别号】的位置输入扣缴单位的纳税人识别号，已进行过三证合一的单位则输入统一社会信用代码，点击【下一步】，即可完成注册的第一步。

55.**【参考答案】**CD

【答案解析】税务行政许可事项：企业印制发票审批、对纳税人延期缴纳税款核准、对纳税人延期申报核准、对纳税人变更纳税定额的核准、增值税专用发票(增值税税控系统)最高开票限额审批、对采取实际利润额预缴以外的其他企业所得税预缴方式的核定。

56.**【参考答案】**ACD

【答案解析】增值税一般纳税人申报表无营业收入栏次。企业行业类型和固定资产加速折旧（扣除）调减额的税务登记表和所得税申报表均有相关栏次，增值税的基础就是增值率。

57.【参考答案】ABCD

【答案解析】税收分析包括税收形势分析、税收风险分析、政策效应分析、经济运行分析等四类分析内容。

58.【参考答案】ABCD

【答案解析】企业与其关联方之间的业务往来，不符合独立交易原则而减少企业或者其关联方应纳税收入或者所得额的，税务机关有权按照合理方法进行特别纳税调整。特别纳税调整的方法包括转让定价法、预约定价安排、成本分摊协议、受控外国企业管理、资本弱化管理、一般反避税管理。

59.【参考答案】CD

【答案解析】经核准延期申报的纳税人，应当在纳税期内按上期实际缴纳的税额或者税务机关核定的税额预缴税款，并在核准的延期内办理税款结算。

60.【参考答案】AD

【答案解析】海水养殖所得减半征收所得税、咨询所得不免征。

61.【参考答案】AB

【答案解析】根据《财政部　交通运输部　国家税务总局关于海南自由贸易港国际运输船舶有关增值税政策的通知》（财税〔2020〕41号）、《财政部　交通运输部　国家税务总局关于中国（上海）自由贸易试验区临港新片区国际运输船舶有关增值税政策的通知》（财税〔2020〕52号）的规定，船舶登记必须是在海南洋浦港或上海洋山港，除了这两个港，其他的不得退税。

62.【参考答案】BCD

【答案解析】根据《财政部　交通运输部　国家税务总局关于海南自由贸易港国际运输船舶有关增值税政策的通知》（财税〔2020〕41号）、《财政部　交通运输部　国家税务总局关于中国（上海）自由贸易试验区临港新片区国际运输船舶有关增值税政策的通知》（财税〔2020〕52号）的规定，适用国际运输船舶增值税退税政策的船舶的来源只能是直接从建造船舶企业购进的，从其他船舶贸易、二手船交易等企业购进的不得退税。个人手中购进的船舶也不得退税。

63.【参考答案】ACD

【答案解析】根据增值税专用发票电子化试点的要求，全域服务，是指强调对管辖区域内服务对象的全面覆盖，通过科学合理预估新办纳税人数量，及时获取受票方企业信息，明确服务对象，统筹服务力量和资源。

64.**【参考答案】**ABCD

【答案解析】欠税管理包括欠税公告、抵缴欠税、增值税留抵抵欠、非居民欠税追缴。

65.**【参考答案】**ABD

【答案解析】根据《中华人民共和国行政处罚法》第二十九条的规定，同一个违法行为违反多个法律规范应当给予罚款处罚的，按照罚款数额高的规定处罚。

三、判断题（本类题共30题，计15分，每题0.5分。）

66.**【参考答案】**✓

【答案解析】《中共中央办公厅　国务院办公厅关于进一步深化税收征管改革的意见》提出，充分发挥税收大数据作用，依托税务网络可信身份体系对发票开具、使用等进行全环节即时验证和监控，实现对虚开骗税等违法犯罪行为惩处从事后打击向事前事中精准防范转变。

67.**【参考答案】**×

【答案解析】《中共中央办公厅　国务院办公厅关于进一步深化税收征管改革的意见》指出，2021年基本实现企业税费事项能网上办理，个人税费事项能掌上办理。

68.**【参考答案】**✓

【答案解析】略。

69.**【参考答案】**×

【答案解析】根据《国家税务总局关于落实支持小型微利企业和个体工商户发展所得税优惠政策有关事项的公告》（国家税务总局公告2021年第8号）第二条第（一）项的规定，对个体工商户经营所得年应纳税所得额不超过100万元的部分，在现行优惠政策基础上，再减半征收个人所得税。个体工商户不区分征收方式，均可享受。

70.**【参考答案】**×

【答案解析】根据《国家税务总局关于落实支持小型微利企业和个体工商户

户发展所得税优惠政策有关事项的公告》（国家税务总局公告 2021 年第 8 号）第三条、第四条的规定，自 2021 年 4 月 1 日起，个体工商户、个人独资企业、合伙企业和个人申请代开货物运输业增值税发票时，税务机关不再预征个人所得税。

71.**【参考答案】**×

【答案解析】《财政部　国家税务总局关于延续宣传文化增值税优惠政策的公告》（财政部　国家税务总局公告 2021 年第 10 号）第五条规定，已按软件产品享受增值税退税政策的电子出版物不得再按本公告申请增值税先征后退政策。

72.**【参考答案】**×

【答案解析】根据《财政部　国家税务总局关于延续实施应对疫情部分税费优惠政策的公告》（财政部　国家税务总局公告 2021 年第 7 号）的规定，对疫情防控重点保障物资生产企业购置设备一次性扣除政策的截止时间是 2021 年 3 月底。根据《国家税务总局政策法规司减税降费政策即问即答》（2021 年第一期），该企业既可在 2021 年预缴第一季度（或 3 月份）税款时进行一次性扣除，也可以选择 2022 年办理汇算清缴时统一申报，享受一次性扣除政策。

73.**【参考答案】**×

【答案解析】根据《财政部　国家税务总局关于资源税有关问题执行口径的公告》（财政部　国家税务总局公告 2020 年第 34 号）第七条的规定，对于无法区分原生岩石矿种的粒级成型砂石颗粒，按照砂石税目征收资源税。

74.**【参考答案】**×

【答案解析】根据《国家税务总局　财政部　自然资源部　住房和城乡建设部　中国人民银行关于土地闲置费、城镇垃圾处理费划转有关征管事项的公告》（国家税务总局　财政部　自然资源部　住房和城乡建设部　中国人民银行公告 2021 年第 12 号）第四条的规定，划转税务部门征收以前欠缴的土地闲置费、城镇垃圾处理费，由税务部门负责征缴入库。原执收（监缴）单位和税务部门要加强部门协同，做好征管资料交接、欠费金额确认等工作，确保征收工作有效衔接、欠缴费款及时入库。

75.**【参考答案】**√

【答案解析】依据是《商务部办公厅　公安部办公厅　税务总局办公厅关于推进二手车交易登记跨省通办便利二手车异地交易的通知》（商办消费函〔2021〕126 号）第一条规定。

76.【参考答案】×

【答案解析】根据《国家税务总局办公厅关于税费征收过程中人民币现金收付有关事项的通知》（税总办函〔2021〕7号）第一条的规定，线下办税缴费服务场所（含办税服务厅、代办机构等）应设置人工现金收付通道，提供收取现金、找零服务。

77.【参考答案】√

【答案解析】车辆购置税实行一次性征收。购置已征车辆购置税的车辆，不再征收车辆购置税。

78.【参考答案】×

【答案解析】纳税人到外县（市）销售或者委托外县（市）代销自产应税消费品的，于应税消费品销售后，向机构所在地或者居住地主管税务机关申报纳税。

79.【参考答案】×

【答案解析】扣缴义务人向居民个人支付工资、薪金所得时，应当按照累计预扣预缴法计算预扣税款，余额为负值时，暂不退税。

80.【参考答案】√

【答案解析】根据《印花税法》的规定，应税合同的计税依据，为合同所列的金额，不包括列明的增值税税款。

81.【参考答案】×

【答案解析】纳税人应纳的资源税，应当向应税产品的开采或者生产所在地主管税务机关缴纳。

82.【参考答案】×

【答案解析】根据《中华人民共和国耕地占用税法》第十条的规定，耕地占用税的纳税义务发生时间为纳税人收到自然资源主管部门办理占用耕地手续的书面通知的当日。纳税人应当自纳税义务发生之日起30日内申报缴纳耕地占用税。

83.【参考答案】√

【答案解析】根据《国家税务总局等五部门关于土地闲置费 城镇垃圾处理费划转有关征管事项的公告》（国家税务总局 财政部 自然资源部 住房和城乡建设部 中国人民银行公告2021年第12号）的规定，土地闲置费由自然资源部门向缴纳义务人（土地使用权人）出具《征缴土地闲置费决定书》等文书，并向税务部门推送《征缴土地闲置费决定书》等费源信息。缴纳义务人依据《征缴土地闲置费决定书》向税务部门申报缴纳，税务部门开具缴费凭证。

84. **【参考答案】** ×

【答案解析】 扣缴义务人不能申请延期缴纳税款。

85. **【参考答案】** ×

【答案解析】 评定时纳税信用级别为D级的出口企业，其出口企业管理类别应评定为四类。

86. **【参考答案】** ×

【答案解析】 对纳税人、扣缴义务人、纳税担保人应缴纳的欠税及滞纳金不再要求同时缴纳，可以先行缴纳欠税，再依法缴纳滞纳金。

87. **【参考答案】** √

【答案解析】 经与税务机关达成一致意见，已向税务机关提交《预约定价安排谈签意向书》，可以暂不作为特别纳税调整的调查对象，预约定价安排未涉及的年度和关联交易除外。

88. **【参考答案】** ×

【答案解析】 选择自行开具增值税专用发票的小规模纳税人，主管税务机关不再为其代开。

89. **【参考答案】** √

【答案解析】 略。

90. **【参考答案】** ×

【答案解析】 纳税人的子女接受全日制学历教育的相关支出，按每个子女每月1000元的标准定额扣除。

91. **【参考答案】** √

【答案解析】 略。

92. **【参考答案】** √

【答案解析】 根据《税务机关政府信息公开申请办理规范》（税总办发〔2020〕35号印发）第二条的规定，申请人是公民的，应登记申请人姓名、身份证号码、联系电话、通信地址、邮政编码等。

93. **【参考答案】** √

【答案解析】 略。

94. **【参考答案】** ×

【答案解析】 税收增长弹性是指税收收入对经济增长的反应程度，在税制不变的情况下，一般表示为税收收入的变动率和GDP变动率之比。

95.【参考答案】×

【答案解析】存货周转率越高，表明企业存货资产变现能力越强，存货及占用在存货上的资金周转速度越快，但是存货周转率过快，则可能说明有多列成本的问题。

四、实务题（本类题共2大题，10小题，计20分，每小题2分。）

（一）

96.【参考答案】D

【答案解析】根据《财政部　国家税务总局关于明确先进制造业增值税期末留抵退税政策的公告》（财政部　国家税务总局公告2021年第15号）第二条的规定，本公告所称先进制造业纳税人，是指按照《国民经济行业分类》，生产并销售“非金属矿物制品”“通用设备”“专用设备”“计算机、通信和其他电子设备”“医药”“化学纤维”“铁路、船舶、航空航天和其他运输设备”“电气机械和器材”“仪器仪表”销售额占全部销售额的比重超过50%的纳税人。A公司生产并销售符合留抵退税政策条件的销售额占全部销售额的比重＝（800+1200）÷（800+1200+1600）=55.56%。

97.【参考答案】ABCD

【答案解析】根据《财政部　国家税务总局关于明确先进制造业增值税期末留抵退税政策的公告》（财政部　国家税务总局公告2021年第15号）第一条的规定，自2021年4月1日起，同时符合以下条件的先进制造业纳税人，可以自2021年5月及以后纳税申报期向主管税务机关申请退还增量留抵税额：(1)增量留抵税额大于零；(2)纳税信用等级为A级或者B级；(3)申请退税前36个月未发生骗取留抵退税、出口退税或虚开增值税专用发票情形；(4)申请退税前36个月未因偷税被税务机关处罚两次及以上；(5)自2019年4月1日起未享受即征即退、先征后返（退）政策。上述所称增量留抵税额是指与2019年3月31日相比新增加的期末留抵税额。

98.【参考答案】C

【答案解析】根据《财政部　国家税务总局关于明确先进制造业增值税

期末留抵退税政策的公告》（财政部　国家税务总局公告2021年第15号）第四条第二款的规定，进项构成比例，为2019年4月至申请退税前一税款所属期内已抵扣的增值税专用发票（含税控机动车销售统一发票）、海关进口增值税专用缴款书、解缴税款完税凭证注明的增值税额占同期全部已抵扣进项税额的比重。2019年4月至2021年4月进项构成比例＝（200＋200＋21.2）÷（200＋200＋21.2＋6.8＋30＋10）＝421.2÷468＝90%。

99.**【参考答案】**D

【答案解析】根据《财政部　国家税务总局关于明确先进制造业增值税期末留抵退税政策的公告》（财政部　国家税务总局公告2021年第15号）第四条第一款的规定，先进制造业纳税人当期允许退还的增量留抵税额，按照以下公式计算：允许退还的增量留抵税额＝增量留抵税额×进项构成比例。增量留抵税额280－130=150（万元），进项构成比例为90%，2021年5月，A公司允许退还的增量留抵税额＝增量留抵税额×进项构成比例=150×90%=135（万元）。

100.**【参考答案】**A

【答案解析】根据《财政部　国家税务总局关于明确先进制造业增值税期末留抵退税政策的公告》（财政部　国家税务总局公告2021年第15号）的规定，自2021年5月及以后纳税申报期向主管税务机关申请退还增量留抵税额。因此，不用再间隔6个月。

（二）

101.**【参考答案】**A

【答案解析】增值税税负率＝当期应纳增值税÷当期应税销售收入=0.2÷1820=0.01%。

102.**【参考答案】**D

【答案解析】企业所得税负担率＝当期应纳所得税÷利润总额=42÷150=28%。

103.**【参考答案】**A

【答案解析】企业所得税贡献率＝当期应纳所得税÷当期营业收入=42÷1820=2.31%。

104.**【参考答案】**C

【答案解析】销售净利率＝当期净利润÷当期营业收入＝(150－42)÷1820=5.93%。

105.**【参考答案】**B

【答案解析】预收账款余额变化较大，甲公司可能存在商品已发出但未计收入风险。